마키아벨리언 모멘트 ①

피렌체 정치사상과 대서양의 공화주의 전통

나남
nanam

한국연구재단 학술명저번역총서
서양편 285

마키아벨리언 모멘트 ①
피렌체 정치사상과 대서양의 공화주의 전통

2011년 1월 25일 발행
2011년 1월 25일 1쇄

지은이_ J. G. A. 포칵
옮긴이_ 곽차섭
발행자_ 趙相浩
발행처_ (주) 나남
주소_ 413-756 경기도 파주시 교하읍
출판도시 518-4
전화_ (031) 955-4600 (代)
FAX_ (031) 955-4555
등록_ 제 1-71호(79.5.12)
홈페이지_ http://www.nanam.net
전자우편_ post@nanam.net
인쇄인_ 유성근(삼화인쇄주식회사)

ISBN 978-89-300-8488-8
ISBN 978-89-300-8215-0 (세트)
책값은 뒤표지에 있습니다.

'한국연구재단 학술명저번역총서'는 우리 시대 기초학문의 부흥을 위해
한국연구재단과 (주)나남이 공동으로 펼치는 서양명저 번역간행사업입니다.

마키아벨리언 모멘트 ①

피렌체 정치사상과 대서양의 공화주의 전통

J. G. A. 포칵 지음 | 곽차섭 옮김

나남
nanam

THE MACHIAVELLIAN MOMENT

Florentine Political Thought and the Atlantic Republican Tradition

한국어판 머리말

나의 책《마키아벨리언 모멘트》가 이제 한국어로 간행되는 데 대해 정말 기쁘게 생각하며, 이 책을 번역해 준 곽차섭 교수에게 감사의 뜻을 전한다. 1975년 이 책이 세상에 나온 이후 그것에 담긴 주요 테제들에 대해 수많은 논쟁이 있었다. 이에 대해서는 이 책(2003년 판)의 저자 후기에서 검토한 바 있으나, 그 일부는 지금까지도 (주로 영어권에서) 여전히 계속되고 있다. 이와 관련하여 나의 다음 두 저작을 언급하고 싶다.《덕 · 상업 · 역사》(1985) 및《최초의 쇠퇴와 멸망》(《야만과 종교》 제3권, 2003)이 그것이다. 이러한 논쟁들은 이탈리아 르네상스에 대한 한스 바론의 해석, 제임스 해링턴에 대한 나 자신의 해석, 그리고 일반적으로 유럽 및 아메리카의 근대 공화국 탄생과정에서 고대 그리스 · 로마 공화국이 담당한 역할을 문제시하고 있다. 이러한 의문들이 스스로의 정치와 역사를 이해하는 데 어떤 관련이 있는지를 숙고하는 것은 한국 독자들의 몫이다. 부디 나의 연구가 한국의 독자들에게 어떤 식으로든 가치가 있다고 생각된다면 나로서는 더 없는 영광일 것이다.

2010년 미국 볼티모어에서
J. G. A. 포칵

옮긴이 머리말

"덕을 찾아서"

"마키아벨리언 모멘트"와 존 포칵의 역사세계

존 그레빌 에이가드 포칵(John Greville Agard Pocock)은 1924년 런던에서 태어났다.[1] 그가 세 살 때인 1927년 아버지 루이스 그레빌이 캔터베리대학의 고전학 교수로 임명되자 그는 가족과 함께 뉴질랜드로 이주하였다. 그의 증조부가 이미 남아프리카 이주자였으니, 그의 자전적 표현을 빌리자면 그는 4대째 식민지 이주자이자 아버지로부터 2대째 학자로서의 도정(道程)에 선 셈이다. 그는 여덟 살에 뉴질랜드 남부 크라이스트처치의 한 사립학교에 들어가 서양의 전통적 교육방식으로 라틴어를 배웠고, 아버지를 따라 고전학을 공부하였다. 반면 역사에 대해서는 누구보다도 어머니 앙트와네트 르 그로스의 영향이 컸다는 것이 그의 고백이다. 교사였던 그녀 역시 프랑스 인근의 북서 해안에 있는 영국령 채널제도 출신의 변방인이었다.

1) 포칵의 전기적 사항에 대해서는 존스홉킨스대학에 등록된 자신의 이력서와 자전적인 부분을 담고 있는 그의 글("The Antipodean Perception" in Pocock, *The Discovery of Islands: Essays in British History* [Cambridge University Press, 2005])을 참고하였다.

뉴질랜드인이면서도 동시에 국외거주 유럽인이었고, 프랑스 가계지만 영국령 도서(島嶼) 출신이라는, "대척적"이면서 경계적인 — 그래서 주변적인 — 가족적 배경은 후일 존 포칵의 역사관에 깊은 족적을 남긴 것으로 보인다. 그가 주창한 "브리턴의 역사"(British History) — 스코틀랜드, 아일랜드, 잉글랜드라는 개별적인 세 왕국의 역사로서가 아니라, 그가 "대서양 군도"(Atlantic Archipelago) 라고 부른 것들의 통합체로서의 영국사 — 라는 개념의 탄생도 이런 측면에서 보면 결코 우연이 아니며, 저자 후기에서도 언급되지만, 역사 속의 다기 다양한 공화주의적 "모멘트들"을 다룬 자신의 주저(主著) 를 "아메리카 이데올로기"의 반영이라 비판한 한 좌파학자에게 무엇보다 자신은 아메리카인이 아니라 "뉴질랜드인"이라는 말로 항변하였고, 뉴질랜드와 원주민에 대한 책들을 통해 그들에 대한 끊임없는 관심을 표명해 온 것 또한 일종의 경계인으로서의 그의 자각을 잘 보여주고 있다.

그는 뉴질랜드의 캔터베리대학에서 수학하여 학사(1945), 석사(1946)를 하고 동 대학에서 강의하다가(1946~48), "휘그사관 비판"으로 유명한 허버트 버터필드의 지도하에 케임브리지대학에서 "하원의 기원에 관한 논쟁, 1675~88"이란 제목으로 박사학위를 받았다(1952). 17세기 잉글랜드의 헌정에 관한 역사서술의 기본 성격과 문제를 다룬 그의 첫 저작 《고래(古來)의 헌정과 봉건법》(*The Ancient Constitution and the Feudal Law*, 1957) 은 바로 이를 수정 · 확대한 것이다. 이후 그는 다시 뉴질랜드로 돌아와 오타고대학에서 강의하였고(1953~56), 캔터베리대학에 정치학과를 창설하여 교수로 재임하였다(1959~65).

포칵의 학문세계가 크게 확장된 계기는 1965년 미국으로의 이주였다. 그는 미주리 주 세인트루이스 소재 워싱턴대학에서 윌리엄 엘리어트 스미스 역사학 교수로 재직하였고(1966~74), 여기서 그에게 가장 큰 명성을 안겨준 역작 《마키아벨리언 모멘트》(*The Machiavellian Moment*, 1975)를 썼다. 그것은 15, 6세기 이탈리아에서 17, 8세기 잉글랜드를 거쳐 18세기 말 아메리카 혁명과 건국의 시기로 전해지는 공화주의 사상의 흐름을 종래와는 전혀 다른 방식으로 추적해 간 야심찬 저술이었다. 그는 이를 전후하여 자신의 테제와 관련해 썼던 주요 논문들을 《정치 · 언어 · 시간》(*Politics, Language and Time*, 1972), 《덕 · 상업 · 역사》(*Virtue, Commerce and History*, 1985)란 제목으로 묶었고, "마키아벨리언 모멘트"에서 중요한 연결고리 역할을 한 《제임스 해링턴의 정치저술》(*The Political Works of James Harrington*, 1977)을 편집하였다. 《마키아벨리언 모멘트》의 출간과 함께 그는 매릴랜드주 볼티모어 소재 존스홉킨스대학으로 자리를 옮겨 해리 C. 블랙 역사학 교수(1974~94)로 재임하였다. 1994년부터는 동 대학 명예교수로서 지금에 이르고 있다.

그의 학문적 여정은 여기서 끝나지 않았다. 그는 75세의 고령에도 불구하고 18세기 잉글랜드 역사가 에드워드 기번이 로마 제국의 쇠퇴와 멸망을 어떻게 이해했으며, 그것이 계몽주의라는 당시의 지적 지형도에 어떤 의미를 갖는가를 새로운 관점에서 해석한 방대한 연작(連作) 《야만과 종교》(*Barbarism and Religion*)를 간행하기 시작하였다. 총 6권으로 계획된 이 프로젝트는 1999년에 나온 첫 권 《에드워드 기번의 계몽주의, 1737~1764》와 둘째 권 《시민적 통치의 서사(敍事)》를 필두로, 최근에는 《최초의 쇠퇴와 멸망》(2003), 《야만인 · 미개인 · 제국》(2005)이 출간되었다. 현재 제5권 《종교: 최초의 승리》가 간행을 앞두고 있는 상태다. 2008년에는 "이론과 방법"에 대한 글들을 묶은 《정치사상과 역사》(*Political Thought and History*)가 간행되었다.

포칵의 학문 세계 50여 년을 관통하는 주제를 간단히 요약하자면(그런 것이 허용된다면) "덕을 — 혹은 덕의 역사를 — 찾아서"이다. 그의 첫 저작 《고래(古來)의 헌정과 봉건법》의 요점은 17세기 잉글랜드 헌정주의가 보통법의 고대적·관례적 특성을 전제한 잉글랜드 역사관념의 산물이라는 것인데, 후일 《마키아벨리언 모멘트》에서 15, 6세기 시민적 휴머니스트들과 18세기 아메리카 건국 시조들을 잇는 핵심고리로서의 해링턴의 면모가 이미 여기서 잘 나타나고 있다. 포칵의 결론은 해링턴의 《오세아나》가 "봉건제에 대한 마키아벨리적 성찰"이라는 것으로서(《고래(古來)의 헌정과 봉건법》, pp. 321~22), 곧 공화국의 전사는 시민이어야 하며 시민 또한 전사여야만 함을 뜻하는 것이었다. 해링턴이 마키아벨리주의자라는 것도 바로 이런 의미였다. 흥미로운 — 그리고 잘 알려져 있지 않은 — 사실은 혁신과 정복의 문제와 관련하여 "마키아벨리언 모멘트"란 표현이 이미 이 책에서 사용되고 있다는 점이다(《고래(古來)의 헌정과 봉건법》, p. 285).

《야만과 종교》 시리즈 역시 덕의 역사를 추적한다는 점에서는 일관적이다. 다만 그 시대와 주인공이 18세기 유럽의 코스모폴리턴적 사회와 기번으로 바뀌었을 뿐이다. 포칵에게 기번은 모든 점에서 고전적 공화주의 가치를 추구한 "시민적 휴머니스트"였다. 기번의 저작 마지막 부분에서 따온 책의 제목 "야만과 종교"는 곧 기번이 든 제국의 4가지 몰락 원인 중 하나를 가리킨다. 그라쿠스 형제의 개혁으로 극명하게 드러난 대지주 계급과 자유민 소농 계급 간의 첨예한 갈등은 결국 "야만인들"을 로마군으로 편입하는 결과를 초래하였고, 아울러 그리스도교의 확산은 제국의 군사적 용맹성을 약화시키고 시민들에게 황제의 전제정을 수동적으로 따르도록 만드는 유약성을 가져왔다는 것이다. 포칵에 따르면, 로마 제국이 어떻게 쇠퇴하고 몰락하였는가에 대한 이 같은 기번의 역사적 설명은 곧 리베르타스와 임페리움에 대한 고대적 문제 — 공화국을 떠받쳤던 비르투스가 제국화하면서 어떻게 부패로 변질되는가의 문제 — 가 어떻게 고대와 근대, 덕과 상업이라는 계몽주의 시대의 문제로 변모하는가에 대한 해석과정에 다름 아니며, 기번은 그러한 점에서 "시민적 휴머니스트로서의 계몽주의자"라는 새로운 사상적 위치를 부여받아야 한다는 것이다. 1976년 기번의 《로마 제국 쇠망사》 제1권 간행 200주년 기념 학술대회에서 처음 제시된 이 해석에서, 포칵은 단일한 유럽 계몽주의 모델을 주창한 프랑코 벤투리와는 달리, 다양한 계보의 계몽사상들 — 잉글랜드 계몽주의 및 "아르미니우스적" 계몽주의 등을 포함한 — 이 존재했음을 강조하고 있다.

*

《마키아벨리언 모멘트》는 "덕의 역사"에 대한 포칵의 해석에서 중추적인 위치를 차지하고 있다. 그것은 고전 고대의 공화주의 사상이 15, 6세기 마키아벨리 시대의 시민적 휴머니스트들에 의해 재생·변형되어 근대 역사주의적 세계관의 단초가 되고, 다시 18세기 잉글랜드·아메리카의 대서양 세계 속에서 로크의 상업적 세계관과 대립, 병존하는 새로운 공화주의 사상으로 확립되는 과정을 파노라마적으로 그려나간 대작이다. 이 저작이 특히 오랫동안 논쟁의 대상이 된 것은 아메리카 건국이념에 관한 새로운 주장 때문이었다. 종래의 해석에 따르면, 아메리카는 로크적 자유주의라는 이념적 기반 위에 세워진 국가라는 데 거의 이견이 없었다. 하지만 포칵은 고전 고대로부터 유래한 공화주의 — 그것도 하필이면 마키아벨리적 연결고리를 가진 — 가 건국 시조들에게 심대한 영향을 미쳤으며, 따라서 로크에게 부여된 전통적인 역할은 크게 재고되어야 한다는, 당시로서는 대단히 새로운 주장을 제시하였다. 이후 미국 역사학계는 공화주의적 해석 대(對) 자유주의적 해석이라는 격렬한 논쟁에 돌입하였다. 그로부터 30여 년이 지난 지금, 그 논쟁은 이제 거의 일단락되었다고—혹은 소강상태에 들어갔다고—볼 수 있다. 제퍼슨의 경우에서 보듯이, 건국 시조들은 종종 "아메리카가 결국에는 부패하게 되지는 않을까 하는 고전적·공화주의적 두려움과 함께, 정부로부터 개인의 권리들을 보호해야 할 근대적·자유주의적 필요성을 논리적 모순에 대한 어떤 느낌도 없이 동시에 피력하였다"는 것이다. 역사적 현실은 결코 역사가가 흔히 재단하듯이 명료한 범주로 나누어져 있지 않다는 평범한 진리를 재인식하게 된 셈이다.[2)]

이러한 주장 자체도 도전적이었지만, 이러한 과정을 종래의 정치사상사적인 방법이 아니라 자신의 화맥주의(linguistic contextualism)에 의거해서 접근하고 있다는 점 역시 특징적이다.[3)] 저자는 사상의 생성과 발전을 어떤 사상가가 자신의 시대에서 사용할 수 있는 몇 가지의 "언어"(language)에 기초하되, 동시에 그것을 변형하는 과정으로 간주한다. 즉, 어떤 텍스트가 시간을 초월하는 진리를 담고 있다고 보기보다는 그 시대에 통용되는 언어로 씌어진다고 생각하는 것이다. 그래서 사상사 연구의 요체는 무엇보다도 그 텍스트가 몸담고 있는 시기의 언어들을 식별해내고 그것이 다른 언어들과 어떻게 상호작용했는지를 파악하는 일이다. 따라서 저자가 이 책의 시작을 몇 개의 핵심개념어로 이루어지는 이러한 언어에 대한 논의로 시작한 것은 전혀 놀라운 일이

---

2) Cf. J. G. A. Pocock, "Machiavellian Moments," and Reply by Gordon S. Wood, in *New York Review of Books*, vol. 47, no. 16 (Oct. 19, 2000). 인용된 어구는 고든 우드의 말이다.

3) "화맥주의(話脈主義)"라고도 옮길 수 있을 포칵의—스키너에 대비된—"언어적 콘텍스트주의"에 대해서는 필자가 쓴 다음의 글이 있다. 곽차섭, "언어와 저술의도: 포칵과 스키너의 새로운 정치사상사 방법론에 대하여,"《釜大史學》18 (1994), pp. 597-617.

아니다.

제 1부의 제목은 "특수성과 시간"인데, 이는 이 책의 방향을 잘 보여준다. 저자는 우리가 말하는 "역사"란 바로 시간 속에서 마주치는 특수한 — 종종 위기적인 — 사건을 어떻게 파악할 것인가에 대한 문제라고 생각한다. 정치사상적 측면에서 더 구체적으로 말하자면, 통치자가 자신의 정권을 위태롭게 하는 전례 없는 사건에 봉착했을 때, 과연 그것을 어떤 식으로 극복할 수 있는가의 문제이다. 포칵은 이 문제가 중세 내내 잠복상태에 있다가 15세기 피렌체의 시민적 휴머니스트들에 의해 비로소 문제화되었다고 본다. 그는 1부에서 이러한 문제화의 배경이 되는 화맥들을 ① 관습과 분별(중세적 · 세속적), ② 섭리와 예언(중세적 · 그리스도교적), ③ 덕과 운(고대적 · 중세적) 등의 개념으로 파악한 뒤, 시민적 휴머니스트들이 이를 "비베레 치빌레"(시민적 삶)와 "비타 악티바"(행동적 삶)를 통해 해결하려 했음을 언어적 측면에서 해명하려고 한다.

관습과 분별은 보편성 개념에 익숙한 중세인들이 현세의 삶에서 부딪치는 특수한 사건들의 우연성을 어떻게 개념화하려고 노력했는지를 보여주는 과정이다. 저자는 15세기 잉글랜드의 법관이자 일종의 법철학자라 할 수 있는 존 포테스큐를 중심인물로 등장시킨다. 그에 따르면 특수한 우연성을 판단하는 최고의 방법은 관습(관례)이다. 이는 오랜 세월에 걸쳐 축적된 경험에 의해 만들어진다. 관습은 결국 법령으로 결실을 맺는데, 여기에는 분별이 필요하다. 그러나 만일 우연성이 전례 없는 것이라면 관습은 아무 소용이 없다. "전례"가 없기 때문이다. 특히 통치상의 중대한 문제가 야기될 때는 더욱 그러하다. 포테스큐에게 이 부분은 여전히 "통치의 신비"(mystery of state)로 남아있게 된다.

또 하나의 변수는 그리스도교이다. 로마인에게 이 세상의 우연적인 사건들은 변덕스런 운의 여신 포르투나의 소산인 것으로 생각되었다. 하지만 그리스도교가 들어오자, 그것은 섭리의 개념으로 대체되었다. 설사 고대적인 덕 대(對) 운의 개념을 가지고 있다 해도 그것은 이제 그리스도교적 섭리라는 배경 하에서 생각되기에 이르렀다. 이러한 양상을 잘 보여주는 인물이 보이티우스이다. 그는 실패한 정치인이었다. 그는 자전적 질문을 던진다. 왜, 신은 비르투스(덕)를 포르투나(운)의 먹잇감으로 방치하는가? 이는 그리스도교도의 입장에서는 결국 신의 "영원한 관점"에서 설명될 수밖에 없다. 신은 과거와 현재와 미래를 함께 조망할 수 있기 때문이다. 여기에는 사실 세속적 변화에 의미를 부여하는 길은 보이지 않는다. 하지만 여기에도 틈은 있다. 예언과 계시와 종말론이 현세의 특수한 사건을 해석하는 길을 열어두고 있는 것이다. 나중에 사보나롤라가 피렌체의 개혁과정에서 행한 역할이 바로 그것이다.

저자는 이러한 다양한 언어적 맥락 속에서, 근대 역사주의의 좀더 급진적인 세속화의 길을 연 것이 바로 15세기 피렌체의 시민적 휴머니스트들이며, 그 선구자 중 하나가 레오나르도 브루니라고 본다. 제 2부는 "공화국과 그 운"이라는 제목에다 "피렌체 정치사상, 1494~1530"이라는 부제를 가지고 있다. 저자는 여기서, 1부에서 논한 언어들이 구체적인 정치상황 속에서 어떻게 변용되고 있는지를 탐색하고 있다. 2부는 모두 6개 장으로 이루어져 있는데, 브루니와 사보나롤라, 귀차르디니, 마키아벨리, 잔노티, 콘타리니 등 15, 6세기의 주요 사상가들을 당시의 구체적인 역사적 · 화맥적 배경 아래서 그 분석대상으로 삼고 있다.

4장의 첫 대표선수인 브루니는 15세기 최고의 시민적 휴머니스트로서, 이에 대해서는 이미 한스 바론이 유명한 연구서를 내놓은 바 있다.

그는 14세기 말 15세기 초 밀라노 비스콘티가의 위협 앞에 위기에 봉착한 피렌체를 제 1서기장으로서 지켜본 인물이며, 1434년 코지모 데 메디치가 피렌체의 국정을 장악하는 과정도 목격하였다. 그가 밀라노의 위협 앞에서 제시한 비타 악티바의 이상은 이후 공화정의 초석이 되었고, 공화정을 가장하여 메디치가 군주정을 모색했던 코지모의 시대에도 여전히 좋은 치료제가 된다. 메디치가의 권세는 승승장구하다가 1494년 프랑스의 이탈리아 침입으로 붕괴되고 그들은 국외로 도피한다. 이때 등장한 인물이 지롤라모 사보나롤라이다. 도미니쿠스 수도승이었던 그는 피렌체의 사치와 부패를 질타하면서 국정개혁을 주도하고, 그 뒤를 귀족층(오티마티)에 의해 소외되어 왔던 평민층(포폴로)이 따른다. 그들은 베네치아 정체를 모방한 대평의회를 통해 자신들의 비타 악티바를 성취하려 하였고, 그것이 곧 "비베레 치빌레"이다. 사보나롤라 정권은 4년 뒤 온건파에 의해 전복되지만, 그가 만든 대평의회와 평민주의적 정치는 그대로 살아남는다. 마키아벨리가 제 2서기장으로 역사의 무대 위에 등장하는 것도 바로 이때이다.

하지만 5장에서 보듯이, 1512년 국제정세의 변화로 인해 다시 평민공화정이 무너지고 메디치가가 복귀한다. 이제 피렌체 국정은 권좌로 복귀한 메디치가, 다시 소외된 평민층, 그리고 그 사이에서 다시 자신들의 권력을 찾으려는 귀족층 오티마티 간의 대립과 암중모색으로 점철된다. 이때 오티마티 계층의 입장을 포함한 당시의 다양한 견해들을 잘 보여주는 것이 프란체스코 귀차르디니의 논고들이다. 아리스토텔레스의 다수, 소수, 일인의 공식과 베네치아의 정체가 "고베르노 스트레토"(좁은 헌정)라는 오티마티의 입장에서 재해석되고 있다. 동시에 로도비코 알라만니는 피렌체 시민정을 군주정으로 바꾸자고 주장함으로써 20년 후의 대공국 시대를 예견하고 있다.

메디치 복고시대 중에 가장 고난을 겪은 인물이 바로 니콜로 마키아벨리이다. 6장은 이 시대를 배경으로 그의 《군주론》을 분석하고 있다. 당시의 구체적 국정을 염두에 두고 다양한 정치 플랜들을 논의한 귀차르디니 등과는 달리, 그는 그러한 배경을 심중에 담고는 있으면서도 이 유명한 저작에서 그것을 훨씬 더 이론적인 형태로 정리하였다. 특히 이 저작의 특징은 포칵에 따르면 "혁신의 정치학"을 제시했다는 데 있다. 즉, 한 사회가 위기에 처했을 때, 혁신자 곧 신군주는 그것을 어떻게 극복해야 하는가에 대한 문제이다. 신민들이 군주의 정당성을 인정하는 세습군주와는 달리, 신군주는 적들에 의해 둘러싸여 있는 데다, 자신을 도운 사람들 역시 모두 만족시키기는 어려운 법이기 때문에 언제나 불안정한 상황에 놓이게 된다. 포칵은 이를 "혁신자"로 유형화한다. 혁신자는 자신의 비르투(역량)를 사용하여 포르투나(운)와 맞서야 하는 처지에 있다. 포르투나는 단지 카오스가 아니라 나름의 상황적 강도(強度)와 전략을 가지고 있다고 보기 때문에, 혁신자 역시 그것을 이겨낼 만한 비상하고 특출한 역량과 전략을 가져야만 한다. 마키아벨리 정치학이 탈도덕적이 되는 것은 바로 이러한 혁신의 목적과 상황 때문이다. 6장의 특징은 《군주론》을 메디치가의 복귀라는 역사적 콘텍스트보다는 신군주=혁신자라는 유형적·분석적 콘텍스트 속에서 비르투와 포르투나라는 개념 세계의 의미를 파악하고자 한 점이라고 볼 수 있다.

7장에서는 마키아벨리의 《리비우스 논고》와 《전쟁의 기술》이 주 텍스트로 다루어지고 있다. 《리비우스 논고》의 초점은 입법자가 불완전하거나 존재하지 않기 때문에 모든 것이 시민들의 손에 달려 있는 상황에 맞추어져 있다. 그는 리쿠르고스와 같은 완전한 입법자를 가졌던 스파르타보다는 입법이 우연히, 그리고 여러 번에 걸쳐 이루어진 로마에 더 관심을 쏟고 있다. 《리비우스 논고》 역시, 《군주론》과 마찬가지로, 여러 도시의 창건과정을 유형별로 나누고, 그중에서 로마와 같은 유형을 자신의 분석대상으로 삼는 방식을 채택하고 있다. 결국 마키아벨리는 이러한 과정을 통해 《리비우스 논고》에서 포르투나의 영역에 놓인 도시의 시민들이 어떻게 시민적 비르투를 발휘해서 시간 속에서 부패하는 것을 막고 영속적인 생명을 유지할 수 있는가를 모색하고 있는 셈이다. 이런 의미에서 《군주론》과 《리비우스 논고》는 비록 각각 군주국과 공화국(도시)을 주제로 삼고 있기는 하지만, 신군주와 새로운 시민의 비르투가 각자가 처한 포르투나와 대면하는 혁신의 상황에 처해 있다는 동일한 설정을 전제로 하고 있다고 할 수 있다.

마키아벨리는 로마의 예에서, 귀족과 평민 간의 분열과 투쟁이 로마가 자유, 안정, 권력을 획득한 원인이라는 것, 그리고 군사적 팽창 및 평민의 무장과 "비베레 포폴라레"(평민적 삶) 사이에 어떤 내적 관련성이 있다는 것을 주장하였다. 이는 매우 중요한 테제로서, 그가 왜 피렌체에, 시민이 무장하지 않고 용병을 쓰는 안정적인 베네치아식 모형보다는 무장한 평민 전사-시민을 기반으로 귀족과 평민이 각축을 벌이는 로마식 모형을 도입하려 했는지를 설명해 준다. 그는 로마식이야말로 아리스토텔레스적 의미에서의 시민적 비르투를 극대화하는 방식이라 생각한 것이다.

8장에서는 다시 귀차르디니로 돌아간다. 그는 총명하지만, 마키아벨리와는 달리 지극히 실용적인 사고를 하는 인물이다. 또한 계급적 위치가 불안정한 마키아벨리와는 달리 그는 오티마티 계급에서 확고한 입지를 가진 명문 출신이다. 그는 메디치가 복고 이후의 상황을 이론화하기보다는 실제적 차원에서 생각했다. 그는 1520~21년의 어느 때쯤 《피렌체 정부에 대한 대화》를 썼다. 여기서 그의 논지는 마키아벨리의 반대편을 향하고 있다. 그는 비르투를 무장한 평민의 시민적 역량으로 파악한 마키아벨리에 대해, 비르투란 잘 조직된 어떤 정부 혹은 기구 내에서는 기능할 수 있겠지만, 그 이상도 이하도 아니라고 생각하였다. 포르투나의 세계에 대항할 수 있는 것은 비르투가 아니라 프루덴치아(분별)였다. 그리고 그것은 오티마티와 같은 귀족에게만 허용된 덕성이었다. 그는 메디치가의 복귀 초기, 그들과 평민세력 사이에서 오티마티가 일종의 조정자 역할을 할 수 있을 것이라고 생각하고, 대평의회와 원로원 같은 권력기구들을 통해 그러한 균형관계를 창출하려고 하였다. 전사-시민이라는 마키아벨리의 복안이 전혀 현실적이지 않다는 그의 생각은 후기로 오면 더욱 강해진다. 시민군이 그런 역량을 발휘하려면 상당한 시일의 훈련이 필요한데, 이는 현 상황으로서는 난망이라는 것이다. 그는 그보다는 무장하지 않은 안정된 공화국을 선호한다. 이제 마키아벨리적 비르투는 사라지고 귀차르디니적 분별이 그 자리를 차지하는 것이다. 그는 마키아벨리의 이상주의적·관념적 세계관을 받아들이지 않았다. 양자 모두 현실주의자로 분류될 수 있지만, 그러한 현실주의를 다시 구체적 현실에 적용하는 방법에서 그들은 서로 너무나 상이하였다.

9장은 마키아벨리의 계승자라 알려진 도나토 잔노티와 베네치아 예찬자인 가스파로 콘타리니에 대한 부분이다. 각별히 잔노티가 나름의 독창성을 가진 인물로서 강조되고 있다. 그의 새로운 점은 아마도 마키아벨리 사상을 기존의 아리스토텔레스-폴리비오스 모형과 혼합하여 피렌체에 적합한 새로운 방안을 제시하려 했다는 점일 것이다. 포칵은 그가 날카로움이나 천재성은 마키아벨리나 귀차르디니에 비해 떨어지지만 여러 개념들을 조합하여 새로운 언어의 적용으로 나아가는 길을 열었다는 점에서 높이 평가되어야 한다고 주장한다. 특히 이는 18세기 잉글랜드 · 아메리카 대서양 공화주의 언어의 발달에도 시사하는 점이 적지 않다는 것이다.

잔노티는 1527~1530년 이른바 피렌체 최후의 공화국을 직접 경험한 뒤, 나머지의 생을 망명객으로 살았던 인물이다. 그가 처한 이러한 시대상황이 그를 마키아벨리의 추종자이면서 동시에 그를 그대로 답습할 수 없게 만들었다. 그는 마키아벨리를 따라 시민군 창설을 주도하였고, 이에 근거한 비베레 포폴라레를 주장하였다. 하지만 그는 마키아벨리적 급진성을 가지고 있지 않았고, 따라서 로마식보다는 베네치아식 정체가 이상적인 정체라는 것에 동의하였다. 그의 딜레마는 시민군과 평민 정체의 필요성이 분명한 1527~30년간의 비상시국 아래서 자신의 귀족주의 입장, 즉 무장하지는 않았지만 안정을 확보한 베네치아식 모형을 어떻게 이상 정체로 이론화할 수 있는가 하는 것이었다. 그는 물론 이러한 점에서 크게 성공하지는 못했고, 더욱이 힘없는 망명객이라는 처지 때문에라도 그의 이론은 현실적 효용성을 발휘할 수 없었다. 그럼에도 불구하고 그는 현실과 이론이라는 양극성을 새로운 개념으로 풀어 나가려 했다는 점에서 그 사상사적 의미가 결코 적지 않다는 것이 포칵의 생각이다. 아리스토텔레스가 고전기 아테네를 배경으로 《정치학》을 썼다면 잔노티는 16세기 중반의 피렌체를 배경으로 《피렌체 공화국》을 썼다는 것이다.

콘타리니는 베네치아인으로서, 잔노티에 비해 이론적 정연성은 떨어지지만, 당시 피렌체에서 지대한 관심사였던 베네치아의 정체에 관한 상세한 정보를 전해준 인물이었다. 베네치아는 어떻게 해서 그렇게 안정을 구가할 수 있었는가? 이에 대한 이론은 무성했지만 사실 그 세세한 작동 메커니즘은 잘 알려져 있지 않았다. 잔노티도 권력의 분배와 관직 선출방식 등 정작 중요한 대목에서는 정보가 부족했다. 이를 메워준 인물이 콘타리니다. 그의 책은 이 때문에 곧 베스트셀러가 되었다. 그는 사제로서의 그리스도교 신앙과 베네치아인으로서의 이른바 “베네치아의 신화”를 모두 수용하고자 하였다. 그에게 베네치아의 정체는 마치 “인공의 천사”와 같았다. 개개의 인간은 비합리적일 수 있어도 그들의 정체 구조가 결과를 합리적으로 만든다는 것이다. 그는 베네치아식 혼합정체를 마치 역사를 벗어난 합리성 그 자체의 화신인 것처럼 묘사한 측면이 있다. 그리고 그 이유에 대해서는 기적과 경이라는 그리스도교적 언어로 모호하게 남겨둔 것도 사실이다. 하지만 또 다른 측면에서 그는 베네치아 신화의 새로운 변형이 출현하는 데 일조하였고, 이러한 전통은 뒤에 파올로 파루타나 파올로 사르피에게로 이어져 르네상스에서 바로크로 넘어가는 이탈리아 지성사를 풍부하게 만드는 데 기여하게 된다. 그리고 무엇보다도 이들의 사상적 실험은 17, 8세기 잉글랜드와 아메리카에 그 유산을 남기게 된다.

제 3부는 모두 6개 장으로 구성되는데, 여기서 포칵은 15, 6세기 이탈리아 도시국가에서 형성된 근대적 역사주의 세계관이 어떻게 17, 8세기 잉글랜드와 아메리카로 전파되어 그곳의 주요한 정치이념으로 뿌리내리게 되는지를 추적하고 있다. 어떻게 보면 이 부분이야말로 이 책의 대미를 장식하는 하이라이트라고 할 수 있겠다. 사실 이 책이 출간된 이후 거의 20여 년 이상 영미 정치사상사가들 간에 뜨거운 논쟁의 대상이 된 것도 바로 이 부분 때문이었다. 아메리카의 건국이념은 존 로크 이후의 자유주의가 아니라 — 혹은 자유주의만이 아니라 — 고전기 로마의 공화주의에서 마키아벨리 시대의 평민 공화주의로, 이어서 17세기 해링턴과 18세기 아메리카 건국 선조들의 공화주의로 이어지는 사상적 계보를 이어받았다는 것이 포칵의 주장을 단순화한 요지이다. 지금은 자유주의와 공화주의가 혼재된 양식의 언어로 표출되었

다는 선에서 일종의 잠정적 휴전상태에 들어가 있지만, 어쨌든 아메리카의 건국이념을 이제는 더 이상 그 누구도 로크적 자유주의라고 단언할 수 없게 되었다는 점에서, 이 책은 대단한 기여를 했다고 할 수 있다.

3부 첫 장인 10장과 11장의 주제는 잉글랜드 내전(혁명) 이전의 시민적 의식이 어떤 양식으로 존재하고 있었는가 하는, 이른바 잉글랜드 마키아벨리즘의 문제이다. 포칵의 저작에서 가장 큰 논란 중 하나를 야기할 가능성이 있는 부분이 바로 이 장일 수도 있다. 왜냐하면 저자 스스로도 인정하듯이, 르네상스기 이탈리아 도시국가와는 여러 면에서 매우 이질적인 사회였던 잉글랜드에 시민의식과 공화주의의 새로운 흐름들이 접목되었다는 것은 선뜻 이해 가지 않는 측면이 분명히 있기 때문이다. 그래서 이 장은 바로 이러한 문제를 스스로 묻고 답하는 것에서 시작된다. 저자에게는 휴머니스트 교육을 받은 17세기 의회 젠트리가 해답의 실마리이다. 그들은 스스로를 잉글랜드의 독특성인 "고래(古來)의 헌정"을 끊임없이 발전시키는 적극적 행위자로 규정하였다. 이른바 법률적 휴머니스트가 된 것이다. 이 지점에서 고래의 헌정을 무시하려는 왕과의 투쟁이 시작되고, 그 결과 그들은 지극히 잉글랜드적 의미의 시민의식을 가지게 된다는 것이다. 그 주요 계기는 1640~50년대이다. 퓨리턴 혁명으로 흔히 알려진 이 시기의 사건을 통해, 우리는 왕의 절대권력에 대한 변호만이 아니라, 왕도 이제는 일인(왕), 소수(상원), 다수(하원)로 구성된 혼합정체의 일원일 뿐이라는 의식이 분명해지기 시작했다는 것을 알 수 있다. 이것이 최초로 명문화된 때가 바로 1642년이었고, 그 문서가 찰스 1세 측이 제시한 《의회 양원의 19개조안에 대한 전하의 답변》이었다. 이른바 하향적 권위 이론으로부터의 이러한 과감한 결별은 헌정과도 합치되지 않을 뿐 아니라, 동시에 왕당파의 논증에서도 파멸적 결과를 초래할 전략적 오류였다. 그러나 그 문서의 정신은 매우 빠른 시간 안에 퍼져 나가 잉글랜드 정치사상의 패러다임을 혁신하였다. 드디어 마키아벨리적 언어와의 접목이 가능해진 것이다. 이로써 잉글랜드의 왕권은 더 이상 신으로부터 전수받은 것이 아니라 지상에서의 균형을 모색하기 위한 장치의 하나일 뿐인, 그야말로 역사 속의 권력으로 변한 것이다.

이러한 사상사적 계기를 이론화한 것이 바로 제임스 해링턴의《오세아나》(1656)이다. 그것은 시민적 휴머니즘과 마키아벨리적 공화주의에서 끌어온 개념들에 의지하여 잉글랜드 정치이론과 역사를 대폭적으로 개정함으로써 패러다임적 신기원을 이룩하였다는 것이다. 그는 잉글랜드인을 시민으로 보고, 그 주체를 자유토지보유자로 설정하였다. 자유토지보유자의 지위가 가지는 기능은 자유로운 공적 행동과 시민적 덕성을 위해 스스로 무기를 보유하는 것이며 이는 결과적으로 인격의 해방을 초래하였다. 이제 인격의 정치화는 잉글랜드 정치사상의 언어 속에서 완벽한 표현을 획득하게 되었다. 신의 신민이었던 잉글랜드인은 그들이 지닌 칼과 자유토지보유권 덕분에 비로소 "정치적 동물"이 된 것이다. 무장의 조건과 시민의 덕성은 불가분의 관계에 있다는 것이 마키아벨리의 이론이었다면, 해링턴은 여기에 자유토지라는 재산(부동산)을 첨가하여 마키아벨리의 이론을 당시의 잉글랜드에 적용 가능하도록 만든 혁신적 발상을 했다는 것이다. 그래서 그는 17세기 잉글랜드의 마키아벨리적·시민적 휴머니스트가 되었다.

12~13장은 아리스토텔레스-마키아벨리의 시민적 덕성 개념이 어떻게 잉글랜드화하는가에 대한 것이다. 이 장들에서는 해링턴과 신해링턴주의자들을 매개로 르네상스 피렌체와 전혀 이질적으로 보이는 17세기 잉글랜드에서 어떻게 마키아벨리적 언어가 수용되고 변형되는가

에 초점이 맞추어져 있다. 브루니, 마키아벨리, 해링턴을 통해 이어지는 지적 계보 속에서 혼합정체론과 무장 이론 및 재산 이론은 덕의 총체성과 안정성의 획득을 위한 일련의 규범들을 제공해 주었다. 이 상황에서 새로운 섬이 있다면 이제 변화가 완전한 무질서로서가 아니라 인식 가능한 사회적·물질적 과정의 관점에서 정의될 수 있다는 것이었다. 덕의 반테제는 운이 아니라 부패로 바뀌었다. 샤프츠베리가 쓴 것으로 추정되는《신분이 높은 한 사람이 지방의 친구에게 보내는 편지》(1675)에서 제시된 신해링턴주의는 해링턴에 의거하면서도 그것을 17세기 말의 궁정파 대 지방파 이데올로기의 대결이란 상황에 적용 가능한 방식으로 변형하는 데 기여하였다. 이제 왕에 의한 후원제도와 상비군의 존치를 주장하는 궁정파와 그것에 반대하는 지방파 간의 논쟁이 새로운 무대를 장식하였고, 후자의 주역은 젠트리 계급이었다. 그들에게 특히 상비군은 무장한 독립적 시민이라는 오랜 명제를 갉아먹는 부패의 화신 같은 것으로 보였다. 돈을 주고 스스로의 안전을 지킨다는 것은 시민적 덕성의 개념에 정면으로 반대되는 것이었기 때문이다.

14장은 1688년 혁명 이후 반세기 간의 이른바 아우구스투스기 혹은 신고전기의 이데올로기적 논쟁을 다루고 있다. 이때는 잉글랜드가 그야말로 "잉글랜드적"인 것에서 "브리턴적"인 것으로 나아가고 있던 때였다. 18세기 초에는 금융혁명이 일어나 사회가 완연한 신용경제 체제로 이행하는 국면을 겪고 있었다. 국가의 번영은 정권의 안정과 정부활동의 확대, 전쟁의 수행 등과 직접 관련되었다. 그것을 위한 수단으로 등장한 것이 잉글랜드 은행과 국채/공채였다. 이러한 새로운 금융·재정제도들은 본질적으로 국가에 자본을 빌려주는 투자자들을 고무하기 위한 일련의 장치였다. 이제 마키아벨리적 덕성은 신용이라는 전혀 새로운 적을 만나게 되었다. 아우구스투스기의 복잡다단한 논쟁은 결국 이러한 새로운 환경과 그것을 표현하는 새로운 언어가 전통적인 언어와 만나서 싸우고 절충하고, 그리하여 새롭게 변형된 언어가 재탄생하는 과정이라 할 수 있겠다. 이는 대략 다음의 4단계로 나누어진다. ① 1698~1702: 상비군 논쟁: 존 톨런드, 존 트렌처드, 월터 모일, 앤드류 플레처, 찰스 대버넌트(지방) 대 대니얼 디포와 조나단 스위프트(궁정), ② 1711~14: 스위프트(토리) 대 애디슨 및 디포(휘그), ③ 1719~20: 존 트렌처드와 토머스 고든이 주도, ④ 1726~34: 볼링브로크의 《장인(匠人)》 대(對) 토머스 쿡-아날의 《런던 저널》 및 허비의 《고대와 근대 자유에 대한 진술과 비교》. 특히 18세기 논쟁에서 신용경제의 도래가 새로운 언어를 창출해가는 과정은 흥미진진하다. 신용이라는 가상의, 하지만 동시에 현실적인 "판타지아"(환상)가 물건에 대한 욕구나 감정을 통하여 사회를 장악해가는 과정을 따라가노라면, 때로 현재의 한국사회를 보고 있는 착각이 들 때도 있다. 자본주의 사회의 구조성 같은 것이 느껴지기 때문이다. 하여튼 이러한 논쟁을 추적해 가면 잉글랜드는 18세기 초를 거치며 어느덧 명실상부한 자본주의 사회로 이행해 버렸다는 인상을 받게 된다.

마지막 15장은 지금까지의 논의가 건국을 전후한 아메리카에 적용되는 부분인데, 약 50쪽의 길지 않은 분량임에도 불구하고 미국 역사학계를 거의 20여 년 동안 공화주의 대 자유주의 논쟁의 와중으로 몰아넣은 막강한 영향력을 자랑한다. 종래에는 루이스 하츠(부어스틴도 포함해서)의 통설을 따라 아메리카가 로크의 자유주의에 건국의 토대를 두었다고 생각했으나, 20세기 중엽 베일린 및 우드와 그것을 수정, 발전시킨 포칵의 연구로, 18세기 초 잉글랜드의 아우구스투스기 정치가 아메리카에서 엘리트 계급의 에토스와 상향적 성격의 수사학, 그리고 건국시조 및 그들 세대의 단일한 문화적·지적 동질성을 위한 설명을 제공하였다는 것이 밝혀졌다. 아메리카 혁명은 잉글랜드와 아메리카 간의 단절 이상으로 연속의 드라마였다는 것이다. 아메리카인들은 잉글랜드에서 승리한 의회군수정 대신 마키아벨리적 원리가 살아있는 시민적 덕성의 정치학을 택했고, 나아가 그것을 행동으로까지 보여주었다는 것이다. 물론 아메리카의 경우가 단순히 마키아벨리적 언어의 부활이었던 것만은 아니었다. 그곳에도 제퍼슨의 공화주의 대 해밀턴의 연방주의 논쟁이 있었고, 전제적 경향의 해밀턴과 절충파 매디슨의 갈등도 그 일부였다. 하지만 포칵은 아메리카가 우드가 말한 "고전적 정치의 종말"의 장은 아니었다고 본다. 즉 퓨리턴적 계약의 진정한 계승자는 르네상스 휴머니즘에 연유한 공화국이었고, 부패에 대한 두려움이야말로 아메리카 특유의 예레미아적 비탄의 진정한 계승자였다는 것이다. 또한 아메리카 독립의 토대는 마키아벨리적(루소적인 것까지 포함해서) 계기를 통해 이루어졌다는 것이다. 물론 이러한 주장이 아메리카 건국에 미친 로크의 영향을 전적으로 부정하는 것은 아니다. 하지만 마키아벨리적 공화주의 전통은 이제 아메리카 역사의 부인하기 힘든 토대 중 하나로 자리잡기에 이르렀다. 키케로-마키아벨리-해링턴-제퍼슨이라는, 도저히 잇기 힘들 것 같았던 사상의 띠가 드디어 연결된 것이다.

*

이 책은 J. G. A. Pocock, *The Machiavellian Moment: Florentine Political Thought and the Atlantic Republican Tradition*, 2nd ed. with a new afterword (Princeton: Princeton University Press, 2003)의 완역이다. 이 책을 한국학술진흥재단(지금의 한국연구재단)의 번역

과제로 신청한 때가 2003년이니 무려 8년이 지난 셈이다. 번역 자체는 2007년 상반기에 완료되었지만 그 뒤 좀더 행문을 가다듬어야 되겠다는 생각으로 출판을 미루어 왔으나, 과연 소기의 성과를 거두었는지는 독자 제현이 판단할 몫이다.

이 책의 번역은 대단히 지난한 과정이었다. 15, 6세기 이탈리아와 17, 8세기 잉글랜드 및 18세기 아메리카로 이어지는 이 책의 구성과 내용은 수많은 사상가가 활동했던 시공간과 그들이 남긴 다기 다양한 텍스트에 대한 역사적·언어적 이해를 요구하였다. 게다가 저자인 포칵의 고풍스럽고 난해한 문체와, 역사가들조차도 주눅 들게 하는 엄청난 박식(博識)까지 덧붙여지면서 텍스트를 읽어나가는 일 자체를 어렵게 만들고 있다. 물론 역자가 이 모든 난점들을 극복할 수 있었던 것은 아니지만, 어쨌든 최선을 다해 작업을 완료하여 이제 빛을 보게 되었으니 무거운 짐을 내려놓은 기분이다.

이 책을 내면서 포칵 교수와의 오랜 인연을 다시 되새기지 않을 수 없다. 역자는 1988~89년에 풀브라이트 스칼라로 존스홉킨스대학에 머물게 되었는데, 당시 연구주제는 "존 애덤스의 마키아벨리적 공화주의"였다. 이를 계기로 포칵 교수의 대학원 세미나에 참석하게 되었고, "17세기 이탈리아 정치사상에서의 국가 이성과 마키아벨리즘"이라는 제목으로 발표했던 기억이 난다. 귀국 후 포칵 교수의 조언과 당시 구한 자료들을 바탕으로 "바로크시대 이탈리아의 마키아벨리즘 연구: 국가이성론과 타키투스주의를 중심으로"란 박사학위 논문을 썼다(이는 뒤에 《마키아벨리즘과 근대 국가의 이념》〔현상과 인식, 1996〕으로 간행되었다). 이후 그와 주고받은 편지 어느 곳에서 나는 언젠가 이 책을 번역했으면 좋겠다는 바람을 피력한 적이 있는데, 이제 그것이 결국 실현된 셈이다.

번역에 착수한 지 너무 긴 시간이 흘러 작업을 도와준 수많은 분들의 이름을 일일이 거명하기도 어려울 지경이다. 결과보고서 심사를 맡은 익명의 두 분 학자는 여러 가지 좋은 의견을 제시해 주었고, 조승래 교수는 이 작업이 시작되었을 때부터 끊임없는 관심과 격려를 보내주었다. 나남 편집부의 김재호 선생의 꼼꼼한 교정도 큰 도움이 되었다. 이 모든 분들에게 고마운 마음을 전한다. 부디 이 졸역이 근대 정치사상사 연구자들은 물론이고, 한국의 정치체제에서 공화주의가 차지하는 의미(한국은 왜 민주"공화국"인가?)를 되새기려는 학자와 실천가들에게 두루 참고가 되었으면 더 바랄 것이 없겠다.

2011년 1월
눈 덮인 금정산 자락에서
곽 차 섭

마키아벨리언 모멘트 ①

피렌체 정치사상과 대서양의 공화주의 전통

차례

제 2 부 공화국과 그 운

피렌체의 정치사상, 1494~1530

2 권 차례

마키아벨리언 모멘트 ②

피렌체 정치사상과 대서양의 공화주의 전통

일러두기

1. 책 속의 주요 개념어는 가능한 한 일관된 역어로 옮기려 하였다. "virtue" 및 "virtù"와 같이 영어와 다른 외국어 개념어가 상이한 뉘앙스로 병용되는 경우, 각각 "덕/덕성" 및 "비르투"로 옮겼다. 하지만 문맥상 문제가 없을 때는 "vita activa"처럼 "비타 악티바"와 "행동적 삶"을 섞어 쓴 경우도 있다. 말미에 참고로 〈번역용어목록〉을 첨부해 놓았다.

2. 본문 하단에 각주와 같이 나오는 *표 부분은 모두 역주이며, 원문의 각주 번호는 원래 그대로이다. 본문이나 각주 중에 간단한 역주를 단 경우도 가끔 있는데, 이때는 역주 끝에 "옮긴이"라고 밝혀놓았다.

3. 원문의 각주에는 출처표시 뒤에 종종 본문의 영역(英譯) 인용문의 이탈리아 원어(프랑스어인 경우도 가끔 있다)—때로는 그 전후 구절까지도—가 제시되고 있으나, 이를 그대로 싣는 것은 현재의 한국 독자들에게 꼭 필요하지는 않을 것이란 생각에서 생략하였다.

4. 번역은 되도록 원문에 충실하되, 워낙 문장이 길고 난해한 구절들이 많다는 점을 감안하여 때로는 뜻을 살리는 쪽으로 의역하였다.

서론

이 책은 두 개의 주요 부분으로 나누어져 있으며, 논의되는 주제가 매우 복잡하기 때문에 어쩔 수 없이 책의 분량이 많아지지 않을 수 없었다. 나는 제1부와 2부로 다시 세분되는 책의 전반부에서, 지금까지 영어권에서는 전혀 시도되지 않았던 방식으로, 마키아벨리를 그와 동시대인이자 대등한 인물들—사보나롤라, 귀차르디니, 잔노티 등을 비롯한 여러 사람들—과 함께 묶어 당시의 피렌체 정치사상에 대해 다루어 보고자 하였다. 그리고 이를 위해 피렌체 공화주의를 제1부의 3개 장에서 분석된 콘텍스트 속에 놓아보았다. 내가 여기서 가정하고 있는 바는 시민적 휴머니스트들이 공화주의적 이상을 다시 살려낸 덕분에 한 사회 전체의 비전에 관한 어떤 문제가 제기되었다는 것인데, 그것은 일찍이 아리스토텔레스가 묘사했던 인간의 정치적 본성이, 어떤 세속적 성취의 가능성도 부정하는 그리스도교적 시간체계의 틀에도 불구하고, 생존을 위해 투쟁하면서 마침내는 스스로를 성취하게 된다는 것이었다. 더욱이 나는 이 시기 유럽 지식인들이 세속시간을 인지할 수 있는 길은 몇 가지로 한정되어 있었다고 추정하며, 이를 첫 3개 장에서 관습(custom), 은총(grace), 운(fortune)이라는 표제 아래서 논의하였다. 나로서는 시간 속에서 살아남고자 하는 공화국의 존재라는 문제를 다른 방식이 아닌 오직 이러한 접근법으로 다룰 수밖에 없었다. 그리고 바로 이것이야말로 16세기 첫 4반세기의 피렌체인들—각별히 마키아벨리와 같은—이 이같이 제기된 문제를 진술하고 탐구한 방식으로서, 이 때문에 그들의 사상은 특기할 만한 성격을 부여받게 되는 것이다.

"마키아벨리언 모멘트"(the Machiavellian moment)란 두 가지 방식으로 해석되는 말이다. 첫째, 그것은 마키아벨리적 사상이 출현하는 계기(契機)와 양식(樣式)을 가리킨다. 여기서 독자들이 기억해야 할 것은, 이 책이 피렌체 공화국 말년의 "정치사상사"—그것이 어떤 것이든 간에—나 혹은 연구대상이 되는 관념이 형성되는 과정을 "설명하기" 위한 당시 피렌체인들의 정치 경험의 역사 같은 것이 아니라는 점이다. 문제의 "계기"라는 말은 선택적이면서 동시에 주제중심적으로 정의된다. 그것이 주장하는 바는, 중세와 근대 초기 유럽인들의 현세적 의식에 내재한 어떤 지속적인 패턴이 결국 공화국의 발현과 그것에 대한 시민의 참여로 이어졌다는 것이다. 이 과정에서 스스로를 역사 속에서 이해하려는 자각의 문제가 형성되었는데, 마키아벨리를 비롯한 동시대인들은 명시적이든 묵시적이든 이와 씨름했던 것으로 볼 수 있다. 이러한 역사적 자각의 문제는 그들의 시대는 물론이고, 대체로 그들이 이를 통해 이룬 결과 덕분에 그로부터 2~3세기가 지나도록 여전히 결정적인 것으로 남아있었다. 이 문제와의 투쟁은 단지 그들의 사상이 거쳐 온 복잡다단한 역사적 실재 중에서 선택된 어느 한 측면일 뿐이기는 하지만, 그럼에도 불구하고 그것은 분명히 역사적으로 실재했던 것이었다. 또한 그들이 맞이했던 "계기"란, 피렌체인들이 당시 점점 더 결정적인 것으로 되어가고 있던 이 문제와 맞섰던 바로 그러한 것으로 정의된다.

둘째로 "마키아벨리언 모멘트"란 문제 그 자체를 가리킨다. 그것은 개념화된 시간 속의 특정 시기를 나타내는 이름으로, 이 시기를 통해 공화국은 본질적으로 세속적 안정성의 모든 체계를 파괴하는 것으로 인식된 비합리적 사건들의 흐름 속에서 도덕적·정치적 안정을 위해 노력하며, 스스로의 현세적 유한성과 맞서고 있는 것처럼 생각되었다. 이러한 과정을 설명하기 위해 만들어진 당시의 언어로 표현하자면, 그것은 "덕"(virtue) 대(對) "운" 및 "부패"(corruption) 간의 대결이었다. 피렌체 정치사상의 연구는, 이 책 초반부의 장들에서 탐구된 시간에 대한 그들의 사고방식들이라는 콘텍스트 안에서 마키아벨리를 위시한 그 당시 사람들이 어떻게 이 말들을 이런 방식으로 쓰게 되었는가에 대한 연구에 다름 아니다. 나는 마키아벨리가 이러한 문제의 추구에 몰입한 크고 작은 수많은 인물들 중 하나라는 사실을 보여주고자 한다. 나는 또한, 이러한 것이야말로 그의 사상을 연구하기에 적합한 콘텍스트라는 것, 그리고 이런 식의 연구를 통해 그동안 마키아벨리 사상의 연구에 가해진 과장적이면서 아무런 특수성도 고려되지 않은 상당수의 해석들을 줄여나갈 수 있다는 것 역시 보여주고자 한다.

나아가 세속적이고 정치적인 자의식이 계속해서 역사적 자각의 문제들을 제기하고 있었다는 의미에서, "마키아벨리언 모멘트"는 어떤 지속적인 역사를 가진다는 것이 확실한데, 중세 그리스도교 양식에서 근대의 역사적 양식에 이르기까지 서양사상의 여정 일부를 이루고 있던 것도 바로 이러한 문제들이었다. 마키아벨리와 그의 동시대인들, 그리고 베네치아의 실례(實例)에 대한 피렌체의 이론과 그 이미지는 이러한 지속적 문제들에 대해 패러다임적 차원의 중요한 유산을 남겨주었다. 즉, 시민적 인격의 형성과정에서 균형정체와 역동적인 비르투(virtù), 그리고 무장(武裝) 및 토지가 담당한 역할 등에 대한 개념들이 그것이다. 책의 후반부인 제3부에서, 나는 17, 8세기 잉글랜드 및 아메리카 사상에서 나타나는 "마키아벨리적 계기"의 역사를 따라가며, 영어권의 정치적 전통이 로크적이며 버크적인 헌정주의뿐 아니라 공화주의적이며 마키아벨리적인 개념과 가치들의 기수였다는 점을 보여주려 하였다. 여기서 결정적인 인물로 지적되는 인물이 제임스 해링턴인데, 그는 시민적 휴머니스트의 사상과 잉글랜드의 정치·사회적 인식, 그리고 마키아벨리의 무장 이론과 자유보유 토지(freehold property)의 중요성에 대한 보통법(common law)의 이해를 종합하였던 것이다. 제 3부의 첫 3개 장은 어떻게 해서 고전적 공화주의의 정치표현이 전혀 배경이 다른 것으로 보일 법한 내전기 잉글랜드에 적절한 것처럼 비치게 되었는가를 고찰하는 데 할애되어 있다. 당시 잉글랜드에서는 튜더가의 왕정주의가 퓨리턴의 종교적 민족주의 및 종파주의와 갈등을 빚음으로써, 피렌체에서 그랬음직한 것보다 오히려 더 경쟁적인 수많은 사상적 스타일과 언어들을 존재하도록 하는 데 크게 일조하였다. 어느 정도까지는 퓨리턴적 천년왕국 사상의 계승이기도 한 신고전주의적 정치개념이 지속적으로 성장하여 18세기 잉글랜드와 아메리카를 지배한 것은 탐구를 요하는 현상이며, 따라서 책의 나머지 부분은 이에 대해 고찰되고 있다.

"마키아벨리언 모멘트"의 18세기 형태가 책의 결말을 이루는 장들의 주제인데, 그 강조점은 점점 더 아메리카를 향해 주어지고 있다. 이 시기 동안 "덕"과 "부패" 간의 대결은 사회·역사철학에서 핵심 문제였던 것으로 생각되며, 아울러 그것의 휴머니스트적·마키아벨리적 어휘는 근대 초기 자본주의에 대한 기본적으로 적대적인 인식에 매개체의 역할을 한 것으로 보인다. 당시 그러한 적대감은 시장에서의 좀더 직접적인 교환활동보다는 오히려 정교한 공공신용(public credit)의 규약을 의식하면서 나타났다. "운"의 역할은 점차로 "신용"(credit)과 "상업"(commerce)의 개념이 떠맡아갔다. 이로 인해 사상가들은 세속적 시간을 단순한 무질서로 간주하기보다는 더욱 역동적인 것으로 인식하게 된 반면, "덕" 대 "부패" — 혹은 "덕" 대 "상업" — 라는 반(反) 테제적 대립은, 한편으로는 가치와 인격 간에, 다른 한편으로는 역사와 사회 간에 최초의 근대적이고 세속적인 형태로 나타난 투쟁을 표현하는 수단으로서 계속하여 작동하였다. 18세기에 관한 한, 이러한 투쟁이 절정에 달한 것은 유럽에서 변증법적 역사인식이, 그리고 아메리카에서 전지구적 공간에 대한 유토피아적 인식이 시작되면서부터이다. 이들 지역에서는 본질상 르네상스적인 시간인식이 19세기까지도 여전히 지속되었던 것으로 보인다. 레오나르도 브루니만큼이나 멀리 소급되는 피렌체 휴머니스트들과 함께 시작되었던 것이 이후 근대적 역사관과 역사로부터의 소외에 대한 근대적 의미를 형성하는 데 중요한 역할을 수행했다는 사실을 우리는 확인하게 되는 것이다.

이 책은 원래 노먼 F. 켄터가 자신이 편집하고 있던 한 총서의 일환으로 나에게 16, 7세기 유럽의 헌정사상에 대한 연구서를 써보지 않겠느냐고 요청한 데서 출발하였다. 그런데, 거의 10년의 세월이 지나는 동안, 책은 그나 내가 원래 의도했던 바를 훨씬 넘어버렸다. 하지만 처음에 그가 보여준 격려나, 또는 당시의 출판사(존 윌리 앤드 산즈)가 나의 책무를 면하게 해준 데 대한 감사의 말을 빠뜨릴 수는 없다.

이 연구서를 저술하는 데 있어 나에게 가장 의미있는 저작을 남겼던 학자들을 꼽는다고 할 때, 무언가 신성한 분위기 속에서 — 물론 논쟁의 대상이기는 하지만(그가 보여준 선행지식이 없었더라면 훨씬 더 그랬을 것이다) — 이 책 전체를 휘감고 있는 것은 누구보다도 한스 바론의 존재이다. 저작이나 대화를 통해 내가 더욱 직접적으로 도움을 받은 학자들 중에서는 펠릭스 길버트, 도널드 와인슈타인, 윌리엄 J. 보우스마, 존 M. 왈러스, 고든 S. 우드가 특히 두드러진다. 역사가의 공방(工房)에 한층 더 가까운 학자들로서는, J. H. 헥스터(예일대), 피터 리젠버그와 존 M. 머린(세인트루이스 소재 워싱턴대), 리처드 E. 플래쓰먼(시애틀 소재 워싱턴대), 퀜틴 스키너(케임브리지대) 등이 책이 저술되는 여러 단계에서 원고의 여러 부분을 읽고 비판을 해주었다. 물론 그들은 책 내용에 아무런 책임이 없다. 심지어 스키너 씨는 책 제목까지도 제시해주었다. 하지만 내가 그것을 제목으로 사용했다고 해서 혹시라도 그것으로 인한 비난을 그가 받아서는 안 될 것이다. 정치사상연구회 세인트루이스 지부의 동료들인 피터 퍼스, 맥스 오켄퍼스 및 헨리 샤피로에게도 감사의 뜻을 표한다. 그들은 내가 그 연구회를 관장하고 있을 때 모든 일을 무던히도 인내해주었다. 바쁜 시간에도 불구하고 찾아보기를 만들어준 내 소중한 아내에게도 고마운 마음을 전한다. 워싱턴대학(세인트루이스)의 대학원 및 사학과는 지난 8년간 변함없이 나에게 물질적·도덕적·지적인 도움을 제공해주었다.

1973년 11월 워싱턴대학(세인트루이스)에서,
J. G. A. 포칵

제 1 부

개별성과 시간

개념적 배경

제 1 장

문제와 그 양식

1) 경험 · 관례 · 분별

[I]

이 책 전편을 통해 계속 유지되는 저술의도는 새로이 출현하는 역사주의의 콘텍스트 안에서 근대 초기 공화주의 이론을 자세히 묘사하는 것이다. 당시의 역사주의는 중세와 르네상스기의 사람들 — C. S. 루이스가 "옛 서양인"이라 불렀던 인물들과 같은[1] — 이 개별적이고 우연적 사건, 또는 어떤 일이 우연적으로 발생하는 차원으로서의 시간을 다루고자 하는 목적으로 자신들에게 사용 가능했던 관념과 개념적 어휘를 조합해 만든 결과물이었다. 공화국, 즉 아리스토텔레스적 폴리스가 15세기 시민적 휴머니스트 사상 속에 개념화되어 다시 나타났을 때, 그것은 보편적이자 개별적인 의미를 동시에 지니고 있었다. 그것은 시민들이 이 생(生)에서 이룰 수 있는 모든 가치를 실현할 수 있도록 하기 위해 존재한다는 의미에서는 보편적이었고, 스스로 시공간 속에서 유한한 존재로 남아있을 수밖에 없다는 의미에서는 개별적이었다. 그것에는 시발점이 있었으므로 종착점 역시 있을 것이었다. 그리고 이 때문에, 공화국이 어떻게 하여 성립되었으며 과연 스스로를 유

---

1) "De Descriptione Temporum," in his *Selected Literary Essays* (Cambridge University Press, 1969).

지해 나갈 수는 있는지를 입증하는 문제, 또한 보편 가치들을 실현하려는 공화국의 목적을 그것의 현세적인 삶이 노정하는 불안정 및 그에 따른 무질서와 조화시키는 문제가 모두 결정적으로 중요한 의미를 지니게 되었다. 결과적으로 공화주의 이론의—그리고 비록 그 이전은 아니겠지만, 일단 이러한 것이 무대 위에 출현하고 난 뒤에는 모든 정치 이론의—핵심 요소는, 시간에 대한 관념, 시간 차원에서 일어나는 우연적 사건에 대한 관념, 그리고 우리가 역사라 불러야 하는 것을 구성하는 일련의 개별적 사건들(이를 과정이라고 부르기에는 아직 너무 이르다)의 이해 가능성에 대한 관념들로 이루어져 있었다. 공화주의 이론을 역사주의의 초기 형태라고 부를 수 있는 것도 바로 이 때문이다. 물론 우리는 우리가 쓰는 말 "역사"(history)에 내포된 많은 함의들이 당시에는 다른 말들, 그리고 다양한 언어로 된 그것들의 등가어로부터 탄생했다는 것을 알고 있다. "관례"(usage), "섭리"(providence), "운" 등이 그러한 말의 일부이다. 이러저러한 함의의 용어들로 확대되는 잘 발달된 개념 어휘가 존재하고 있었고, 이러한 어휘들은 어느 정도까지 서로 긴밀하게 연결되어 있었다. 이 덕분에 16세기인들로 하여금 역사철학의 등가물이라 할 만한 것을 명료하게 표현할 수 있도록 해준 관념체계를 재구성하는 것이 가능하며, 또 그렇게 하는 것이 결코 부적절해 보이지도 않는다. 이러한 관념체계는 수많은 난관과 좌절에도 불구하고 나름의 개념틀을 형성하였는데, 비베레 치빌레(vivere civile), 즉 시민적 삶의 이론—공화국에서의 행동적 시민의식에 대한 이상—이 스스로를 유지하기 위해 투쟁해야만 하는 것도 바로 이러한 틀 안에서였다. 그리고 이러한 투쟁이 곧 이 책의 주제이다.

그러므로 1부의 3개 장은 이러한 어휘들의 주요 부분, 즉 시간 속의 개별적인 현상, 개별적인 사건을 가능한 한 이해할 수 있도록 해준 주요 양식들로 보이는 것을 설명하는 내용으로 채워져 있다. 우리가 내내 염두에 둔 가정은 당시 사람들에게는 이것이 어려운 일이었다는 것이다. 중세 말과 르네상스의 지식인들에게는 보편적인 것이 개별적인 것보다 더 이해하기 쉽고 합리적으로 보였다. 즉 개별자는 유한하므로 시공간적으로 국부적이며, 그리하여 시간은 개별자가 존재하는 차원이 되고, 따라서 그것은 합리성과 이해 가능성이 체감되는 개별자의 성질을 공유한다는 것이다. 당시 사용된 언어를 살펴보면, 이러한 가정이 어떤 철학적 설명을 가능케 한다는 것을 알 수 있다. 앞으로 하나하나 분리하여 자세히 살펴볼 당시의 핵심 어휘들은, 그것들이 적어도 완전히 합리적이지는 않다는 가정 아래서 하위(下位) 철학적 성격을 지니고 있었으며, 아울러 시간 및 개별자를 이해 가능하도록 해주는 수단을 제공한 것으로 보인다. 여기에 제시되는 가설들은 중세 후기 철학에 대한 것으로서, 왜 이 불완전한 합리성이 당시 사람들의 마음에 혼란을 가져다 줄 수도 있었는지, 그 가능성을 입증하고자 의도된 것이다.

다음과 같은 일반론이 제시될 수도 있겠다. 중세 철학에서는, 시공간으로부터 독립된 보편 범주 혹은 보편 명제만이 합리적 이해의 유일하고도 진정한 대상인지의 여부를 두고 논쟁하는 경향이 있었다. 그러한 것에 대한 지식에 도달하는 과정은 사실 시공간 안에서 이루어질 수밖에 없었다. 하지만 그것의 진리성 혹은 실재성에 대한 인식은 시공간으로부터 독립적인 다양한 지각 작용에 기초하고 있었다. 즉 시간과 정황을 초월하는 자명성이 존재했던 것이다. 이러한 질서의 실재는 보편자로 구성되었고, 이성의 활동이란 곧 보편자의 영속적 합리성을 인식하는 정도까지 상승된 지력으로 이루어져 있었다. 자명한 명제의 진리성은 자기 충족적인 것으로서, 다른 어떤 명제에 대한 우연적 인식에 의거한 것이 아니었다. 더욱이 시공간 속에서 변천하는 증거에는 더더욱 기대지 않았다. 영속성은 바로 이러한 자기 충족적 성질 속에 존재하고 있었다. 반면, 개별자에 대한 지식은 정황적이고 우발적이며 현세적인 것이었다. 그것은 지식을 추구하는 사람의 덧없는 육체가 지닌 지각 작용에 기초하고 있었을 뿐 아니라, 어떤 사람들이 자신들의 지각을 통해 감지하거나 알거나 믿게 된 것을 다시 그의 감각에 보낸 메시지에 근거하는 경우도 빈번하였다. 이러한 이유 때문에, 또한 개별적 현상에 대한 명제들은 한 명제가 영원히 다른 명제에 종속적인 우연성의 차원을 통해 움직임으로써 구성될 수밖에 없었기 때문에, 개별자에 대한 지식은 시간 속에 갇혀 있었으며, 이는 마치 개별자에 대한 지식의 탐구 대상인 현상들이 시공간의 개별성에 의해 국부화됨으로써 스스로 시간 속에 갇혀 있었던 것과 같은 것이었다.

우리가 만약 "역사"라는 말을 이러한 시간 차원에 붙이는 이름으로 사용한다면, 스콜라사상적 "역사철학"은 역사의 우연적이고 하위(下位) 합리적 특징을 강조했다고 말할 수 있을 것이다. 하지만 스콜라사상적 지성은 몇 가지 의미에서 전혀 역사철학이라는 것을 제공하지 않았다고도 말할 수 있다. "역사"라고 할 때 우리가 보통 의미하는 바는 사적이고 주관적이기보다는 사회적이고 공공적인 특징을 가지고 시간 속에서 일어나는 사건들의 연속이며, 우리는 그것을 처음에는 이야기로, 다음에는 일련의 과정으로 구성하고자 노력한다. 그러나 스콜라사상가들은 이러한 목표를 높게 평가하지 않았다. 그들은 아리스토텔레스를 따라, 마치 시가 철학에 비해 더 열등한 것처럼, 단지 어떤 이야기를 하는 것에 불과한 내러티브는 사건의 보편적 의미들을 조명하는 면에서 모자라기 때문에 시보다 더 열등하다고 생각하였다. 이러한 의미들은 개별적 사건을 모두 포기해 버리고 그것을 넘어선 보편 범주에 대해 숙고함으로써 가장 잘 이해될 수 있다는 것이다. 일련의 과정과 그러한 과정이 전개되는 차원으로서의 시간에 대해, 아리스토텔레스적 지성이 선택한 변화과정이란 그것에 의해 사물이 존재하게 되었다가 이어서 존재하지 않게 되는 피시스(physis) 바로 그것이었다. 그것은 사물이 그 목적을 성취하고 그 형상을 완비하고 그 잠재력을 구현한 뒤 결국에는 스러져가는 과정으로, 이 모든 것이 존재하게 되었다가 이어서 존재하지 않게 되는 것에 대한 관념의 연장선상에 있었다. 모든 것이 시간 속에서 종말에 이르기는 하지만, 시간에 대한 이해 가능성은 사물의 존재 양상에 더 근접해 있었는데, 왜냐하면 본질적인 수축과 확장은 사물의 존재와 부재 속에 내재되어 있으며 시간이야말로 바로 존재와 부재의 척도이기 때문이라는 것이었다. 하지만 어떤 사물의 존재와 부재는 그것을 다른 것으로 교체하는 것과 동일하지는 않다. 사물들 간의 교체가 열린 과정인 반면, 전자는 닫힌 과정이다. 또한 아리스토텔레스적 지성이 변화를 피시스와 동일시하는 한, 그것은 순환적 과정 개념을, 따라서 순환적 시간관을 택하는 경향이 있었다. 여기에는 시간을 완전히 이해 가능하도록 해주는 이점이 있었다. 만약 시간이 운동에 의해 측정되어야 하는 것이라면, 아리스토텔레스의 생각으로는,

> 규칙적인 원운동이야말로 다른 어떤 것보다도 척도로 적합하다. 왜냐하면 이 운동에 대해서는 수많은 예가 아주 잘 알려져 있기 때문이다. 교체되는 것, 증가되는 것, 존재하게 되는 것, 그 어느 경우도 규칙적일 수 없으나, 운동은 규칙적일 수 있다. 이는 또한 시간이 구체(球體) 운동이라 생각되는 이유이기도 하다. 예컨대 다른 운동들은 모두 이 운동에 의해 측정되며, 시간 역시 그러하기 때문이다.
>
> 이는 또한 인간사란 돌고 돈다는 속담이나, 자연적인 운동을 하면서 존재했다가 사라지는 다른 모든 것들에 주기가 있다는 말을 설명해준다. 이는 다른 모든 것이 시간에 의해 구별되고 마치 주기에 따르듯이 끝나고 시작되기 때문이며, 심지어는 시간 그 자체조차도 원을 그린다고 생각되기 때문이다. 그리고 이러한 견해가 재차 주장되는 것은 시간이 이러한 종류의 운동에 척도를 제공할 뿐 아니라 그 자체가 이러한 운동에 의해 측정되기 때문이다. 그래서 존재하게 되는 어떤 것이 원을 그린다고 말하는 것은 시간의 원이 존재한다고 말하는 것과 같다. 그리고 이는 곧 시간이 원운동에 의해 측정된다고 말하는 것이 된다. 왜냐하면 척도로부터 분리된다면 측정되는 그 어

떤 것도 관찰되지 않기 때문이다. 전체란 단지 다수의 척도들일 뿐이다.[2)]

가장 완전한 도형은 구체이며 따라서 그것이 최상의 척도라는 이유로 시간을 원으로 간주하는 것은 단지 어떤 지적 편리성을 위한 것일 뿐 결코 다른 어떤 것, 예컨대 우주의 궁극적 이해 가능성에 대한 믿음 같은 것을 표현한 것은 아니었다는 점은 아리스토텔레스 자신부터가 잘 알고 있었고, 이는 우리가 쉽게 탐지해 낼 수 있는 사실이다. 그가 원의 개념을 역사, 즉 "인간사"에다 적용하기란 어렵다는 것을 이해하고 있었다는 점 역시 그리 어렵지 않게 알 수 있다. 왜냐하면 인간사에서는 엄청나게 다기다양한 일들이 예측 가능한 순서 없이 일어나는 법이며, 이때 이러한 일들이 원을 이룬다고 말하는 것은 단지 다양한 인간 경험의 총체가 스스로의 자기 성취적이고 자기 반복적인 피시스를 가진 하나의 단일하고도 거대한 실체를 형성한다는 것을 말하고자 하는 것일 뿐이기 때문이다. 이러한 주장을 할 만한 후기 아리스토텔레스주의 철학 유파들이 존재하기는 했으나, 그 중요성을 결코 과대평가해서는 안 된다는 경고도 있다.[3)] 피시스를 인간사에 적용하는 것은 지적 편리성을 위한 것이자 동시에 하나의 은유라는 것은 이미 충분히 알려져 있는 사실이었다. 그리고, 결국 그리스인이야말로 지

2) Aristotle, *Physics*, IV, 223b-224a; trans. R. P. Hardie & R. K. Gaye in W. D. Ross, ed., *The Works of Aristotle*, VIII (Oxford: The Clarendon Press, 1930).

3) Robert F. Nisbet, *Social Change and History: Aspects of the Western Theory of Development* (New York: Oxford University Press, 1969); Chester G. Starr, *The Awakening of the Greek Historical Spirit* (New York: Alfred A. Knopf, 1968); *History and Theory*, Beiheft 6, "History and the Concept of Time" (Middletown, Conn.: Wesleyan University Press, 1966).

금까지도 여전히 계속되어 오고 있는 정치적 아이러니의 연습으로서의 역사서술, 즉 어떻게 해서 인간의 행동이 의도했던 것과는 다른 결과가 산출되는가에 대한 이해 가능한 이야기로서의 역사서술을 개척한 장본인이었다.

그러나 원형의 피시스를 인간의 역사에 적용하는 것, 즉 어떤 것에서 다른 것으로의 연속을 어떤 단일한 것의 존재와 부재의 연속이라는 비유로 다루는 데는 한계가 있음을 인식하는 것과, 철학적 층위에서 전자와 같은 연속을 다루는 똑같이 만족할 만한 양식을 산출해내는 것은 전혀 별개의 문제였다. 그리스의 지식인들은 역사를 쓰기는 했으나, 그렇다고 역사를 철학적으로 이해 가능한 것으로 만든 것은 아니었다. 이 문제에 대해 그리스도교적 지성이 우주의 순환이란 관념을 "악마의 원무(圓舞)"*라며 전적으로 거부한 것은 당연한 일이었다.[4] 그들은 사건에 대한 그러한 비전이 세계를 창조도 종말도 없는 것으로 만들어 버릴 것이라고 보았다. 하지만 신이 과거의 어느 시점에 세계와 인간을 창조했으며 미래의 어느 시점에서 인간을 구원하고 세계에 종말을 가져올 것이라는 그리스도교적 주장은, 역사 사상의 발전에서 그것이 차지하는 커다란 중요성에도 불구하고, 그 자체가 저절로 시간 속의 개별적 사건 및 현상들의 연속을 이해 가능한 것으로 만들거나 혹은 그러한 연속이 전개되는 차원으로서의 시간에 어떤 각별한 중요성

---

* 프랭크 매뉴얼의 책에서 재인용된 라틴어 원문은 불가타 판의 시편 11장 9절의 "in circuitu impii ambulant"이다. 저자는 이를 "the wicked dance in circles"로 영역해 놓았다. 한글판 "개역 성서"는 영역본에 의지하여 이를 "악인이 처처에 횡행하는 도다"로 옮기고 있다. 하지만 여기에는 원문의 "circuitu"에 담긴 "순환"의 비유가 거의 보이지 않는다. 이 구절은 근대 이후의 영어판이나 한글판 성서에서는 12장 8절에 해당된다. 이하 성경에서의 인용문 번역은 모두 개역 성서에 의거한다.

4) Psalms XI: 9; 다음에서 재인용. Frank E. Manuel, *Shapes of Philosophical History* (Stanford: Stanford University Press, 1965), p. 3.

을 부여해주지는 않았다. 아우구스티누스와 보이티우스는 신의 예지(豫知) 문제, 즉 인간 개개인은 시간에 속박된 자신의 존재를 영구 영원한 신의 즉각적인 현존과 어떻게 연결시킬 수 있는가의 문제에 직면하여, 눈크스탄스(nunc-stans), 즉 신이 창조와 현존이 동시에 행해지는 시간 속의 매순간을 지켜보고 있다는 영원한 현재의 관점에 대한 관념을 상정하였다. 그러나 개개인이 지성이나 믿음의 행위로서 눈크스탄스를 긍정하든 안하든 간에, 그는 결코 그러한 관점을 공유할 수 없을 뿐 아니라 시간 속의 어떤 순간이 다른 순간에 갇혀있는 지성에게는 알려질 수도 없다는 것은 명백한 사실이었다. 또한 그러한 지식이 궁극적으로 그리 중요한 것도 아니었다. 원죄로 물든 인간들 간의 운동이란, 물론 그것이 그들 스스로의 의지와 지성이 타락함으로써 나타난 것이기는 하지만, 신으로부터는 멀어지고 지옥문 쪽으로는 더 다가가며, 의미로부터는 멀어지면서 무의미는 더욱 심화시키는 그러한 운동이었다(이 운동은 단테의 《신곡》 〈지옥편〉에서 찾아볼 수 있다). 역사적 시간은 궁극적인 구원의 약속을 받을 때라야 비로소 똑같이 신을 향해 되돌아가는 운동으로 간주될 수 있었다. 그러나 이는 어디까지나 구원을 위한 은총의 행위가 단발적으로 가해짐으로써 가능한 것이었는데, 그러한 행위는 역사에서 일어나는 세속적 의미의 일들과는 명백히 다르며 굳이 관련을 짓는다 해도 단지 신비적 수준에 그칠 뿐이었다. 역사 속에서 신의 발자국을 찾을 수는 있겠지만, 역사 전체가 그러한 발자국으로 이루어지는 것은 아니었다. 영원함이 시간의 산물들과 사랑을 나눌 수는 있을지 모르지만, 시간은 어디까지나 수동적이고 관성적인 연인에 불과할 뿐이었다. 결국 아리스토텔레스주의화한 그리스도교에는 피시스의 비유를 되살려내려는 경향이 있었다. 인간은 자신의 형상, 자신의 진정한 본성을 잃어버렸고, 레포르마티오(reformatio), 즉 개혁—이는 은총의 사역이었다—은 인간이 잃어버린 것을 되찾아주기 위해 작용하고 있었다. 레뎀프티오(redemptio), 즉 구속(救贖)이란 레포르마티오보다는 좀더 고차적인 어떤 것인가 아닌가에 대한 논란이 있을 수도 있었다. 이는 곧 구속의 행위가 타락 이전의 아담이 있던 상태로 되돌아가는 순환적 운동으로 이루어지는지, 혹은 펠릭스 페카툼(felix peccatum), 즉 행운의 실수에 의해 인간이 잃어버린 것보다 더 높은 수준으로 올라가는 나선형식 상승인지를 둘러싼 논쟁인 셈인데,[5] 하지만 어떤 경우든 그것은 인간의 행위와 고통의 연속으로 이루어져 있지는 않았다. 세속적 시간—어원상으로 볼 때 이 두 단어는 동어반복이다—은 구속의 무대이기는 하지만 결코 구속이 존재하는 차원은 아니었다. 더욱이 구속이 없는 시간은 엔트로피적일 뿐이었다. 즉 그것은 형상을 상실하고 질서에서 벗어나 무질서를 향해 움직이게 될 것이며, 설사 운동의 방향이 역전된다 해도 의미를 가지고 지속되기는 힘들다는 것이었다.

그러므로 개별자의 연속에 대한 그리스도교 사상은 그 개별자를 보편자에 연결시키려는 일련의 노력으로 이루어지는 경향이 있었다. 이러한 노력은 철학적 혹은 시적, 예표론(豫表論)적,* 영적(靈的), 혹은 유추적일 수 있는 수단을 통해 수행되었으나—이를 위해 인상적이고도 장엄하기까지 한 장치들이 도열하고 있었다—그 목적은 개개의 개별자를 영원성에 연결시키면서도 개별자의 연속 그 자체는 아무런 중요성도 없는 것으로 무시하고자 하는 것이었다. 개별자와 연결되어 있

---

5) 일반적으로는 다음을 볼 것. Gerhart B. Ladner, *The Idea of Reform: Its Impact on Christian Thought and Action in the Age of the Fathers* (Cambridge, Mass.: Harvard University Press, 1959). 논쟁의 특수한 예로는 다음을 볼 것. Jesper Rosenmeier, "New England's Perfection: The Image of Adam and the Image of Christ in the Antinomian Crisis, 1634 to 1638," *William and Mary Quarterly*, 3rd ser., vol. 27, no. 3 (July 1970).

* typological. 구약의 사건들이 신약에서 나타나는 예수 그리스도의 행적과 계시를 예표, 즉 미리 형상화하고 있다는 그리스도교 신학 이론.

는 영원한 질서는 세속적인 것도 역사적인 것도 아니었고, 그것이 설사 시간 속에서 스스로를 현시함으로써 역사를 만든다고 하더라도 사정은 달라질 게 없었다. 또한 역사는 종종 — 물론 언제나 그런 것은 아니겠지만 — 일련의 상징화된 것들만은 아닌, 약간은 그 이상인 어떤 것으로 생각되었고, 역사 속에서 이어지는 이야기 역시 약간은 줄거리 설명 이상의 어떤 의미를 지니고 있었다.[6] "현세적"(temporal) 또는 "세속적"(secular)과 같은 단어들이 가진 이중적 의미가 그 진정한 중요성을 드러내기 시작하는 것은 바로 이 지점이다. 즉, 양자 모두가 시간의 관념(템푸스〔tempus〕나 사이쿨룸〔saeculum〕 같은)과 함께, 영속적이지 않기 때문에 신성하지도 않다는 관념도 함축하고 있는 것이다. 이를 다음과 같이 단순화할 수 있겠다. 즉 그리스도교적 세계관은 현세적이고 세속적인 역사에 대한 고려를 배제하는 데 그 기반을 두고 있었다는 것 — 물론 그러한 것을 뛰어넘을 어떤 씨앗을 그 속에 포함하고 있기는 했지만 — 그리고 역사적 설명 양식의 출현은 좀더 현세적이고 세속적인 세계관이 그리스도교적 세계관을 대체한 것과 깊은 관련이 있었다는 것이다.

이 책은 바로 이러한 과정의 어떤 측면들에 관한 것으로서, 그것을 발생케 하는 데 중요한 역할을 한 것이 다름 아닌 정치에 대한 고찰이었다는 점을 논할 것이다. 정치란 "가능성의 기술"이며 따라서 그것은 우연적이라든가 인간을 통치하는 "끝없는 모험"[7]이라든가 혹은 "심연의 망망대해"를 항해하는 "배"[8]라고 표현할 때, 역사적으로 그에 공명

6) 이것의 한 측면에 대해서는 다음을 볼 것. William J. Brandt, *The Shape of Medieval History: Studies in Modes of Perception* (New Haven-London: Yale University Press, 1966).

7) F. S. Oliver, *The Endless Adventure: Personalities and Practical Politics in Eighteenth-Century England* (Boston: Houghton Mifflin, 1931).

8) Michael Oakshott, *Rationalism in Politics and Other Essays* (London: Methuen, 1962), p. 127.

하는 어휘가 존재한다. 그리고 역사와 같은 우연성의 영역, "우연적이고 돌발적이며 예상치 못한 것들의 유희"[9]에 대해 생각해 보면, 세속적 역사서술의 발전에 강력한 자극을 준 것은 바로 이러한 정치관일 가능성이 있다는 사실이 드러날 것이다(따라서 정치적 인간은 그리스도교적 세계관과 나름의 투쟁을 벌였을 가능성이 있다). 그러나 세속적 우연성의 관념이 출현한 것은 결코 전(前)근대적 의미에서의 정치철학으로부터 비롯된 것은 아니었다. 사람에 따라서는 지금도 여전히 그러한 철학의 "위대한 전통"이라 부르고 싶어 하는 것 안에서 볼 때, 정치 공동체는 하나의 보편적 현상, 즉 인간에게는 자연스러운 어떤 것으로 생각되었다. 그것의 관념이나 형태를 기술하고 그것의 원리를 스스로가 소속된 보편 질서의 원리와 연결하려는 노력들이 경주되었는데, 그 이유야 명백하지만 여기에는 개별성과 우연성의 영역으로부터 스스로 벗어나고자 하는 경향이 있었다. 하지만 철학적 전통 안에서조차도 구체적으로 들여다본 정치사회는 세속적이며 따라서 시간에 속박된 현상이라는 인식이 존재하고 있었다. 아마 당시는 완전히 현세적인 이해 가능성의 양식들, 즉 세속적 시간 내부로부터 시간에 속박되었다는 것의 의미를 이해하는 방법들을 준비하는 데까지는 철학적 영역이 확장되지 못한 상태였을 것이다. 하지만, 특수한 정치사회가 시간 속에 존재하는 것으로 보일 때, 특수한 우연 혹은 사건이 시간 속에서 나타나는 것으로 보일 때, 그리고 어떤 특수한 사회가 그러한 사건에 의해 제기된 도전을 흡수하고 그에 반응하는 하나의 구조로서, 또한 과거의 시간 속에서 이루어진 그러한 반응들의 흔적으로 구성된 것으로(그 결과가 제도적이든 역사적이든 간에) 생각될 때, 지적으로 어떤 것이 가능한가의 문제, 즉 정치적 개별성의 문제와 명백한 관련성이 있는 사유 양식들은 오히려 약간은 철학적 전통의 바깥에서 탐지될 가능성이 있

9) H. A. L. Fisher, preface to *A History of Europe* (Boston: Houghton Mifflin, 1935).

다. 이제 우리는 그러한 세 가지 사유 양식을 설명해볼 것이다. 그리고 그 과정에서, 공화주의적 이상이 세속적 개별성 안에 존재하는 보편자의 문제를 제기했을 때 어떤 일이 일어났는지를 밝히는 데 유용한 모형을 구성해 보고자 한다.

[II]

존 포테스큐 경(卿)(Sir John Fortescue 1390년경~1479년)은 당시의 관념들을 약간 조악하게 단순화함으로써 오히려 그것들을 이해하는 데 일조한 잉글랜드의 법률가이자 일종의 아마추어 철학자인데, 그는 대략 1468년에서 1471년 사이 대작 《잉글랜드법 찬양론》을 썼다. 당시 그는 잉글랜드 왕위 계승권을 주장하는 랭카스터가 사람들과 함께 추방 상태에 있었고, 또 그들로부터 대법관(Lord Chancellor)의 직함을 수여받기도 했으나, 이보다 훨씬 더 중요한 사실은 추방 전에 그가 잉글랜드 보통법을 다루는 최고 관직인 고등 법원 재판장(Lord Chief Justice of the King's Bench)으로 봉직했다는 점이다. 후세에 프란시스 베이컨에 대하여 "그는 마치 대법관처럼 철학책을 썼다"는 말이 있다면, 우리는 이와 마찬가지로 포테스큐에 대해서도—물론 이런 경우가 잉글랜드사에서 마지막은 아니겠지만—그가 마치 고등법원 재판장처럼 철학책을 썼다고 말할 수 있다. 이 두 고위 법관직은 사회에 지성을 적용하는 방식에서 서로 달랐으며, 따라서 각각이 선호하는 철학 역시 서로 달랐다.[10]

아무튼 《잉글랜드법 찬양론》은 함께 추방 상태에 있었던 잉글랜드

10) 매튜 헤일 경(1609~1676)에 대한 필자의 다음 연구를 볼 것. *Ancient Constitution and the Feudal Law* (Cambridge University Press, 1957; New York: Atheneum, 1971; London: Methuen, 1972), pp. 215-22, 262-64.

왕세자와 대법관이 잉글랜드법 연구에 대해 나누는 대화이다. 대법관은 왕세자에게 무술 연마뿐 아니라 그가 다스릴 나라의 법률도 공부해야 한다는 점을 주지시키려고 한다. 왕세자가 이에 대해 반론하여, 잉글랜드법은 매우 전문적인 분야라 직업 법률가들도 실무에 들어가기 전 세세한 사항들을 공부하는 데 여러 해가 걸리는 것으로 안다고 말하사,[11] 대법관은 이 책의 주제에 내재된 핵심적인 철학 문제로 직결되는 응답을 우리에게 제시한다. 그는 요컨대 모든 연구 분야에 대한 접근은 그 원리를 파악함으로써 이루어진다고 대답한다. 이러한 원리란 것은 수학에서는 공리(maxims)로, 수사학에서는 역설(paradoxes)로, 시민법에서는 법규(regula juris)로, 잉글랜드법에서는 다시 금약(maxims)으로 불린다. 만약 왕세자가 이러한 금약(金約)에 대한 지식을 가지게 되면 잉글랜드법에 학식이 있다고 할 만하다. 물론 그는 법해석상의 정확한 사항들에 이러한 지식을 적용할 수는 없겠지만, 그러한 일은 자신의 법관이나 고등 변호사나 그 외의 다른 직업 법률가들에게 맡겨놓아도 무방할 것이다. 왕세자는 이 대답에 만족해 하지만, 그렇게 함으로써 그가 무엇을 얻을 수 있느냐 하는 문제가 남는다. 왜냐하면 이러한 금약에 대한 포테스큐의 모든 말 중에서도 명백한 것은, 다른 학문에서의 공리나 역설이나 기타 등등과 같이, 금약 또한 보편적이고 자명하며 논증 불가능한 원리로서, 아리스토텔레스 철학의 기본 절차에 따르면 어떤 지식체계도 그것에 기초하지 않을 수 없는 그러한 것이라는 사실이다. 이는 "감각과 기억을 매개로 하는 귀납법에 의해" 직접적으로 획득된다. 그것은 "논증의 힘이나 논리적 입증을 통해 알 수 있는 것이 아니다." 그것은 결코 상호간으로부터 또는 선행하는 어떤 전제로부터 연역되지 않는다. "원리를 떠받치는 합리적 토대란 존재하지 않는다." 반대로 "원리란 그 스스로가 스스로를 지탱

11) Sir John Fortescue, *De Laudibus Legum Anglie*, ed. & tr. S. B. Chrimes (Cambridge University Press, 1949), ch. 7, pp. 19-21.

해주는 토대이다."[12] 포테스큐는 이 모든 얘기 중에서 중세의 아리스토텔레스 저작들을 직접 인용하고 있는데, 우리는 이로부터 관습법 실제에 몰두한 한 인물이 구사하는 지극히 연역적인 철학의 모습을 관찰하게 된 셈이다.

포테스큐가 여기서 약술하고 있는 철학에 따르면 모든 합리적 지식은 본질상 연역적이다. 그 종류가 무엇이든 지식은 어떤 기본 원리들을 받아들이는 데서 출발한다. 그런 원리들 중 어떤 것은 지식 그 자체의 기초가 되는 반면, 또 어떤 것은 지식을 다양한 세부 분야로 구분하며 동시에 그렇게 구분된 다양한 학문들의 기초를 이루게 된다. 어떤 진술을 합리적으로 증명하려면 그 진술이 어떤 원리 혹은 여러 원리들의 조합을 기초로 하는 필연적이고도 논리적인 결과임을 입증해야 하며, 이로부터 다음의 결과가 도출된다. (1) 어떤 원리도 합리적으로 증명될 수 없다. 왜냐하면 어떤 원리로부터 연역될 수 있는 것이라면 그것은 이미 원리 그 자체가 아니기 때문이다. (2) 수학, 수사학, 시민법, 잉글랜드법 등, 지식의 어떤 하위분야도 적절한 원리들의 집합과 그로부터 연역 가능한 결과들에 대한 지식으로 이루어진다. 엄격한 의미에서 볼 때, 이성이란 단지 우리로 하여금 원리로부터 연역을 수행할 수 있도록 해주는 그런 것일 뿐이다. 귀납법은 우리로 하여금 원리에 대한 지식에 도달토록 해주는 지적(知的) 과정이다. 무엇이 증명 불가능한지, 또 무엇이 아예 증명할 필요가 없는지, 즉 우리가 원리의 진위를 알게 되는 것은 이성이나 귀납법에 의해서가 아니라, 비록 포테스큐가 이 말을 사용하지는 않았지만 그것에 어울리는 최상의 단어를 고르자면 아마 직관에 의해서일 것이다. 하지만, 만약 "이성"이란 말을 약간 더 느슨하게 사용하여 원리에 따른 결과를 발견하고 그에 타당성을 부여하는 지적 능력을 뜻하는 정도로 본다면, 우리

---

12) *De Laudibus*, ch. 13, pp. 20-23.

는 즉각적으로 잉글랜드법에 관한 포테스큐의 논증이 중대한 난관에 부딪친다는 것을 알게 된다. 원리란 필연적으로 보편적 진술이다. 그리고 보편자로부터는 오직 보편자만 연역될 수 있다. 이제 만약 잉글랜드법이 합리적인 연구 분야가 되어야 한다면, 그것은 다른 원리로부터 추론되지 않는 어떤 원리들과 그에 따른 결과들로 구성되지 않으면 안 되며, 그 결과들은 그것들이 적용되는 잉글랜드의 모든 법적 상황에 대해서 참이어야 한다. 잉글랜드법이 그것과 논리적으로 잘 부합되는 어떤 금약들로부터 연유한 일련의 균일한 연역적 결과들로 이루어진다는 것은 긍정할 수 있다. 그러나 (이제는 이렇게 묻지 않을 수 없다) 다른 원리들로부터 연유하지 않고 스스로 자명하다고 직관적으로 인식되면서, 동시에 명제의 주어를 "잉글랜드"로 쓸 수 있는 원리가 어떻게 존재할 수 있다는 말인가? "잉글랜드"란 요소들의 어떤 유일한 집적체를 지칭하거나 혹은 상이한 구성원들을 포함하는 어떤 유(類)의 한 구성원을 지칭하는 이름임에는 틀림없다. 앞의 경우, 잉글랜드에 관한 보편자의 어떤 집합체도 있을 수 없다. 왜냐하면 어떤 단일하고도 유일한 대상에 관한 보편적 진술을 만들 수 없기 때문이다. 뒤의 경우, 잉글랜드법에 관한 원리들과 보편자들은 "잉글랜드"를 포함하는 유의 다른 구성원들의 법에도 역시 적용될 것이다. 하지만 포테스큐의 대화 속에서 왕세자가 스스로 잉글랜드법을 공부할 수 있을 것인지 아닌지 의혹을 표한 것은 다름이 아니라 과연 시민법, 즉 로마법보다 잉글랜드법에 더 우선권을 주어 공부해야 하는지 아닌지도 함께 묻고자 한 것이었다. 이에 대해 대법관은, 쉽게 접근할 수 있고 합리적이면서 동시에 다른 나라의 법과는 구별되는 잉글랜드 법학이라는 것이 존재한다는 점을 왕세자에게 주지시킴으로써 양 의혹을 동시에 해소하려고 하였다. 포테스큐의 의도는 처음부터 모순으로 뒤엉켜 있는 것 같다. 그리고 왕세자가 순수하게 "잉글랜드적인" 원리들의 집합을 숙지함으로써 법을 공부할 기회는 그 운명의 행로가 이미 정해져 있는 것으로 보인다.

포테스큐는 《잉글랜드법 찬양론》의 좀더 뒷부분에 가서, 모든 인간법은 자연법(law of nature)이든지 관습(custom)이든지 혹은 법령(statutes)이든지 그중 하나이며, 이는 법의 연구에서 보편적 진리라고 천명한다.[13] 자연법은 정의(正義)에 관한 자명한 원리들과 그것들로부터 보편적으로 연역 가능한 결과들로 이루어지며, 이러한 원리와 결과는 참으로서 모든 사람들에게 구속력을 가진다. 인간의 법은 단순히 자연법의 명령을 어떤 특정 왕국의 형식화된 명령과 규칙으로 바꿔놓은 것일 수도 있다. 그러나 여기에는 각별히 잉글랜드 법학자의 눈을 붙잡아 놓을 만한 것은 아무 것도 없다. 그 이유는 이렇다.

> 잉글랜드법이 자연법을 이유로 들어 재가(裁可)하는 사항들을 보면, 유사한 사례에 적용된 다른 나라의 법보다 그 판단에서 더 나은 점도 더 못한 점도 없습니다. 왜냐하면, 《윤리학》 제5권에서 아리스토텔레스가 말했듯이, "자연법은 모든 사람에게 동일한 힘을 가지는 그런 것"이기 때문입니다. 그러므로 그것에 대해서는 더 이상 논할 필요가 없습니다. 하지만 지금부터 우리는 잉글랜드의 관습이라는 것이 어떤 것인지, 그리고 법령이란 또 어떤 것인지를 검토해 보아야 하며, 이에 먼저 그러한 관습의 특징에 대해 살펴보도록 하겠습니다.[14]

정의에 대한 보편적인 원리들은 이성을 통해 인식할 수 있으며, 아울러 법학의 기초가 되는 금약들을 형성하는 것도 바로 이러한 원리들로 생각된다. 그것은 왕세자가 자신의 이성을 간단히 사용하여 배울 수도 있는 것으로서, 그것을 세부적으로 적용하는 일은 그것에 대한 장기간의 전문적인 연구와 경험을 쌓은 휘하의 직업 법률가들에게 맡

13) *Ibid.*, ch. 15, pp. 36-37.

14) *Ibid.*, ch. 16(장절 전체), pp. 38-39.

겨두어도 좋을 것이다. 그러나 자연법에 관한 지식에 대해, 또는 자연법과 동일시되거나 다른 나라의 법에서 그에 상응하는 것과 동일시되는 잉글랜드법의 관련 부분에 관한 지식에 대해, 각별히 "잉글랜드적"인 것은 아무 것도 없다. 잉글랜드법에서 유일무이하게 잉글랜드적인 것을 발견하기 위해서는, "관습 및 법령"이라고 기술되어 온 것, 즉 모든 인간법이 소속되지 않으면 안 될 두 개의 잔여 범주로 우리의 눈을 돌려야만 한다. 잉글랜드법이 유일무이하게 잉글랜드적이 되며, 다른 모든 나라의 법 역시 마찬가지로 나름의 유일성을 가지게 되는 것은 바로 이러한 범주에서이다.

농경사회는 성격상 극히 탈중심적이고 전통적인 반면, 중앙 중심의 관리 감독에 충실한 직업적 문필 관료 조직은 통제를 강화하려고 노력하는 법인데, 적어도 서양의 경우를 보면 왕의 공복들이 인정할 뿐만 아니라 이미 사회 그 자체가 자발적이자 전통적으로 채택 · 확립하고 있는 것으로 인정된 불문법적 관습, 관례(usage), 혹은 전통과, 왕과 그의 문관들이 명하여 사회에 부과한 성문법적 명령(commands), 칙령(edicts), 포고(ukases), 혹은 포테스큐의 표현처럼 법령(이러한 것들이 이전의 불문법적 전통을 요약하거나 수정했다고 주장하든 않든 간에) 사이에 상호 구분이 이루어지고 있는 것이 보통이다. 이러한 구분이 명확하기는 하지만 결코 절대적이지는 않은 것으로 보일 수도 있다. 사실 관습의 힘 덕분에 법으로 인정되어 왔고 현재도 여전히 그러한 성문 판결과, 그것을 공포한 사람의 권위 덕택에 법의 권능을 부여받고 있으며 또한 차후로도 그렇게 될 성문 포고 간의 차이를 구분하기란 어려운 일일 수 있다. 잉글랜드의 법률가들은 때때로 이러한 근거 위에서, 설사 성문화되었을 수는 있으나 관습과 전통 외의 다른 어떤 권위도 주장하지 않는 불문법 렉스 논 스크립타(lex non scripta)와, 그것을 쓴 사람 — 보통은 의회에 참석한 왕 — 의 권위가 곧 그것의 권위가 되는 성문법 렉스 스크립타(lex scripta), 즉 법령을 구분하고자 하였다. 그러나 의회 역시 하나의 법정으로서 새로운 법(법령)을 공포하기보다는 옛 법(관습)을 포고하는 기능을 가지고 있었을 뿐 아니라, 법령 그 자체에 관습의 포고라는 관념이 잔존하여 그것의 성격을 모호하게 만들었을 수도 있다.

포테스큐의 문제는 다음과 같이 다시 요약해 볼 수 있다. 관습과 법령은 모두 어떤 나라의 특수한 법률을 만드는 구성요소가 된다. 이제 만약 이에 대한 합리적 정당화를 주장하고 싶다면, 그러한 법들은 자연적 정의(正義)의 원리로부터 합리적으로 연역 가능하거나 혹은 적어도 합리적으로 연역 가능한 것에 모순이 되는 요소를 포함하고 있어서는 안 된다. 잉글랜드의 법이 어떤 점에서 로마나 프랑스의 법과 다른지를 이해하려면, 그러한 법의 합리성을 조사해 보려고 할 게 아니라—왜냐하면 그 점에서는 잉글랜드든 다른 나라든 모두 동일하기 때문이다—잉글랜드법을 통해 그러한 정의의 원리들이 잉글랜드의 특수한 성격과 사정에 적용되어 온 방식들을 살펴보아야만 한다. 간단히 말해서, 잉글랜드법은—모든 나라의 법이 그렇듯이—잉글랜드에 특이한 사정과 상황을 인식하고 보편 원리들을 이러한 지역적 특이 상황에 적용하거나 적응시키는 데 그 기반을 둔, 순수히 합리적인 것만은 아닌 어떤 요소를 내포하고 있다는 것이다.

이러한 요소에 대한 포테스큐의 해설은 17장에서 보이는데, 이 부분은 단 한 단어의 첨삭도 없이 바로 앞에 인용되었던 구절 다음으로 연결된다.

> …이에 먼저 그러한 관습의 특징에 대해 살펴보도록 하겠습니다.
>
> 〔17〕 잉글랜드 왕국에 처음 거주한 사람들은 브리튼인이었는데, 이어 왕국은 로마인에 의해 지배되었고 다시 브리튼인에게 넘어갔다가 뒤에는 색슨인의 소유가 되었습니다. 나라 이름을 브리튼에서 잉글랜드로 바꾼 것도 그들이었지요. 얼마 후 왕국은 데인인에 의해 정복되었고, 다시 색슨인에게 돌아갔다가 결국에는 노르만인에게로

넘어가, 현재까지 그 후손들이 왕국을 지켜오고 있습니다. 그리고 이러한 종족들과 그 왕들의 시대를 통틀어 왕국은 계속 지금과 똑같은 관습들에 의해 통치되어 오고 있습니다. 이러한 관습들이 만약 최선이 아니었다면, 그 왕들 중 누군가가 정의를 위하여 혹은 일시적인 충동으로 그것을 바꾸었을 것이고 종국에는 그것을 완전히 폐지했을 것입니다. 특히 거의 전 세계를 그들의 법에 따라 판단했던 로마인들의 경우는 더욱 그러했겠지요. 마찬가지로, 앞서 말한 이 왕들 중에서, 잉글랜드를 오직 칼의 힘만으로 소유했던 인물들은 바로 그러한 힘으로써 법이란 것을 깡그리 없애버릴 수도 있었을 것입니다. 사실 그토록 오랫동안의 관례[15]에 깊이 뿌리박은 로마인들의 시민법이든, 그 유구함으로 다른 어떤 경우보다 더 유명한 베네치아법이든 — 비록 브리튼인의 기원이 시작되던 그 시대에 베네치아인들의 섬에는 아직 거주민이 없었고 로마도 아직 건설되지 않은 상태이기는 했지만 — 또는 다른 어떤 그리스도교 왕국의 법이든 간에, 그토록 오랜 옛날에 뿌리를 내린 적은 없습니다. 그러므로 잉글랜드인의 관습은 좋은 것이며 동시에 최상이라는 말이 있을 뿐, 여기에는 다른 어떤 반박도 있을 수 없고 무슨 의심을 할 만한 여지도 전혀 없습니다.

〔18〕 이제 남은 것은 잉글랜드인의 법령이 좋은 것인지 아닌지를 검토하는 일뿐입니다. …[16]

이로써 사실상 포테스큐는 《잉글랜드법 찬양론》에서 관습이 정당성을 가지는 근거는 무엇인지에 관해 자신이 해야 할 말을 모두 얘기한 셈이었다. 지극히 잉글랜드적이면서 동시에 지극히 중세적인 어조로 일

---

15) 라틴어 원문은 이렇게 되어 있다. "tantorum temporum curriculis … in quantum … inveterate sunt." 하지만 포테스큐의 책 속에는 "usus"라는 단어가 빈번히 나타나고 있으며, 영역자인 크림스는 이를 "usage"(관례)로 옮기고 있다.

16) *De Laudibus*, ch. 16, pp. 38-41.

관된 이 장에서, 그는 특정한 나라의 특정한 법률들을 이성과 보편자에 대한 지식이 아니라 연원의 유구함과 관례에 대해 언급함으로써 정당화하고 있다. 로마와 베네치아의 법이 좋은 것은 그것들이 매우 오랜 세월을 거쳐 계속해서 사용되어 왔기 때문이다. 잉글랜드법이 그 중 최상인 것은 그것이 가장 오랫동안 사용되어 왔기 때문이며, 또한 수많은 왕과 다양한 지배 종족이 원했다면 그것을 바꿀 수 있는 기회가 있었음에도 불구하고 그렇게 하지 않았다는 사실을 감안할 때 그것에 부과되어온 시험의 무게가 더 육중했기 때문이다. 그러나 우리는 이러한 지배자들이 기존의 법을 최상이라고 결정한 합리적 숙고의 과정에 대해서는 아무 것도 들은 바 없으며, 엄격하게 말하자면 그러한 것이 가능하지도 않다. 아리스토텔레스 철학에서 이성이라 표현되는 본질적으로 연역적인 과정에 따라 법을 시험할 수 있는 유일한 방법은 그것이 과연 자연적 정의의 원리들에 부합되는지의 여부를 시험하는 것이며, 그러한 시험이라는 것이 귀중하고 필요한 것일 수는 있겠지만 결코 유일무이한 것은 아니다. 특정한 나라의 특정한 법을 다루는 데 있어 포테스큐가 반드시 던져야 할 또 하나의 질문은 그것의 규제 아래 들어가는 나라의 특이한 성격과 사정에 적합한지의 여부이며, 여기서 시험받고 있는 것도 바로 이러한 것이다. 물론 그러한 맥락에서, 잉글랜드법이 로마나 베네치아의 법보다 더 "나을" 수 있다고 하는 것은 오직 로마나 베네치아의 법이 각각의 나라에 적합한 정도보다 잉글랜드법이 잉글랜드에 더 적합하다는 의미에서일 뿐이다. 어떻게 그처럼 포착하기 힘든 비교가 가능하다는 말인가? 이성이란 보편자에 관한 것이므로, 각 나라의 특성과 상황을 탐지해내고 나라의 법이 이러한 상황에 얼마나 적합한지를 시험하는 어떤 다른 도구가 존재하지 않으면 안 된다.

사실 그러한 도구가 존재하고 있는데, 이는 관례 혹은 경험이라 불리는 것이다. 하지만, 이는 충분히 성찰적이고 정련된 의미에서의 이성은 아니기 때문에, 그것이 비록 오직 영리한 피조물에게만 가능한 것이기는 하더라도, 여전히 분석적이지 못하고 무비판적이며 불명료하다. 그것은 무의식적일 수 있으며 실제로 종종 그러하다. 사람들은 관례와 관습을 지키거나 또는 지키지 않는다. 만일 관습이 지켜진다면, 그것은 그것을 지키는 사람들에게 잘 맞는다는 의미에서 좋은 관습임에 틀림없다. 그러나 사람들은 당신에게 그들이 지키는 관습이 왜 좋은지 혹은 그들이 폐기하는 관습은 왜 나쁜지를 말해주지 않는데, 그것은 사람들이 철학자가 아니라서 그렇기도 하겠지만 설사 철학자라 해도 그에 대해 아무 것도 말해줄 수가 없기 때문이다. 철학자는 오직 사물의 보편적 측면만을 볼 수 있을 뿐이다. 사물의 특수한 측면들을 다루기 위해 진화한 어떤 방법도, 어떤 자기 성찰적이거나 자기 확인적인 지적 절차도 없다는 말이다. 결과적으로 좋은 관습의 좋음이라는 것은 그것이 보존되고 있다는 사실에서 추론될 수 있다. 그것은 입증되기가 거의 불가능한데, 왜냐하면 입증이라는 것은 보편적 전제로부터의 연역으로 이루어지며, 어떤 관습을 가진 종족의 특수한 성격과 사정이 그러한 전제 속에 결코 포함될 수는 없기 때문이다. 우리는 어떤 관습이 왜 좋거나 나쁜지 그 "이유"를 댈 수 없다. 우리는 단지 그것이 (보존되고 있기 때문에) 좋다거나 혹은 (폐기되었기 때문에) 나쁘다고 "믿을 만한 이유가 있다"고 말할 수 있을 뿐이다. 이것이 곧, 이러한 사유 방식을 직접적으로 이어받은 에드먼드 버크가 뒤에 "시효적"(時效的; prescriptive) 또는 "인정적"(認定的; presumptive) 추론이라 부르게 될 바로 그것이다. 어떤 관습이나 어떤 특수한 제도는 "시효적" 요구, 즉 그것이 이미 시간을 통해 확립되어 있다는 사실에 근거한 요구를 하기 때문에 당연히 그러한 요구가 옳다고 "인정"하는 것이다. 말하자면 우리는 그것이 그동안 제대로 잘 작동해 왔음을 인정하는 셈이다.17)

---

17) 인정적 전통의 이론에 대해서는 필자의 다음 책을 볼 것. *Politics, Language and Time: Essays on Political Thought and History* (New York: Athene-

관습이 존재한 시간이 길면 길수록 그것이 좋다고 인정하는 정도도 증대된다. 잉글랜드법이 가장 오래되었기 때문에 최상이라는 포테스큐의 논증이 얼마나 단순소박한지는 이제 점점 더 명확해지고 있다. 극히 연역적인 추론 개념에 따르면, 개별자를 다루는 합리적 양식이나, 혹은 어떤 나라가 어떤 특징을 갖는다거나 그 나라의 법이 그러한 특징에 적합함을 증명하는 합리적 방법은 결코 존재할 수 없다. 그리고 법 제도를 비교 평가한다는 것이 도대체 어떻게 있을 수 있다는 말인가? 베네치아인은 그들의 법을 오랫동안 견지하고 있음으로써 그것이 자신들에게 적합함을 입증하였다. 잉글랜드인은 이와 완전히 동일한 방법으로 그들의 법이 지닌 적합성을 역시 입증하였다. 베네치아인과 잉글랜드인의 법이 지닌 특이한 성격을 탐지하고 분석하며 전자를 척도로 하여 후자를 평가함으로써 각각의 민족이 지닌 특이한 성격을 선별하고 분석하는 어떤 합리적인—혹은 근대적 용어를 빌리자면, 과학적인—방법이라는 것은 존재하지 않는다. 합리적인 견지에서 볼 때, 베네치아법이 베네치아인에게 적합한 것보다 잉글랜드법이 잉글랜드인에게 더 적합하다고 (혹은 왜 더 적합한지를) 말할 수는 없다. 우리는 단지 두 쌍의 인정 명제를 가질 뿐이며, 그중 어떤 것도 완전히 진술되거나 또는 합리적으로 입증될 수 없다. 그러나 도저히 통약불가능한 것과 마주칠 때 우리는 사회과학자의 마지막 피난처에 의지할 수 있다. 즉 계량화의 방법이 있는 것이다. 만약 잉글랜드법이 베네치아법보다 정말로 더 오래되었고 또한 관례의 지속성에서도 더 길다고 한다면, 더 많은 사람, 더 긴 시간, 그리고 더 다양한 상황이 잉글랜드법의 우월성을 조용히 입증한 셈이다. 그곳에는 베네치아법의 경우보다 더 무거운 경험과 인정의 무게가 존재하며, 이는 우리로 하여금 잉글랜드법이 역사 속에서 그것을 지켜왔던 사회에 만족스러운

---

um, 1971), chs. 6 & 7.

것이었음을 믿게 만든다. 이러한 것이 연원의 유구함에 기초한 논증의 논리적 근거이며, 이 책에서 (비록 간접적이기는 하지만) 크게 관심을 두는 것도 바로 이에 대한 것이다. 그것은 연역 철학의 단점에서 야기된 직접적인 결과이다.

그러나 우리는 이제 《잉글랜드법 찬양론》의 왕세자가 대법관에게 속았다는 것을 알게 된다. 왕세자는 자신이 잉글랜드법의 원리들을 배우기만 하면 그의 법관들을 비롯한 직업 법률가들이 이러한 원리들을 구체적인 사례에 어떻게 적용하는가를 충분히 이해할 수 있다고 확신하였다. 하지만 구체적 사례를 인지하고 원리들이 어떻게 그러한 사례에 적용되어야 하는가를 식별하는 것은 원리들을 인지하고 그 논리적 결과를 연역하는 것과는 완전히 다른 지적 과정이다. 아니 그것을 지적 과정이라고 보기도 어렵다. 어떤 관습이 좋은 것인가 아닌가에 대한 시험은 그것의 입증 가능한 합리성이 아니라 다만 그것이 관례 속에서 잔존해 왔다는 단순한 사실만을 말해줄 뿐이기 때문에 이는 단지 시행착오의 문제일 뿐이다. 그러므로 직업 법률가의 학식은 원리들과 그 결과에 대한 지식으로 환원될 수 없다. 그것은 지금까지 어떤 관습들이 존속되어 왔는지, 그리고 그러한 존속의 논리적이기보다는 기술적인 결과들은 어떠했는지에 대한 지식인 것이다. 관습법은 합리적이라기보다는 기술적이고 전통적인 구조물이다. 그리고 포테스큐는 또 다른 고등 재판관인 에드워드 쿡 경의 표현에 따르자면 잉글랜드법을 "인위적 이성"으로 보는 후기 개념을 향해 착실히 나아가고 있는 셈이다.

> 그러므로 왕세자께서는, 남자가 부계 상속에서 이복형제를 계승하지 못하며, 유산은 오히려 같은 부모의 누이에게로 전해지거나 또는 복귀재산으로 간주되어 세습지의 최상위 영주에게로 떨어지게 된다는 잉글랜드 법률가의 말을 듣고 놀라실지도 모르겠습니다. 법이 이렇게 되는 이유를 잘 모르시니까요. 하지만 잉글랜드법을 아는 사람이라면 그러한 경우의 난점에 추호도 당황해 하지 않습니다. 그래서 …

> 만약 왕세자께서 지금은 잉글랜드법을 잘 아시지 못하지만 그것을 배워 이해하시게 되면 그것이 얼마나 사랑스러운지를 깨닫게 될 겁니다. 최상의 법이니까요. 그리고 그것에 대해 숙고하시면 하실수록 그것을 더욱더 즐기시게 될 겁니다. 사랑받는 존재는 관습을 통해 무엇이나 자신을 사랑해주는 존재를 그 자신의 본성으로 바꾸어 놓으니까요. 그래서 아리스토텔레스는 "관습이 제 2의 본성이 된다"고 말했던 것입니다.[18]

위 인용문의 마지막 문장이 매우 중요하다는 사실은 뒤에 논증하기로 하겠다. 사실 "관습"이나 "제 2의 본성"과 같은 개념에서, 우리는 우리가 행하는 대로 되어가며 그러면서 스스로를 만들어간다는 역사주의 교의의 시초를 볼 수도 있다. 그러나 잉글랜드법을 두고 왕세자가 할 일은 별로 없었고, 단지 그것을 사랑함으로써 자신의 본성을 변화시키게끔 하는 일만 남아있을 뿐이었다. "법이 이렇게 되는 이유"라든가 "최상의 법이니까요" 등과 같은 말은 의식적으로 논점을 회피하고자 하는 것이었다. 그러한 진술들은 입증 불가능하며 따라서 비판의 대상이 되지 않는다. 만일 왕세자가 자신의 이성을 통해 법관들이 하는 일이 자연적 정의에 위배된다는 것을 인지하지 못한다면, 그는 그들의 법 적용에 대해 자신의 판단만으로 그것을 비판할 입장에 있지 않았다. 그처럼 드문 경우를 제외하고는 법의 근거는 시효적이며 시간의 유구함에 기초하고 있었다. 그는 단지 오래된 법이기 때문에 좋다든지 세상에서 제일 오래되었기 때문에 최상이라든지 하는 가정 위에서 왕국의 관습을 받아들일 (그리고 물론 그것을 사랑할) 수 있을 뿐이었다. 법관들은 왕국의 관례가 어떤 것인지를 알고 있었으며, 또한 자연적 정의와 그 결과물에 대한 지식이 그들에게 말해주지 않는 것, 가르쳐주지 않는 것은 무엇인지에 대해서도 알고 있었다. 왜냐하면 관습법

---

18) *De Laudibus*, ch. 5, pp. 14-17.

연구는 스콜라사상적인 합리적 연역 과정이 아니라, 뒤에 에드워드 쿡이 제임스 1세에게 말했듯이,[19] 종신토록 재판 기록을 공부하고 법정에서 실무 경험을 쌓는 문제였기 때문이다.

잉글랜드법이 그 전반적인 구조에서 법학의 원리나 보통법 그 자체의 특징인 금약으로부터 수행되는 연역의 결과물과 조화된다는 것을 입증할 수도 있다는 의미에서 합리적이라는 주장을 견지하는 것이야말로 포테스큐의 주요 의도라고 생각하는 것도 물론 충분히 가능하다. 그러나 그의 사고 속에는 잉글랜드법이 결코 그러한 연역의 수행으로 재구성될 수는 없다는 의미에서 합리적이지 않은 것처럼 보이는, 논파하기 어려운 어떤 층위가 존재하고 있다. 철학과는 상이한 형태의 지력, 즉 연구보다는 경험에 기초하기 때문에 배우는 데 더 오랜 시간이 필요한 그러한 지력이 잉글랜드법의 형성과정에 작용하고 있었다. 따라서 왕세자 스스로가 알아서 법관들을 칭찬하고자 했을 수도 있겠지만, 법은 곧 관습이라 생각되어야 한다는 대목에 이르게 되면 그들을 칭찬하지 않을 도리도 없었을 것이다.

관습이란 경험의 산물로서, 시행착오라는 가장 저급하고 가장 불명료한 지력의 층위에서 작용한다. 오직 경험만이 그것을 확립케 할 수 있다. 오직 경험에 의해서만 그것이 좋다는 것을 알 수 있다. 그리고 그것을 인식하는 심적 경험은 필연적으로 지난 세대의 수많은 다른 사람들의 경험에 의존하고 있다. 그러므로 관습은 자기 인증(認證)적이다. 그 자신의 존재와 그 스스로 인정된 유구성은 그것이 좋은 것이며 그 나라 사람들의 필요와 본성에 잘 들어맞는다는 것을 인정케 하는 주요 이유가 된다. 관습은 아무리 비판적 성향의 소유자라 할지라도 그 속에 내재된 그 자체에 대한 가정들에 그냥 만족할 것을 무조건적으로 요구한다. 왕세자는 관습을 비판하거나 개혁할 만한 준비가 되어

19) Coke, *Twelfth Reports*, Prohibitions del Roy (12 Co. Rep. 65).

있지 않다. 그 이유는 다음과 같다. 어떤 지성도 경험 그 자체의 방법 외에는 사람들의 필요와 본성으로부터 그들의 관습을 추론해내거나 또는 그러한 관습이 그 사람들에게 좋은지 나쁜지를 과학적으로 결정할 수 있는 다른 방법이 없다는 것이다. 인간 칠십 평생을 통해 체계적으로 구축되기보다는 그냥 축적되어가는 편이 틀림없는 그러한 경험만이 존재하기 때문에, 왕세자는 스스로의 경우처럼 오직 한 사람의 경험이라는 것은 너무나 일천해서 왕국의 관습법 체계는 제쳐놓더라도 어떤 하나의 관습이 만들어지는 데 들어간 과거의 수없이 많은 사람들의 경험에 도저히 견줄 수가 없다는 사실을 인정하지 않을 수 없게 되는 것이다.

그러므로 어떤 특정한 법이 특정한 종족이나 특정한 상황에 적합할 것인지의 여부를 결정하는 과학적 방법이 없기 때문에, 포테스큐의 대화편에 나오는 왕세자가 법을 입안하기란 사실상 어렵다. 스콜라사상적 지성에게 알려진 유일한 방법이란 것이 곧 연역적 논리인데 그것은 오직 보편자만을 다룬다. 개별자에 대한 판결은 대부분 관습으로 귀결되는 경험에 맡겨져야만 하며, 엄청나게 느린 속도로 진행되는 관습의 형성과정 속에서 왕세자의 지성이란 것은 아무런 빛도 발하지 못한다. 때로 법 중에는 관습이 일반적인 행위의 더미로부터 구체화되는 데 걸리는 것보다 더 짧은 시간 안에 공포되어야 하는 경우도 있다는 것은 틀림없는 사실인데, 바로 여기서 우리는 포테스큐가 제 3의 입법 부문이라 부른 법령의 범주에 다다르게 된다. 하지만 이때도 역시 이성과 경험이라는 이분법과 경험의 계량 가능성이라는 원리가 작동한다. 포테스큐는 관습의 기초를 관례와 연원의 유구함에다 둔 뒤, 바로 이어서 다음과 같이 말하고 있다.

> 이제 남은 것은 잉글랜드인의 법령이 좋은 것인지 아닌지를 검토하는 일뿐입니다. 이는 왕이 전적으로 자신의 임의대로 다스리는 왕

> 국의 법처럼 오직 군주의 의지에서만 나오는 것은 아닙니다. 그런 왕국의 법령이라는 것은 그것을 만든 사람의 이익만을 추구함으로써 신민들의 손해와 몰락을 초래하는 일이 종종 있습니다. … 그러나 잉글랜드의 법령은 결코 그런 식의 모습을 보이지 않지요. 왜냐하면 그것은 군주의 의지만이 아니라 왕국 전체의 동의를 바탕으로 만들어지며, 그래서 인민들에게 해를 줄 수도 없고 그들의 이익에 위배되지도 않습니다. 더욱이 이러한 법령들은 틀림없이 분별과 지혜로 가득 차 있다고 가정하지 않을 수 없는데, 그것은 어느 고문관 한 사람, 아니 설사 그 숫자가 100명이라 할지라도 그들만의 분별이 아니라 선출된 300명 — 한때 로마 원로원 의원만큼의 숫자 — 이상의 분별에 의해 공포되기 때문입니다. 의회의 소집과 명령, 그리고 그 진행 과정의 형식을 잘 아는 사람들이 법령 작성도 더 명확하게 할 수 있다는 말이 되겠지요. 그리고 만약 그처럼 진지하고 주의 깊게 제정된 법령이 그것을 만든 사람들의 의도를 충분히 반영하지 못한다면 금방 바뀔 수도 있겠지만, 이때도 그것이 처음 만들어질 때와 같은 방식으로 왕국 내 평민과 귀족의 동의 없이는 안 됩니다. 그러므로, 왕세자님이여, 잉글랜드법에 대해서라면 그것이 어떤 종류든 이제는 명료해졌으리라 생각합니다. 스스로의 지혜로써 그리고 다른 법과 비교해 봄으로써 잉글랜드법의 장점을 평가하실 수 있을 겁니다. 또한 이 세상에서 그토록 탁월한 법은 더 이상 없다는 점을 왕세자께서 아시게 되면, 그것이 단순히 좋은 정도가 아니라 더할 나위 없이 훌륭하다는 것을 고백하시지 않을 수 없게 될 것입니다.[20]

이제 주사위는 왕세자가 비교 법학의 연구자로서 다른 어떤 결론에도 도달할 수 없다는 쪽으로, 또한 관습 못지않게 법령에 있어서도 그가 입법자로서 혹은 입법에 대한 비판자로서 기능하기 어렵다는 쪽으로 쏠리고 있다. 특정한 법률들 — 이것이 바로 문제의 열쇠인데 — 은 오직 경험에 의해, 길게는 관례 짧게는 분별(prudence)에 의해서만 만

20) *De Laudibus*, ch. 18, pp. 40-41.

들어질 수가 있다. 300명의 고문관들, 현재 살고 있는 신민들의 무리, 혹은 고대인의 무수한 민주정 사례에 비한다면, 왕세자의 경험이란 단지 한 사람의 경험에 불과하다(계량화의 시험대에 올려놓고 보면, 관습이 법령보다 더욱 지혜로운 것임이 인정된다). 그의 이성은 그것을 소유한 다른 "이성적 동물"의 경우와 마찬가지로, 관습과 법령이 자연 정의의 원리들과 합치하는지의 여부 외에 다른 어떤 것도 말해주지 않는다. 그러므로 왕세자가 설사 다른 어떤 사람보다 더 높은 권위를 지니고 있다 하더라도, 그는 자신의 이성과 경험에다 가능한 한 다른 많은 사람들의 이성 및 경험을 더하지 않고서는 효과적으로 법을 만들 수가 없다. 그리고 그가 고래의 관례를 존중하여 사자(死者)의 민주정에 합류하지 않는 한, 좋은 입법을 기대하기란 어려운 일이다. 여기서 우리는 스스로의 이성과 경험만으로 다스리는 군주보다 법과 동의를 통해 통치하는 군주를 더 선호하는 포테스큐의 지주(支柱)들 중 하나에 도달하게 된다. 전자와 같은 군주라 해서 꼭 폭군은 아니겠지만, 그래도 그는 불가능한 것을 시도하고 다른 사람이 줄 수 있는 도움을 무시하는 그런 사람일 뿐이다. 하지만 우리는 문제 전체를 좀더 넓은 이론적 맥락 속에서 재검토할 필요가 있다.

맥킬웨인은 《고대와 근대의 헌정주의》[21]에서, 포테스큐의 레그눔 레갈레(regnum regale 왕정적 왕국)와 레그눔 폴리티쿰 에트 레갈레(regnum politicum et regale 헌정적 왕국) 사이의 철학적 구분은, 일찍이 《국가》를 쓸 당시 플라톤이 따른 길과 후기 플라톤 및 그를 추종한 아리스토텔레스가 따른 길이 방향을 달리했을 때까지 소급된다고 말한 바 있다. 플라톤은 《국가》에서 도시가 법에 의해 통치되어야 하는가 혹은 이상적 군주의 구속받지 않는 지혜로써 다스려져야 하는가의 문제를 제기하고는, 결국 철인왕의 무제한적 권위에 손을 들어주었다.

---

21) C. H. McIlwain, *Constitutionalism Ancient and Modern* (Ithaca: Cornell University Press, Great Seal Books, 1958), chs. 2 & 4.

그는 그렇게 한 근거로, 법이란 단지 하나의 일반화로서 개별 사례에 맞추기 위해 스스로를 수정해야만 하거나 혹은 개별 사례를 스스로에 맞추기 위해 그것을 왜곡하지 않으면 안 되는 반면, 철학자는 보편자에 대한 직관적인 이해력을 가지고 있어서 단번에 개별 사례들 각각의 본질적 특징을 직관적으로 파악하게 된다는 점을 들었다. 법은 마치 뻣뻣한 막대기 같아서 그것을 부러뜨리지 않으려면 휘어서라도 각 사례에 맞추어야 하겠지만, 철학자의 지혜는 이와 달리 유연하다는 것이다. 그것은 모든 사례에 에둘러 흘러들어가 세세한 사항들을 모두 포용한다. 하지만 이러한 주장이 참이 되기 위해서는 보편자와 개별자 사이의 관계가 포테스큐의 중세적 아리스토텔레스주의에서 보이는 것과는 완전히 달라져야만 한다. 《국가》의 이론 속에는 플라톤 철학의 이데아 혹은 형상의 존재가 포함되어 있는데, 우리가 감각하는 현상계의 각 객체들은 유일무이한 실재의 세계를 구성하는 그 이상적이고 완전무결한 지적 객체 하나하나에 대응하지만, 그럼에도 불구하고 그것은 단지 이데아로부터 파생된 불완전한 복사물일 뿐이다. 형상에 관한 지식은 감각을 통한 지식이 아니고 그것으로부터 추상되거나 일반화되는 것도 아니다. 그것은 지력이 형상 그 자체나 혹은 형상의 세계에 의해 직접 조명될 때 획득되는 것이다. 이는 동굴의 우화 속에 갇힌 사람이 불빛에 비친 사물의 그림자만을 볼 수 있던 곳에서 빠져나와 사물 그 자체를 볼 수 있게 되었을 때 일어난다. 일단 우리의 지력이 형상에 의해 조명되면 우리는 그로부터 연유하는 모든 현상에 대한 완전한 지식을 가지게 된다. 왜냐하면 파생적 실재는 그것을 파생시킨 실재에 의해 조명되기 때문이다. 이러한 방식으로, 오직 이러한 방식으로, 철인왕은 법의 일반적 규칙이 개별적 상황들을 "안다"고 말할 수 있는 것보다 그것들을 더 잘 안다고 말할 수 있는 것이다.

그러나, 계속 맥킬웨인에 따르면, 후기의 플라톤은 《정치가》나 《법률》에서 철인왕의 지식이 형상에 대한 것이 아니라 경험에서 연유한 일련의 일반화 명제들로 구성되어 있을 가능성에 대해 생각하고 있었다는 것이다. 이때 통치자는 자신의 결정을 법의 훈육 아래 둘 수밖에 없는데, 그것은 이러한 일반화가 스스로의 지력만으로 가능할 때보다 더 광범위한 기초 위에서 구성될 가능성이 있기 때문이다. 하지만 이런 종류의 통치는 필연적으로 불완전할 수밖에 없다. 왜냐하면 그것의 지식은 아마 경험에서 추출된 일반화들로 구성될 것이고, 이는 다시 각각의 개별 사례에 맞추기 위해 구체적인 용어들로 정교하게 변형되어야만 하며, 이렇게 되면 원래의 일반화에는 허용되지 않았던 요소들이 포함될 수도 있는 것이다. 《국가》의 철학자가 향유한 체계만은 예외지만 모든 지식체계에는 추상적인 것과 구체적인 것, 보편적 일반화와 개별 사례 사이에 불연속이 존재하기 마련이다. 통치에 관한 지력이 좀더 떨어지는 경우는 두 가지 이유에서 법의 훈육을 받아야만 한다는 주장이 있을 수 있다. 첫째는 자신이 내리는 개별적인 결정들이 법의 일반적 규칙을 따라야 할 필요가 있어서이고, 두 번째는 그러한 규칙을 특정한 결정으로 바꾸게 될 때 어떤 종류이든 안내자가 필요해서이다. 만일 그의 지식이 단지 불완전한 일반화에 불과하다면, 개별 사례들에 대한 이해 역시 틀림없이 불완전할 것이기 때문이다.

아리스토텔레스는 《정치학》에서 이런 식의 논증을 전개하였다. 그리고 그는 통치가 지혜를 통해 이루어져야 하는가 혹은 법에 의해 이루어져야 하는가의 문제를 논의한 뒤, 마치 인간이 동물보다 우월하듯이 어떤 철학자의 지력이 다른 사람들보다 훨씬 더 우월하다고 생각되는 오직 그런 경우에만 그는 법의 훈육 없이도 통치할 수 있다고 결론지었다. 하지만 일반적인 통치자는 자신의 신민들과 같은 종류의 지력을 가지고 있을 뿐이며, 설사 이를 최대한의 수준으로 끌어올린다고 해도 법을 따라갈 만큼 지혜로울 수는 없다는 것이다.[22] 이 말의 의미

---

22) Aristotle, *The Politics*, ed. & trans. Ernest Barker (Oxford: The Clarendon Press, 1946), pp. 134-35(1284a), 126-27(1282a-b). 이후 모든

는, 아리스토텔레스가 이제 더 이상 형상이 실재한다거나 적어도 그러한 것이 인간에게 인지 가능하다는 것을 믿지 않게 되었다는 뜻이다. 왜냐하면 우리의 몸은 시공간상의 어떤 위치를 점함으로써 자신을 제한하기 때문에, 우리는 단지 스스로의 감각과 기억이 자신에게 말해주는 것, 그리고 그렇게 접수된 정보를 가지고 우리의 지력이 행한 것만을 알 수 있다. 따라서 관념이란, 포테스큐가 아리스토텔레스의 말이라고 요약하고 있는 것처럼, "감각과 기억을 통해 귀납적으로 획득"되었다. 즉 그것은 곧 자료들로부터 추상화된 것이었다. 그러나 이렇게 추상화된 결과물은 형식을 갖춘 명제에 도달하게 되었고 그중 어떤 것은 자명한 원리로 간주되었다. 즉 그 원리가 참이라는 것은 지력을 통해 순간적이고도 직관적으로 인식된다는 것이었다. 이제 아리스토텔레스적 형이상학의 역사를 살펴볼 때, 우리는 이러한 절대적 · 지적 명제들을 실재하는 실체로 간주한다든지, 심지어는 신에 의해 창조된 유일한 궁극적 실재라고 믿는 것이 어떻게 가능했던지 알 수가 있다. 현상계는 마치 그것의 원리들, 결국에는 플라톤식의 형상을 아주 닮게 되는 그러한 원리들이 예시되고 작용되며 수정되고 나아가서는 변질되기까지 하는 것으로 보였던 것이다. 그러나 설사 궁극적 실재가 지적으로 이해 가능하다고 해도, 인간 — 이성적 동물이지만 그래도 동물임에는 변함없는 — 은 그것을 오직 감각 자료와 사회적 소통으로부터 추출된 개념의 형태를 통해서만 알 수 있었다. 그리스도교는 육체의 삶과 정신의 삶이 다르다는 점을 강조하는 연유로, "우리가 이제는 거울로 보는 것 같이 희미하나 그때에는 얼굴과 얼굴을 대하여 볼 것이요"*에서와 같은 관념을 장려하였다. 그리스도교적 아리스토텔레스주

인용문은 이 판본을 따름.

* 고린도전서 13장 12절. 이어서 "이제는 내가 부분적으로 아나 그때에는 주께서 나를 아신 것같이 내가 온전히 알리라"라는 말이 나온다. 이 책의 영역은 킹 제임스 흠정판에 따른 것이다.

의에 따르면, 지적 실재를 직접적으로 이해하는 것은 오직 천사에게만 가능하였다. 그러나 지성을 가진 이 피조물은 스스로 창조주의 일에 대한 지식을 추구하지만 그 자체는 몸도 사지도 감정도 없는 영(靈)이기 때문에, 시공간에 얽매이지도 않을 뿐더러 감각이나 기억 혹은 귀납적 일반화를 거치지 않고 즉각적이며 직관적으로 실재를 파악하는 존재였다. 천사의 지식은 개별성의 그물을 통해 걸러질 필요가 없기 때문에, 흔히 말하여 천사는 개체가 아니라 종(種)이며 개별적 존재가 아니라 보편적 존재라고 하였다. 시간이란 개별적 존재에게 불가피한 조건이었을 뿐이다.

그리하여 《국가》의 철인왕은 천사로 변신하였고 이 세계로부터 저 세계로 유배되었다. 물론 그리스도교 사상에서 두 세계는 서로를 관통하고 있다. 하지만 설사 교회가 속세에서 영원한 어떤 진리들을 유지하는 과제를 가지고 있다손 치더라도, 천사가 세속사회에 대한 통치의 짐을 떠맡게 될 것이라고 기대하기는 어려우며, 더욱이 어떤 세속군주가 실재를 직관적으로 파악할 수 있는 능력을 보유하여 법 없이도 통치할 수 있거나 또는 그러한 권한을 부여받을 수 있으리라는 것 역시 전혀 가능성이 희박한 얘기였다. 아리스토텔레스 사상이 그리스도교 도래 이전의 아테네라는 시대적 맥락 속에 위치하고 있었을 때조차도 그것이 인도하는 통치 철학은 사실상 포테스큐의 경우와 그리 멀지 않다. 지식은 자료들로부터의 일반화와 추상화를 통해 구축되고 이처럼 일반화된 결과물 중 어떤 것은 진리성이 자명하며 귀납적 과정으로부터 독립적인 보편 명제로 간주된다. 그러한 원리들은 이성으로 하여금 차후의 명제들을 도출 가능케 하는 기초가 되며, 이러한 명제의 진리성은 그것이 제일 원리의 진리성으로부터 나오는 필연적이고 논리적인 결과임을 보일 때 입증될 수 있다. 그러나 추상적 보편자로부터는 오직 추상적 보편자만이 연역될 수 있을 뿐이며, 만약 이성이 연역적 논리와 동일하다면 귀납적 과정은 결코 역전될 수 없다. 조만간 우리는 플라톤이 제기한 문제, 즉 어떻게 하면 개별자에 맞는 일반화가 이루어질 수 있는가의 문제와 마주해야 할 것인데, 이 경우 우리는 개별자와 그것의 특징에 대한 직관적이고도 완전한 지식을 가진 플라톤식 철학자의 도움 없이 이 문제와 씨름하지 않으면 안 된다. 개별자에 대해서는 과연 어떠한 종류의 지식이 가능한가? 보편자와 개별자 간의 조화는 과연 어떠한 지적 도구에 의해 수행될 수 있는가?

인간의 통치에 관한 한 이러한 질문에 대한 아리스토텔레스의 대답은 명확하다. 그것은 공통의 경험이라는 것이다. 이것이야말로 저녁식사의 심판관은 요리사가 아니라 그것을 먹어야 하는 사람이라는[23] 그의 유명한 격언에 담긴 의미이다. 아무런 성찰도 존재하지 않는 인간 지력 최하위의 층위에서는 장화를 신어서 발이 아플 것인지 아닌지를 알기 위해 굳이 제화공의 기술이나 수족병 전문의의 과학을 필요로 하지는 않는다. 당신이 그들의 애쓴 결과가 어떤지를 말해야 할 때는 제화공이나 의사가 최선을 다한 뒤일 것이다. 또한 각별히 통치의 문제에서 일어나기 쉬운 일로서 만약 당신을 도울 만한 제화공도 의사도 없는 상황이라면, 극히 비경제적이기는 하지만 자신이 직접 장화를 꿰매는 것도 이론상으로는 가능하다. 거듭된 실수에도 불구하고 그로부터 얻는 지식이란 것이 너무 적어, 물론 운이 따라야 하겠지만, 어쨌든 수많은 시행착오 끝에 결국에는 발이 아프지 않은 장화를 만들어낼 수도 있을 것이다. 지혜로운 통치자가 인민의 욕구와 그들의 생활환경에 대해 일반화를 수행하고 이러한 일반화의 결과로서 법을 만들었을 때, 법이 실제로 인민들의 욕구와 환경에 적합한지 어떤지를 결정하는 일은 그들에게 맡겨두어야만 한다. 이렇게 해야만 관념과 실제 사이의 간격이 메워질 수가 있다. 아마도 이는 인민 집회를 소집하여 법이 과연 그들에게 적합하다고 생각하는지의 여부를 물어봄으로써 이루어질

23) *Ibid.*, p. 126(1282a).

수도 있을 것이다. 그들 개개인 누구도 앞서 통치자가 수행한 일반화 과정을 반복할 수는 없겠지만, 그들이 내린 예상의 총합은 아마 통치자에게 그 법의 성공 가능성에 대한 탁월한 비평을 제시해주게 될 것이다. 이것이 바로 동의에 의한 통치의 경우이다. 그러나 동일한 결과가 관례에 의해 이룩될 수도 있다. 즉 사람들로 하여금 법을 지킬 것인지 아니면 무시할 것인지 스스로 결정하도록 자유롭게 놔두는 것이다. 그들이 결정한 결과란 인민 집회에 의견을 물을 때처럼 "우리는 이 법이 우리에게 적합하거나 혹은 적합하지 않을 것이라고 생각한다"는 식의 예상적 진술이 아니라, "사람들이 관례를 유지해 왔으며, 그래서 그것은 그들에게 적합하다. 그들은 그것을 폐기했으며, 그래서 그것은 적합지 않다"는 식의 입증적 진술이 될 것이다. 그리고 사람들은 통치자가 이끌어주지 않아도 단순히 관례를 구성하는 행위 양식에 자발적으로 몸을 맡김으로써 그들 자신의 관습을 만들어낼 충분한 능력이 있다. 이것이 바로 관습에 의한 통치의 경우이다.

사람들의 관습이 스스로 형성되기를 기다려 입법하는 경우, 유일한 걸림돌은 이것이 너무나 오랜 시간을 필요로 한다는 점이다(앞서 살펴본 바와 같이 이는 물론 거꾸로 이점도 있다. 관습이 오래되면 될수록 그것이 사람들에게 적합하다고 생각할 만한 이유는 많아지는 반면, 그것이 적합하지 않게 되는 환경이 나타날 수도 있다는 두려움은 작아진다). 그것은 분명히 오랜 시간을 요한다. 왜냐하면 우리가 필요로 하는 것은 본질적으로 어떤 합의가 이루어질 때까지 개별적인 것에 대한 한 사람의 경험에 다른 사람의 경험이 더해져야만 한다는 것, 그리고 이 과정은 결과적으로 산출된 관습이 반복적인 관례의 축적과 시간의 유구함이라는 권위를 주장할 수 있을 때까지 시간 차원에서 되풀이되어야 한다는 것이기 때문이다. 그러나 더 나아가 이것, 즉 관습이 느리게 만들어진다는 사실은 모든 개별적 입법활동, 개별적 통치행위와 개별적 결정들이 어떤 것이 되어야만 하는 것을 보여주는 최고도로 발전된 예일 뿐이다. 왜냐하면 만일 이성이 오직 연역과 보편자에 관한 것일 따름이라면 개별자 그 자체를 다루는 어떤 과학도 방법도 존재하지 않기 때문이다. 개개인은 자신이 알게 된 개별자에 대한 스스로의 판단을 사용할 것이 틀림없으며, 이처럼 단순히 사적인 것을 넘어서 그 범위를 넓히는 유일한 길은 그것을 개별적 지식에 대한 다른 사람들의 판단과 합치는 것뿐이다. 개별적 판단에 의거한 조직적 비평—이러한 비평은 학(學)이라기보다는 마치 기술 같기 때문에(물론 동일하지는 않겠지만)—이라는 것은 존재하지 않으므로, 어떤 판단이 다른 판단에 대해 선험적 우월성을 주장할 수 있는 소수의 기준 중 하나는 경험을 통해 판단을 형성하는 데 기여한 사람들의 숫자이다. 300명의 판단은 바로 그 숫자에 의해 한 사람의 판단보다는 최상이 될 가능성이 더 높다. 현재 살아있는 사람들의 판단보다는 수많은 세대를 거듭한 판단이, 시간이 좀 덜 된 관습보다는 제일 오래된 관습이 최상이 될 여지가 많은 것이다. "사람들 개개인은 멍청하다"고 한 것은 버크였다. "어느 한때를 살고 있는 다수도 멍청하다. 하지만 종(種) 전체는 현명하며 시간이 쌓이면 한 종으로서의 인간은 언제나 옳게 행동한다."[24] 덧붙이자면 그가 여기서 뜻하는 것은 스콜라사상적 종이 아닌 생물학적 종이었다.

이러한 진술들은 모두가 개연성에 관한 것이다. 왜냐하면 어떤 결정이 옳다는 것은 오직 그것이 개별적인 것이 아닌 보편적 원리에 부합되는 한에서만 입증될 수 있기 때문이다. 물론 "제 2의 본성"에 대한 논증에 따라 나의 관습이 이제 거의 나 자신의 일부가 되어버렸으므로

---

24) Edmund Burke, *Works* (London: George Bell and Sons, Bohn's Libraries edition, 1877), VI, p. 147; notes for a speech *On a Motion Made in the House of Commons, May 1782, for a Committee to Enquire into the state of the Representation of the Commons in Parliament*. Cf. Pocock, *Politics, Language and Time*, pp. 226-27.

그것은 틀림없이 나에게 옳은 것이라는 식의 주장은 여기서 제외된다. 그러한 관습이 외적 환경에 대해서는 옳지만 정작 나 자신의 인격과는 배치될 수도 있지 않겠느냐는 질문은 또 다른 문제이다. 관습이란 하나의 특수한 판단으로서, 수많은 사람들의 경험이 그것을 증언할 뿐 아니라 시간을 거듭하며 시험을 반복함으로써 고도의 지속성을 획득하여 만족도를 계속 유지할 수 있을 개연성이 사실상 매우 높은 그러한 종류의 것이다(그러한 만족도는 조건의 안정성을 가정하며 동시에 그것을 유지하는 데 일조한다). 하지만 관습은 극히 긴 시간적 흐름 속에서 바라보는 것이 가능한 일종의 판단이며, 그래서 좀더 소수의 경험과 동시다발적으로 이루어질 수밖에 없는 수많은 판단들이 틀림없이 존재할 것이다. 버크가 말한 "사람들 개개인"이나 "어느 한때를 살고 있는 다수"는, 비록 양자 공히 결정을 내리는 데 소요되는 경험과 개별자에 대한 지식의 양이 "시간이 주어진 종"에게 이용 가능한 것보다 훨씬 더 적다고 하는 상대적인 의미에서 "멍청하기는" 하지만, 어쨌든 결정을 내려야만 한다는 점에서는 동일하다. "어느 한때를 살고 있는 다수"의 결정이 곧 포테스큐의 법령이며 그것을 만드는 데서 발휘되는 덕이 곧 그가 말하는 "분별"이다. 관습의 "증거"—이것이 물론 증명은 아니다—는 그것의 시간적 유구함이며, "분별"이란 아마도 시간의 시험을 견뎌낼 만한, 그래서 이미 관습에 의해 향유되고 있는 권위와 유구함을 스스로도 획득할 만한 법령을 만들어내는 능력으로 정의될 수 있을 것이다. 그러나 분별은 동시에 의사 결정시 개개인 스스로에 의해 발휘되는 덕이기도 하다. 왜냐하면 그것은 결국 이러저러한 다른 사람들의 경험을 사용하여 좋은 결과의 창출을 기대하는 능력에 다름 아니기 때문이다.

아퀴나스는 기술(art)을 정의하여 팍티빌리움(factibilium), 즉 "만들어지는 어떤 것들에 대한 옳은 이성"이라 하였고, 분별은 아기빌리움(agibilium), 즉 "행해지는 어떤 것들에 대한 옳은 이성"이라 한 바 있는데, 근대의 번역자 중에는 라티오(ratio 이성)를 "판단"이라고 옮김으로써 원리로부터 진행되는 사변적 라티오와 목적을 향해 진행되는 실천적 라티오를 구별하는 어려움을 최소화하고자 한 경우도 있었다.[25] 그는 계속해서 "분별의 다른 세 부분, 즉 과거에 대한 기억, 현재에 대한 이해, 그리고 미래에 대한 예견"과 같은 키케로의 말을 인용하며 자신의 논지를 전개하였고, 결국 이러한 것들은 "분별과 구별되는 덕이 아니라" 단지 "전체를 이루는 구성요소들"이라는 결론에 도달하였다.[26] 이제는 명백해진 사실이지만, 관습이 경험의 완료 시제인 곳에서 분별은 현재형이자 미래형인 셈이었다. 관습에서 경험은 현재 무엇이 좋고 만족스러운지를 판단하였다. 또한 경험은 어떤 종족의 특수한 성격, 즉 "천성"에 잘 적응했다고 판명된 것은 무엇이었는가를 판단하였다. 이러한 판단은 자기실현적인 경향이 있었는데, 왜냐하면 관례와 관습은 이 "제 2의 본성"을 평가할 뿐만 아니라 그것을 창조해내기도 했기 때문이다. 과거가 완료형이라는 것은 사실이었다. 법령의 경우, 경험은 차후 더 이상의 경험을 통해 확인될 가능성이 있는 것은 무엇인가를 판단했지만, 이론상 이러한 판단은 오직 관습에 의해 그러한 과정이 이미 완결되었다는 것을 입증할 수 없을 때에만 가능하였다. 시간 속에서 불안정한 부침을 거듭하는 인간사의 과정이 항상 그렇듯이 아직은 기존의 관습 속에 통합되지 않은 어떤 우연적 사건이 일어나게 마련인데, 바로 이 순간이야말로 그러한 통합을 향한 첫 걸음이 될 것임에 틀림없다. 법령은 경험에 기초하고 있었고 또한 차후 더 많은 경험의 확인을 예상하고 있었다. 그러므로 그것은 새로운 비상사태가 수없이 일어나고 경험 또한 축적되어 그것을 관습으로 일반화하는 과정이 시작될 수 있게 되는 바로 그 순간에 내딛는 발걸음인

25) St. Thomas Aquinas, *Summa Theologica* (New York & London: Blackfriars), vol. 23 (1969), 1a-2ae, question 57, 4 (p. 51).

26) *Ibid.*, 57, 6 (pp. 57, 61).

셈이었다. 분별의 모습으로 나타난 경험은 이러한 일반화를 수행하면서 야누스적 이중성을 보여주었다. 그것은 혁신과 기억, 법령과 관습, 현재, 미래, 과거 간의 간극을 서로 연결시켜 주고 있었던 것이다.

그러나 우연적 사건에 대한 바로 그 첫 번째 반응, 처음으로 취해진 행동은 어떤 것인가? 맥킬웨인이 유리스딕티오(jurisdictio), 즉 법의 금언(사법상의 권위)과 구베르나쿨룸(gubernaculum), 즉 통치자의 소유(통치상의 권위)에 대한 논쟁적이지만 유명한 구분을 확립하게 된 것도 바로 이와 관련해서였다.[27] 우연적 사건에 대한 첫 반응이 분별 있는 이론의 일부를 이루지만, 그것이 어쨌든 경험에 근거한다면 단지 간접적으로만 그렇게 될 수 있다고 본 그의 관측은 옳았다. 무언가가 처음으로 일어난다고 하자. 이때 그것은 앞서의 어떤 사례와도 닮은 데가 없어서 우리는 그것을 표현할 어떤 언어도, 그것을 다룰 만한 어떤 방법도 가지지 못한 상태인 경우이거나, 혹은 그것이 앞서의 사례들과 닮아서 동일한 유(類)에 속하는 것으로 보이기는 하지만 동시에 그 나름의 특징(또는 특징들의 조합물)을 가지고 있어서 어쩔 수 없이 수이 게네리스(sui generis), 즉 독특하다고 불러야만 할 것처럼 보이는 경우이다. 후자의 경우, 만약 그것의 특징에 무게가 더 주어진다면 원로 회의를 소집하여 그들의 경험을 공유하고자 하는 것은 적절치 못한 일이 될 것이다. 그것은 그것이 지닌 새로움의 기반 위에서 다루어져야 하며, 그러한 새로움은 그것이 우리에게 다가와서 반응을 요구하는 속도와 밀접히 관계되어 있다는 것은 거의 확실하다. 만약 시간이 변화의 차원이라면 속도는 생소함과 직접적인 비례 관계에 있다.

그러므로 전례 없는 사건이 일어났을 때, 만약 회의를 소집할 시간이 없다면 그것은 어떤 한 사람에 의해 처리되지 않으면 안 된다. 하지만 그것은 경험으로 다룰 수 있는 문제가 아니기 때문에, 동일한 유

---

27) McIlwain, *op. cit.* (n. 21), pp. 77ff.

에 속하는 차후의 사건을 다루듯이 법령을 공포하거나 분별 있는 일반적인 진술을 함으로써 그것을 다룰 수 있을 것 같지는 않다. 사람들은 그러한 비상사태가 수없이 반복되어 더 이상 완전히 전례가 없었다는 말이 나오지 않을 때까지 기다려야만 한다. 부침을 거듭하는 인간사 속에서는 정상적인 판단과 법령이 부적절한 때가 있다. 제기된 문제는 너무나 새롭고 너무나 낯선 반면 그것을 어떻게 해볼 시간은 없다. 하지만 "경험"이라는 개념 밑에 깔려있는 가정들을 생각할 때 법령이 적절한 의미를 가지게 될 순간은 분명히 찾아올 것이다. 그래서 맥킬웨인은 중세 왕의 통치 권력을 유리스딕티오로부터 구베르나쿨룸에 이르는 스펙트럼을 따라 정리하는 것이 가능하다는 사실을 알게 되었던 것이다. 스펙트럼의 한쪽 끝은 경험에 의한 결정이 이미 내려진 후라서 왕은 그저 기억을 되살려서 그런 적이 있었다는 말만 할 수 있을 뿐, 그 외의 다른 분별적 측면들은 제쳐놓을 수밖에 없는 상태이다. 이때 왕 자신의 경험은 관습에 아무런 기여도 할 수가 없으며 그가 어떤 주도권을 가지고 있지도 않다. 다양한 중간 단계들로 들어가 사건의 생소함과 그것이 요구하는 반응 속도가 동시 발생적으로 증가하게 되면 관습 형성의 과정에 투입되는 분별의 수치도 더 높아지게 된다. 왕은 자신의 분별에 더 많이 의지하면서 소수의 고문관으로부터 조언을 받아 결정을 내리게 되지만, 그 결과 그러한 결정이 지니는 법으로서의 일반성, 영속성, 구속력은 오히려 감소하게 된다. 마지막으로 사건의 성격은 완전히 생소한 반면 그에 대한 반응은 즉각적이어야만 하는 시점에 도달하게 되고, 이렇게 되면 통치자가 할 일은 한 가지 뿐이다. 이때 왕의 결정은 관습에도 조언에도 얽매이지 않는다는 의미에서 그는 절대적이다. 그렇다고 그것이 즉각 행위의 일반 법칙으로 정립되지도 않는다. 그렇게 될 수 없기 때문이다. 오직 반복과 경험의 축적만이 그러한 결정을 법칙으로 만들 수 있을 뿐이다.

이는 유리스딕티오-구베르나쿨룸 연속체를 극히 단순하고 관념적인 형태로 기술한 것으로서, 사실 그것을 생각해낸 저자조차도 이에 대해 놀랐을 법하다. 맥킬웨인을 비판하는 학자들은 그의 테제가 중세의 통치방식에 대한 사실들을 지나치게 단순화하고 있는 것은 아닌지 종종 의문을 표하곤 했다. 그것을 주의 깊게 다루지 않으면, 스튜어트 왕조 초기의 잉글랜드에 대해 이미 매우 불만족스러운 것으로 판명된 이론과 별반 다르지도 않은 이론이 산출될 가능성이 있다는 것이다. 즉 법에 의해 제한되는 왕권이 있었는가 하면 법에 의해 제한되지 않는 왕권도 있었으며, 이들 간에는 아무런 필연적인 모순도 없었다는 주장이 그것이다. 그리고 현대의 어떤 학자들은 17세기의 해링턴[28]과 18세기의 흄을 따라,[29] 중세의 통치방식은 앞의 이론이 시사하는 것보다 일관성이 덜했을 뿐 아니라 튜더 왕조 이전의 상황에서는 그 정도가 더욱 유연했다고 주장하였다.[30] 그러나, 다양한 형태의 유리스딕티오와 구베르나쿨룸이 명확히 구분될 정도로 제도화된 것은 아니었다는 주장과, 그 말들이 전달하는 사고 유형이 중세인들이 통치에 대해 생각할 때 이용 가능했던 이론의 주요 부분 또는 제일의 골격으로 간주될 수 없다는 주장은 분명히 서로 다른 것이다. 우리가 유리스딕티오-구베르나쿨룸 연속체를 우연적인 시간을 다루고자 하는 일련의 장치로서의 통치행위를 표현하는 것으로 진술했듯이, 우리는 그것을 구성하는 구조들이 열려 있으며, 우리가 시간을 조직하는 방식인 과거, 현재, 미래의 시기 외에는 그러한 구조들을 서로 구별할 만한 다른 길이 없다는 것을 알 수 있다. 그러므로 중세인들이 관습을 가리켜 그것은 왕이

28) John Toland, ed., *The Oceana and Other Works of James Harrington* (London, 1771), pp. 63, 69.

29) *History of England* (ed. of 1762), vol. 5, ch. 1, p. 14.

30) Donald W. Hanson, *From Kingdom to Commonwealth: The Development of Civic Consciousness in English Political Thought* (Cambridge, Mass.: Harvard University Press, 1970). 맥킬웨인적 전통에 대한 비판에 관해서는 특히 4-7장을 참조.

나 장관의 행위에 의해서 확립된다고 하면서도 동시에 아득한 고대로부터 존재해 왔다고 말할 수 있었다는 것은 별로 놀라운 일이 아니다. 또한 새로운 법을 제정하는 기능의 법령과 옛 법을 포고하는 기능의 법령을 서로 구분하는 것이 분명한 듯하면서도 동시에 습관적으로 간과되고 있었다는 것, 단일한 비상사태에만 국한되어 그야말로 특별한 결정을 내리는 경우의 구베르나쿨룸과 어느 정도의 일반성을 소유하고 바로 그 정도만큼 미래에 구속력을 가질 어떤 규칙("법")을 확립하는 경우의 구베르나쿨룸을 구분한다는 것이 실제로는 불가능했다는 것 역시 결코 놀라운 일은 아니다. 경험의 야누스적 이중성, 그리고 단지 연속적인 기억에 의해 조직되는 시간 속의 한 시기일 뿐인 현재의 이중적 특징이 대체로 이 모든 것을 설명해주고 있다.

우리가 여기서 관심을 두는 쪽은 통치 중에 어떤 일이 일어났던가 하는 것이 아니라, 그보다는 통치를 위해 의존하지 않으면 안 되는 개념체계상의 결함들이다. 재판장 헹엄은 옛 법을 재해석함으로써 새로운 법령을 만드는 방법을 너무나 잘 알고 있었다.[31] 하지만 재판장 포테스큐는 그의 책에서 도대체 어떻게 이렇게 될 수 있는지 아무런 이론적 설명을 할 수가 없었으며, 헹엄과 그의 혁신적인 분별을 경험과 관습과 회상의 세계 속으로 다시 빨아들이지도 못했다. 그리고 스펙트럼의 한 끝, 즉 경험의 개념이 완전히 실패하고 우연성과 그에 대한 반응이 독특하다고 인정되는 곳에서는 신비 외에는 아무 것도 남아 있지 않았다. 정책결정이라는 문제와 함께 우리는 관습적 사법권의 영역

---

31) 한 탄원자에 대한 헹엄의 말을 볼 것 (Hanson, p. 207). Cf. T. F. T. Plucknett, *The Legislation of Edward I* (Oxford: The Clarendon Press, 1949), pp. 72-74. 핸슨은 더 나아가서 (pp. 220-22), 포테스큐가 법령은 관습에 의해 제한된다는 의미에서 전자를 후자보다 더 열등한 것으로 만들었다는 주장을 반증하려 하고 있다. 그러나 핸슨은 법령의 권위와 그 내용에 담긴 분별을 구분하지 않고 있다.

으로부터 가장 멀리 떨어진, 순수한 구베르나쿨룸의 영역으로 들어가게 되었다. 그곳에서는 통치자의 권위가 절대적이면서도 동시에 극히 불안정한 상태에 있었다. 정치 문제를 다루면서 왕과 고문관들은 스스로의 분별과 경험 외에는 그 어떤 것도 안내자로 삼을 수 없었다. 그런 일이 바로 그들의 전문이었다. 그들의 삶은 그런 일에 대한 오랜 훈련으로 점철되어 있었다. 이러한 과업을 그들에게 맡긴 신은 어쩌면 당신의 은총으로 그들이 그 일을 수행하도록 도와줄 수도 있었을 것이다. 그리고 그들은 본질적으로 통치라는 직업상의 "신비"(mystery) 혹은 기술(art)이라 할 만한 것을 시행하는 놀라운 솜씨를 계발할 수도 있었다. 엘 프루덴테(분별있는 사람)라 불린 에스파냐의 펠리페 2세나 잉글랜드의 엘리자베스 1세처럼, 특출한 성공을 거둔 통치자들이 주장한 신비스럽고도 신성에 가까운 권위의 기반도 다름 아닌 통치술과, 아르카나 임페리*와, 변화무쌍한 시간과 계절, 사건과 환경, 그리고 인간의 의지 등을 판단하는 그들의 전문 지식에 기초하고 있었던 것이다. 그들이 활동하던 영역은 불가해한 신의 섭리와 그것이 인도하는 성공의 영역이었다. 그러나 순수 정치의 치국술은 법규의 확립이나 유지와는 아무 관계도 없었기 때문에 사법권이나 입법권으로부터 유리되어 있었다. 법의 통제 아래서 사태를 해결할 어떤 희망도 사라진 시점에서, 그것은 독특하고 우연적이며 예기치 않은 상황과 싸우는 신비롭고도 어떤 의미에서는 불합리한 기술이었다. 하지만 경험이 관습이나 동의의 형태로 동원될 수 있고 일반 법칙이 확립되고 해석될 수 있을 때, 통치는 훨씬 덜 비밀스럽고 신비로운 기술이 되었으며, 이성과 경험이 언제나 명확하게 구분된다는 가정 하에서라면 그것은 훨씬 더 합리적인 방법 혹은 과학이 될 것이었다. 포테스큐와 같은 사람이 쓴 가

* arcana imperii. "국가 혹은 권력의 기밀"이라는 뜻의 라틴어. 타키투스의 역사서에서도 잘 나타난다. 16세기경부터 쓰이기 시작한 "Ragion di Stato," 즉 국가이성과 유사한 의미.

정들에 따르자면 왕의 치국술은 결코 그에게 법관이나 입법자의 권위를 부여하지 않았다. 통치상의 요구들은 동일한 것이 아니었다. 분별에는 프리미엄이 붙고 경험은 평가 절하되는 상황이라면, 그는 아마 정책 입안자의 분별 정도는 가질 수도 있었을 것이다. 어느 누구도 혼자서는 다른 사람들의 경험과 분별을 불러올 수 없는 것과 같이, 그의 경험은 법관이나 입법자가 되기에는 양적으로 부족할 수밖에 없었다.

순수한 구베르나쿨룸은 그야말로 순수한 신비 그 자체였다. 경험이 특수한 사례를 일반화하고 그것에 보편자의 적용을 시험해 보는 유일한 수단인 한에서, 유리스딕티오와 동의에 의한 입법권은 지적 검열을 이겨낼 만한 법을 만들고 집행하는 유일한 방법임에 틀림없다. 그러나 이러한 통치 철학은, 구베르나쿨룸이 유리스딕티오와 서로 얽혀 있을 때, 혹은 왕이 개인적으로 사법 및 입법에 관심이 있거나, 혹은 통치자로서의 직분 때문에 그러한 일들의 적절한 수행에 대한 그의 책임 — 다른 사람들의 책임과는 결코 같지 않은 — 이 느껴질 때와 같은 상황들을 처리하기에는 결코 만족스럽지 못하다. 포테스큐식의 논증은 오히려 왕으로부터 그의 직분에 적합할 법한 일체의 지적 능력을 빼앗아 — 《잉글랜드법 찬양론》에서 대법관이 왕세자를 그렇게 만들었듯이 — 그의 법관들이 무슨 일을 하든 자신은 그저 조용히 지켜보기만 하는, 다른 총명한 사람들보다 하등 더 지혜로울 것도 없는 그런 인물로 만들어 버리는 경향이 있었다. 하지만 구베르나쿨룸에 대한 어떤 이론도 왕에게 사법과 입법에서 안정적이면서도 독특한 역할을 제공할 수는 없는 것으로 생각되었다. 왜냐하면 구베르나쿨룸은 최종적으로 볼 때 과학이기보다는 기술이며, 반복되기보다는 일회적이고, 법을 확립하기보다는 정책을 경영하는 데 관한 것이라는 사실이 우리가 앞서 검토해 온 철학 전체에 내재해 있었기 때문이다. 왕은 자신이 떠맡은 과제가 이처럼 극히 어려운 것이었기 때문에 신의 섭리와 유사하거나 혹은 그것에 기초한 권위를 향유할 수가 있었다. 또한 고문 회의나 법정에서 이루어지는 결정과 왕의 권위가 서로 부딪히는 것은 당연한 일이었기 때문에, 왕은 자신의 고문관이나 법관 앞에서 구베르나쿨룸의 거의 신적인 그 무시무시한 권위를 과시하며 "마치 사자가 포효하듯이" 말을 할 때도 있었을 것이다. 만약 이에 대한 반대나 저항이 없었다면 그는 잠시 동안이나마 자신의 그러한 권위를 앞세워 법을 아예 무시할 수도 있었을 것이다. 그러나 판결을 선포하고 법령을 공포하며 특히 관습법의 기술적인 부분을 처리해야 하는 때가 오면, 사자의 포효는 잦아들고, 법이란 이성과 경험으로 만들어지는 것이며 양쪽 그 어느 것도 왕이 다른 사람보다 더 나을 바가 없다는, 왕의 심기를 불편하게 하는 사실이 다시 한 번 부각된다. 제임스 1세와 에드워드 쿡은 또 다시 서로를 대면하게 되는 것이다.

왕은 비록 다른 사람에 비해 더 많은 권위를 가지고는 있었으나, 바로 이 지점에서 그러한 권위는 인간의 지식에 대한 어떤 이론에서도 근거를 찾지 못하는 상황이 벌어지게 된다. 편의상 우리는 여기서 "상향식" 권력에 반대되는 "하향식" 권력에 관해 얘기한 월터 울만의 이론[32]을 원용할 수도 있다. 통치자의 권위는 정치적 지력에서 차지하는 그의 역할(포테스큐가 폴리티케〔politice〕라고 부른 정치체)에서 나올 수도 있었고, 혹은 위로부터(regaliter), 즉 법이라기보다는 왕으로, 또한 이성이라기보다는 의지로 인식되는 신 그 자체에서 나올 수도 있었다. 포테스큐는 이것조차도 자연법, 즉 보통의 인간 이성으로 인식 가능한 보편자의 법이 시행되는 것과 같은 것으로 봄으로써 통치자의 권위를 최소화하고자 하였다. 그러나 아무리 신적 권위라 해도, 그것이 섭리에 의한 것이라는 정확히 바로 그 이유 때문에 개별자의 경우에 적용될 때는 아무런 소용이 없어서, 왕이 그러한 권위를 어떻게 받게 되는지는 그저 하나의 신비로운 일로 남게 될 뿐이었다. 오직 눈크

---

32) Walter Ullmann, *Principles of Government and Politics in the Middle Ages* (London: Methuen, 1961).

스탄스, 즉 영원한 현재의 관점을 가진 신만이 연속되는 특수한 사건들 속에 담긴 완전한 의미를 인식하고 있을 뿐이므로, 그보다는 차라리 그러한 뜻을 의도한 존재로서의 신을 생각하는 편이 더 쉬웠다. 섭리는 이처럼 연속적인 사건들을 지시하는, 적어도 인간이 시간 내부로부터 인지하는 신의 의지를 일컫는 이름이었다. 그리고 영원한 현재의 관점을 가지지 못한 인간들에게 섭리는 그야말로 불가해하고 신비한 것이었다. 마치 사자가 포효하듯이 왕은 신으로부터 내려온 권위를 가지고 말하였다. 그러므로 그의 권위는 불가해하고 신비적이고 저항할 수 없는 것이 되었다. 하지만 권위의 증여는 시간에 속박된 왕의 지력에 다른 어떤 능력도 더하지 못했다. 그것은 세속적 현상이라기보다는 차라리 사제가 지배하는 정치에서나 있을 법한 현상이었다. 장 보댕이 "절대왕정"에 대한 다른 많은 이론가들처럼, 권위가 문제시될 때 왕은 언제든 자신의 뜻에 따라 관습을 무시할 수도 있다고 하면서도, 동시에 분별이나 지혜의 문제에 이르면 극히 드문 경우를 빼고는 왕이라 해서 그렇게 할 수는 없다고 말한 것도 바로 이 때문이다.[33] 왕이라 할지라도 신과 인간 사이의 간극을 완전히 연결하지는 못했다. 권위가 분별을 앞지르는 것은 인간 기억에 의해 인식되는 우연적 시간의 영역을 떠나 신의 의지와 섭리에 의해 형성되는 시간의 영역으로 들어가는 바로 그 시점부터였다. 하지만 섭리가 인간 일반을 속박하는 실정법(實定法)을 포고했을 때, 이는 로마나 비잔티움으로부터가 아니라 시나이로부터 취해진 것이었다. 섭리의 행위는 결코 인간 입법자의 행위가 아니었다. 왕이나 공동체가 실정법을 입안할 완전한 권한을 주장하려면, 그 이전에 세속적 역사의 영역에서 새로운 질서를 창조할 능력을 인간에게 부여하는 어떤 이론이 나타나야만 했다. 당시 그러한 이

33) Jean Bodin, *Six Books of the Commonwealth by Jean Bodin*, ed. & abridged and trans. M. J. Tooley (Oxford: Basil Blackwell, n.d.), pp. 43-44, 123-28.

론이 왜 존재하지 않았는지를 살피는 한 과정으로서, 다음에서는 섭리가 지배하는 시간에 대해 좀더 자세히 개관해 볼 필요가 있다.

제2장

문제와 그 양식

2) 섭리 · 운 · 덕

그리스도교 구원의 교리가 결국에는 역사적 시야를 가능하게 했지만, 한편으로는 수세기 동안이나 바로 그러한 가능성을 부정하는 방향으로 작동했다는 것은 변증법적 역설이 아닐 수 없다. 그리스와 로마의 지식인들에게는 그들로 하여금 인간사의 미래에 무언가 아주 새로운 일이 일어날 것이라고 기대하게끔 할 이유라는 것은 거의 없었으며, 물론 그 중요성을 과장하거나 단순화하는 것은 경계해야 마땅하겠지만, 주기적 순환이나 운(티케〔tyche〕 혹은 포르투나〔fortuna〕)이 득세하는 이론들이 나타나고 퍼져나간 것도 이러한 기대난망의 상황(이는 때때로 염세적인 의식과 불안감을 야기하였다)을 표현하고자 하는 것이었다.[1] 그러나, 이처럼 공허한 듯이 보이는 도식들 안에서도 정치·군사적 사건들을 아주 날카롭게 연구할 만한 여지는 있었고, 또한 인간의 행동이 사물의 통상적인 혹은 우주적인 행로 속에서 언젠가는 반복되리라 생각하면서도 그러한 행동에 대한 관심은 결코 수그러들지

---

1) 앞의 1장 주 3을 볼 것. 포르투나가 여신으로서 실제 숭배 의식의 대상이 된 데 대해서는 다음을 볼 것. John Ferguson, *The Religions of the Roman Empire* (Ithaca: Cornell University Press, 1970).

않았다. 아니 그 반대였을 것이다. 하지만, 구세주 일신교의 출현으로 시간은 영원한 의미를 갖는 사건들의 한 측면으로 자리매김 되었고, 그 결과 시간의 재구성과 변형이 일어나게 되었다. 신은 인간과 계약을 맺었으며 그 계약은 언젠가 이루어질 것이었다. 인간은 창조되었고, 타락했으며, 신은 구원의 역사를 일으키기 위해 행동하기 시작하였고, 이러한 과정은 다가올 시간상의 어떤 지점에서 그 최종 완결을 보게 될 것이었다. 이 모든 명제들이 뜻하는 것은 현세적인 사건들이었다. 하지만 그러한 사건들은 과거 혹은 미래 시제로 진술되어야 했고, 그런 시제가 뜻하는 바가 전적으로 시간 바깥에 있는 것과 인간 사이의 관계에서 일어나는 변화라는 점에서 개개의 사건이 가지는 의미는 초역사적인 것이었다. 시간은 어떤 영속적인 행위자가 시간의 틀 안에서 행동할 때, 바로 그러한 행동들을 둘러싸고 구성되었다. 이러한 행동들은 그 의미가 시간 속에서 나타나는 어떤 연쇄를 이루었고, 그리하여 시간에 의미를 부여하였다. 그러나 그러한 행동들의 의미는 시간 바깥에 놓여 있었기 때문에, 결과적으로 시간은 영원한 것과 관계를 맺음으로써 그 의미를 획득했다고 추론될 수 있다. 다음과 같이 생각하는 것까지도 가능하다. 즉 인간이 시간 속으로 들어온 것은 그가 에덴동산에서 쫓겨났을 때였으며, 성스러운 역사를 구성하는 연속적인 행위들은 궁극적으로 시간을 최후까지 몰고 와서는 그 존재를 초월하고 종식시키는 바로 그 순간에 비로소 시간의 의미를 완성하려고 의도했다는 것이다. 간단히 말해서 역사는 종말론에 종속됨으로써 그 의미를 획득한 것이었다.

그리하여 개개인의 삶을 두 개의 서로 상이한 시간적 연쇄 속에 연루된 것으로 보는 일이 교부 철학적 사유 속에서 매우 자주 발생하게 되었다. 한편으로는 인간을 신으로부터 갈라놓았다가 이제는 재결합으로 귀결 중인 행동과 사건들로 이루어진 시간적 연쇄가 있었다. 이들 대부분의 경우는 기록된 인간 역사의 연대기라는 측면에서 이론적으로 그리고 종종 구체적으로 시간 측정이 가능한 과거의 어느 시점 상에 있었던 것이었으나, 어떤 경우는 시간 측정을 신뢰할 수 없고 그렇게 시간을 측정하려 하는 것 자체가 적절치 못할 수도 있는 미래의 어느 시점 상에 믿음을 가진 자들이 기대하던 그런 것이었다. 이는 종말론적 현재라는 문제, 즉 구원의 계획이 성취되기를 기다리는 사이에 반드시 행해야만 할 신앙적인 삶의 문제를 제기하였다. 그리고 이러한 현재가 수많은 생애와 세대를 모두 아우를 수 있으리라는 사실이 일단 받아들여지게 되면, 현재와 종말 사이의 시간은 필연코 인간의 지각으로 식별할 수 있는 다른 시간적 연쇄로 채워질 것에 틀림없었다. 이야말로 교부 철학적 어휘로는 사이쿨룸(saeculum)[2]이라 불리었고, 근대의 식자들은 역사라 부르기를 더 좋아했던 바로 그것이었다. 인간의 시간은 사회적 세계 속에서 일어난 일 주위에서 구성되었는데, 그리스인과 로마인들은 그러한 세계를 전적으로 정치 · 군사적인 것으로 보았으며, 고대 후기의 사람들은 당연한 일이지만 그것을 대체로 제국의 흥망이라는 측면에서 바라보았다. 이렇게 되면 독립적으로 인식되는 이 두 개의 시간적 연쇄(즉 "성스러운" 역사 및 "세속적" 역사)가 서로 어떤 식으로 관련될 수 있을지, 혹은 그런 관련이 과연 가능하기는 할 것인지에 관한 의문이 제기되지 않을 수 없었다. 도시든 시골이든 혹은 제국이든 그들이 몸담은 사회에서 일어나는 일에 깊이 연루되었던 시민적 지식인들은 — 고대 후기의 그리스도교인들은 매우 시민적이었다 — 이 세상의 사건들이란 인간의 구원이라는 신의 의도와 어떤 식으로든 얽혀 있다고 생각하였다. 그리고 사실상, 세상을 부정하는 이원론과는 구별되는, 속세를 벗어난 금욕적인 삶을 지켜나가기 위한 영원한 투쟁에서, 아무튼 신이 세속의 사건들에 현전하고 그것과 연관되어

2) 이 장 전체를 통해서 나는 다음의 저작에 신세를 지고 있다. R. A. Markus, *Saeculum: History and Society in the Theology of St. Augustine* (Cambridge University Press, 1970).

있을 뿐 아니라 그러한 사건들을 구원이라는 목적을 향해 이끌어 나가고 있음을 부정하는 것은 위험천만한 일이었을 법하다. 사이쿨룸은 구원의 드라마 속에 있었다. 그것은 또한 그러한 드라마의 일부일 수도 있지 않았겠는가?

나아가서, 아직은 일어나지 않았지만 어떤 것에 대한 영감을 불어넣고 무언가를 미리 알리는 사건으로서 인정되는 말이라는 의미에서의 예언이라는 틀이 있었는데, 이는 적어도 다니엘서와 계시록이 그리스도교 경전으로 받아들여졌던 당시부터 내내 있어 왔던 것이었다. 그리고 여기에는 종말론적으로 구원의 계획이 완결되고 시간 그 자체가 종료된다는 사실이 인간사의 드라마 속에서의 도시와 제국의 파국을 암시하는 방식으로 기술되어 있었다. 그러므로 “세속적” 역사가 사실은 예언의 대상이었다는 것, 또한 예언자 혹은 예언의 해석자가 세속적 사건들 속에서 구원의 계획을 찾아내고 그것들을 계획의 일부로 보는 그러한 방식으로 “판독”할 수도 있다는 것을 믿는다는 것은 결코 불가능한 일도 불법적인 일도 아니었다. 그러나 역사를 푸는 예언의 열쇠를 만든다는 것이 자동적으로 역사를 쓰는 것이 될 수는 없었다. 그러한 열쇠가 방금 말한 두 책과 같은 예언서를 판독하고 적용함으로써 만들어졌기 때문에, 그것이 사용하는 언어는 마치 신탁과 같이 뜻을 알 수가 없고 상징적이었으며, 예언이 기술하는 사건과 사이쿨룸 속에서 경험되고 인식되는 사건을 조합하고 식별하는 작업으로 인해 상징화된 수많은 2차 언어가 생겨난 것은 필연이었다. 이러한 작업 덕분에 다수의 2차 연쇄를 예언적 연쇄들에 연관시킬 수 있게 되었고, 결과적으로 후자는 상징의 지위에서 정형(定型)의 지위로 격상하였다. 즉 예언적 연쇄는 독립적으로 존재하는 수많은 연쇄 속에서 정형적으로 반복해서 나타날 수 있는 원시의 신비한 실재가 된 것이다. 종말론은 이런 식으로 역사에 대한 스스로의 우위를 유지하였다. 역사란 오직 구원의 과정이라는 양식으로서만 인지 가능했다. 동시에 구원의 과정은 어떤 연쇄 속에서 다시 반복하여 양식화될 수 있었다. 그것은 수없이 시연될 수 있는 드라마였다. 그러한 연쇄 중 어떤 것은 전혀 세속적 역사로 구성되지 않았고, 오히려 영혼 각각의 순례나 추상적이고 비역사적인 일로 이루어져 있었다. 반면 역사적 사건들 그 자체는 서로 간에 유형적인, 그래서 역사적이 아닌 관계로 얽혀 있을 수도 있었다. 간단히 말해서 예언의 언어는 역사학의 설화적 산문으로부터 우주적 상징성을 표현한 시의 형식으로 끊임없이 물러나는 경향이 있었다. 유일무이한 각각의 사건이 반복 불가능한 연쇄 속에서 서로를 이어나가는 것이 아니라 동일한 양식이 수많은 층위에서 되풀이되었던 것이다. 그리고 오직 보편자와의 관련성 속에서만 개별자를 다룰 수 있을 뿐인 지성은 철학에서 그랬듯이 시라는 이러한 매개물에서 새로운 보루를 찾게 되었다.[3)]

그럼에도 불구하고, 역사적 사건 혹은 현상은 그것이 만약 종국적이고 반복 불가능하며 따라서 유일무이한 모든 인류의 구원과 직접 연관될 수만 있다면, 그 본연의 역사적 유일무이함을 잃지 않고도 종말론적인 것에 연결될 수가 있었다. 그러나 이러한 과정이야말로 아우구스티누스와 같은 교부 지식인이 결단코 거부하면서 이단의 저 세계로 추방해 버린 바로 그것이었다. 다니엘서와 계시록의 언어는 여러 가지 방법으로 그리스도교도들이 가지게 될 회원권의 구조를 가리키는 데 이용될 수 있다는 것이 알려졌다. 아울러 그들은 종말론적 드라마에서 어떤 역할을 수행하는 것으로서 회원권을 가시화할 수 있었다. 콘스탄티누스나 테오도시우스 황제의 치세에 승리를 거둔 그리스도교도들은 그리스도교 제국과 그 교회를 신이 역사 속에서 이루어지리라고 이미

---

3) 엄격한 의미에서 본 예언의 단선적 연쇄는 정형의 반복을 반영하는 순환적 연쇄와 합쳐지게 된다는 것이 그 한 결과일 수 있다. 예컨대 다음을 볼 것. John W. O'Malley, *Giles of Viterbo on Church and Reform: A Study in Renaissance Thought* (Leiden: E. J. Brill, 1968).

예언한 행위로서, 그리고 직접적으로 어떤 종말론적 실현을 가리키는 것으로서 볼 수도 있었다. 그러나 아프리카의 투쟁적인 퓨리턴들은 교회가 결단코 세속 권위와 타협해서는 안 된다고 생각했고, 그리하여 구원은 제국과 그것에 협력하는 교회와는 무관하게 오직 그리스도교 연합을 통해서만 이루어지리라고 주장하였다.[4] 구원은 사회와 역사 속에 있었다. 하지만 역사는 아직 무르익지 않았고 다만 시간의 종말에 이르러서야 완성될 예정이었다. 그러는 사이, 역사를 유지하며 동시에 그것을 속이고 있는 가짜 교회와 세속 제국이 예언서 속에 넘쳐나는 적대적이고 사악한 세력들 사이에 그 얼굴을 내밀게 될 것이었다. 이러한 계시적 분리주의—종말론으로부터 미래에 예기되는 반(反)역사를 창조해내는 것—속에서 우리는 시대를 막론하고 세속 권력을 휘두르거나 혹은 그에 휘둘리는 기성 교회들에 대항하여 일으킨 그리스도교도들의 반란을 표현하기 위해 사용되어 온, 바로 그 천년왕국 운동 또는 천년왕국 사상을 발견하게 되는 것이다.

아우구스티누스—그리고 그를 따르는 전통—의 반응은 제국의 입장 및 종파주의의 입장에서 제시된 계시의 내용을 둘 다 비난하고, 종말론과 역사를 완전히 갈라놓으려 하는 것이었다. 그리스도교도가 구원이란 궁극성에 도달하는 길은, 신과 영적으로 교섭함으로써 신이 시간 속으로 가끔 강림하는 것이 아니라 차라리 시간을 벗어나 신이 우리와 함께 존재하는 그러한 사회, 즉 신국(civitas Dei)의 회원권을 획득하는 데 있다. 지상국(civitas terrena)은 결코 신국과 동일한 것이 될 수 없기 때문에, 가시적인 역사의 행로 속에서 신의 의지를 실천하는 그리스도교 제국에 속하거나, 혹은 역사의 종말에 신의 의지를 이행하는 수단이 되고자 기대하는 계시적 성향의 반(反)교회에 속하거나

---

4) Marcus, *op. cit.*, ch. 2, "*Tempora Christiana*: Augustine's Historical Experience," and pp. 110 f. 다음도 볼 것. W. H. C. Frend, *The Donatist Church* (Oxford: The Clarendon Press, 1952).

간에, 그에 대한 회원권으로는 구원을 얻지 못한다는 것이다. 물론 구속(救贖)의 과정이 마무리되는 시간은 언젠가 올 것이고, 그리스도교도들은 그날 자신들이 성인의 무리에 끼어 하늘로 들려 올라갈 것이라고 바랄지 모른다. 그러나 그들의 구원은 어떤 역사적 과정의 산물도 아니고, 스스로가 그러한 과정에 연루되어 있다고 생각하는 그런 삶을 산 결과도 아닐 것이었다. 시민 사회와 그것의 역사는 실제로 존재한 것이었고 또 필요한 것이기도 하였다. 그러나 그러한 것들은 그 스스로의 목적, 즉 인류 정의의 목적을 위해서조차 극히 불완전한 상태에 있었고, 나아가 신과의 관계 속에서 인간을 구원하기에는 더욱 충분치 못하다는 것은 확실한 사실이었다.[5] 구속의 행위는 시간 속에서 신에 의해 수행되었으며, 그래서 성스러운 역사를 이루는 것으로 보일 수도 있었다. 그러나 그러한 행위는 반드시 시민 사회의 구조물을 통해 혹은 그 위에서 수행될 필요는 없었고, 따라서 인간의 구속은 세속적 역사의 결과가 아닐 수도 있었다. 또한 그것은 사회와 역사야말로 구원을 필요로 한다는 잘못된 가정에 빠진 어떤 반(反)사회의 계시적 반(反)역사로부터 나온 것도 아니었다. 하지만 만약 구원이 인간 개개인을 위한 것이고 또 그 각각의 삶이 역사 전체로 펼쳐지는 것이 아니라면 시간의 목표물들이 모두 시간의 종말점에 위치해 있는 것은 아니었다. 아우구스티누스적 전망에서는 종말론적 비전이란 부분적으로 역사의 범위를 벗어나는 그 어떤 것이었다. 개개인이 구원을 받든지 천벌을 받든지 하는 일은 아마도 임종의 시간, 그가 시간에서 영원으로 떠나는 순간에 일어나는 것으로 보였을 것이다. 시간의 끝에 일어날 것이라고 생각된 역사적 종말이란 오히려 육체가 부활하여 자신이 선고받았던 조건 속에서 경험해 왔던 즐거움이나 고통을 완결하는 것이

5) Marcus, chs. 3 & 4, "*Civitas Terrena*: the Secularisation of roman History" and "*Ordinata est res publica*: the Foundations of Political Authority."

었다. 아우구스티누스의 영향 아래 있은 지 9세기 후에 글을 쓴 단테에게는, 비록 영(靈)의 모습은 보이지만 여전히 육체의 부활과 시간의 종말이 도래하지는 않았기 때문에, 지옥의 심판은—구원의 경우도 그렇겠지만—아직 완결되지 않고 있는 것으로 보인다.[6] 정화(淨化)의 행위는 마치 스타티우스*가 천국을 향해 가고 있을 때와 같이 그 순간이 오기 전에 완결될 수도 있다.

구원과 사회, 구속과 역사, 영혼과 육체 간의 이러한 분리는 종말론적 현재라는 문제를 분리해 놓았을지는 몰라도 그것을 없애버리지는 못했다. 문제는 죽음과 육체의 부활 사이에 영혼이 어떤 상태로 놓여 있는지를 설명해야 하는 것이었다. 그러나 이 문제를, 영혼의 존재나 경험이 세속에서의 남은 시간 동안 일시 정지된 상태에 있다고 주장하는 필멸설(mortalism)이나 영혼수면설(psychopannychism)로 해결하려 하는 것은 모두 급진 이단으로 취급되었다. 왜냐하면 이는 신국의 회원권이 지닌 초시간적 성격을 부정하는 것이었고, 결과적으로 국가 그 자체의 초시간성 역시 부정하기 때문이었다.[7] 사이쿨룸의 범위 내에서, 남은 문제는 인간 개개인이 이미 지니고 있는 과거의 기억에서부터 차후 시간의 종말이 올 때까지를 통해 경험하는 사회·역사적 사건들에 의미를 부여하는 일이었다. 이러한 사건들이 어떤 특수한 종말론적 중요성을 가지고 있다고 생각하는 것 외에 그것에 의미를 부여할 다른 방도는 없었다. 사이쿨룸이란 인간 타락—누진적이지는 않지만 누적적이라고는 할 만한 지옥의 심판—의 차원에 다름 아니었고, 역

---

6) *Inferno*, VI, 100-111; X, 94-108; *Paradiso*, XIV, 10-18, 37-66.

* Statius. 로마 시인으로 《신곡》에서 단테가 지옥으로부터 구원한 4명의 이교도 중 하나.

7) S. H. Williams, *The Radical Reformation* (Philadelphia: The Westminster Press, 1962); Pocock, "Time, History and Eschatology in the Thought of Thomas Hobbes," in *Politics, Language and Time*, ch. 5.

사적 사건들이 그 안에서 의미를 갖기 위해서는 오직 그것을 구성하고 있는 결과들을 뒤집겠다는 의도가 있어야만 했다. 만약 구속이 사회·역사적 사건을 통해 작동하는 것으로 볼 수가 없다면, 그러한 사건들은 종교적 측면에서든 합리적 측면에서든 스스로를 설명해줄 수 있는 어떤 중요성도 가지지 못하게 될 것이었다. 하지만 사이쿨룸은 단지 무의미한 것으로 무시될 수는 없었다. 구속 과정 중의 사건들은 동일한 시간연쇄들 속에서 발생하였고—오직 성스러운 사건을 세속적 사건과 관련시키는 수단만이 빠져 있을 뿐이었다—그리스도교적 세계의 어떤 부분도, 심지어는 지옥 그 자체조차도, 무의미한 것으로 볼 수는 없었다. 부정될 수 없는 사실은 신이 세속적 역사 속에 현존하고 또 활동하고 있다는 것이었다. 부정된 유일한 점은 세속 사건들을 신적 목적의 성취와 동일시하는 것뿐이었다. 따라서 신이 우리의 궁극적 구속을 향해 세속적 역사를 인도해 간다는 것은 결코 부정될 수 없었다. 다만 우리는 이러한 일이 어떻게 이루어지고 있는지 알 수도 없고, 또 알려고 해서도 안 될 뿐이었다. 아우구스티누스적 전망으로는 역사란 예언의 대상이 아니었기 때문에, 역사적 현재 속에서 살아가는 문제는 곧 계시되지 않은 종말론과 더불어 살아가는 문제였다.

그러나 그리스도교도들은 이러저러한 방법으로 계속해서 로마인이 되어 갔다. 그들은 정치사적 사건들, 즉 그들에게 닥친 시정(市政) 및 군사상의 일들, 그들이 때때로 신에게 그 의미를 물었던 그런 일들에 지극한 관심을 보인 시민적 존재였던 것이다. 보이티우스(Boethius)의 《철학의 위안》은 물론 이 방면 문헌에서 고전으로 꼽힌다. 서양사에서 가장 많이 읽힌 저작 중 하나인 이 책에는 본 연구의 핵심 주제가 될 만한 진술들이 많기 때문에, 다시 한 번 분석해 보는 것도 좋을 것이다. 또한 그가 어느 정도로 그리스도교화 했는지에 대한 의문은 그가 이후 몇 세기 동안이나 그리스도교 세계의 독자들에 의해 읽혀져 왔다는 견지에서 그냥 지나쳐도 무관할 것이다. 로마의 귀족으로 고트

족 왕 휘하에 있었던 보이티우스는 권력을 잃고 투옥되었다가 얼마 후 죽음에 이르게 된다. 그가 이 책을 쓴 것은 감옥에 있을 때로 추정되는데, 여기서 그는 기대한 것보다 아마 더 나빴을 것으로 보이는 자신의 운명을 한탄하기도 하고 그것에 순종하기도 하는 모습을 보여준다. 《철학의 위안》은 정치철학에 관한 저술이라기보다는 한 정치인의 철학에 관한 것이다. 보이티우스는 스스로 선을 위해 사용했다고 믿는 권력의 상실과, 그것을 오용하는 사람들이 그 자신에 부당하게 가한 박해에 대해 불평을 토로한다. 그러므로 그는, 인간이란 아무런 환상도 갖지 않고 지상국 영역 안에서 행동해야 한다고 느낀 — 그렇게 느끼는 것이 비(非)아우구스티누스적이지는 않다 — 모든 사람들을 대변하고 있는 셈이다. 그의 책에는, 덕을 갖춘 사람이라면 다른 사람들의 덕을 고양하는 방향으로 행동해야만 한다는 옛 윤리를 기술해 놓았거나 행동으로 표현하지 않으면 녹슬고 쇠퇴하는 덕들도 있음을 지적한 구절들이 들어 있다.[8] 그러나 정치에 몸담는 것은 불안정한 인간 권력 체제에다 스스로를 노출시키는 것이며, 정치적 불안정의 차원 속에서 그 역사가 펼쳐지는 변덕과 격변(peripeteia)의 세계로 들어가는 것이다. 그리고 보이티우스가 이러한 차원에다 부여한 이름이 바로 포르투나(Fortuna), 즉 운의 여신이라는 것은 우리의 연구 주제에 극히 중요한 의미가 있다. 포르투나는 대체로 그리스어 티케에 견주어졌던 말로서 복잡한 의미들이 내포된 단어였다. 보이티우스가 덕과 운을 대립시킨 방식은 오랫동안 지속되어 온 담론 전통에 따른 것이기는 하지만, 그는 그것을 그리스도교적 콘텍스트 위에다 놓았다. 공화정과 제국 시기 로마의 귀족적 에토스에서 볼 때,[9] 포르투나는 우연이기보다

---

8) *De Consolatione Philosophiae*, I, iv; II, vii; IV, ii.

9) D. C. Earl, *The Moral and Political Tradition of Rome* (Ithaca: Cornell University Press, 1967); Charles Norris Cochrane, *Christianity and Classical Culture* (New York: Oxford University Press, Galaxy Books,

는 오히려 행운의 의미를 더 담고 있었다. 즉 유리한 상황을 자신의 것으로 만들 수 있게 하는 어떤 것을 스스로의 인격 안에 담고 있다는 뜻에서 그는 행운(펠릭스〔felix〕 또는 파우스투스〔faustus〕)이라는 것이다. 하지만 행운이란 것은 계산될 수가 없고 상황 역시 예견도 통제도 불가능하다는 인식 속에는 우연의 요소가 인정되고 있었다. 그래서 (다른 문화권에서 가져온 용어를 사용하자면) 성공한 사람의 바라카(baraka), 마나(mana), 또는 카리스마(charisma)는 행운을 지배하는 인격상의 품성뿐 아니라 운 때문에 초래될 수 있는 것이 무엇이든 간에 그것을 효과적이고도 당당하게 다루는 품성에 달려 있었다. 그리고 이 복잡한 특징을 나타내는 로마식 용어는 비르투스(virtus)였다. 비르투스와 포르투나—이를 영어식으로 쓰면 "virtue"와 "fortune"이 된다—혹은 덕과 운은 통상 대립쌍으로 짝지어졌으며, 불운을 이겨내는 영웅적 강인함은 상황을 행위자에 유리하도록 바꾸는 활동적 능력으로, 그리고 다시 신비로운 방법으로 행운을 지배하는 카리스마적 펠리키타스*로 변환되었다. 이러한 대립의 이미지는 종종 성적 관계로 표현되었다. 즉 남성적·적극적 지성이 여성적·소극적 예측 불가능성을 지배하려 하고 있으며, 후자는 남성적인 힘에 대해서는 그에게 상을 주는 반면 허약함에 대해서는 앙심을 품고 그를 배반한다는 것이었다. 그러므로 비르투스는 남자다움의 함의들을 다수 내포할 수가 있었다. 사실 이 단어는 어원적으로 남성을 의미하는 비르(vir)에서 왔다.

원래는 대체로 정치·군사적 지배 계급의 에토스를 표현하는 용어였던 비르투스는 그리스어 아레테(aretē)와 견주어지면서 그 말의 개념이 변함에 따라 함께 변화하였다. 원래는 "시민적 탁월성"—다른 시민들에 의해 존경받고 그들에 대한 지도력과 권위를 산출하는 어떤

1957).

* felicitas. 라틴어로 운이라는 뜻. 로마 신화에서 행운의 여신을 가리키기도 한다.

품성—이란 뜻이었던 아레테란 말은 소크라테스와 플라톤에 의해 도덕적 선을 의미하는 것으로 순화되는데, 이러한 품성은 그것만으로도 인간에게 시민적 능력을 부여하며, 나아가서는 시민적 능력 없이도 존재할 뿐만 아니라 그것을 불필요한 것으로 만들고, 플라톤식 사유로 가장 높은 단계에 이르면 존재와 세계를 이해 가능하고 만족스러운 것으로 만드는 그러한 것이었다. 아레테와 비르투스는 똑같이 다음의 몇 가지 의미를 가지게 되었다. 첫째 그것은 어떤 개인이나 집단으로 하여금 시민적 콘텍스트 속에서 효과적으로 행동할 수 있도록 하는 힘을 뜻하였다. 둘째 그것은 어떤 인격 혹은 요소를 본래 그대로의 모습으로 만드는 본질적 성질을 의미하였다. 셋째 그것은 도시 혹은 어떤 질서 잡힌 세계 속에서 인간을 마땅히 그렇게 되어야 하는 인간으로 만드는 도덕적 선이라는 뜻을 가지고 있었다. 이 다기 다양한 의미들은 영어의 "버추"(virtue) 및 여러 언어들에서 그와 동등한 의미를 가지는 말 속에 담겨서 옛 서양식의 사고가 종말을 고할 때까지 전해 내려 왔다. 마키아벨리라는 인물을 둘러싸고 구성된 모든 저작들 속에서 이 단어는 아주 중요한 위치를 차지하고 있다.

보이티우스는 자신의 그리스도교 신앙의 질적 수준(사실 여부의 수준까지는 아니더라도)을 문제 삼을 수 있도록 할 정도로 매우 플라톤적 내지는 신플라톤적으로 사고했기 때문에, 그가 제시한 비르투스와 포르투나 간의 대립 개념은 비르투스란 말에 로마적, 플라톤적, 그리스도교적 함의를 다양하게 산출하도록 만들었을 뿐 아니라, 포르투나란 말의 용례 및 비르투스-포르투나라는 양극성 개념을 차후 수세기에 걸친 아우구스티누스적 그리스도교 시대에 전해주었다. 즉 그는 스스로 자신의 대화편에 등장하는 한 인물이 되어, 선행(善行)의 희망을 가지고 자신을 정치에 참여하도록 이끈 귀족적 비르투스가 결과적으로는 그를 포르투나로 상징되는 정치 투쟁상의 불안정한 상황들에 노정케 했다고 불평을 토로한다.[10] 그러나 그의 불평은 정치적인 것이라기보다는 신정론(神正論)*에 의거한 것이다. 그는 정치가로서 자신이 왜 실패했는지 그 이유를 묻지 않고, 완전무결한 덕 그 자체인 신이 어떻게 해서 비르투스를 포르투나의 희생물로 만들 수 있는지를 묻고 있는 것이다. 아우구스티누스라면 이에 대해 사람들이 만일 타락한 도시에서 꼭 활동해야 하는 상황 아래 있다고 할 때 분명히 무언가 의롭지 않은 일이 있을 것임을 예상해야 한다고 간단하게 대답했을 법하다. 이에 비해서 정치에 더 깊이 개입되어 있고 사고방식에서 더 플라톤적 성향을 가지고 있는 보이티우스는 어떻게 해서 신국이 지상국의 존재를 허용하고 있는지 이해하도록 할 수 있는 어떤 전망을 모색하고 있다. 하지만 그는 사이쿨룸의 불안정한 상황들을 상징하기 위해 포르투나란 말을 사용하는 과정에서, 로마적이고 정치적인 비르투스 개념 자체를 문제시하게 만드는 바로 그러한 행위를 통해 장차 그 개념을 영속적인 것으로 만들어줄 강력한 언어적 종합을 수행하고 있다. 이제 자애롭고 여성적인 인물인 철학**이 등장하여 보이티우스를 위로하기 시작한다. 그녀의 의도는 그에게 역사를 신의 목적 중 일부로 이해하게 함으로써 운의 여신의 존재를 해명코자 하는 것이었고, 그렇게 함으로써 그가 운의 여신의 악의에 저항하기 위해 획득한 비르투스는 정치적 · 행동적 성격이 아니라 철학적 · 관조적 성격을 지니게 될 것이었다. 그러나 단순히 행동을 관조로 대치한다고 해서 정치적인 것이 제거되지 않는 것이 바로 아테네적 전통이었다. 우리가 보이티우스의 문제를 따라가기 위해서는 그의 사고에 중추적인 역할을 하는 인물에 내재된 몇몇 의미들을 분명히 할 필요가 있다.

무엇보다도 운의 여신이란 정치적 생활에서 나타나는 정황적 불안정이라 할 수 있다. 그녀의 상징은 바퀴인데, 바로 그것에 의해 인간은

---

10) *De Consolatione*, I, iv.

* theodical. 악의 존재가 신의 섭리에 따른 것이라 주장하는 신학 이론.

** "필로소피아"(Philosophia)는 여성형이다.

권력과 명성을 누리는 위치에 올랐다가 이어서 갑작스럽게 자신들이 예견하지도 통제하지도 못하는 변화에 휘말려 나락으로 떨어지는 것이다. 우리가 권력을 추구하고 그리하여 포르투나의 불안정한 상황 속에 빠지게 되는 것은 다름 아닌 지상국에서 일어나는 사건에 개입할 때이다. 그러나 만일 권력 중심적 인간관계로 점철된 세계에서 일어나는 일들이 모든 것 중에서도 가장 예견하기 힘든 동시에 우리가 가장 예견하고 싶어 하는 것이기도 하다면, 포르투나란 정치적 상징은 그래서 플라톤의 현상계, 즉 우리의 감각과 욕망들이 창출해내는 이미지를 표상할 수가 있다. 우리는 그러한 이미지 속에서 단지 서로를 이어가는 개별적인 것들을 볼 뿐 그것들에 실재성을 부여하는 영원한 원리들에 대해서는 무심한 것이다. 플라톤은 《국가》에서 티케의 상징을 쓴 적이 없으나, 보이티우스가 포르투나란 말을 사용한 데서 우리는 그 말이, 감각-환상의 현상계 또한 인간관계로 엮인 도시라는 정치적 세계이기도 하다는, 지극히 정치적 성격을 지닌 서양적 비전의 일부임을 알게 된다. 더욱이 시간 차원은 현상계와 정치적 세계 모두를 포괄한다. 즉 발생하는 일들은 그것이 속한 영원한 실재가 우리에게는 보이지 않기 때문에 마치 서로를 이어가는 것처럼 보이듯이, 바퀴의 회전 역시 우리가 신국이 아닌 지상국에서 행동하고 있기 때문에 지극히 불안정한 것으로 느껴지는 것이다. 이제 철학이 떠맡아야 하는 과제는 보이티우스로 하여금 사이쿨룸과 포르투나—정치의 세계에서 나타나는 권력의 예견 불가능한 상황들—가 현상계적·역사적 비실재의 측면이기는 하지만, 그럼에도 불구하고 이 모든 것을 실재적인 것으로 보이게 할 수 있는 어떤 전망이 존재한다는 점을 믿도록 만드는 것이다.

이후 철학은 지금에 와서 눈크스탄스, 즉 영원한 현재라고 알려져 있는 이론을 세움으로써 이러한 과제를 수행한다.[11] 영원한 존재인

---

11) *Ibid.*, III, xii; IV, vi; V, iii-vi.

신에게는 시간 속의 모든 순간들이 동시에 보일 것이다. 세속적 양식 전체가 식별되고 하나의 전체로서 판결되며 연속과 예견의 문제들은 존재하지 않는다. 역사세계는 단순하고 통일적이며 완전한 상태로 가시화되며, 신의 의지와 지성(이 둘은 하나이다)에 의해 인간의 구속을 향해 나아간다. 그리고 신은 그것이 성취되는 것을 본다. 이어서 "운이란 모두가 행운"[12]이라든가, 혹은 섭리와 숙명(Fate)이란 쌍둥이 개념이 운을 꿀꺽 삼켜 버린다는 식의 말이 뒤따른다. 이것이야말로 《철학의 위안》에 담긴 중심 테제이다. 섭리는 신적 비전의 완결로서, 신은 그 속에서 정황적인 모든 일들을 바라본다(인간의 지력에 의거하자면 이는 예견하는 것이 된다). 숙명은 신이 그러한 일들을 판결하고 인식하는 양식의 완결이다.[13] 우리가 포르투나라고 느끼는 것은 역사의 완결을 불완전하게 인식할 수밖에 없는 우리의 경험에 다름 아니다. 좀더 후대의, 하지만 보이티우스와 아주 밀접하게 연관된 표현법으로는, 섭리를 일컬어 우리가 도저히 공유할 수 없는 어떤 지성이, 그리고 보편자와 이데아를 인식하는 동시에 개별자와 현상을 지배하는 신적 지성의 한 측면으로서의 더 상위적 인물이, 우리를 구속으로 인도하는 불가해한 일의 진행과정이라는 식으로 말하는 것이 더욱 흔한 일이 되었다. 그리고 이러한 표현법에서 운은 섭리와 어깨를 나란히 할 수가 있었다. 《신곡》에 나타나는 지극히 보이티우스적인 경우를 살펴보자.[14] 단테와 베르길리우스는 지옥에서 문득 방탕아와 수전노들 간의 싸움과 맞닥뜨리게 된다. 베르길리우스는 양쪽이 모두 운이 그들에게 가져다 준 서로 상반된 재화를 우습게 여긴 죄가 있다고 설명한다. 여기서 운이란, 인간의 지식으로는 접근 불가능한 방식으로 이 세계의 사물들을 나누어주며, 그녀 자체가 축복받은 존재이기 때문에 인간이

12) IV, vii.

13) IV, vi.

14) *Inferno*, VII, 25-99.

어떤 불평도 할 수 없는 그런 천상의 존재로서 나타난다. 또한 우리가 이미 알고 있듯이, 신이 하는 일에 불평을 늘어놓는 것은 "일 벤 델린텔레토"(il ben dell'intelletto) 즉 지력의 좋은 부분을 상실하기 시작했다는 것을 의미한다. 저주받은 자들이 그것을 깡그리 잃듯이 말이다.[15] 보이티우스가 숙명과 동등시한 섭리는 그 자신에게로 향하는 신의 영원한 인식을 나타내는 것이었다. 그러나 시간이 흐를수록, 여기서 단테가 운에 대해 그렇게 얘기하듯이, 섭리를 가리켜 우리에게는 예지로서 보이는 신의 지식, 우리가 시간 속에 전개되는 일련의 개별자들로 알 수밖에 없는 것을 지배하기 때문에 불가해하다고 부를 수밖에 없는 어떤 지성이라 말하는 것이 더욱더 흔한 일이 되었다. 시간 속으로부터 이를 알 수 있는 길은 없었다. 신이라면 영원한 현재라는 관점으로부터 그것을 알고 있었겠지만, 시간이 종말에 다다를 때까지 우리는 그것을 알 수 없기 때문에 그가 그것을 알고 있다고 믿는 것이 바로 우리의 일이었다. 방탕아와 수전노들은 믿음을 가지지 못했다. 단테가 여기서 운이라 부른 것을 우리는 섭리라고도 부를 수 있으며 또 통상 그렇게 불리고도 있었다. 이는 또한 그것이 좋다는 것을 아는 믿음의 눈으로 본 보이티우스의 운이기도 했다. 정반대의 의미로, 이교도의 운, 즉 악의적이고 비합리적인 바퀴의 여신이란, 믿음으로 온전하게 되지 못한 사람들이 보고 경험하는 것으로서의 섭리를 가리키는 말이었다.

그러나 대화편에 보이는 보이티우스는 시간 속에 있는데, 이것이 바로 그가 운에 종속되어 있는 이유이다. 그리고 철학은 그에게 영원한 현재의 관점을 공유할 능력까지는 아니더라도 그러한 것이 확실하게 존재한다는 점을 지적으로 이해하게 만들 수는 있다. 비록 보이티우스가 구원자 예수에 대한 사적 헌신이라는 의미에서 그리스도교 신앙의

15) *Ibid.*, III, 18.

개념을 발전시키지는 않았지만, 이렇게 되면 철학은 믿음과 분리되지 않는다. 철학은 그에게 신적 비전을 공유하도록 해주고 있지는 않지만, 신이 그의 운을 행운이 되도록 정해 놓고 있으며 그는 그것을 알 수 없지만 신은 그것을 알고 있다는 확신 속에서 자신의 운을 체념하고 스스로를 위로하도록 해주고는 있는 것이다. 그리고 이러한 정신적 조건에 어울리는 이름이 바로 믿음이다. 그래서 철학과 믿음은 차후 포르투나에 대한 대응이라는 의미에서의 비르투스란 말을 대체하게(혹은 재구성하게) 된다. 이교도의 시민적 덕성이 운이란 말을 전쟁과 정치에서의 영광스러운 행위, 그리고 사후의 명성을 위한 원재료로 보고 있는 반면, 보이티우스적 그리스도교도는 그것을 하나의 시련으로, 즉 철학적 믿음에 의해 구원되었고 죽음의 쓴맛으로부터 해방된 그런 삶을 요구하는 동시에 그것을 일깨워야만 하는 기회로 간주한다. 그가 세속 세계 속에서 살아갈 때, 운은 그의 덕이 결코 "도피적이고 은둔적인 성격의 것"이 아님을 확신케 해줄 것이며, 그리하여 그 스스로를 운이 주는 시련들에 드러냄으로써 자신의 믿음을 더욱 완전하게 만들어줄 것이다. 바로 이러한 것이 이후 세기를 거듭하는 동안 "그리스도교적 덕성"이란 말에 담겨 있던 본연의 의미였다. 물론 아퀴나스에게는 비르투테스*란 말이 도덕적 실천이자 습관의 문제이기는 했지만 말이다.[16]

믿음과 비타 콘템플라티바(vita contemplativa 관조적 삶)가 도덕적 삶의 핵심에서 정치 및 비타 악티바(vita activa 행동적 삶)를 대체한 것으로 보일 수도 있으며, 여기에는 아주 많은 진실이 담겨 있다. 물론 관조도 하나의 행위이며,[17] 그러한 행위는 신에 대한 지식 및 신과의 영적 교섭을 목적으로 하는 도시, 즉 신국에서의 삶에 가장 어울리는

---

* virtutes. 비르투스의 중세라틴어 복수형.

16) *Summa*, 1z-2ae, question 55 (Blackfriars, ed., vol. 23, 1969).

17) Aristotle, *Politics*, p. 289 (1325b).

것이라는 점을 마음에 새겨둘 필요는 있다. 그러나 이교도와 그리스도교도의 덕성, 그리고 덕성과 지식 사이에 존재하는 관계는 아직도 여전히 복잡한 측면이 있다. 아리스토텔레스적 목적론을 로마적 비르투스 관념에 적용할 때, 시민적 덕성을 실행하는 사람은 전쟁과 정치를 통해 자신이 살고 있는 세계에 대해 어떤 행동을 하고 있는 것이지만, 이는 사실 바로 그 자신에 대해 행동하고 있는 것과 같다고도 말할 수 있다. 그는 한 시민으로서 그에게 부여된 본연의 일을 수행하고 있는 것이며, 바로 그러한 행동을 통해 스스로를 일찍이 아리스토텔레스가 말했던 자연 그대로의 인간, 또 그렇게 되어야 하는 인간, 즉 정치적 동물로 만들어 가고 있는 것이다. 이러한 맥락에서 볼 때, 포르투나에 대한 비르투스의 관계는 질료에 대한 형상의 관계와 같은 것이었다. 비르투스, 즉 남성(vir)으로서의 질적 성격에 의해 수행되는 시민적 행동은 운에 의해 내던져진 부정형의 상황을 붙잡아 그것을, 그리고 나아가서는 운 그 자체를 인간의 삶이 당연히 그렇게 되어야 하는 완결된 형태로 만들어냈다. 어찌 생각하면 비르투스는 아마도 목적을 구체화하는 조형 원리로, 또는 바로 그 목적 그 자체로 보였을 수도 있다. 아우구스티누스적 그리스도교도들은 지상국이 아닌 신국에서 자신의 목적을 찾으며—신과의 합일이 여전히 키비타스(civitas), 즉 도시의 이미지 속에서 생각되고 있다는 사실로부터, 우리는 인간이 본성적으로 정치적 동물이라는 관념을 뛰어넘어야 할 필요성이 여전히 존재한다는 것을 알 수 있지만—또한 아우구스티누스적 그리스도교도들이 그러한 목적을 발견하기 위해 사용한 비르투스는 이제 철학과 믿음이 혼합된 보이티우스적 형태로 변했고, 그들은 이를 통해 자연 그대로의 인간, 즉 신을 알고 신을 영원히 찬양하도록 만들어진 피조물이 되는 것이다. 하지만 보이티우스적 철학은 여전히 포르투나를 사회적 삶의 어두운 면으로 보고 그것에 대립적 입장을 보이며, 포르투나 역시 어떤 상황을 통해 사람들을 공격하는데, 이러한 상황을 그들 스스로 본래 그렇게 살아야 마땅한 삶으로 바꾸어 가는 것이야말로 인간 본연의 일이다. 그들의 믿음은 고통을 구원의 삶이란 양식으로 통합하고 있는 것이다.[18] 동시에, 구원의 성령은 그것이 믿음 속에 존재하는 만큼이나 지성, 즉 철학 속에도 존재한다. 그리고 영원한 현재라는 관점을 지닌 철학은, 현상적이고 세속적인 세계 — 이제는 운의 영역과 동일시되는 세계 — 를 인식하는 수단을 제공하며, 바로 이러한 수단 덕분에 덧없이 시간에 속박된 개별자들은 그 자신을 형성하는 목적과 목표와 보편적 실체에 대한 지식을 통해 이해 가능한 존재가 되는 것이다. 인간은 신이 이 세계를 당연히 그렇게 되어야 하는 방향으로 만들었다고 스스로 확신함으로써 그 자신도 당연히 그래야 되는 그런 존재가 되는 것이다. 인간은 본성적으로 정치적 동물이라는 관념을 마침내 뛰어넘는 때는 신국이 지성들의 영원한 공동체가 되는 바로 그 순간일 것이라고 생각되었다.

하지만 그러한 시간은 아직 오지 않았고, 어쩌면 시간이 종말을 고할 때까지 오지 않을 수도 있었다. 인간들이 시간에 속박된 육체 속에 깃들어 있는 동안, 철학이 할 수 있는 것은 단지 그들에게 신적 비전의 존재를 납득시키는 것뿐이었고, 믿음은 그러한 비전을 공유할 수 없는 인간들에게 힘을 북돋워 주어야만 했다. 그러나 이 경우 믿음은 영원한 비전, 즉 현상적인 것들이 궁극적으로 지향하는 목적에 비추어 그것들을 인식하게 해주는 그러한 비전을 확신하느냐에 달려 있었다. 동시에 믿음은 인간이 자신의 목적에 맞는 존재가 될 수 있도록 도와주었고, 또한 이러한 목적은 앞에 말한 비전 속에서 공유되고 있었다. 인간은 오직 타락의 결과로부터 구원을 얻음으로써 자신의 진정한 목적을 이룰 수 있기 때문에, 이러한 포르마티오(formatio)는 레포르르마티오, 즉 아담이 잃어버렸던 진정한 본성의 회복으로 생각될 필요가

18) *De Consolatione*, II, viii; IV, vii.

있다. 아리스토텔레스적 레포르마티오란 곧 포르마, 즉 형상의 회복 혹은 그것으로의 복귀이다. 하지만 아우구스티누스적 전통의 경우, 인간의 구속은 철학 하나만을 통해서는 불가능하며 철학과 믿음이 결합된다고 해도 결과는 마찬가지라는 것이 흔들리지 않는 주장이었다. 그것은 단지 신의 은총이라는 행위를 통해서만 일어날 수 있을 뿐이었고, 철학과 믿음과 미덕의 실천들을 통해 은총을 내려 주십사 간청할 수는 있겠지만 결코 강요할 수는 없는 것이었고, 그것들을 상점(賞點)으로 생각해 달라고 할 수는 더더욱 없었다. 따라서 아리스토텔레스적 목적론은 은총의 개념—엄격한 의미에서 신이 행하는 이유 없는 사랑의 행위라는—과 조화를 이루지 않으면 안 되었고, 만약 인간이 자신의 진정한 형상을 되찾을 수 있다면(물론 여기에는 오직 은총을 통하여 사물들을 그 진정한 형상들의 빛 속에서 인식하는 것까지도 포함된다), 아리스토텔레스의 신이 아니라 그리스도교 성서 속의 신이 모든 것들을 스스로의 본성이나 본질 또는 목적대로 만들어 낸 태초의 창조 행위 또한 은총과 이유 없는 사랑의 행위 혹은 행위들로서 생각되어야 할 필요가 있었다. 그리하여 은총은 창조와 구속의 순환적 운동의 시작과 끝에 그 모습을 나타내었다. 그것은 사물을 그 본성대로 창조했고 또한 그 본성으로부터 멀어져 버린 그러한 피조물들을 다시 그 본성대로 되살려 놓았다. 인간 개개인은 그리스도교적 비르투스를 통해 그 스스로를 은총에 의한 레포르마티오로 향하도록 자신이 할 수 있는 것을 행하였다. 그러나 타락의 결과, 비록 우리가 아퀴나스를 따라 "은총은 본성을 지우는 것이 아니라 오히려 그것을 완전하게 만든다"(gratia non tollit naturam, sed perficit)고 주장한다 해도, 덕과 은총 사이의 불연속성은 어쩔 수가 없었다. 구속을 받음에 있어 인간은 사물들을 본래 은총이 그렇게 만들었던 그대로의 진정한 본질 속에서 직접 "대면하여"[19] 바라보게 될 것인데, 이는 인간으로서는 구속을 향한 운동 과정에서조차도 할 수 없는 그런 것으로서, 이 또한 오직 은총을 통해서만 가능한 것이었다.

그러나 만약 포르투나가 역사의 질료였다면, 세속적 역사는 단지 레포르마티오의 한 과정 속에서 사용된 불활성 질료였을 뿐이다. 그것은 형상을 가지고 있지 않았고, 그런 의미에서 그것만의 목적도 결여되어 있었다. 우리는 보이티우스를 전적으로 아우구스티누스적 전통 속에 놓을 수 있다. 그는 사회정치적 세계 속에서 일어나는 일련의 사건을 믿음과 철학에 대한 일련의 도전으로 간주하였고, 인간 개개인은 그러한 도전을 천상의 도시에 몸담은 한 시민으로서 구속받은 삶이라는 양식을 통해 극복하고 조정한다. 어떤 경우든 운은 모두 행운일 뿐이라고 말하는 것은 단지 모든 상황을 그렇게 이용할 수 있다는 의미에서일 뿐이다. 운 — 보이티우스의 용어로는 숙명 — 에 의미와 양식이 존재한다는 것은 오직 신이 인간 개개인의 구속의 총합으로서의 역사를 총체적으로 바라볼 수 있다는 뜻에서일 뿐이다. 사이쿨룸 안에서 일어나는 사건의 연쇄는 일련의 구속적 의미로 일반화되어서는 안 된다. 하지만 여전히 남아 있는 의혹은, 아우구스티누스가 구속의 과정을 제국의 흥망으로부터 분리하는 계기로 삼은 거대한 사역이 과연 얼마나 효과적이었던가 하는 점이었다. 신은 시간, 즉 사이쿨룸의 시간과 분리하기 어려운 아이붐(aevum)의 시간 속에서 구속의 도래를 의도한 행위들을 수행하였다. 그리고 그러한 행위들은 세속적 역사 속의 사건들에 대한 언급을 통해 연대가 매겨졌다. 그리스도가 “본디우스 빌라도 아래에서 고통을 당하신” 것을 매일같이 되새김하는 사도신경 속의 구절에서 보듯이 말이다. 그리고 도저히 어찌할 수 없는 서양인들의 정치적 사고 속에서 다음과 같은 사실들, 즉 다니엘이 바빌론의 통치자들에게 예언했던 것, 밧모의 사도, 곧 요한이 적어도 지상의 제국들을 암시하는 것으로 보였던 것, 그리고 그리스도교 사회의 위대한 제

19) Corinthians: 13.

도들이 콘스탄티누스 대제의 개종과 상당한 관련이 있는 것으로 나타났던 것 등에 내재된, 아마도 결코 풀리지 않을 어떤 의미를 도외시하기란 어려운 일이었다. 앞의 분석에서 아우구스티누스가 역사를 종말론에서 분리했다고 한 것은 시민 사회에서의 삶이 영혼의 구원에 대해 크게 기여할 수 있다는 것을 그가 부인한 데 근거하고 있었다. 일단 다음과 같은 가능성, 즉 그리스도교 법 아래 그리스도교도가 통치하는 왕국과 공화국이라면 어느 정도의 세속적 정의는 이룰 수 있으며, 어떤 종류의 키비타스 테레나(지상국) 시민권을 가지기에 충분할 만큼의 공적 층위에서 그러한 정의를 실천하는 것은 은총을 통한 인간의 구속에 긍정적으로 작용할 수 있으리라는 가능성이 다시 한 번 호의적으로 받아들여지기만 한다면, 공적 역사 속에서 일어나는 사건들—시간을 통해 확장된 키비타스의 삶—은 단순한 포르투나 이상의 것으로 보였을 게 틀림없다. 아니 좀더 정확히 말하자면, 공적 무대의 포르투나가 은총의 사역에 종속된 것으로 보였을 것이다. 따라서 인간에게는 정치적 교제가 자연스럽다는 아리스토텔레스적 교리의 부활이 정치사가 종말론과 재결합하는 결과를 가져오게 된 것은 논리적 귀결이었다.

보이티우스의 후기 아우구스티누스적 세계 속에서 정치사란 그저 운에 불과한 것으로 보였고, 그것이 섭리로 변환 가능하려면 인간 개개인의 운이 그 스스로의 구속을 위한 재료가 될 수도 있다는 것을 아는 믿음의 눈이 필요했다. 따라서 역사(근대적 용어를 사용하자면)는 단지 사적 의미만을 가지고 있을 뿐이었다. 그러나 만약 공적 역사에서의 사건들이 어떤 식이든 구속의 역할을 수행한다면, 섭리의 개념은 예언의 개념을 포함하는 것으로—어느 순간에도 그럴 수 있었다—확장되어야만 했다. 예언적 역사 속의 사건들은, 천지창조와 궁극적인 구속에서와 같이, 은총과 이유 없는 사랑의 사역에 의해 행해진 일이었다. 그러나 이 경우 은총은, 본질적 존재의 창조 혹은 재형상화에서가 아니라, 유일무이하고 반복되지 않기 때문에 시간 속에 있음이 분명한, 그리고 시간 속에 있기 때문에 철학적 지성에게는 접근 불가능할 것이 분명한 그런 행위들의 수행 속에서 그 모습을 나타내고 있었다. 사람들은 그러한 행위들을 수행케 했던 것이 섭리가 틀림없다고 생각했을 텐데, 왜냐하면 섭리는 시간 속에서 일어난 일련의 일들을 어떤 목적을 가진 행위로 만들지만 정작 우리는 그 이유를 알 수 없기 때문이다. 그러나 섭리는 예언적 역사라는 행위를 수행하는 동시에, 말 혹은 다른 수단을 통해서, 그러한 행위가 사람들에게 주는 의미의 일부를 계시하였다. 이러한 신의 전언이 진실임을 받아들이는 과정에서, 사람들은 우리가 지금까지 고찰해 왔던 것과 약간은 다른 위계의 믿음을 보였다. 신의 지성, 즉 우리가 그 전망이 어떤 것인가 묘사할 수는 있어도 결코 공유할 수는 없는 그런 지성의 존재를 지적으로 확인하는 것이 지금까지 믿음의 역할이었다면, 이제는 시간 속의 어떤 계기들을 통해 어떤 말이나 신호가 발화되고 어떤 행위가 수행되었다는 것, 그리고 이러한 것들이 다름 아닌 바로 신의 행위였으며 그는 그러한 과정에서 인간에게 어떤 진리를 계시했다는 것이 믿음을 통해 인정되었다는 것이다. 이를 인정한다는 것은 곧 역사적 사실을 확인하는 것이기 때문에, 그것은 철학적 지성이 할 일은 아니었다. 그리고 계시를 통한 전언이 발생했던 일에 대한 진술—예컨대 신이 인간을 탄생케 했다—이나, 혹은 아직 실현되지 않은 행위들에 대한 약속—예컨대 시간의 종말에 다다르면 신이 돌아올 것이다—으로 이루어졌을 때, 이는 철학의 영역을 훨씬 뛰어넘는 것이었다(바로 이러한 믿음의 차원이야말로 우리가 보이티우스에게서 간과하는 부분이다). 믿음이 예언 속에서 쉼터를 찾는다는 말은 곧 권위를 받아들인다는 말로 생각될 수 있으며, 권위적인 진술 그 자체와 그것이 말하는 수많은 전언들 모두가 예언적 역사의 연쇄 속에서 시간상의 시점들을 구성하고 있었다. 그리고 권위적인 언설은 공적인 것이었지 사적인 것이 아니었다. 그것은 예컨대 이스라엘이나 교회와 같은 다양한 인간 사회를 향한 것이었고, 그러한 사회들을 제도화하고 그에 역사를 부여하는 데 일조하였다. 그리고 정치적 종말론을 부활시키려는 시도에서 이러한 인간 사회들의 역할이 중요하게 된 것도 바로 이 덕분이었다. 예언이란 말하자면 섭리가 공적으로 행해진 것이었다. 그것은 믿음에 의해 섭리로 변환된 운과 세속 사회의 역사적 차원에 해당하는 운을 함께 조합한 것이었다. 예언의 시대에 사람들이 확인한 것은 단지 영원한 현재의 관점에서 본 영원성 그것만이 아니었다. 사람들은 종말이 바로 눈앞에 다가왔다는 것 또한 확인한 것이었다. "이제 종말의 시간이니, 세상은 사악하도다. 부디 경계할지니."*

그래서 예언적 역사는 은총을 정치화하고 정치를 다시 성례화(聖禮化)하는 수단으로 이용되었다. 아우구스티누스의 주장들은, 언제든 시민 사회의 역사 속에 나타나는 계기들과 다양한 예언서로부터 끌어낸 종말론적 계획의 계기들을 동일시하는 것이 가능하다고 생각되는 바로 그때, 일거에 무너져 버릴 수도 있었다. 물론 예언이란 그 본성상 직접 종말론적 현재의 문제를 다루지 않는다는 난점이 여전히 남아 있기는 했다. 예언의 계획은 "지금"과 최후의 종말 사이에 일어날 일들을 모두 알려주는 것이 아니라, 종말에 앞서 일어날 장면들의 묘사를 그 본연의 임무로 받아들이고 있었던 것이다. 그리고 만약 복잡한 예표론적 양상들에 호소하여 세속적 역사가 — 다른 경험의 영역들은 말할 나위도 없이 — 수많은 시간과 공간상에서 계시적 사건들을 미리 예시할 것이라고 말한다면, 우리는 스스로 영원한 원형(原型)과 보편자의 세계로 돌아가는 셈이 될 수도 있었다. 그리고 그 속에서 세속적 역사는 자율적 의미를 모두 상실한 채, 단지 성스러운 역사에 대한 대응의 사다리 아래로 되돌아갈 것이었다. 만약 시간 속을 헤쳐 나가며

* Hora novissima, tempora pessima sunt; vigilemus. 12세기 클뤼니 수도사 베르나르가 쓴 장문의 시 〈세상을 멀리하라〉(*De Contemptu Mundi*)에 나오는 한 시구.

반복 불가능한 경험의 연속으로서 살아가는 시민 사회의 삶이 성스러운 역사라는 콘텍스트 안에서 그 의미를 찾아야 한다면, 시민적 역사를 설명하는 과정에서 예언 그 자체는 시민적 역사의 유일무이하고 반복 불가능한 목적을 향해 가고 있었던 셈이다. 피렌체 또는 잉글랜드, 그리고 그 각각의 역사가 그리스도의 재림과 신에 의한 최후의 심판의 무대가 되는 바로 그 순간에 놓여 있었다고 주장하는 것은 분명히 그 스스로를 각별히 허위적일 가능성이 농후한 예언 속으로 전락하게 할 뿐 아니라 극단적인 자기 과신과 불경에 대한 비난에 노정시키도록 만들 것이다. 하지만 그러한 주장이 너무 빈번히 제기되었기 때문에 아무도 그것을 단순히 허튼소리라고 무시할 수 없게 되었다. 다음의 몇 문단은 그처럼 반복된 주장이 어떤 틀 속에서 이해 가능하게 되는지 그 인식틀을 구성하는 데 관한 것이다.

정치적 계시가 빈번히 발생하는 것을 설명하는 최선의 길은 아마 그것을 그리스도교 세기 후년에 나타나는 교회와 세속 사회 간의 이념적 긴장을 말해주는 하나의 지표로서 다루는 것일 것 같다. 교황이 통치하는 교회는 종말론과 역사를 분리한 아우구스티누스적 교의에 근거하고 있었다. 그것은 모든 세속 사회의 구조와 역사에 대한 구속의 의미를 부정하였다. 반면 그것은 스스로 신국과 사이쿨룸을 잇는 다리로서, 일종의 눈크스탄스, 즉 영원한 현재의 제도화로서 행동하고 권위를 행사할 수 있다고 주장하였다. 이러한 주장들이라는 것이 매우 단일적 성격을 가지고 있었기 때문에, 이에 대응하여 스스로의 자율성을 요구하고자 하는 세속 공화국 혹은 왕국들이라면 그 각각이 구속을 이루기 위한 어떤 중요한 역할을 가지고 있으며 그래서 구속은 각각의 세속적 · 역사적 사역을 통해 이루어질 것이라고 주장하지 않을 수 없었다. 교회로서는 역사의 구속적 성격을 부정하는 데 너무 열중했기 때문에, 막상 구속의 역사적 성격을 주장하는 그리스도교 속의 예언적 요소가 부활하자 이에 대해 특히 취약한 면모를 보였다. 그러므로 중세의 이단들은 거의 언제나 계시에 호소하곤 했던 것이다. 물론 그들이 그렇게 한 동기는 구속이 영원성에 기초한 교회의 제도적 과업에서가 아니라 예언의 성취에서 실현될 것이라고 주장하는 데 있었다. 그리고 그들이 다시 힘을 불어넣은 예언의 언어 속에서 세속의 통치자들은 자신들의 과업에 구속적 중요성을 부여하는 데 필요한 상징성을 발견하였다. 군주와 이단은, 물론 어떤 한계 내에서이기는 하지만, 자연적으로 서로 동맹군이 되었다. 그들 양자는 공히 영원한 현재를 종말로, 신국을 역사의 끝에 그리스도가 자신의 성인들에게 재림하는 것으로 대체함으로써 아우구스티누스가 놓은 단일한 초석을 약화시키려는 경향이 있었다. 그러므로 양 범주의 인물들은 이단적 계시의 두 주류를 이용한 셈이다. 이는 중세 후기를 통해 때로 서로 만나고 섞였지만 분석을 해 보면 그래도 여전히 구별 가능한 흐름들로서, 그 하나는 성서의 계시록에 근거하면서 역사적 시간의 끝에 위치하여 모든 형태의 세속적 지배를 전복하고 이 땅위에 그리스도와 그 성인들의 통치를 희망하는 천년왕국적 전통이었고, 다른 하나는 피오레의 요아킴으로부터 시작하여 프란체스코 영성파(Spiritual Franciscans)를 거쳐 전해내려 온 전통으로서, 신이 이스라엘과의 계약을 통해 다스린 성부의 시대와 그리스도가 자신의 신비한 몸인 교회를 통해 다스린 성자의 시대 이후, 신 스스로가 모든 선민들에게 단지 그리스도 혼자의 모습으로 현현된 지금과 같이 현현될 성령의 시대가 도래하리라는 내용을 담고 있는 것이었다.[20]

분명한 것은 이 두 종파가 혁명적 잠재력을 가지고 있었다는 점인

20) Norman Cohn, *The Pursuit of the Millennium*, 2nd ed. (New York: Harper & Row, 1961); Gordon Leff, *Heresy in the Later Middle Ages*, 2 vols. (Manchester University Press, 1967); Marjorie Reeves, *The Influence of Prophecy in the Later Middle Ages: A Study in Joachim* (Oxford: The Clarendon Press, 1969).

데, 이는 이전의 법과 율법 — 그것이 세속적이든 예언적이든 간에 — 에 속박되지 않고 신의 말씀을 따르는 성인들에 의해 통치되는 모습을 그리고 있다는 점에서 그러하였다. 또한 때로는 군주의 이단 동맹군들이 이러한 무기를 다름 아닌 군주 자신의 권위에다 들이대는 경우도 있었다. 그럼에도 불구하고, 교회와 갈등을 빚고 있던 군주는 이러한 예언적 종파에 큰 매력을 느꼈고, 그 뒤를 이은 역사를 보면 이러한 이데올로기를 포용한 군주와 공화국이 적어도 그 세대에 대해서는 현명하게 판단했다는 것을 알 수 있다. 짧게 볼 때, 종교적 개인주의자들에게는 우선 이 세계의 일에서 교회를 내쫓고 그 자리에 영적으로 충만한 공동체를 다시 세우고자 하는 열망이 있었기 때문에, 군주가 자신들 내면의 영성(靈性)을 간섭하지 않을 것이라는 믿음에서 이 세계의 군주들에게 전적으로 몸을 맡겨 기꺼이 복종하는 경우를 종종 볼 수 있었다. 길게 볼 때는, 그들이 기대했던 천년왕국이나 제 3시대가 불확정적이고 세속적인 성격 — 근대적 역사의식과 전(前)근대적 역사의식을 구별짓는 — 의 미래로 변화하는 과정을 따라가 볼 수 있다.[21] 사실 계시는 세속화의 강력한 도구로서, 구속의 과정을 오히려 아우구스티누스가 분리하고자 했던 사회적 시간의 차원 속으로 끌어당겼을 뿐 아니라, 그러한 과정을 기존의 세속 과정들의 확장 혹은 변형으로 간주할 수 있도록 하는 수단이었다. 이것이야말로 이 책이 관심을 가지고 있는 시대를 연구함에 있어 우리가 왜 다음과 같은 사실을 명심해야 하는지 그 이유를 알려준다. 즉 정치적 종말론은 세속 사회의 통치 제도에 반기를 든 천년왕국론자들만을 위해서가 아니라 통치자들을 위해서도 사용될 수 있는 무기였다는 것, 그리고 성인과 사회 간의 관계가 이러한 이중적 모호함으로 얽혀있었다는 것이다.[22]

---

21) Ernest Tuveson, *Millennium and Utopia* (Berkeley & Los Angeles: University of California Press, 1949).

22) William M. Lamont, *Godly Rule: Politics and Religion, 1603-1660* (Lon-

어떤 의미에서 우리는 계시적 현상이 근대의 세속적 역사서술로 가는 길을 열어놓는 데 일조했다고 생각할 수 있다. 그러나 중세 후기 사람들의 정치사상에 이용될 수 있었던 역사적 설명의 양식이 빈곤했다는 것에 관한 분석의 현 단계에서 강조될 필요가 있는 것은, 과연 세속적 정치 경험이라는 것이 종말론적 차원에서 존재할 수 있는지의 여부야말로 계시에 대한 호소로부터 제기된 주요 의문 사항이었다는 점이다. 만약 그럴 수 있었다면, 세속 경험 안에서 출현한 위기는 그것을 당시 사람들이 알고 있었던 이러저러한 종말론적 계획상의 어떤 계기, 인물 또는 상징들과의 동일시를 통해 이해 가능하게 될 수도 있었을 것이다. 만약 그렇지 못했다면 그러한 위기는 이해되기 어려웠을 것이다. 당시 회자되던 의문이란 다름 아닌 바로 이런 것이었다. 우리는 아직도, 세속 정치에서의—따라서 세속 역사에서의—어떤 특수한 사건이 왜 계속 다른 사건으로 이어지는가에 대한 설명 양식들을 확대하는 데 계시가 비록 간접적이지만 과연 어떻게 기여했는지를 상상할 만한 시점에는 도달하지 못했다. 우리는 단지, 세속 사건을 다루는 방식으로 이미 이전에 잘 알고 있던 것에다가 다른 양식을 하나 더 첨가했을 따름이다. 우리가 상상하는 돌발적인 일 또는 사건들은 관습과 관례 속에 통합되거나 법령이나 정책결정을 통해 응답되는, 경험과

---

don: Macmillan, 1969). 라먼트는 노만 콘의 《천년왕국의 추구》(*Pursuit of Millennium*)가 지닌 장점에도 불구하고 천년왕국 운동을 오직 봉기 현상으로만 생각해서는 안 된다는 것을 지적한 학자들 중 하나이다. 다음도 볼 것. William Haller, *Foxe's Book of Martyrs and the Elect Nation* (London: Jonathan Cape, 1963). Michael Walzer, *The Revolution of the Saints* (Cambridge, Mass: Harvard University Press, 1965)는 교회와 사회 양 위계에서 모두 소외된 성인(聖人)들에 대한 고전적 연구이다. 그러나 소외의 두 방식이 반드시 동시 발생적이지는 않았다든지, 세속 사회에 대한 성인의 개입이 왈저가 말하는 것보다 더 컸고 더 심한 긴장 관계를 산출했다든지 하는 따위의 비판은 이제 진부한 것이 되어 버렸다. 이 책 2권, 16-21쪽을 볼 것.

분별이라는 장치에 의해 다루어질 수도 있었을 것이다. 그것들은 또한 믿는 자 개개인의 구속받은 그리스도교도로서의 삶이라는 양식 속에 통합된 믿음에 의해 다루어질 수도 있었다. 그들은 그러한 삶을 운이라 여기며 감수하였고 믿음의 눈을 통해 그것을 섭리라고 고쳐 생각하기도 하였다. 그리스도교를 믿었던 사람들은 또한 정치적 반응에 관한 스스로의 활동을 좀더 강화하여 섭리의 개념을 예언까지 포함하는 것으로 확대하고 그것에 종말론적 의미를 부여함으로써 돌발적인 사건들을 처리할 수도 있었다. 마지막으로—지금까지 그렇게 깊이 고려된 대안은 아니지만—그리스도교도들은 믿음의 힘이 상당 정도 감소하는 것을 무릅쓰고라도 스스로에게 닥친 돌발적인 사건을 단순히 운의 소산으로 돌려버릴 수도 있었다. 그 이유는 그들이 그렇게 밖에 할 수가 없었기 때문일 수도 있고 섭리가 자신들을 위해 역사하고 있음을 믿지 않았던 때문일 수도 있다. 그렇게 되면 사건은 전혀 어떤 본질적인 의미를 가지지 못하게 될 것이고, 그러한 사건들의 연쇄 혹은 시간-차원은 단지 운의 바퀴가 회전하는 것에 지나지 않게 될 것이었다. 그리하여 운은 역사의 비합리성, 즉 불합리한 것에 대한 중세적 관념을 상징하게 되었다. 이제 역사는 믿음이 없는 자들이 생각하는 그런 역사, 신과 그가 행하는 섭리가 존재하지 않는 것처럼 보이는 그런 역사가 된 것이다. 이러한 식의 상징성이 출현한 것은 중세인들이 절망에 사로잡혀 있을 때였다. 즉 크리스털로 만들어진 천체들은 여러 겹의 하늘 위에서 완벽하게 회전하고 있었으나, 달의 궤도 안에서는 인간의 타락으로 인해 운의 비합리적 순환 운동이 중심을 비켜가[23] 통

---

23) 코페르니쿠스 천문학에 대한 잉글랜드 최초의 저작인 레코드의 책(Robert Recorde, *The Castle of Knowledge* [London, 1556]) 표지를 보면, 지식은 숙명의 천체를 꼿꼿한 지팡이 위에 올려놓고 균형을 잡고 있으며, 무지는 크랭크 핸들로 바퀴 중심에 붙들어 맨 회초리로 운의 바퀴를 몰고 있는 모습이 그려져 있다. 그리고 다음과 같은 시구가 씌어져 있다.

제 불능의 상태에 이르렀고, 그리하여 모든 역사는 바퀴 밑에 누워 있는 헤쿠바*라는 인물 안에 요약되어 버렸던 것이다.[24]

악의에 찬 운의 여신이 바퀴를 돌린다 해도
　브라니 천체를 그 자리에 붙들어 매기 위해.
하지만 이 천체는 그 바퀴에 저항하네
　그러면 운의 모든 악행은 사라지리니.
지구가 비록 운의 구(球)에 경의는 표하겠지만
　그녀의 눈 먼 바퀴는 변함없이 굴러가리니.
천상은 운에 사로 잡혀 있지 않으니
　이 천체들은 운의 모든 우연성을 이겨내리니.

천체가 동반하는 상징은 태양이고 바퀴의 경우는 달이다. 규칙적으로 차고 기울기를 반복하는 달에 있으리라고 전혀 생각지 못했던 표면의 불규칙한 반점들 때문에, 달은 일관성이 없고 불완전하다는 오명이 안겨지게 된 것으로 보인다. 이 문제는 단테의 《신곡》 〈천국편〉 II, 49-148에서 베아트리체의 입을 통해 논의되고 있다. 일반적으로 운의 상징성에 대해서는 다음을 볼 것. H. R. Patch, *The Goddess Fortuna in Medieval Literature* (Cambridge, Mass.: Harvard University Press, 1927).

* Hecuba. 트로이 왕 프리암의 아내. 그녀는 트로이 전쟁에서 아들들을 잃고 비탄에 잠긴다. 여기서는 최악의 상황에 있음을 의미함.

24) 운의 여신의 바퀴가 돌아가네
나는 돌아서 밑바닥으로 떨어지네
다른 사람이 올라가네
저 높고 높은 곳으로.

왕이 꼭대기에 앉아 있네
부디 나락으로 떨어지지 않기를
차축 아래에는 이렇게 씌어 있네
여왕 헤쿠바라고.

J. A. Schmeller, ed., *Carmina Burana*, LXXVII (Breslau, 1904). 헤쿠바의 이미지와 바퀴는 《햄릿》 2막 2장의 국왕 역의 배우가 한 연설에서 다시 나타난다. 전체 컬렉션의 앞에 붙어있는 "운"에 대한 다른 노래들(I, LXXV, LXXVIa)과 바퀴를 그린 그림을 참조할 것.

경험, 분별, 그리고 아르카나 임페리. 운 + 믿음 = 섭리. 섭리 − 믿음 = 운. 섭리 + 예언 = 계시적 종말론. 그리고 덕과 은총. 이러한 공식들이야말로 사회 · 정치적 시간 속에서 왜 특수한 사건들이 계속해서 이어지는가를 설명할 길이 없었던 당시 지성들에게 어떤 지적 장치를 제공하는 모형의 역할을 하며, 따라서 그처럼 특수한 사건들에 대한 모든 반응은 경험과 은총이라는 두 기둥 사이 어딘가에서 찾을 수밖에 없었다. 이제 우리는 의식화된 공화주의가, 스스로의 덧없음과 불안정함을 강하게 인지하는 정치구조를 시간 속에서 유지해야 한다는 새로운 부담을 그러한 제한적 장치로 무장한 사람들에게 부과했을 때 어떤 지적 혁신들이 일어나는지, 그것을 설명하기 위해 이러한 모형을 사용함으로써 그 유효성을 시험해 보고자 한다. 어떻게 해서 그러한 도전이 부과되기에 이르렀는지, 그것이 바로 다음 장의 주제이다.

제 3 장

문제와 그 양식

3) 비타 악티바와 비베레 치빌레

[I]

시민의 이상이란 정치적 지식 및 행동의 양식들에 대한 일종의 개념화로서, 우리가 지금까지 연구해 왔던 스콜라사상적·관습적 인식틀 속에 함축되어 있는 것과는 완전히 종류가 다르다고 할 수 있다. 그러한 인식틀의 한계 내에서 인간 개개인은 이성을 사용하였는데, 그것은 그에게 불변의 본성이 지닌 영원한 위계를 드러내 주었고, 그의 개인적 본성이 스스로에게 배분해 준 사회적·영적 범주 속에서 자신의 위치를 유지할 수 있도록 함으로써 그로 하여금 우주적 질서에 동참하게 해주었다. 또한 그는 경험을 사용하였는데, 그것은 그에게 전통적 행위가 아득한 옛날부터 계속되어 왔음을 보여주었지만 그로부터 얻을 수 있는 조언은 단지 그러한 행위를 단절하지 말라는 것뿐이었다. 그는 때때로 분별과 믿음을 섞어 사용하기도 했는데, 그것은 우연적이고 특수한 사건들의 흐름 속에서 제기된 어떤 문제가 일견 너무 개별적으로 보여서 이성으로도 삼단 논법으로도, 경험으로도 전통으로도 준비된 대답을 이끌어 낼 수가 없는 상황에 직면했을 때였다. 인간이 무언가를 결정하는 동물처럼 행동하는 것은 오직 이러한 경우들뿐이라는 주장도 가능했다(하지만 이럴 때조차도 인간은 계시에 의해 인도되는 진정한 믿음을 가진 존재에 더 가까운 경우가 드물지 않았다). 이런 경우를 제외하면, 인간은 어떤 이론가들이 전통 사회라고 부르는 것에 속한 주민들처럼 행동하였다. 이를 장황하게 논증할 필요는 없을 것이다. 정치적 과정이란 종종(혹자는 항상 그렇다고 말한다) 이미 받아들여지고 물려받은 행위 양식 내에서 진행되는 법이며, 전통에 대한 해석은 복잡하고도 자기 의식적인 정치적 결정일 수 있다. 하지만 어떤 시민이 공적인 사안을 결정하고자 할 때, 이 일을 두고 동료들과 끊임없이 토론함으로써 위계와 전통을 넘어서서 자신과 동료들의 힘에 기대어 그들에게 일어나고 있는 일을 이해하고 그것에 대응하도록 하게 해주는 어떤 지적 무기를 가지고 있었을 것이라는 점 역시 사실이다. 영원한 질서 속의 한 구석에 있는 관습적 성격의 공동체는 결코 시민들의 공화국이 아니다. 만약 그들이 우연적 사건의 도전에 대한 유일하고도 적절한 대응책으로서 전통에 믿음을 가지고 있다면, 그들은 어떤 사안에 대한 결정을 적극적으로 이루어내기 위해 자신들의 집단적인 힘을 모으려 하지는 않을 것이다. 만약 그들이 기존의 범주에 속하지 않는 독특한 문제를 해결해야 하는 소수의 정책결정자들의 대응책으로서 분별을 생각하고 있다면, 그들은 아마 왕정적 구베르나쿨룸*을 받아들이는 쪽으로 갈 것이다. 만약 그들이 모든 가치의 모체로서 존재의 보편적 위계를 생각하고 있다면, 그들은 스스로 정책결정자들의 독립적인 주권체 같은 것을 결성하려 하지는 않을 것이다. 시민이라면 공적인 사건에 대해 아주 폭넓은 범위에서 공적인 결정을 할 수 있도록 해줄 만한, 지식에 관한 어떤 이론을 가지고 있어야 한다. 오직 보편적 질서와 특수한 전통에 대한 인식만이 허용되는 인식론적 기초 위에 시민적인 삶이라는 것을 확립해 보겠다는 시도에는 이러저러한 한계들이 장애물로 작용하게 될 것이다. 피렌체 정치사상의 역사는 곧 이러한

* 사법적 권위를 뜻하는 유리스딕티오에 대비하여 통치자로서의 왕이 행사하는 통치자의 권위를 말함. 1장을 볼 것.

한계들로부터의 해방, 비록 부분적이긴 하지만 그래도 아주 특기할 만한 해방이라고 해도 과언이 아니다.

14세기 사람들이 보편적 질서와 권위라는 콘텍스트 안에서 위계적이면서도 동시에 계시적으로 표현될 수 있는 방식으로 피렌체 시민관을 그리고 있었다는 증거가 있다. 단테(1265~1321)가 시민으로서 가졌던 애국심은 아주 강했지만, 그는 피렌체를 당파 정치로부터 구해내는 것이야말로 이탈리아로 하여금 보편 제국이라는 틀 내에서 스스로의 정치적·영적 건강을 되찾도록 하는 일환이라고 보았다. 또한 그는 인류의 개혁이 교회의 권위보다는 제국의 권위에 의해 이룩될 것이라고 생각하여, 계시적 시간이라는 콘텍스트—이는 앞서 살펴본 것처럼, 구속을 세속적 과정으로 봄으로써 생성된 시간 콘텍스트였다—속에서 오랫동안 예언되어 왔듯이 황제가 알프스 산맥을 넘어오는 것을 현세적이며 동시에 신성한 사건으로서 마음속에 그리고 있었다. 세속 권력과 계시적 예언 사이에는 어떤 유사성이 존재하고 있었다. 단테는 제국을 구원의 도구라고 생각했기 때문에, 《신곡》에서 트라야누스 황제와 유스티니아누스 황제를 그리스도에게서 그리 멀지 않은 곳에다 두었으며, 반면 브루투스와 카시우스는 유다와 함께 지옥 제일 밑바닥에다 떨어뜨려 놓았다. 공화국이 세속 권위의 한 양식으로서 제국의 콘텍스트 안에서 조망되었다면, 제국은 보편적 구원이란 콘텍스트 안에서 계시적으로 인식되었다. 단테의 비전은 아주 고원하고 복잡다단한 의미에서 현세적이자 동시에 위계적인 성격을 가지고 있다. 그것이 위계적인 것은, 사적으로나 정치적으로나 인간의 완전성이란 것이 마치 영원의 질서 속에서 스스로의 적절한 위치를 차지하는 데서 찾아질 수 있는 것으로 그려지고 있기 때문이며, 그것이 계시적인 것은 인간의 완전성이 은총의 역사적 과정 속에서 인간이 자신에게 묵시되었거나 원래 부여받은 역할을 다하는 데서 찾아질 수 있는 것으로 그려지고 있기 때문이다. 둘 중 어떤 경우도 동료시민들이 힘을 합하여 집단적이며 세속적인 결정에 참여하는 행위에 강조점이 주어져 있지 않다. 위계란 위로부터 내려오는 권위에 의해 결정되므로, 그 형상에서 군주제적이며, 또한 제국의 위계는 우주의 위계를 반영하고 있기 때문에 변화하지 않는 원리들의 현시인 것이다. 단테의 애국심은 친황제적이며 친 제국적이었다. 그것은 그의 시대관에 계시적 요소를 부여했으나 역사주의적 차원을 가져다주지는 못했다. 그는 세속적 지배란 곧 영원한 질서를 되풀이하고 되살려내는 제국에 다름 아니라고 생각했으며, 어떤 특수한 인간집단이 자신들의 특수한 운명 행로를 결정하는 공화국에서 그러한 것을 찾지는 않았다.

단테는 《신곡》의 〈천국편〉에서 피오레의 요아킴에게 고귀한 자리를 부여하였는데,[1] 그의 가르침과 그로부터 연유된 전통들은 시민적 휴머니즘의 선구자들 중에서도 가장 특기할 만한 인물이자 로마의 민중지도자였던 콜라 디 리엔초(Cola di Rienzo 1313~1354)와 관련하여 다시 나타난다. 카리스마적이고 사실 편집병에 가까운 성격이었던 콜라는 로마의 주민들을 거의 일종의 공동체 같은 것으로 통합하고자 하였다. 그러나 이렇게 하기 위해서는 14세기의 도시가 고대 로마 공화국과—그리고 자신은 로마 호민관과—동일한 위치에 있다는 것을 보일 필요가 있고, 로마의 인민들은 그들이 뽑은 주교로서의 교황과 그들이 뽑은 군주로서의 황제와 그들에 복속된 제국으로서의 전 세계에 대한 직접적인 권위가 전혀 약화되지 않았다는 것을 선언할 필요가 있음을 알게 되었다. 그러한 주장에 담긴 함의는 공화국이 보편 제국의 연장이라는 것이었다. 그러므로 콜라가 권력에서 첫 번째로 쫓겨난 후 아브루치 지방의 요아킴주의 은자 공동체와 함께 있었고, 그러다가 자신이 예언한 대로 교회 개혁과 세계 통치의 소명을 맡기기 위해 황제를 소환하는 제 3시대의 전령으로 모습을 드러냈다 해도[2] 그것은 별

1) *Paradiso*, XII, 139-45. Reeves, *The Influence of Prophecy in the Later Middle Ages: A Study in Joachim.*

로 놀랍지 않다. 단테가 그랬듯이 그에게도 공화국과 제국과 계시는 한 덩어리였다. 사람들이 콜라를 오랫동안 진지하게 받아들였던 데는 물론 그의 강력한 카리스마가 작용했다고 할 수 있겠지만, 그가 자신을 공화국 호민관으로 자처했건 제 3시대의 예언자로 자처했건 간에 당시 최고의 지성들도 그가 한 주장들을 전혀 엉터리라고 생각지는 않았다. 휴머니즘의 선구자인 프란체스코 페트라르카(1304~1374)는 콜라의 공화국이 이탈리아와 전 세계에 고대의 덕을 되찾게 해줄 희망의 전조라고 보았다. 하지만 그는 동시에, 콜라가 공화국을 복원함으로써 덕이 복원되기를 바란다든지, 교황이 아비뇽으로부터 로마로 복귀함으로써 덕이 복원되기를 희망한다든지, 또는 황제가 알프스로부터 내려와 이탈리아에 질서를 확립함으로써 덕이 복원될 것이라고 기대한다든지 하는 것들 사이에서 아무런 모순도 느끼지 못했다. 정치에 깊이 관여한 인물이 아니었던 페트라르카는 다양한 통치형태들을 명확히 구별하려 하지 않았다. 그가 덕의 복원에 대한 이미지를 정교화하는 데서 계시적 예언을 별로 중요시하지 않았다는 것 또한 중요한 점이다.[3] 앞으로 살펴보게 되겠지만, 휴머니스트의 학문적 기법들이 쌓아올리고 있었던 고대적 덕의 이미지는 지나치게 인간적이었고 또한 시간 속 인간 삶의 이미지도 지나치게 사회적이었기 때문에 그곳에는 예언적 어휘의 정형과 상징이 들어설 여지가 거의 없었다. 피렌체인들이 자칭 호민관의 허풍에도 별로 동요하지 않았다는 점 역시 의미가 있을 것 같다. 그들은 공화국을 위해 극적인 상징체계를 만들어 낼 이유도 혹은 그것을 예언적 열변으로 옷을 입힐 필요도 없었는데, 그 이유는 그들에게는 이미 공화국이 있었을 뿐만 아니라, 공화국의 작동 방식에

2) Iris Origo, *Tribune of Rome* (London: Hogarth Press, 1938).

3) E. H. Wilkins, *Life of Petrarch* (Chicago University Press, 1961), ch. 12, pp. 63-73; pp. 117-18, 120, 134-35; J. H. Whitfield, *Petrarch and the Renaissance* (New York: Russell & Russell, 1965), pp. 35-37.

대한 아주 현실주의적인 설명을 제시할 수 있었기—특히 더 팽배한 각성의 시기에—때문이다. 하지만 피렌체인이야말로 이후 두 세기 동안 시민의식 및 그것의 문제점들에 대해 가장 날카롭고 명료한 이론들을 산출해 낸 장본인이었다. 그리고 비록 이러한 발상들이 대부분 휴머니스트적 사고방식과 서술방식에 힘입은 것이기는 하지만, 계시적 양식 역시 그들의 사고 속에 여전히 잔존하고 있었다.

15세기 초—더 이상 소급되기는 힘들다—각별히 콜루초 살루타티(Colucco Salutati 1331~1406)와 레오나르도 브루니(Leonardo Bruni 1361~1444) 같은 피렌체인들의 저작 속에서, 우리는 방금 개략적으로 제시된 사고방식과의 결정적 단절이 일어난 것으로 보이는 흔적을 찾을 수 있다. 이 문제에 가장 천착한 현대의 저술가는 한스 바론과 에우제니오 가렝이다.[4] 그러나 그들의 저작은 물론 매우 명망이 높고 또 그럴 만한 가치가 있지만, 학자들 사이에서 여전히 논쟁의 대상이 되고 있으므로 우리의 길을 택하는 데는 신중을 기해야 할 필요가 있다. 피렌체의 이념적 양식에서 다음과 같은 변화들이 있었다는 것 자체에는 별로 의문이 없는 것처럼 보인다. 우선 지금까지 잘 정립되어 왔던 창건 신화, 즉 피렌체 시는 본래 율리우스 카이사르의 병사들이

---

4) Hans Baron, *The Crisis of the Early Italian Renaissance*, 2nd ed. (Princeton: Princeton University Press, 1966); *Humanistic and Political Literature in Florence and Venice at the Beginning of the Quattrocento* (Cambridge, Mass.: Harvard University Press, 1955); *From Petrarch to Leonardo Bruni: Studies in Humanistic and Political Literature* (Chicago University Press, 1968); "Petrarch: His Inner Struggles and the Humanistic Discovery of Man's Nature" in *Florilegium Historiale: Essays Presented to Wallace K. Ferguson*, eds. Rowe & Stockdale (Toronto: University of Toronto Press, 1971); Eugenio Garin, *Italian Humanism: Philosophy and Civic Life in the Renaissance*, trans. Peter Munz (New York: Harper & Row, 1965); George Holmes, *The Florentine Enlightenment, 1400-1450* (London: Weidenfeld & Nicolson, 1969).

세운 것이라는 주장이 매우 급속하게 부정되면서, 도시의 창건이 고대 로마 공화국으로 거슬러 올라간다는 신화가 그 자리를 차지하게 된다. 브루니는 약간 후기의 저작에서, 창건 시기를 더 소급하여 피렌체의 기원이 로마가 이탈리아 반도를 지배하기 이전에 번성했던 에트루리아의 도시 공화국들에 있다고 생각하여, 이러한 공화국들이 로마라는 하나의 공화국으로 흡수된 것이야말로 뒤에 로마 공화국이 다시 세계 참주정으로 흡수되는 길을 예비한 것(덧붙이자면 이는 뒤에 마키아벨리의 테제들 중 하나가 된다) 임을 주장하고자 하였다. 공화국을 카이사르의 통치와 대립시키고 후자를 군주정보다는 참주정과 동일시한 것이 결코 우연이 아니라는 것은, 이와 동시에 브루투스의 역사적 인물됨을 일찍이 단테가 덮씌운 오명의 심연에서 구해내려고 한 시도에서 입증된다.[5] 단테는 브루투스를 상위자에 대항한 반역자로 보았는데, 그 상위자야말로 황제가 될 사람이었고 황제는 마치 신이 자연의 위계들을 관장하듯이 인간의 위계들을 통치하는 존재이기 때문에 그와 카시우스를 신 자체를 배반한 유다 옆에다 두었다. 그러나 뒤이어 일어난 역사상(歷史像)의 혁명으로 브루투스는 공화국 시민이자 참주를 살해한 인물의 전형으로 나타난 반면(카시우스는 이러한 이상화에서 전혀 언급된 적이 없었다), 카이사르는 참주이자 공화국을 전복한 인물로 비난받게 되었던 것이다.[6]

여기에는 신화의 단순한 수정 이상의 것이 있다. 피렌체인들 스스로가 상정하고 있었던 것으로 보이는 인간의 권위와 그것의 역사에 대한 이미지 전체가 이전과의 연속성을 단절한 채 완전히 재구축되고 있었으며, 특히 아주 중요한 의미에서 그러한 이미지가 점점 더 세속화하고 있었던 것이다. 제국적 역사관이라 명명할 만한 비전에서는, 정치

5) 카이사르에 대한 페트라르카의 비난에 대해서는 다음을 볼 것. Baron, in *Florilegium Historiale*, pp. 19-20, 37-39.

6) Baron, *The Crisis of the Early Italian Renaissance*, ch. 3.

사회란 인간들 사이에서 존재하는 천상과 자연의 위계적 질서로 그려졌다. 정치사회의 합법성과 구성범주들은 영원한 것처럼 비쳤고, 변화는 단지 쇠퇴 혹은 복원의 성격을 가질 뿐으로 어디까지나 그러한 영원성 안에서 존재하는 것이었다. 그래서 제국에 속해 있다는 것은 일반적으로 왕국에 속해 있는 것과 마찬가지로 영원성 안에 속해 있음을 뜻했다. 친 교황적 관점에서건 또는 정치적 현실주의의 관점에서건, 제국 혹은 왕국이 지상국의 일부임을 강조하고자 하는 사람이라면 사실 그러한 것들의 세속적 성격을 부각할 수도 있었다. 그러나 새로운 비전 속에 있었던 피렌체 공화국은 — 드높은 이상으로 칭송되면서도 동시에 현재 그리고 그 자신의 과거 속에서 존재하고 있었던 — 단지 다른 공화국 및 과거 공화국이 존재했던 시기들과 연관되어 있었을 뿐이다. 공화국은 결코 영원한 것이 아니었고, 그 이유는 그것이 일대일 대응 방식으로 자연의 영원한 질서를 반영하지 못하기 때문이었다. 공화국은 자연과 상이하게 조직된 것이었고, 공화국과 시민권을 가장 우선적인 실재로 받아들인 사람들은 암묵적으로 정치적 질서와 자연적 질서를 구분하고자 했을 것이다. 공화국은 위계적이기보다는 정치적이었다. 또한 그것은 나름의 주권과 자율성을 주장할 수 있을 정도로 조직적이었고, 따라서 스스로의 개체성과 개별성까지도 요구하게 되었다. 피렌체의 지식인들이 나라에 대한 충성을 자연적 질서 및 그 영속적 가치들과는 별개의 개념으로 받아들일 준비가 되었을 때, 우리는 비로소 자신의 영혼보다 자신의 나라를 더 사랑한다는, 인구에 회자되어 온 피렌체 속담에 담긴 주된 의미 하나를 깨닫게 된다. 여기에는 어떤 구별의 함의와 갈등적 상황이 내재되어 있었다. 그러나 이런 정도로 공화국의 개별성을 주장하는 것은 곧 그것이 영원이 아닌 시간 속에서 존재한다는 것, 따라서 그것은 일시적이며 언젠가는 사라질 운명이라는 것을 주장하는 것과 같았다. 왜냐하면 이러한 것이야말로 특수한 존재가 처한 조건이었기 때문이다. 공화주의적 이상이 공화국은 영속적이지 않다는 사실을 받아들였다는 것은 실패한 반도(叛徒) 브루투스를 영웅으로 선택한 것으로 상징된다. 신 중심적 우주가 개별 왕국들의 운명과는 관계없이 왕국 그 자체를 영원히 승인하고 있었던 반면, 공화국에 관한 한 가장 명백한 한 가지 사실은 그것이 시간 속에서 언젠가는 종말을 맞게 될 것이라는 점이었다. 심지어 공화국이 과연 어떤 원리의 결과물인지 아닌지조차도 확실치 않았다.

그리하여 공화국을 승인한다는 것은 곧 위계적 우주의 영원한 연속성을 개별적 시기들로 잘게 쪼개는 것과 같았다. 즉 공화국이 존재했고 그것이 관심의 대상이 될 만한 가치가 있던 역사상의 시기들과, 공화국이 존재하지 않았고 그래서 현재에 어떤 가치나 권위도 전해주지 못한 그런 시기들로 구분되는 것이다. 야만의 시대를 이은 "재생"(renaissance)이란 관념은, 피렌체 공화국을 로마 공화국과 대면케 하면서 동시에 둘 사이에 끼인 로마 및 게르만 제국의 몇 세기를 야만과 참주정으로 점철된 일종의 막간극으로 무시해 버리는 어떤 애국적 견해에 상당 부분 기대고 있는 것으로 보일 만하다. 공화국의 개별성과 역사성은 역사의 개별화 및 그것의 세속화 과정과 연루되어 있었다. 그것은 동시에 역사의 많은 부분을 가치 없는 것으로 거부한 것과도 연관을 가지고 있었다. 그러나 흥미롭고도 중요한 점은, 바로 이러한 사실이 피렌체사 그 자체에 대한 평가에서 다음과 같은 부수적인 문제를 제기했다는 것이다. 즉 공화국을 제국에 소속시키는 것을 받아들이고, 브루투스는 깎아 내린 반면 카이사르는 칭송하며, 더욱이 엄격한 휴머니스트들에게는 중세적 야만의 한 징후로 보였던 이른바 속어(俗語)로 이러한 작업을 했던 단테를 비롯한 피렌체의 명망 있는 문인들에게 과연 어떤 위치를 부여해야 하는가의 문제가 그것이었다. 공화국의 고대적 연원을 천명함으로써 그것을 칭송코자 하는 충동 때문에 공화국 스스로의 과거에서 주요했던 요소들을 부인하는 희생까지 치를 수는 없는 일이었고, 그래서 단테와 속어 작가들은 적절한 과정을 거쳐 복권되었다. 그러나 이렇게 하기 위해서는, 고전 고대도 아니요 고전화된 현재도 아니었던 그들 자신의 시대에 어떻게 해서 그들이 존재할 수 있었으며, 그것도 자랑스럽게 그런 일을 할 수 있었는지를 설명하지 않으면 안 되었다. 그리하여 현재 그 자체의 이미지는 그것을 고대인뿐 아니라 14세기 사람들도 자랑스럽게 용인한다는 사실에 의해 변화됨과 동시에 그들로부터 이어받은 것이었다.[7] 사고는 점점 근대적 역사 설명의 문턱으로 다가가고 있었고, 따라서 역사적 지성의 중요한 발견, 즉 "각 세대는 영원으로부터 등거리에 있다"는 것, 각각의 역사 현상은 그 스스로의 시간 속에서 그 스스로의 권리와 방식에 따라 존재한다는 것을 인식하는 쪽으로 움직여 가고 있었다. 그렇게 되고 있었던 것은 다른 문화의 다른 시기에서 식별될 수도 있는 관념들의 운동이 빚어낸 결과였다. 즉 현재에까지 지속되며 권위를 유지해온 과거의 한 이미지가 공격받고 과거의 일부가 아무런 가치도 없는 것으로 무시될 때 — 이는 모든 가치를 어떤 특수한 시기에 위치케 하려는 고전화의 시도가 초래한 것으로 볼 수 있다 — 그 결과는 거부된 시기가 현재와의 다른 관계로 인해 현재에 대한 권위를 다시 주장하거나, 아니면 만약 관련 현상이 아무런 권위도 가치도 없다면 그럼에도 불구하고 도대체 어떻게 해서 그것이 존재할 수 있었고 과거와 현재 모두와 인과적으로 연결될 수 있었는지를 설명해야 하거나, 둘 중 하나이다. 이러한 상황 속에서 과거를 상대주의적으로 설명하는 어떤 방식, 즉 과거가 자신만의 존재 방식과 자신만의 가치들을 가진다는 주장이나 혹은 우리의 관심을 끌 만한 여타 주장들이 출현했다는 것은 어쩌면 당연한 일일 수도 있다.[8] 우리가 연구하고 있는 경우를 보면,

---

7) Baron, *Crisis*, chs. 13-15. 다음도 볼 것. David Thompson & Alan F. Nagel, eds., *The Three Crowns of Florence: Humanist Assessments of Dante, Petrarca and Boccaccio* (New York: Harper & Row, 1972).

8) 나는 다음의 저작에서 이 문제를 좀더 이론적으로 확대하여 다루었다.

과거의 연속성은 영원한 위계적 질서의 수많은 특징들을 보여주는 것이었다. 그런데 그것이 공격을 받아 긍정적이거나 부정적인 가치를 갖는 일련의 시기들로 쪼개져 버렸는데, 그것은 개별화된 정치형태의 존재가 그러한 연속성에 부과된 가치 규준이었기 때문이다. 그리고 이러한 틀에 따르면 종래 부정적으로 평가되어 왔던 한 시기(14세기)는, 공화국이 그 자신만의 연속성과 전통을 지니고 있다는 강력한 인식 덕분에 현재에 대해 오히려 긍정적 가치를 지녔던 것으로 판명이 났다. 두 시대상은 갈등하게 되었고, 그 결과가 바로 14세기에 대한 역사적 설명이었다. 하지만 이처럼 영원성을 시간으로 완전히 재구성하고, 뒤이어 과거의 시간에 대해 상충적인 평가를 가하게 된 것은 오직 공화국의 개체성과 연속성을 주장한 결과로 나타난 것이었다.

한스 바론은 피렌체 휴머니즘의 어떤 핵심 저작들에 대한 상세한 연대 비정(批正)을 통해 자신의 테제를 뒷받침하면서, 이 모든 일이 1400년경 시민들이 겪었던 한 정치적 위기 상황에서 비롯되었다고 주장하였다. 당시 밀라노에 강대한 권력의 기반을 가지고 있었던 비스콘티 가문의 강력한 군주 잔갈레아초는 북부와 중부 이탈리아에 영속적인 군주국을 형성하게 될 수도 있는 지배 체제를 건설하고 있는 것으로 생각되었다. 그의 권력은 토스카나 지방으로 급속히 확장되고 있었다. 피렌체와 베네치아 사이를 외교·군사적으로 갈라놓으려는 시도가 진행되었다. 바론은 주장하기를, 바로 이러한 위기 속에서 피렌체인들은 자신들이 완전히 고립되었다는 극적이고도 충격적인 느낌을 가졌고, 이를 통해 스스로를 이탈리아와 기지(旣知)의 세계 속에서 마지막으로 남은 공화주의적 자유의 옹호자로 자처하고 나섰다. 1402년 잔갈레아초가 갑자기 죽고 이어서 그의 권력이 붕괴되기까지의 2년 사이에, 우리가 지금까지 추적해 온 역사적 자기 귀속이라는 혁명이 애

Politics, Language and Time, ch. 8 ("Time, Institutions and Action: An Essay on Traditions and Their Understanding").

국심의 위기이면서 동시에 공화주의적 자각의 위기이기도 했던 것의 한 부분으로 피렌체 사상에서 일어났다는 것이 다름 아닌 바론 테제이다.[9] 비스콘티가의 권력 앞에서 고립무원의 처지가 된 피렌체인들은 그들 스스로가 위협받는 공동체의 일원임을 강하게 인식하였다. 영토를 점점 더 넓혀 세력을 확장해 가는 한 인물로 인해 고립 상태에 이른 그들은 스스로의 삶이 공화주의 제도와 가치에 기초한 구조에 의지하고 있음을 깨닫게 되었다. 밀라노를 선전하는 사람들의 언어는 친카이사르적이자 친 제국적이었고, 이에 대한 대응으로서 피렌체 휴머니스트들, 특히 살루타티와 브루니가 차례로 수장을 역임했던 외교 담당 서기국과 관련된 인물들은 카이사르적 상징과 제국적 전통을 모두 거부할 뿐만 아니라 피렌체를 공화주의 원리와 동일시하며, 지금까지 적법한 것으로 보아 온 과거를 공화주의적 시기와 어두운 막간극의 시기들로 양극화하여 기술하는 혁명적 단계를 밟게 되었다는 것이다.

바론은 피렌체 사상에서 더 한층 심대한 위기의 순간이었던 이 시기 저작들에서 이러한 역사서술 개념의 혁명과 관련된 증거를 찾고 있다. 플라톤과 아리스토텔레스의 시대 이래, 사회활동에 참여하는 삶—비타 악티바—과 철학적으로 순수 지식을 추구하는 삶—비타 콘템플라티바—이 상대적으로 어떤 장점을 갖는가 하는 문제가 간헐적으로 논의되어 오고 있었다. 아테네인들은, 마음 한편으로는 오직 시민으로서의 삶만이 진실로 윤리적이자 인간적이라고 확신하는 듯하면서도, 다른 한편으로는 오직 동요되지 않는 관조의 추상적 세계만이 진실로 이해 가능하고 실재적이라는 생각에 끌리고 있었기 때문에, 정치와 철학이 서로 반대 테제인지 아닌지의 문제는 사실 고민스러운 것이었다. 물론 중세인들은 관조에 더 무게를 두었다. 철학자의 관심은 그리스도교도와 마찬가지로 이 세계에 있지 않았고, 심지어는 아리스토

9) *Crisis*, chs. 1-2, 10-11, 16.

텔레스의 부활로 합리적 · 사회적 행동에 대한 믿음이 되살아난 이후에 조차도, 보편자를 인식하는 지식은 사회적 문제를 결정하는 데 적용하는 분별과는 다르다고 생각되었다. 포테스큐의 개인, 즉 자연법과 관습에 복종하고 단지 법령이 만들어져야 하는 아주 드문 경우에만 정치적으로 행동하게 되는 그런 개인은, 설사 그가 철학적 관조에 참여하고 있나고 해도 그것이 자신의 시민적인 삶과 얼마나 심각한 대립 관계에 있는지를 거의 상상치 못했다. 페트라르카는 로마의 키케로를 자신의 이상으로 여기면서도, 그가 평판이 좋지 않은 정치판에 스스로를 연루시켰을 뿐 아니라 철학자로서의 본분을 당연히 행해야 했을 때에 가치 없이 죽고 말았다는 점에서 비난받을 만하다고 느꼈다.[10] 그러나 후기 피렌체 사상으로 가면, 행동적 삶, 특히 공적인 것에 대한 관심과 시민으로서의 활동(결국은 정치적 활동)에 더 삶의 무게를 두는 비베레 치빌레(vivere civile), 즉 시민적 삶을 선호하는 쪽의 얘기가 많이 나온다. 그리고 작가가 선호하는 삶의 방식과 그가 충성하는 정치형태 사이에는 분명한 관련이 있다. 관조적 삶의 실천가라면 아마도 존재의 불변적 위계를 관조할 것이고, 또한 마치 신과 같이 소우주 속에서 영원한 질서의 보증인 역할을 하는 군주를 섬기면서 그러한 질서 내에서 자신의 위치를 찾으려 할 것이다. 하지만 시민적인 삶의 주창자들은 개인의 참여와 행동을 허용하는 사회구조 속에서 그러한 행위들에 관여하였고—이는 곧 어떤 종류의 폴리스에 시민권을 가졌다는 의미가 된다—이후 시민적인 삶이란 말은 넓은 기반의 시민적 헌정을 뜻하는 기술적인 용어가 되었다. 바론은 이처럼 대조적인 태도들이 1399년에서 1402년 사이에 진행된 위기의 시기 동안 각각 밀라노와 피렌체를 옹호하는 작가들에서 때로는 암묵적으로 때로는 명시적으로

10) 페트라르카의 태도 변화에 대해서는 많은 연구서가 있다. 다음을 볼 것. Baron, in *Florilegium Historiale*; *From Petrarca to Leonardo Bruni*, chs. 1 & 2.

나타나고 있음을 발견하였다. 그는 또한, 동일한 일련의 사건과 관련하여 피렌체인들이 양극적인 두 측면의 가치에 대해 왜 그렇게 오락가락하는 행동을 하는 것처럼 보이는지도 설명하고자 하였다. 특히, 행동적 시민을 지향하는 태도와, 세상사로부터 물러나 군주 및 때로는 참주의 지배에까지도 묵종하는 관조적 태도들 사이에서 가장 크게 동요했던 인물은 콜루초 살루타티였다. 바론은 살루타티를 비롯한 여러 다른 작가의 저작들을 아주 면밀히 분석하여, 그러한 저작들을 비스콘티가가 야기한 위기의 진행 상황과 관련시킴으로써, 바로 이 위기의 시기에 피렌체 작가들이 행동적이고 참여적인 가치들을 선호하는 쪽으로 결정적 선회를 했다는 것을 보여주고자 하였다.[11] 역사의 재평가와 마찬가지로, 시민권의 재발견 역시 잔갈레아초와의 충격적 대립 속에서 공화주의적 자각이 갑자기 강화됨으로써 이루어졌다는 것이다.

바론의 주장에 대해 한동안 학자들의 비판이 있었는데, 바론의 테제에서 가장 도전적이면서도 동시에 가장 지적을 많이 받은 요소는 사건의 연대와 당시 작가들의 저술 동기에 관한 부분인 것으로 보인다. 즉 가치의 선호도에 대한 결정적인 변화가 어떻게 한 단일 시기에서 비롯될 수 있으며 그 시기의 주요 경험의 결과로서 기술될 수 있는가 하는 문제이다. 자연히 역사적 비판도 대체로 이러한 문제에 초점을 맞추고 있었다. 역사가는 원인과 동기의 문제에 관심이 있으며, 사상사가는 관념과 사건 간, 사상과 경험 간의 관계에 관심이 있다. 그래서 역사가들은 당연히 주요한 이념적 변화가 과연 바론이 말하는 대로 그때 그런 이유로 일어난 것인지 아닌지를 알고 싶어 한다. 또한 어떤 지적 사건이 일어났다는 것을 안다고 해서 그것이 곧 무슨 일이 일어난 것인지 그 전모를 모두 안다는 것은 아님을 스스로 상기해 보는 것도 필요하다. 본 연구의 관심사는 특수한 정치체제들에 대해 얘기하고자 할

11) Baron, *Crisis*, chs. 5 & 7; *From Petrarch to Bruni*, chs. 3 & 4; "Leonardo Bruni," *Past & Present* 36 (1967).

때 사용 가능한 어떤 개념적 어휘들을 식별해내어, 그 한계와 함의들을 탐색하고 그것들이 작동하는 방식을 숙고하며, 동시에 이러한 개념체계들과 그 용법 및 함의들이 시간의 흐름에 따라 변화해 가는 과정들을 검토하는 데 있다. 그러므로 피렌체 사상에서의 어떤 변화가 1399년에서 1402년 사이의 사건들이 일으킨 결과인지 또 그 일부인지의 여부를 아는 것이 우리에게는 그리 중요하지 않다. 우리는 단지, 이러한 개념적 변화가 어떤 것이었는지, 그러한 변화가 차후에 일어날 어떤 변화들을 함축하고 있었는지, 변화의 결과 사상의 세계에서는 무슨 일이 일어났는지를 열렬히 알고자 할 뿐이다. 그래서 개념상의 주요한 언어적 대발전 혹은 언어적 혁명의 경우 — 시민적 참여의 가치들에 더 강조점을 두는 것과 관련된 역사의 재평가에서와 같은 — 이러한 변화가 처음 일어난 때와 원인이라는 측면에서뿐만 아니라 인간의 개념적 어휘들에서 일어난 변화의 함의와 결과라는 측면에서도 무슨 일이 일어났던가를 아는 것이 중요하다.

"시민적 휴머니즘"(civic humanism)이란 용어는 바론의 테제와 뗄 수 없는 관계가 되었고, 그래서 그에게 도전하고자 하는 학자들 또한 이 말의 유용성 혹은 그것이 가리키는 현상의 중요성을 비판하고자 하였다. 그들은 바론의 연대 비정을 공격하는 것 외에, 첫째 행동적 삶에 대한 휴머니스트의 관심이 특히 공화주의 시민으로서의 "의식의 위기"(crise de conscience)에서 비롯되었다고 할 수가 없고, 둘째 이탈리아 코무네(콤뮨)의 시민들은 스스로의 시민의식을 구체화하기 위해 휴머니스트의 언어를 필요로 하지 않았다고 주장하였다. 나는 이 책에서 앞으로 "시민적 휴머니즘"이란 용어를 공화주의 의식과 그 문제들에 대한 어떤 공식화를 지칭하는 것으로 사용할 예정이기 때문에, 이 말이 쓰일 때면 언제나 그 속에 묵시적으로 담겨 있는 의미는 무엇인지, 작가와 독자들이 이 말을 사용함으로써 결과적으로 어떤 역사적 가정들에 개입되는 것인지 등을 적시하기에는 지금이 아주 적당한 시점으로 보인다. 이 작업을 진행하기 위해서는 휴머니스트적 정치의식의 성격에 관한 바론의 다른 해석들을 함께 놓고 검토하는 것이 편리할 것 같다.

제럴드 세이겔은, 휴머니스트들이 행동적 삶에 대해 관심을 두게 된 것은 그 기원이 그들의 시민적 감각보다는 직업적·지적 활동에 있다고 주장하였다.[12] 그의 지적에 따르면, 휴머니스트들은 자신들의 사회적 기능에 의해 수사학적 기술(技術), 즉 이탈리아 문화 속에서 철학에 못지않게 중요했고 또한 언제나 그것과 첨예하게 대립하는 것으로 나타났던 지적 작업에 참여하고 있었다. 철학이란 보편자에 대한 지식과 그러한 관점에서의 개별자에 대한 이해에 관련된 것이었고, 보편자의 면전에서 적절한 태도는 행동이 아니라 관조였다. 그러므로 철학은 비정치적인 것이었으며 정치적 동물은 보편자들로 구성된 것처럼 보이는 우주에서 단지 부차적인 거주민일 따름이었다. 반면에 수사학(修辭學)은 인간으로 하여금 행동하고, 결정하고, 승인하도록 설득하는 일과 관계가 있었다. 그것은 행동과 사회 속에서 작용하는 지성으로서 언제나 그러한 지성을 발휘할 다른 인간들의 존재를 전제하고 있었다. 그것은 그 본성상 정치적인 것으로 항상 특정한 상황, 특정한 결정, 특정한 관계 속에 뛰어들기 마련이었다. 그리고 특정한 세계 속에 뛰어드는 이유로, 그것은 언제나 철학과 비교할 때 과연 어떤 것에 대한 지식을 산출할 수 있는지 없는지 의문에 봉착하지 않을 수 없다. 그러나 비록 수사학이 이탈리아 사상에서 차지하는 위치가 경험이 포

---

12) Jerrold E. Seigel, *Rhetoric and Philosophy in Renaissance Humanism: The Union of Eloquence and Wisdom, Petrarch to Valla* (Princeton: Princeton University Press, 1968); "Civic Humanism or Ciceronian Rhetoric?" *Past & Present* 34 (1966). 바론의 이에 대한 반론은 "Leonardo Bruni," *Past & Present* 36 (1967). 다음도 볼 것. David Robey, "P. P. Vergerio the Elder: Republicanism and Civic Values in the Work of an Early Humanist," *Past & Present* 58 (1973), pp. 3-37.

테스큐의 사상에서 차지하는 위치와 비슷하게 보이기는 해도, 그것은 스스로의 정치적 성격 덕분에 포테스큐의 경험이 하는 역할보다 훨씬 더 적극적이고 행동적이다. 경험의 결과가 이미 존재하는 것의 발견에 그치는 데 반해, 수사학은 앞을 내다보고 사람들이 어떤 일을 하도록 설득한다. 수사학이 철학과 동등한 자리를 차지하는 세계는 마주보고 정치적 결정을 내리는 세계이다. 경험과 관습이 수사학에 대신하는 세계는 제도화된 전통들의 세계이다.

세이겔은, 이러한 측면에서 휴머니스트 사상이 관조를 가치로 삼는 철학과 시민적 · 행동적인 태도에 가치를 두는 수사학과의 대결에서 연유하고 있다고 주장한다. 페트라르카의 업적은 자신을 찬양하고 따르는 사람들로 하여금 이러한 대결을 경쟁적인 두 가치체계 중 그 어느 쪽도 절대적 우위를 점할 수 없는 양자의 변증법으로 받아들이도록 했다는 데 있으며, 그래서 휴머니스트적 유산 속에 내재되어 외부 사건의 역사에 직접 연관지을 필요가 없는 그런 방식으로, 시민적 입장과 관조적 입장 사이에서 왔다갔다 하는 것이야말로 휴머니스트 사상의 특징이 되었다는 것이다. 결국 그가 말하고자 하는 바는, 바론이 살루타티나 페트라르카와 마찬가지로 브루니가 관조 쪽을 선택할 여지가 있음을 과소평가하고 있을 뿐 아니라, 이러저러한 일련의 가치들이 선택된 데에 대한 설명 방식을 오해하고 있다는 것이다. 시민적 가치를 택한다는 것이 곧 스스로 정치적 대의로서의 공화주의에 전적으로 헌신한다는 것을 의미하는 것은 아니었고, 관조적 가치를 택한다는 것이 곧 공화국에 대해 완전히 환멸을 느끼는 것은 아니었다는 것이다. 휴머니스트는 행동과 관조 사이만큼이나 양면 가치적인 존재였다. 지식인으로서 그렇게 하는 것이 그의 직업이었고, 또한 그는 공화국의 틀 내에서 그것을 완벽하게 수행할 수 있었다. 결국 전체로서의 휴머니즘은 공화국이 승리할 때는 "시민적"이 되고 좌절할 때는 "관조적"이 되는 것은 아니었고, 또한 그들 개개인이 선호하는 양쪽을 오간다고 해서 반드시 그것을 정치적 사건들에 대한 반응으로 설명할 필요는 없다는 것이다. 그러므로 바론이 연대 비정을 통한 설명을 강조한 것은 잘못이라는 것이다.

물론 이 모든 주장이 맞을 수도 있다. 하지만 그렇다고 해서 그것이 곧 시민적 휴머니즘과 같은 것이 전혀 존재하지 않았음을 의미하는 것은 결코 아니다. 수사학은 시민적이자 행동적이었기 때문에, 수사학자 — 또는 수사학자로서의 휴머니스트 — 라면 그 자신이 공유할 수도 하지 않을 수도 있는 시민의식을 언어로 표현하는 것이 가능하였다. 수사학자나 시민이나 똑같이 인간의 삶을 특정한 행동과 결정에 참여하고 특정한 인간들 사이의 특정한 정치 관계에 참여한다는 측면에서 바라보고 있었다. 그리고 우리는 시민적 휴머니즘의 방식이 발전하는 한 과정 속에서 역사를 시간 속에 존재하는 공화국의 이야기로 재구성함으로써 이러한 삶의 관점을 표현하는 수단을 발견한 바 있다. 수사학자와 시민 간에는 사실 이보다 훨씬 더 유사한 측면이 있다는 것, 또한 시민적이든 아니든 간에 휴머니즘의 전체적 방향이 특정한 시간 속에서 일어나는 특정한 행동의 관점에서 삶을 조망하는 쪽으로 가고 있었다는 것이 휴머니스트적 정신에 대한 에우제니오 가렝의 저작에서 제시되고 있다.[13] 그의 주장에 따르자면 휴머니스트 학자들은 철학보다는 문헌학을 지식에 이르는 길로 생각했고, 로렌초 발라의 경우와 같은 문헌 비평은 그가 수사학자였기 때문에 가능한 것이었다. 발라는 진실이란 인식되기보다는 말해지는 것으로 보았기 때문에, 그것을 구현하는 발화 행위가 수행된 때와 경우들, 즉 그것이 수행된 콘텍스트에 관심을 가졌다는 것이다.[14] 아리스토텔레스의 텍스트와 대면한 스

13) Eugenio Garin, *Italian Humanism: Philosophy and Civic Life in the Renaissance*, trans. Peter Munz (New York: Harper & Row, 1965).

14) *Ibid.*, pp. 5-7, 15-17, 50-66, 69-77. 발라와 수사학의 역할에 대해서는 다음도 볼 것. Seigel, *Rhetoric and Philosophy*, ch. 5; Donald R. Kelley,

콜라사상가들은 추상화, 분석, 정리의 복잡한 과정을 수행하였다. 이를 통하여 텍스트와 그것이 몸담았던 콘텍스트 그리고 저자의 존재는 사실상 사라져 버렸을 것인데, 이러한 작업의 핵심은 보편적 원리들을 진술케 하여 그 결과가 인식될 수 있도록 하는 것이었다. 이러한 과정에 대한 휴머니스트들의 비판은—격렬하고도 종종은 부당한 면도 있었다—아리스토텔레스의 실제 사상, 아리스토텔레스의 실제 지혜가 도식화에 의해 파괴·대치되고 있다는 것이었고, 그리하여 그들은 바로 아리스토텔레스 그 자신으로부터, 그의 글에 드러나 있는 그의 마음으로부터, 문서에 보존되어 있는 그의 글로부터, 배울 수 있는 것을 배우려고 노력하였다. 사실 아리스토텔레스는 별로 좋은 예가 아니다. 어느 시점까지는 그가 당시 공격받고 있었던 스콜라사상적 과정의 창시자로 생각되었기 때문에 휴머니스트들은 그를 비난하면서 다른 작가들에게 눈을 돌렸으며, 따라서 그들이 아리스토텔레스주의에 대한 비난을 끝낸 후 다시 아리스토텔레스 연구로 복귀하기까지에는 얼마간의 시간이 필요했다. 그러나 휴머니스트적 연구 기법의 영향으로 문헌학

The Foundations of Modern Historical Scholarship: *Language, Law and History in the French Renaissance* (New York: Columbia University Press, 1970), chs. 1 & 2 (이에 대한 필자의 비평논문을 볼 것. Pocock, in *History & Theory* 11.1 (1972), pp. 89-97; Nancy S. Struever, *The Language of History in the Renaissance* (Princeton: Princeton University Press, 1970). 시민적 휴머니즘을 사회정치적 관점에서 논의한 것으로는 다음을 볼 것. Lauro Martines, *The Social World of the Florentine Humanists, 1390-1460* (Princeton: Princeton University Press, 1963); *Lawyers and Statecraft in Renaissance Florence* (Princeton: Princeton University Press, 1968); Marvin B. Becker, *Florence in Transition*, 2 vols. (Baltimore: The Johns Hopkins University Press, 1967-68). 그 외의 연구서들에 대해서는 다음을 볼 것. Anthony Molho, ed., *Social and Economic Foundations of the Italian Renaissance* (New York: John Wiley & Sons, 1969).

이 고양되었고, 휴머니스트들은 문서가 실제로 어떤 내용을 담고 있는지, 그 속의 글이 실제로 무슨 뜻인지, 철학자이자 연설가이며, 역사가이자 시인이었던 그가 실제로 무슨 말을 했는지를 알아내고자 했던 것이다.[15] 그들은 논리학 대신에 "문법"(grammar)을 높이 평가하는 경향이 있었는데, 그것은 "문헌학"(philology) 그 자체와 마찬가지로, 과거의 언어와 텍스트 비평과 문장 구조와 그리고 일반적으로는 의미 전달의 도구로서 글로 씌어진 모든 것들에 대한 연구를 간명히 지칭하는 용어였다. 문법과 문헌학을 통해, 그리고 어떤 의미로는 오직 그러한 수단을 통해서만이, 저자의 의미는 알려질 수가 있었다. 언어학이라는 보조 학문에 힘입어 저자와 독자는 서로의 마음을 직접 소통할 수 있게 된 것이었다.

그러나 이러한 방법이 초래한 인식론적 결과, 그리고 궁극적으로 철학적인 결과는 대단한 것이었다. 오랫동안 죽은 상태로 있었던 저자가 지금 우리에게 말을 건네고 있다는 점을 강조하면 할수록 저자의 목소리를 전해줄 영속적인 보편자들의 구조를 이해하기가 어려워질 뿐만 아니라, 우리가 시간을 가로질러 의사소통을 하고 있으며 저자와 우리 사이에는 양자를 갈라놓고 있는 시공간이 놓여 있음을 더욱더 의식하게 될 것임에 틀림없었다. 또한 텍스트와 그 저자가 말하거나 글로 쓸 때의 콘텍스트를 연구함으로써 우리가 더 조심스럽게 이러한 의사소통을 촉진시키려 하면 할수록, 우리는 저자가 자신의 사상을 피력했고 나아가서는 사상의 언어와 내용을 형성함으로써 사상 그 자체를 형성

15) 이러한 노력의 마지막 단계에 이르면, 그 대상이 신의 말씀에까지 확대되었다. 다음을 볼 것. George Newton Conklin, *Biblical Criticism and Heresy in Milton* (New York: King's Crown Press, 1949), pp. 1-2. 발라는 이렇게 말하고 있다. "그리스도의 어떤 말도 우리에게 이르지 못했으니, 그것은 그리스도가 히브리어로 말했고 글로는 아무 것도 남기지 않았기 때문이다"(Garin, *Italian Humanism*, p. 16에서 재인용).

케 했던 시간적, 사회적, 역사적 환경을 틀림없이 더욱더 의식하게 될 것이었다. 페트라르카가 키케로와 리비우스에게 보낸 편지들에는 이처럼 강화된 역사 인식을 표현한 진술들이 분명히 들어 있다. 그는 편지에서 "만약 당신들이 조금만 더 오래 살았더라면 전해 들을 수도 있었던 신의 현현(顯現)* 후" 그렇고 그런 해에 보낸다는 식으로,[16] 자신이 살고 있던 때로부터 그들이 살고 있던 때를 향해 직접 말을 건네고 있는 것이다. 이는 단테가 베르길리우스에게 건넨 말—"시인이시여, 당신이 알지 못했던 신을 따라 청컨대 나를 인도해주소서 …"[17]—과 비슷하게 보일 수도 있지만, 페트라르카는 단테와는 달리 인간 개개인의 생명이 영원불멸하게 되는 지역을 거쳐 가는 초역사적 여정에 베르길리우스와 같은 사람을 대동하지 않았다. 시(이는 예언과는 가까운 인척 관계이다)란 보편적이고 신적인 것에 관심을 두지만, 산문—특히 역사가와 연설가의 산문—은 사회적이고 세속적이다. 문헌학적 의식은 산문으로 표현된 마음과 산문을 통해 본 세계에 대한 의식이라는 측면이 매우 짙다. 휴머니스트 수사학자들은 지적인 삶을 시간 속에서 이루어지는 사람들 간의 대화로 바꾸어 놓고 있었던 것이다.

문헌학적 휴머니즘과 정치적 휴머니즘 간에 존재하는 어떤 유사성이 이제 그 모습을 드러내기 시작하고 있다. 양자는 모두 인간 과거 속의 어떤 시기들을 격리시켰고 과거와 현재의 시기들 간에 의사소통의 길을 확립하려고 노력하였다. 페트라르카는 리비우스로부터 직접 배웠으며 또 직접 그에게 편지를 썼다. 살루타티와 브루니의 피렌체는

---

* 예수의 탄생을 말함.

16) 이는 리비우스에게 보낸 편지에서 날짜를 기입한 방법이다(*Fam.*, XXIV, 8). 하지만 그가 고전작가들, 적어도 철학자와 역사가들(시인에게 보낸 경우는 아니다)에게 보낸 거의 모든 편지가 유사한 언어를 사용하고 있다. 다음을 볼 것. *Petrarch's Letters to Classical Authors*, trans. Mario E. Cosenza (Chicago University Press, 1910).

17) *Inferno*, I, 130.

공화국 로마로부터 직접 배웠고 스스로를 로마의 부활이라 생각하였다. 뒤에 마키아벨리는 베토리에게 보낸 유명한 편지에서 그가 저녁때 귀가해서 공복(公服) 차림을 하고는 고대인들의 책을 읽음으로써 어떻게 그들과 만나고 얘기를 나누었는지를 묘사한 바 있다.[18] 이러한 대화는 마키아벨리로 하여금 정치를 이해하도록 해주었을 뿐 아니라 간접적으로는 행동적·시민적 참여로의 길도 마련해주었음을 의미한다. 고대와 직접 대화한다는 생각은 모든 형태의 휴머니즘에 핵심적인 개념으로서 정치적 콘텍스트 안팎 어디에서나 일어날 수 있기는 하지만, 그 근저에는 사회적이고 때로는 정치적이기까지 한 뿌리 깊은 그 무언가가 자리하고 있다. 즉 신 아래에서 인간 경험이 다다를 수 있는 최고점은 비슷한 마음을 가진 사람들 간의 모임에서, 그리고 그들의 제안과 정서와 결심들을 서로 교환하고 수렴하는 데서 찾을 수 있다는 함의가 바로 그것이다. 지식으로 귀결되는 고대인과의 대화는 판결과 법으로 귀결되는 시민들 간의 대화와 관련이 있다. 두 종류의 대화 모두가 공히 특정한 사람들 사이에서 발생하며, 시간 속의 특정한 시기들 속에 위치하고—물론 고대인과 휴머니스트는 서로 다른 시기에 속하지만, 시민들은 동일한 한 시점에 속해 있다는 점이 다르다—문제를 경험하는 몇몇 시기들 각각에 적절한 언어를 사용한다(휴머니스트는 분명히 문법 학자일 것이고, 시민은 통상적인 속어로 말할 것임에 틀림없다). 만약 지적 동물로서의 인간이 "휴머니스트"로 정의되는 반면, 정치적 동물로서의 인간이 "시민"으로 정의된다면, 인간이 행하는 지식의 행위와 결정의 행위들은 모두가 포테스큐가 "법령"이라 부른 것의 성격을 일부 가지고 있는 셈이다. 이 법령은 살아있는 사람들, 즉 시간 속에 위치하며 그렇게 위치하는 존재들이 소유하고 있는 지적인 자원들을 사용하고 있는 사람들이 서로 동의하는 것이다. 그러

18) Machiavelli, *Lettere*, ed. F. Gaeta (Milano: Feltrinelli, 1961), p. 304.

나 포테스큐의 경우에는 단지 3차적 위치를 차지할 뿐인 그러한 지적 행위들은 휴머니스트와 시민에 의해 그림의 바로 정중앙에 자리잡고는, 포테스큐가 그러한 지적 행위의 수행에 유일무이한 수단으로 생각했던 단순한 분별보다 훨씬 더 커다란 지적 능력을 요구한다. 의사소통에 대한 휴머니스트적 강조는 특정 시간에 속하는 특정 인간들이 어떻게 지식을 확보할 수 있다고 주장할 수 있는지의 문제를 제기하기에 충분했다. 이에 대한 대답은 보편자에 대한 단순 인식의 측면에서 주어질 수 있는 것이 아니었다. 만약 그렇지 않다면, 지적 동물로서의 인간은 스콜라사상의 우주로 도로 내팽개쳐질 것이고 정치적 동물로서의 인간은 제국적 위계의 우주 속으로 사라질 것이다. 단순한 경험의 축적이라는 측면에서 대답하는 것 역시 휴머니스트에게나 시민에게나 똑같이 치명적일 것이다. 하지만 대답은 어떻게든 주어져야 했다. 그렇지 않았다면 페트라르카는 리비우스를 읽을 수 없었을 것이고 피렌체는 스스로를 통치할 수 없었을 것이다. 개별자 간의 대화가 어떻게 해서 조직화된 합리성으로 나타날 수 있을 것인가? 그 대답은 아마도 문헌학 혹은 정치의 수사학에서 찾을 수도 있었을 것이다. 그러나 정치는 수사학 이상의 것이었다.

보편자의 문제에 대한 휴머니스트의 태도는 다기 다양했고 지극히 복잡했다. 예컨대 피렌체에서 그렇다고 해서 파도바에서도 그렇다는 법은 없었다. 하지만 분명한 것은, 당시 출현한 사상의 주류는 스콜라사상의 단순 명료한 실재론으로 되돌아가지도 않았고, 그렇다고 오직 개별자들만이 이해 가능하다는 상대주의적 입장을 택하지도 않았다는 점이다. 휴머니스트 철학이라고 해서 보편적인 지식의 대상들이 존재한다는 관념, 유일하고도 진정한 확실성과 합리성을 제공하는 관념에 대한 인식을 배제한 것은 아니었다. 하지만 휴머니스트 철학은 문헌학의 채택으로 이러한 대상들이 오직 특정한 시공간 안의 특정한 사람들이 행하는 작업을 통해서만 이해 가능하다는 견해를 지지하고 있었기 때문에, 보편자가 어쨌든 사람들의 말과 행동 속에 내재하고 있으므로, 우리는 이러한 언행에 대한 창조적 지식 및 연관을 통해 보편자의 존재를 알게 된다는 식으로 그것에 대한 사유를 — 종종 플라톤적 테제들을 재론하는 과정에서 — 정당화하고자 했다. 르네상스가 플라톤적이라는 것은[19] 무엇보다 영혼이 보편적 패러다임 혹은 가치에 대해 갖는 생동적 관계를 영혼에 대한 지성의 추상적 관조보다 더 우위에 두었다는 점에서였다. 철학은 지성에다 진리의 관념을 고취시키지만 역사는 진리의 구체적 실례를 통해 정신 전체에 영감을 불어넣는다는 이유에서 역사가 철학보다 더 칭송될 수도 있었다. 진리 그 자체는 명제들의 체계라기보다는 관계들의 체계, 의문을 제기하는 정신이 바로 그러한 의문에 의해 그 일부가 되는 그런 관계들의 체계가 되었다. 결국 이러저러한 형태의 휴머니스트적 대화에 참여하는 것은 곧 그 자체로 보편적인 것과 관계를 맺는 방식이 되었고, 보편적인 것은 개별자와의 대화에 영속적으로 참여함으로써 이해 가능하게 되고 경험될 수 있었던 것이다. 문제는 대화가 과연 어떤 형태를 취해야 하는가, 보편적인 것을 완전히 인식하려면 어떤 식의 대화가 필요한가에 있었다.

아리스토텔레스에게는 인간 개개인을 위한 최상의 삶이란 것이 정치와 행동의 삶인지 혹은 지식과 관조의 삶인지에 관한 문제가 있었다. 피렌체 휴머니즘이 그것의 시민적 환경으로 인해 정치적인 것을 지향하는 경향을 지니게 되었다고 해도, 그것은 동시에 철학적 전통의 주류로부터 그 반대의 경향 또한 흡수하였다. 만약 보편자가 일차적으로 지적 지식의 대상으로 생각되었다면, 더 선호되는 대화의 형태는 관조적인 것, 즉 당시의 사람들 및 이미 죽은 위인들과의 철학적 대화 같은 것이 되었을 것이다. 그러나 의미심장한 점은 관조 그 자체가 형식적 연역과 논증의 문제보다는 대화의 문제이자 사람 간의 관계의 문

19) Garin, *Italian Humanism*, pp. 9-11, & chs. 3, 4.

제로서 사회적인 것이 되었다는 것, 또한 우리가 마치 "문인 공동체"(republic of letters)란 말을 쓰듯이 "폴리스 공동체"(politia, 그리스어로는 "폴리테이아"〔politeia〕인데, 아리스토텔레스에게 이는 도시를 구성하는 관계들의 구조를 의미했다)라는 용어가 때로는 사람들—지금 살고 있는 사람이든 이미 죽은 사람이든—이 삶을 영위해 가는 인간 공동체를 가리키는 데 사용되고 있었다는 것이다.* 아테네 폴리스는 정책결정의 공동체였을 뿐 아니라 문화 공동체이기도 했다. "폴라이트"(polite), "시빌"(civil), "어베인"(urbane) 등과 같은 말들은 관조적 스타일의 휴머니즘으로부터 그 함의를 획득한 것으로 보이는데, 이들은 동일한 뿌리의 "폴리티컬"(political), "시빅"(civic), "어번"(urban) 등과 같은 말들과는 대조적으로 정치적 결정과 행동에 기초하기보다는 세련된 대화에 더 기초하는 사회적 생활의 일단을 반영하고 있다.[20]** 그러한 관조적 스타일이 존재하고 있었고, 또한 그것이 철인왕으로서 생각될 수도 있는 어떤 자애로운 군주나 후원자의 치하에서 나타나는 일도 결코 드물지는 않았다. 우리는 밀라노에서, 메디치가의 피렌체에서, 로마

---

* 그리스인들에게 "폴리테이아"는 좁은 기술적 의미에서의 정체(政體)보다는 넓은 의미에서의 국가 체제를 뜻했다. 플라톤의 저작 《국가》의 원어도 바로 이것이다. 로마인들은 이 말을 국가란 인민들 공공의 일이라는 뜻에서 "레스 푸블리카"(res publica)라 옮겼고, 그 함의를 오해한 근대의 일부 번역자는 이를 다시 "공화국"이라 번역하였다. 하지만 이는 폴리스 공동체 자체—때로는 공화적이 아닌—를 가리키기도 하고, 때로는 어떤 특정한 정체—아리스토텔레스의 정체 6구분에서와 같이—를 지칭하기도 하기 때문에, 콘텍스트에 따라 국가, 국가 공동체, 정체, 헌정 등 상이한 역어를 사용해야 할 필요가 있다.

20) *Ibid.*, pp. 38, 87, 158-62.

** 앞의 세 단어는 공히 인문학, 혹은 교양의 추구에서 오는 문화적 세련성을, 뒤의 세 단어는 정치적 행동을 그 함의로 가진다. 하지만 모두가 폴리스적이며 도시적이며 문명적이며 휴머니스트적이라는 공통의 뿌리를 지니고 있다. 이 단어들의 기원이 대체로 15, 6세기인 것도 이와 무관치 않다.

에서, 혹은 우르비노에서 그것을 목격한다. 또 다른 대안적 스타일은 시민권을 그 이상으로 간주하였다. 따라서 그것은 공화주의적 풍토에서, 각별히는 피렌체와 같은 곳에서 번성하였다. 베네치아 역시 공화국이었고 상대적으로 자유로운 환경 속에서 학문을 장려하는 분위기였지만, 행동적 시민권의 이상을 열정적으로 맹세하기에는 너무 지나치게 귀족적이었다. 그러나 현실의 전모는 이러한 말로 얘기한 것보다 훨씬 더 복잡하다. 관조적 이상과 경쟁 관계에 있던 — 그런 것이 있었다고 할 때 — 시민적 삶의 이상은 커다란 강점과 커다란 약점을 동시에 가지고 있었다고도 볼 수 있다. 먼저 휴머니스트는 자신이 문헌학자든 수사학자든 혹은 공화국의 시민이든 간에, 또한 삶의 강조점을 문학과 언어에 두든 정치와 설득에 두든 상관없이, 구체적이고도 개별적인 인간 삶의 세절(細切) 깊숙이 참여하고 있었다는 것이 지금으로서는 명백한 것으로 보인다. 개별자를 이해 가능한 것으로 만들어야 할 필요성 덕분에 대화의 관념, 즉 보편자는 삶과 언어의 관계망에 참여하는 것 안에 내재해 있다는 관념이 출현케 되었고, 그리하여 최상의 가치는, 심지어 비정치적인 관조의 가치까지도, 오직 대화와 사회적 연대(連帶)를 통해서라야 획득될 수 있다고 생각하기에 이르렀다. 그러나 그 뒤를 이어 다음과 같은 점들을 확인할 필요가 있다. 즉 연대 그 자체가 고원하고 필요 불가결한 선이자 보편자를 획득키 위한 전제조건이었다는 것, 그리고 아테네와 아리스토텔레스로부터 연유한 모든 전통은 인간이 결성한 연대 중 최고의 형태를 곧 정치적 공동체, 특히 아리스토텔레스가 폴리스에서 목격했던 분배와 결정과 행동의 공동체로 보았다는 것이다. 그러므로 지식을 사회활동과 동일시했던 휴머니스트들을 스스로 시민이라고 생각할 수 있도록 할 만한 아주 강력한 이유가 있었던 셈이다. 세이겔 역시 시민적 가치들이 외부적 사건에 대한 휴머니스트의 반응보다는 그의 사회적 위치에 내재되어 있었음을 내심 주장하고 있는 것이다.

이와 더불어, 만약 지식이 대화 속에서 발견되는 것이라면 그것은 일종의 행동이라는 주장도 가능했다. 시민적 삶은, 그것이 행동으로 이루어져 있을 뿐 아니라 모든 종류의 일과 행위들을 산출해내고 있으며, 또한 인간의 삶을 그 속에 내재된 보편적 가치의 높이만큼 끌어올린다는 개념에 그 철학적 기초를 두고 있었다. 관조적인 사람이라면 오직 내면적인 지성의 눈이나 혹은 플라톤적 대화와 우정 간의 변증법을 통해서만 알 수 있는 것을, 행동적인 사람은 자신의 인격을 행동 속에 완전히 개입시킴으로써 이루어낼 수가 있다고 주장하였다. 가렝은 시민적 휴머니즘이 우리는 역사적 세계를 만들어 감으로써 그것을 알게 된다고 한 비코의 주장을 이미 예견하고 있다고 말한다.[21] 하지만 만일 행동이 보편적 성질을 주장하려고 한다면 어떤 형태의 행동에는 보편성이 내재해 있음을 입증해야만 한다. 페트라르카나 살루타티, 그리고 15세기의 여러 작가들에게서 발견되는, 법과 의학 중 어느 것이 더 우월한가에 대한 논쟁이 각별히 중요한 이유가 바로 여기에 있다.[22] 의학은 전체적으로 볼 때 관조적이라기보다는 실제적 기예에 속한다. 물론 의학은 자연 세계의 보편 법칙에 관한 것이며, 정치가 자연을 반영한다고 생각되는 위계적 사회에서는 의학이 자연에 대한 유추의 방법을 통해 정치가에게 가르쳐줄 많은 것을 담고 있다는 주장이 있을 수 있다. 그러나 휴머니스트적 풍토에서 의학은 이와는 다른 근거에서 투쟁하지 않을 수 없었는데, 의학이 비난받은 이유는, 첫째 단지 기계적으로 개별적 경우에 대한 개별적 결과를 얻어내는 데만 관심을 쏟는다는 것이었고, 둘째 결코 법칙에 대한 지식으로 고양될 수 없는 개별자에 대한 지식에만 한정되어 있다는 것이었다. 플라톤은 의학이 경험적일 뿐 결코 철학적이 되지 못하다는 이유로 비난했는데,

---

21) *Ibid.*, p. 55.

22) Seigel, *Rhetoric and Philosophy*, pp. 37-40; Garin, *Italian Humanism*, pp. 24, 31-36.

살루타티가 의인화된 의학으로 하여금 스스로가 단순한 경험의 축적일 뿐인 전통 지식에만 갇혀 있다며 한탄조의 고백을 하도록 한 것도 바로 《국가》의 정신을 따른 결과였다.[23] 반면 정치가나 법학자는 보편적인 것, 변하지 않는 것에 관심이 있었다. 도덕성은 인간에 내재해 있는 것으로서, 인간의 법은 자신의 본성에 대한 자신의 지식의 결과물이었다. 정치 공동체는 그러한 자기 지식과 그것을 공포하는 법을 획득키 위한 필수적인 무대였기 때문에, 그러한 공동체의 일을 경영하는 것이 바로 플라톤의 지식체계학이었고, 이에 따르면 사람들의 활동은 그것이 보편성을 획득하고 나아가서는 그 자체가 생각할 수 있는 한에 있어 최고도의 수준에 도달하는 정도까지 고양되어야 하는 것이었다. 살루타티는 정치 공동체가 자기 충족적이며 따라서 보편적임을 천명함으로써 아테네적 전통을 이어가고 있었다. 또한 그는 그러한 공동체에 대한 통치행위를 어떤 전문화된 통치자나 군주의 고독한 합리성이 아니라 다수의 사회활동에 참여하는 시민들 간의 영속적인 대화라고 보았다. 바로 여기에 인간의 삶이 특수한 사안들에 대한 행위를 통해 보편성을 획득케 하는 행동적 대화가 존재하고 있었다.

그러나 살루타티는 관조, 금욕적 은둔, 왕이든 참주든 그의 통치에 대한 용인 등과 같은 태도가 지니는 우월성을 선언할 수 있었다.[24] 우리가 만약 이를 비스콘티가가 초래한 위기상황의 진행과정에 연결하려는 바론의 시도를 거부한다면, 시민적 가치와 관조적 가치 사이에서 오락가락하는 양면 가치적 태도가 휴머니스트들의 마음속에 내재해 있었다고 주장하는 다른 학자들을 따라야만 한다. 설사 이렇게 된다 해도 별로 놀랄 일은 아닐 것이다. 살루타티가 정치가의 능력을 칭송했다고 해서 시민적 입장 속에 잠복해 있는 약점이 모두 사라지지는 않는다. 모든 것이 말해지고 행해질 때, 보편자란 곧 지적 실재들이 된

---

23) Garin, *Italian Humanism*, pp. 32-33.

24) Baron, *Crisis*, ch. 7.

다(그런 실재들이 존재한다고 가정할 때). 보편자의 존재란 곧 그것에 대한 인식에 다름 아니었고, 따라서 그것은 지식 행위의 대상임에 틀림없다. 또한 보편자가 인간의 법 안에 내재해 있을 수는 있겠지만, 인간의 법 그 자체는 아니었다. 인간의 법은 인간이 내리는 특수한 결정들(recta ratio agibilium)의 산물이었고, 인간이 처한 개별 상황과 관계가 있었으며, 시간상의 특정한 시기들 속에 존재하고 있었다. 보편자에 대해서는 오직 이해하는 것만이 가능했다. 반면 결정과 행동은 오직 개별자만을 법률로 만들 수 있었을 뿐이다. 정치가와 시민으로서의 활동이 여전히 개별적이고 일시적인 결과만을 낳은 것처럼 보일 수 있었고, 그래서 결국에는 정치가가 의사보다 별반 나은 점이 없는 것으로 보일 수도 있었다. 설사 어떤 휴머니스트가 수사학보다는 철학을, 행동보다는 관조를, 또한 시민적 활동과 시간 속의 행동이 야기하는 위험에 반대하여 군주정과 불변의 위계를 택했다 해도(이러저러한 때에 많은 사람들이 그랬듯이), 그의 마음속에는 앞서 논의한 모든 것이 담겨져 있었을 수도 있다. 만약 시민으로서의 행위가 오직 특수한 결정과 가치만을 주장할 수밖에 없다면 그것은 덧없이 사라질 운명에 처할 것이다. 만약 시민적 결사(結社)가 오직 개별적인 사람들의 배열에 지나지 않다면 그것은 지속적인 그 무엇을 결정하지도 제정하지도 못할 것이다. 그러나 여기서 시민적 가치들은 스스로를 주장할 수 있었다. 아테네의 정치 전통에는 공화국이야말로 모든 가치의 실현을 목표로 하는 모든 사람들의 협동체임을 주장할 수 있도록 하는 수단이 존재하고 있었다. 만약 이것이 사실이라면 공화국은 보편적 실체가 될 것이다. 그러나 이러한 주장은 모든 시민들의 도덕적 본성이 실현될 정도로 권위의 분배를 이룩할 수 있다는 이론에 기대고 있었다. 그러한 분배가 가능하지 않다면, 공화국은 보편적이지도 정의롭지도 안정적이지도 못할 것이며, 그 시민들도 왕과 그의 신민들의 경우와는 달리 어떤 우주적 질서의 지지를 기대할 수 없을 것이다. 왜냐하면 시민들의 국가 공동체는 스스로를 군주정처럼 우주적 질서의 반영이라고 주장하지는 않았기 때문이다. 그러므로 폴리스와 그것의 헌정 구조에 대한 이론은 휴머니스트의 작업에 결정적인 것이 되었다. 시민적 휴머니스트라면 반드시 일련의 헌정이론(그것은 동시에 일종의 철학이었다)을 가지고 있어야만 했다. 그리고 그들은 그런 것 중 하나를 이용할 수 있었다.

[II]

아리스토텔레스의 《정치학》을 읽는 방식이 몇 가지 있는데, 이 때문에 그 저작을 서양의 전통 속에서 자리매김하는 작업이 아주 복잡해진다. 만약 우리가 그것을 그의 주요 철학서들과 연관시켜 읽는다면 그것은 자연법이라는 대 주제를 제시하고 있는 셈이 된다. 즉 인간은 자신의 본성에 내재한 가치들을 인식하고 사회 속에서 그것을 추구한다는 것이다. 만약 우리가 이 저작을 아우구스티누스와 중세 그리스도교의 전통에 상호 연관시켜 연구한다면, 그것이 이성의 자율성 및 합리적 정치 노선에 대한 주장들을 담고 있음을 알게 된다. 이러한 주장들에는 혁명성이 잠재해 있는데, 그 이유는 세속사의 경영에서 은총과 그 은총의 통로들이 과연 어느 정도나 필요한지 의문을 제기하고 있기 때문이다. 하지만 또한 《정치학》은 시민 및 시민과 공화국의 관계, 그리고 어떤 가치 공동체로서의 공화국(혹은 폴리스)에 대한 사고체계를 처음 제시한 저작으로 읽혀질 수도 있다. 그리고 이는 시민적 삶의 보편성과 안정성을 옹호하는 수단을 찾는 휴머니스트들과 이탈리아 사상가들에게는 특히 중요한 접근방법이었다. 《정치학》을 그 일부로 하는 이러한 문제들에 대한 사상적 전통이 존재하고 있지만 그러한 전통 속에서 그것이 차지하는 역할은 전통의 방대함과 다방면으로의 침투성 때문에 정확히 평가하기가 어렵다. 문제의 전통은 거의 모든 측면에서 아리스토텔레스로까지 소급된다고 볼 수 있지만(어떤 결정적인 이론적 공식들이 이미 그에 앞서 플라톤에 의해 만들어졌다는 사실은 일단 제쳐두기로 하자), 그 뒤를 이은 수많은 저술가들이 그 일부를 다시 고쳐 썼고 각각의 방식에 따라 큰 영향을 미쳤기 때문에 각별히 르네상스의 상황 아래서는 어떤 특정 시점에서 권위를 행사한 어떤 특정 작가를 확실하게 적시하기가 힘들다. 간단히 말해서 우리는 사상적 전통을 해석하는 문제에 봉착하고 있는 것이다. 하지만 그러한 전통(이를 혼합정체〔mixed government〕의 전통이라고 불러도 좋겠다)은 아리스토텔레스에게서 나온 것인데, 《정치학》은 그러한 전통을 가장 일찍이 가장 완전하게 제시한 저작이라는 점 외에도, 이러저러한 시기에 담고 있었을 법한 수많은 함의들을 명시하고 있기 때문에 — 이 책이 행사한 엄청나고도 직접적인 권위는 논외로 하자 — 시민적 휴머니즘의 문제와 상황 속에서 그 이론이 지식인들에게 얼마만큼이나 중요성을 가졌을(그리고 가졌던) 것인지, 또한 어떤 결과를 초래했을(초래했던) 것인지 알기 위해서는 그 속에 담긴 시민권 및 국가 공동체 이론을 상세히 살펴볼 필요가 있다.

아리스토텔레스는 인간의 모든 행동이 이론적으로 식별 가능한 어떤 선을 목표로 한다는 의미에서 가치 지향적이라고 가르쳤다. 또한 모든 가치 지향적 행위는 서로 관계를 맺고 있는 사람들에 의해 추구된다는 의미에서 사회적이며, 폴리스 혹은 공화국은 하나의 연대로서 그 안의 모든 특수한 결사들은 그들 나름의 특수한 목적들을 추구하고 있다고 하였다.[25] 다른 사람들과 함께 연대를 결성하고 그러한 연대의 가치 지향적인 방향에 참여하는 것은 어떤 목적을 위한 수단뿐 아니라 본질적으로 목적 — 혹은 선 — 그 자체를 만들어가는 것이기도

25) *Politics*, Book I, ch. 1, # 1 (1252a).

했다.[26] 또한 모든 개별 결사들의 선과 모든 개별적 선의 획득을 목표로 하는 연대에 참여하는 것은 그것이 지닌 보편적 성격 덕분에 본질적으로 그 자체가 바로 어떤 지고의 선에 다름 아니었다. 행동이냐 관조냐를 놓고 하나를 선택해야 하는 지점에 도달할 때까지는, 시민이 자신의 오이코스(oikos), 즉 가계의 수장으로서 그것을 다스리는 형태, 그리고 모든 사람에게 부과되는 어떤 결정들을 내리는 동등한 수장들이 소속된 공동체의 일원으로서 그것을 통치하고 그것에 의해 통치받는 것이야말로 인간의 삶 최고의 형태였다. 그는 자신의 정치활동을 통해 다른 사람들이 적절한 가치들을 획득하는 데 기여하고 동시에 사회를 통해 획득 가능하게 되는 가치들을 자신의 인격 안에 향유하면서 동시에 일반선을 결정하는 일에 참여하고 있었다.[27] 이러한 행위는 보편선과 관계가 있었기 때문에, 그 자체가 시민들이 사회적 동물로서 향유할 법한 개별선보다 더 높은 위계의 선이었다. 시민은 스스로의 시민권을 향유함으로써 — 타인이 선을 획득하는 데 기여하고 또 그런 기여의 행위에 참여하는 타인들과 관계를 맺음으로써 — 보편선을 향유하였고 보편자와 관련된 존재가 되었다. 시민권은 보편적 행위였고 폴리스는 보편 공동체였던 것이다.

그러나 모든 시민들이 동일한 존재는 아니었다. 그들은 시민으로서, 보편적 존재로서는 유사했지만 개별적 존재로서는 서로 같지 않았다. 각각은 스스로가 추구하고 싶어 했을 수도 있는 개별선에 대해 나름의 우선권을 가지고 있었다. 각각은 특정한 범주 속에서 자신이 우선하고자 하는 모든 것, 일부, 혹은 그 한 가지를 공유하는 사람들과 무리를 이루었다. 따라서 폴리스는 어떤 개별선이 특히 그것에 우선권을 준 사람들에 의해 어떤 특정한 시간에 향유되어야 하는가를 결정하는 데서 우선순위를 할당하는 문제에 봉착하였다. 그리고 물론 이 문

26) *Politics*, I, xiii, # 4-8 (1259b-1260a) ; III, iv, # 10-15 (1277a-b).

27) *Politics*, III, ix (1280a-1281a).

제를 결정하는 것이야말로 시민의 과제라는 점은 명백했지만, 아리스토텔레스는 공동선을 추구하고 분배하는 보편적 행위에 참여한 시민으로서의 개인이 그가 선호하는 개별선을 추구하고 향유하는 특수한 행위에 참여한 동일한 개인과는 별개로 간주되어야 한다고 생각하지 않았다. 스스로 통치하면서 동시에 통치를 받는 존재라는 것이야말로 시민의 성의(定義)였기 때문에, 통치행위는 그가 통치받는 측면에서의 행위와 결부되지 않을 수 없었다.[28] 보편자와 개별자가 같은 사람 안에서 만났고, 만약 시민이 그가 선호하는 특정한 가치들을 획득하는 일에 매진하고 그것을 향유하며 또 탁월함을 보인 결과로서 어떤 특정한 사회적 인격을 가지게 되었다고 가정할 때, 이는 틀림없이 공동선의 분배를 위한 보편적 결정 행위에 참여하는 그의 능력을 한정시키게 될 것이다. 폴리스가 직면하게 된 문제는 이제 이 보편적 기능의 개별적 행사(行使)를 시민들의 개인적인 가치 선호도의 결과로 나타난 다양한 사회적 인격들과 연관된 방식으로 어떻게 분배하는가 하는 것이 되었다. 이제 아리스토텔레스는 시민들의 이러한 다양성을 어떠한 범주로 나눌 것인가를 고찰하기 시작하였다.

이러한 범주에는 이론적인 것과 전통적인 것 두 종류가 있었다. 원칙적으로 볼 때, 이 범주들의 수는 인간 행위가 획득하고자 하는 가치들 만큼이나 무수할 것이다. 이 가치들 각각은 서로 연대하여 활동하는 사람들에 의해 추구되는 것이므로 그 각각을 달성코자 하는 사람들의 어떤 연대에 대해 생각할 수 있으며, 이 개념을 자연스럽게 확장해 보면 자신의 가치에 더 우선권을 주는 사람들, 그것을 추구하는 데 더 힘을 쏟는 사람들, 그것의 달성을 위해 더 멀리 나아가는 사람들, 그리고 — 관념이 이런 식으로 꼬리를 물고 계속되는 것을 끝맺자면 — 공통적인 수준 이상으로 그것을 소유함으로써 엘리트 집단으로 생각될

28) *Politics*, III, x (1281a) ; xii (1282b-1283a) ; xiii (1283a-1284b).

수도 있는 사람들로 구성된 연대도 가능하였다. 아리스토텔레스가 플라톤 아카데미에서 공부하고 있었던 당시의 아테네에서 통상적으로 사용하던 언어에는 이미 이런 종류의 엘리트를 구성원으로 인정하는, 예컨대 선한 자, 지혜로운 자, 용감한 자, 부유한 자, 가문이 좋은 자 등 다양한 범주의 용어들이 확립되어 있었다. 하지만 그러한 엘리트 범주들이 이론상으로는 인간이 추구하는 식별 가능한 가치 목표만큼이나 많았다는 점, 그리고 모든 시민은 스스로의 가치 우선권을 가지고 있다고 규정되었기 때문에 원리상으로는 시민이라면 누구나 자신이 특히 더 선호한 가치들의 수만큼이나 많은 이들 엘리트 집단에 속하게 되어 있었다는 점을 기억하는 것이 중요하다.[29] 다음으로 아리스토텔레스는 시민들을 "소수"와 "다수"라는 두 개의 주요 집단으로 구분하는, 당시 널리 알려져 있던 전통적인 습관에 대해 언급하였다. 이는 결과적으로 매우 실제적인 효과를 가지고 있었는데, 그 이유는 시민들의 정치적 권위를 좀더 제한하려는 도시와 더 확대하려는 도시, 당시의 말로 표현하자면 각각 "과두정"과 "민주정"을 지향하는 도시들을 서로 구별케 해주는 기초를 제공했기 때문이다. 나아가서, 비록 "소수"와 "다수"라는 용어가 그 구분에서 사용된 기준이 양적인 것임을 뜻하고는 있지만, 그러한 말이 통상적으로 사용될 때 그것은 양적인 것 이상의 어떤 것을 의미하고 있었다. 종종 "소수"는 "최고"를, "과두정"은 "귀족정"을 가리키는 말이었던 것이다. 우리가 만약 "무엇에 대해 최고란 말인가?"라는 식의 의문을 계속해서 매섭게 제기하지 않는다면, 양적 기준과 질적 기준을 조합하려는 이러한 경향 때문에, 아리스토텔레스 자신부터가 때로 그랬다시피, 우리는 당시 시민들이 마치 다양한 엘리트 집단에 명확히 소속되는 소수와 각별히 비엘리트 집단에 속하는 것이 확실한 다수로 구분될 수 있었던 것처럼 잘못 생각할 가능성

---

29) *Politics*, IV, iii, #1-6 (1289b-1290a).

이 있다. 그러나 아리스토텔레스는, 이처럼 "소수"와 "다수"로 양극화하는 것이 그러한 구분을 전통적으로 인정하고 있는 실제의 세계에 대해 얘기할 때는 유용한 면이 있을 수도 있다고 말하면서도, 그것이 시민들을 구별하는 이론적 기초로서는 만족스럽지 못하다는 점을 명확히 밝히고 있다.[30]

그러한 구별은 오직 다수의 기준을 사용함으로써 이루어질 수 있었다. 첫째, 사람들은 자신들이 어떤 가치들을 다른 것보다 더 선호하고 또 그것을 향유하기 위해 모이는 법인데, 만일 이러한 가치들이 이론적으로든 전통적으로든 식별 가능하다고 할 때 그것들을 구분하는 질적 기준의 수는 그러한 가치들의 수만큼이나 많이 존재했을 것이며, 사람들은 상이한 기준을 적용하는 데 대해 각각 다르게 반응했을 수도 있다. 둘째, 모든 시민을 동등하게 다루는 것이 적절한 경우, 예컨대 그들을 선호도나 성취도에 따라 구별하지 않고 모두가 선을 추구한다는 점을 강조하려는 경우에 사용 가능한 기준이 있었다. 그것은 질이 아니라 수에 기초한 기준이었는데,[31] 이를 적용할 경우 다양한 결과가 산출될 가능성이 있었다. 그것은 수많은 범주들을 서로 구별하는 데 도움이 되었고, 또한 이를 사용함으로써 구분으로 인해 나타나는 여러 가지 혼란상을 덮을 수도 있었다. 전통적으로 알려져 온 범주로서 양적 구분의 기초에 따른 것으로 보일 만한 것이 "일인", "소수", "다수"의 3구분이었는데, 각각의 경우를 볼 때 양적 기준과 질적 기준이 혼란스럽게 뒤섞여 있다는 것이 감지될 것이다. 즉 일인과 소수는 마치 그들이 통치의 자격을 갖춘 엘리트적 특성을 지닌 것으로 생각될 여지가 있는 반면 다수는 그러한 특성이 결여된 것처럼 보일 수 있어서, 통치에 대한 주장을 옹호하는 것은 곧 어떤 종류든 엘리트적 특성

30) *Politics*, IV, iii, #6-iv, #22 (1290a-1291b) ; III, vii-viii (1279a-1280a).
31) *Politics*, III, ix, #1-4 (1280a) ; III, xii, #67 (1283a) ; III, xiii, #4 (1283a).

에서 연유하는 정치적 권위의 분리를 옹호하는 것이 되었다(사실 지금까지도 계속 그래 온 셈이다). 아리스토텔레스 역시 기준상의 이러한 혼란이 좋지 않다는 점을 모르는 바 아니었지만, 그는 일인, 소수, 다수라는 용어를 그것이 야기하는 위험을 무릅쓰고 당시의 통상적인 담화에서보다 상당히 더 자주 사용하였다. 그가 이렇게 한 데는 그만한 이유가 있었다. 첫째 당시의 국가들이 실제로 왕정, 귀족정, 민주정의 체제로 나누어져 있었고, 둘째 그의 이론에서는 정책결정 집단의 크기를 서로 다르게 생각하는 것이 중요했기 때문이다.

그러므로, 아리스토텔레스는 정치적 권위의 분배와 개인적 자격의 다양성이라는 두 요소를 서로 연관시켜야 하는 지점에 이르게 되었을 때, 사용 가능한 것으로 보이는 기준이 이론상으로는 무한정하다는 문제에 결말을 짓고자 하였다. 이러한 기준들 각각은 어떤 엘리트 집단을 구별케 하는 데 기여한다. 그리고 그것은 질적·양적 성격을 동시에 갖고 있다. 폴리테이아—"constitution"(헌정, 정체)으로 번역될 수도 있는 이 말은 본래 모든 시민들이 참여하는 보편적인 정책결정 과정 내에서 결정을 내리기 위한 권위의 분배 형식을 의미한다—를 건설하는 문제는, "다수" 혹은 "모든 시민"이라는 독특한 비엘리트적 엘리트 집단까지도 포함해서, 모든 엘리트 집단들이 과연 각자의 특성을 십분 발휘하여 개별적이면서도 일반적인 선의 획득에 기여할 수 있도록 정책결정상의 적절한 역할을 할당받게 되는지를 감독하는 문제가 되었다.[32] 이러한 것이 가능한 것은 정책결정의 과정이 아주 복잡해서 많은 기능들로 분해될 수 있었고, 또한 이러한 기능 각각을 어떤 특정 집단에 맡길 수 있었기 때문이다. 대안적 정책들의 명단을 작성하는 일, 이들 중 어떤 것을 택할 것인지 결정하는 일, 이러한 기능들 중 이러저러한 과제를 수행할 사람을 뽑는 일, 다른 사람들이 내린 결

32) *Politics*, III, viii, #3-8 (1279b-1280a) ; IV, viii (1293b-1294a).

정을 확인하도록 하는 일 등등의 사이에는 차이점들이 있었다. 이러한 일의 목록은 아마 무한정 제시될 수도 있을 것이고, 따라서 이론적으로 보면 무한정한 수의 집단을 공적인 결정을 내리는 일과 연결시키는 것도 결코 불가능하지 않았다. 이때 아리스토텔레스가 전제조건으로 생각한 사항들은, 결정을 내리는 과정에서 상이한 유형의 결정 혹은 기능 산의 차이점을 구분하고 그러한 유형들에 대해 어떤 경우는 이러저러한 특별 자격이 요구된다고 말할 수 있으리라는 것, 다른 것들은 이러한 것의 결과 혹은 이전의 결정에 의해 정해진 바에 맡겨져야 한다는 것, 어떤 결정 혹은 기능은 소규모 집단에 의해 다른 결정은 대규모 집단에 의해 이루어져야 한다는 것, 그중 어떤 것은 훈련받은 사람들에 의한 복잡한 추론을 필요로 하는 반면 또 어떤 것은 모든 사람들이 다 같이 공유한 생활 경험에 비추어 가장 최선의 결정에 도달할 수 있다는 것 등이었다.[33] 이렇게 해서 폴리테이아는 한 사회를 지탱하는 패러다임이 되는데, 이때 그 사회는 다음과 같은 방식으로 조직되었다. 이론적으로 생각될 수 있는 모든 집단은 그 각각에 가장 적절한 방법으로 정책결정에 참여할 기회를 가지며, 개개의 시민들은 자신의 능력에 맞는 전문적 집단의 일원으로 그리고 동시에 모든 시민이 속한 전체로서의 시민체인 비엘리트적 데모스(demos)의 일원으로 두고두고 참여할 수 있다는 것이다. 어떤 사람이 더 선호하는 가치, 또는 그를 판단하고 평가하는 기준이 되는 가치 — 여기에는 특정 가치에 우선권을 주는 것이 아니라 그것을 사람들 간의 구분을 위해 사용하는 평등주의적 가치까지도 포함된다 — 가 일반 가치를 결정하고 분배하는 일에 그가 참여하는 한 방식이 될 수도 있었다. 특수한 가치의 추구와 보편적 가치의 추구가 서로 어떤 관계에 있는가 하는 문제는 이로써 대략 정립되었다고 할 수 있을 것이다.

---

33) *Politics*, IV, ix (1294a-b), xiii-xv (1297a-1300b).

아리스토텔레스는 결정을 내린다는 것이 곧 권력을 뜻하며, 권력은 타인들에 대해 행사되는 것임을 잘 알고 있었다. 폴리테이아에 소속된 각 집단은, 그리고 자신이 속한 집단(이는 물론 여러 개가 될 수도 있었다)의 일원이라는 자격을 가진 각 시민은, 다른 집단이 다른 종류의 선을 추구할 때의 방식으로 자신이 속한 집단의 개별선을 추구할 권력을 가지게 될 것이고, 각각의 선을 수행하기 위한 결정은 다른 집단이 선호하는 가치에 영향을 주기 때문에, 각 시민과 마찬가지로 각 집단은 권력을 행사하는 주체이면서 동시에 권력에 종속되지 않으면 안 되는 존재가 될 수밖에 없었다. 있어서는 안 되는 나쁜 상황은 어떤 집단이 시민 전체에 대해 다른 집단과 공유하지 않은 어떤 권력을 행사할 수 있는 권한을 가지는 것이었다.[34] 사회의 통치형태에 관계없이 그 안의 어떤 특정 집단의 선이 시민 전체의 선과 동일한 것으로 간주되는 경우, 설사 그 개별선이 적어도 처음에는 본질적으로 진정한 선이라 할지라도 전제적이라는 평가를 피할 수 없었다. 변질된 통치란 곧 보편선에 대한 개별선의 독재였고, 독재 권력을 당연시하는 선한 자들의 부패로 흘러가게 마련이었다. 그러한 전제 정치는 원리상으로 볼 때 어떤 집단에 의해서도 행해질 수 있었다. 만약 선한 자 혹은 지혜로운 자의 집단이 추구하는 선이 시민 전체의 선보다 더 작은 것이라면, 그들 집단에 의한 전제정이라는 것도 가능한 일이었다(그리고 이러한 개념은 덜 선한 자와 덜 지혜로운 자들의 집단에게 적절한 권력의 몫을 허용하는 것과 연관된다).[35] 그러나 아리스토텔레스는 좋은 통치형태와 나쁜 통치형태를 분류할 때, 양적이면서 동시에 전통적인 용어로 이루어진 약칭(略稱)의 방식을 사용하였다. 그는 일인, 소수, 다수가 권력의 행사를 주도한다는 당시 널리 알려진 통치형태 분류법을 받아들인 뒤, 이 세 경우에 각각 주도적 요소가 전체의 선에 대해 유의

---

34) *Politics*, III, vi, #11-vii, #5; viii, #2 (1279a-b).

35) *Politics*, III, x, #4 (1280a).

하면서 통치하거나 또는 전체의 선을 자신의 선과 동일시하는 일이 있을 수 있다는 가정을 덧붙였다. 따라서 3분류법은 이제 6분류법이 되었다. 즉 왕정과 참주정, 귀족정과 과두정, 폴리테이아와 민주정으로 나뉜 것이다. 이 중에서 이론적으로 가장 큰 관심을 끄는 것은 세 번째 짝이다. 폴리테이아는 시민들이 나뉘어 소속된 모든 집단 혹은 범주들 사이에서 권력이 공유되고 있는 통치형태이기 때문에, 이 경우 권력이 어떤 제한된 집단 혹은 그런 집단들의 연합의 이익을 위해 행사될 여지는 거의 없었다. 반면 아리스토텔레스에 따르면 민주정이란 광범위한 권력 참여 체제를 뜻할 뿐만 아니라 — 왜냐하면 폴리테이아가 바로 그런 것이었고, 또한 통상적인 의미에서 말하는 민주정의 특징을 다수 가지고 있었기 때문이다 — 권력의 광범위한 분배에도 불구하고 그것이 전제적으로 행사되는 그런 체제를 가리키는 것이었다. 일반적으로 볼 때, 이는 좀더 가난하고 특권을 덜 가진 사람들, 비엘리트 집단에 속하는 것으로 생각되는 사람들에 우호적인 그런 체제를 뜻하는 경향이 있었다.[36] 하지만 이 용어의 좀더 형식적이고 정확한 다른 의미는 서로 구별되지 않는 사람들에 의한 통치가 될 것이다. 이러한 체제 안에서는 모든 권력이 기계적 · 수적 다수에 의해 행사되며, 모든 사람이 다 똑같다는 가정 하에서 식별 가능한 그런 종류의 선들만이 고려되었다. 그러한 체제는 개인성의 발전이 권력의 행사와는 분리되고 인간은 각자가 담당할 정치적 역할에 의해 그가 어떤 사람인지가 규정되는, 수의 폭정이자 평등의 폭정이 될 것이다. 아리스토텔레스는 근대적 소외 개념의 특징들을 예견하고 있었던 것인데, 우리는 대중 사회가 초래한 탈인격화 경향에 대한 현재의 비판 속에서 무차별적 평등을 비판한 그의 생각을 읽을 수 있다.

그는 민주정에 대한 반명제로서의 폴리테이아, 즉 정치적 역할과 권

---

36) *Politics*, III, viii.

력의 분배에서 개인성과 각 개인들 사이의 차이점이 고려되는 정체를 그리고 있었다. 그러나 인식 가능한 모든 개인 및 사회 유형들이 정책결정 과정에서 각자에 적절한 역할을 가지는 사회에 대한 이론은, 그것을 순수과학으로 보든 응용과학으로 보든 간에, 실제로 작동시키는 데는 많은 어려움이 있었다. 첫째, 설사 사회를 다수의 전문화된 집단으로, 그리고 정책결정 과정을 다수의 전문화된 기능으로 분해하여 생각하는 것이 가능하다 하더라도, 모든 가치 지향적 집단이 각자의 독특하고도 적절한 정치행위 양식을 갖는다는 추론이 허용될 만큼 이 두 측면 간의 밀접한 상응 관계를 찾기란 매우 어려운 일이었다. 아리스토텔레스의 이론이 여러 면에서 유용하기는 하지만 바로 이런 점에서 극히 모호한 성격도 함께 가지고 있었다. 어떤 면에서 폴리테이아 개념은 전통적인 용어들의 고정화, 즉 귀족층과 평민층, 엘리트와 비엘리트, 지혜로운 소수와 어리석은(혹은 상식적 수준의) 다수라는 이원성으로 요약·표현되는 경향이 더 강화되는 경향이 있었다. 하지만 또 어떤 면에서, 우리는 다양한 요소들이 뒤섞여 구성된 폴리테이아가 때로는 계급과 사회 집단들의 혼합물로서, 혹은 그러한 집단들이 가지고 있다고 주장되는 도덕적·지적 품성들의 혼합물로서, 혹은 폴리스를 세분하는 수적 차별성을 가진 집단들의 혼합물로서, 혹은 정책결정 과정을 구성하는 상이한 정치적 기능들의 혼합물로서, 혹은 이러한 혼합물들의 상호 결합체로서 생각될 수도 있다는 중요한 결과를 발견하게 된다. 예컨대, 귀족층이란 그것이 세습귀족으로도, 지극히 지혜롭고 재능이 넘치거나 야심이 큰 소수 집단으로도, 혹은 어떤 정치체제에도 존재하며 어떤 특별한 역할을 부여받게 마련인 소수의 사람들로도 생각될 여지가 있었으며 이러한 개념들의 이합집산도 가능하였다. 소수의 정치적 기능이란, 예컨대 그들의 자질이 요구되는 전문적 기능을 수행한다든지, 또는 특별한 재능의 소유 여부와는 무관하게 수적으로 소수의 사람들에게 맡기는 편이 나은 어떤 기능을 수행한다든지 하는 식으로 오직 그들만이 지니고 있는 어떤 품성들을 발휘하는 것으로 보일 수도 있다. 아리스토텔레스적 언어의 느슨함은 동시에 그것의 풍부함을 나타내는 것이기도 하였다. 그것은 수많은 방향으로 분석을 진행하도록 할 수 있었고 또한 그러한 방향들을 혼합할 수도 있었다. 어떤 사회 내의 인식 가능한 모든 유형과 범주가 각자에 적절한 정치적 기능을 갖는다고 가정할 때, 응용과학의 층위에서 나타나는 난점은 그러한 사회를 어떤 단일 형태로 제도화하기 어렵다는 점이었다. 그러므로 실제적인 목적을 위해 그것은 일인, 소수, 다수, 혹은 차라리 귀족정과 민주정의 혼합 또는 균형이라는 — 왜냐하면 왕정은 당시 그리스 도시국가에서 당면 문제가 아니었기 때문에 — 앞서도 언급한 약칭적 측면에 그려지는 게 보통이었다. 각 요소는 나름의 특수한 덕성과 적절한 역할을 가지고 정책결정이라는 공통의 활동에 특별한 기여를 하였다. 그러나 이처럼 극히 단순화된 모습 이면에는 시민들로 하여금 자신들의 정치적 역할을 다양한 방식으로 개념화하도록 장려한다는, 아리스토텔레스적 분석에 내재한 다양한 개념들이 작동하고 있었다. 폴리테이아란 제도적 구조이자 동시에 도덕적 구조였으며, 적절한 제도적 형태를 찾는다는 것은 언제나 오직 상호관계 속에서만 도덕적일 뿐인 인간 행위들을 조화시킨다는 매우 복잡한 문제를 풀고자 하는 것과 같았다.

시민이면서 동시에 이러한 구조의 일원으로서의 개인을 개념화하는 데는 물론 상호 갈등의 문제가 따랐다. 그가 시민이 되는 것은 한 개인으로서 개별선을 추구하기 때문이었다. 반면 시민권의 유지는 오직 그가 공동의 보편선에 관심을 쏟고 그것을 인식하느냐에 달려 있었다. 그리고 이 둘 사이에는 항상 갈등의 소지가 있었다. 만약 그가 보편선을 사적인 선에 종속시키는 데까지 나아간다면 그는 아마도 크고 작은 어떤 집단의 폭정에 몸을 담는 셈이 될 것이며, 자신의 사적인 목표 속에 내재한 가치로 보아 이런 일이 일어나지 않을 것이라는 어떤 보장도 할 수 없었다. 악의 존재를 신의 섭리로 보는 그리스도교 신정론(神正論)의 타락한 인간처럼 그를 구하는 데는 자신의 미덕들도 아무 소용이 없었다. 하지만 아우구스티누스가 신의 은총을 준비해 놓았을 법한 곳에, 아리스토텔레스는 시민적 덕성에 대한 분석을 통해 각 개인의 동료시민들이 마치 그가 바로 그들인 양 그를 통치하고 그를 인도하는 정치행위를 예비해두었고, 혹은—더 엄격하게 말하자면—그들 모두를 통제하는 도덕적·정치적 법을 마련해 두었다. 하지만 개별선과 보편선 간의 근본적인 모호성은 여전히 남아 있었다. 여기서 시민이란, 각자가 지닌 다양한 재능이 공공의 이익을 위해 행동하는 능력을 오히려 더 증대시키는 아테네인으로 생각될 수도 있었고, 혹은 시민으로서 행동하기 위해 그리고 시민적 단결만을 고려하여 어떤 형태로든 자신의 개별적인 발전은 돌보지 않는 스파르타인으로 생각될 수도 있었다. 플라톤의 경우는 어떻든 간에, 적어도 아리스토텔레스는 전체적으로 보아 결국 스파르타적 이상을 받아들이지 않았다. 하지만 15세기에서 18세기에 이르는 르네상스기 유럽에서는 에우로타스*의 냉혹한 애국자들을 선호하는 목소리가 더 우세하였다.[37] 스파르타는 안정적이었고 권력들의 혼합체였다. 아테네는 민주정 하에 있었고 불안정했으며 스스로가 선호하는 철학자들을 박해하는 악습에 빠져 있었다. 스파르타에 철학자가 없었다는 것은 분명하나 대신 자신을 완전히 공익과 동일시하고자 하는 시민들을 가지고 있었으므로 아마 그 편이 더 나았을 것이다. 하지만 공익이란 것이 모든 개별선을 부정하는 것이라면 그것은 도대체 무엇이란 말인가? 이러한 모순 때문에 계속해

---

* Eurotas. 그리스 신화에 의하면 그는 펠로폰네소스 지방 라케다이모니아의 하신(河神)으로, 클레테와 관계하여 스파르타를 낳았다고 한다. 혹은 인간으로서 스파르타의 첫 왕이라는 설도 있다.

37) Elizabeth Rawson, *The Spartan Tradition in European Thought* (Oxford: The Clarendon Press, 1969).

서 해결책은 나오지 않았다. 그러나 한 가지, 결코 도외시되어서는 안 되는 점은 폴리테이아란 것이 다양한 가치들 사이의 관계이며, 통치하면서 동시에 통치받는 시민으로서의 선이 자신의 덕과 타인의 덕 사이의 관계 속에 놓여 있다는 것이었다. 정치적 인간이 진정으로 선한 인간이 될 수 있다는 것도 바로 덕이 상호적이고 관계적 성격을 가지고 있다는 이러한 의미에서였다.

폴리스에 대한 이론 — 이는 어떤 의미에서 가장 순수하고 시원적인 형태로서의 정치 이론이다 — 은 이탈리아 도시들과 이탈리아 휴머니스트들의 헌정이론에 중요한 것이었다. 한 이탈리아 코무네가 그랬던 것처럼, 그 이론은 어떤 도시가 보편적 규범과 전통적 제도보다는 차라리 상호 반응하는 개인들로 구성되어 있다고 인식될 때 정치체제가 어떻게 견지될 수 있는지 하나의 패러다임을 제공해주었다. 그리고 이러한 측면에서 그것이 지닌 가치는 폴리테이아를 하나의 도덕 공동체로 묘사함으로써 끝난 것이 아니었다. 왜냐하면, 상호 연결된 다양한 회의, 국(局), 위원회의 복합체를 제도상의 정상 구조로 가지고 있었던 피렌체와 같은 도시는 아리스토텔레스의 분석과 아테네의 역사로부터 그러한 구조 이론에 대해 많은 점을 배울 수 있었기 때문이다. 시민적 휴머니스트와 시민적 삶의 옹호자에게 그것은 자신들의 개입을 필요로 하는 이론을 제공하였다. 즉 인간의 사회적 삶을 관조를 위한 보편자로서보다는 참여의 보편성으로서 묘사했던 것이다. 개별적인 인간과 그들이 추구하는 개별적 가치들은, 공익과 그보다는 좀더 작은 다른 모든 선들을 위해 행동한다는, 그러한 보편 가치를 추구하고 향유하는 시민적 이상 속에서 서로 만나게 되었다. 그러나 이러한 이론이 치른 대가는 컸다. 그것에는 많은 요구와 큰 위험이 따랐다. 폴리테이아는 모든 시민과 모든 가치의 완전무결한 협동체 같은 것이 되어야만 했다. 만약 그 완벽성이 떨어진다고 할 때, 그것의 어떤 한 부분이 전체의 이름으로 통치하면서 다른 개별선들을 스스로의 개별선들 아래 종속시키고 전제정을 향해, 스스로의 가치들을 부패케 하는 쪽을 향해 나아갈 것이기 때문이다. 시민은 모름지기 완전무결한 시민이 되어야만 했다. 그렇지 못할 때 그는 폴리테이아가 완전성을 획득하는데 방해물이 될 것이고, 동료시민들로 하여금 당연히 그들 자신을 위해 했어야만 했던 일을 그를 위해 하게 함으로써 그들을 불의와 부패로 이끌 것이기 때문이다. 타인에 의존하는 존재가 된다는 것은 타인을 자신에게 의존케 하는 것만큼이나 큰 범죄 행위였다. 그러므로 한 시민의 태만한 행위는 다른 시민들이 덕을 획득하고 유지할 기회를 감소시키는 것이었다. 왜냐하면 덕은 이제 정치화했기 때문이다. 그것은 자기 자신과 똑같은 정도의 도덕적 자율성을 가진 것이 분명한 다른 사람들과 함께 통치하고 동시에 통치되는 협동 경영 위에 존재하고 있었다. 따라서 휴머니스트들은 시민적 이상을 포용하는 데 있어 도시의 정치적 건강성에 도덕적 인간으로서의 자신의 미래를 건 셈이었다. 그는 결코 냉소적이지 않은 의미에서 사람은 자신의 영혼보다 자신의 나라를 더 사랑해야 한다는 금언을 받아들여야만 했다. 여기에는 자신의 영혼의 미래가 이러한 점에 달려있다는 의미가 존재하고 있었다. 왜냐하면 그리스도교적 덕의 일부인 정의가 일단 폴리스의 분배적 정의와 동일시되기만 하면, 구원은 어느 정도는 사회적인 것이 될 것이고 어느 정도는 다른 사람들에 의존하게 될 것이기 때문이었다.

르네상스인들에게는 이 문제가 시간 속의 문제로 보이지 않을 수 없었다. 우리는 지금까지 공화국의 문제란 곧 어떤 개별적 존재를 유지하는 문제라는 것, 그리고 불안정이란 개별성의 특징이며 시간이란 불안정의 차원이라는 것을 살펴보았다. 폴리스와 폴리테이아 이론에서는 공화국을 개별 가치들의 보편적 화합으로 인식하는 것이 가능하였다. 왜냐하면 그것은 포괄적이며 따라서 안정적이었기 때문이다. 그리고 그러한 화합은 원리상—그것이 일인, 소수, 다수의 성공적인 조합이라는 축약된 형태를 상정하고 있을 때조차도—시간 속에서도 안정적이며 변화되지 않는 상태로 남아 있어야만 했다. 그러나 이와는 반대로, 공화국은 인간의 손으로 만들어진 것이기 때문에 결국에는 시간 속에서 종말을 고하게 될 것이라는 추정도 있었다. 아테네, 스파르타, 로마 모두가 쇠퇴와 종말의 길을 밟지 않았느냐는 틀림없는 역사적 사실이 존재하고 있었다. 또한 아리스토텔레스의 분석에서도 담겨 있듯이, 왜 그렇게 되는 것인지에 대한 탁월한 이론적 이유들도 제시되어 있었다. 특수한 가치들의 범위, 또한 그것들을 추구하는 활동, 단체, 개인들의 범위가 무한정하기 때문에, 사실상 어떤 특정 집단이 다른 집단에 대해 독재를 가할 수 없는 그런 정체를 만들어낸다는 것은 언제나 매우 어려운 일이었을 것이며, 시민 각자가 자신의 특정 가치들을 공익보다 우선하지 않도록 하기도 마찬가지로 어려운 일이었을 것이다. 만약 자신의 특정 가치들을 우선시한다면 그는 자신의 시민적 덕을 희생하는 것이 된다. 하지만, 역시 지금까지 살펴본 대로, 시민적 덕이란 것은 오직 동료시민들과 나눌 수 있을 뿐이고, 따라서 그 자신이 덕을 태만히 하는 것만큼이나 다른 사람이 스스로의 덕을 태만히 할 때에도 그 존재가 상실될 수 있다는 점이야말로 바로 그것이 처한 곤란한 상황이었다. 시민으로서의 덕성들을 요구하는 법과 다른 명령들이 스파르타에서 그랬던 것처럼 엄격하게 시행될 수도 있겠지만, 어쨌든 시민 개개인은 자신의 경우는 제쳐놓더라도 다른 동료가 그의 덕을 스스로 잘 유지해 나가리라고 언제나 확신하기는 어려웠다. 부패(당시 불리던 식으로 말하자면)가 발생할 가능성은 언제나 존재하고 있었다. 만약 덕의 존재가 다른 사람들의 자유 의지적인 행동과, 그러한 행동을 규제하고자 하는 법의 유지와, 그러한 법을 가능하도록 하는 외부적 환경의 지속 여부에 달려있었다고 한다면, 이는 덕이 사실상 무수히 많은 변수들에, 즉 단일한 보편자로 간주되는 폴리스뿐 아니라 무수히 많은 개별자들로 간주되는 폴리스에 의지하고 있었다고 말하는 셈이며, 이러한 개별자들의 변화를 이끄는 힘은 운이라는 이름을 가지고 있었다. 비록 세속적 사건의 변화무쌍함은 헤아리기 힘들고 예견할 수도 없으며 일견 부당한 것으로 보일 수도 있지만, 그럼에도 불구하고 그리스도교도들은 그것이 자신의 구원에 적절한 방식으로 섭리에 의해 인도되고 있으며, 겉으로는 단지 운처럼 보이는 것도 사실은 자신의 행동적 덕이 형성되는 배경을 제공하는 것, 즉 덕의 형태에 질료를 공급해주는 것이라는 믿음을 가질 수 있었다는 것이 보이티우스 이래 지속되어 온 주장이었다. 그리스도교 휴머니스트들의 예리한 문헌학적·역사적 감각 덕분에 운의 다기 다양한 작용과 인간이 활동하는 사회적·도덕적 콘텍스트의 변화무쌍함이 더욱 날카롭게 인식되면서, 이러한 주장은 그들의 저작 속에서 다시 제기되고 강화되었다. 그러나 덕의 정치화는 극적 변화를 불러 일으켰다. 운의 작동은 더 이상 덕에 외부적인 사건이 아니었고, 본질적으로 그 일부가 되었다. 말하자면, 만일 어떤 사람의 덕이 다른 사람들과의 협력에 의존하며 또한 그들이 자신과 협력하지 않음으로써 상실될 수도 있다면, 그것의 존재 여부는 곧 인간적 실패와 상황적 변화의 영원한 희생물이 된 폴리스를 어떻게 하면 완벽하게 유지하는가에 달려있는 셈이었다. 시민의 덕이란 어떤 특별한 의미에서 운에 볼모로 잡힌 존재였고, 폴리스를 시간 속에서 스스로의 안정성을—그리고 스스로의 보편성을—유지하고자 하는 개별자들의 구조로서 보는 것이 긴급한 도덕적 중요성을 지니게 되었다.

아테네인들의 시간 의식 속에 내재한 것으로 보이는 어떤 이유들로 인해 아리스토텔레스는 한 번도 시간의 이미지를 불안정의 차원이라는 측면에서 크게 고려해 본 일이 없었으나, 이 개념이 그리스도교 도래 이전의 시기에 정치·헌정 사상에 적용된 고전적인 예가 적어도 한 번은 있었다. 폴리비오스의 《역사》(*Historiae*) 제6권은, 그것이 비록 1510년대까지 그리스어 외의 다른 언어로 번역된 적이 없었음에도 불구하고, 시간 속의 정치에 대한 르네상스적 관념에 지대한 영향을 미쳤기 때문에, 그 시대의 근본 개념의 문제라는 측면에서 이에 대해 여기서 한번 생각해 보는 것도 좋을 듯하다. 폴리비오스는 기원전 2세기의 그리스 망명객으로 로마의 지배 계급이란 유리한 입장에서 로마가 지중해 중부 지방을 정복하는 과정을 지켜본 인물이었는데, 공화국의 군사적 성공은 자체의 내적 안정과 관계있을 수 있다는 가정 아래 한 도시 국가가 이룬 이 유례없는 업적을 설명하고자 하였다.[38] 그리하여 그는 도시의 안정과 불안정에 대해 장문의 분석을 시도하였고, 아울러 정체 이론을 풀어서 설명했는데 특히 이 부분이 장차 르네상스인들에게는 큰 호소력을 가지게 되었다. 그는 아리스토텔레스가 사용한 6구분법의 한 변형으로서 왕정, 참주정, 귀족정, 과두정, 민주정, 중우정(폭민정 혹은 무정부 상태)의 도식을 택한 뒤, 그것을 유명한 아나쿠클로시스 폴리테이온(anakuklōsis politeiōn), 즉 정체의 순환이라는 발전적 연속성의 관점에서 제시하였다.[39] 바꾸어 말해서 그가 천명한 것은(자신에게 알려진 역사 자료에 근거한 것은 아니다), 모든 국가가 어떤 방해도 받지 않는다고 가정할 때 반드시 이러한 형태 각각을 위에 열거한 순서대로 차례차례 거치게 되는데, 중우정에까지 이르면 다시 왕정으로 되돌아가면서 순환이 재개된다는 것이었다. 안정된 정치체제란 오직 이러한 순환에서 벗어난 경우 혹은 그렇게 되기를 희망할 가능성이 있는 경우뿐이었다. 그것은 왕정, 귀족정, 민주정이라는, 수적으로 정의된 세 가지 통치형태의 혼합 혹은 균형이라는 점에서 아

38) Polibius, *Histories*, ed. & trans. E. S. Shuckburgh, with a new intro. F. W. Walbank (Bloomington: Indiana University Press, 1962), bk. VI. 다음도 볼 것. F. W. Walbank, *A Historical Commentary on Polybius* (Oxford: The Clarendon Press, 1957); K. von Fritz, *The Theory of the Mixed Constitution in Antiquity* (New York: Columbia University Press, 1954); Robert Denoon Cumming, *Human Nature and History* (icago: University of Chicago Press, 1969), vol. I, chs. 4 & 5.

39) Polibius, *Histories*, VI, 3-10 (Shuckburgh, pp. 459-66), 57 (pp. 306-307).

리스토텔레스의 정체를 닮았다.

폴리비오스에게 순환이란 곧 피시스, 즉 공화국이 반드시 거쳐 가야만 하는 탄생, 성장, 죽음의 자연적 순환을 뜻했다.[40] 하지만 그가 그러한 순환으로부터 빠져나갈 수단을 제시하고자 하는 한에서는 그것을 자연적인 것이기보다는 원하지 않은 악의적 운명에 가까운 것이라 보았고, 비록 그의 저작들에서 티케와 포르투나가 내부적 관계의 영역에서보다는 외부적 사건의 영역에서 작동하는 것으로 되어 있기는 하지만, 어떻게 해서 그러한 순환이 운이 주관하는 바퀴의 회전이라는 도식상의 한 특별한 경우로 나타나게 될 수 있었는지를 이해하는 것은 매우 중요하다. 각각의 단일한 통치형태는 그 나름의 덕성을 가지고 있었지만, 만약 다른 잠재적인 통치 요소들에 속한 덕에 의해 저지되지 않는다면 필연코 쇠퇴하지 않을 수 없는 것 역시 바로 이러한 통치형태였다. 설사 좋은 성질이라 하더라도 그것이 단일한 성질을 가지고 있다면 바로 그 단일함의 과도성과 균형 상실로 인해 부패된다는 이러한 관념 속에는, 그리스의 비극적인 후브리스* 개념과 관련한 어떤 것이 존재하고 있었다. 여기에는 다른 모든 선에 대한 단일한 선의 독재가 통치받는 사람들의 선에 대해서뿐만 아니라 통치하는 사람들의 선에 대해서도 치명적이라는 아리스토텔레스적 개념 이상의 그 무엇이 있었다. 하지만 로마인들은 포르투나를 비르투스의 통상적인 적으로 인정했을 것이고, 또한 다른 부분들의 비르투스를 균형잡고 통합하는 각 부분의 비르투스는 이 경우 운에다가 질서와 영광을 부여하는 존재로서 이해했을 것이다. 이와 동시에, 아리스토텔레스가 말한 폴리테

---

40) Shuckburgh, p. 466. 하지만 로마의 헌정은 각별히 자연적 원인의 산물이라는 언명(p. 461 이후 계속 반복되고 있다)을 주목할 필요가 있다. 이는 아마도 로마의 헌정이 예상된 결과가 아니라는 의미를 담고 있는 것으로 보인다(p. 467).

* hubris. 고대 그리스에서 최악의 결과를 야기하는 지나친 자만심을 의미함.

우마(politeuma), 즉 시민체는 폴리테이아 — 헌정, 혹은 권력을 행사하는 덕들 간의 관계 — 를 통하여 마치 질료가 본래의 형상으로 변하듯이 폴리스로 조직되어 시간의 변형 작용에 맞서 안정을 유지했다고 볼 수 있었다(이 역시 운에 맞선 덕의 소산임을 살핀 바 있다). 그러나 비르투스는 이제 정치화하였다. 폴리스는 통치하는 한 개인의 영웅적 남성성이 아니라 시민들의 협동 정신을 필요로 하게 되었던 것이다.

르네상스기의 독자들에게 문제의 핵심은 각각의 단일한 덕이 쇠퇴하는 이유가 정확히 말해서 그것이 단일하고 개별적이기 때문이라는 것이었다. 개별자의 문제는 그것이 유한하고 언젠가는 반드시 사멸하며 시간 속에서 불안정하다는 것이었는데, 어떤 덕(그 자체로는 보편적인)이 일단 특수한 통치형태 속에서 구체화되면 그것은 필연코 이러한 일반적인 불안정성을 나누어 가지게 마련이었다. 더욱이 인간이 만든 정의 구현의 체제가 시간 속에서 지니는 필멸성은 단순히 살아있는 존재의 자연적인 삶과 죽음이라는 피시스의 문제만은 아니었다. 그것은 도덕적 실패이자 인류의 타락을 반복하는 것이었고, 동시에 운의 힘이 또 다시 승리하는 것을 의미하였다. 인간이 유한하고 역사적인 형태로 도덕체계를 세우고자 했을 때, 그들은 자신들의 덕을 운의 손아귀 안에 놓아두었다. 왕의 흥망을 좌우하는 운의 바퀴는 인간이 지닌 야심의 허망함을 보여주는 하나의 상징이었다. 공화국의 흥망을 좌우하는 바퀴는 인간의 정의 추구가 덧없음을 보여주는 또 하나의 상징이었다. 스스로 시민적 삶에 적극적으로 참여했던 시민들이 만약 보이티우스적인 믿음과 관조적 태도로 후퇴하려고 할 때는 혹독한 대가를 치러야만 했다. 하지만 그렇게 대가를 치르는 일이 잦았다는 사실로 인해 그 혹독함이 줄어들지는 않았다.

인간의 정의가 운이 돌리는 바퀴에 매여 있는 세계를 상상하는 것은 무시무시한 일이었다. 하지만 이러한 순환적 반복의 관념을 통해 어떤 이해 가능성이 얻어질 수 있었다는 것은 역설이었다. 운은 본질적으로 무언가를 창조할 수 있는 존재가 아니며, 다만 스스로가 만든 것이 아닌 한 벌의 카드를 끝없이 뒤섞을 수 있을 따름이라고 주장할 수 있었다. 변화를 비합리적인 것으로 보는 개념 속에는, 변화란 아무런 발전 원리도 가지고 있지 않으며 어떤 새로운 것도 만들어내지 못한다는 함의가 내재되어 있었다. 따라서 발전이나 변화를 역사로 이해하는 것은 불가능했다. 그러나 이 경우, 운은 필연코 스스로가 초래한 결과를 반복할 수밖에 없었다. 카드를 조합하는 가능한 모든 방법이 사용된 후에는 그러한 조합을 다시 시작하는 것 외에 운이 할 수 있는 일은 없었다. 그렇게 하는 것이 과정을 재개하는 유일한 길이었고, 이를 뜻하는 리코르소(ricorso)는 리볼루치오네(rivoluzione)와 마찬가지로 통상 운이 진행하는 과정이 초기 지점부터, 아마도 모든 일의 시초로부터 다시 시작되고 있음을 가리키는 용어가 되었다. 그리하여 결국 모든 일은 전에도 일어났던 적이 있었고 또 뒤에도 다시 일어나게 되는 것이다. 운의 바퀴는 예측 불가능성뿐 아니라 반복의 이미지를 표상하게 되었다. 또한 만약에 우리가 이전에 일어났던 어떤 일을 알고 있다면 그 일이 차후 다시 일어나게 될 조합들에 관해 예언적 진술을 할 수도 있다는, 극히 중요하고도 비록 한계는 있지만 매우 고무적인 결과가 나타났다. 적어도 이러한 것이 가능할 수도 있는 정도 안에서라면, 운의 세계는 더 이해 가능하면서 동시에 덜 두렵고 또한 훨씬 더 다루기 쉽게 될 것이었다.

카드가 또 다시 동일한 순서로 펼쳐지리라는 것, 그리고 사건이 단지 다시 일어나는 데 그치지 않고 동일한 순서와 주기로 일어날 것이라는 가정이 가능하게 되기에는 오랜 단계가 필요했다. 폴리비오스는 그의 동료 스토아 철학자들과 함께 이러한 가정을 했고, 자신이 이미 정체를 만들기 위해 조합되는 변수의 수를 무한정에서 셋으로 줄였기 때문에[41] 아마도 더 그렇게 할 수 있다는 느낌을 가졌을 것이다. 만약 퇴보가 변화의 유일한 동인이라면 그것은 분명히 비창조적이다. 이 세계에 존재하는 변수의 수는 유한할 것임에 틀림없다. 어떤 범위의 실재 내에 변수의 수가 적으면 적을수록 그것들이 어떤 고정된 질서 안에서 다시 나타날 기회가 많아질 것이고, 사실 이런 측면에서 세 개의 변수란 매우 적은 수이다. 이런 사실들의 연장선상에서 그는 아마도 변화의 순환을 피할 수 있을 만한 보편적 형태의 정체를 구축할 기회에 대해 상당한 정도로 낙관했을 법하다. 우리에게 필요한 조치가 단지 일인, 소수, 다수의 요소 각각에다 다른 두 요소에 내재한 단순하고 자기 부패적인 통치를 저지하기 위해 필요한 어떤 정도—또는 종류—의 권력을 배분해 줌으로써 세 요소를 서로 혼합하거나 균형 잡는 것뿐이라면, 보편적이면서 동시에 정치적인 조화라는 것도 인간의 개념 안에서 충분히 포착될 것이고, 따라서 그 실제적인 구현도 가능할 것처럼 생각되었을 것이다. 그리고 만약 변화의 원인이 개별자의 내재적 불안정성 속에 있는 것이라면, 또한 국가의 건설에서 고려해야만 하는 것이 오직 세 개의 특수한 변수뿐이라면, 변화를 일으키는 원인의 가짓수는 소수에 불과하며 쉽사리 제거될 가능성이 있을 것이다. 폴리비오스적 혼합정체가 어떤 변화도 겪지 않고 영원히 지속될 수 있으리라는 가정도 바로 이러한 범위 안에서 가능한 것이었다. 이제 인간은 바퀴를 떠나 천계(天界)로 진입하게 된 셈이었다.

그러나 폴리비오스는 이러한 입장을 받아들이지 않았다. 스토아 철학자였던 그는 이 세계 속의 그 어떤 것도 불멸일 수 없다고 주장했을 뿐 아니라, 아울러 공화국이 부유하고 강력해지면 해질수록 그것을 구성하는 위계와 덕성들을 본연의 형평 상태로 유지하는 것이 더 어려워질 뿐이라는 예측도 내놓았다.[42] 인간은 스스로를 만족시키는 어떤 특수한 것을 더욱더 강하게 추구하겠지만, 결국에는 체제가 그것을 도

41) 폴리비오스가 안고 있던 난점과 이에 대한 월뱅크의 해석에 대해서는 다음을 참조할 것. Cumming, *Human Nature and History*, pp. 143-54.

42) Shuckburgh, p. 507.

저히 제어하지 못하는 때가 오리라는 것이었다. 여기서 그는 로마 공화국이 지중해 제국이 되고자 하는 압력과 유혹으로 인해 붕괴되는 것을 예견한 셈이다(적어도 이후 수세기 동안의 독자들에게는 그렇게 비쳤을 수 있다). 뿐만 아니라 그는 역사적 조건이 최상일 때조차—혹은 특히 그때—개별선을 추구하는 것이 시민적 덕을 유지하는 것과 양립할 수 없을 것이라는 점을 말하고 있었던 것이다. 공화국은 스스로 파멸될 운명이었다. 이것이 그리스도교권의 독자들에게는, 역사 속에서 인류의 타락에 대한 이야기가 되풀이되는 것을 막을 수는 없으며, 설사 공화국이라 할지라도 그러한 파멸적 결과로부터 인간을 구원하는 은총의 역할을 대신 떠맡지는 못할 것이라는 의미로 들렸을 것임에 틀림없다. 운은(혹은 자연은) 시간 속에 존재하는 어떤 공화국의 경우에도 부패와 쇠퇴를 불러올 것이며, 이것이 뜻하는 바는 인간의 구원이 정치나 역사에 있지 않다는 아우구스티누스적 교의의 반복이라고 말할 수도 있었다. 사실 공화국 불멸의 입증 가능성을 제기한 폴리비오스 이론은 실제로는 그리스도교도들을 아우구스티누스로 되돌아가지 않을 수 없도록 만들었다. 왜냐하면 만약 공화국이 영원히 존재한다고 할 때 이 세계도 영원히 존재해야 했고, 이는 이교적 주장이었기 때문이다.

그리스도교를 믿는 시민들은 가능한 한 여전히 두 개의 행로를 모두 모색하려 했을 수도 있었다. 그들은 이렇게 천명했을 수도 있다. 즉 정치화한 덕의 체계—완벽하게 균형 잡힌 폴리비오스적 공화국—는 거의 영원히 지속될 타락과 운의 지배 아래 있는 이 세계에서 덕이 은총의 개입 없이도 지속되는 만큼은 오래 지속할 수 있을 것이며, 아마도 거의 영원히 지속될 수도 있으리라는 것이다. 또 이렇게 선언했을 수도 있겠다. 운에다가 형상과 안정성을 부여한 덕의 도시는 은총의 왕국과 동일한 것으로서 은총이 종말을 뛰어넘도록 해줄 때 출현하여 모습을 드러낼 것이며, 그리하여 천년왕국 혹은 제3시대를 구현하고 현실화할 것이라는 것이다. 그러나 은총의 정치화란 곧 은총을 정치로 바꾸어 놓는 것과 다름없었다. 시민적 휴머니스트들이 전통적·영속적 유형의 정치를 모두 폐기한 뒤 개별적이고 유한하며 역사적인 형태의 공화국 안에서 폴리스의 보편 가치들을 실현코자 함으로써 그처럼 극단적이며 또 그처럼 이단적인 인식으로 쏠리게 될 가능성도 있었다. 공화국은 관습적인 공동체도 교회 호전 분자의 일부도 아니었기 때문에, 시간 속의 한 시기 — 예언을 실현하는 시기이거나 또는 운이 비합리적 방식으로 돌리고 있는 바퀴에 몸을 맡기는 어떤 시기 — 에 그대로 남아 있거나 혹은 우리가 지금까지 개관해 온 개념틀로부터 도피하는 수단을 찾거나, 둘 중 하나를 택하지 않으면 안 되었을 것이다. 결국 새로운 시도를 감행하여 기회를 잡을 가능성이 있었던 쪽은 매우 세속적 경향의 시민적 휴머니스트들이었다.

제 2 부

공화국과 그 운

피렌체의 정치사상, 1494~1530

제4장

브루니에서 사보나롤라까지

운 · 베네치아 · 계시

[I]

앞의 장에서 개관한 가치 및 문제들에 대한 도식만이 당시 피렌체 시민들의 시민적 애국심을 표출시킨 유일무이한 에토스였다는 것은 결코 아니다. 로마법과 함께 피렌체의 제도들을 실제로 운용하는 과정에서 파생된 다른 종류의 언어들도 있었는데, 이 역시 그러한 애국심을 고양하고 일련의 행동적이고 참여적인 가치들을 표현할 수 있도록 해줄 만한 것이었다. "시민적 휴머니즘"의 개념이 시민의식 및 그것을 표현한 언설들의 출현을 설명하는 데 정말로 필요한지 의문을 표한 리젠버그[1]를 비롯한 여러 학자들의 의도도 바로 이러한 언어들의 존재를 감안하면 이해할 만한 것이었다. 그들이 입증한 바에 따르면, 시민들의 입장은 시민법과 시 법령 속에 이론적이 아닌 실제적 측면에서 표현되어 있으며, 여기에는 이 책이 관심을 두고 있는 그러한 문제들이

1) Peter Riesenberg, "Civism and Roman Law in Fourteenth-Century Italian Society" in *Explorations in Economic History*, vol. 7, no. 1-2 (1969), pp. 237-54. 다음도 볼 것. Lauro Martines, *The Social World of the Florentine Humanists, 1390-1460* (Princeton: Princeton University Press, 1963); *Lawyers and Statecraft in Renaissance Florence* (Princeton: Princeton University Press, 1968).

다루어지고 있지 않다는 것이다. 하지만, 이후 이 책의 이어지는 장들에서 논증되겠지만, "시민적 휴머니즘"이란 용어를 적용하는 것이 적절할 만한 어떤 언어가 공화주의적 역사관에 대한 주장으로부터 찾아질 수 있으며, 이는 물론 다양한 목적에 사용될 수 있겠지만 지금까지 볼 때 그중에서도 가장 중요한 것은 비베레 치빌레, 즉 시민적 삶과 그 가치들이 사실상 시간 속에서 안정된 상태로 유지될 수 있을 것인지를 묻는 것이었다. 이러한 목적을 의식적으로 추구한 것이 바로 피렌체 공화국 말년의 대 사상가들이었는데, 이 중에서 귀차르디니 같은 경우는 자신이 비록 시민법과 교회법 양 분야 모두에서 훈련받았음에도 불구하고, 시민의 도덕성과 정치 제도에 대한 연구에서 법률 지식을 거의 사용치 않았다는 것은 놀라울 정도이다. 또한 외부적 위험성과 내부적 분열의 문제에 정신을 빼앗긴 피렌체 시민들이 일상적으로 논의한 내용들 속에도 우리가 지금 그 역사를 탐색 중인 언어가 사용되고 있었다는 증거가 있다.[2] "마키아벨리적 계기"의 개념 어휘는 실제적·이론적 층위 모두에서 그 기능을 수행하였고, 그래서 이러한 과정의 역사를 기술하는 것이 가능하다. 이는 피렌체가 차후 유럽 및 대서양세계에 물려줄 정치인식의 중요 부분을 이루고 있다.

우리는 어휘가 지닌 패러다임적 성격을 산출해내기 위해 그것을 다음의 두 가지 방식으로 바라보았다. 첫째는 일련의 세속적 현상을 이

2) Felix Gilbert, *Machiavelli and Guicciardini: Politics and History in Sixteenth-Century Florence* (Princeton: Princeton University Press, 1965), ch. 1. "15세기말 피렌체의 정치 제도, 논제, 관념들"이란 제목이 달린 이 장은 《심의록》(*pratiche*)을 비롯해서 기록으로 남아있는 논쟁들 속에서 사용된 언어를 분석하고 있는데, 이에 의하면 그 용법이 어느 정도까지는 마키아벨리 및 귀차르디니의 경우와 일치한다는 것이다. 같은 저자의 다음도 볼 것. "Florentine Political Assumptions in the Period of Savonarola and Soderini," *Journal of the Warburg and Courtauld Institutes* 20 (1957), pp. 187-214.

해 가능하도록 해주는 어떤 제한적이고 특수한 방법들만이 사용 가능했음을 주장하는 모형적 콘텍스트이고, 둘째는 그 이유가 무엇이든 이탈리아의 도시국가 휴머니즘은 일차적으로는 폴리스에서의 존재를, 이차적으로는 시간 속에서의 존재를 불가피하게 만드는 행동적 · 시민적 가치들에 점점 더 헌신하게 되었다고 주장하는 역사적 콘텍스트이다. 그러므로 휴머니스트적 공화국이 겪는 형상적 딜레마는 어떤 특수한, 따라서 유한하고 필멸적인 정치구조 내에서 가치의 보편성을 실현하려는 시도에서 연유된 것이었다. 아리스토텔레스 철학의 부활로 인해 인간은 도시에서 살도록 만들어졌다는 그리스적 견해와 인간은 신과의 영적 교섭 안에서 살도록 창조되었다는 그리스도교적 견해를 조화시켜야 하는 문제가 제기되었다. 하지만 이러한 두 개의 가치관이 서로간의 간격을 새로이 확인하기 시작한 것은 공화국이 로마나 피렌체와 같은 그것의 개별성이라는 틀 안에서 (그 이유야 무엇이든) 스스로의 자율적인 역사를 주장했을 때부터였다. 만약 — 이는 언제나 가정이 아니라 하나의 의문이었는데 — 공화국이 인간 역사 속에서 다만 어떤 특정 시기들에만 존재한다면, 그리고 이러한 시기가 다른 시기들에 비해 무언가 특히 귀감적인 데가 있다면, 설사 행동적 삶의 가치들이 언명하는 공화국이 자기 충족적인 분배 정의의 체계를 갖춘 모든 선의 구현체라 하더라도, 인간의 삶은 결국 시공간적 유한성으로 귀착될 뿐이며, 그러한 시공간 바깥은 포르투나가 관장하는 부당한 세계라는 것은 각별히 분명한 사실이었다. 따라서 공화국은 가변성의 문제에 직면하게 되었는데, 이는 결국 공화국이란 존재의 마지막 단계가 천년왕국, 시간의 끝, 혹은 종말과 일치될 수 있을 때에만 극복될 수 있는 것이었다. 반대로 만약 공화국이 마침내 세속적 안정성의 문제를 풀고 영원히 지속될 수 있게 된다면, 그리스도교적 시간틀과, 인간의 목적을 시간과 도시의 초월에 두는 전망과, 나아가서는 역사 속에 현전하는 신 그 자체의 존재까지도 완전히 사라질 수도 있었다.

조금 덜 고차적인 층위, 말하자면 집단과 당파들 간의 실제적인 조정이 행해지지 않으면 안 되는 그런 유에 가까운 층위에서 볼 때, 공화주의적 이론이 맞서야 할 또 다른 문제는 일단 시공간 내에서 유한한 것으로 규정된 분배 정의의 체계가 끊임없이 포르투나의 위협을 받는(그러한 위협은 비합리적인 것이기 때문에 멀리 있지 않고 언제나 당면한 것이었다) 세계 속에서 어떻게 그 존재를 유지할 수 있는가를 설명하는 것이었다. 각각의 덕이 다른 각각의 덕을 상호 강화하는 분배 정의의 체계가 불안정을 초래하는 모든 원인에 대항하여 강화되어야만 한다는 당위적 언명만으로는 충분치가 않았다. 일단 폴리스가 유한한 것으로 인정되자, 그것은 이제 더 이상 진정으로 자기 충족적인 존재성을 주장할 수 없게 되었다.[3] 그것은 포르투나의 영역인 불안정한 시공의 세계 안에 존재하고 있었고 그러한 세계에 의해 조건 지워져 있었다. 폴리스의 안정에 필요한 조건 일부는 포르투나의 영역 안에 위치하고 있었고, 바로 그 때문에 그것들에 의지할 수가 없었다. 인간의 삶을 둘러싼 상황적 질료가 공화국의 정의라는 형상으로 빚어지는 것은 아마도 시민적 덕을 통해서일 것이다. 하지만 만약 공화국이 스스로의 시간적 유한성에도 불구하고 종말론적 계기를 확보하게끔 은총이 역사 속에서 작동하지 않는다면, 역사적 운에 대한 공화적 덕의 승리는 이러한 개념적 도식 안에서 결코 확신될 수 없었다.

관습—사람들이 섭리나 운의 결과로 알려질 수도 있을 일련의 특수한 사건들을 조직하고, 경험을 인간 제2의 본성을 이루는 관례와 전통으로 만들어내는 대안적 방식—으로는, 그것의 지속적인 중요성에 관계없이, 공화주의 이론의 요구 사항들이 충족되기란 쉽지 않을 것으로 보였다. 여기에는 몇 가지 이유가 있었다. 정책결정의 구조는 관습 공동체 이상의 것이었다. 다수의 경험만으로는 부족했고, 여기

3) Polybius, *Histories*, VI, 57 (Shuckburgh, vol. 1, p. 506).

에다 소수의 더 우수하고 성찰적인 능력이 더해져야만 했다. 은총의 도움 여부와는 무관하게 시민적 덕이 승리를 주장할 수 있으려면 우선 모든 유형의 지성과 모든 인간 덕성들의 협동체를 조직하는 것이 선결 문제였다. 그리스도교적 구속이든 시민적 삶이든 모두가 단지 관례를 통해 획득된, 사회적으로 조건 지워진 인격보다는 제 1의 본성 혹은 본질에 더 관심이 있었다. 만약 인간본성이 실현되어야만 한다면 관습은 변형되지 않으면 안 되었다. 공화국을 위협하는 외부세계의 위험들에 대해 관습이 그것을 제어할 만한 힘을 거의 갖고 있지 못하다는 것은 명백한 사실이었다.

관습, 은총, 예언이 서로 연합한 전장에 그리스 · 로마 정치학의 자산들로부터 괴력을 가진 또 하나의 무기가 보태졌다는 것은 사실이다. 앞으로 보게 되겠지만, 피렌체적 경험의 결과물은 인상적인 자유의 사회학으로서, 이는 뒤에 세속 역사 속에서 존재하려는 공화국의 도전에 응답하여 출현한 유럽의 계몽주의와 잉글랜드 및 아메리카 혁명으로 전해지게 된다. 그러나 피렌체인들은 분명히 — 아메리카인들 역시 그럴 것 같은데 — 문제를 해결하지도 못했을 뿐 아니라, 어떻게 해서 유덕한 공화국이 스스로가 몸담은 유한성의 결과인 세속 시간 속에서 자기 충족적으로 존재할 수 있는지를 입증할 만큼 충분한 성공을 거두지도 못했다고 말할 수 있다. 피렌체 사상이 공화국 말년에 붙잡고 씨름하던 것도 — 그것은 이중적 의미에서 "마키아벨리적 계기"의 문제이기도 했다 — 단연코 바로 이러한 문제였다. 우리에게 주어진 다음 과제는, 당시의 지식인들이 이러한 문제 및 그것에 맞서는 양식들을 사실상 지금까지 개관한 패러다임적 구조들의 관점에서 보았다는 점을 입증하는 것이다.

[Ⅱ]

우리는 이제 코지모 데 메디치가 공화주의의 외양 아래 정치를 농단하면서 가문의 향후 60년 통치를 확립했던 1434년으로부터 이어지는 세기의 피렌체 사상에 관심을 두게 되었다. 이 체제는 완전히 두 세대 이상이 지난 뒤, 그리고 메디치가 출신 네 수장의 실질적인 군주정을 겪은 후인 1494년에 이르러 극적으로 붕괴하였고, 그 뒤를 불안정하기는 매한가지였던 공화주의 정권과 메디치 정권이 번갈아 이어갔다. 그리고 1537년, 나중에 토스카나 대공이 된 또 다른 코지모에 의해 메디치가가 세습작위를 가진 가문으로 다시 창시될 때까지는 이러한 과정이 계속되었다. 1512년부터 시작된 이 세기의 지난 25년간은 물론 마키아벨리와 귀차르디니와 잔노티의 변혁적 저작들의 시대였지만, 우리는 이 시기 전체를 시민적 휴머니즘에 내재한 함의와 모순들로부터 발생된 사건의 측면에서 다룰 수 있다. 또한 마키아벨리 시대의 사상이 어떻게 해서 아리스토텔레스-폴리비오스적 전통을 이탈리아를 넘어서 미래의 세대와 나라들에 전하는 데 기여했는지도 보여줄 수 있다. 그러나 1512년에서 1530년 사이에 활동했던 대 사상가들에 초점을 맞추는 것은 그들이 다룬 수많은 주제와 가치들이 다름 아닌 바로 그들 자신을 위해 진술되었다는 점을 잊어버리게 할 수도 있는 위험이 있다. 또한 우리가 무대의 장면들을 1494년과 1512년 그리고 1527년에서 1530년 사이로 맞추기 전에, 15세기인들이 시민적 휴머니즘의 전망을 어떻게 그리고 있었던가를 어느 정도 살펴볼 필요가 있다.

1400년 이후 피렌체 공화국의 이상화와 1434년의 위기로 인해 쇠퇴의 길로 빠져드는 과정을 지켜본 여러 사람들 가운데 최고의 정치 사상가는 아레초 출신의 레오나르도 브루니였다. 물론 다른 휴머니스트들과 휴머니스트적 저술가들 — 일단 이용 가능한 휴머니스트 스타일이라는 게 있다고 한다면 이 두 용어는 동일한 것이 아닐 수도 있다 —

중에도 시민적 비르투스(virtus) 혹은 비르투(virtù)—라틴어 용어와 속어 용어 사이에서 어떤 것을 택하느냐는 그 자체로 의미가 있을 수 있다—가 포르투나의 불안정한 사건들에 노출되고 이어 그것을 성공적으로 극복하게 되는 방식들, 그리고 그것을 가능하게 만드는 비타 악티바, 즉 행동적 삶의 가치들에 관심을 가진 부류가 있었다. 그러나 이들 모두가 폴리테이아, 즉 완전한 상태의 시민적 덕의 구조를 이루는 공적 역할들 간의 형식화된 관계망이 포르투나와 관련하여 담당하는 역할이 무엇인가의 문제를 분석하는 데 성공한 것은 아니었다. 그들은 공적 활동과 공화국에 대한 봉사를 시민들이 참여하고자 할 수도 하지 않을 수도 있는—거부하지는 않는다 해도—비르투스의 한 양식으로 생각했을 수도 있다. 그들은 행동적 역할을 둘러싼 사적인, 가문상의, 상업적인, 그리고 완전히 시민적인 개념들의 다양한 스펙트럼 사이에서 어느 쪽을 택할 것인가 망설였을 수도 있다.[4] 그리고 비르투스와 포르투나에 대한 휴머니스트적 어휘 대부분이, 정치적 분석의 수준에 도달되고 시민이 변화하는 분배 양식 속에서 다른 시민들과 협력하여 정책을 결정하고 권력관계를 정립해야 하는 존재로 그려지기 전에 이미 사용되고 있었을 수도 있다. 시민으로서의 인간에 관한 어휘는 휴머니즘의 어휘와 마찬가지로 복잡다단하고 숫자도 많다. 그러나 설사 피렌체 사상가들이 완전히 정치적인 존재로서의 시민상으로부터 수없이 얼굴을 돌렸을 수는 있다 하더라도 이러한 분석 수준을 외면할 수는 없었을 것이다. 정치참여가 덕에 필요하다는 것은 쉽게 인정되었을 테지만, 만일 그러한 참여가 없었다든지 혹은 다른 사람의

4) 일반적인 논의로는 다음을 볼 것. Holmes, *Florentine Enlightenment*, ch. 5; Garin, *Italian Humanism*, chs. 2 & 3, pp. 1-3. 다음도 볼 것. Renée Neu Watkins's introduction to Alberti, *Della Famiglia* in *The Family in Renaissance Florence*, trans. Renée Neu Watkins (Columbia: University of South Carolina Press, 1969).

조종을 받는 상태에 있다고 보인다면 무슨 일이 왜 일어난 것인지에 대해 무언가가 해명되어야만 했다.

그러므로 우리에게는 브루니의 사상적 발전과정이 중요하다. 왜냐하면 그는 정치적 층위에서, 첫째 1430년 이전에 이미 시민적 휴머니즘의 이상을 활짝 꽃피웠고, 둘째 1434년 무렵과 그 이후에까지 그러한 이상이 지닌 문제점을 점점 더 의식했던 사람들 중에서도 단연 대표격이자 가장 중요한 인물이었기 때문이다. 영어권에서 그의 정치사상에 대한 본격적인 연구로는 한스 바론이 쓴 몇 개 장(章)과 비교할 만한 것은 없는데,[5] 그 장들은 상당 부분 1400년에서 1402년 사이의 비스콘티가로 인한 위기와 관련하여 브루니의 초기 저작들에 대한 연대 비정으로 점철되어 있다. 그러나 그의 후기 사상의 발전에서는 결정적인 활동 시기가 1415년에서 1421년 사이, 1428년, 그리고 1439년에서부터 브루니가 죽은 1444년까지로 보이기 때문에, 코지모를 권좌에 앉힌 1434년의 위기는 즉각적으로 그의 저작에 반영되고 있지는 않다. 1402년 이후에 씌어진 《피렌체 찬가(讚歌)》(*Laudatio Florentinae Urbis*) 및 《피에르 파올로 베르제리오에 바치는 대화》(*Dialogi ad Petrum Paulum Histrum*) 같은 초기 저작들과, 《피렌체인의 역사》(*Historiarum populi Florentini*) 중 첫 4권(1415~1421), 1421년의 《시민 기사론》(*De Militia*), 그리고 1427년에서 1428년 사이에 쓴 난니 델리 스트로치에 대한 《추모 연설》(*Oratio Funebris*) 등 서기장 재직 중반의 저작들에는 시민적 가치에 대한 다음과 같은 도식이 나타나 있다. 행동적 비르투스가 포르투나와의 대결 속에서 그 최고의 발전을 성취하기 위해서는—전체적으로 볼 때, 브루니는 포르투나가 단지 외적이고 우연적으로 비르투스에 관련될 뿐이라고 주장하는 사람들과는 상이한 면을 가지고 있다—시정(市政)에 대한 완전한 참여가 요구되며, 시민은 장관을 선

5) Baron, *Crisis*, chs. 3, 9, 10-12, 15, 17-18. Cf. Holmes, pp. 22-25, 26-28, 94-95, 155-64.

임하고 법을 제정하며 결정을 내리는 일에 개입하지 않으면 안 된다. 피렌체는 이러한 요구에 부응할 수 있다. 왜냐하면 그것은 평민적 성격의 공화국으로서, 관직 대부분이 시민들 대부분에게 개방되어 있을 뿐만 아니라, 시민 개개인은 비록 약간의 자격제한이 있다 하더라도 재산이나 기타 다른 종류의 자격 때문에 고위직 몇몇을 포함하여 다양한 수준의 책임을 떠맡으면서 정치생활에 참여하는 데 더 이상의 제한을 받지 않기 때문이다.[6] 브루니는 의식적으로 페리클레스의 추모 연설을 본 딴 것이 분명한 글 속에서 계속 피렌체 문화를 이상화하는 방향으로 나아가고 있다.[7] 시민이란 가능한 한 많은 형태의 인간적 장점들을 계발하여 그것 전부를 시(市)에 봉사하는 데 쏟아 부을 수 있는 사람이며, 아테네의 것과 같은 헌정 — 이제는 그 뒤를 피렌체가 따르고 있다 — 이 칭송받을 만한 것은 가능한 한 많은 수의 개인들로부터 나온 이러한 다기 다능함과 애국심의 결합을 장려하고 또 요구하기 때문이다. 브루니가 볼 때, 개방 사회를 위한 논거는 오직 다른 사람들의 다양한 장점과 협력해 나갈 때만이 한 사람의 장점이 발휘될 수 있다는 것이었다. 시민들에게는 다른 사람들이 소수인 편보다 다수인 편이 더 나을 뿐 아니라, 꼭 정치적인 성격은 아니더라도 예술 혹은 문학과 같은 시민적 미덕은 오직 자유의 환경 아래서만 번성할 수 있는 것이었다. 공화국에게는 세계를 혼자 지배하는 것보다 다른 공화국이 존재하는 편이 더 나았다. 브루니는 중기의 저작들에서, 고대 에트루리아(근대의 토스카나)에는 다수의 자유 공화국이 있었으며 그 모두를 로

6) *Laudatio*, part IV. 텍스트는 다음에서 볼 수 있다. Baron, *From Petrarch to Leonardo Bruni*, pp. 258-63(한국어판, 임병철 옮김, 《피렌체 찬가》〔책세상, 2002〕 — 옮긴이).

7) 특히 다음을 볼 것. *Oratio Funebris*; Baron, *Crisis*, pp. 412-30. 그러므로 브루니는 앞서(3장 주 4) 언급한 친 스파르타주의의 일반 법칙에서 예외적 존재이다.

마라는 하나의 공화국이 정복한 것이야말로 이탈리아 전체에서, 그리고 마침내는 로마 자체에서 덕이 쇠퇴한 제일 원인이었다고 천명함으로써, 피렌체가 로마 공화국—여기서는 공화국의 시공간적 유한성과 그로부터 결과하는 필멸성이 명료하게 인지되고 있었다—에서 유래했다는 주장을 변형시켰다.[8] 공화국은 다른 공화국을 필요로 했고, 그것은 덕이 참여적이고 관계적 성격을 가지고 있을 뿐 아니라 다른 사람들의 덕을 요구하기 때문이었다. 그러면 공화국 간의 관계는 어떠해야 할 것인가?

이러한 문제와 관련이 있을 수도 없을 수도 있겠지만, 브루니는 7년 후 《시민 기사론》과 《추모 연설》에서 전사로서의 시민과 시민으로서의 전사를 이상화하게 된다. 이런 식의 태도는 이미 시민적 휴머니즘의 전통 속에 존재하고 있었다. 일찍이 페트라르카는 시민군이 "자유를 위해 죽음까지도 무릅쓰는 태도"[9]를 예비하고 있었다는 것이야말로 바로 로마의 비르투스가 포르투나에 대해 거둔 승리를 가장 명시적으로 보여주는 예 중 하나라고 말한 바 있다. 또한 브루니는 최고선 및 공익에 대한 자아의 지고한 헌신이야말로 한 사람의 생애에서 그가 보여줄 수 있는 최대의 미덕을 구현하는 길이며, 그리하여 그는 희생적 죽음 속에서 그 모든 것을 시(市)에 바치게 될 것이라는 식으로 피렌체적 가치를 표현하려 했는데, 이는 페리클레스적 에토스의 일부였다. 그러나 특히 《시민 기사론》에서[10] 브루니는 더욱 복잡한 몇 가지 주장을 내놓게 된다. 그는 여기서, 그리스도교 세계의 기사도와, 15

---

8) Baron, *Crisis*, pp. 65, 74, 267-68, 417-18.

9) Petrarch, *Africa*, quoted by Baron in Rowe & Stockdale, eds., *Florilegium Historiale*, p. 28.

10) 다음에 나오는 번역과 주석을 볼 것. C. C. Bayley, *War and Society in Renaissance Florence* (Toronto: University of Toronto Press, 1961); Holmes, *The Florentine Enlightenment*, pp. 156-57.

세기 이탈리아에서 사용되던 의미에서 당시 몇몇 피렌체 시민들이 기사였다는 상황과, 군사적 기능이란 그 성격상 시민적일 뿐만 아니라 나아가서는 시민권 그 자체의 본질적인 속성이라고까지 생각될 수 있다는 식으로 로마의 에퀴테스 계급이 명확한 정치적 기능을 가진 하나의 시민적 범주였다는 역사적 기억을 서로 동일시하려 하고 있다. 용병은 명예롭지 못하기 때문에 일성이 없는 것처럼 보인다. 그들은 자신들이 싸우고자 하는 대의를 공유하고 있지 않기 때문에 제대로 싸우지 못한다. 그들은 도시에서만 발휘될 수 있는 그러한 비르투스를 결여하고 있기 때문에 전장에서 요구되는 비르투스도 가지고 있지 않다. 반대로 손에 무기를 든 시민이 칭송될 수 있는 것은 단지 그가 페리클레스적 덕성을 예증하기 때문만은 아니다. 그는 그가 시민이기 때문에 더 잘 싸운다고 말할 수 있으며, 여기서 한 걸음만 더 나아가면 그가 유덕함의 지고한 증거를 제공할 의지가 있기 때문에 더 나은 시민이라는 말도 덧붙일 수 있다. 만약 한 유덕한 공화국의 시민 전사가 다른 유덕한 공화국의 시민 전사를 만난다면 무슨 일이 일어날지 그리 분명치 않다. 그들이 기사도적인 덕의 경기에 참가하고 있다고 말하는 것으로는("나는 토스카나를 위해, 당신은 로마를 위해 싸울 것이다") 현실주의자로서의 시민을 (그리고 토스카나의 애국자도) 만족케 할 수 없을 것이다. 그는 공화국이 다른 공화국을 집어삼켰고, 이러한 일이 일어났을 때 덕은 상처를 입었을 뿐 아니라 결국 그것을 상실하게 되었음을 이미 알고 있었기 때문이다.

그러나, 개별성의 문제가 비록 이러한 제한 속에 있다 해도, 각 개인이 자신의 길을 가는 데 있어 다양한 재능을 가진 다른 사람들과 결속하여 보편성을 향한 길을 지향한다면 그러한 문제도 해결될 수 있을 것으로 보였다. 그리스인들이 평등한 기초 위에서 공직에 광범위하게 접근할 수 있었던 사회를 일컫던 말인 이소노미아(isonomia 법 앞의 평등)가 이러한 이상의 실현에 도움이 되었다. 그러나 브루니는 후기 저작들에서 다시 인식의 변화를 표출하였다. 코지모 데 메디치는 1434년에 권좌에 앉았다. 브루니는 1430년대 말에 이르러 아리스토텔레스의 《정치학》을 라틴어로 번역하는 작업을 마무리하였고, 그리스어로 《피렌체 정체론》(*Peri tēs tōn Flōlentinōn politeias*) 이라는 소책자를 썼다. 그는 이를 통해, 뒤에 쓴 《피렌체인의 역사》에서 그랬던 것처럼* 피렌체가 평민적 국가이기보다는 혼합적 국가가 되었으며, 이러한 정체에서는 소수와 다수의 정치적 기능 간에 분명한 차별성이 있다는 주장을 내놓았다. 정책을 심의하고 발의하는 기능은 소수에게, 제안된 여러 대안들 중에서 어떤 것을 받아들이거나 거부하면서 단지 택일할 뿐인 기능은 다수에게 속한다는 것이다. 피렌체 정치에서 이러한 차별성이 나타나게 된 것은 다수가 스스로의 방어를 위해 무기를 들지 않겠다고 결정한 역사적 변화에 기인하였다. 그 결과 소수는 정책을 효과적으로 통제할 수 있는 힘을 얻게 되었는데, 그들은 용병에게 급료를 지불할 수 있을 만큼 아주 부유하고, 권력의 도구로 "무력보다는 치국술(治國術) 을 사용하고자 했던"[11] 부류였다. 이제 부자와 현명한 자가 아리스토텔레스적 분석에서 정상적인 소수 엘리트 집단을 형성했으며, 브루니는 피렌체의 정치권력이 마치 질적 적합성이라는 기초 위에서 재분배되고 있다는 식으로 기술하고 있는 것처럼 보인다. 이러한 변화는 아리스토텔레스적 폴리테이아의 조건에 피렌체를 근접시키고 있다는 의미에서 하등 나쁠 것 없다는 주장도 충분히 가능했고, 완전히 귀족적이지도 평민적이지도 않은 두 형태의 혼합체인 어떤 정체에 대해 말한다는 것은 통상 그것을 칭찬하는 것이기도 했다. 사실 브루

---

* 총 12권으로 이루어진 이 저작은 1415년에서 1444년 사이에 집필되었다. 하지만 앞서 잠깐 언급된 것과 같이 첫 4권은 1415년에서 1421년 사이에 씌어졌다.

11) "cosilio magis quam armis uterentur." 이는 그리스어 원문의 라틴어 번역문이다. Baron, *Crisis*, p. 560에서 재인용.

니의 언어에는 모호한 면이 있었다. 권력은 기능적으로 분배되어야 하며, 그리하여 엘리트 집단은 비엘리트보다 더 전문적인 측면의 책임을 행사해야 한다고 말하는 것은 아리스토텔레스의 이론과 완전히 일치하는 것이었다. 그러나 책임의 정도가 가능한 한 똑같이 배분되어야 하며, 그리하여 최대한의 시민들이 자신들의 능력을 최고도로 계발할 수 있는 기회를 가져야 한다는, 역시 고전적인 원칙이 존재하고 있었고, 이 원칙과 아리스토텔레스의 이론 사이에는 알력이 있었다. 아리스토텔레스적 분석은 매우 유연해서 심각한 모순을 일으킬 정도는 아니었다. 피렌체의 정체는 시민 집단이 무기를 들지 않게 된 바로 그 순간부터 바뀌기 시작했다고 브루니가 말했던 그때, 바론에 따르면 그는 "초기 휴머니스트의 사회학적 추론을 보여주는 걸작품"을 선보이고 있었던 셈이었다.[12] 이는 아마 받아들여질 수 있을 것이다. 그는 "누가 무엇을 결정했으며, 왜 그렇게 했는가?" 라는 질문에 현실주의적인 관심을 보이고 있었다. 하지만 사고는 인간 능력의 계발에 대한 윤리적 관심에 근거하고 있었고, 여기서 우리는 그 이면의 동일한 모호성을 탐지하게 된다. 당시 대부분의 사람들은 무기든 권력의 동등한 몫이든 그것을 재산도 지혜도 없는 사람들의 손에다 맡겨두어서는 안 된다는 주장을 매우 옳다고 생각했을 법하다. 브루니가 이에 완전히 이견을 보였는지 아닌지는 확실치 않다. 그러나 그는, 무기란 "최후의 계책" 으로서, 이는 시민들로 하여금 국가 방어를 위해 자신의 생명을 내놓고 동시에 그 자신 없이는 그런 결정이 내려질 수 없음을 확신케 하는 그런 것이라 생각하고 있었다. 인간은 무기를 소유함으로써, 시민권의 극치(그리고 전제조건)인 다재다능함과 자기 계발을 할 수 있고 또한 그러한 것을 보여주도록 요구받는 완전한 시민이 되는 것이다. 무기를 직업군인에게 맡기는 것은 재산과 지혜를 통해 정책을 통제하는

12) Baron, *Crisis*, p. 427.

데 각별히 적합한 능력을 갖춘 엘리트 집단에게 정국을 넘기는 것을 의미한다. 그것은 또한 다수의 시민들이 무예를 닦음으로써 성취할 수도 있었을 목표, 즉 똑같이 적합하고 똑같이 유덕하게 되고자 하는 모든 열망을 그들 자신을 위해 포기하는 셈이 된다. 게다가 시민권이 완전히 발전되기 위해서는 가능한 한 다수의 사람들이 그것을 행사해야 한다는 브루니의 초기 이론은 여전히 유효하다. 만약 능력 있는 시민의 숫자가 소수에 불과하다면 도시를 통치하는 엘리트 집단의 수도 역시 소수일 것이다. 따라서 통치를 위해 발휘되는 덕의 수도 소수가 될 것임에 틀림없으며 — 아리스토텔레스 및 폴리비오스의 원리에 따르자면 — 이러한 소수의 덕도 다른 사람들의 덕의 존재를 인정하지 않게 됨으로써 결국 부패하고 말 것이라는 위험이 현존하고 있다. 만약 혼합 국가가 엘리트 통치를 지향하는 것이라면 이 역시 쇠퇴의 씨앗을 내포하고 있을 것이며, 피렌체가 민주정에서 폴리테이아로 나아가는 과정에 대한 브루니의 설명은 그 가치판단이 모호하다. 하지만 "폴리테이아"란 말이 지닌 신망이 너무나 높았기 때문에, 브루니는 그것을 도저히 쇠퇴과정 혹은 운이 승리한 변천과정으로 간주할 수가 없었다. 이에 대한 판단은 결국 다른 사람들에 의해 다른 측면에서 내려지지 않으면 안 되는 상황이었다.

메디치 집권 초기 시기의 다른 한 저술가가 시민이 널리 참여하고 있는 것으로 알려져 있던 정치구조 — 1434년 전후의 특징이었던 — 내에서 과두정의 낌새를 맡았고, 그의 사고 속에서 덕과 운이란 주제에 대한 기존 관념을 수정할 만한 어떤 실마리를 탐지할 수 있다는 것은 의미심장하다. 이 인물은 조반니 카발칸티로서, 그는 코지모 데 메디치의 추방과 권력에의 복귀를 다룬, 약간은 서로 대비되는 두 권의 책을 썼다.[13] 클라우디오 바레제라는 현대의 한 학자는 그의 저술에 대

13) Claudio Varese, *Storia e politica nella prosa del Quattrocento* (Torino: Einaudi, 1961), pp. 93-131.

한 분석을 위해 먼저 그의 전임자였던 고로 다티부터 고찰하였다.[14] 다티는 일찍이 비스콘티가의 전쟁에 대한 애국적 필치의 역사서에서 피렌체가 토스카나의 인접 국가들보다 더 우위에 있는 것이 섭리나 운 덕분인지 혹은 어떤 특별한 덕의 소유 덕분인지의 문제를 제기한 인물로서, 바론이 재구축한 시민적 휴머니즘의 선도자 중 하나였다. 다티는 다시 한 번 휴머니스트의 "사회학적 추론"을 보여주면서 이렇게 대답하고 있다. 피렌체는 농업적 기반이 부족하기 때문에 시민들은 상인이 되어 세계를 돌아다니며 다른 나라 사람들이 살아가는 방식들을 관찰하고 배웠다는 것이다. 이렇게 말할 수도 있겠다. 즉 경험을 축적하는 과정을 강화하고 속도를 붙이는 길이 있었고, 그 덕택에 피렌체는 부와 지성의 면에서 인접 국가들을 앞서게 되었다는 것이다. 이러한 주장에는 시민의 참여권을 넓게 분배하는 것이 통상과 여행에서 보는 것처럼 왕정이나 참주정에서 성취될 수 있는 것보다 더 많은 지성과 덕을 공익에 기여하는 방향으로 동원할 수 있도록 해주리라는 뜻이 함축되어 있다. 그러나 다티는 이러한 점들 중 그 어떤 것도 정당하고 신성한 삶을 영위함으로써 그것을 희구하는 모든 이에게 내려지는 신의 은총이라는 특별한 선물 없이는 이루어질 수 없었을 것이라고 덧붙였다. 만약 은총을 희구하지 않았더라면 운이 장난질을 쳐서 이 세계의 선들을 무가치한 인간들로부터 빼앗아 갔을 것이기 때문이다.[15] 우리는 여기서 전통적인 그리스도교적 교의를 보고 있다. 하지만 다티의 생각과 보이티우스적 전통 사이에는 중요한 차이가 있다. 다티는 이 모든 것을 말하고 행할 때, 정책과 성공에 대해 얘기하는 중이었고, 설사 그가 성공을 그리스도교적 덕성에 대한 보상이라 생각했다고 해도, 그는 또한 그것을 정책결정과 치국술을 인도하는 마음의 품성을 일컫는 피렌체 특유의 용어인 라조네(ragione), 즉 이성에 의해 성취

14) Varese, *Storia e politica*, pp. 65-93.

15) Varese, *Storia e politica*, pp. 76-77.

된 것으로 보았던 것이다. 이제 운이 그들을 초대한 것은 그들의 적절한 정책결정 덕분이며, 그러한 결정의 목적은 사건을 통제하고 인도하거나 적어도 그러한 사건에 스스로를 적응케 하는 것이다. 보이티우스는 그리스도교적 겸양과 복종과는 상이한 취지의 정치적 정의(定義)를 추천하였다. 피렌체가 공화국이라는 말은 곧 시민들의 덕이 국가에 대한 봉사를 위해 효과적으로 동원된다는 것을 의미하며, 다티의 심중에서는 그러한 덕 중에서도 그리스도교적 경건에 대한 덕성들이 최고의 자리를 차지한다. 그러나 만약 경건함이 성공을 보장한다면 라조네(이성)는 그것을 성취한다. 지식, 기술, 그리고 사건을 통제할 수 있도록 적절한 결정을 내리게 하는 결단력 역시 덕의 일부이다. 이제 우리는, 라조네와 비르투가 거의 상호 호환적인 용어가 되고, 덕이 그리스도교 특유의 반응으로서보다는 로마적·정치적 특유의 반응으로서 운의 도전에 맞서는 지점 가까이 와 있다. 덕은 여기서 인간으로 하여금 사건과 운을 지배하도록 해줄 수 있는 기술과 용기라는 마키아벨리적 비르투의 의미를 획득하기 시작한 것이다.[16] 물론 이러한 발전과정을 따르다 보면, 그것의 그리스도교적 의미, 나아가서는 윤리적 의미를 깡그리 상실할 가능성도 있었다. 하지만 정책적 의미에서 비르투는 공화국 내에서 시민들의 협력이 있을 때 가장 훌륭히 실천된다고 생각되는 한, 그것은 여전히 그리스도교적 측면에서 아주 잘 묘사되고 있었던 사회적 미덕들과 결합하지 않을 수 없었다. 그러나 만약 공화국이 붕괴하게 된다면, 인간의 삶을 이해 가능하고 도덕적인 것으로 만들어 주었던 많은 것들이 그와 함께 무너져 내리게 될 것이었다.

조반니 카발칸티는 어떤 용병 대장에게 비스콘티가 휘하를 떠나라고 촉구하는 한 피렌체인의 입을 빌려 다음과 같이 말하고 있다. "분명코 당신은 피렌체인들의 놀랄 만한 항심(恒心)에 대해 들었겠지요.

---

16) "그러나 힘은 이성을 동반할 때 언제나 틀림없이 승리한다." Varese, *Storia e politica*, p. 79.

그 본질은 바로 그렇게 만들어진 공화국에 대한 사랑인 것이요. 당신의 주인에 대한 사랑도 물론 매우 크겠지만 그것은 단명하지요. 기껏 해봤자 한 사람의 삶보다 더 길지는 않아요. 하지만 우리 공화국은 계속되지요."[17] 이러한 정서는 당시 휴머니스트들에게는 이미 상투적인 것이 되어 버렸으나, 그래도 무언가 자극적이고 해방적인 함의는 여전히 살아 있었다. 공화국은 많은 사람들의 힘을 합침으로써 덕을 성취하였고 ― 거의 동일한 의미이기는 하지만 ― 또한 안정을 이루었다. 공화국은 한 집합체로서 기술적 의미에서의 불멸성을 획득함으로써, 오래 가지 못하기 때문에 현실적으로 덕도 미약한 일인(혹은 한정된 수의 사람들)의 덕에 더 이상 의존하지 않게 되었다. 우리는 인간 지혜의 전(全) 저장소에 동시에 접근할 수 있도록 해주는 휴머니스트적 지식이 왜 공화국에 특유한 지식의 방식인지 그 이유를 아주 명확히 알 수 있다. 공화국은 우니베르시타스(universitas), 곧 그 자체가 하나의 전체이기 때문에, 일인 혹은 소수의 지식과 덕에 의존할 수가 없었다. 그것은 또한 관습에 의해 만들어진 구조가 아니라 지금 여기에 살아 있고 행동하고 있는 것이기 때문에 먼 옛날로부터 지속되어 온 경험에 의존할 수도 없었다. 카발칸티가 말한 지속성은 연원의 유구함이 아니라 불멸성의 문제에 더 가까웠다. 모든 사회적 덕은 그러한 불멸성 안에서 동원되는 것이었다. 모든 인간 지혜는 배움을 통해 접근 가능하게 되었다. 그러나 카발칸티는 생존시에 피렌체 공화국의 덕이, 그리고 그것의 비르투가 사실상 한정된 수의 사람들의 덕으로 변해 버렸고, 그리하여 그 자체로서 스스로를 유지할 수 없게 된 것까지도 목격하였다.

그는 메디치가의 통치 직전의 시기에 어떻게 해서 이상하게도 공화국의 공적인 회의들에서 얘기되었던 것과는 다른 사람이 관직에 뽑히

17) Cavalcanti, *Istorie fiorentine* (Firenze, 1838), III, xxv, quoted by Varese, *Storia e politica*, p. 117.

게 되었는지, 그리고 실제로 일이 진행되는 정치 골방에서 무엇을 결정했으며 그것을 어떤 식으로 결정했는지에 대해 기술하고 있다. 그는 많은 사람들이 불려왔으며 그중 소수의 사람들이 뽑힌 것을 목격했다. 또한 많은 사람들이 관직에 올랐으나 실질적 권력을 가진 사람은 소수였다.[18] 이런 식의 물의를 빚는 사건은 각종 정무회의를 연구하는 학자에게는 별로 새삼스러운 일이 아니지만, 카발칸티는 자신이 참여 정부의 쇠퇴를 목격하고 있다고 믿었던 것이다. 절대적 혹은 비례적 평등의 기초 위에서 시민 스스로에 의해 통치되던 체제가 이제는 정치꾼 무리에 의해 농단되는 쪽으로 바뀌고 있으며, 메디치가의 도당(徒黨) 정치는 단지 그러한 과정이 절정에 달했음을 보여줄 뿐이었다. 카발칸티가 기술한 현상에 대해 뒤의 분석가들은 부패란 이름을 붙여주게 되겠지만, 이 용어가 지닌 많은 의미 중에서도 특기할 만한 것은 공화국을 통치하는 시민들 간의 공적인 관계가 사적인 관계로 바뀐 상태를 가리키는 경우이다. 이러한 과정에서 가장 경계해야 할 특징이 바로 합리성을 다른 무엇으로 바꾸어 놓는 것이라는 점을 그가 알아챘다는 것은 분명하다. 그는 어떤 위기 상황을 놓고 시민들이 의견을 주고받는 한 회합에 대해 기술하고 있다. 여기서는 모든 것이 공개적이고 적절하게 진행되며 발언들이 합리적일 뿐 아니라 덕을 갖추고 있지만, 발언된 내용과 마지막으로 수행된 결과 간에는 아무런 연관성도 없고, 도대체 누가 무슨 이유로 그렇게 최종 결정을 내렸는지 알기가 쉽지 않다는 것이다.[19] 현대의 독자들이라면 대부분 당시 그가 어떤 느낌을 받았는지 알겠지만, 카발칸티와 그의 세계를 이해하는 데서 중요한 점은, 만약 어떤 결정이라도 자격 있는 시민들의 보편적인 혹은 적어도 제한 없는 참여가 없다면 그 시대의 이상주의적 공화주의자에게는 합리적일 수도 유덕할 수도 없다는 것이었다. 공화국은 모든 시민들의

18) *Istorie fiorentine*, II, I, p. 29. Cf. Varese, *Storia e politica*, p. 122.
19) Cavalcanti, *Istorie fiorentine*, II, I, pp. 28-29.

지성과 덕을 동원함으로써 존재하는 것이었다. 공화국의 안정은 바로 그렇게 하는가의 여부에 달려 있었고, 만약 그것이 실패한다면 공화국은 소수의 통치로 귀결될 것이며, 그것의 지성과 덕은 그들의 유한하고 불충분한 성격으로 인해 결국 쇠퇴하고 말 것이다. 공화국의 허울을 쓴 이면의 과두정은 모든 사람들의 지성을 모두의 선을 위하는 방향으로 이끌지 않기 때문에 합리성이 결여된 존재임에 틀림없다. 또한 그것은 제한된 수의 사람들이 지향하는 선에다 모두의 선을 종속시키기 때문에 덕도 결여한 상태이다. 그것은 스스로를 둘러싼 사건들을 다루는 데에 모든 사람들의 라조네(이성)와 코스탄차(costanza 항심)를 동원하지 않기 때문에 비르투(덕)를 결여하고 있음에 틀림없었다. 이런 상태의 공화국이라면 통합성도 지속성도 기대하기에는 역부족일 것에 틀림없었고, 카발칸티는 이를 가리켜 그것은 "참주정이지 정치가 아니다"라고 말했다.

따라서 포르투나의 문제는 이제 새롭고 복잡한 형태로 출현한 것임에 분명했다. 공화국은 유덕하지 않기 때문에 탈규범적인 형태의 시간적 변화와 마주칠 것이고, 비르투를 결여하고 있기 때문에 사건을 어떻게 통제하는지 혹은 스스로를 그것에 어떻게 적응시킬 수 있는지에 대해 알지 못한 채 그러한 변화와 맞닥뜨리게 될 것이다. 그러므로 그것은 이해되지 않기 때문에 비합리적인 세계, 말이 그 의미를 바꾸는 세계(투키디데스가 비슷한 상황에서 인지한 것 같은)와 대면하지 않으면 안 되었다. 우리는 이미 시대가 안정성의 관념에다 특별한 중요성을 부여했다는 것을 알고 있다. 하지만 카발칸티는 마키아벨리의 테제를 선취(先取)하는 듯한 논조로, 피렌체에서는 안정의 추구 그 자체가 잘못으로 간주되었다면서 다음과 같이 썼다. "내가 비난하는 것은 운의 변화무쌍함이 아니라 우리 공화국에서 각양각색의 사람들, 편벽한 사람들이 보여주는 구태의연함이다. … 우리 시민들의 이러한 본성의 완고함과 고착성(stabilità della condizione)은 우리 공화국에 수많은 불운을 야기해 온 원인이었다."[20] 변할 수 있도록 만들어진 세계 속에서 우리 자신의 부적합성과 과도함 때문에 변하지 않고 있는 것은 죄악이다. 세계를 혼란케 해 온 사적인 가치 추구를 계속하는 것도 마찬가지이다. 피렌체 사상은, 유덕한 사람들이라면 과연 세계가 섭리에 의해 인도되고 있는지, 아니면 자신들의 합리적 통제 하에 있는지를 알 수 있는가의 문제에 대해서는 모호한 입장이었지만, 인간이 덕을 상실할 때 세계는 의심스러운 존재가 되고 급기야는 이해 불가능하게 변한다는 것에 일반적으로 동의한다는 점에서는 아무런 모호함도 없었다. 우리가 무질서하거나 부패한 사회 속에서 살아가는 사람들의 도덕적·정치적 삶을 연구할 때 그들을 둘러싼 세계는 통제되지 않고 불가해한 변화무쌍함을 보일 것이 분명하며, 유일한 의문은 우리가 운의 관념에 천체의 영향에 대한 관념을 첨가해야 할 것인지의 여부뿐이라는 것이 카발칸티의 주장이었다. 그의 결론은 점성술 없이는 아무 것도 할 수 없다는 것이었다. 즉 운의 관념이란 본질적으로 무의미하고 부조리한 추동력인 반면, 궤도를 벗어난 이 세계의 사건들은 불규칙적이지만 그렇다고 전적으로 무작위적이지만은 않은 떠돌이별의 운동과 상호 연결되어 있다는 점이 곧 점성술의 요체라는 것이다. 그러한 믿음이 자유의지의 가능성을 회생시킨다는 것은 역설이다. 일단 우리가 인간적·사회적 사건들에 대한 인과적 질서를 회복시키면 그러한 질서와 관련된 우리 자신의 도덕적 행로를 만들 수 있게 될 것이다. 카발칸티가 점성술을 옹호한 것은 시민이나 역사가가 도덕적 판단을 할 수 있어야 한다는 의미에서였다.[21] 이 모든 생각은 그가 정치화한 덕이 붕괴한 것을 목격했기 때문에 나온 것이었다. 사회에 정치적 질서를 제공하는 것과 역사에 합리적 질서를 부여하는 것은 거의 상호 의존적인 관계가 되었던 것이다.

---

20) Varese, *Storia e politica*, p. 110에서 재인용.

21) Varese, *Storia e politica*, pp. 108-109.

운은 비합리적인 개별자의 혼돈상태, 즉 거의 언제나 인간사에서 일어나는 사건들과 상황의 변화(vicissitudo rerum, la vicissitude des choses humaines)라는 측면에서 시각화되는 그런 상태를 관할하였다. 공화국이 점점 더 시민들의 비르투와 라조네를 결집하는 데 실패함에 따라, 세계는 마치 운의 제국 밑에 종속된 것처럼 이런 모습으로 나타났다. 그러나 그러한 실패의 상황이 전개됨에 따라 비합법적인 개별자들의 또 다른 혼돈상태, 더 이상 도덕적인 시민권 연합에 합류하지 않는 인간 개개인의 의지와 감정과 인격의 혼돈상태가 나타났다. 정치화의 실패로 인해 개별자의 문제가 또 다시 전면에 출현하였고 — 앞서 카발칸티가 각양각색의 사람들, 정도를 벗어난 사람들(diverse persone e perversi uomini)이라고 썼을 때, "각양각색"과 "편벽한"이란 말은 당시 거의 상호 호환적이었다* — 그리하여 어떤 힘이 인간 각각을 서로 다르게 만들며 사건의 행로를 심리적 다양성에 의해 결정되는 것으로 형성하는지의 문제가 제기되었다. 카발칸티가 인간에게 성품과 선호의 감정을 부여하는 힘을 운에 돌리지도 않았고 그렇다고 전적으로 천체에만 돌린 것도 아니었다는 점에는 상당한 의미가 있다. 카발칸티는 천체와 인간 사이에 판타지아(Fantasia), 즉 환상(幻想)이라는 인상적인 이름의 상징적 인물을 배치해 놓았는데, 그는 히브리인으로부터 그리스인에 이르는, 그리고 로마인에서 피렌체인에 이르는 세계의 역사를 해설하면서 다음과 같이 천명하고 있다.

> 나로 말할 것 같으면 합리적 피조물 모두가 지니고 있는 판타지아랍니다. … 인간의 의지는 천체의 영향이 상이한 만큼이나 서로 다른 법이지요. … 그리고 의지가 서로 다른 만큼이나 인간들의 환상과 행동도 서로 다르답니다. 나는 나의 모든 사도들의 원천이자 지주이며, 모든 천체의 질서에 의해, 또한 무상하고도 영원한 만물을 관장

* 바로 위 주 20의 본문 인용문을 참조할 것.

하는 천제의 명에 의해 나에게 부여된 주권을 다른 모든 권위에 대하여 행사하지 않을 수 없는바, 환상의 바로 이러한 다기 다양함으로부터 사람들이 지닌 모든 성품의 다기 다양함이 나타나게 되는 것이지요. … 22)

판타지아를 인간이 지금의 모습일 수밖에 없도록 그를 만들어가는 창조력이라고 보는 것은 정확치 않아 보인다. 그러한 역할은 천체의 영향으로 돌려지고 있다. 판타지아란 차라리 인간에 내재한 비합리적 창조력으로서, 인간으로 하여금 자신만의 개인성—아리스토텔레스적 그리스도교 사상에 따르자면 각 개인에 의해 그리고 개개인 안에서 성취되는 보편 가치들과는 아주 다른—을 성취토록 이끄는 것이었다. 즉 그것은 각각의 사람들로 하여금 스스로의 환상을 실행하고 자신만의 개인적 성격을 결정하도록 방향 지우는 자기 창조적 독특성인 것이다. 판타지아는 어떤 면에서 에라스무스의 우신(愚神)과 공통적인 무언가를 가지고 있지만, 수사적 측면에서 볼 때 스펜서의 변덕(Mutability)이나 혹은 더 직접적으로는 전통적인 포르투나의 특징 다수를 공유하고 있음이 분명해 보인다. 그것은 오직 천체와 창조주에만 복속하며 개별자를 다양한 형태로 몰아가는 힘으로서 인간 역사의 행로에 책임이 있다. 그러나 사건의 행로가 공화국의 성공적인 확립을 통해 안정되고 질서 잡히지 못할 때는 언제나 이러한 역할이 운에게로 넘어가 버린다. 마키아벨리는 추방된 상태에 있던 피에로 소데리니에게 쓴 한 편지에서,* 판타지아가 사람들에게 각자의 개인적 성품 일부를 부

22) Varese, *Storia e politica*, p. 111에서 인용된 필사본 자료로부터 재인용.

* 이는 저자 포칵의 잘못이다. 이 편지는 공화국의 전(前) 수장 피에로가 아니라 그의 조카 조반 바티스타 소데리니에게 보낸 것이다. 보통 〈기리비치〉(*Ghiribizi*)로 알려져 있다. 1506년 9월 중순경 마키아벨리가 페루자 발로 보낸 이 편지는 뒤에 《군주론》(1513)에서 피력되는 비르투와 포르투나의 상호작용에 대한 주요 개념을 이미 담고 있어서 마키아벨리의 정치사상

여한다고 말했다. 반대로 포르투나는 우리에게 정황적 운명을 부여한다. 그리고 —《군주론》(*Il Principe*)에서 반복되는 생각이지만 — 포르투나가 우리에 대해 힘을 갖게 되는 이유는 우리의 본성을 바꾸기가 힘들기 — 이것이 바로 카발칸티가 말하는 스타빌리타, 즉 완고함과 고착성이다 — 때문이다.[23] 판타지아와 포르투나는 역사의 행로가 정치적 질서에 의해 정당화되지 않을 때 그런 역사의 행로를, 설명하기보다는 구체화하는 데에 필요한 개념이었다. 하지만 공화국의 목적은 덕과 이성을 확립하는 것으로, 이 둘은 변화와 도저히 양립하기 힘든 것으로 보였다. 공화국은 개별자 간의 공존을 정당화할 수 있도록 하는 유일한 질서였으나, 역사는 이러한 공화국의 부재 하에 존재하고 있었다.

카발칸티는 덕이 운에 맞서 승리하는 데 실패했던 공화국의 좌절이라는 콘텍스트 속에서 글을 썼다. 그가 이러한 좌절을 처음으로 목격한 것은, 코지모 데 메디치에 앞서 권력을 잡았다가 뒤에 그가 권좌에 오르는 것을 저지하려 했던 붕당들의 술책에서였다. 코지모의 통치를 비밀 정치의 극치라고 비난하든가 혹은 그것을 초월할 만한 질서의 창시자로 그를 칭송하든가, 이 두 가지 선택이 카발칸티의 앞에 놓여 있었다. 그의 저작들을 보면 이 문제에 대해 이쪽도 저쪽도 아닌 양면적 태도를 취한 흔적들이 보이는데, 이러한 점은 그의 다음과 같은 관측에 가장 잘 요약되어 있다. "만약 가정컨대, 인간의 덕성들이 우리의

의 연원을 6년 이상 앞당기는 계기가 되었다. 기리비치의 발견과 그 의미에 대해서는 로베르토 리돌피, 《마키아벨리 평전》(아카넷, 2000)의 "역자 해제," pp. 671-72를 볼 것.

23) Machiavelli, *Lettere*, ed. Franco Gaeta, pp. 230-31. "판타지아"의 개념에 대해서는 다음을 볼 것. K. R. Minogue, "Theatricality and Politics: Machiavelli's Concept of Fantasia" in B. Parekh & R. N. Berki, eds., *The Morality of Politics* (New York: Crane, Russak & Co., 1972), pp. 148-62.

이 덧없고 순간적인 삶의 와중에서도 불변적이고 영속적이라고 한다면, 감히 말하건대 〔코지모〕는 인간이라기보다는 차라리 신인(神人)이라 할 수 있을 것이다."[24] 우리는 아마도 그의 사상을 다음과 같이 설명할 수 있을 것이다. 코지모는 도시를 통치하고 있다. 그러나 그는 공화국과는 달리 불멸적 존재가 아니며, 그래서 자신의 인물 속에 모든 정치체제의 덕과 이성을 동원할 수는 없다. 그의 통치기는 언젠가 지나갈 것이고, 그 뒤에 변화와 쇠퇴를 이겨낼 수 있도록 고안된 시민적 삶을 남겨놓고 가지는 않을 것이다. 그의 통치는 운과 환상의 자식이며 혹시 악의 세력일지도 모른다. 왜냐하면 그것은 다른 사람들의 덕과 이성을 계발토록 하지 못하기 때문이다. 이는 단지 시민권의 교섭을 통해서만 가능한 일인데, 코지모가 그것을 좌절케 하고 있다. 반면에 그의 체제는 지금 작동 중이며 지속 중이다. 그는 공화국이 실패한 바로 그 지점에서 오히려 성공했으며, 그래서 그는 사람들에게 시민권을 회복시켜 준 인물이거나 혹은 공화국을 초월하는 질서를 창시한 존재라고도 생각할 수 있다. 어쨌든 코지모를 공화국도 할 수 없었던 일을 해낸 인물로 보는 한, 그는 사회의 정치화한 덕과 이성이 할 수 없었던 것을 해내는 데 성공했다고 볼 수 있다. 그러나 인간은 조온 폴리티콘(zōon politikon), 즉 정치적 동물이다. 그의 덕과 이성은 오직 정치적 결사들 안에서만 번성할 수 있다. 그리고 만약 코지모가 자신의 고립된 덕을 통해 그러한 연대를 초월했다면 그의 덕은 초인적인 것이라는 말이 된다. 이는 그를 일찍이 아리스토텔레스가 예견한 존재, 즉 인간이 야수 위에 군림하는 것만큼 정치적 인간 위에 군림하

---

24) Cavalcanti, *Istorie fiorentine*, I, I (Varese, *Storia e politica*, p. 126에서 재인용). 코지모를 칭송하기 위해 시민적 휴머니즘의 상징을 사용한 측면에 대해서는 다음을 볼 것. Donald Weinstein, *Savonarola and Florence: Prophecy and Patriotism in the Renaissance* (Princeton: Princeton University Press, 1970), p. 60, n. 85.

는 존재와 동등하게 보는 것이다. 하지만 코지모의 방법에는 플라톤식 철인왕의 방법을 시사하는 면이 없다. 바로 이 지점으로부터 마키아벨리적 모호성의 측면들이 작동될 여지가 생겨날 수도 있다. 만약 코지모의 덕이 그로 하여금 덕의 폐허 위에다 인간을 유덕하게 할 수 있는 질서를 확립하도록 해준다면, 그의 덕은 전적으로 도덕성으로부터 자유로운 비르투라 할 수 있다. 우리는 나중에 한 입법자의 덕이 인간적 · 시민적 덕성의 확립에 선행하고 또 그 근거가 될 가능성을 연구할 것이다.

그러므로 카발칸티는 마키아벨리에게 이르는 길로 깊숙이 내려간 셈이었다. 왜냐하면 공화국이 그것의 구성요소인 개별자들로 분해된 것으로 보였을 때, 시민 개개인은 자신의 동료시민들과 사고하고 행동하는 공동체, 즉 그의 삶을 둘러싼 개별자들 및 특정인으로서의 그 자신의 존재라는 양자를 모두 이해하고 통제할 수 있도록 하는 하나의 수단으로서 행동적 삶이 그에게 제공한 바로 그 공동체를 상실한 것처럼 생각되었기 때문이다. 대인 로렌초* 통치 하에서 번성했던 주로 신플라톤적인 철학 분파들은 비시민적 형태 속에서 조화와 통제를 회복하려는 시도로서 읽힐 여지가 있다.[25] 비록 이 분파들이 관조적 삶

---

* 마키아벨리 시대에 메디치가에는 두 명의 로렌초가 있었다. 15세기 후반에 살았던 로렌초(1449~1492)와 《군주론》 헌정사에 나오는 로렌초(1492~1519)가 그들이다. 전자는 피렌체에서 메디치가의 권력 기반을 마련했던 코지모(1389~1464)의 손자로서, 일반적으로 "대인" 로렌초란 별명으로 불린다. 후자는 전자의 손자이다. "대인", 즉 "일 마뉘피코"(Il Magnifico)란 말은 르네상스기 이탈리아에서 봉건제후의 후예가 아니면서도 실질적인 권력을 가진 도시 지배자를 통칭하는 표현이었다. 따라서 두 로렌초 모두 이 존칭으로 불리지만, 전자의 통치력을 높게 본다는 뜻에서 그의 경우만 이 별명을 가지고 있다. 앞으로 본문에서 전자의 경우만을 대인 로렌초로 옮기기로 한다.

25) 이에 대해서는 다음을 볼 것. Garin, *Italian Humanism*, ch. 3: "플라톤주의와 인간의 존엄성."

으로의 복귀를 나타내고 있다고는 하나, 그러한 것들이 제공하는 관조란 고요한 우주에 대한 수도사의 명상과는 거리가 먼 것이었다. 플라톤주의자들은 직관과 계몽으로서의 지식을 강조함으로써 관조가 행동의 일종이자 나아가서는 창조의 한 형태라는 옛 교의를 다시 주장할 수 있게 되었다. 인간이 피조물 중에서 유일무이한 존재로 보이는 것은, 다른 모든 피조물들의 지적 본질로 파고들 수 있는 능력 덕분이며, 그리하여 그는 자신을 그러한 본질들과 동일시하며, 그 대가로서 그것들을 스스로의 본성 속으로 흡수하게 된다. 연금술적·마술적 관념들에 의하면, 지식과 언어는 만물을 유지하는 상응 관계와 원리들을 의식 속에서 명료하게 함으로써, 지성의 측면에서(판타지아가 아니라) 인간을 모든 피조물의 주재자이며 창조자로(물론 신 아래의) 만든다고 말할 수 있다. 개개의 본성은 인간에 의해 이해됨으로써 비로소 보편화되며, 인간 자신은 그것들을 이해함으로써 보편성을 나누어 가지는 것이다. 그러나 만약 연금술이 동등한 개인으로서의 인간들 간에 관계의 틀을 마련해줄 수 없다면, 그것은 결코 정치의 대체물이 아니다. 피코 델라 미란돌라 작(作) 《인간의 존엄성에 대한 연설》(*De hominis dignitate*)의 세계는 결국 이해 가능한 대상과 그것을 알고 있는 지성으로 구성되며, 피코가 설사 지식을 동일시와 창조, 자기 동일시와 자기 창조에 대한 아담식 열정으로 간주했다고 해도, 시민들 간의 관계가 정말로 아는 자와 알려진 것 사이의 관계로 환원될 수는 없다. 시민들은 서로의 마음, 의지, 목적들 간의 관계를 유지하고자 하는 정도에 비하면 우주와 자신들을 알려고(그래서 창조하려고) 하는 데는 그리 큰 관심을 쏟지 않으며, 이러한 관계 유지에 적절한 마음의 품성은 플라톤적 그노시스(gnosis 靈智)가 아니라 아리스토텔레스적 필리아(philia) 또는 그리스도교적 아가페(agape)인 것이다. 마술, 즉 어떤 대상을 그것의 본성에 대한 지식을 통하여 조종하는 것은 정치적 동등자들 간의 관계에는 지극히 부적절한 행위이며, 그것이 지식을 행동의 지위로 끌어올리는 경향을 가진 한에서는 — 마술사는 단지 어떤 대상의 이름을 부르는 것만으로 그것을 통제한다 — 결코 마키아벨리적 비르투의 한 형태도 될 수가 없다. 인간 — 언제나 대문자 "Man", 즉 추상적이고 고독한 보편자인 — 을 앎의 능력을 가진 자로 고립시키는 철학은 인간 개인을 철학자거나 혹은 (만약 통치가 하나의 지적 행위로 간주된다면) 통치자로 그릴 수는 있겠지만, 통치하는 개인들 사이의 관계에 대한 개념은 전혀 찾을 수 없을 것인데, 그 이유는 정확히 말하자면 그러한 철학이 오직 통치하는 것만을 생각할 뿐 통치받는 것은 고려하지 않기 때문이다. 그러므로 지식과 행동을 재결합하려던 신플라톤주의의 시도는 실패했고, 이는 사회화한 인식, 결정, 행동을 설명하는 데 실패한 것에 비례한 결과였다. 바로 여기에 그것이 다룰 수 없는 경험의 영역이 존재하고 있었다. 신플라톤주의가 덕과 이성의 삶을 우주적 질서와의 계몽적 교섭으로 상상하면서도 동시에 특히 지식과 행동 간의 관계에 강조점을 두었다는 것은, 그들이 말하는 우주적 질서에는 사람들을 폴리스의 상실이라는 상황과 화해하게 하려는 의도가 내재해 있었음을 시사한다. 뒤에 보게 되겠지만 사보나롤라는 되찾은 폴리스를 성서 시대의 계시에서 절정의 순간에 나타나는 신성한 정의의 공동체로 묘사하고 있는데, 피코를 비롯한 신플라톤주의자들이 과도할 정도로 그에게 가까이 다가갔던 한 가지 이유도 아마 이러한 의도에서 찾을 수 있을 것이며, 그리하여 은총과 정치는 마술과 철학으로부터 인간본성을 복구하는 역할을 넘겨받게 되었던 것이다.

이러한 콘텍스트에서 헌정 사상은 — 이를 시민들이 행동을 함께 하기 위한 형태이자 제도에 대한 생각이란 의미로 본다면 — 도덕적이며 나아가 실존적이기까지 한 커다란 중요성을 가질 수가 있었다. 그것의 관심사는 정치화한 덕성의 회복으로서, 그러한 덕성 없이는 인간의 본성도 그의 세계도 이해 불가능한 힘들의 혼돈상태에 다름 아니라는 것을 두려워 할 이유가 있었다. 시민들 간의 관계를 숙고하고자 하는 피렌체인들에게 사용 가능한 이론이 있었다면, 그것은 앞서 살펴본 대로, 일련의 고전기 및 휴머니스트 작가들을 통해 고찰되었고, 실제에 적용하려는 목적에서 결국 통치형태를 일인-소수-다수로 분류하는 패러다임으로 요약되었던 아테네적 이론이었다. 베네치아의 안정성과 연원의 유구성에 대한 신화가 그 신화의 성격을 아리스토텔레스적 정체 및 그것을 이은 폴리비오스적 정체와 같은 것으로 상정한 때는 다름 아닌 메디치가의 상승기 동안이었다. 이러한 신화가 베네치아인들과 피렌체인들의 합작품이었다는 것은 의미심장하다. 그 연원을 추적한 학자는 펠릭스 길버트였는데,[26] 그에 따르면 그것은 비잔틴 제국의 학자 기오르기오스 트라페준티오스의 도움을 받은 프란체스코 바르바로와 같은 베네치아 휴머니스트들이 베네치아식 통치의 정당성을 고전 고대의 예에서 찾으려 했던 시도의 여파로 시작되었으나, 곧 베네치아식 통치의 독특한 구조를 탐색하고 특징짓는 한 수단으로 발전하였다. 베네치아는 관습적인 파당과 정체상의 불안정에서 벗어나 있었고, 그것이 실제로 겪었던 다수의 역사적 변화를 잊어도 좋을 만큼의 여력이 있었기 때문에, 이미 전통적으로 유구한 연원과 불변성에 대한 신화가 존재해 왔으며, 공화국이 자신을 특징짓기 위해 선택한 "세레니씨마"(Serenissima)*란 별명을 통해 그러한 성격을 표현하였던 것이다. 이러한 안정성의 원인을 설명해줄 수 있는 원리 혹은 고전적 패러다임을 찾고 있던 휴머니스트 관측자들은 베네치아 정체의 두 가지 특징을 주시했는데, 이들 각각이 반드시 동일한 결론으로 귀착되는 것은

---

26) Felix Gilbert, "The Venetian Constitution in Florentine Political Thought" in *Florentine Studies: Politics and Society in Renaissance Florence*, ed. Nicolai Rubinstein (London: Faber & Faber, 1968), pp. 463-500.

* 이 말은 "평온한", "고요한", "청명한" 등을 뜻하는 형용사 "sereno"의 최상급 형태로서, 베네치아가 최상의 안정성을 가지고 있다는 뜻이다.

아니었다. 첫 번째 특징은 통치 권력이 도제(Doge), 원로원(Senato), 대평의회(Consiglio Maggiore)로 나누어져 있다는 것이었다. 그들이 보기에는 여기에 고전 이론가들이 말했던 일인, 소수, 다수의 바로 그 조합이 있었다. 하지만 다른 특징은 정치참여라는 의미에서 볼 때, 시민권이 대규모이기는 하지만 그 수가 한정된, 유서 깊은 가문들의 연합체로 오랫동안 제한되어 왔다는 것이었다. 이는 베네치아가 과두정 혹은 귀족정이라는 의미로 생각되었다. 하지만 당시에는 일인, 소수, 다수로 나뉘는 수적 분류를 왕정, 귀족정, 민주정으로 나뉘는 사회적 분류와 동등한 것으로 보는 것이 보통이었다. 그러면 베네치아 정체의 진짜 형태는 혼합정인가 아니면 귀족정인가? "가장 평온한 공화국"이라는 이미지 때문에 계속해서 생겨난 신비로운 수많은 특성들도 이 패러다임의 기본적인 모호함에 일조할 수 있다. 그리고 이러한 모호함은 차례로, 말로 된 압축적인 공식 안에 상이한 묶음의 기준들을 조합하려고 한 아리스토텔레스의 결단으로부터 기인된 모호한 점들과 또 다시 연결될 수 있다. 도제, 원로원, 대평의회는 각각 일인, 소수, 다수를 대표할 수도 있었고, 왕정, 귀족정, 민주정을 대표할 수도 있었으며, 또는 일인/왕정, 소수/귀족정, 다수/민주정이 수행하기에 적절한, 차별적인 정치 기능들을 대표할 수도 있었다. 귀족정은 때로는 순수한 통치형태로서, 때로는 3요소 혼합정의 한 요소로서, 혹은 그것의 사회적 독점 구조 안에 일인, 소수, 다수의 혼합 형태를 포함할 수 있는 어떤 것으로 보일 수도 있었다.

15세기 베네치아인들은 스스로의 정체가 내부적으로 유례없이 잘 균형잡혀 있고 비례도 잘 맞추어져 있다고는 생각했지만, 그래도 귀족정이 아닌 다른 어떤 것이라고 볼 생각은 전혀 없었다는 것이 길버트의 분석에서 명백히 나타난다. 베네치아 정체에 관심이 있었던 피렌체인들도 처음에는 이런 견해를 거부하지 않았다. 대인 로렌초 시대의 피렌체에서 베네치아 신화가 주로 호소력을 발휘했던 대상은 오티마티

(ottimati)로 알려진 신분 집단의 구성원들이었다. 이들은 귀족보다는 상인 출신의 유서 깊은 가문들로서, 스스로를 보통 사람들과는 달리 분별, 경험 등 여러 통치상의 자질을 갖춘 세습적 성격의 통치 계급 혹은 주도적 요소라고 보았고, 따라서 "소수" 또는 "귀족정"이라는 별칭에 잘 들어맞는 아리스토텔레스적 엘리트와 동일한 존재라고 생각하였다. 오티마티 — 이 말은 로마 공화국의 옵티마테스(optimates), 즉 원로원 귀족층을 가리키는 단어에서 나온 것이다 — 는 메디치가의 정치 방책을 통해 그들에게 할당된 책임과 권력에서의 몫에 만족치 못했기 때문에, 정치적 귀족층 — 그런데 이는, 당시 베네치아와 피렌체의 귀족층이 땅을 구입하고 있었는지의 여부와는 별개로, 봉건적 혹은 토지 귀족과는 아주 다른 것이었다 — 의 역할을 강조하고 구분하는 주장이나 용어에 당연히 관심을 보였고, 따라서 그러한 귀족층에 그것에 상응하는 권력을 할당한 고전적 원리들을 당대의 정체로 구현한 모델로서 베네치아를 택하였다. 그들은 도제와 베네치아 귀족층 간의 관계에서, 메디치가의 수장과 피렌체의 오티마티 간에 존재했어야 하지만 실제로는 존재하지 않았던 관계를 보았고, 그래서 이들 중 일부는 피렌체의 도제가 동료들 중 일인자(primus inter pares)일 뿐이고 그것도 반드시 메디치가일 필요도 없는 그런 시대를 꿈꾸기조차 했을 법 하다. 그들은 분명코 베네치아의 정체 속에 있던 민주적 요소를 강조하는 것에 대해서는 아무런 관심도 없었고, 그러한 요소를 창안해 낼 필요가 있을 것이라고 생각하지도 않았다. 하지만 당시의 사회적 현실이 그들이 택하기로 한 패러다임과 어떻게 연관되어 있었는지 살펴볼 필요가 있다. 실제로 피렌체에는 행동적 시민권의 오랜 전통을 가진 포폴로(popolo)(그것이 포폴로 그라쏘든 포폴로 미누토든 간에)* 계층이

* 원래 중세 이탈리아에서 전통 귀족에 대한 평민의 의미를 가졌던 포폴로는 13세기 후반 이후 도시 행정을 장악하면서, 부유한 중상층의 상인 및 장인 계층을 가리키는 그라쏘(살쪘다는 뜻)와 중하층의 소상인 및 장인 계층을

있었으며, 이론적 측면에서든 현실적 측면에서든 권력배분에서 이들을 고려하지 않는다는 것은 어려운 일이었을 것이다. 또한, 휴머니스트적 고전주의든 실제의 베네치아 정체가 보여주는 삼자 형태든 모두가 사용하지 않을 수 없는 일인-소수-다수의 구분은, 그들이 찾고 있는 이상적인 틀 안에서 귀족정과 왕정 간의 균형뿐 아니라 그것들과 민주정 간의 균형이라는 측면에서도 상호 대화를 요구하고 있었다. 사보나롤라가 실각한 이후에, 귀족주의 이론가의 핵심 세력은 베르나르도 루첼라이 주위에 포진했다가 그의 사후에도 계속 존속하게 되는데,[27] 그에 따르면 베네치아의 정체는 귀족정이며, 피렌체는 오직 그러한 귀족정이 되어야만 하며, 그것이 바로 그들이 뜻하는 바 전부라는 것이었다. 그러나 어쨌든 이러한 주제를 지적 측면에서 선도한 것은 그들이었고, 여기에는 다른 이유도 있지만 그들 자신의 언어에 내재된 피할 수 없는 함의들 때문이었다.

베네치아의 신화는 결국 — 적어도 잉글랜드-아메리카적 시각에서 볼 때 — 다음과 같은 주장으로 집약된다. 즉 베네치아 공화국의 안정성은 불멸이며, 그 이유는 왕정, 귀족정, 민주정의 3요소가 완전한 균형을 유지하도록 조합된 덕분이라는 것이다. 이러한 주장은 이미 폴리비오스 이론의 언어와 가정 속에서 피력되었던 것이었으나, 15세기에 폴리비오스의 《역사》 제 6권은 잘 알려져 있지 않아 베네치아 신화의 원천으로 제시되기는 힘든 형편이었으므로, 우리는 오히려 아테네 철학에서 시민적 휴머니즘으로 이어지는 유구한 대전통에 더 관심을 쏟아야 할 것이다.[28] 신화 만들기에서 커다란 역할을 담당한 피렌체의

지칭하는 미누토(작다는 듯)로 나뉘게 된다.

27) Felix Gilbert, "Bernardo Rucellai and the Orti Oricellari: A Study on the Origin of Modern Political Thought," *Journal of the Warburg and Courtauld Institutes* 12 (1949), pp. 101-31; Gilbert, *Machiavelli and Guicciardini*, pp. 80-81.

오티마티는 자신들의 욕망과 통제를 넘어선 관념들과 이데올로기를 부추긴 것으로 볼 수도 있다. 하지만 그들이 스스로를 시민으로 생각했고 정치 공동체의 언어를 빌려 그들의 계급적 이익을 표현했다는 사실은—물론 그러한 사실의 선택은 우리 몫이지만—여전히 남는다. 그들이, 일인과 소수 사이, 혹은 대인 로렌초와 오티마티 혹은 피에로와 오티마티 사이에 있어야 할 관계를 가리키는 것 외에 다른 아무 것도 아닌 것으로 생각했던 것이 피렌체 정체의 모든 부분들 사이에 있어야 할 관계의 패러다임이 되었을 때, 보편 시민권의 이상은 아리스토텔레스와 폴리비오스의 이론이 혼합된 형태로 피렌체의 어휘 속에 되살아난 셈이다. 하지만 이러한 일이 일어난 당시의 상황은, 달리 말해서 1494년에 뒤이은 시기의 지적 색조는, 그것이 실행되려면 정치적으로나 이념적으로나 커다란 갈등이 불가피하다는 것을 보여주고 있다. 시민적 휴머니즘의 유산이란, 시민권의 실패로 인해 지식인들은 셰익스피어극(劇)에서 표현된 "세계질서"(order and degree)의 실패만큼이나 확실히 무질서한 우주라는 이미지와 대면치 않으면 안 되었다는 것, 그리고 신플라톤주의 철학 분파들은 질서로 복귀하는 유일한 길이 지성과 우주적 질서의 결합, 즉 이해 가능한 세계의 통일성을 극적으로 회복하는 것에 있다는 생각을 고무했다는 것이었다. 베네치아의 신화를 발전시킨 사람들은 이와는 다른, 시민권과 정치질서를 통한 세계의 소생을 제안한 전통에 속해 있었고, 베네치아의 이미지는 다만 그들이 다시 한 번 아리스토텔레스 정치학의 범주들을 전하기 위해 이용한 매개물에 불과하였다. 그러나 베네치아는 신화가 되었고, 상상력에 강박적인 힘을 행사하는 패러다임이 되었다. 그리고—피렌체의 사상가들로 하여금 자신들이 전혀 사랑의 감정을 느끼지 못하는 경쟁 도시의

---

28) 바르바로와 트라페준티오스는 그들의 이상적인 베네치아 모델을 플라톤의 《법률》에 기초하여 만든 것으로 보인다. 다음을 볼 것. Gilbert, "Venetian Constitution," pp. 468-69.

이미지에 그토록 과중하게 의존하지 않으면 안 되도록 한 상황이 얼마나 그들을 의기소침하게 만들었던가 하는 문제는 제쳐두더라도 — 상징의 힘은 확실히 그 완전무결성에 있었다. 그것은 모든 개별자가 조화를 이루고 그리하여 불멸의 안정성을 향유하는 그런 정체에 대한 비전을 보여주고 있었던 것이다. 만약 어떤 정체가 종속적인 세계에 질서를 회복하고자 한다면, 그것은 진실로 보편적이어야만 했다. 사보나롤라의 계시적 설교가 피렌체로 하여금 스스로를 성스럽고 선택받았으며, 교회 개혁과 세계 구원을 위해 신이 사용할 도구로 보도록 고무하고 있던 바로 그때, 베네치아의 이미지가 그 도시에서 정치적인 힘을 발휘했다는 것은 대단히 흥미로운 사실이다.

1494년 프랑스군의 출현으로 메디치가의 통치는 무너졌고, 그해 말로 향하면서 피렌체 헌정이 정치적으로 존속한 짧은 잔여기간 동안(1494~1512년, 1527~1530년) 공화주의를 상징할 정체가 세워졌다. 이 정체는 콘실리오 그란데(Consiglio Grande 대평의회), 시뇨리아(Signoria 정무위원회),* 그리고 곤팔로니에레(Gonfaloniere) — 마지막 관직은 1502년에 종신직이 되었다 — 등을 포함하고 있었다. 그리고 당시의 이론은 이러한 직제들과 다수, 소수, 일인의 고전적 분석 간에 어떤 상응 관계가 있어야 한다고 주장하였다. 더욱이, 아주 넓은 범위에서 비귀족적 요소들을 대평의회의 일원으로 넣고, 그리하여 정무위원회 관직에 대한 선출권을 부여한 것은, 당시의 피렌체 정체에 평민적 혹은 민주적 요소가 엄존하고 있었을 뿐 아니라 — 이러한 별칭들은 물론 그 당시에 통용되던 의미로 생각되어야만 한다 — 민주정과 귀족정을 구성하는 사회적 범주들 간의 균형이 다수, 소수, 일인이라는 수적으로 결정된 범주들 간의 균형을 동반하고 있었음을 나타내고 있었다. 범주화의 두 가지 방식을 혼합하는 유서 깊은 장치 덕분으로, 피

---

* 시뇨리아는 최고집행위원회로서 의장 격인 곤팔로니에레와 7명의 위원(priori)으로 이루어지는데, 이들은 대길드(7명) 및 소길드(2명)를 대표한다.

렌체의 헌정은 비록 오티마티가 정무위원회를 지배하지는 못했고—이때 "소수"는 수적 측면에서 생각된 것이다—또한 한 사람이, 그것도 때로는 종신직으로, 권력을 행사했어도 그는 결코 왕과 그의 정신(廷臣)들이 "일인"의 위치에 해당된다고 말할 수도 있는 그런 의미에서 하나의 계급 혹은 신분 집단을 이루지는 않았지만, 그럼에도 불구하고 민주정, 귀족정, 군주정의 균형정체 혹은 혼합정체로 불렸다. 하지만 그것은 어디까지나 베네치아 정체를 모델로 했다고 일반적으로 되풀이해서 얘기되던 바로 그 헌정이었다. 피렌체 대평의회의 집회용 건물은 베네치아 대평의회 건물을 본 딴 것이었다.[29] 베네치아가 민주정, 귀족정, 군주정을 안정적으로 섞어 놓은 유일무이한 경우라는 명성도 사실은 피렌체의 이러한 동일시 현상에 크게 힘입은 것이었다. 그러나, 만약 베네치아의 신화가 1494년의 피렌체 정체 덕을 톡톡히 보고 있는 셈이라면, 바로 그해부터 넓은 혼합정의 주창자들이 신화를 자기 식으로 해석하기 시작했다는 것 역시 사실이다. 길버트가 수집한 모든 증거로 보아, 1494년 이전의 피렌체인들은 일반적으로 베네치아를 귀족정으로 보고 있었다. 그러면 당시 베네치아의 이미지를 두고 평민-귀족 혼합정의 정당성을 주장하는 데 적절하다고 생각한 사람들은 누구였으며, 또한 이러한 방식의 정당화가 일반적으로 적절하다고 받아들여진 이유는 무엇일까? 대평의회, 그것과 운명을 같이 한 헌정, 그리고 그러한 헌정의 모델로 베네치아를 추천한 것 등, 이 모든 일이 지롤라모 사보나롤라의 계시적 설교를 통해 한꺼번에 일어났다는 사실을 우리가 알게 된다면 상황은 더욱 갈피를 잡기 힘들게 된다. 종종 명석하고 지적인 면모를 보였던 그의 연설에서 우리는 종말론이 특수한 정치체제의 일을 설명하는 다른 방식들과 함께 공존하고 있음을 보게 되는데, 우리의 베네치아 모델은 이러한 점이야말로 근대 초기 공

29) Gilbert, *Machiavelli and Guicciardini*, pp. 9-10.

화주의 사상에서 결정적인 요소로 간주된다는 것을 보여주고 있다.

사보나롤라[30]는 1490년부터 피렌체에 살고 있었다. 그는 점점 더 예언적 스타일의 설교를 하기 시작했는데, 여기서 그는 부패한 세계에 대한 신의 심판이자 그것의 정화를 위한 길을 예비하는, 극적이고도 무시무시한 사건들을 예언함으로써 청중들의 참회를 촉구하였다. 당시의 시대 분위기에 따라, 천년왕국적 냄새를 풍기는 그의 설교는 무언가 반쯤은 비밀 결사와도 같은 느낌을 불러일으켰고, 언제나 이단적이고 전복적인 가능성을 담고 있었다. 하지만 사보나롤라가 이러한 전통에 얼마나 깊이 호응했던지 간에, 그는 도미니쿠스 교단의 가르침에 따라 정통 토마스주의자로 굳건하게 남아 있었다. 그러나 우리가 보통은 압박받는 사람들의 비합리적 태도와 연결하곤 하는 계시적 방식이 르네상스 피렌체의 사람들에게 그 정도의 힘을 발휘했다는 것은 특기할 만한 일이다. 적어도 우리에게는 그렇게 보인다. 하지만 이야말로 허위적인 반테제의 구축으로 빠지기 쉬운 지점이다. 우리가 앞서 살핀 대로, 시민적 휴머니즘은 공동체를 현재적 시간 속에 격리시키는 결과를 초래하게 되어 있었다. 계시적 역사는 시간을 유일무이한 의미를 가지는 일련의 시기들로 표현하였고, 그러한 시기들을 통해 공동체는 이스라엘이나 로마의 경우만큼이나 중대한 역할을 수행하도록 소명받게 된다. 시민적 공동체를 실현하려는 시도는 당시의 사상에서 신성한 공동체를 구현하고자 하는 시도와 그리 다르지 않았으며, 아마도 둘은 동일한 언어에 기대고 있었을 것이다. 그러나 1494년 이전에 사보나

30) 사보나롤라의 사상에 나타나는 종말론과 시민적 휴머니즘 간의 관계를 연구한 것으로서, 여기에 제시된 것보다 더 미묘한 측면들을 넓은 범위에서 다룬 경우로는 다음을 볼 것. Donald Weinstein, *Savonarola and Florence* (Princeton: Princeton University Press, 1970); "Machiavelli and Savonarola," in *Studies on Machiavelli*, ed. Myron P. Gilmore (Firenze: Sansoni, 1972).

롤라는 피렌체 공동체의 정치형태에 대해서는 한 마디도 하지 않았고 — 물론 메디치 정부로서는 그 와중에 예언자가 출현한 것을 당연히 불편하게 여기고 있었지만 — 그가 강조한 점은 피렌체가 여러 나라들 중에서도 혼자만의 독특한 역할을 가지고 있다는 것이 아니라, 오히려 신이 내리는 가장 무시무시한 심판이 도시를 향하고 있고 그것도 곧 올 것이라는 것이었다. 그럼에도 불구하고, 그러한 운명을 맞을 곳이 다름 아닌 피렌체라는 사실 때문에 청중들은 자신들의 공동체가 지닌 독특한 개체성을 틀림없이 크게 인식했을 것이고, 사보나롤라가 반복해서 사용하여 청중들에게 두려움을 안겨주었던 "곧바로, 그리고 즉각적으로"(cito et velociter)라는 말 역시 당시 그 순간이 각별히 중요하다는 느낌을 고조시켰을 것이 분명했다. 이 모든 것의 초점이 다가오는 프랑스왕의 대 나폴리 원정에 맞추어지게 되었다. 샤를 8세는 구약 예언서의 언어로 말하자면 이탈리아를 벌하고 부패한 교회를 정화하게 되어 있는 "신의 채찍"*이자 "북쪽에서 온 왕"으로 그려졌다. 우리는 여기서 단테나 나아가서는 콜라 디 리엔초의 신비적 제국주의를 마음에 떠올릴 수도 있다. 하지만 이는 피렌체에 혁명이라는 사건을 일으켰고, 이로써 사보나롤라는 돌이킬 수 없는, 그리고 결국은 비극적으로 끝나는 정치적 사건의 행로 속에 휩쓸려 자신의 예언적 비전 속에 시민적 이상을 반영하지 않을 수 없는 처지가 되었다. 계시의 언어가 이제는 정치 공동체의 언어와 혼합되지 않으면 안 되는 상황에 와 있었던 것이다.

샤를 8세가 피렌체에 도착하자 메디치가의 통치는 일련의 혁명적 사건들 속에서 붕괴되고 말았다. 피에로 데 메디치는 자신의 기반을 상

---

* flagellum Dei. 훈족의 왕 아틸라(434~453)의 별칭. 로마 제국에 침입하여 발칸지방 남부, 그리스, 갈리아, 이탈리아 지역을 휩쓸었다. 《니벨룽의 반지》에서는 "에첼"(Etzel)로, 아이슬란드 무용담에서는 "아틀리"(Atli)로 나온다.

실했다. 영향력 있는 오티마티의 내부 핵심 인사들은 그동안 그들에게 점점 더 성가신 존재가 되어 왔던 메디치 정권을 지지하지 않음으로써 이제 그것을 끝낼 수 있다는 것을 알았다. 하지만, 피에로가 권좌에서 쫓겨난 후, 권력을 오티마티의 수중에 맡겨 전통적인 제도들을 일신함으로써 옛 공화정 체제를 회복하려던 시도는 실패로 돌아갔다. 비엘리드 집단이지만 정치적 선거권을 가진 계급인 포폴로 측의 정치활동이 맹렬해졌기 때문이다. 대평의회에 근거한 3자 정체가 제시 · 채택되고, 베네치아 모델을 따른, 본질적으로 비귀족적인 이러한 구조를 권고하는, 여전히 무언가 모호한 결정이 내려진 것은 바로 이러한 상황에서였다. 사보나롤라는 이러한 형태의 정체를 천거하고 뒤에는 그것을 이끌어가는 데 주도적인 역할을 했으며, 설교를 통해 베네치아의 이미지를 부각시켰다. 그럼에도 불구하고, 그가 피렌체 정체를 고안한 두뇌라는 것은 믿기 어려우며, 그가 베네치아를 따르라고 권고할 때 사용한 용어들도 이러한 생각이 그에게서 시작되었다는 것을 명확히 보여주지는 못하고 있다.[31] 그러나 이데올로기의 역사에서, 우리의 관심은 시작, 동기, 행동보다는 그러한 것들이 사용된 방법과 그 언어에 있다. 우리는 이 시기 공화주의 이념의 조건에 대한 결론을 이끌어내기 위해, 바로 이러한 위기의 순간, 즉 1494년 11월에서 12월 사이에 행해진 사보나롤라의 설교를 연구할 수 있을 것이다.[32]

결정적인 국면은 사보나롤라의 계시적 발언들과 공화주의적인 포폴로의 부활 사이, 즉 예언과 시민권 사이에서 나타났다. 그는 특별한

---

31) Weinstein, *Savonarola and Florence*, pp. 20-23, 150-53; Nicolai Rubinstein, "Politics and Constitution in Florence at the End of the Fifteenth Century," in *Italian Renaissance Studies*, ed. E. F. Jacob (New York: Barnes & Noble, 1960).

32) 나는 여기서 다음의 판본을 사용하였다. Francesco Cognasso, *Savonarola. Prediche italiane ai fiorentini: I, novembre-dicembre del 1494* (Perugia-Venezia: La Nuova Italia Editrice, 1930).

신의 심판이 피렌체와 교회를 위해 준비되어 있음을 확신했으며, 이러한 확신이 세계 속에서 피렌체가 특별한 신의 소명을 받았다는 믿음으로 변하는 것은 충분히 있을 수 있는 일이었다. 신은 당신이 사랑하는 자를 단련하셨다. 피렌체는 택함을 받았기 때문에 오히려 위기에 처한 것이다.[33] 그는 교회가 피렌체에서 시작된 영적 부활을 통해 개혁될 것이라고 믿게 되었으며 — 영적인 역사와 세속 공동체를 동일시하는 계시 사상 — 더 중요한 사실은 그가 이러한 부활을 공화주의 시민권의 회복과 같은 것으로 보게 되었다는 것이다. 그의 사상이 전통 도덕률의 준수로부터 얼마만큼 정치적 기능의 분배 쪽으로 옮아갔는가는 그것이 중세적 규범으로부터 어느 정도로 이어져 내려왔는지 아니면 어느 정도로 단절적인지에 대한 논쟁을 통해 정확히 알 수 있다.[34] 하지만 이 책의 목적에 더 부합되는 것은 사보나롤라가 어떻게 해서 아리스토텔레스적, 시민적, 계시적 언어들을 단일한 종합 속에 혼합해 넣을 수 있었는지를 알아내는 것이다.

그의 천년왕국적 열망은 60년 이상의 침체기 이후 공화국이 회생의 길로 접어들던 당시의 이념적 요구와 시기를 같이 하였다. 일반 피렌체인들은 공화국을 도시 전통들, 그리고 도시의 수호성인인 성 요한과 동일시하였다. 따라서 성 요한은 복권되었고, 이는 1447년 밀라노의 단명했던 공화 정권이 성 암브로조의 이름을 취했던 것이나, 평온의 공화국 베네치아에서 성 마가가 줄곧 권좌에 있었던 것과 같은 맥락이

33) Weinstein, *Savonarola and Florence*. 여러 관련 부분을 볼 것. 특히 새로운 계시가 옛 교황파가 가졌던 피렌체의 성스러운 소명 의식을 어느 정도로 대체했는가에 대해서는 pp. 35-66의 논의를 볼 것. 그리고 1495년 사보나롤라가 예언자로서의 자신의 역사를 서술한 《사보나롤라 계시록》(*Compendium Revelationum*)의 텍스트는 영역으로 pp. 68-78에 인용되어 있다. pp. 168-70도 볼 것.

34) 이에 대해서는 사보나롤라에 대한 역사 문헌들을 개관한 다음 부분을 볼 것. Weinstein, *Savonarola and Florence*, pp. 4-25.

었다.[35] 그러나 이단적 설교의 전통에 호응한 사람들, 시민적 휴머니즘의 이상과 공화국의 명백한 붕괴가 초래한 고통에 민감한 사람들은 모두가 좀더 정교한 종말론을 통해 자신들이 지금 얼마나 숭고하고도 대담한 시도를 하고 있는가를 표현하고자 했을 것이다. 공화국은 회복되어야만 했다. 그것은 특정한 한 도시가 ― 앞서의 실패를 겪은 후 ― 시간 속에서 스스로를 보편적 존재로 만들고자 하는 시도였다. 신플라톤주의 사상은 그러한 노력에 연금술적 어휘를 제공했으나, 그 스스로 정치적 표현의 전면에 나서려 하지는 않았다. 그러나 종말론의 언어는 인간 공동체가 신의 은총이라는 행위를 통해 보편적 의미를 부여받는 일련의 사건들을 묘사하고 있었다. 시민권의 회복은 곧 인간 보편성의 회복을 뜻했다. 만약 이러한 것이 연금술적 지혜를 통해 가능하다면, 비베레 치빌레(시민적 삶)와 조온 폴리티콘(정치적 동물)의 개념을 되살림으로써도 역시 가능할 것이다. 하지만 행동적 삶을 되살리는 것은 시간 속에서 행동을 통해 수행되지 않으면 안 되는 것이었다.

그러나 사보나롤라의 천년왕국 사상은 완고할 정도로 정통주의적이며 토마스주의적이었다. 그가 비록 이제 교회의 제 5시대가 임박했다고 말했고, 교황을 적그리스도라고 비난함으로써 결국 몰락의 길로 가게 되었지만,[36] 그는 은총이 자연을 성취할 뿐 그것을 없애지는 않는다는 성 토마스의 교의를 받아들이고 있었던 것이다. 인간에게 자연스러운 삶의 형태가 있는데, 그것은 친교와 교제의 가치를 추구하는 것이다. 도시는 모두의 공동선이 추구되고 인간이 자신의 선보다 타인의 선을 모색하는 그러한 친교의 장이다.[37] 그러므로 인간의 삶을 진정

---

35) Gilbert, "Venetian Constitution," p. 464.

36) 사보나롤라의 천년 왕국사상에 대한 상세한 분석으로는 다음을 볼 것. Weinstein, *Savonarola and Florence*, ch. 5.

37) 이에 대해서는 특히 1494년 12월 14일의 설교(Cognasso, pp. 181-97)와 1497년에 씌어진 다음의 《피렌체 통치론》을 볼 것. *Trattato circa il reggi-*

한 형태로 되살리는 그런 종류의 교회 혹은 도시를 되살리는 것도 가능하다. 그러한 유의 레포르마티오 또는 린노바치오네(rinnovazione)* 는 질료보다 정신이나 형상의 우위를 주장한다는 점에서 지극히 아리스토텔레스주의적이지만, 그것은 분명히 은총의 사역이며 동시에 시간 속에서 이루어져야 하는 것임에 틀림없다. 프리마 포르마(prima forma), 즉 원초적 본성은 은총의 선물이기 때문에, 은총의 부활 없이는 갱신될 수 없으며, 이는 바르게 살아감으로써 은총을 받게 될 모든 사람을 위한 것이다. 그러나, 사보나롤라가 방주에 탄 노아의 입을 빌려 그의 아들에게 말하고 있듯이, 성스러운 것은 시간에 종속되지 않는 법이다. 반면 세속적인 것은 주기적 회생을 필요로 한다. 교회 역시 이러한 법칙에서 예외가 아니며,[38] 따라서 교회의 회생은 피렌체가 당위적이고 자연스러운 형태의 인간 공동체로 거듭나는 것을 통해 인간적 "주스티치아"(giustizia), 즉 정의(正義)를 확립함으로써 가능해진다. 하지만 이러한 프리마 포르마의 회복은, 오직 은총이 시간 속에서 작용하여, 피렌체의 역사, 이탈리아의 역사, 영적인 역사 속의 시기를 택하고 천명하며, 스스로가 택함을 받았다는 예언적 전언을 도시에 보냄으로써만 일어날 수 있다. 피렌체인들은 예언자에 유의하여 그 시기를 잘 포착해야만 한다는 것이었다.

사보나롤라가 반복해서 주장하는 바로는,[39] 국가란 주기도문으로

---

mento e governo della città di Firenze, in *Edizione Nazionale delle Opere di Girolamo Savonarola*, vol. XI, *Prediche sopra Aggeo con il Trattato* …, ed. Luigi Firpo (Roma: Angelo Belardotti, 1955).

* 이 말들은 각각 "형상을 회복하는 은총의 사역"과 "그 결과로 나타나는 갱신"이란 함의를 담고 있다. 앞서의 논의를 볼 것.

38) Cognasso, pp. 108-110 (1494년 12월 7일자 설교).

39) Cognasso, pp. 116-17 (1494년 12월 7일자 설교); pp. 186-90 (12월 14일자 설교). 후자는 동일한 금언에 대한 길고 형식론적인 반박인데, 여기서 국가는 오직 은총을 통한 형상의 완전무결함 속에서 비로소 통치될 수 있음

통치될 수 없다는 (코지모 데 메디치가 했다는) 속담은 극히 잘못된 것이다. 여기에서 분명히 드러나고 있지만, 그는 뒤에 올 마키아벨리의 비판을 예견하면서 그 자신의 견지에서 그것을 논박하고 있는 것이다. 정당한 도시는 포르투나(운)와 라조네(이성)의 시기 속에 존재하는 것이 아니다. 왜냐하면 그것은 그라치아(grazia 은총)와 린노바치오네(갱신)의 시기 속에 있기 때문이다. 하지만 이로부터 명백한 점은 도시가 포르투나 및 라조네의 시기 혹은 그라치아 및 린노바치오네의 시기 중 어느 한쪽에 존재해야만 하며, 제 3의 선택은 없다는 것이다. 사보나롤라 자신의 용례를 빌리자면, 우리는 이제 그가 덕을 정확히 얼마나 정치화한 것으로 보았는지, 정의의 지배가 어떤 정체 내에서 고도의 일반 시민권 참여를 얼마나 요구하는 것으로 보았는지에 대한 문제와 맞닥뜨리게 된 것이다. 그러한 전환을 가능하게 하는 수단은 존재하고 있었다. 만약 원초적 본성의 의미가, 각 시민들이 개인적인 선보다는 공익을 따라야만 하는 것이었다면, 시민권의 행사는 이를 수행하기 위한 극히 의식적이고 제도화된 수단이었고, 정체는 당연히 정의의 형태일 수 있었다. 이를 뒤따르는 명제는 공화국의 확립이 곧 은총의 순간일 수 있다는 것이었다. 그러나 사보나롤라가 시민권의 행사를 모든 전통적인 덕성들이 발휘될 수 있도록 하는 패러다임이라고 본 적이 있었는지 확언하기는 쉽지 않다. 명확한 사실은, 그가 점점 더 고베르노에 레치멘토(governo e reggimento 통치체제)를 개혁된 삶의 형상—질료에 반대되는—이라고 말하기 시작했다는 점,[40] 그가 참주정과[41] 자신의 목적에 다른 사람들을 종속시킬 가능성이 있는 일인 통치는[42] 정의와 양립할 수 없다고 한 점—이것이 의미하는 바는, 참주가 다른

을 상세히 논증하고 있다.

40) Cf. Weinstein, *Savonarola and Florence*, pp. 147, 153-54, 156-58.

41) Cognasso, pp. 116-17, 186-90, 212.

42) Cognasso, pp. 115, 194; 219 (1494년 12월 16일자 설교).

사람들에게 불의를 행한다는 것이 아니라 그들이 자신들의 삶에서 정의를 행하는 데 방해가 된다는 것으로 보인다 — 그리고 그가 공화국을 채택하되[43] 그 모델을 베네치아 정체로 할 것[44]을 권고한 것이 바로 린노바치오네와 계시적 시기라는 콘텍스트 속에서라는 점 등이다.

이 시점에서 사보나롤라가 공화국은 오직 도덕적 개혁의 콘텍스트 내에서만 정당화될 수 있다고 보기보다는 오히려 오직 공화국 내에서만 도덕적 개혁이 가능하다고 보았는지의 여부는 — 물론 이러한 사고의 구성요소들은 후자 쪽을 가리키고는 있지만 — 명확치 않다. 그러나 그가 공화주의 정체에 대해 내심 느끼고 있던 감정을 가장 잘 드러내 주는 것은 피렌체인의 기질과 역사에 관한 그의 태도이다. 그는 자신을 아리스토텔레스적 정치학으로 인도한, 예컨대 성 토마스 아퀴나스와 톨로메오 디 루카와 같은[45] 중세의 저술가들이 다음과 같은 사실을 명확하게 얘기하고 있음을 알게 되었다. 즉 일인 통치자가 훌륭한 인물일 때는 군주정이야말로 최상의 통치형태가 되겠지만, 그럼에도 불구하고 실제의 세계에서는 그 나라 사람들의 개별적이고도 지역적인 기질에 가장 잘 맞는 그런 종류의 정체를 부여하는 것이 필요하다는 것이었다.[46] 사보나롤라는, 피렌체인들은 전통과 기후로 인해 (만약 이게 아니라면, 초기 휴머니스트들의 주장대로 장사와 여행 때문에) 각별히 그들 스스로를 통치하는 데 익숙해졌고, 또한 각별히 그렇게 하는 데 적절한 기질을 가지게 되었다고 주장하였다.[47] 만약 고베르

---

43) "governo civile" 혹은 "reggimento civile"와 같은 말들〔모두 "시민적 정치체제"라는 뜻 — 옮긴이〕이 그의 《피렌체 통치론》(*Trattato*)에서 사용되고 있다. Cf. Weinstein, *Savonarola and Florence*, ch. 9. 이러한 용어들은 1494년의 설교보다는 그 이후의 설교에서 나타난다.

44) Cognasso, p. 117 (1494년 12월 7일자 설교).

45) Weinstein, *Savonarola and Florence*, p. 290.

46) Weinstein, *Savonarola and Florence*, pp. 292-93.

47) Cognasso, pp. 183-84 (1494년 12월 14일자 설교) ; 228-31 (12월 17일자

노 치빌레(governo civile 시민적 정체), 즉 공화정이 피렌체에 최상의 통치형태라면, 그 이유는 — 외면상으로 볼 때 — 시민들에게는 공화정이 군주정에 뒤이어 차상(次上) 정도는 될 뿐만 아니라 관례와 관습을 통해 습득해 온 제 2의 본성이 결과한 것이기 때문이다. 그러나 모순적으로 보이기는 하겠지만, 그는 바로 이쯤에서 지극히 그리스도교적인 사고방식을 작동시켜 부활과 재생의 전제조건들을 사용할 수 있게 된다. 그는 반복해서 콘수에투디네(consuetudine),[48] 즉 관습은 영적 개혁의 기반이 될 수 없음을 선언하였다. 제 2의 본성은 인간의 원초적 본성, 즉 프리마 포르마를 진정으로 실현하는 데 오히려 장애가 된다는 것이다. 그것은 개개인이 올바른 이성에 의거하지 않은 채 자신의 주변에 구축해 놓거나 — 마치 어떤 음악가가 연주 도중에 자신이 지금 무엇을 하고 있는지 잊어버리고 옆의 동료와 쓸 데 없는 잡담을 늘어놓는 경우처럼[49] — 때로는 예언자의 말이 무슨 뜻인지도 모르면서 그것을 들을 수 있다고 하면서 보호막처럼 사용하는[50] 일종의 인위적 인격에 불과할 따름이다. 이러한 장벽이 너무 높았기 때문에, 설사 개혁가라 할지라도, 마치 의사가 천천히 주의 깊게 단계를 밟아가면서 병을 치료하려 하는 것처럼, "아주 천천히" 일을 진행시키지 않을 수 없는 상황이 종종 있었다.[51] 그러나 사보나롤라는 바로 이 구절들에서, 그가 실용주의자이면서도 신중한 태도를 가지게 된 것이 결코 갑작스러운 일이 아니었음을 명확히 밝히고 있다. 아주 천천히 나아간다는 것은 차라리 고통에 가깝다. 왜냐하면 예언적 전언이 가지는 부

설교).

48) Cognasso, pp. 125 (1494년 12월 8일자 설교) ; 228-31 (12월 17일자 설교).

49) Savonarola, *Prediche sopra Ezechiele*, ed. Roberto Ridolfi, Edizione Nazionale, vols. I-II (Roma : Angelo Belardotti, 1955), I, pp. 90-91.

50) *Ibid.* ; Cognasso, pp. 230.

51) Cognasso, pp. 125-26, 144, 146, 268, 272.

담은 그것을 한꺼번에 다 말할 수 없다는 사실로 인해 더욱 커지기 때문이다.[52] 인위적 인격의 개혁이란 곧 총체적 재생으로서, 마치 죽어가던 노인이 새롭게 다시 태어나는 것과 같지 않으면 안 된다.[53] 피렌체의 공화주의 전통은 정의의 통치를 창출하는 데 거의 아무런 도움도 되지 않으며,[54] 그래서 도시는 은총을 통해 그 형태를 변화시켜 더 이상 피렌체시(市)가 아닌 신국이 되어야만 한다는 것이다.[55]

그러나 피렌체야말로 이런 식으로 거듭 태어나기 위한 택함을 받은 곳으로서, 시민들의 전통적인 제2의 본성이야말로 이렇게 선택받은 한 이유이자 표시라는 것은 거의 의심의 여지가 없는 사실로 보였다. 옛 아담은 (바울식의 어법을 따르자면) 반드시 죽고 또 반드시 다시 태어난다. 하지만 어떤 "노인들"은 다른 사람들에 앞서 다시 태어날 운명이 예정되어 있는 법이며, 관습과 전통이 이러한 예정된 힘들 사이에 끼어 있지 말아야 할 이유는 없다. 우리가 이해해야 할 점은, 피렌체인들의 특별한 기질이 신이 내리는 특별한 섭리의 사역에 꼭 맞는 대상이며 계시적 시간 속의 특별한 시기를 차지하기에도 적합하다는 사실이다. 은총이 하필이면 왜 이러한 식으로 이러한 시기 속에서 인간본성을 완성시키려 했는지 인간에게는 이해 불가능이지만, 택함을 받은 특별한 제2의 본성이 정치적 측면에서 기술되어 있다는 것은 분명하다. 넓게는 이탈리아인, 좁게는 피렌체인의 본성이란 스스로 주인의 통치를 감내하지 않으리라는 그런 것이다.[56] 하지만 사보나롤라에게는 본성을 완전하게 만드는 은총의 교의란, 만약 인간이 다른 인간을 주인으로 삼는 레치멘토, 즉 통치체제 아래에서 사는 것이 정상이

52) Cognasso, pp. 144-45 (1494년 12월 9일자 설교).

53) Cognasso, pp. 114-15, 121, 196.

54) Cognasso, pp. 221-22, 231-32.

55) Cognasso, p. 201.

56) 예컨대 다음을 볼 것. Savonarola, *Trattato*, I, 3.

라면, 주인 없는 삶은 — 그가 가끔 인용하곤 했던[57] 요아킴의 제 3의 시대에서와 같이 — 단지 은총 하에서만 살아갈 수 있는 그러한 것이었음이 틀림없다. 그러나 우리는 이제, 인간은 그 누구라도 그의 동료의 선을 지배하는 주인이 될 수 없다는 사보나롤라의 정체관과 피렌체인들로 하여금 그리스도를 스스로의 왕이라 천명하라는 그의 요구 사이에 어떤 관계가 있는지를 알게 된다.[58] 그가 한때 선언한 바에 의하면, "그리스도는 모든 통치의 형상이었고,"[59] 공화국과 신의 왕국은 공히 은총의 국가이자 프리마 포르마의 회복으로 생각될 수 있었다. 사실상 그 둘은 동일시 될 수 있었다. 이러한 식으로, 왕국을 이상적인 통치형태로 보는 토마스주의적 주장은 아리스토텔레스적 정체론과 조화를 이룰 수 있었다. 공화국 — 각각의 인간이 스스로 공동선에 헌신하는 국가 — 은 곧 신정국가였다. 그것은 은총의 왕국이었고, 은총이 그리스도로 인격화되었을 때 그것은 아리스토텔레스가 사실상 완전무결한 국가로 생각했던 것, 인간이 야수 위에 군림하는 것만큼이나 인간 위에 군림하는 일인의 통치[60]로 보이게 되었다. 이러한 식으로 피렌체인들의 제 2 본성은 그 자신을 대체하고, 존재의 대 연쇄상의 중간 지점으로서 인간의 진정한 본성을 회복하며, 아리스토텔레스적 은총의 사역 속에서 도시로 하여금 메시아적 시기를 맞게 하는 길을 예비하였다. 사보나롤라의 사상은 이런 방식으로 관습과 은총, 세속적 관례의 시간과 계시적 구속(救贖)의 시기라는 극단적인 관념들을 상호 결합하고 있었던 것이다.

이쯤에서 사보나롤라가 베네치아의 이미지를 이용한 문제를 살펴보

57) Weinstein, *Savonarola and Florence*, pp. 146, n. 30, 175-77.

58) Savonarola, *Prediche sopra Aggeo*, pp. 409-28 (1494년 12월 28일자 설교) ; Weinstein, *Savonarola and Florence*, pp. 294-95.

59) Cognasso, p. 119. Cf. Savonarola, *Prediche sopra Aggeo*, p. 128.

60) Aristotle, *Politics*, III, xiii, #13-14 ; xvii, #2-3, 5-8.

는 것이 좋을 것 같다. 일반적으로 말해서, 그의 1494년 — 이 이후로는 베네치아에 대한 언급이 거의 없다 — 설교가 지닌 취지를 감안할 때, 그는 베네치아적인 상징에 큰 공감을 느낀 것 같지도 않고, 청중들에게 그것을 사용하려는 의사도 별로 없었던 것으로 보인다. 그는 이렇게 말한다. 지난날의 경험으로 보아, 피렌체인들은 도시를 안정시킬 만한 정치 제도를 제대로 누린 적이 없었다. 하지만 베네치아인들은 그들이 다른 나라 사람들에 비해 덕이 더 뛰어난 것도 아니면서 처음부터 국가의 안정이라는 귀중한 선물을 향유해 왔을 뿐 아니라 나아가서는 그러한 안정성을 보장해준 제도적 형태까지도 보여주고 있다. 그러므로, 피렌체인들이 베네치아 혹은 타국의 정체를 연구하여, 그로부터 대평의회 양식과 같이 스스로에게 적당한 것을 취하는 반면, 세습적 도제직과 같이 그들의 특별한 본성과 특별한 요구에 부적당한 것은 배제하는 것이 좋다.[61] 이는 전혀 신화를 만드는 언어가 아니며, 그래서 베네치아의 신화가 1494년의 헌정을 정당화하는 데 어떤 역할을 했는가 하는 더 큰 문제는 일단 제쳐두고라도, 그것이 사보나롤라의 사상 속에서 무슨 기능을 했는지 의아해 할 수도 있다. 그러한 기능이 어떤 것이었느냐는 적어도 이론적으로는 명확했을 수 있다. 공화국은 인간의 본성을 완성시키기 때문에 계시적 은총의 시기에 존재하는 것으로 볼 수도 있다. 충분히 만족할 만한 유일한 대안은 그것을 시간으로부터 전적으로 자유로운 것으로 간주하는 것이었다. 세속적인 어떤 변화도 일어날 수 없는 플라톤적 형상으로서 존재한다는 뜻이다. 모든 방식의 인간 지식과 덕이 완전한 조화 속에서 공존한다는 폴리비오스적 균형상태야말로 거의 유토피아적인 이러한 요구에 부응하는 것이었다. 또한, 앞으로 살펴보겠지만, "베네치아의 신화"에는 플라톤적인 요소도 존재하고 있었다. 하지만 표정을 찌푸리지 않고, 베

---

61) Cognasso, p. 195. Cf. Gilbert, "Venetian Constitution," pp. 478-82.

네치아는 뛰어난 덕을 갖추고 있으나 피렌체는 그렇지 않다고 공언할 수 있는 피렌체인은 없었다. 더욱이 사보나롤라 자신부터가, 베네치아를 스스로의 그림 중심에다 가져다 놓는다는 것을 절대로 받아들일 수 없었다. 왜냐하면 그 그림이라는 것이 택함의 시기에 대한 것일 뿐 아니라, 피렌체를 성스럽고 계시적인 세계 정변을 위해 선택된 배와 같은 존재로 그리고 있었기 때문이다. 베네치아적 안정성을 우연적이고 경험적인 것 이상의 어떤 층위에 놓을 경우, 이는 곧 베네치아 역시도 피렌체와 같이 택함을 받은 신성한 존재임을 인정하는 것이 될 것이다. 그리고 이러한 생각에 대한 어떤 다른 반대는 별개로 하더라도, 정작 베네치아인들 스스로가 그들이 선택받았다는 생각을 전혀 가지고 있지 않은 것처럼 행동했다는 상황이 엄존하고 있었다. 1494년에 메시아적 흥분의 분위기 속에 빠져 있었던 쪽은 다름 아닌 피렌체였다. 베네치아는 그 해에도 다른 때에도 그런 적이 없었다. 베네치아적 안정성의 신화는 그런 안정성을 은총이 아니라 기술과 계략의 결과로 보이게 할 수도 있었다. 따라서 사보나롤라는 안정된 정체를 위해 빌려오거나 모방할 수 있을 만한 제도적 장치보다는, 피렌체인들이 스스로 은총과 택함을 받을 만한 존재가 되기 위해 실천해야 할 덕성들을 더 강조했다. 비록 문제의 덕성들이 대체로 사회적이고 시민적 성격의 것으로서, 정치적 안정 ― 그 자체가 바로 은총의 표시였다 ― 에 일조하며, 베네치아의 신화가 보여주는 혼합정체를 통해 어느 한 가지 덕성도 다른 덕성의 우위에 설 수 없도록 균형상태를 이루는 그런 종류의 것이었다 해도, 그는 바로 이러한 덕성들을 고무하고자 하였다.

그럼에도 불구하고, 사보나롤라가 선도적 역할을 수행했던 1494년의 혁명은 세 가지 통치형태 모두를 완벽하게 조합했다는 베네치아 정체의 이미지를 확산시키는 데 결정적인 단계였다. 그 이유는 사보나롤라의 실패와 죽음 이후 정치적 논의가 진행된 방식에서 찾아야만 한다. 피렌체가 결코 가져보지 못했던 공화국을 소생시키는 것, 즉 피렌체를 로마보다 더 안정적인 공화국으로 만드는 것은 곧 이전에는 전혀 해본 적이 없던 일을 하는 것이었고, 따라서 문헌들이 유례없이 오랜 역사를 칭송하고 있는 두 공화국 스파르타와 베네치아의 신화가 바로 그림의 중심으로 다시 돌아오지 않을 수 없었다. 사보나롤라도 이미 그렇게 될 것임을 선언한 바 있었으나, 그는 동시에 그렇게 되려면 반드시 본성과 은총과 예언의 실현이 함께 도움을 주어야만 하며, 이 과정에서 옛날의 피렌체는 불태워 없애고 완전히 새로운 나라를 만들어야 한다고 천명했던 것이다. 각별히 안정적인 정체를 만들거나 그것을 보편성의 차원으로 끌어 올리는 것은 매우 지난한 작업이었다. 마키아벨리는 한 유명한 구절에서[62] 사보나롤라를 "무장하지 않은 예언자"—더욱이 진정성(眞正性)이 불확실한 예언자—의 유형으로 묘사하고 있는데, 이는 정치적 혁신이란 인간이 시도할 수 있는 것 중에서도 가장 어려운 일이며, 또한 그러한 시도를 주도하는 사람들의 성품 및 그것에 사용되는 수단에 따라서도 결과가 달라질 수 있다는 콘텍스트 속에서 나타나고 있다. 마키아벨리가 사보나롤라를 단순히 조소하거나 바보 허풍선이로 무시한 것이 아니라 그와 그의 사상을 당시의 시대적 요청에 따른 것으로 진지하게 받아들인 것으로 생각할 때—어쨌든 그렇게 볼 개연성은 있다—우리는 이러한 논제들을 더 잘 이해하게 될 것이다.[63] 피렌체는 계시적 분위기로 가득 차 있었고, 마키아벨리는 아마도 그런 분위기를 애써 모른 체 하려 했을 수도 있겠지만 실제로는 영향을 받지 않을 수 없었을 것이다. 자연, 은총, 예언, 갱신 등 그리스도교 사상의 핵심개념들의 보호 아래, 정당하고 안정된 사회를

62) 아래의 307-310쪽을 볼 것.

63) 사보나롤라와 마키아벨리 간의 관계에 대한 가장 믿을 만한 논의로는 다음이 있다. J. H. Whitfield, "Savonarola and the Purpose of The Prince," repr. in his *Discourses on Machiavelli* (Cambridge: W. Heffer & Sons, 1969); Weinstein, *Savonarola and Florence*.

창조한다는 최고 수준의 혁신이 시도되었으나 실패로 돌아갔고, 이는 분명히 착상의 오류에 기인한 것이었다. 이다음 어떤 일이 일어날 것인지를 묻는 것은 당시 피렌체인들에게 아주 중요한 질문이었겠지만 동시에 정말로 두려운 질문이기도 했다. 베네치아의 신화는 그리스도교적이라기보다는 플라톤적이며 폴리비오스적인 한 가지 가능한 대답을 제공하였다. 하지만 어떤 종류의 덕이 은총의 자리를 대신해야 한다면, 강인한 정신을 가진 인물들이 필요하게 될 것이었다.

제5장

메디치가의 복귀

1) 귀차르디니와 "소수" 오티마티, 1512~1516

[I]

특정한 사건, 결정, 제도, 혹은 전통의 인식론—시간 속에 존재하는 세속적 현상을 이해 가능한 것으로 만들기 위해 당시 사람들이 스스로 가지고 있다고 믿었던 수단들을 정의하는—의 측면에서 볼 때, 중세 후기 사상은 한계를 가지고 있었다는 것이 우리가 지금까지 논증해 왔던 점이다. 이러한 수단들이 너무나 제한적인 상태였기 때문에, 당시 사람들에게는 시간의 변화무쌍함이 도저히 개념화될 수 없는 것으로 느껴졌을 수도 있다. 즉 그것은 불가해한 힘의 영역 안에 존재하는 것으로서, 신앙을 가진 사람에게는 섭리로, 그렇지 않은 사람에게는 운으로 비칠 수가 있었다는 것이다. 시민적 휴머니즘이 나타난 이후에는 새로운 인식이 추가될 수 있었을 것인데, 인간 개개인은 오직 시민으로서, 그리고 동료들과 비베레 치빌레(시민적 삶)를 영위하는 정치적 동물로서 살아갈 때, 비로소 스스로의 본성을 실현하고 덕을 성취하며 자신이 사는 세계가 합리적임을 알 수 있다는 사실이 바로 그것이었다. 하지만 이와 동시에, 특정한 사건을 이해하고 시간 속의 변화를 통제하기 위한 그의 개념적 수단—시민으로서 기능하는 능력은 바로 이것의 소유 여부에 달려 있었다—이 그것에 부과된 새로운 요구에 적합한 정도로까지는 증대되지 않았을 수도 있다. 스콜라사상가이자 예언자이며 또한 그러한 신분의 시민이었던 사보나롤라의 비밀은, 시민적 삶이라는 것이 오직 은총에 의해서만 부여될 수 있는 어떤 정도의 덕과 연관되어 있으며, 따라서 이러한 덕은 오직 예언의 실현과 세계의 갱신이라는 종말론적 콘텍스트 속에서만 성취될 수 있음을 스스로가 느끼고 있었다는 점일 것이다. 그러므로 그의 실패는 피렌체인의 삶을 이끌어가는 이념적 구조에 그야말로 심대한 충격을 안겨주었고, 그 여파는 보통의 시민이든 지식층이든 누구에게나 느껴질 정도였다.

> 이 조서가 낭독될 때 나는 그곳에 있었는데〔1498년 사보나롤라로부터 강제로 그의 예언이 거짓이었다는 허위 자백을 받아내고는 그것을 기록한 조서에 대해 일기 작가 란두치는 이렇게 썼다〕, 놀라기도 하고 정말로 아연실색해서 무어라 말할 수 없는 이상한 감정을 느꼈다. 내 가슴은 거짓말 위에 세워졌던 건물이 그 때문에 와르르 무너지는 것을 보고 슬픔으로 가득 찼다. 피렌체는 스스로 정의로운 법과 빛나는 업적을 만방에 선포하는 새로운 예루살렘이자 올바른 삶의 귀감이 되기를 기대하고 있었고, 교회를 갱신시키고 불신자를 회심케 하며 올바른 사람들에게는 위안이 되는 모습을 보이고자 하였다. 이제 모든 일이 꼭 그 반대로 되어 버렸으니, 모든 것을 단념하고 다만 이렇게 생각하는 수밖에 없다. "신에 바라옵건대, 만사가 제자리로 찾아가기를."[1]

도시의 상층 지식인들이 어떻게 반응했는지는, 나중에 시민적 삶의 이론가들이 지닌 사상 속에서 사보나롤라가 담당한 역할을 검토해 보

---

1) Luca Landucci, *A Florentine Diary from 1450 to 1516*, trans. Jarvis (London: J. M. Dent & New York: E. P. Dutton, 1927), p. 139〔1498년 4월 19일자 일기 — 옮긴이〕.

면 알게 될 것이다. 하지만, 란두치보다 신앙심이 덜한 사람이라면 사보나롤라의 몰락에 대해 만사가 신이 아니라 운의 손에 달려 있으며, 인간을 불합리한 세력들의 지배로부터 구할 수 있는 길은 오직 시민권의 회복뿐이라는 느낌을 받았을 수도 있다는 것은 이미 명확한 사실로 보인다. 그러나 만약 사보나롤라가 시민권을 예언의 기초 위에 세우는 데 실패했나년, 그것은 무엇을 기초로 해야 할 것인가? 시민적 휴머니즘이 확산되면서 기존에 받아들여져 왔던 정치적 지식의 범위도 확대되었는데, 그것은 포테스큐에 의해 대표되는 전통이 개별적 사건이라는 도전에 맞서기 위해 사용했던 이성, 경험, 분별, 신앙과 같은 개념적 장치를 어느 정도 넘어서는 수준이었다. 첫째, 현재의 인간은 고대인과 대화를 나눌 수 있으며, 그들이 어떤 역사적 상황에 직면하여 그것을 어떻게 헤쳐 나갔는가를 직접 그들로부터 배울 수도 있다고 믿게 되었다. 이러한 믿음이 역사의 반복성에 대한 단순한 주장이나 미세하지만 역사주의적 인식의 증대로 귀착되었을 가능성도 있으나, 어느 경우든 그것은 시민의 지식 획득과 정책상의 위급 상황에 적절한 결정으로 대처하는 능력을 가속화했을 것이다. 둘째, 고대로부터 배운 지혜의 일부로서, 앞 장에서 분석한 바 있는 아리스토텔레스와 폴리비오스의 시민권 철학이 있었다. 정체 이론으로서 그러한 철학이 가지는 강점은 정확하게, 그것이 제도에 대한 비교 연구라기보다는 덕의 과학이라는 점에 있었다. 말하자면 그것은 정치사회 구성원의 개별적인 덕성이 스스로의 개별성으로 인해 부패하지 않고 모두가 보편선의 추구에 동참할 수 있도록 그것들을 결속케 하는 수단을 제공하였다. 그리고 결과적으로 그것은, 어떤 유형과 범주의 사람들이 어떤 특징적 덕성과 한계를 가지고 정치사회를 구성하게 되는지, 또한 어떤 수단을 통해 그들을 공통의 목표 아래 결속케 할 수 있도록 만들 것인지를 숙고하게 하는 강력한 유인책을 제공하였다. 이러한 결속은 정책결정상의 역할분담을 통해 가능해질 것이기 때문에, 여기에 제공된 유인책은 정책결정 과정 그 자체와, 제도화 여부와는 관계없이 그러한 과정 속의 세부 역할과 기능들과, 이러한 것들이 사회를 구성하는 상이한 도덕 유형들 사이에서 분배되는 방식에 대한 분석을 지향하고 있었다. 그리스 및 르네상스 정치학의 기초는 공히 결정 전략과 짝을 이루는 윤리 이론이었다.

만약 아리스토텔레스식 범주가 피렌체에서 공화국을 안정시키는 데 도움을 줄 수 있었다면, 덕의 과학은 예언자 사보나롤라가 실패했던 바로 그 지점에서 성공할 수 있었을 것이다. 그것은 아마도 개별자와 보편자를 상호 조화시키고, 정치활동과 덕의 실천을 동등한 것으로 보게 하며, 특수한 정치적 사건을 이해 가능하고 정당한 것으로 만드는 데 일조했을 것이다. 그러므로 1494년 시민적 삶의 복구로부터 나온 정치사상은 지극히 아리스토텔레스적인 뿌리를 지니고 있을 뿐 아니라, 주로 어떻게 하면 아리스토텔레스적 폴리테이아의 본질적 요소들이 피렌체의 상황 하에서 확립될 수 있을 것인가를 규정하려는 노력의 일환이라고 할 수 있다. 하지만 그것은 그것이 왜 그렇게 계속해서 사람들의 관심을 끌 수 있었는지를 설명해주는 더 고차원적인 측면을 가지고 있었다. 시민권과 공화국의 확립이 아니라면 다른 길은 운의 제국밖에 없었을 것인데, 그것은 안정성이나 정당성, 혹은 합리성이라고는 전혀 찾을 수 없는, 실재에 대한 경험만이 존재하는 곳이었다. "그녀는 우리를 마음대로 올렸다 내렸다 하네. 일말의 동정심도 없이. 여기엔 법칙도 이유도 없다네."[2] 1494년을 전후한 피렌체인들의 실제 역사든 그것을 이해하기 위해 사용한 개념적 장치든, 그 모두가 그들의 사상을 공화국의 결코 부패하지 않는 안정성이라는 한 극단과 변화무쌍하고 중심도 없는 바퀴의 제국이라는 다른 극단 사이에서 변증법적으로 존재할 수 있도록 고무하였다. 이론가들은 폴리비오스를 직접

---

2) Machiavelli, *Capitolo di Fortuna*, lines 38-39.

접하기 전에도, 정치학의 목표가 개별적 덕성들을 단일한 보편선 속에 조합해 넣는 것이며, 이렇게 될 때까지는 개별적 덕성들이란 불안하고 자기 파멸의 성향이 있다는 것을 잘 알고 있었다. 또한 바퀴와 순환의 이미지를 사용하기 위해 굳이 폴리비오스의 아나쿠클로시스, 즉 정체 순환에 관한 이론을 읽어야 할 필요까지도 없었다. 따라서 그들의 사상은 덕이 쇠퇴하는 경우, 정치체계가 와해되는 경우, 인간의 경험이 불안정하고 비합리적이고 비도덕적인 것의 영역 속으로 들어가는 경우 등에 집중되었다. 공화국의 안정과 그것의 붕괴라는 두 극단 중에서, 그들에게 더 친숙하고 더 관심을 끈 쪽은 후자였다. 게다가, 1494년 이후의 역사가 초래한 공포 때문에, 이미 오랫동안 인지되어 온 시민적 휴머니스트 사상의 핵심 요소들—공화국의 개별성, 그 시공상의 유한성, 공화국과 그 환경을 지배하는 법칙 사이의 결과적인 비동치성—이 뚜렷하게 부각되었다. 당시 이탈리아는 점차 비이탈리아 세력들에 의해 지배되기 시작하고 있었고, 피렌체도 베네치아도 각자의 대외 관계에 대한 통제권을 거의 상실한 상황이었다. 만약 공화국이 대내적으로 안정을 유지한다면, 설사 대외적으로 운의 희생물이 된다고 해도 여전히 안정을 잃지 않을 수가 있을까? 대내외 관계의 정치를 지배하는 법칙들 간에 존재하는 차이는 얼마나 큰 것일까? 만약 아리스토텔레스의 정치학이 대내 관계의 정치학을 이해하도록 하는 수단을 제공한다면, 대외 관계를 탐색하기에 적절한 언어는 어떤 것일까? 그리고 만약 이에 대해 혹시 아무 것도 발견할 수 없다면, 운의 수사학에 우리를 맡겨서는 안 되는 것일까? 1512년, 그리고 다시 1527년에서 1530년 사이, 피렌체 공화국은 당시 이탈리아 권력 세계의 상황을 통제할 능력을 상실했고, 동시에 그 내부의 다양한 시민적 관계들을 조화시키는 데도 실패한 상태였다. 이는 결국 시민적 삶을 붕괴시키고 메디치가를 권좌에 복귀시키는 결과를 가져왔고, 두 번째 시기 이후에는 메디치가의 지배가 영구적인 것이 되었다. 우리는 두 번에 걸친 이러한 실패로 인해 복잡한 사상적 위기가 시작되었다는 것을 입증할 수 있는데, 이는 부분적으로 사건의 무대 위에 있었던 천재적인 인물들의 존재 덕분이었다. 그리고 각각의 위기상황에서, 우리는 당시의 지성들이 개별자에 대한 인식론과 아리스토텔레스적 시민권의 윤리·정치적 범주, 그리고 정당화와 합리성의 수준이 최저인 정치행위를 이해하기 위해 몇몇 사상가들이 발전시키고 있었던 급진적인 새 용어들을 사용하고자 했을 때, 그들에게 어떤 일이 일어나고 있었는지에 대해서도 연구할 수 있다. 마키아벨리와 귀차르디니의 시대는 급속하고도 예측불가능한 변화를 이해하기 위한 사상과 더불어, 본질적인 갈등상태에 놓인 시민 집단들의 구성과 안정을 목표로 하는 사상까지도 우리에게 보여주고 있다.

[Ⅱ]

1494년에서 1512년 사이, 피렌체 공화국의 정체 문제는 상이한 정치집단들 간의 기능 분화를 중심으로 맴돌고 있었다. 펠릭스 길버트는 한 계몽적인 분석[3]을 통해, 이 정권의 제도적 구조와 함께 실제로 그것에 참여한 사람들이 사용했던 개념 어휘를 이론적 저작뿐 아니라 연설문, 결의안, 공문서까지도 참조해서 모두 밝혀냈는데, 그 결론은 다음과 같은 것으로 보인다. 1494년 메디치가가 피렌체에서 도피한 뒤에 취해진 결정적인 조치는 일반적으로 베네치아식 헌정(il governo veneziano; alla viniziana)이라고 기술되는 것을 채택한 것이었다. 이는, 앞서 살펴본 바와 같이, 피렌체의 경우 실제적으로는 대평의회, 정무위원회, 곤팔로니에레의 체제 속에 존재하고 있었고, 관념적으로

3) Gilbert, *Machiavelli and Guicciardini*, chs. 1 & 2.

는 베네치아가 성취했다고 알려진 다수, 소수, 일인의 완벽한 조화 속에서 발견할 수 있었다. 그러나 실제로는 다수 쪽을 지향하는 것이 1494년 헌정에서 감지된 성향이었다. 사람들이 일반적으로 동의하던 바에 따르면, 당시 피렌체 헌정에서 가장 본질적인 직제는 최대 인원수가 고정되지 않은(물론 시민 전체를 다 포함한 것은 아닌) 상당수의 시민들이 참여권을 가지고 있었던 콘실리오 그란데, 즉 대평의회였고, 이러한 대평의회의 존재로 인해 정권은 고베르노 라르고(governo largo), 즉 넓은 헌정의 성격을 부여받았다. 베네치아의 유사 직제인 콘실리오 마치오레의 구성원 자격이 이미 2세기 전에 공포된 포고령을 통해 특정 숫자의 가문들로만 한정되었으며, 이는 분명히 베네치아에 고베르노 스트레토(governo stretto), 즉 좁은 헌정의 성격을 부여하고 있다는 사실이 지적되었을 때, 이에 대해 가장 빈번히 나왔던 대답은, 베네치아가 대평의회의 구성원 자격을 제한한 것은 단지 시민 집단의 성격을 규정했던 것일 뿐, 시민들 중 일부에게만 정치적 권리를 주자는 것은 아니었다는 것, 그리고 대평의회와 시민권으로부터 배제된 사람들은 외국인이거나 저급하고 비천한 일에 종사하기 때문에 명백히 시민생활을 영위할 수 없는 경우라는 것이었다.[4] 이 논쟁은 한편으로 아리스토텔레스적 범주화에서 나타나는 기본적으로 모호한 측면 중 하나를 드러내고는 있지만, 동시에 다른 흥미로운 면들도 많이 보여주고 있다. 그중 하나가 좁은 헌정에 반대되는 뜻으로 쓰인 넓은 헌정이란 용어의 함의이다. 넓은 헌정이라고 해도, 그것은 결코 시민권을 도시 주민 전체로 확대한 것은 물론 아니고 심지어는 정의된 사회 집단으로서의 포폴로 혹은 "다수"를 포함시킨 것도 아니었다. 1494년의 정체가 그렇지 못했다는 것은 분명했다. 그것이 의미하는 바는, 시민권을 주민들 중에서 "정확하게 정의된"(stretto) 집단에 한정시키지 않음으로써

4) Gilbert, "Venetian Constitution," p. 488. 넓은 헌정과 좁은 헌정에 대해서는 다음을 볼 것. Gilbert, *Machiavelli and Guicciardini*, p. 60.

시민의 참여가 곧 선이라는 것, 즉 인간이 목표로 삼는 어떤 것, 사람들을 선한 쪽으로 계발하는 것, 그래서 가능한 한 많은 사람들에게 확대하는 편이 바람직한 어떤 것이라는 점을 인정하는 것이었다. 영어의 "콘스티투션"(constitution)에 가장 가까운 이탈리아어 "고베르노"(governo)는 피렌체 어휘에서 "모도 디 비베레"(modo di vivere 삶의 양식), 또는 간단히 "비베레"(vivere 삶)와 교환 가능한 말이다. 그리고 "비베레 치빌레"(시민적 삶)란 어구가 가리키는 것은 언제나 "고베르노 라르고"지 "고베르노 스트레토"가 아니라는 점 역시 유념할 만하다. 시민의 참여를 그 자체로서 선이라고 인정하는 것은 곧 그것이 폭넓게 확대되어야 함을 인정하는 것과 같았다. 하지만 모든 사람들이 가능한 한 다수가 공적인 결정에 참여하는 것을 최선이라거나 필수불가결한 선이라고 생각한 것은 아니었는데, 이 문제 역시 아리스토텔레스적 시각에서 논의 가능한 것이었다.

한 가지 더 주목할 만한 점은, 베네치아적 패러다임을 유지하기 위해 베네치아가 폐쇄적 귀족정이라는 것을 부정함으로써 넓은 헌정을 옹호했던 사람들이 보여준 확고한 결의였다. 피렌체적 관념의 역사에서 결정적인 순간은 베네치아 헌정을 모방한 형태 하에서 대평의회에 광역의 구성원 자격을 도입한 1494년의 결정이었다.[5] 우리는 누가 이런 결정을 했는지, 그들의 심중에는 어떤 생각이 있었는지 정확히 알지는 못하지만, 결과적으로 대부분의 저술가들은 베네치아를 계속해서 시민 참여의 요소를 가진 헌정 — 참여 자격이 부여된 비엘리트 층과 엘리트 층, 다수, 소수, 그리고 일인의 가능성도 포함한 모든 요소들 간의 조화에 기초한 — 의 상징으로 보게 되었다. 베네치아 모형을 따를 의향이 아주 강했던 이론가들이란, 오티마티 — 스스로를 엘리트로서 아리스토텔레스적 도식의 소수와 동일시하는, 피렌체의 영향력

5) Gilbert, *Machiavelli and Guicciardini*, pp. 9-11.

있는 가문들로 이루어진 핵심 권력 집단—에게 만일 그들을 따를 비엘리트 혹은 다수의 참여 시민이 존재하지 않는다면 그들은 자신들에게 자연적으로 부여된 지도적 기능을 제대로 행사하거나 그러한 것에 관련한 덕성들을 계발할 수 없다고 주장하는 인물들이었다. 오티마티는 스스로의 역할에 대한 이러한 이미지 혹은 자기 이미지라는 측면에서 볼 때 일종의 시민적 귀족이었다. 그들이 지닌 품성들은 다른 시민들과의 관계 속에서 존재하고 발휘된다는 것이다.

그러므로 1494년 조치의 "베네치아형" 공식이 좁은 헌정보다 넓은 헌정이 자신들에게 더 적합하다고 생각한 오티마티의 작품인지 아닌지에 대한 의문이 제기될 수도 있다. 그러나 베네치아의 진정한 성격 및 피렌체에 가장 적합한 통치형태에 대한 논쟁의 배경에는 하나의 계급으로서의 오티마티가 볼 때 대평의회가 점점 더 정국을 만족스럽게 통치하지 못하고 있다는 상황이 존재하고 있었다. 베네치아의 경우, 통치의 비밀은 원로원이란 집합적 명칭으로 알려진 장관직 및 위원회 복합체와 대평의회 간의 관계에 있었고,[6] 정치적 주도권은 원로원이 가진 정교한 심의(審議) 장치에 놓여 있었다. 그러나 피렌체에서는 베네치아 원로원에 대응하는 정무위원회를 중심으로 한 행정위원회 집단과 대평의회 간의 관계가 잘 작동하지 않았고, 갈등의 주요 원인은 오티마티란 위계를 가진 사람들의 지나치게 강한 정체성 의식이었다. 이들은 대평의회가 오만한 포폴로로 구성된 다루기 힘든 조직이라며 불신하였고, 정무위원회나 다른 행정 직제들—이들의 구성원은 대평의회에서의 선출과정과 추첨을 섞은 방식으로 선임되어 통상 단기간 동안 관직을 수행하였다—역시 오티마티가 스스로를 대표한다고 생각하는 귀족정의 원리를 효과적으로 제도화하고 있다고 보지 않았다. 오티마티가 속한 가문들은 1434년에서 1494년 사이 일반적으로 메디치가의

---

6) 피렌체인들이 이 모델을 사용한 점에 대해서는 다음을 볼 것. Gilbert, "Venetian Constitution," p. 485.

통치를 지지하는 편이었다. 그들의 주장에 따르면, 메디치가 정권은 그들과의 협력에 의존하였고, 정권이 몰락한 것은 코지모 가계의 마지막 인물이 잘못된 경영과 좋지 못한 태도로 자신들의 지지를 상실했기 때문이라는 것이었다. 이후 그들은 자신들이 포폴로와의 공조라는 위험천만한 실험에 빠져들었음을 느꼈고, 유일한 위안이라고는 정체가 베네치아 방식을 따르게 될 것이라는 포고문뿐이었다. 이제 엘리트 집단과 비엘리트 집단 사이의 갈등이 깊어지고, 대평의회와 정무위원회가 점차로 공화국의 대외 공사들을 수행할 수 없게 되자, 오티마티는 점점 더 베네치아의 통치방식에 약속된 전망이 제대로 이루어지지 않고 있다는 불평을 쏟아내기 시작하였다.

펠릭스 길버트는 1494년 헌정에 반대하는 귀족층의 제도적·이념적 프로그램들을 탐색하였다. 이러한 이념적 역공에서 가장 주도적인 인물은 베르나르도 루첼라이였다.[7] 그는 메디치가와는 혼인상 인척 관계였으나, 1494년 반란의 모든 지지자들을 대표하는 위치에 서 있었다. 하지만 그것은 그들이 메디치가의 지배 그 자체를 싫어해서라기보다는 피에로가 정치적으로 불가하다고 느꼈기 때문이다. 그들은 구(舊) 정권에 대해 메디치가가 오티마티의 핵심 권력층과 협력하되 다만 "동료들 중 일인자"의 역할을 맡는 방식의 통치를 기대하고 있었고, 메디치가가 쫓겨나자 이제는 핵심 권력층이 직접 통치하는 형태로 정체를 전환하려 하였다. 1500년에서 1502년 사이쯤에 이르면(그런 것처럼 보인다), 베르나르도 루첼라이는 오르티 오리첼라리(Orti Oricellari), 즉 루첼라이 원회(園會)에서 만나 휴머니스트적 수단을 통해 당시의 공화주의 정권을 비판하는 귀족층 지식인 집단의 중심인물이 되어 있었다. 이러한 수단 가운데에는, "대인" 로렌초 데 메디치를 귀족 가문

7) 루첼라이의 정치사상이 지닌 성격에 대해서는 다음을 볼 것. Gilbert, *Machiavelli and Guicciardini*, pp. 80-81, 112-13; "Bernardo Rucellai and the Orti Oricellari."

들과의 유대감 속에서 그들과 공조하는 법을 가장 잘 알고 있었던 지도자로서 이상화하는 것, 베네치아를 폐쇄적 귀족정으로 재평가하고 그와 같은 좁은 헌정이야말로 피렌체에 가장 적합한 정체라는 함의를 전달하는 것, 현재의 통치 문제를 해결하는 데는 과거로부터 얻은 올바른 교훈이 중요하다는 점을 보여주기 위해 로마사를 체계적으로 연구하는 것 등이 들어 있었다. 길버트는 이러한 프로그램에 나타나는 사고방식이 이전의 경우와는 결정적으로 다르다고 보면서, 이를 "근대 정치사상의 기원"이라고까지 평가하고 있다. 그에 따르면, 피렌체에서 앞서 제안된 모든 제도 개혁안들은 도시의 아득한 신화적 과거에 존재했던 사물의 어떤 양식으로 되돌아가는 형태로 귀착되는 것이 보통이었으나, 루첼라이 집단이 무언가 전례 없는 방안—이는 적법성이 의심스러웠던 전 세기의 비공식적 정권이 가지고 있었던 특징이기도 했다—을 주장하고 있었기 때문에, 개혁안들 역시 통치원리를 찾기 위하여 새로운 기법의 논증 방식과 선구적인 과거 연구로 눈을 돌리지 않을 수 없게 되었다는 것이다. 신구의 논증 방식 간에 약간의 긴장이 있었을 수는 있겠으나, 1494년에 베네치아적 패러다임이 채택되고 그것의 중요성이 지속되었다는 사실은 어쨌든 당시 사람들이 새로운 방식의 정당화가 필요함을 느끼고 있었다는 증거가 될 수 있다. 분명한 것은, 어떤 것이 정치사회의 구성요소이며 그 각각에 적합한 덕성과 기능은 무엇인지를 결정하고자 시도하는 과정에서 루첼라이를 비롯한 귀족층이 1494년 헌정을 비판함으로써 피렌체, 베네치아, 로마의 통치형태에 대한 비교 연구와 함께 아리스토텔레스식 시민권 범주의 정교화 작업이 강화되었다는 사실이다. 앞으로 살피게 되겠지만, 대평의회에 대한 비판은 거의 전적으로 기능 분화에 대한 아리스토텔레스적 개념에 기대고 있었다.

베르나르도 루첼라이에게 1502년은 정치적으로 실망을 안겨준 한 해였다. 그는 일부러 정정(政情)이 소란스럽게 되도록 부추겼고, 그 결과 대평의회의 폐지까지는 아니지만 적어도 그 권력의 대부분을 지도층 시민들로 선임된 종신제 원로원에 넘기라는 요구가 제기되었다. 그러나, 지금도 여전히 당시의 상황을 잘 알지는 못하지만, 정작 결정된 사항은 공화국의 최고 관직으로 종신제 곤팔로니에레 직을 신설한 것이었고, 이 관직은 즉시 마키아벨리의 후원자였던 피에로 소데리니에게로 넘어갔다. 베네치아 도제직을 본 딴 것이 분명한 이 조치는, 아마도 소수와 다수 사이에 적절한 기능을 가진 일인을 끼워 넣음으로써—사보나롤라는 이를 피렌체의 조건에는 적합지 않다고 생각하였다—양자 간의 관계를 안정시킬 수 있으리라는 희망에서 취해졌던 것 같다. 원래는 그것에 찬성했던 루첼라이의 말에 따르면,[8] 그는 대평의회의 즉각적인 폐지가 병행되지 않았기 때문에 그 조치를 지지할 수 없었으나, 그의 친구들 대부분은 비록 효과적인 원로원이 없더라도 3권체제의 작동을 시도해 볼 만하다고 생각했다는 것이다. 결국 우리는 오티마티의 어떤 중요한 집단이 비베레 치빌레 내에서 귀족층이 담당하는 역할에 여전히 관심을 가지고 있었다는 결론을 내릴 수 있을 것 같다. 그리고 피렌체 정치사상은 바로 그러한 측면에서 폴리테이아를 정의하고자 시도함으로써 다음의 발전 단계로 옮아가게 되는 것이다.

우리가 자세히 주목할 필요가 있는 첫 번째 저술가는 프란체스코 귀차르디니(Francesco Guicciardni 1483~1540)이다. 그는 마키아벨리(Niccolò Machiavelli 1469~1527)보다 나이는 어리지만 거의 같은 시대를 살았으며—하지만 아직 마키아벨리의 위대한 정치 저작들은 나오지 않은 상태였다—정치적 지성으로서 마키아벨리와 비교할 만한 능력을 가진 유일한 인물이었다는 것이 일반적인(마키아벨리부터도 그렇게 생각했다) 평가이다. 친 사보나롤라적이기는 하지만 약간은 "회색

---

8) Gilbert, "Bernardo Rucellai and the Orti Oricellari," pp. 106-109. 여기서 길버트는 베르나르도 루첼라이의 《로마시(市)론》(*De urbe Roma*)을 인용하고 있다.

빛"의, 매우 조심스러운 행보를 보인 한 귀족의 아들로서, 젊고 아주 야심찬 인물이었던 그는 우리가 알기로 1508년쯤에 메디치가 치하의 피렌체사 서술에 착수하게 되는데,[9] 이는 대인 로렌초에 대해 공공연한 적의를 피력함으로써 루첼라이 원회 계열의 사상과는 구별되는 면모를 보이고 있다. 귀차르디니의 사상에 대해 매우 중요한 연구서를 남긴 현대의 역사가 펠릭스 길버트와 비토리오 데 카프라리이스[10] 모두가 말했듯이, 귀차르디니의 이러한 태도는 후기의 논고와 역사서들을 통해 점차 바뀌게 된다.[11] 하지만 중요한 점은, 대인 로렌초를 비난한 젊은 시절의 귀차르디니와, 거꾸로 루첼라이처럼 그를 이상화한 더 나이 든 시절의 귀차르디니는 단지 동전의 양면일 뿐이었다는 것이다. 오티마티는 메디치가가 그들과 협력할 때는 칭송했다가, 자신들을 하급자로 취급할 때는 증오하였다. 대인 로렌초를 어느 쪽으로 생각하는가 하는 것은 거의 가문의 전통이거나 혹은 수사학적 편의의 문제에 불과했을 가능성도 있다. 귀차르디니와 그의 동료 한둘의 사상이 가진 강점은 귀족층의 입장에 내재된 이러한 모호한 양면성을 해소하고 그것의 함의를 분명히 하고자 한 데 있었다. 앞으로 살펴보겠지만, 궁극적인 문제는 오티마티가 스스로를 계속해서 시민으로 규정할 것인지, 아니면 시민적 삶도 좁은 헌정도 아닌 어떤 것에 봉사하는 역할을 받아들일 것인지의 여부였다.

그러나, 이러한 측면의 그 어떤 것도 귀차르디니가 공식적으로 정치에 관해 쓴 첫 번째 글인 이른바 《로그로뇨 논고》(*Discorso di Logrogno*)

---

9) Francesco Guicciardini, *The History of Florence*, trans. Mario Domandi (New York: Evanston; London: Harper & Row, 1970). 귀차르디니의 전기로는 다음이 있다. Roberto Ridolfi, *Life of Francesco Guicciardini*, trans. Cecil Grayson (London: Routledge & Kegan Paul, 1967).

10) Vittorio De Caprariis, *Francesco Guicciardini dalla politica alla storia* (Bari: Laterza, 1950).

11) Gilbert, *Machiavelli and Guicciardini*, pp. 106-123.

—그의 저작들을 모은 현대의 한 편집본에는 이 글이 《평민 정부의 조직 방식에 대한 논고》라는 제목 하에 수록되어 있다[12]—에는 거의 나타나 있지 않다. 귀차르디니는 이 글을 에스파냐에서 썼는데,* 그는 당시 피렌체 대사로서 아라곤왕 페르난도에게 파견되어 있었다. 그는 아마 글을 다 쓰지 못한 상태에서[13] 소데리니 정권이 무너졌다는 소식을 들었던 것 같고, 메디치가는 1512년 이러한 정변 직후 신속하게 권좌에 복귀하였다. 따라서 이 작품은 공화국의 복귀라는 상황을 자신들의 목적에 이용하려 했던 오티마티의 노력이 끝나는 시점에 씌어진 것이며, 또한 메디치가가 다시 권력을 잡기 전에 그들이 취한 마지막 조치가 원로원을 설치하여 종신제에서 1년 임기로 바뀐 곤팔로니에레 선출권만 빼고 나머지 거의 모든 기능을 대평의회로부터 넘겨받은 것이라는 점은 의미심장하다.[14] 이 단계에서 문제가 된 것은 여전히 귀족층의 주도권을 시민적 삶의 원리와 어떻게 조화시킬 수 있느냐 하는 것이었다. 《로그로뇨 논고》는 바로 이러한 문제를 다룬 이론적 저술이었고, 따라서 그가 권고하는 구체적인 제언뿐 아니라 그러한 과정에서 사용된 개념 어휘 역시 연구해 볼 만한 여지가 있다.

귀차르디니는 비베레 치빌레가 심각할 정도의 무질서 상태로 떨어졌다고 선언하면서 글을 시작하고 있다. 사람들 모두가 앞뒤 가리지 않고 서훈과 관직을 차지하려고 하며, 공무의 중요도에 관계없이 무조건 그것에 관여하려 한다. 여기에는 아무런 질서도 없다.[15] 귀차르디

---

12) "Del modo di ordinare il governo popolare," in *Dialogo e discorsi del Reggimento di Firenze*, ed. Roberto Palmarocchi (Bari: Laterza, 1932), pp. 218-259.

* "로그로뇨"는 귀차르디니가 체류하고 있던 에스파냐의 한 지역명이다.

13) 원문의 마지막 부분에 그렇게 씌어져 있기는 하나, 이는 단지 문학적 장식에 불과할 가능성도 있다.

14) Gilbert, *Machiavelli and Guicciardini*, pp. 76-77.

15) Guicciardini, *Dialogo e discorsi del Reggimento di Firenze*, pp. 218-19.

니는 고전적 이론을 사용하지는 않았지만 그것을 자신의 심중에서 결코 멀리하지도 않았는데, 그러한 이론의 측면에서 볼 때도 이는 욕망이 초래한 혼돈상태이자 사회적 인간으로 하여금 가치와 덕성을 추구할 수 있도록 해주는 수단들의 일반적인 무질서에 다름이 아니었다. 만약 무질서가 그의 말처럼 일반적 현상이고, 욕망이 명예를 추구하는 것으로부터 부를 지향하고자 하는 플라톤적 퇴락의 길을 가고 있다면, 인간 행위에 대한 보편적인 개혁이 필요하며, 우리는 그것을 수행하기 위한 지적 수단들이 무엇인지를 규정해야 한다는 것이다. 여기서 귀차르디니는 다른 인문적 기예, 특히 의학적 유추를 많이 사용하고 있는데, 이는 그것이 다양한 방법으로 사용될 수 있는데다가 거의 언제나 면밀히 살펴볼 가치가 있는 장치이기 때문이다. 어떤 사람이 파스타를 만들려고 하는데, 만일 처음에 반죽이 제대로 잘 만들어지지 않으면, 그는 재료를 다시 한데 뭉쳐서 휘저을 것이다. 만일 의사가 보기에 환자의 몸이 너무 많은 병마에 시달리고 있어서 도저히 한 병인(病因)을 목표로 치료할 수 없는 지경이라면, 몸 전체를 새로운 체질로 바꾸는 요법을 시도할 수 있는데, 이는 어렵기는 해도 불가능하지는 않다는 것이다.[16] 하지만 뒤이어 유추의 논점이 바뀌고 있다. 인간의 몸은 밀가루와 물을 섞은 덩어리가 아니며, 총체적인 방법으로 인간의 사회생활을 형성하는 가치 지향적 지식 활동을 다루고자 하는 지성은 신은 아니더라도 초인적인 힘을 가져야 할 것이다. 귀차르디니는 곧 자신이 기술하는 바의 처치 과정들이 스스로의 통제력을 잃고 상황에 의해 좌지우지될 것임을 인정한다. 의사는 몸 전체의 체질을 일신하고자 할 때, 늙은 환자보다는 젊은 환자인 경우가 더 쉽다는 것을 알게 되는

16) Guicciardini, *Dialogo e discorsi del Reggimento di Firenze*, pp. 219. 사보나롤라가 그리스도를 의사에 비유하고 있는 부분에 대해서는 다음을 볼 것. Cognasso, *Savonarola. Prediche italiane ai fiorentini*, pp. 144-45 (1494년 12월 9일자 설교).

데, 피렌체는 이미 늙어 버렸다.[17] 하지만 그는 좌절하지 않고, 도시의 건강을 완전히 회복케 하기 위해서는 대중들이 받아들이기 힘든 일까지도 마다해서는 안 된다는 데까지 나아간다. 도시는 이미 잘못된 습관에 물들어 있다(male abituata).[18] 우리는 이 말을, 관습과 용인이라는 "제2의 본성"—이는 "옛 아담"의 정치적 등가어이기는 하지만, (사보나롤라 이후에는) 그것을 불태워 없앨 인간의 재생이란 더 이상 존재하지 않는다—이 인간의 삶을 도덕적으로 불완전한 조건들에 적응하도록 만들었다는 의미로 받아들일 수도 있다. 만약 이 마지막 함의가 제대로 밝혀진 것이라면, 우리는 몇몇 학자들이 귀차르디니에게서 찾아낸 사보나롤라적 경향을 보고 있는 셈이 된다. 하지만 그는 명시적으로는 이렇게 말하고 있을 뿐이다. 즉 우리는 우리가 할 수 있는 것을 하는 데 만족해야 하며, 만약 우리가 도시의 공적인 일에서 시작을 잘 할 수만 있다면(dare principio), 그 뒤는 시간과 세월의 흐름이 우리가 그러한 시작 자체에서 희망했던 일 이상을 해줄 것이라는 것이다.[19] 그러나 그는, 입법자의 초인적 지혜를 가지지 않은 사람들로 하여금 입법자의 과업을 시작할 수 있도록 해줄 만한 지식의 성격이 무엇인지에 대해서는 명확치 않은 태도를 보이고 있다.

흥미로운 사실은 귀차르디니가 고찰하고자 한 첫 번째 문제가 시민군을 쓸 것인가 아니면 용병을 고용할 것인가에 대한 것이라는 점이다. 《로그로뇨 논고》의 집필은 소데리니와 마키아벨리가 시민군을 조직하여 공화국을 지켜보려고 안간힘을 쓰던 비극적인 시기와 거의 때를 같이 하고 있었다. 이러한 경험은 마키아벨리로 하여금 뒤에 시민권 및 시민적 덕성 이론에 더욱더 가까운 방향으로 군사 조직론을 구성하게끔 하는 실마리가 된다. 또한 우리는 로마와 베네치아를 비롯한

17) *Ibid.*

18) Guicciardini, *Dialogo e discorsi del Reggimento di Firenze*, p. 220.

19) *Ibid.*

여러 나라의 군사적 구조와 정치적 구조가 서로 어떤 관계에 있는가의 문제가 1512년을 전후한 시기 내내 루첼라이 원회에서 빈번히 논의되고 있었다는 사실을 알고 있다. 귀차르디니는《로그로뇨 논고》에서 마키아벨리처럼 용병에 대한 전반적인 불신을 표하고 있을 뿐 아니라, 마키아벨리가 지적한 구체적인 문제들, 예컨대 시민군은 전쟁이 끝난 후 해산하여 귀가시키면 되지만 용병의 경우는 계속해서 물자를 공급해주어야만 하며, 더욱이 시민군은 용병에 비해 패전 후에도 교체하기가 더 쉽다는 데에도 동의하고 있다. 나아가서 그는 마키아벨리의 이론에서 핵심적인 사항이 될 문제도 아주 상세히 얘기하고 있다. 즉 시민들은 도시가 확고한 질서를 유지하고 있을 때 비로소 용감히 싸울 것이기 때문에, 스스로 시민군에 복무한다는 것은 곧 좋은 법과 "올바른 정의"(una buona giustizia) — 이러한 것들은 제정하기보다 지키기가 더 어렵다 — 를 위해 스스로를 헌신하는 것과 같다는 것이다.[20] 그러나 그의 저작이 설사 이러한 식의 헌신을 밑바닥에 깔고 있다고는 해도, 군대의 기능을 대내적인 경우와 대외적인 경우로 명확히 나누고 있는 것은 전형적인 귀차르디니식의 인식이다. 군대의 존재 목적은 공화국의 영토를 지키는 것뿐 아니라 그것을 넓히는 것이기도 하며, 후자의 행위 영역에서는 법도 정의도 다 필요 없다는 것이다. 그는 여기서 놀라우면서도 쉽게 오해받을 만한 말을 하고 있는데, 그것은 정치권력이란 종속적인 사람들에게 가해지는 폭력적 행위에 다름 아니며, 때로 그것은 어떤 외면상의 정당화로 다소 완화되기는 하겠지만 그래도 역시 그것을 유지케 하는 것은 오직 무력일 뿐이고, 그것도 타인의 것이 아닌 바로 자기 자신의 무력이라는 것이다.[21] 분명한 것은, 정치권력을 지칭하기 위해 여기서 사용된 말들(lo stato e l'imperio)이 도시가 다른 도시에 대해 행사하는 대외적인 권력, 예컨대 피렌체인들이

20) Guicciardini, *Dialogo e discorsi del Reggimento di Firenze*, pp. 221, 223.
21) Guicciardini, *Dialogo e discorsi del Reggimento di Firenze*, p. 222.

끈질기게 저항하는 피사인들에 대해 적용했던 그런 종류의 것을 뜻하고 있다는 점이다. 이것이 내포한 함의는 피렌체인이 피렌체인에 대해 행사하는 권위가 일종의 폭력이라는 것이 아니라, 바로 그러한 권위야말로 폭력적이 아닌 유일한 종류이거나 혹은 종류일 것이라는 점이다.[22] 그러나, 정의가 고려될 수도 있는 내부 영역과 오직 폭력만이 존재할 뿐인 외부 영역 사이에는 밀접한 관계가 있다. 도시 내에서의 올바른 정의를 필요로 하는 시민군은 점령한 영토를 지키기 위한 최상의 수단일 뿐만 아니라, 도덕과 무관하게 움직이는 대외 관계의 세계에서도 타인의 힘에 의존하는 것에 대한 유일한 대안이다. 베네치아는 콘도티에레(condottiere), 즉 용병 대장에 의존함으로써, 스스로의 리베르타(libertà), 즉 자유를 거의 상실하다시피 하였다.[23] 여기서 리베르타는, 르네상스기 이탈리아어의 의미가 종종 그러했듯이, 도시가 외부적 통제로부터 독립해 있음을 뜻한다. 하지만 귀차르디니가 곧이어[24] 자유를 고베르노 디 드렌토(governo di drento 내부 통치), 즉 시민들 간의 관계라는 콘텍스트에서 고찰하고 있는 것은 이처럼 외부 영역과 내부 영역이 서로 밀접하게 연결되어 있기 때문이다.

일인, 소수, 다수에 의한 통치형태 중 어느 것이 가장 이상적인지는 고려할 필요가 없다고 그는 말한다. 명백한 사실은 자유가 피렌체시에는 자연스럽고도 적절하다는 것, 피렌체인들은 자유 속에서 태어났고 선조들로부터 그것을 물려받았으며 따라서 스스로의 생명을 걸고 그것을 지키지 않으면 안 된다는 것이다.[25] 그의 말을 들으면, 일찍이 사보나롤라가 피렌체인들은 스스로의 특별한 기질 덕분에 재생을 위한

22) Guicciardini, *Ricordi*, ed. Raffaele Spongano (Firenze: Sansoni, 1951), C, 48, p. 57.

23) Guicciardini, *Dialogo e discorsi del Reggimento di Firenze*, p. 222.

24) Guicciardini, *Dialogo e discorsi del Reggimento di Firenze*, p. 223.

25) *Ibid*.

적합한 도구가 된다고 주장하면서 토마스주의적 관념성을 배제했던 사실이 연상되기도 한다. 또한 이러한 말은—우리가 귀차르디니의 심성을 안다고 가정할 때—보수적 색채를 가진 것으로 읽힐 가능성도 있는데, 이는 마치 버크가 자유란 우리가 손대지 않고 지나칠 수밖에 없는 전승된 신뢰감이라는 주장 아래 1688년 혁명을 정당화하려 한 것처럼 들린다. 나아가서 그것은 그 유명한 어구, 즉 "당신의 주사위는 스파르타로 던져졌소. 최선을 다해 보시오"*라는 식의 회의적 전통주의의 언명으로도 볼 수 있다. 그러나 귀차르디니는 《로그로뇨 논고》에서, 자유의 의미를 유연한 정치 분석 도구를 제공하는 측면에서뿐 아니라 아리스토텔레스와 시민적 휴머니스트의 전통이 가진 완전한 보편주의를 표현하는 측면에서도 함께 규정하고 있다. 그는 자유란 공공의 법과 결정이 인간 개개인의 욕망을 넘어설 때 존재하는 것이라고 말한다.[26] 즉 그것은 나의 개인적인 의지가 식별 가능한 어떤 타인 혹은 집단의 의지에 종속되지 않는 바로 그러한 상태이다. 자유 외에 다른 어떤 개인이나 집단도 나를 묶어서 내가 원하지 않는 곳에 데려다 놓을 수 없다는 것이다. 하지만 도시의 법과 포고는 이렇게 할 수 있다. 그리스 폴리스의 경우도 그랬지만, 르네상스기에도 개인의 생활에 대한 공적 규제가 세세한 부분까지 간섭할 정도로 엄격한 편이었다. 부자유스러운 조건에서 문제가 되는 것은 내가 무엇을 해야 할 수도 있다는 것이 아니라 타인의 특정 의지에 의해서, 그리고 그의 사적 이익(appetito)을 위해서 그렇게 해야 할 수도 있다는 것이다. 이렇게 되면 나는 점점 더 아리스토텔레스가 노예의 조건이라고 한 것, 타인

---

* Spartam nactus es, hanc exorna. 이 어구는 본래 에우리피데스의 《텔레포스》에서 아가멤논이 메넬라오스에게 한 말인데, 이후 일단 어떤 일을 해야 한다면 잘 하라는 뜻의 속담으로 사용되었다. 버크는 《프랑스혁명에 대한 성찰》에서 이 속담을 쓰고 있다.

26) *Ibid.*

의 목적을 이루어주는 도구로 전락하게 된다. 게다가 이러한 목적이란 것도 노예를 부림으로써 그것을 이루려 할 때 더 저열하게 되는 법인데, 그 이유는 그것이 오직 사적 욕망에 의한 것일 뿐 보편선을 추구하는 것이 아니기 때문이다. 보편선이란 오직 공적 권위가 행사되는 곳에서 자신과 동등한 사람들이 서로 힘을 합칠 때 성취될 수 있다. 노예와 주인은 단지 그들 상호간의 관계에서만 자유로울 수 있을 뿐이다. 왜냐하면 오직 그러한 관계 속에서만 공적 권위가 존재하고 있기 때문이다.

그리하여 피렌체인들이 스스로의 시민적 유산(동시에 그들의 본성인 것)을 이어받음으로써 해결코자 했던 자유의 문제는 곧 공적 권위를 행사할 수 있는 시민체를 구성하는 문제가 된다. 자유에 대한 반테제는 공적이어야 마땅한 권위가 사실상 특정인들에 의해 행사되는 상태이다. 귀차르디니는 자유란 말에 담긴 첫 번째 함의로서 그것을 개별자에 의존하지 않는 것이라고 정의하고 있는데, 이는 이 이론이 1494년 이후 피렌체가 처한 상황에서 어떤 구체적인 의미를 가지고 있었는가를 우리에게 보여준다. 그는 법이란 스스로 집행하지 않는다고 말한다. 그것은 행정 관리에 의해서 시행되지 않으면 안 된다. 만약 우리가 인간이 아니라 법 아래서 살아야 한다면, 우선적으로 요구되는 점은 관리의 권위가 어떤 특정인에 의거하거나 또는 권위의 행사에서 그의 의지가 특정인의 뜻에 의해 휘둘려서는 안 된다는 것이다.[27] 바로 여기에서 우리는 1494년 이전의 메디치가 통치 상황에 대한 매우 강력하고도 함축적인 입장을 발견하게 된다. 당시 메디치가의 수장들은 관리 선임과 그에 따른 공무 수행을 비공식적으로 조종하는 수법으로 도시를 통치했던 것이다. 1512년에 오티마티가 여전히 이러지도 저러지도 못하는 모호한 입장을 표했던 것도 바로 이러한 통치체제에 대해서

27) *Ibid.*

였다. 그것은 그들에게 관직의 독점을 보장해주는 측면도 있었지만, 동시에 그러한 관직이 사실상 자신들의 것이 아니라는 느낌을 가지게 만들었던 것이다. 그들은 공화국이 귀족의 고위 관직 점유를 정당화하는 데 더 나은 역할을 할 것이라는 희망에서 정치 실험을 감행하고 있었다. 이러한 것이 바로 귀차르디니의 입장이다. 정치 엘리트를 선호하는 그의 성향은 언제나 분명하다. 하지만 중요한 점은, 다른 저작에서도 마찬가지지만 여기서도 암묵적이든 명시적이든 간에 외형상 폐쇄적으로 보이는 과두정에 대해 똑같이 강하게 반발하고 있다는 사실이다. 그에 따르면, 행정 장관은 결코 일인 혹은 소수에서 자신의 권위가 나온다거나, 다른 사람들의 의지를 거스르지 않고 통치할 수밖에 없다고 생각해서는 안 되며, 따라서 자유의 기초는 인민의 통치에 있다는 것이다. 그는 아마, 소규모 과두 집단이 막후 흥정에 의해 (카발칸티가 무슨 일이 진행되고 있는지 의심했던 것처럼) 장관직을 나눠 가지게 되면, 누가 그 관직을 가지도록 해주었는지를 항상 인지하고 있는 상태이기 때문에 자유를 위한 본질적인 조건이 충족되지 않을 것이라고 생각하는 것 같다. 권위가 자유롭게 되기 위해서는 공적인 성격을 가지고 있어야만 한다. 권위가 공적이려면 비인격적이어야만 한다. 권위가 비인격적이기 위해서는 그것을 부여한 집단의 크기가 어느 정도 이상이어야만 한다. 귀차르디니의 말을 빌리자면, 만약 자유의 기초가 인민의 통치에 있다고 한다면, 피렌체의 경우 그러한 인민의 통치란 대평의회가 주요 관직들을 분배하는 것을 의미한다는 것이다.[28]

또 다른 헌정적 전통에서 볼 때, 장관직을 분배하는 것은 주권의 속성 중 하나로 생각될 수 있었다. 그러나 여기서 아리스토텔레스 및 시민적 휴머니스트의 방식에 의하면, 다수에 의한 장관직 분배는 그들에게 주권적 의지를 부여하기 위한 것이 아니라 관직이 타인의 의지에

---

28) *Ibid.*

종속되는 것을 막기 위한 것이었다. 즉 권위를 배분하는 의지를 모든 종류의 개별성으로부터 자유롭게 하기 위해서는 아예 그것이 의지이기를 멈추거나, 혹은 장관을 선임하는 그 순간만이라도 그러할 수 있을 지점까지 그것을 탈인격화하고 보편화한다는 것이다. 그러나 대평의회 속의 다수는 스스로의 개별적 의지와 지성을 발휘하는 개개인들로 구성되어 있었고, 따라서 문제는 귀차르디니가 어떻게 이들을 공적 존재로 바꿀 것인가 하는 것이었다. 이에 대한 실마리는 정치적 기능의 분화에 있다. 1494년 헌정 하의 대평의회는 스스로 관직에 선임될 수 있는 능력이 있는 모든 사람에게 구성원이 될 자격을 부여하게 되어 있었다. 귀차르디니는 이를 더욱 확장하여 그런 자격을 갖추지 못한 상당수의 사람들까지도 포함시키자는 개혁안을 발의하고 있다. 그가 보기에, 현 체제의 문제점은 관직 선출에 참여하는 모든 사람들이 스스로 관직을 가질 능력이 있다고 생각하고 또 관직을 가지기를 열망한다는 데 있다. 따라서 그들의 사적인 야심과 선호가 선택을 방해하고, 다른 어떤 경우보다도 특히 정치적 과정의 경우가 이러한 점에서 더 큰 오류를 산출한다는 것이다. 만약 관직 선출의 기능이 스스로 관직을 행사할 수 없는 사람들에게 주어진다면, 그들은 아마 자기 자신의 야심이 아니라 피선출자에 대한 요구 사항들만을 고려하게 될 것이다. 왜냐하면 스스로의 특정한 목적에 의해 마음이 흩뜨려지지만 않는다면 누구나 선을 따르고자 하는 것이 인간의 자연스러운 성향이기 때문이라는 것이다.[29]

르네상스 아리스토텔레스주의적 시민 이론상의 바로 이 지점에서, 우리는 권력분립론의 기원을 뚜렷이 목격하며, 그러한 이론의 기초는 존 애덤스의 생각처럼 제도적이기보다는 윤리적이라는 것을 알게 된다. 선출 기능과 행정 기능이 반드시 분리되어야만 하는 이유는, 공익

29) Guicciardini, *Dialogo e discorsi del Reggimento di Firenze*, pp. 224-25.

을 위한 선택의 결과에 대해 개인이 사적인 관심을 가질 위험성을 축소시키고 그가 자신만의 목적에 따라 판단하지 못하도록 하기 위해서이다. 정체 이론은 우리가 앞서 본 것처럼 변함없이 덕의 과학으로 남아 있는 것이다. 그러나 귀차르디니의 분석은 나아가 인식론 및 지식이론적 측면과 연관되지 않을 수 없는 가정들을 전제하고 있다. 관직을 맡을 능력이 없는 사람이 관직을 가장 잘 수행할 수 있는 사람을 선출할 능력이 있다는 것이 그의 판단인 것이다. 이는 어떤 인식과정에 근거하고 있는 것인가? 그는 대평의회에 대한 자신의 설명을 관직선임에서 법 제정 쪽으로 확대하고는, 그 누구도 대평의회가 발의된 모든 법안에 대해 그것을 토의하고 제정하는 일을 할 능력이 있다고 생각지는 않겠지만, 그래도 소규모 심의 기구—아마 좀더 고도의 자격을 갖춘—에서 토의되고 합의된 법이 대평의회에서 승인을 받아야 하는지 여부에 대한 문제가 남는다는 것을 지적하고 있다. 이는 사실 중요한 문제이다. 왜냐하면, 법이란 모든 사람에게 예외 없이 적용되는 것일 뿐 아니라, 그것은—우리가 다른 곳에서 배웠다시피—통치형태를 한 순간에 바꿀 수 있기 때문이다.[30] 귀차르디니가 얻어낸 결론은, 비록 대평의회가 그곳으로 넘어온 법안을 토의해서는 안 되겠지만—이미 법안 토의는 하지 않게 되어 있었다—최종적으로 그 법안을 승인할 것인가 안 할 것인가 하는 기능은 부여받아야 한다는 것이다. 여기에는 두 측면의 이유가 있는 것으로 보인다. 첫째, 법은 모든 사람을 구속하기 때문에 그 존재가 어떤 소수 덕분이라고 할 수는 없으며, 이는 또한 법이 모든 사람들의 동의를 얻고 있음을 명확히 함으로써 방지될 수 있기 때문이다. 둘째, 대평의회가 법안을 비준함으로써 어떤 법도 통치형태를 변경하거나 혹은 다른 어떤 해로운 결과를 초래하지 않을 것이라는 확신을 심어줄 수 있기 때문이다. 이러한 목

30) Guicciardini, *Dialogo e discorsi del Reggimento di Firenze*, p. 244.

적을 위해서는, 설사 법안이 공개 토의되는 일은 없다 하더라도, 발의된 법안들을 며칠 미리 대평의회에 공표하여, 그 구성원들이 스스로가 그것들을 결정해야 한다는 사실을 알게 됨으로써 그에 대한 서로의 의견을 나눌 수 있게 하는 편이 좋다.[31)]

관직 선임과 입법이라는 양 측면을 모두 고려하는 귀차르디니의 이론이 다수에 의한 정책결정이라는 아리스토텔레스적 개념에 근거하고 있다는 것은 아주 명백해 보인다. 다수는 비록 스스로가 관직을 맡을 능력은 없지만, 다른 사람들이 가진 이러한 능력을 알아볼 수는 있다. 비록 그들 자신은 법을 제정할 수도 심지어는 토의할 수도 없지만, 다른 사람들이 발의한 법 초안을 판정하는 유능한 판관이 된다. 그들이 자신들을 평가해야 하는 기능을 배제함으로써 탈인격화의 원칙은 지켜지게 된다. 하지만 그들이 평가과정에서 발휘하는 지적 능력이 어떤 것인지는 여전히 분명치 않다. 본질상 경험에 관한 이론이라 할 수 있는 아리스토텔레스의 교리에 따르면, 비엘리트 계급 개개인은 관직을 가진 어떤 특정인이나 혹은 지금 효력을 가진 어떤 특정한 법이 어떤 방식으로 자신에게 작용하여, 그러한 수많은 판단들의 합을 개인의 지혜를 통해 이를 수 있는 것보다 더욱 신뢰성이 높은 것으로 만드는지 잘 알고 있다는 것이다. 그러나, 이미 이 책의 1장에서 살펴보았듯이, 개별적으로는 수준이 다소 떨어지는 지혜들을 모은 집단적 지혜는 누적적인 성격을 가지고 있었고, 그래서 어떤 특정한 결정의 복잡한 성격으로 인해 그것을 이해하고 결정을 내리고 효력을 발휘하게끔 하는 데 필요한 속도가 더 요구될수록 거꾸로 그러한 집단적 지혜의 효능은 더 떨어지게 마련이었다. 관습의 체계에서 다수에게 요구되는 것은 단지 반복되는 것으로 보이는 상황에 대해 이전의 반응을 다시 되풀이해야 하는가 아닌가를 결정하는 것뿐이었고, 그들의 이러한 결정은 앞의

---

31) Guicciardini, *Dialogo e discorsi del Reggimento di Firenze*, pp. 230-31.

관례가 유지되거나 폐기됨에 따라 점차 사상보다는 행동과 기억이라는 측면을 통해 전면으로 부상하게 되는 것이었다. 하지만 도시 국가의 대평의회에서는 결정 사항 자체가 고도로 개별화되어 있는 데다 시간도 더욱 촉박한 상황이었다. 귀차르디니가 쓴 "오코레레"(occorrere 필요하다)와 "조르날멘테"(giornalmente 매일)와 같은 말들은 이러한 점을 분명히 보여주고 있다.[32] 일단 어떤 특정한 개인이 관직에 적합한 인물인지, 어떤 특정한 법이 보편적으로 적용되는 데 적합하도록 만들어졌는지를 결정하는 문제로 오게 되면, 다수는 관습의 형성에 소요되는 것보다 훨씬 더 빠른 속도로 관련 자료를 모아 처리하지 않으면 안 된다. 귀차르디니는 다수에게 소수의 경우와는 상이한 분별, 즉 어떤 행동의 결과를 예측하는 능력을 부여하여 이 문제를 다루려 하지 않고, 그보다는 윤리적 기초에 의거한 전략을 통해, 즉 다수의 결정은 사적인 야심에 의해 흩뜨려지지 않은 것이므로 — 우리는 이미 그가 이를 어떻게 확보할 생각이었는지에 대해서는 알고 있다 — 다수로 이루어진 기구는 소규모 심의 기구보다 무엇이 더 공익을 위한 것인지를 더 정확히 안다고 주장함으로써 문제의 해결책을 찾으려 한 것처럼 보이는데, 이는 사실 의미심장하다. 그는 《로그로뇨 논고》를 집필하던 때와는 다른 시기에 역시 1494년 헌정의 분석과 관련하여 연설문 형식의 두 편으로 구성된 《대평의회의 관직 선출 방식에 대한 논고》를 썼는데,[33] 여기서 그는 대평의회에서 다수결이나 제비뽑기에 의해 장관을 선출하는 경우를 들면서, 투표의 제안자 — 귀차르디니 자신은 이 제안자 쪽이다 — 로 하여금 다음과 같이 말하도록 하고 있다.

---

32) *Ibid.*

33) Guicciardini, *Dialogo e discorsi del Reggimento di Firenze*, pp. 175-95: "Del modo di eleggere gli uffici nel consiglio grande."〔이 글은 제안자의 주장(pp. 175-85)과 그것에 대한 반론(pp. 186-95)으로 구성되어 있다 — 옮긴이〕.

> 한 사람의 공과(功過)는 특정한 개개인이 아니라 인민*에 의해 판단되어야 마땅합니다. 인민은 그 자체로서 군주와 같은 존재이며 개별적 인간의 정념을 가지고 있지 않기 때문에 우리들 누구보다도 더 나은 판단을 할 수 있습니다.… 인민은 우리가 스스로에 대해 아는 것보다 우리들 각각을 더 잘 알고 있으며, 어떤 관직을 그것에 적합하게 보이는 사람에게 배분하는 것 외에 다른 목적이 없습니다.
>
> 더욱이, 저는 인민이라고 해서 때로 잘못된 선택을 할 수도 있다는 것을 부정할 생각이 없습니다. 시민 개개인의 자질을 항상 다 알 수는 없으니까요. 하지만 저는 확신합니다. 이러한 오류들도 다른 처리 방식에서 일어나는 것에 비하면 그 횟수가 훨씬 더 적을 뿐 아니라, 매일매일 고쳐지고 점점 더 그 수도 줄어들 것이라고 말입니다. 우리가 현재의 방식대로 계속 일을 진행한다면 누가 능력이 있는 사람인지 더 잘 알게 될 것이기 때문입니다. 오늘은 이 사람, 내일은 저 사람 하는 식으로 그들의 행동을 살필 수 있을 테니까요. 또한 인민들은 이제 대평의회의 일을 보기 시작했고 정부가 스스로의 것이라는 점을 알고 있으므로, 이전 어느 때보다도 사람들 각각의 행동과 성격에 관심을 기울일 것입니다. 그러면 하루가 다르게 사람들의 공과에 대해 더 나은 판관이 될 테고, 그러한 인물들의 능력에 적당한 것을 그들에게 부여하는 일도 방해받지 않을 것입니다.[34]

이를 보면, 영속적인 시민 회의가 마치 관습적 공동체와도 같은 위치를 차지하고 있음을 알 수 있다. 정치 생활에 매일매일 참여함으로써 관련 경험과 지식을 획득하는 속도가 증대된다는 것이다. 하지만, 대평의회에서의 결정이 기본적으로 정책결정의 담당자인 엘리트층을 구성하는 개개인의 자질에 관한 것일 뿐이라는 점은 여전히 지적되어야 할 필요가 있다. 인민들은 어떤 사람을 선택하고, 자질이 있는 사람을 고르는 그들의 능력에 대해 칭송을 받는다. 선출된 사람은 법안

---

* 여기서는 주로 "포폴로," 즉 평민층을 가리킨다.

34) Guicciardini, *Dialogo e discorsi del Reggimento di Firenze*, pp. 178-79.

과 결의안을 만들고, 다시 인민들이 그것을 받아들일 것인가 아닌가를 최종 결정한다. 그러나 우리는 그들이 과연 정책의 선악을 구별해내는 능력이 있는지에 대해서는 별로 들은 바가 없다. 지금까지 그들에게 허용된 것이라고는 제출된 법안으로 인해 언제 통치형태가 바뀔 것인가를 인지하는 능력뿐이다. 또한 그들이 정책의 시행에 착수하거나 개혁 혹은 혁신을 하도록 하는 능력이 과연 있는지에 대해서도 아무런 암시가 없다. 그들이 어떤 사람의 자질을 파악할 수는 있으나, 사건의 형태나 사회구조를 인식할 능력은 없는 것이다.

《로그로뇨 논고》를 보면, 귀차르디니가 정책결정자인 엘리트층 시민에 요구되는(또는 그렇게 보이는) 도덕적 품성과 인식능력에 관해 처음으로 자신의 생각을 피력한 것은 곤팔로니에레 직을 고찰하는 부분에 이르러서이다. 여기서의 핵심 문제는 이 최고 관직이 제한 임기제가 되어야 할 것인지 혹은 종신제가 되어야 할 것인지의 여부이다. 귀차르디니는 자신이 선호하는 종신제의 경우를 정보획득과 그에 따른 정책결정이라는 측면에서 먼저 논의하고 있다.[35] 만일 곤팔로니에레가 교체 불가능한 종신직이라면, 그는 자신의 직을 유지하는 일에 대해 혹은 임기가 끝날 때 어떤 일이 일어날 것인지에 대해 우려할 필요가 없게 될 것이다. 종종 이러한 우려로 인해 직무 수행이 미온적으로 되는 것(freddezza)을 고려한 것이다. 이렇게 되면 그는 어떤 사건이 일어날 때 그것을 어떻게 처리할 것인가 하는 것과 그가 다루어야 할 사람들의 성격을 어떻게 이해할 것인가 하는 것을 배우는 데 마음을 집중하게 된다. 우리는 이러한 식의 주장이 얼마나 쉽게 윤리적 입장으로 바뀔 수 있는지 알게 된다. 즉 종신직으로 임명된 사람은 자신의 직무에 필요한 정보와 기술을 얻는다든지, 혹은 스스로를 오직 공익의 추구에만 헌신한다든지 하는 일을 사적인 고려 때문에 등한시하지는

35) Guicciardini, *Dialogo e discorsi del Reggimento di Firenze*, p. 237.

않는다는 것이다. 그는 도시가 줄 수 있는 최고위직에 종신제로 임명되었기 때문에, 어떤 특정 이익 집단에 유리하도록 하고자 하는 동기를 가지지 않을 것이며, 자신의 권위를 그것에 부여된 한계 이상으로 확대하려 들 가능성도 아주 작다. 그러나 바로 이 지점에서 그의 논증은 새롭고도 흥미로운 방향으로 바뀌고 있다. 모든 개인적 사심과 고려를 넘어선—나아가서는 임기가 다했을 때 자신의 재직 기간의 일에 대해 책임을 지우는 고대의 견제 방식에서도 자유로운—이러한 종류의 관직을 가지게 되는 경우, 아마 시민들은 적법한 방법으로 다른 모든 사람들보다 더 높은 상을 받고 싶다고 간절히 바라되 오직 공익이란 목적만을 위해 자신의 권위를 행사하게 될 것이다. 귀차르디니는 바로 이 시점에서 종종 그의 귀족적 편향을 보여주는 증거로서 인용되곤 하는 관측을 내놓고 있다. 즉 어떤 기록을 뒤져도 공화국은 예외없이 극소수의 사람들에 의해 통치되어(retto) 왔고 또 지금도 그러한데, 그들은 야심에 대한 충동과 위대함에 대한 욕망과 최정점에 오르고 싶은 욕구 때문에 영광스러운 행위를 하도록 되어 있으며,[36] 종신제 곤팔로니에레 직은 전체적으로 보아 바로 이러한 욕망에다 적법한 만족감을 부여하는 최상의 수단으로 보인다[37]는 것이다.

이 구절에서 특기할 만한 점은 그것에 담긴 엘리트주의가 아니다. 아리스토텔레스적 전통은 명백히 시민을 다수, 즉 어떤 일을 그들 자신의 입장보다 훨씬 더 높은 곳에서 바라보고자 하는 동기나 지식이 결여된 부류와, 소수, 즉 일을 통제하는 데서 더 큰 몫을 추구하며 또 그렇게 할 만한 능력이 있는 부류로 구별한 바 있었다. 소수는 아마 언제나 그들의 숫자에 비해 더 큰 권력을 행사할 것인데, 문제는 이러한 불균형이 과도한 방향으로 나아가지 못하게 하고 사려 깊은 소수 집단이 스스로의 이익보다는 타인의 이익에 초점을 두고 통치하는 것

36) Guicciardini, *Dialogo e discorsi del Reggimento di Firenze*, pp. 238-39.
37) *Ibid.*

을 보장하는 제도적인 틀—폴리테이아—을 만드는 데 있었다. 귀차르디니 역시 여기에서 예외가 아님은 분명하다. 그는 한편으로 고도로 참여적인 소수는 오직 참여도가 떨어지는(하지만 그래도 여전히 참여적인) 다수라는 콘텍스트 속에서만 기능할 수 있다고 주장한다. 동시에 다른 한편으로 그는 일인, 소수, 다수라는 세 층위 모두의 정책결정자들이 사심을 가지 못하도록 하는 장치들을 계속해서 제안하고 있다. 그의 사고는 외형상 분명히 귀족적이지만 결코 과두적이지는 않다. 그의 독창성은, 다수가 소수와 다른 점이 자신들 스스로는 추구하지 않는 관직에 어떤 사람이 잘 맞는지를 판단하는 능력이라면, 소수가 다수와 다른 점은 관직을 추구하는 경향이라고 주장했다는 것, 그리고 그들로 하여금 관직을 추구하게 만드는 비르투—그는 이 말을 명시적으로 사용하고 있다—는 지혜도 선도, 혹은 그들을 관직에 적합하도록 하는 어떤 다른 도덕적 품성도 아닐 뿐 아니라 나아가서는 도시에 대한 사랑—물론 그들은 틀림없이 그러한 감정을 가졌겠지만—조차도 아니며, 단지 야심과 영광에 대한 갈증일 뿐이라고 주장한 것에 있다. 그는 이 비르투란 말을 어떤 식으로든 무도덕적 의미로는 쓰고 있지 않다. 오히려 그는 관대한(generosa) 혹은 고결한(onesta)과 같은 형용사를 덧붙여 그것의 의미를 제한하고 있는 것이다.

야심은 그리스도교적 미덕 속에 들어 있지 않았다. "천사들이 타락한 것도 바로 그 죄 때문이었다." 그의 전기 작가들은 귀차르디니가 이 문제에 관심을 가지게 된 것은 자신이 지닌 어떤 종류의 도덕적 고결함 덕분이라고 말하고 있다. 그는 자신이 지닌 큰 야심과 본인 및 가문의 명예에 대한 강한 집착을 스스로 아주 잘 인식하고 있었다는 것이다. 하지만 그의 정치 이론에서 야심과 명예와 영광의 추구가 담당하는 역할에 대해서는 좀더 연구되어야 할 필요가 있다. 물론 봉건적 기풍은 충성심과 결합된 명예를 핵심으로 하고 있었고, 기사도 윤리에 관한 문헌들에는 그러한 기풍을 그리스도교 도덕과 조화시켜 보려는 수많은 시도들이 기록되어 있다. 셰익스피어의 《헨리 5세》에 나오는 구절들에도 모호함은 여전히 남아 있다. "만약 명예를 탐하는 것이 죄악이라면, 나야말로 대죄를 짓고 살아가는 영혼이로구먼."[38] 전사의 에토스를 교화하는 문제는 유럽 사상에서 전혀 새로운 주제가 아니었다. 그러나 우리는 봉건적 가치 규범을 피렌체 귀족층에게 귀속시키는 데는 신중할 필요가 있다. 귀차르디니가 스스로와 동일시한 오티마티는 상인, 은행가, 법률가 — 정치가는 말할 것도 없고 — 였던 데다가, 기사도 윤리가 그들에게 얼마나 큰 영향을 주었는지는 명확치 않다. 아마 진짜 요점은 명예가 특별히 정치적 성향의 개인, 귀차르디니의 정치사상에서 핵심적이자 가장 그 뜻이 모호한 말을 빌리자면 (그리고 그가 쓴 철자를 그대로 따르자면) 파르티쿨라레(particulare)의 덕이라는 주장일 것이다. 한편으로 볼 때, 파르티쿨라레는 그가 사적이고 개별적인 선을 추구하는 한 치명적 위험을 가진 존재였다. 야심은 그로 하여금 그렇게 행동하도록 명하는 것이었고, 어떤 개인이 스스로의 욕망을 만족시킬 만한 특출한 자리를 찾으려 하는 것은 법과 공공의 도덕성에 도전하는 것이 될 수 있었다. 하지만 다른 한편으로 볼 때, 영광은 공적인 성격을 가지고 있었다. 그것은 누군가가 동료에 의해 인정받는다는 관념에 의거하고 있었다. 영광은 그리스도교적이 아니라 이교적인 관념이기 때문에, 생전과 사후에 구원이 아니라 명성을 가져다주었다. 만약 파르티쿨라레가, 정의상 상호적이고 공적인 선을 위한 결정과정에 모두가 참여하도록 되어 있는 시민적 배경 속에서 자신의 목표를 추구하도록 만들어질 수 있다면, 그의 영광이란 곧 이러한 활동에서의 특출함을 자신의 동료가 인정해주는 것에 다름 아닐 것이다. 그는 영광에 대한 스스로의 욕구 때문에 동료들보다 더 많은 것을 시도하게 되고, 그리하여 공적인 검증의 대상이 된다. 그는

---

38) Shakespeare, *Henry V*, IV, 3, 28-29.

그가 자신을 아는 것보다 그에 관해 더 잘 알 수 있는 소수와 다수에 의해 끊임없이 검증된다. 그리고 일단 그의 명예가 공익을 위한 것으로 인정되면, 그러한 명예의 관념이 표현하고 있는 순수히 개인적인 성실성의 이상에 대한 내적 관심 때문에 그는 스스로 만족도가 낮은 일을 경멸하게 된다. 이러한 상황 속에서, 권력이 공공의 끊임없는 검증과 판단 아래 기능하는 한, 그에게 박탈할 수 없는 최고의 관직을 수여함으로써 그의 야심을 정치화하려 한 것은 현명한 처사이며, 일인과 소수는 그들의 과업에 필요한 지식과 경험을 자유롭게 획득할 수 있게 된다는 것이다.

그러나 설사 귀차르디니가 야심을 정치 엘리트의 뚜렷한 특징으로 만들었다고 하더라도, 만약 정치구조가 그것을 훈련시키는 데 실패하게 되면 야심이 어떤 모습으로 바뀔 것인가를 그는 아주 잘 알고 있었다. 그는 《로그로뇨 논고》의 한 구절에서,[39] 정체상의 변화를 제안하기는 쉽지만 이행하기는 어려운 이유는 기존 집단들의 권력을 유지하려는 과두적 장치 때문인 것 같다고 말하고 있다. 만약 그러한 개혁안이 접근이 어려운 위원회에서만 발의되지만 신속히 다수의 판단에 넘겨질 수 있다면, 아마 상황은 더 나아질 것이다. 앞서 말한 《대평의회의 관직 선출 방식에 대한 논고》 두 번째 편을 보면, 오티마티의 과두적 경향에 대한 비판이 새로운 방향에서 더욱 강력하게 가해지고 있음을 알 수 있다. 여기서 추첨에 의한 선출—고대에는 이러한 절차가 투표에 의한 경우보다 더 민주적이라고 생각되었다—을 선호하는 한 발언자가 단언하는 바로는, 다수가 필연적으로 최선의 인물을 택하게 된다는 주장은, 스스로를 우오미니 다 베네(uomini da bene), 즉 선인(善人)이라 부르면서 자신들이 관직에 대한 세습적이고도 생래적인 권리가 있다고 생각하여 내부자가 아닌 사람은 배제한 채 언제나 서로에

39) Guicciardini, *Dialogo e discorsi del Reggimento di Firenze*, pp. 245-46.

게 투표하는 오티마티라는 핵심 세력이 존재하기 때문에 설득력이 없다. 이렇게 되면 비엘리트 계층이 선택할 수 있는 유일한 전략은 오티마티 출신 후보자에 계속 반대표를 던지든가—그리하여 모든 절차적 근거를 아예 허위적인 것으로 만들어 버리든가—혹은 추첨을 내세우며 투표를 전적으로 포기해버리든가, 둘 중 하나라는 것이다. 그는 계속해서, 자칭 선인들은 그들이 분별, 지혜, 덕의 측면에서 뛰어나다는 가정에 근거하여 스스로의 엘리트적 지위를 주장하지만, 그들이 그런 위치에 있게 된 것은 사실 스스로가 획득했거나 물려받은 재산이 있거나 혹은 그들의 선조가 고위 관직에 있었다는, 종종 거의 해명될 수 없는 이유 때문이라고 잘라 말한다. 부와 가문이란 운의 소산이다. 피렌체의 정치 귀족층에 불리한 논거는 그 존재가 덕보다는 운에 더 빚지고 있다는 것이다.[40] 그는 결국 바로 이것이야말로 그들이 공적이 아닌 사적 목표를 추구하는 이유라고 못 박고 있다. 귀차르디니는 연설을 선동적 냄새가 풍기는 불쾌한 어조로 쓰고 있지만, 그의 의도는 이 연설을 통해 독자들을 설복하는 데 있지 않았다. 우리는 그가 어느 정도는 엘리트주의적 이유에서 투표 쪽을 더 선호하고 있었음을 확신할 수 있다. 그러나 그는 피렌체 엘리트 계층에 불리하게 작용할 수 있는 이러한 논증의 강점을 잘 알고 있었다. 귀족이란 존재는 운의 소산이므로 과두적이었다. 또한 엘리트 계층의 구성원들 혹은 그들의 선조들이 출세의 운을 탈 수 있었던 것도 그가 각별히 정치화할 수 있는 것으로 집어낸 야심이라는 덕성 때문이었다. 똑같은 이유로, 이러한 자칭 선인들은 시민적 귀족이 될 수도 있지만 동시에 과두정의 독선적 인텔리겐차(intelligenza)—피렌체 용례로 파당이나 술책을 가리키는 말—도 될 잠재적 위험을 가지고 있었다. 《로그로뇨 논고》의 마무리 부분에 나오는 특기할 만한 구절은 귀차르디니가 여전히 사적 만족과

---

40) Guicciardini, *Dialogo e discorsi del Reggimento di Firenze*, pp. 189-92.

욕망을 체계적으로 제거하는 데 어느 정도로 중요성을 부여하고 있는지 잘 보여주고 있다.

이는 "헛된 것은 불태우라"는 거의 사보나롤라적 권고로 끝을 맺고 있는 반(反)사치 논쟁에서도 잘 나타난다. 사치는 사람을 부패하게 한다. 그것은 사람들로 하여금 부와 과시와 그 외에 진정한 영광과 덕성에 반대되는 보는 것을 점점 더 욕망하도록 만든다. 이런 종류의 부패는 이 세계에서 새로운 일이 아니다. 고대 작가들은 그것을 통렬히 비난하였다. 부패는 "인간의 마음속에 그토록 보편적으로, 오랜 세월 동안 깊숙이 뿌리박아 온"[41] 악이기 때문에, 전면적 치료가 아니고는 아무 소용이 없을 것이다. 간단히 말해서, 그것은 사보나롤라가 영적 개혁의 화염 속에서 태워 없애기를 바랐던 "옛 아담"이다. 하지만 사보나롤라의 언어가 계시적이었던 반면, 귀차르디니의 언어는 시민적이자 고전적이다. 그에 따르면, 악을 끊어내기 위해서는 리쿠르고스의 메스(coltello)가 필요하다. 그는 모든 재산을 분할하고 화폐의 사용과 개인적 장신구의 사용을 금지함으로써 하루아침에 스파르타로부터 모든 종류의 사치품을 몰아내 버렸다. 스파르타인들은 놀라울 정도의 검약과 공익에 대한 헌신에 압도되었고, 그리하여 그가 그토록 견고한 개혁을 수행하는 그라치아(grazia) — 은총? 혹은 행운? — 를 얻었다는 것이야말로 리쿠르고스란 이름이 발하는 영광이다. 위대한 철학자들도 이런 일을 할 수는 없었고, 그래서 리쿠르고스가 아폴론의 도움을 받았다고 생각되었던 것도 무리가 아니다. 왜냐하면 한 도시를 개혁하는 일은 인간이 아닌 신의 힘을 요구하기 때문이다.[42]

사보나롤라에게는 개혁이란 말이 질료에 형상을 부여하고 질료를 그 본래의 목적을 추구하는 것으로 복구한다는 — 도시 주민들은 도시라는 존재의 "질료적 원인"이었다 — 정확히 아리스토텔레스적인 의미

---

41) Guicciardini, *Dialogo e discorsi del Reggimento di Firenze*, pp. 257-58.
42) *Ibid*.

를 가지고 있었고, 이것이 바로 그가 개혁을 각별히 린노바치오네(갱신)라 부르고 싶어 한 이유였다. 하지만 그는 그리스도교인으로서 그러한 목적을 정화된 삶이라고 보았다. 프리마 포르마(원초적 본성)는 은총의 선물이었고, 따라서 개혁은 오직 역사 속에서 일어나는 은총의 역사(役事)를 통한 계시적 배경 위에서만 가능한 것이었다. "헛된 것들"과 같이 정화되지 않은 물건들을 좇음으로 인해 사람 속에 깃든 "제2의 본성"을 불태워 없애는 것은 그러한 복구를 위해 필요한 일의 일부였다. 귀차르디니가 이러한 주제들을 그의 경우와는 달리 그렇게 특별히 그리스도적이지도 않은 수사학으로 바꾸어 놓은 것은 상당히 의미심장한 점이다. 그는 질료와 형상에 관한 언어를 명기하거나 포르투나에 형상을 부여하는 것이 비르투의 일이라고 말하지는 않는다. 그러나 그의 입법자는 도시를 개혁하여 그것의 법과 덕성이 오랫동안 지속되도록 하는 초인적인 성공을 거두고 있다. 그라치아란 말이 사용된 것도 바로 이러한 정황에서이다. 신이 도왔다는—실제로 그런 것은 아니겠지만—명성을 그에게 안겨다 준 것도 그것이 신이라야 할 만한 역사이기 때문이다. 그리고 그는 오랜 옛날부터 인간의 마음속에 뿌리박고 있었던 사치란 악을 체계적으로 제거함으로써 이러한 위업을 성취한다. 사보나롤라와 귀차르디니 간의 유사한 면들은 차이점만큼이나 중요한 것이다. 한편에서 볼 때, 사보나롤라가 사치품과 헛된 것들을 영혼이 은총을 따르지 못하도록 하는 방해물이라 보았다면, 귀차르디니는 그것들을 시민들로 하여금 공익을 추구하지 못하도록 하는 방해물로 보고 있다. 따라서 리쿠르고스는 예레미아를 대신하며, 그의 개혁은 참회를 위한 소환이라기보다는 입법의 행위가 된다. 그러나 그것은 직접적으로 시민들의 도덕적 인격에 대해 가해진 행위이며, 만약 그들이 개별적 만족을 추구하는 데 마음을 빼앗기지만 않는다면 당연히 일반선을 찾게 되어 있는 스스로의 자연적 경향 혹은 "제1의 본성"으로 그들을 되돌려 놓는 효과를 지니고 있다. 인간은 본성적으로 선한 존재라고 말할 때, 그 의미가 바로 이런 것이다. 인간은 그로 하여금 기회가 주어지기만 하면 언제나 사적인 만족을 좇도록 만드는 부패한 "제 2의 본성"을 가지고 있다는 이론은, 적절한 수사학적 콘텍스트 안에서라면, 어떤 심각한 모순도 없이 인간은 본성적으로 악하다는 주장도 덧붙일 수 있도록 해준다.[43] 입법자가 하는 일은 도덕적 카리스마와 세도적 대책을 통해 (오래된) 제 2의 본성을 제거하고, (원초적인) 제 1의 본성을 복구할 수 있도록 길을 여는 것이다. 이는 그리스도교적 은총의 개념에 비추어 볼 때조차도 신적 과업이다. 하지만 그것은 전적으로 정치적 결정과 제도라는 시민적 콘텍스트 안에서, 그리고 그러한 콘텍스트를 위해 수행되기 때문에, 그것을 기술하는 적절한 수사학은 입법자가 규칙적으로 헬라 신들의 도움을 받는 것으로 나타나는 그리스·로마 정치학의 경우이다. 여기서 강조되어야 할 점은 그리스도교 전통과 시민적 전통 간에 세속적 간격이 존재한다는 것보다는 양자 모두가 어느 정도까지 검약과 극기의 이상에 기초하고 있다는 것이다. 수도원적 토대가 닦인 이후, 그리고 칼뱅주의적 토대가 나타나기 이전 어느 때쯤, 이러한 이상을 세우기 위한 시민적 휴머니즘의 토대가 존재하고 있었다.

그러나 입법자가 수행하는 과업은 기적과 같이 경이로운 것이었고, 사보나롤라가 기적이 임박했다고 믿었던 바로 그 지점에서 귀차르디니는 기적을 믿지 않았다. 그는 덧붙여, 우리 스스로가 입법자의 과업을 수행하기를 희망하거나 혹은 원하는 것조차도 정당치 못한 일이라고 말한다. 우리는 우리 자신이 누구인지 직시해야만 한다. 우리라는 존재는 스스로의 도덕적 품성에서 오직 그 일부만을 발현하기도 벅찰 정도로 부패한 처지에 있지 않는가. 만약 도시가 무기를 사용하는 훈련

43) 마키아벨리와 귀차르디니에 대한 지금까지의 수많은 오해도 바로 이러한 사실을 파악하지 못한 데 그 원인이 있었다는 점이 이쯤에서 지적되어야 할 것 같다.

을 받을 수 있다면—시민군의 전통이 다시 등장한다—그리고 장관들이 그들의 훌륭한 품성을 공인받았다는 오직 그 이유만으로 선임될 수 있다면, 부와 사치를 높이 보는 풍조는 점점 사라질 것이고, 나아가서는 그러한 것들을 계속 억제하도록 할 효과적인 사치 단속법을 제정하는 것도 가능해질 것이다.[44] 그러나 본질적 측면에서 볼 때 우리는 이미 《로그로뇨 논고》의 서두를 장식했던 의사의 비유로 돌아온 것이며, 그리하여 이제 의사와 요리사 간의 차이점을 분명히 볼 수 있다. 마치 파스타를 만드는 사람처럼, 입법자는 도시의 모든 마테리아(materia), 즉 질료(재료)를 온통 휘저어 그것에 새로운 형상(형태)을 부여하는 사람일 것이다. 이보다 훨씬 더 복잡한 생체를 앞에 놓은 의사는, 그것이 이미 병이 들었다고 보고 그 병을 없애기보다는 다만 진행과정을 통제했으면 하고 희망한다. 그러나 이는, 그가 진찰하고 있는 마테리아가 이미 생래적으로 불안정하다는 것을 의미한다. 그는 운의 예측 불가능한 측면들에 노정되어 있는 것이다. 귀차르디니가 오티마티를 명예에 대한 야심을 가진 사람들로 표현했던 것에 담겨진 양면적 의미도 이제는 충분히 평가될 수 있다. 한편으로 그는, 만약 폴리테이아가 특정한 결정 사항에서 주도적 역할을 할 엘리트를 필요로 한다면, 야심이란 반드시 정치화되고 정당화되어야 마땅한 품성임을 확신하고 있었다. 다른 한편으로 그는, 야심 때문에 환경이 너무나 불안정해져서 이미 그것이 스스로 정치화하는 것을 도저히 허용할 수 없는 지경에까지 이르렀거나, 혹은 야심이 이미 너무 부패한 상태라 시민적 목적에 전혀 기여할 수 없을 수도 있다는 것을 잘 알고 있었다.

---

44) Guicciardini, *Dialogo e discorsi del Reggimento di Firenze*, pp. 258.

[III]

시민적 엘리트의 행위를 결정하는 데 야심이 어떤 역할을 하는가는 1512년의 메디치가 복귀에 뒤이은 몇 년간 귀족주의 사상의 매우 중요한 관심사로 남아 있었다. 복고 정부의 성격을 결정지은 중요한 사실은 아마노 1513년 조반니 데 메디치 추기경이 교황 레오 10세로 선출된 사건이었을 것이다. 이는 피렌체에서의 메디치가 통치를 더 넓은 정치적 콘텍스트 속으로 흡수함으로써 상황을 변화시켰다. 메디치가는 외국 군대의 힘으로 권좌에 복귀함으로써 피렌체인들이 대외적 환경을 통제하는 데 얼마나 무능한가를 적나라하게 부각시켰으나, 레오 10세가 율리우스 2세의 자리에 앉자 그는 스스로 이탈리아 정치의 지도적 중재자 역할을 자임하였다. 그는 비이탈리아 세력의 지배를 축소시킬 수 있는 체제를 건설할 가능성도 있었던 인물이었다. 그의 선출은 이러한 점 및 피렌체인 교황의 즉위가 발하는 영광이라는 측면 외에도, 메디치가 통치의 안정이, 피렌체 내의 주요 정치집단들에 대해 만족스러운 정치적 관계를 만들어내는 지배 가문의 능력이나 외국 군대의 힘에 달려 있는 것이 아니라, 교황 정치체제에 여전히 붙어 다니는 정당성과 영속성에 의존한다는 의미를 가지고 있었다. 따라서 레오의 즉위는 메디치가는 물론이고, 그들과의 관계를 받아들일 것인가 말 것인가, 또한 받아들인다면 그 대가로 양측에 어떤 조건이 부과될 것인가를 결정해야 하는 부류의 피렌체인들에게도 숨통을 열어주었다. 동시에 그 사건은 피렌체로부터 그 가문의 구성원들 중에서 가장 유능하게 보였던 인물을 빼앗아 간 셈이어서, 시민들은 자신들이 더 이상 운명이 결정되는 중심에 있지 않고 주변부로 전락했다는 불쾌한 감정을 느끼게 되었다. 또한 그것은 전(全) 메디치가 체제를 우선은 레오의 종신 재위 기간에(그는 8년간 재위했다) 의존하도록 만들었고, 다음으로는 교황의 부재 중 피렌체의 권력을 장악한 메디치가 소장 구성원들이 더 이상 피렌체의 시민적 관계들에 제한받지 않는, 메디치식 정치의 콘텍스트 속에서 시도한 조치들에 의존하도록 바꾸어 놓았다. 이미 1494년 이전의 메디치가 통치와 자신들 집단 간의 관계에 대해 양면적 감정을 가지고 있었던 귀족층 사상가들에게는 이 모든 것이 일련의 새로운 문제를 야기하는 것으로 생각되었다. 1513년 레오의 교황 즉위, 1516년 가문을 대표하여 피렌체를 통치했던 줄리아노 데 메디치의 죽음, 1519년 그의 계승자이자, 우르비노 공의 작위를 얻고자 하는 자신의 시도에 피렌체를 연루시켰던 로렌초*의 사망 등, 매 사건마다 출현하는 새로운 위기와 때를 같이 하여 우리는 귀족주의적 저작들이 재연되는 현상을 목격한다.[45] 우리 입장에서 본 그 저작들의 요점은 결국 시민적 귀족정을 정의한 아리스토텔레스적·휴머니스트적 패러다임을 그들이 전례 없는 것이라고 인식한 상황에다 적용해 보고자 하는 노력에 있다. 그들은 또한, 상황이 전례 없는 것이라는 점과 구체적으로 무엇이 전례 없는 것인가 하는 점을 어떻게 진술할 것인지, 그 관점들에 대해서도 똑같이 관심을 표명하였다.

귀차르디니도 이러한 저술가들 중 하나였다. 하지만 그것은 그와 그가 속한 계급의 특징이었으며, 또한 그를 결코 피렌체의 시민적 귀족층과 그들이 원하는 권력의 공유를 거부하는 메디치가 사이의 지속적인 대결 구도 속에 연루된 것으로 생각해서는 안 되는 전(全) 시기 동안의 특징이기도 했다. 그는 에스파냐 사절의 임무를 수행하고 돌아온 다음 피렌체에서 법률가로 개업해 있으면서, 줄리아노와 로렌초가 점점 더 자신들의 측근 외의 그 누구와도 권력을 나누지 않으려 하는 모

---

* 대인 로렌초의 손자를 가리킨다.

45) 이에 대해서는 다음을 볼 것. Rudolph von Albertini, *Das florentinische Staatsbewusstsein im übergang von der Republik zum Prinzipat* (Bern: Francke Verlag, 1955). 말미의 부록에 《로그로뇨 논고》의 원문 텍스트가 실려 있다.

습을 귀족층의 입장에서 불만스럽게 지켜보았다. 그러나 1516년 줄리아노가 죽자, 그는 교황이 내린 모데나 총독직을 수락하였고, 이후 두 명의 메디치가 교황 아래서 이탈리아 중북부 지방에 있는 교황령 국가의 행정과 국방을 담당하며 자신의 경력을 쌓아 나갔다. 다른 귀족주의 시각의 저술가들처럼, 그리고 마키아벨리도 그랬던 것처럼, 그 역시 스스로의 생각과 일치하는 방식으로 행동할 수만 있다면 메디치가를 섬기는 것도 행복한 일이었다. 하지만 피렌체에서 그러한 생각은, 메디치가가 그들과 동등자이자 동료로 인정해야만 하는 시민적 귀족계층 — 고전적 소수 — 에 자신이 속해 있다는 사실과 연관되어 있었다. 만약 줄리아노와 로렌초가 그렇게 하지 않겠다면, 그는 그들과 함께 일을 하지 않을 생각이었고, 그래서 시민적 엘리트와의 관계를 조정할 능력이 없는 정권의 미래를 어떤 예감 같은 것을 가지고 바라보고 있었다. 그러나 모데나를 비롯한 교황령 국가 내의 도시들에서 시민의식에 관한 문제가 제기되지는 않았다. 총독인 그는 비록 부재하지만 적법한 군주인 교황의 대리인이었다. 다음 세기에 제임스 해링턴이 쓴 표현을 빌리자면, 그의 제국은 국내적(domestic)이 아니라 속주적(provincial)이었다.* 또한 그가 다스리고 있었던 사람들은 정치화가 거의 되어 있지 않았기 때문에 시민의식과는 거리가 먼 상태였고, 그래서 뒤에 마키아벨리도 그렇게 관측한 것처럼, 그들에게는 군주의 권위에 대한 복속이 유일한 대안이라고 본 것도 결코 틀린 생각이 아니었을 것이다. 그러므로 귀차르디니가 1516년에서 1527년 사이에 경험한 삶은 이론과 실제의 관계에 대해 귀중한 통찰을 제공해 준다.[46] 군주국의 공복으로 사는 한편, 그는 정체 속에서 귀족층이 담당하는 (제한적인) 역할에 대해 숙고하고 글로 써 나갔다. 만약 피렌체에 남아

---

* 해링턴은 《오세아나》(*Oceana*, 1656)에서 "Empire is of two kinds, domestic and national, or foreign and provincial"이라고 썼다.

46) Roberto Ridolfi, *Life of Francesco Guicciardini*, chs. 8-16.

있었더라면, 그는—1527년 이후의 시기에 그런 것처럼—자신의 계급이 처한 딜레마, 즉 시민권의 "균형 잡힌 평등" 안에서 엘리트로서의 역할을 고집할 것인가, 아니면 피렌체적 방식으로는 그 자체로서 도저히 정당화될 수 없지만 그럼에도 불구하고 점점 더 왕국의 모습이 되어가는 그런 국가의 종복이며 조신으로서의 역할을 받아들일 것인가 하는 선택의 기로와 직접 맞닥뜨렸을 것이다. 1512년 이후 친 귀족적 사상가들은 이러한 선택과 그것이 지닌 개념적 함의에 점점 더 관심을 기울이게 되었다.

에스파냐에서 돌아온 직후, 귀차르디니는 《로그로뇨 논고》와 자신이 더 앞서 썼던 역사서에서의 생각을 이어가면서, 《1512년 메디치가 복귀 이후의 피렌체 통치에 관한 논고》(1513) 라는 짤막한 글을 집필하였다.[47] 이 저작은 중간에 갑자기 중단되어 아마 미완성으로 남은 듯한데, 그럼에도 불구하고 대단히 중요한 언어들을 포함하고 있다. 우선 수사적으로 씌어진 서론 부분을 살펴보면, 조타수나 의사와 같이 낯익은 인물들이 등장하지만 요리사-입법자의 배역은 사라지고 없다. 그 이유는 두 번째 문단에서 암묵적으로 진술되고 있다. 즉 도시란 수없이 다양한 개인들로 구성된 곳이고, 그들을 다루는 과정에서 발생할 수 있는 사고(事故) 와 난점들 역시 수없이 많다. 그러므로 조타수든 의사든 정치가든 간에 그들의 주요 덕목은 신중, 분별, 성실과 같은 것이다. 이는 조타수로 하여금 항로를 지켜서 배를 항구로 돌아올 수 있도록 해준다. 의사는 그러한 덕목을 사용하여 질병과 그것이 수반하는 모든 증상의 성격을 파악하는데, 이러한 것이 없다면 그의 처방은 그 질병에 "불균형할" 것이고 환자의 "체질"에도 반하게 될 것이다.[48]

---

47) Guicciardini, *Dialogo e discorsi del Reggimento di Firenze*, pp. 260-66: "Del governo di Firenze dopo la restaurazione de' Medici nel 1512." 이 글은 이러한 부류의 저술 중 우리가 알베르티니에게 의존하지 않는 유일한 것이다.

여기에는 질료를 원초적 형태로 회복시키는 문제가 보이지 않는다. "마테리아"(질료)란 말은 "디피칠레"(difficile 어려운)란 말과 관련해서 처음 등장한다. 의술에 대한 유추는 몸이 아프다거나 배가 풍랑을 만났다는 가정 하에 사용된다. 소수뿐만 아니라 다수도 정치에 참여하게 되어 있는 평민 정부에 대해 얘기할 때는 가급적 좀더 쾌활한 어조를 사용하고, 입법자 및 정치체의 모든 부분에 동시에 작용하는 그의 신적인 힘이란 측면에서 말한 것은 적절한 표현이었다. 하지만 귀차르디니는 이 《1512년 메디치가 복귀 이후의 피렌체 통치에 관한 논고》에서, 자신의 입장을 오티마티의 관점 및 메디치가와 그들 간의 관계를 재정립하는 문제로 국한하고 있다. 오티마티는 물론 전체의 몸 중에서 가장 분별 있고 경험이 풍부한 부분이기는 하지만, 그럼에도 불구하고 단지 그 일부에 불과하기 때문에 그들의 분별과 경험을 넘어서서 몸 전체의 체질을 장악하려 하는 것은 적절한 처사가 아닐 것이다. 이전의 저작에서 그는 소수가 지닌 야심이 정당한 것이며 야심을 향한 그들의 갈망이 전체를 더 낫게 만드는 데 기여하리라는 점을 강조하였으나, 여기서 보이는 어조는 앞의 경우에 비해 좀더 신중하다. 좋은 약은 환자를 살리겠지만, 나쁜 약은 그를 죽일 것이다. 좋은 정부는 인간의 삶을 다른 어떤 것에도 비할 바 없이 귀중하고 독특한(singulare) 것으로 만드는 바로 그 시민적 사교와 화합의 정신을 보존시켜 줄 것이다. 하지만 나쁜 정부로부터 예견되는 것이라고는 파멸(ruina), 파괴(destruzione), 절멸(esterminio)과 같은 것뿐이다.[49] 귀차르디니는 여기서 지극히 아리스토텔레스적인 콘텍스트를 제공하고 있지만, 그럼에도 불구하고 최고선(summum bonum)은 최고악(summum malum)의 부재에 다름 아닌 것이다.

그가 이렇게 각성한 듯한 어조로 얘기한 데는 다른 이유가 있었다는

48) Guicciardini, *Dialogo e discorsi del Reggimento di Firenze*, pp. 260-61.

49) Guicciardini, *Dialogo e discorsi del Reggimento di Firenze*, p. 261.

것이 곧 드러난다. 그는 — 분명히 도시가 엄청나게 다양한 기질과 조건의 사람들로 이루어져 있다는 이유로 인해 — 통치 문제에 대해 추상적이고 일반적으로 얘기하는 것은 소용없는 짓이라고 말한다. 우리는 통치받을 사람과 지역(luogo, sito)의 개별적 성격(natura)을 고려하지 않으면 안 된다. 귀차르디니는 피렌체인의 성격이 그들이 가진 제 2의 본성과 역사에 의해 자유 이외의 그 어떤 것에도 맞지 않는다는 방향으로 논증을 이끌어 가고 있다. 하지만 그는 그 이전에 독자의 눈을 끌고 나머지 논증 부분에도 심대한 영향을 미칠 한 무리의 범주를 설정한다. 그는 왕 혹은 세습군주(signore naturale)가 다스리는 통치방식이 있고, 폭력과 강탈에 통치의 기초를 둔 사람들의 통치방식이 있다고 말한다. 전자의 권력은 복속에 익숙한 도시에 대해 행사되며, 후자의 권력은 스스로를 통치하며 타국을 지배하는 데 익숙한 도시에 대해 행사된다. 여기서 우리의 눈을 사로잡는 사실은, 나중에 보게 되는 것처럼 이러한 것이 마키아벨리가 《군주론》에서 사용한 중요한 범주들이기는 하지만(《1512년 메디치가 복귀 이후의 피렌체 통치에 관한 논고》와 《군주론》이 함께 씌어지고 있었던 1512년에서 1513년 사이에 두 사람이 만났다는 흔적은 발견되지 않는다), 마키아벨리가 하나의 이상형으로서의 "신군주" — 도시 권력의 찬탈자 — 를 분리해내고 그러한 이상형이 속하는 정치현상의 종류를 정의하기 위해 그러한 범주들을 사용하고 있는 반면, 귀차르디니는 그 영역에 대해 세밀한 분석을 하자면 너무 장황할 것이라고 하면서, 그것들을 단지 복귀한 메디치가 정권의 성격과 문제를 정의하는 목적으로만 사용하고 있다는 점이다.[50] 물론 그가 이렇게 한 이유는, 그가 마키아벨리에 비해 권력과 실제의 문제들에 더 접근해 있다고 스스로 생각하고 있었기 때문이다. 그러나 이와 동시에, 그의 분석은 1434년 이후와 1512년 이후의 메디치가 통치

---

50) *Ibid.*

를 서로 비교하는 형태를 취하고 있으며 — 결국 역사를 다시 고쳐 쓰고 있는 셈이다 — 결과적으로 복귀한 메디치가가 과연 어느 정도로 "신군주"의 부류에 속하는 것인지, 그리고 그들의 안정과 정당성은 어디에 의지하고 있는 것인지에 대해 불확실한 태도를 보이고 있다.

그는 계속해서, 피렌체 시는 예로부터 이탈리아의 자치국으로서 주변 지역에 대해 통치권을 행사해 왔다고 말한다. 이는 도시의 지리적 위치에도 그 이유의 일단이 있지만, 동시에 부와 권력의 획득을 위해 쉴 새 없이 부지런히 움직이는, 그래서 — 무엇보다 중요한 것은 — 공공의 업무에 헌신하는 강한 성향을 지닌 주민들의 성격에도 그 이유가 있다. 피렌체의 삶에서 핵심적인 사실은 정치참여(participazione)를 요구하고 실천하는 데 익숙한 수많은 시민들의 존재인데, 이는 결국 비베레 리베로 에 포풀라레(vivere libero e populare), 즉 자유로운 삶과 평민적 삶은 확고히 선호하되 권력을 가진 개인들(particulari)로부터 연유한 정치적 지위에 대해서는 혐오감을 표시하는 것으로 귀결된다.[51] 우리는 이 점에 관해 귀차르디니가 복잡한 느낌을 가지고 있다는 것을 안다. 그는 광범위한 정치참여가 자유의 전제조건이라는 점은 인정했지만, 실제로 다수가 주도권을 쥐고 권력을 행사하는 것은 싫어했다. 따라서 그는 자유가 이런 식으로 피렌체인들의 성품 속에서 오랫동안 각인되어 왔기 때문에 도저히 근절할 수 없는 존재라고 주장하면서도, 그것을 신성하다거나, 특별히 정당하다거나, 심지어는 변치 않는 규범이라고도 말하지는 않는데, 이는 별로 놀라운 일이 아니다. 자유는 때때로 실패를 경험할 수도 있다는 것이다. 그러나 1494년 이후, 그리고 다시 1502년 이후, 자유는 대평의회로 인해 하나의 제도화된 규범이 되었고,[52] 바로 이 때문에 구 메디치 정권과 복귀한 메디치 정권 사이에는 피할 수 없는 차이가 생기게 되었다. 1434년에는 비베

51) Guicciardini, *Dialogo e discorsi del Reggimento di Firenze*, pp. 261-62.
52) Guicciardini, *Dialogo e discorsi del Reggimento di Firenze*, p. 262.

레 포풀라레(평민적 삶) 같은 것은 없었다. 도시는 파당으로 나뉘어져 각각의 수장들 간에 권력투쟁이 진행되고 있었으며, 그리하여 코지모 데 메디치가 권력을 잡았을 때, 그는 그것을 포폴로(popolo)나 우니베르살레(universale)로 불리던 평민층으로부터가 아니라 "메쎄르 리날도 델리 알비치라는 사람이나 메쎄르 팔라 스트로치라는 사람이나, 혹은 그런 부류의 다른 권력자들로부터" 빼앗은 것처럼 보일 정도였다. 파당들에 의해 실질적인 권력을 부정당했던 포폴로 계층은 코지모 하에서도 자신들의 정치참여를 늘리지 못했으나, 파당의 지도자들이 몰락하자 그동안의 상대적 박탈감이 약간은 줄어드는 것을 경험하였다. 더욱이 메디치가는 자신들이 만사를 직접 통제하는 것처럼 보이지 않기 위해 자신들과 동등한 위치는 아니었지만 그래도 어느 정도의 정치참여는 허용했던 측근 그룹과 권력을 나누었다. 그래서 내부집단에 대해 과도할 정도의 권력을 소유했던(귀차르디니는 이에 대해 여전히 에둘러 말하고 있다) 대인 로렌초조차도 여러 해에 걸쳐 조금씩 권력을 획득할 수밖에 없었다.[53)]

그러나 1512년에는 이러한 상황은 모두 사라져 버린 상태였다. 지난 18년 동안 대평의회는 수많은 시민들에게 광범위한 정치참여의 길을 제공하였다. 이러한 참여 욕구는 사람들의 마음에서 떠나지 않았고 또 그렇게 되기를 기대할 수도 없다. 메디치가는 우니베르살레(평민층)로부터 직접 권력을 획득하였는데, 그것도 갑작스럽고 거친 방식으로 이루어졌다. 그래서 평민층으로서는 시민권의 경험을 잊을 만한 아무런 계기도 갖지 못한 셈이었다. 권좌에 복귀한 메디치가는 적은 많고 우군은 적은 상황에서 직접적이고 공공연하게 권력을 행사할 수밖에 없었고, 그리하여 현재와 아주 최근의 기억 속에 있는 과거 사이의 차이점을 더욱 벌여 놓았다.[54)] 다수와 소수, 포폴로와 오티마티는 다

53) Guicciardini, *Dialogo e discorsi del Reggimento di Firenze*, pp. 262-63.
54) Guicciardini, *Dialogo e discorsi del Reggimento di Firenze*, p. 263.

같이 정권으로부터 소외되었고, 다수와는 결코 권력을 공유할 수 없었던 메디치가로서는 소수와 어떤 관계를 유지할 것인가 하는 핵심적인 문제와 대면하게 되었다.

귀차르디니는 이러한 분석에서, 무릇 갑작스럽고 급박한 변화는 사람들로 하여금 새로운 환경에 익숙해질 시간을 주지 않는 법이기 때문에 정치혁신과 정변은 위험한 것이라는 생각과, 정치참여는 인간이 본연적으로 욕망하는 것이라는 이론을 결합시키고 있다. 메디치가 첫 세대는 권력이 누구의 수중에도 들어가 있지 않다는 것을 알고 조금씩 조금씩 그것을 손에 넣었다. 하지만 1494년의 갑작스러운 혁명은 시민들의 광범위한 정치참여를 초래했고, 역시 갑작스럽게 일어난 1512년 혁명은 그것을 빼앗아가 버렸다. 권좌에 복귀한 메디치가는 적어도 두 가지 의미에서 "신군주"인 셈이다. 첫째는 그들을 복귀시킨 혁신이 너무 갑자기 일어나서 누구도 그들의 통치에 익숙하지 않은 상태였다는 것이고, 둘째는 도시의 상황이 1494년 이전에 비해 급격히 바뀐 상태였다는 것인데, 그 이유는 18년에 걸친 평민적 삶 덕분에 평민층이 정치참여의 욕구를 가지게 되었기 때문이다. 혹은 그보다는 그들이 코지모와 그의 계승자들 아래서 일시 보류되고 있었던 자신들의 정상적인 참여 욕구를 되찾은 것이라고 말할 수도 있겠다. 인간의 본성이나, 또는 적어도 인간의 사회적·정치적 성향은 바뀔 수 있었다. 하지만 그러한 변화를 일으킬 수 있다고 생각되는 유일한 두 가지 힘은, 한편으로는 천천히 작동하는 관습과 관례이며, 다른 한편으로는 되돌려 놓으려면 시간을 요할 그런 결과를 신속하게 만들어내는 정치참여이다.

혁신이 파르티치파치오네(정치참여)를 상실한 상황에 적응하거나 체념하지 못하는 적을 양산함으로써 복귀한 메디치가를 불안정하게 만든 것은 사실이다. 하지만 이러한 적들을 나누는 범주들은 구별할 필요가 있다. 우니베르살레의 적의는 돌이킬 수 없는 정도였는데, 이는 그 정도가 심해서라기보다는 메디치가의 복귀로 전복된 대평의회의 회복 없이는 상황이 진정되기가 어려웠기 때문이다. 또 다른 문제는 다양한 엘리트 집단의 회복이었는데, 귀차르디니의 주 관심사는 바로 여기에 있었다. 우리가 상기하는 바로는, 《로그로뇨 논고》에서 보이는 비교적 이상적인 세계 속에서 영광에 대한 야심을 가진 부류인 소수는 그러한 야심의 추구 덕분에 오히려 공화국에 뛰어난 기여를 할 수 있게 된다는 특징을 가지고 있었다. 하지만 여기서는 그들을 다루는 방식이 아주 다르다. 그는 우선 비타협파 집단들을 평가 절하하는 것으로 자신의 논의를 시작한다. 대대로 메디치가의 정적이었던 가문들, 야심과 불안정한 성격으로 인해 누구도 상관으로 섬길 수 없는 사람들이 바로 그들이다.[55] 이어서 본연의 오티마티에 대한 정의가 나타난다. 그들은 자신들의 귀족 혈통 혹은 선이나 분별에 대한 명성으로(essere tenuti, avere fama) 1494년 정권에서 두각을 나타냈고, 이로 미루어 아마 다른 어떤 통치체제에서도 엘리트의 위치를 확보할 수 있을 법한 그런 부류의 사람들이라는 것이다. 원칙적으로는 이들을 두려워할 일이 없어야 마땅하다. 왜냐하면 자신들의 분별과 지혜 덕분에 사회적 명성을 얻은 사람이라면 어떤 정권 하에서도 얻을 것이 있겠지만, 거꾸로 정권이 와해되면 손해를 볼 것이기 때문이다. 몇 년 뒤에 로도비코 알라만니가 좀더 거친 어조로 말했듯이, "지혜롭다는 자들을 무서워할 이유는 없다. 왜냐하면 그들이 개혁 같은 것을 하는 일은 결코 없을 테니까."[56] 하지만 인간이라고 해서 모두가 지혜로운 것은 아니며, 지혜로운 자들조차도 자신들의 이익이 걸려 있을 때는 현혹될 수 있기 때문에, 귀차르디니는 대부분의 경우 자신은 절대로 그들의 행동을 예측하려 들지 않을 것이라고 말한다.[57]

오티마티에 대한 귀차르디니의 어조는 눈에 띌 정도로 바뀌었다. 여

55) Guicciardini, *Dialogo e discorsi del Reggimento di Firenze*, pp. 263-64.

56) Albertini, *Das florentinische Staatsbewusstsein*, p. 370.

57) Guicciardini, *Dialogo e discorsi del Reggimento di Firenze*, pp. 263-64.

기서 그는 그들의 야심과 명예욕을 강조하는 대신, 그들의 분별심 여부에 관심을 보이고 있다. 분별은 결국 시민적 귀족층의 두 번째 덕목이다. 그것은 앞을 내다보면서 동시에 지금 행동하는 능력이며, 그것을 획득하는 비상한 기회를 가졌던 사람들이 소유한, 어떤 사태에 대한 비상한 지식인 것이다. 그러나 여기서 글의 지향점은, 귀차르디니가 이제 다른 덕목을 권고하고 싶어 한다는 것이라기보다는 오티마티의 역할을 결정하는 상황이 바뀌었다는 것이다. 야심이란 평민적 삶 하에서 엘리트의 지위를 누리며, 그들을 칭송하면서도 비판적인 시각으로 보는 동료시민들이라는 청중 앞에서 특출하게 행동하는 사람들의 덕성이었다. 하지만 이제 오티마티와 우니베르살레는 모두가 정도의 차이는 있을망정 각각의 시민적 참정권을 상실했으므로, 논의상의 문제는 본질적으로 오티마티가 메디치가의 후견 하에서 지도적 역할을 재개할 수 있을 것인지의 여부에 있는 것이다. 그러나 메디치가의 권력 독점으로 인해 그들과 권력에서 배제된 오티마티는 서로 갈등상태에 있다. 우니베르살레는 자신들이 다시 권력을 가지기는 힘들기 때문에, 오티마티가 권력에 복귀하는 것을 곱게 보지 않을 것이다. 큰 변화로 인해 정국은 전반적으로 안전이 상실된 상태이다. 사람들은 상호 적대적으로 변해 있다. 귀차르디니가 야심보다는 분별 — 배가 어느 쪽으로 가야 하는지를 가르쳐주는 바로 그런 분별 — 의 필요성을 더 강조한 대목은, 그가 엘리트층을 두고 출생과 명성에 의해 구별된다고 특징지음으로써 그들을 운의 피조물에 가까운 존재로 만들어 버리는 것과 같은 콘텍스트에서 나왔고 또한 그러한 콘텍스트 속에서 그 함의를 설명할 수 있다.

그는 계속해서 한 문제에 대해 숙고하고 있는데, 그것을 결정해야 하는 쪽을 오티마티가 아니라 메디치가로 보는 것이 의미심장하다. 복고 정권이 취해야 할 최상의 전략은 어떤 것인가? 우니베르살레의 환심을 사기 위해 그들에게 거의 평민 정부 시절 수준으로 서훈과 관직을 배분하고 메디치가 스스로가 권력자의 압제로부터 개인의 자유를 지키는 수호자 역할을 자임하는 것인가? 혹은 주도권을 잡으려는 평민층의 시도를 제압하고 서훈의 분배를 소수의 친 메디치당에게만 국한함으로써 그들의 도움으로 정국을 이끌어 나가는 것인가?[58] 첫 번째 대안 뒤에는, 만일 다수에게 정치참여를 허용하지 않더라도, 과연 그들은 평화, 질서, 정의를 받아들이는 것으로 만족할 것인가 하는 의문이 도사리고 있다. 두 번째 대안 뒤에는, 만일 오티마티만이 정치에 참여한다고 할 때, 과연 그들은 통치 가문에 영속적으로 의존한다는 대가를 치르지 않고도 여전히 엘리트의 지위를 유지할 수 있을 것인가의 문제가 존재하고 있다. 귀차르디니는 《1512년 메디치가 복귀 이후의 피렌체 통치에 관한 논고》의 나머지 부분에서 첫 번째 전략에 호의적인 입장에서 논증을 펼쳐 보이고 있다. 평민층은 좋은 정부라고 해서 그것이 자치 정부를 대신할 수 있다고 생각지 않는다. 그들은 관직 분배의 방법이 얼마나 공정한가 혹은 자유로운가 하는 점과는 상관없이, 자신들에게 대평의회의 참여가 가져다주는 달콤한 맛(dolcezza)을 다시 느끼지 못하게 한다면 어떤 종류의 정체라도 만족할 수 없을 것이며, 따라서 이러한 참여를 부여할 수 없다면 곧 그들의 열망을 억압해야 함을 뜻한다.[59] 그러나 메디치가는 자신들에게 충성하는 일단의 지지자들의 협력 없이는 이렇게 하기 힘들다. 그들은 이러한 지지자들을 야심가 층에서 모아 그들에게 관직 독점권을 주되, 이러한 권력이 메디치가에게서 나오는 것이고 그래서 운명을 함께 할 것이라는 점을 분명히 할 것이다. 메디치가는 이들을 어정쩡한 친구들이 아니라 그들에 열성적인 파당으로 만들기 위해 그들의 야심에다 사리사욕까지도 충족시켜 줄 것이다. 하지만 귀차르디니는 바로 이 대목에서 자신은 이 모든 주장들에 반대한다고 말하면서, 《1512년 메디치가 복귀 이후

58) Guicciardini, *Dialogo e discorsi del Reggimento di Firenze*, p. 265.
59) Guicciardini, *Dialogo e discorsi del Reggimento di Firenze*, pp. 265-66.

의 피렌체 통치에 관한 논고》(1513)를 중단해 버렸다.[60]

그는 오티마티가 포폴로의 공공연한 적대감 속에서 메디치가와 한 편이 되는 것을 두고 그것은 분별 있는 결정이 아니라고 생각했을 수도 있고, 혹은 자신들이 노골적으로 메디치가에 의존할 정도로 자유를 제한당하는 위치에 서게 됨을 인정하는 것은 명예롭지 못하다고 보았을 수도 있다. 물론 우리는 그가 이 문제에 대해 개인적으로는 어떤 즉각적인 결정을 했는지 알고 있다. 하지만 그가 이론적 분석가로서 사용하고 있는 방식으로는, 적을 양산한 메디치가의 혁신적 성격이 유실될 가능성은 어느 정도인지, 혹은 귀족층이 메디치가냐 종속이냐, 또는 시민권이냐 대평의회냐를 놓고 양자택일을 해야 하는 상황을 어떻게 피할 수 있는지에 대해 알기란 매우 어렵다. 귀차르디니와 같은 시대를 산 사람들 중에는 그가 거부했던 것보다도 훨씬 더 가혹한 방책을 권한 인물들도 있었다. 파올로 베토리가 그중 하나인데, 1512년 그는 교황 선출을 위해 로마로 출발하는 메디치 추기경에게 메모 형식의 글을 썼다. 그는 메디치가의 수장에게 이렇게 말하고 있다. "당신의 선조들은 강제적인 힘이 아니라 경영의 수완(industria)을 발휘하여 이 도시를 장악했지만, 당신은 힘을 사용하지 않으면 안 됩니다. 왜냐하면, 1502년 이후 도시는 아주 잘 다스려져 왔고, 이러한 기억으로 인해 당신에 반대하는 전쟁이 언제든지 일어날 수 있기 때문입니다. 지금은 적이 너무 많아서 당신이 성벽 내에서 어떤 식의 연합을 모색하더라도 권력을 잡기에는 역부족일 것입니다. 그러나 콘타도(contado)*는 그동안 통치 상황이 좋지 않았으므로, 그곳 주민들을 무장시켜 당신의 직할 하에 둔다면, 6개월 안에 에스파냐군이 옆에 있는 것보다 더 안전하게 될 것입니다."[61] 베토리는 여기서, 콘타디니

60) Guicciardini, *Dialogo e discorsi del Reggimento di Firenze*, p. 266.

* 중세 및 근대 초 이탈리아에서 법적, 물리적으로 도시에 종속되어 있는 주변 농촌 지역을 말함.

(contadini), 즉 콘타도의 주민들을 시민군으로 조직하려고 한 마키아벨리의 정책을 거꾸로 뒤집어 제안하고 있는 셈이다. 물론 그의 취지는, 콘타디니에게는 시민적 권리들이 결여되어 있었기 때문에 에스파냐군이 와도 도시를 방어할 의사가 없었지만,[62] 메디치가가 그들을 이용해 온 도시를 장악하는 데는 도움을 주리라는 것이었다. 그렇다고 이들이 시민이 되지는 않을 것이다. 여기서 베토리는 1530년 이후 발전된 공국(公國) 체제 하에 콘타도의 무장까지는 이르지 못하지만 그것을 중시하게 되는 메디치가 통치의 특징을 사실상 예견하고 있는 것이다. 하지만 그때쯤에 이르면 메디치가는 자신들이 어디까지나 시민의 일원으로서 통치한다는 식의 가면을 모두 벗어 던지게 된다.

그러나 귀족층이 직면한 딜레마의 본질은 이제 명료하게 제시된 셈이다. 그들은 스스로야말로 유일무이한 엘리트라는 의식이 너무 강했기 때문에, 대평의회를 누르고 메디치가와 함께 고베르노 스트레토(좁은 헌정)를 시행한다는 계획을 기꺼이 받아들였다. 하지만 동시에 스스로는 시민 귀족층으로 남아, 어떤 상위자도 없이 그들 사이에서 평등을 누림으로써 메디치가로 하여금 "동료들 중 일인자" 외의 다른 어떤 역할도 받아들일 수 없도록 하기를 갈망하였다. 그러나 귀차르디니와 베토리를 비롯한 여러 사람들은 그러한 상황이 1434년에서 1494년 사이에는 가능했지만 지금은 그렇지 않다는 명확한 인식을 표출하고 있다. 피에로의 몰락과 그 뒤를 이은 대평의회의 흥망이 너무 많은 것을 바꾸어 놓았다는 것이다. 대인 로렌초를 이상화하는 현상은 분명히 그러한 과거에 대한 향수를 반영하고 있었다. 그것은 "동료들 중 일인자"라는 아우구스투스적 군주정의 이상이 각별하게 인식되는 황금시대에 대한 신화 같은 것이었다. 그러나 소수는 물론 다수까지도 사보나

61) Albertini, *Das florentinische Staatsbewusstsein*, p. 345.

62) 이는 아마도 마키아벨리 자신의 글에서도 인지되지 않았던 점이 아닌가 생각된다.

롤라 체제 아래서 정치참여를 향유하였고 또한 그것을 최근에 잃어버렸다는 기억을 가지고 있기 때문에, 오티마티가 메디치가에 대해 자신들을 동등한 상대로 인정해 달라는 압력을 넣는다고 생각될 때는 어김없이 포폴로도 이에 시기심을 느끼고 자신들의 권리도 회복시켜 달라는 압력을 넣게 된다는 점이 지적될 수 있는데, 바로 이때 피렌체의 정치상황 속에 숨어 있던 날카로운 단면이 그 모습을 드러내게 된다. 즉 한편으로는 메디치가가 오티마티에게 양보를 하는 편이 바람직하게 보이기도 하고, 다른 한편으로는 메디치가의 양보가 주는 효과의 상당 부분을 상쇄해 버릴 정도로 오티마티를 메디치가에 지나치게 종속적인 존재로 만들어 버릴 수도 있는 상황인 것이다. 이 단계에서 귀차르디니는, 만약 오티마티가 시민적 자유라는 배경을 받아들여서 (비록 점점 더 이론적 가정의 측면이 짙어지고는 있지만) 다수에게 어느 정도의 정치참여를 회복시켜주는 쪽으로 가고 메디치가에게는 베네치아 헌정 같은 것의 수장 자리를 부여한다면, 과연 시민 귀족의 위치를 지킬 수 있을 것인지 고민하는 부류를 대변한다고 생각될 수 있겠다. 반면 베토리는, 설사 피렌체의 고전적 시민권에 대한 실험을 완전히 끝장내 버리는 한이 있어도, 동료들 중 일인자가 행사하는 방식이 아닌 통치 형태를 통해 스스로 메디치가의 측근이 됨으로써 귀족층의 상승을 확보할 준비가 되어 있는 부류를 대변한다. 놀라운 것은 양자 모두, 메디치가가 혁신의 주체이며, 그들의 통치는 사람들이 그것에 익숙지 않다는 의미에서나 그것이 변화된 환경의 산물이라는 의미에서나 공히 “새로운” 것이라는 견해를 표명하고 있다는 사실이다. 상당수의 사람들로 하여금 시민권의 행사를 어렵게 만드는—불가능한 것까지는 아니지만—것을 다름 아닌 혁신이라고 보고 있는 것이다(물론 여기서의 의미는 1494년 다수에 의한 파르티치파치오네의 쟁취보다는 1512년에 있었던 그것의 상실에 더 두어져 있다). 도시는 이전의 상황으로 회복되든가 아니면 새로운 비시민적 정치 관계로 넘어가든가 둘 중 하나를 택하지 않으면 안 될 상황에 처해 있었다.

이러한 식의 생각들은 1516년에 씌어진 몇몇 저작들 속에서 다시 개진되고 있는데, 주목해야 할 사실은 이때쯤이면 마키아벨리의 《군주론》이 일부 피렌체 서클 내에 이미 알려져 있었을 가능성이 있다는 점이다. 물론 그것은 그가 우르비노공 로렌초 데 메디치에게 《군주론》 헌정사를 쓴 시점일 뿐일 수도 있다. 로렌초에 대한 헌정은, 줄리아노의 병이 점점 더 깊어지다가 급기야는 1516년 3월 그가 사망한 사건이 벌어진 데다, 로렌초의 군사 행동이 증대되고 공국을 획득함으로써 공작으로 불리게 된 상황에서 있었던 일이었다.* 앞으로 살펴보겠지만, "신군주"에 대한 마키아벨리의 연구가 메디치가를 염두에 두고 있었던 것이라 할 때, 그것이 메디치가가 이탈리아 중부 지역에 새로운 지배권과 영토를 획득한 것보다 피렌체에서 가지는 그들의 정치적 역할을 더 생각하고 쓴 것인지의 여부는 의심스럽기 때문에, 레오 10세가 교황이 된 지 3년 뒤의 상황을 개관할 목적으로 쓴 귀차르디니의 《메디치가 정권을 보장하는 방법에 대한 논고》[63]에서 마키아벨리의 생각과 유사한 점들이 특히 뚜렷하게 나타난다는 것은 흥미로운 사실

---

* 대인 로렌초의 조카 로렌초에 대한 헌정사의 집필 및 실제의 헌정 시기에 대한 이 부분의 설명은 정확치 않다. 학자들은 여러 증거를 들어, 책의 헌정이 실제로 있었다면, 그것은 1515년 9월에서 1516년 9월 사이라고 본다. 특히 헌정이 1516년 10월 이전에 있었으리라는 강력한 증거가 있다. 로렌초가 우르비노공으로 책봉된 때는 1516년 10월초였다. 하지만 《군주론》 헌정사에서 마키아벨리는 그를 여전히 공작에게 붙이는 에첼렌차(*Eccellenza*)란 칭호가 아닌 마뉘피코(*Magnificenza*)로 부르고 있다. 후자는 르네상스기 이탈리아에서 제후의 혈통이 아닌 도시의 유력자를 지칭하는 상용적인 존경의 말일 뿐이었다. 따라서 마키아벨리가 로렌초를 이렇게 부르는 이상, 책의 헌정은 그가 아직도 우르비노공에 봉해지기 이전의 일이었다고 생각할 수밖에 없다.

63) Guicciardini, *Dialogo e discorsi del Reggimento di Firenze*, pp. 267-81: "Del modo di assicurare lo stato alla casa de' Medici."

이다. 귀차르디니의 관측으로는, 메디치가의 일원이 교황에 선출됨으로써 그들은 피렌체 통치 문제에서 엄청난 자신감을 가지게 된 반면, 동시에 유발된 중요한 결과는 교황의 혈족이 이탈리아 여타 지역에서 권력을 추구하는 바람에 정작 피렌체에서 그들의 위치를 공고히 하는 데는 등한하게 되었다는 것이었다. 이것이 무모한 행동이었다는 것은 분명하나. 우르비노 같은 곳에서 얻은 그들의 권력은 새로운 것이었고, 게다가 권력을 빼앗긴 사람들의 분노가 아직 생생히 살아 있었으며, 더욱이 그것은 주로 종신 교황인 한 사람에게 의존하고 있었다.[64] 마키아벨리의 《군주론》을 읽은 독자라면 그 속에서 귀차르디니의 이러한 관측과 아주 유사한 구절을 찾을 수 있을 것이다. 즉 체사레 보르자는 자기 아버지의 교황위를 담보로 권력을 얻었다가 그와 함께 몰락해 버렸던 것이다. 더욱 주목할 만한 것은 그가 프란체스코 스포르차의 경우를 분석하고 있다는 점인데, 그는 이미 오랫동안 비스콘티가의 지배 하에 있던 밀라노를 장악한 뒤, 마지막 비스콘티공의 서녀와 결혼하여 자신이 그들의 적법한 계승자인 것처럼 보이게 할 수가 있었다는 것이다.[65] 하지만 메디치가는 우르비노의 세습군주가 아니므로, 체사레 보르자의 경우와 더 유사하다. 한편 피렌체에서도 그들은 시뇨리 나투랄리, 즉 세습군주가 아니며, 그들의 적법성은 스스로 시민 출신으로서 자신들의 우위를 세련되고 내밀하게(civilmente e privatamente) 행사하는 데서 나온다.[66] 현명한 조타수와 항해사가 바람이 없을 때를 이용하여 배의 선재(船材)와 장비들을 꼼꼼히 점검하듯이, 메디치가 역시 레오가 살아 있을 동안 피렌체에다 그의 사후에도 지속될 수 있는 권력 기반을 굳건하게 해야 하는 것이다. 이러한 기반이라는 것은 물론 도시 내의 시민적 관계인데, 조타수에 대한 유

64) Guicciardini, *Dialogo e discorsi del Reggimento di Firenze*, p. 269.

65) Guicciardini, *Dialogo e discorsi del Reggimento di Firenze*, pp. 270-71.

66) Guicciardini, *Dialogo e discorsi del Reggimento di Firenze*, p. 270.

추가 문장 중간쯤에서 완치는 어려워도 치료는 할 수 있는 환자를 보는 의사로 슬쩍 바뀌는 과정이 특기할 만하다.[67]

그러나 문제의 병환은 1513년에 이미 분석되었던 바로 그것이다. 즉 메디치가는 만사를 공공연하게 그들 자신의 손으로 척결해야 한다고 믿고, 모든 사람을 언제 적이 될지 모르는 사람으로 보고 불신하며, 누구든지 경쟁이 될 만하다 싶으면 재빨리 억눌러 버리는 성향을 가지고 있다는 것이다.[68] 귀차르디니는 이러한 성향이 메디치가의 권력 기반을 협소하게 만들어 결국 불안정한 상태를 초래한다는 것을 분명히 인지하고 있다. 유감스러운 일이지만, 메디치가가 전반적으로 느끼는 이러한 불신감은 거의 불필요한 감정이다. 귀족층으로서는 메디치가를 지지하는 것 외에 더 이상 다른 선택의 길이 없다. 그들은 1512년 대평의회의 몰락에도 불구하고 그것을 못 본 체했을 뿐 아니라 나아가 그러한 조치에 공감을 표할 정도였으므로, 평민층은 이제 그들을 메디치가의 복고 정권과 동일시하고 있는 형편이다. 1494년에는 메디치가가 축출된 반면 오티마티는 뒤이은 정권에서 지도자격인 위치에 머물러 있을 수 있었으나, 이제 더 이상 당시와 같은 상황은 반복될 수 없다. 평민층이 어떤 식으로 봉기하든 간에, 엘리트로서의 그들의 위치는 파괴될 것이다(귀차르디니는 여기서 1529년에서 1530년 사이에 일어난 사건을 예견하고 있었던 셈이다).[69] 따라서 오티마티는 지배가문에 아무런 위협이 되지 않는다. 메디치가는 그들과 우호적 관계를 맺고, 그들에게 행동의 자유를 허용하며, 그 결과로 나타날 그들의 도움과 조언과 애정으로 자신들의 입장을 강화함으로써 모든 것을 얻을 수 있다는 것이다.

《메디치가 정권을 보장하는 방법에 대한 논고》를 쓴 귀차르디니는

---

67) Guicciardini, *Dialogo e discorsi del Reggimento di Firenze*, p. 268.
68) Guicciardini, *Dialogo e discorsi del Reggimento di Firenze*, pp. 272-73.
69) Guicciardini, *Dialogo e discorsi del Reggimento di Firenze*, p. 275.

이 글 속에서 통상적인 경우 이상으로 스스로를 자신이 대변하는 집단과 동일시하고 있는 것으로 보이며 — 계속해서 1인칭 복수형이 사용되고 있다 — 어딘가 필사적인 어조가 묻어나고 있다. 그의 주장이 스스로 동료로서 대우받고 싶어 하는 귀족층의 요구를 도외시하고, 자신들의 역할을 메디치가에 대한 복종과 의존의 위치로 바꾸어 놓는 것이 아닌가 하는 의문이 있을 수 있다. 이보다 조금 더 뒤인 1516년에 저술된, 《메디치가에 대한 충성 속에서 피렌체 국정을 안정시키는 데 대한 논고》라는 제목의 다른 글이 있는데, 여기서 주장되는 정책은 파올로 베토리의 경우보다 더 미묘한 어조로 씌어져 있으며 따라서 더 극적인 측면이 있다. 이 글을 쓴 인물은 로도비코 알라만니인데,[70] 그는 로렌초의 기반이 이탈리아에서 불안정한 것은 그가 레오 10세의 생존에 매달려 있기 때문이며, 그래서 피렌체에서의 그의 위치를 공고하게 만들 필요가 있다는 입장에서는 귀차르디니와 같았지만,[71] 그것을 성취하는 방법이라는 면에서는 아주 달랐다. 그는 시민들 사이에 권력을 분점하자는 광범위한 욕구가 있고, 이 때문에 소수가 권력을 유지하는 것이 지속적으로 반대에 부딪치고 있다는 점은 인정하면서도, 자신은 이러한 욕구를 다른 방향으로 돌리는 방법을 알고 있다고 주장한

70) Albertini, *Das florentinische Staatsbewusstsein*, pp. 362-71: "Discorso di Lodovico Alamanni sopra il fermare lo stato di Firenze nella devozione de' Medici." 글의 제목은 로베르토 리돌피가 작명한 것이다. 알라만니의 경력과, 공화주의자인 그의 형제 루이지와 그를 서로 구별해야 되는 필요성에 대해서는 Albertini, pp. 43-45를 볼 것. 다음의 논문도 참고할 것. G. Guidi, "La teoria delle 'tre ambizioni' nel pensiero politico fiorentino del primo Cinquecento," *Il pensiero politico* 5. 2 (1972), pp. 241-59. 이 《논고》의 영역은 다음에서 찾을 수 있다. Anthony Molho, ed., *Social and Economic Foundations of the Italian Renaissance* (New York: John Wiley & Sons, 1969), pp. 214-20.

71) Albertini, *Das florentinische Staatsbewusstsein*, p. 363.

다. 이는 테러 행위로는 달성될 수 없다. 만약 테러가 무차별적인 것이라면 적은 물론 친구까지도 파괴될 것이며, 차별적인 것이라면 누가 적인지 밝혀질 때까지 기다려야 할 것이다. 비타협적인 모의를 꾀하는 시민들을 추방하거나, 사람들을 재판 없이 살해해서도 안 된다. 왜냐하면 그러한 행위는 스스로를 욕되게 할 뿐 아니라 새로운 갈등을 야기할 것이기 때문이다. 로마식 추방은 단지 바깥 세계에 로마 외에는 권력의 중심이 없었기 때문에 가능했을 뿐이고, 시라쿠사의 아가토클레스나 올리베로토 다 페르모는 자신들의 행동이 초래할 결과에 전혀 개의치 않을 정도로 자포자기 상태에 있었던 범죄자들이었다.[72] 알라만니는 마키아벨리의 지인(知人)이었고, 《군주론》에 아가토클레스와 올리베로토가 진짜 범죄자의 전형으로 나와 있다는 것을 감안하면, 그의 말에서 그가 이미 이 책을 읽었던 것이 아닌가 하는 느낌을 받게 된다. 그러나 그의 분석은 마키아벨리도 귀차르디니도 따르기 힘든 방향으로 나아가고 있다. 다른 사람들도 마찬가지지만, 알라만니 역시 1434년에서 1494년 사이의 메디치가가, 그들 덕분에 관직과 지위를 얻게 되고, 그래서 그들의 뜻에 따라 공공의 의무를 방기(放棄)했던 일군의 시민들을 만들어 냄으로써, 도시를 통치할 수 있었다는 것을 알고 있었다. 설사 이러한 것이 1494년 이전의 정국 불안정을 가져온 원인은 아니라 하더라도, 어쨌든 1512년 이후의 변화된 상황 하에서 다시 그렇게 하기란 불가능한 일이라는 것이 바로 귀족파의 분석이든 공화파의 분석이든 공통의 핵심이었다. 알라만니는 이러한 주장을 상당히 장황하게 반박하고 있는데,[73] 그의 주장은 시민적 정치참여에 대한 피렌체인들의 집착이 도저히 바뀔 수 없는 것이라는 사보나롤라적·귀차르디니적 테제를 부정하는 데서 절정에 이르고 있다.

그는 친숙한 언어를 약간 수정하는 방식으로[74] 논지를 펴고 있는

72) Albertini, *Das florentinische Staatsbewusstsein*, pp. 366-68.

73) Albertini, *Das florentinische Staatsbewusstsein*, p. 368.

데, 그에 따르면 시민들에게서 세 층위의 야심을 식별해 낼 수 있다. 어떤 부류는 정부 최고위원회에 들어갔으면 하는 정도로 야심이 크다. 그런가 하면 단지 서훈과 관직을 받기만 하면 족하다는 부류도 있다. 또 다른 부류는 자신이 사적으로 하는 일에 간섭하지 않고 내버려 두었으면 하는 것 외에 그 이상의 야심은 거의 없는 경우이다. 이 셋 중 마지막 부류의 사람들은 물론 아리스토텔레스가 말하는 다수이며, 어떻게 하면 아리스토텔레스적 지식사회학이 그들의 정치적 이해력에 부과한 한계를 이용하여 그들의 정치참여를 거의 영에 가까울 정도로 축소시킬 수 있는지 그 방법을 알기는 어렵지 않다. 알라만니는 별 어려움 없이 두 번째와 세 번째 부류를 다루는 방법을 제시하였다. 물론 시대의 언어를 뛰어넘기 어렵다는 한계 내에서지만, 그가 정치 사상가로서의 독창성을 발휘한 것은 바로 첫 번째 부류 — 귀차르디니가 《로그로뇨 논고》에서 언급했던 야심을 명예로운 것으로 보는 엘리트 계층 — 를 다루는 데서였다. 그는 자신에 앞선 사람들의 말을 따라, 인간이란 자신들 속에서 제 2의 본성이 된 관습으로 인해 지금 보는 대로의 바로 그 사람이 된다. 그리고 일정한 나이 혹은 단계가 되면 이러한 본성은 통상적인 방법으로는 바꿀 수가 없다. 피렌체에서 아주 큰 야심을 가진 부류를 보자. 좀더 나이가 찬 사람들은 시민으로서의 경력을 추구하여 공적인 영예를 얻는 것에 아주 익숙해져 있어서 그들로 하여금 공개적 경쟁과 무제한적 포상의 기회를 포기하도록 할 것이 분명한 정권에는 결코 타협하려 하지 않는다. 그러나 젊은 세대는 문제가 다르다. 즉 그들의 관심을 시민적인 것(civiltà)으로부터 돌리게 할 수도 있는 다른 형태의 정치 문화가 존재하는데, 이것이 바로 조신(朝臣)으로서의 삶을 살며(alli costumi cortesani) 명예를 추구하는 방법이다.[75] 이런 식의 삶은 시민으로서의 삶에 비해 덜 명예롭다든지,

---

74) Albertini, *Das florentinische Staatsbewusstsein*, pp. 368-69.

75) Albertini, *Das florentinische Staatsbewusstsein*, p. 370.

혹은—그것을 옹호하는 사람들이 주장하듯이—덜 자유로운 것은 결코 아니다. 카스틸리오네는 1518년 이러한 삶의 방식에 대한 고전적인 연구서를 썼는데, 로렌초의 야심이 목표하고 있던 우르비노를 그 배경으로 삼고, 줄리아노를 화자(話者)의 한 사람으로 설정하였다. 젊은 귀족들은 자신의 군주를 섬기는 데서 스스로의 삶의 방식을 찾았다. 알라만니는 카스틸리오네가 보여준 열성과는 거리가 먼 무미건조하기 짝이 없는 어조로 이러한 특징들을 다음과 같이 개관하고 있다. 즉 군주에 대한 친밀성, 군주 호위대의 통솔, 군주의 외교적 관심사를 수행하는 사절로서의 임무, 시민 귀족과는 각별히 대비되는 것으로서 영리한 군주라면 젊은이를 그에게로 끌어올 만한 복색—귀차르디니가 사치 금지법에 관심을 표하면서 희화화하고 반감을 표했던 것—등은 그들의 삶의 방식이 자유를 결여하고 있다는 비난을 미리 논박하게 해줄 뿐만 아니라, 그들의 관례, 가치관, 성격 등을 바꾸어서 결국에는 권위와 정치참여 간의 갈등이 지닌 모든 의미를 무화하도록 해줄 것이라는 것이다.[76] 알라만니의 글이 나온 20년 후 또 다른 코지모 데 메디치에 의해 그 기초를 놓게 될 미래의 토스카나 대공국은 바로 이러한 정치 문화에 그 기반을 두게 된다. 물론 그가 이상형을 시민에서 조신으로 바꾼 것이 차후 피렌체인의 성격에 어떤 영향을 미칠 것인지 제대로 예측했는지의 여부는 알 수 없다.

이 책의 다음 단계에서 다루어지겠지만, 알라만니는 마키아벨리 자신이 회피하지는 않았지만 어쨌든 그가 비켜간 문제를 푼 셈이었다. 즉 그는 "신군주"가 관습의 결과를 자신에게 유리하도록 끌어들여서 자신의 위치를 강화하는 방법을 보여준 것이다. 그는 이를 위해 마키아벨리와 귀차르디니에게는 완전히 관심 밖이었던 대안적인 정치 문화의 존재를 감안하는 가운데 "관습은 제 2의 본성"이라는 경구를 이용하

---

76) Albertini, *Das florentinische Staatsbewusstsein*, pp. 370-71.

였다. 하지만 우리의 당면한 관심은 이 피렌체인들의 글에 배경을 제공한 혁신의 문제에 있다. 귀차르디니, 베토리, 알라만니 셋 모두가 메디치가의 복귀라는 사건에서 익숙지 않은 것과 전례에 없던 점은 무엇인가 라는 측면에서 메디치가의 위치를 분석하였고, 또한 메디치가가 시민적 지도자 집단이라는 선택된, 그리고 전통적이라고 알려진 기능을 향유하고자 하는 오티마티에게 어떤 난관을 안겨다 주었는지를 해명하기 위해 새롭게 나타난 점들을 검토하였다. 그들 중에서 좀더 보수적이고 휴머니스트인 성향을 가진 사람들(특히 루첼라이 원회의 경우인데, 이에 대해서는 뒤에 언급할 예정이다)은 아리스토텔레스와 폴리비오스를 기초로 한 베네치아의 이상화 쪽으로 방향을 잡았다. 좀더 과격하고 근본주의적인 사람들은 시민의 이상을 버리고 조신의 이상을 택하는 쪽으로 나아갔다. 그러나 중심 테제는 역시 혁신과 신군주였다. 1512년에서 1513년에 걸친 시기에 거의 대부분이 씌어진 마키아벨리의 《군주론》은 바로 이러한 배경 하에서 나온 것인데, 혁신의 정치에 대한 이론적 탐색으로서는 최고의 위치를 점하고 있다. 마키아벨리는 귀족 출신이 아니었기 때문에 — 그는 알라만니가 말한 세 부류에서 두 번째에 속했다 — 귀족층의 관심사에서 자유로울 수 있었다. 그는 결코 원로원 의원도 궁정의 조신도 될 수 없었다. 그의 마음은 단지 신군주와 주위의 환경 간에는 어떤 관계가 있는가 라는 흥미로운 주제로 충만해 있었을 따름이다. 《군주론》을 가리켜 지적 혁명을 가져온 하나의 행위라고 자리매김하는 것도 바로 이러한 이유에서이다. 그것은 이론적 적합성의 새로운 영역을 개척한 말 그대로 획기적 저작이었다.

제6장

메디치가의 복귀

2) 마키아벨리의 《군주론》

1512년 《군주론》 저술에 착수했던 마키아벨리는 이 소책자에서 혁신(innovation)의 문제를 그것이 시민권에 가하는 충격이라는 측면에서 고찰하고 있지는 않다. 그러한 주제는 공화국에 대한 자신의 저작을 위해 보류해 두었다. 말하자면 그는 스스로를, 시민 엘리트로서의 성격을 유지하기 위해 애쓰는 오티마티와도, 혹은 대평의회의 복원과 광범위한 파르티치파치오네(정치참여)를 요구하는 부류—1516년 알라만니는 이들을 사보나롤라파로 분류하게 된다—와도 동일시하지 않고 있다는 것이다. 《군주론》은 그것이 어떤 한 집단의 입장을 대변하는 것으로 볼 수는 없다는 의미에서 이데올로기적 저작은 아니다. 그것은 차라리 혁신과 그 결과에 대한 분석적 연구라 할 수 있다. 하지만 그것은 이러한 성격을 유지하면서, 혁신과 시민권의 쇠퇴라는 주제에 의해 제기된 궁극적 문제를 분석하는 쪽으로 곧장 나아가고 있다. 이는 곧 포르투나의 문제였지만, 귀차르디니와 소수 오티마티는 이에 대해 아직 고려해 본 적이 없었다. 그 이유는 아마도 자신들을 여전히 엘리트의 일원이라고 굳게 믿다 보니 자신들이 불안한 위치에 있다는 생각을 별로 하지 못한 데 있는 것 같다. 마키아벨리는 스스로의 삶부터가 너무 취약한 상태였기 때문에, 자신의 사회적 위치가 어디쯤인지 전혀 생각할 겨를이 없었다. 하지만 그가 모색한 이론의 방향은 귀족층의 지적 입장과 모순되지 않는다. 만약 정치라는 것이 우연한 사건을 다루는 기술이라고 한다면, 그것은 곧 그러한 사건의 방향을 설정하는, 그리하여 순수하고 통제되지 않으며 전혀 법칙성을 따르지 않는 우연성을 상징화하는 힘으로서의 포르투나를 다루는 기술이기도 하다. 정치체제가 보편적인 데서 멀어지고 특수한 존재로 보이게 될수록 포르투나를 다루기는 어려워진다. 공화국은 오직 시민들을 자기 충족적인 우니베르시타스(universitas), 즉 단일한 전체로 통합함으로써 포르투나를 제어할 수 있다. 그러나 이를 위해서는 시민들의 자유로운 정치참여와 도덕적인 동의가 필요하다. 시민권의 쇠퇴는 곧 공화국의 몰락과 포르투나의 득세로 이어진다. 이러한 관계는 특히 그것이 혁신, 즉 시간 속에서 통제되지 않는 결과를 빚어내는 통제되지 않는 행동에 의해 초래될 때 아주 잘 드러난다. 그러므로 마키아벨리가 "신군주" — 혁신자로서의 통치자 — 를 다루고 있는 방식은, 신군주를 오티마티를 비롯하여 계속 시민으로서 행동하고자 하는 사람들의 욕망으로부터 격리시키고, 그와 그가 다스리는 사람들이 단지 포르투나와의 관계 속에서만 행동하는 것으로 간주하는 것이다. 시민권 그 자체와 포르투나 간의 대결은 《티투스 리비우스의 로마사 첫 10권에 대한 논고》(*Discorsi sopra la prima Deca di Tito Livio*) 〔이하 《리비우스 논고》로 줄임 — 옮긴이〕에서 다루어지는 주제이다.

포르투나의 문제는 곧 덕의 문제라는 것 역시 의외로 빠뜨리기 쉬운 중요한 사항이다. 보이티우스적 전통을 따르는 사상가라면 누구나, 선인(善人)은 비르투스에 의해 자신이 대면하는 포르투나에 형상을 부여하게 된다고 믿었다. 선인이 곧 시민이라고 보는 시민적 휴머니즘은 덕을 정치화하였고, 그것을 타인의 덕성에 의존하는 존재로 만들었다. 만약 비르투스가 시민들이 레스 푸블리카(res publica), 즉 공적인 일을 추구하기 위해 모인 곳에서만 존재할 수 있다면, 폴리테이아, 즉 정체 — 아리스토텔레스가 기능적으로 분화시켜 놓은 정치참여의 구조 — 는 실제적으로 덕 그 자체와 동일한 것이 된다. 만약 선인이 자신의 덕을 오직 시민권이라는 틀 안에서만 실천할 수 있다면, 폭력적인 혁신을 통해서든 혹은 시민 일부가 다른 사람들에게 조금씩 의존해가는 과정을 통해서든 간에 그러한 틀의 붕괴는 권력을 갖지 못한 자들뿐 아니라 권력을 가진 자들의 덕도 부패하게 만들어 버릴 것이다. 참주는 자신의 동료시민이 없기 때문에 선인이 될 수 없는 것이다. 그러나 바로 이 대목에서, 대내외적 충격 — 우연성의 상징으로서의 포르투나 — 에 대항하여 스스로를 유지하는 공화국의 능력은 일찍이 로마인들이 포르투나와 대비했던 그 비르투스와 동일한 것이 되었다. 시민들의 덕은 폴리테이아의 안정을 뜻하며, 그 역도 성립한다. 비베레 치빌레(시민적 삶)는 정치적으로나 도덕적으로나 포르투나의 득세를 막는 유일한 방어막이며, 시민 개개인이 덕을 유지하는 데 필수적인 전제조건이다. 마키아벨리가 《군주론》의 가장 악명높은 구절들에서 의도하고 있는 것은, 일단 로마식 정의의 형식론적 이행이란 측면으로 되돌아가서, 스스로를 도덕 사회로부터 격리시킨 혁신자가 자신에게 닥친 포르투나에게 형상을 부여하게 할 만한 비르투가 과연 존재하는지 아닌지, 그러한 비르투 혹은 그것을 실천함으로써 나타날 수도 있는 정치적 결과에는 어떤 도덕적 품성이 포함되어 있는 것인지 아닌지를 묻는 것이다. 문제는 그 자체가 하나의 정치적 행위인 혁신의 결과로서만 존재하기 때문에, 그것을 탐색하는 일은 그 이상의 정치적 행위의 측면에서 수행되어야 마땅하다.

《군주론》이 결코 형식론적·분석적 저작은 아니지만, 이 책에서는 이 저작을 탐구하는 데 형식론적·분석적 접근방법을 택하고자 한다. 필자는 마키아벨리의 저작에 담긴 함의들을 다음과 같은 두 가지 관념도식과 연결시킴으로써 그 의미의 일부나마 제시해 보고자 한다. 첫 번째는 개별자를 인식하고 그것에 작용하는 양식들로서 중세·르네상스 정치사상에서 사용 가능했던 것으로 보이는 것들을 열거하는 도식이며, 두 번째는 휴머니스트·피렌체적 사상을 시민권, 덕, 포르투나의 상호관계를 중심으로 세세히 고찰하는 도식이다. 분석적 접근이라면 반드시 스스로의 방법론 안에서만 이루어져야 함이 필수적이며, 그래서 《군주론》에 피력된 마키아벨리 사상의 어떤 측면들은 여기에서 다루어지지 않은 경우도 있을 것이다. 그러나 지금까지의 수많은 연구서들은, 1512년 마키아벨리가 피렌체와 이탈리아에 대해 숙고하던 그 당시의 도덕관과 심적 상태처럼 풀기 어려운 문제들로 바로 뛰어들거나, 혹은 이전에 지목된 문제들과는 직접적인 관련이 없이 순수한 텍스트 해석의 방법을 통해 이 고전적 저작을 해석하려 했다는 점을 감안할 때, 이 책에서와 같이 자기 발견적 모형의 입장에서 나름대로 한 가지 해석을 제시할 만한 여지는 아직 남아 있다고 할 수 있겠다.[1)]

이러한 식으로 볼 때, 《군주론》은 혁신자 및 그와 포르투나 간의 관계에 대한 일종의 유형론이 된다. 그것은 서두에서 분류적 접근방법을 사용하고 있으며, 이는 책의 핵심적인 장을 통해 계속된다. 모든 통치체제는 공화국이든가 왕국이다. 왕국(혹은 군주국)은 세습적이든가 새로운 것이다. 후자의 경우는 다시 완전히 새로운 것이든가 아니면 세습적인 영토와 새로이 합병된 영토의 혼합물이다. 합병된 영토는 자유에 익숙하거나 혹은 다른 군주의 통치에 익숙하다. 또한 그곳의 새로운 통치자는 그것을 타인이나 자신의 무력에 의해서, 혹은 포르투나나 비르투에 의해서 얻게 된다.

테제와 반테제의 대비로 진행되는 이 전형적인 마키아벨리적 논증

---

1) 필자는 이러한 해석을 이미 다음에서 제시한 바 있다. Pocock, "Custom and Grace, Form and Matter: An Aproach to Machiavelli's Concept of Innovation," in *Machiavelli and the Nature of Political Thought*, ed. Martin Fleisher (New York: Atheneum, 1972), pp. 153-74.

방식은 저작 전체를 통틀어 가장 결정적인 말로 마무리를 지으며 1장 전체를 채색하고 있다.[2] 그 다음 장에서 계속 탐색되고 있는 중요한 구분은 세습군주(principe naturale)[3]와 신군주 간의 경우이다. 마키아벨리에 따르면, 세습군주는 전통적인 적법성을 향유하고 있다. 그곳 주민들은 군주의 혈통(sangue)에 익숙해(assuefatti) 있다. 즉 그의 가게와 이름을 가진 인물들에 의해 다스림을 받는 데 익숙하다는 말이다. 군주가 고래의 관례를 준수하는 한, 그는 어떤 아주 특별한 사고가 아니면 절대로 자신의 스타토(stato), 즉 권력을 잃지 않으며, 설사 권력을 일시 상실한다 해도, 그것을 찬탈한 자가 무언가 약간이라도 실수를 하거나 운이 나쁘게 되면 권력은 다시 그에게로 돌아올 가능성이 많다. 바로 이러한 것이야말로 그의 편으로 쏠린 관례와 관습의 무게란 말의 의미이다. 간단히 말해서, 그는 관습과 전통에 의해 적법성을 부여받으며, 포르투나에 비교적 취약성이 덜하고, 따라서 각별히 비상한 비르투를 거의 필요로 하지 않는다.[4] 이러한 식의 진술은 계속되는데, 각각의 역(逆)은 곧 신군주에게 해당되는 내용이다. 마키아벨리는 고래의 관례를 포르투나와 비르투에 대한 반테제로 사용하고 있는 것이다. 그리하여 고래의 관례가 결여된 곳에서는 포르투나와 비르투 간의 관계가 결정적인 것이 된다. 전통과 고래의 관례 없이는 적법성을 생각할 수 없다는 점에서 우리는 여전히 중세 정치의 개념적 세계 속에 머물러 있는 셈이지만, 마키아벨리가 통치의 성격을 적법성이 결여되어 있는 상태에서 검토하려 하는 바로 그 순간부터 급속히

---

2) Niccolò Machiavelli, *Opere*, ed. Mario Bonfantini. La letteratura italiana. Storia e testi, vol. 29 (Milano-Napoli: Ricciardi, n. d. [1954]), p. 5. 앞으로 이 저작을 *Opere*로 약기함.

3) 1장에서와 같이 라틴어와 이탈리아어로 달려 있는 2장의 제목은 "세습군주국에 대하여"(De' principati ereditari)이다. 하지만 두 번째 문단을 보면 "세습군주"(principe naturale)라는 표현이 나타난다.

4) Machiavelli, *Opere*, p. 5.

중세 세계로부터 빠져나오고 있음을 우리는 알게 된다. 더욱 강조되어야 할 점은, 마키아벨리 당시에 성숙한 발전 단계에 있었던 알프스 너머의 왕국은 스스로의 정통성을 단지 고래의 관례에만 의존하고 있지는 않았다는 것이다. 그것은 도덕적이고 신성하며 게다가 합리성까지 갖춘 보편 질서의 표상이라고 주장되기도 했고, 그 적법성을 오랫동안 그것의 통치에 익숙해진 사람들로부터뿐만 아니라 스스로의 유리스딕티오(사법상의 권위)를 통해 시행되는 고래의 관습법 체계로부터 도출해 낼 수도 있었으며, 또한 아마 섭리에 따라 정해졌을 법한, 구베르나쿨룸(통치상의 권위)상의 일련의 기술을 발휘한다고도 일컬어졌던 것이다. 우리는 프랑스 왕국에 대한 마키아벨리의 관측[5]으로부터 그가 그것의 많은 특징들에 대해 잘 알고 있었다는 것을 알고 있다. 하지만 그는 그처럼 세 방향으로 합법화된 통치체계의 초상을 심층적으로 그려내고 있지는 않다. 《군주론》의 이 장(2장)에서 제시된, 세습 통치에 대한 유일한 예는 이탈리아 페라라의 에스테가이다.[6] 그에 따르면 이러한 가문들은 단지 찬탈자일 뿐인데, 다만 최초의 혁신이 잊혀질 정도로 세대를 거듭하면서 정권의 유지에 성공한 경우일 따름이라는 것이다.[7] 그것은 에스테가로부터—말하자면—성유의 부음을

---

5) Machiavelli, *Ritratto delle cose di Francia*, in *Opere*, pp. 471-86. 마테우치는 프랑스 왕국에 대한 마키아벨리의 관측과 로마 공화국에 대한 그의 연구를 서로 병치시키고는, 그것이 마키아벨리가 가장 칭송하는 두 개의 통치 형태를 보여준다고 주장한다. 그에 따르면, 이 주목할 만한 해석은 "구조적이지만 진화론적이지는 않은" 특징을 가지고 있다. Nicolai Matteucci, "Niccolò Machiavelli politologo," in *Studies on Machiavelli*, ed. Myron P. Gilmore (Firenze: Sansoni, 1972), p. 211.

6) Machiavelli, *Opere*, p. 6과 편집자인 본판티니의 주석을 볼 것. 여기서 그는 에스테가의 공작들에게 결코 비르투가 결여되어 있지는 않았다는 데 대해 반대하고 있다.

7) *Ibid.*: "국가의 통치가 오랜 연원을 가지고 지속되면 혁신의 옛 기억도 그 원인도 모두 사라지게 된다. 왜냐하면 하나의 변화는 언제나 또 다른 변화

받은 카페가로 가는 긴 발걸음인 셈이다.* 하지만 에스테가조차도 "신군주"에 반테제적 방식으로 나타나 있다. 《군주론》이 왕이 사용하도록 만든 편람도 아니고 — 그럼에도 불구하고 왕들 중에는 이 책을 아주 흥미롭게 생각한 경우도 있었다 — "절대왕정"에 대한 저작도 아니라는 것을 우리는 이제 알고 있다. "오직 위로부터" 통치하는 포테스큐의 왕과 같은 절대군주는 스스로의 적법성에 대한 복잡한 도식 중 하나인 법체계와의 관계에 의해 규정되었다. 반면 "신군주"는 전적으로 적법성을 결여하고 있었고, 결과적으로 그는 통상적인 의미의 왕이 아니었다. 왕은 전혀 새롭지 않았고, 자신이 운의 자식임을 부인할 수 있었다. 자신이 이전에는 아무 권리도 갖지 못했던 영토를 새로이 획득한 경우는 물론 예외이다. 마키아벨리는 이 경우의 예로서 아라곤의 페르난도를 들고 있다.

《군주론》은 "신군주"에 대한 연구이거나 — 우리는 이를 내적 증거뿐만 아니라 마키아벨리의 서신을 통해서도 확인할 수 있다 — 혹은 차라리 그가 속한 정치 혁신자 부류에 대한 연구이다. 그의 통치가 새롭다는 것은 곧 그가 앞서의 어떤 통치형태를 전복하거나 대체하는 혁신을 시행했다는 뜻이다. 이러한 과정에서 그는 어쩔 수 없이 그의 통치를 따르지 않는 많은 사람들에게 위해를 가하게 되었지만, 그를 지지한 사람들은 그들대로 그가 해줄 수 있는 것보다 더 많은 것을 기대하는 처지에 놓이게 된다.[8] 당시의 오티마티가 구체적인 피렌체적 콘텍스트 속에서 분석했던 것도 바로 이러한 상황이다. 혹자는 소외되고 혹자는 불만을 가지게 되기 때문에, 사회는 의지의 부조화와 갈등이라

를 만들어내는 단초가 되기 때문이다." 이를 보면, 마치 "기억"(memorie) 그 자체가 바로 "원인"(cagioni)인 것처럼 말하고 있다.

* 찬탈자였던 에스테가가 마치 프랑스 카페 왕가처럼 세습군주 가문으로 인정받게 되었다는 뜻.

8) *Ibid.*

는 혼돈상태로 분해되며, 통치자에게는 적법성이 없고, 시민권도 불가능한 상태에 이르는 것이다. 그러나 마키아벨리의 분석은 피렌체라는 구체적인 콘텍스트나 시민권이라는 구체적인 문제와 관련하여 수행된 것이 아니었다. 그의 관심사는 오직 혁신자와 운 사이의 관계에 쏠려 있을 뿐이다. 이런 이유로, 《군주론》이 과연 어느 정도로 피렌체 통치에 복귀한 메디치가의 당면 문제들을 조명할 의도를 가지고 있었는지 정확히 말할 수는 없다. 그 저작의 의도가 이탈리아 여타 지역의 획득에 대해 줄리아노와 로렌초에게 조언하는 것이었다는 견해를 뒷받침하는 몇몇 증거가 있는 것은 사실이다. 하지만 이런 점에서라면 메디치가는 다른 제후 가문들과 거의 다를 바가 없다. 그들의 특이한 면모는 피렌체에서 그들이 이전에 가지고 있었던 권력의 성격과 그 역사였고, 귀차르디니, 베토리, 알라만니가 메디치가의 복고 정권에 대해 일단의 신군주적 특징을 부여하게 된 것도 부분적으로 이러한 측면을 분석하는 과정에서였다. 그러나, 세세한 기술상의 차이에도 불구하고, 그들이 공히 이러한 혁신을 초래했던 정확한 역사적 변화과정을 상술하고 있다면, 마키아벨리의 《군주론》은 혁신을 하나의 추상적인 원리로 다루면서 시작하고 있다. 물론 9장에 가면 메디치가의 통치와 가장 유사한 구체적인 경우 — 일단의 동료시민들에 의해 군주가 되는 한 시민의 예 — 가 자세히 고찰되고 있기는 하지만, 이때에도 특별한 강조점이 없이 단지 일군의 "신군주" 유형 중 하나로 다루어지고 있을 따름이다. 《군주론》은 형식론적 입장에서 분석할 때, 어떤 구체적 상황에 의해 촉발되기는 했으나 결코 그것을 지향하지는 않는 이론적 저작으로 보일 법하다. 다시 혁신자와 그의 운이라는 우리의 주제로 돌아가 보자.

혁신은 기존 체제를 전복함으로써 운에게 문을 열어 준다. 왜냐하면 그것은 어떤 사람들에게 위해를 가하고 모두를 혼란 속에 빠뜨리지만, 정작 사람들은 새로운 질서에 익숙해질 만한 시간을 아직 갖지 못하고 있는 그런 상황 속에 놓이게 되기 때문이다. 관례야말로 운에 대응하는 유일한 대안이다. 공화주의 이론이라면 비베레 치빌레의 전망을 복구하는 데 대해 탐색할 수도 있을 것이다. 하지만《군주론》은 공화국에 관한 책이 아니며, 특히 시민권에 대한 책은 더욱 아니다. 군주의 새로운 신민들은 그에게 익숙지 않으며, 따라서 그는 그들의 충성심을 확신하기 어렵다. 즉 "… 하나의 변화는 언제나 또 다른 변화를 만들어 내는 단초가 된다"는 것이다.[9] 그는 세습군주와는 대조적인 위치에 있으며, 따라서 후자와 같은 안정을 얻으려고 노력할 것임에 틀림없다. 세습군주 가문은 최초의 혁신이 초래한 위해와 낙심천만한 일들이 모두 잊혀지고, 프린치페 나투랄레(세습군주, 즉 혈통상 타고난 군주)란 말이 보여주듯이 그 가문에 대한 복종심이 신민들의 물려받은 "제 2의 본성"에서 한 부분을 차지하게 될 정도로 오랫동안 스스로의 권력을 유지해 온 것이다. 그러나 신군주는 도대체 어떤 방법으로 이러한 일을 이룰 것인가? 마키아벨리는 묻지 않았지만 우리는 다음과 같이 물을 수 있다. 세습군주의 선조들은 어떤 방법으로 그렇게 할 수 있었단 말인가? 단지 시간이 흘러가도록 놔두는 것만으로는 부족할 것이다. 왜냐하면 상황이 갑자기 변할 수도 있기 때문이다. 마키아벨리는 자신의 저작들 여러 곳에서처럼 여기서도, 종종 당시의 사람들이 제시하곤 하던 조언, 즉 형세를 관망하고 "유예의 이점의 누리라"[10]는 말에 극히 조소적인 반응을 보이고 있다. 안정이 성취되지 않은 상황 속에서, 그리하여 시간이 과연 어떤 사건을 몰고 올지 아무도 모르는 상황 속에서, 형세를 관망한다는 것은 가장 부적절한 전략이라는 것이다.

---

9) *Ibid*.

10) 하지만 세습군주는 "옛 질서를 무시하지 않으면서 혹시 예기치 않은 상황에 처하더라도 일단 형세를 관망하기만 하면 되는" 여유가 있다(Machiavelli, *Opere*, p. 5). 이러한 주제가《심의록》(*pratiche*) 중의 연설에서 보이는 경우에 대해서는 다음을 볼 것. Gilbert, *Machiavelli and Guicciardini*, p. 33.

그러므로 신군주는 세습군주의 경우를 상정하여 정의된 규범을 벗어나서 특출하고도 비상한 자질을 가져야만 한다. 이러한 자질을 비르투, 즉 포르투나의 질료에 형상을 가하는 능력이라 부를 수도 있겠지만, 형상과 질료는 상호 비례가 맞아야 하기 때문에, 만일 혁신자가 비상한 성격의 포르투나를 맞는다면 그 역시 비상한 성격의 비르투로 그것에 대응해야 하는 것이다. 마키아벨리는, 운에 의해 지배되는 상황이라고 해서 언제나 혼돈상태는 아니라는 가정으로 나아간다. 혼돈인 듯한 상태 속에도 전략적 변화가 있으며, 따라서 비르투 역시 그에 맞추어 다양한 전략을 구사해야 할 것이다. 그는 두 가지 방향에서 이러한 가정의 기초를 마련하였다. 첫째, 그는 혁신을 가리켜 이전에 존재하던 적법한 체제를 파괴하는 것이라고 규정함으로써, 이전의 체제가 바뀔 수 있고 군주의 새로운 신민들은 그들의 손실에 대해 다양한 반응을 보일 것이라는 점을 확고히 하였다. 전에 공화국에 살았던 시민들은 이전에 다른 군주를 섬겼던 신민들보다 신군주의 통치에 익숙해지기가 더 어려울 것이다. 왜냐하면 시민의 경우에는 기존의 행위규범이 변형되어야만 하기 때문이고, 신민의 경우에는 그것이 단지 다른 통치자에 맞추어 이전될 뿐이기 때문이다.[11] 둘째, 그는 혁신의 몇 가지 양식을 구별하고 있다. 군주가 자신의 위치를 획득하는 것은 자기 자신의 군대를 통해서이거나 혹은 조력자의 군대를 통해서일 것이다. 또한 그것은 자신의 능력 덕분일 수도 있고 혹은 순수하게 운이 좋은 덕분일 수도 있다. 비르투와 포르투나라는 말이 이러한 대조어구 중 두 번째 것을 가리키는 경우, 마키아벨리는 그것을 결코 아주 정밀한 방식으로 쓰고 있지는 않다. 누구든지 자기 자신의 비르투를 얼마쯤 보이지 않고 권력을 획득한다는 것은 거의 생각할 수 없는 일이기

11) Machiavelli, *Il Principe*, ch. 3 (*Opere*, p. 7) ; ch. 5 (*Opere*, p. 18). 5장은 이전에 공화국이었던 경우에 닥치는 문제를 다루고 있다. 아래의 주 15를 볼 것.

때문에, 혁신이 통치자를 포르투나와 대면하게 만든다면 어떤 의미에서 비르투는 언제나 그러한 혁신의 도구였다. 하지만 다른 의미에서 비르투는 여전히 운을 제어하는 것이었고, 자신이 발을 딛고 있는 곳을 지킬 수 있는 자신의 수단을 가진 혁신자와 그를 그곳에 있게 해준 것이 무엇이든 계속 그것에 의존하는 혁신자 사이에는 본질적인 차이가 존재하고 있었다. 바로 이 지점에서 두 번째 대조어구는 첫 번째를 포섭하게 되고, 비르투는 무력과 같은 권력의 도구를 뜻하면서 동시에 그러한 도구를 사용하는 데 필요한 인격상의 자질을 뜻하기도 하는, 이중적 의미를 가지게 되었다.

그러므로, 혁신의 본질과 상황은 두 가지 방향에서 혁신자가 대면하는 문제를 바꾸도록 만들었다. 전임자가 누렸던 관습적 적법성을 많이 넘겨받으면 받을수록, 그 자신이 비르투와 포르투나의 적나라한 대결에 노출될 가능성은 적어지며, 아울러 비르투(위에 말한 이중적 의미 중 어느 쪽으로도)의 필요성도 덜 긴급하게 된다. 혁신이 스스로의 직접적인 통제를 벗어난 상황과 사람들에 자신을 의존하도록 하면 할수록, 그가 포르투나에 노출되는 정도가 증대되며 따라서 그를 그것으로부터 해방시켜 줄 비르투의 필요성도 그만큼 커지게 된다. 그리하여 비르투의 필요성은 두 가지 척도에 따라 변하게 될 것인데, 이 중 어느 하나에서 그가 갖는 위치는 경험적으로 결정된 상황에 따라 결정되기 때문에, 전략적으로 필요한 행동과 그러한 행동을 취하는 데 요구되는 심적 자질 — 이 둘이 합쳐져서 비르투를 이루게 된다 — 역시 유사하게 변할 수 있다. 그러므로 혁신자에게 취약한 방식은 어떤 것인지, 그리고 이러한 취약성을 극복할 만한 비르투의 형태에는 어떤 것이 있는지에 대한 혁신의 유형론을 구축하는 것이 가능하게 된다. 세습군주의 경우는 통제가 가능한데, 그에게는 취약성과 비르투의 필요성이 최소가 되기 때문이다.

혁신에 대한 분석은《군주론》앞 3분의 1에서 이루어지고 있으며,

적어도 책의 그 부분이 어떤 양식으로 전개되는지 그 핵심을 보여주고 있다. 3장에서 5장까지는 신군주의 권력과 그가 획득한 권력이 위치한 사회의 관습적 구조 간의 관계를 다루고 있다. 6장에서 9장까지는 혁신이 과연 어느 정도로 그를 운에 의존하게 만드는가 하는 문제를 다루고 있다. 《군주론》에 대한 이러한 접근의 윤곽을 마무리 짓자면, 12장에서 14장까지는 군주의 군사적인 힘을, 15장에서 21장까지는 군주의 개인적 행위와 신민 사이의 관계를 다루고 있다. 주로 마키아벨리주의적 도덕으로 알려지게 된 것에 관한 내용을 담고 있는 것도 바로 이 부분이다. 마키아벨리는 24장과 25장에서 자신의 대주제로 돌아가서, 다시 한 번 신군주를 세습군주 및 포르투나와 대면시키고 있으며, 마지막 26장은 "야만인들로부터 이탈리아를 해방시키기를 권고" 하는 저 유명한 문제의 장이다. 《군주론》이 체계적인 범주론의 형태를 취하고 있지는 않으나, 그 내용 속에는 식별 가능한 어떤 양식들이 존재하고 있으며 지금까지의 구분도 그중 하나이다.

앞서 보았듯이, 정치적 혁신의 불안정성은 그것이 일부 사람들에게 위해를 가하고 모두를 불안하게 만드는 반면, 사람들은 정작 그러한 변화에 익숙해질 만한 시간을 갖지 못하는 상황이 야기된다는 사실에서 연유한다. 아마도 《군주론》의 사상을 푸는 열쇠는, 그러한 상황에서의 행동이 일부 예측 가능하며, 따라서 그러한 행동을 위한 전략이 고안될 수도 있다는 마키아벨리의 인식에 있는 것으로 보인다. 그의 위대한 독창성은 그가 탈적법적(delegitimized) 정치를 연구했다는 점이다. 그러나 친숙한 행위 구조가 군주의 영토획득에도 불구하고 여전히 살아남아 있는 한, 그러한 구조 바깥에서의 인간 행위에 대한 논의는 일단 유예할 필요가 있는데, 문제는 이러한 구조가 군주의 권력과 권위에 얼마나 영향을 줄 것인가 하는 점이다. 마키아벨리는 3장에서 5장까지에서 이러한 의문의 여러 측면들을 검토하고 있는데, 그것을 관통하는 강조점은 친숙한 것의 관념에 맞추어지고 있다. 만약 군주의 새로운 영토가 이미 자신에 의해 확립되어 있던 — 이는 "고래의"(antico) 라는 말로 표현되고 있는데, 이는 그가 전혀 "신군주"가 아니라는 것을 시사하고 있다 — 영토에 첨가된 것이라면, 만약 두 영토가 동일한 종족성(provincia) 과 언어를 가지고 있다면, 그리고 무엇보다도 만약 새 영토가 이미 군주의 통치에 익숙한 상태라면, 그의 과업은 가장 쉬운 것이 된다. 그는 단지 이전의 지배 가문이 절멸되었는지를 살피고, 그 지방의 법과 세제(稅制) 를 바꾸지 말고, 그의 전임자를 적법하도록 해주었던 모든 것이 이제는 자신에게 적법성을 부여하도록 하기만 하면 되는 것이다. 더욱이 옛 영토와 새 영토 간의 관습적 구조와 언어의 유사성은 양자를 급속하게 하나의 몸(tutto un corpo) 이 되도록 이끌어 줄 것이다.[12] 마키아벨리는 이러한 결합이 어떻게 성취될 수 있을 것인지에 대해 세세히 쓰고 있지는 않으며, 그에게서 그러한 것을 기대해서도 안 된다. 그는 신생 군주국이 세습 왕국과 아주 유사한 지점에서 그것을 논하고 있으며, 후자를 기존의 혈통에 대한 충성심을 포함한 일단의 공통 관습에 의해 단결된 공동체라는, 극히 단순한 전통적 형태로 표현하고 있는 것이다. 만약 변화하는 것이 오직 혈통뿐이라면, 전통구조 덕분에 새로운 충성심이 쉽게 생겨날 것이며, 새 공동체는 유사한 관습을 가진 옛 공동체와 쉽사리 섞일 것이다. 그러나 만약 군주가 언어나 법이나 관습에서 자신의 옛 영토와 상이한 성격의 것을 획득한다면, 그는 그것을 지키기 위해 대단한 행운과 엄청난 노력을 필요로 하게 될 것인데, 가장 좋은 방법 중 하나는 그 자신이 아예 그곳에 가서 사는 것이다. 마키아벨리는 이러한 것이 군주가 자신의 새로운 신민들의 관습에 적응함을 의미하는 것인지 아닌지, 혹은 그러는 사이 자신의 옛 영토에서는 무슨 일이 일어날 것인지 등에 대해서는 우리에게 말해주고 있지 않다. 그는 오히려, 새로운

12) Machiavelli, *Il Principe*, ch. 3 (*Opere*, p. 8).

병합으로 내적 불안정을 보이는 상황을 군주가 어떻게 다루어야 하는가를 숙고하는 쪽으로 급히 나아가고 있다.[13] 지금까지의 논의에서 가정되고 있는 또 다른 점은 전통 사회에서 이전에 존재했던 충성심이 어떤 단일한 지배 가문을 향했으리라는 것이다. 마키아벨리는 4장에서, 전통적인 충성심이 한 명의 왕과 다수의 봉건영주(baroni) 간에 공유되어 세습적 충성이 수많은 지역적 중심으로 분할되는 경우를 고찰함으로써 이러한 한계를 지적하고 있다. 여기서 관성의 원리는 유지되지 않는다. 봉건영주들 중에는 언제나 불만을 가진 자들이 있게 마련이므로, 반란을 부추김으로써 왕을 폐위시키기는 쉽다. 하지만 권력을 이어받은 새로운 통치자는, 첫째, 지지자들은 믿기 힘든 반면 적은 호시탐탐 자신을 노리는 혁신의 통상적인 결과가 나타난다는 것, 둘째, 개개의 봉건영주 가문은 신민의 충성심을 계속 누리고 있다는 것, 셋째, 이러한 봉건영주는 그 수가 너무 많아서 모두 없애기가 어렵다는 것을 알게 된다. 로마인들 역시 속주의 옛 귀족들이 잔존하는 한 그곳에서 안전하지 못하다는 것을 알고 있었다. 왜냐하면 이들이 그곳에 살고 있다는 것만으로도 정복당하기 이전의 기억이 되살아나기 때문이다. 그들은 단지 권력을 독점한 곳이 기지(旣知)의 세계라는 이유만으로 — 마키아벨리도 이를 지적하고 있는 것 같은데 — 어쨌든 속주의 귀족들보다 더 오래 살아남을 수 있었던 것이다.[14]

이 모든 논의 속에서, 마키아벨리가 아리스토텔레스적 폴리스의 토대를 이루는 시민들 간의 관계가 아니라 완전히 전통적인 사회형태, 즉 관습에 기초한 사회형태를 전제하고 있는 것처럼 보이는 것은 주목할 만하다. 그러나 그는 5장에서, 자신만의 관습을 가진 곳이 쉽게 섞일 수 있는 관습을 가진 곳보다 더 지키기 어려운 것과 같이, 자유와

---

13) *Ibid.* 군주는 자신의 관리들이 야기한 무질서를 쉽게 치유할 수 있어야 한다는 것이 요점이다.

14) Machiavelli, *Opere*, p. 16.

자신만의 법을 적용하는 데 익숙한 도시는 모든 곳 중에서도 가장 지키기 어렵다고 말한다. 물론 외부의 조력에 기댄 과두정의 확립으로 그것이 가능할 수도 있겠지만, 가장 확실한 오직 한 가지 방법은 그 도시를 파괴해 버리는 것이다. 왜냐하면 이전의 자유에 대한 기억은 신군주를 적법하게 만드는 데는 전혀 도움이 되지 않는 반면 놀랄 만큼 잊혀지지 않는 법이기 때문이다. 마키아벨리는 다시 한 번 관습을 강조한다. 그 외의 다른 어떤 것도 적법성을 부여하지는 못하는 것으로 보인다. 혁신자의 문제는 언제나 신민들이 그에게 친숙하지가 않으며, 그가 그들로부터 빼앗아 간 어떤 것에 더 익숙하다는 데 있다. 그러나 이러한 경우 관례와 관습 이상의 그 무엇이 작동하고 있다. "… 공화국에는 더 깊은 증오와 더 강한 복수심이 존재한다. 옛 자유에 대한 기억은 결코 그들을 평온하게 놔두지 않으며 또 그럴 수도 없다."[15] 이 경우 시간은 작동되지 않고 있다. 우리는 여기서, 시민적 자유는 피렌체인들이 가진 제 2의 본성의 일부가 되었다고 한 귀차르디니의 주장을 상기하게 되며, 이 장이 적어도 형식적으로는 외부 통치자가 이전에 공화국이었던 곳을 자신의 영토에 병합한 경우에 대한 것이기는 하지만, 동시에 마키아벨리가 메디치가 복고 정권의 성격을 언급하고 있는 부분이기도 하다. 하지만 진짜 문제는 자유의 습관이 왜 그렇게 바꾸기가 힘들며, 왜 그토록 잊을 수 없는 것인가 하는 점이다. 그 대답은 이런 것으로 보인다. 어떤 통치자에게 복종하는 데 익숙해 있는 사람들이라면 다른 통치자에게 복종한다고 해서 새삼 스스로의 본성을 바꿀 필요는 없다. 하지만 시민권의 경험은, 특히 그것이 몇 세대를 계속 이어져 내려왔다고 할 때, 사람들의 본성에 지울 수 없는 흔적을 남기게 되며, 그리하여 만약 군주에게 기꺼이 복종하는 법을 배우자면 그들은 사실상 새 인간이 되지 않으면 안 된다. 마키아벨리

---

15) Machiavelli, *Opere*, p. 17; p. 18. 그곳에 사는 것이 어떻게 도움이 될 것인지에 대해서는 아무런 논의도 없는 것으로 보인다.

는 로도비코 알라만니와는 달리, 이런 식의 변형이 가능하다고 생각지는 않는 것 같다. 사실 운에 관한 그의 이론 전체를 두고 보더라도, 인간의 본성은 변할 수 없으며, 설사 바뀐다 하더라도 관습의 개념이 보여주듯이 엄청나게 느린 속도로 변할 뿐이라는 가정은 필수적이다. 일단 시민을 경험한 사람은 자신의 진정한 본성, 즉 프리마 포르마의 실현을 인식할 가능성이 우리의 마음속 깊숙이 잠재해 있음에 틀림없다는 것이 마키아벨리의 생각이었다.

이제 신군주는 우연성의 영역으로 들어간 상태이다. 그가 살고 있는 시간은 인간 행위에 의해서 형성되며, 사람들은 더 이상 관습적 적법성의 구조에 따르지 않는 것처럼 보인다. 그러므로 그는 운에 취약하다. 하지만《군주론》의 중심 테제는 아마도, 지금 그가 거주하고 있는 시간-영역이 전혀 예측 불가능하거나 통제 불가능하지는 않다는 점일 것이다. 그것은 사람들이 어떤 법 구조도 개의치 않고 자기 자신만의 목적을 추구하는 일종의 홉스적 세계이다. 그들이 그렇게 한다는 것은 부분적으로 혁신자 자신이 그렇게 한다는 것이며, 혁신자가 이런 세계에 산다는 것은 전적으로 그 자신이 그렇게 한다는 것이다. 그들이 스스로의 목적을 추구하는 수단은 권력인데, 이는 개개인의 권력이 다른 모든 사람들의 권력에 위협이 되는 것으로 정의된다. 3장의 후반부는 권력 추구자의 탈적법적 세계를 전략적으로 분석하고 있는 첫 부분인데, 언제나 인정되어 왔다시피, 그것은 마키아벨리 사상의 날카로움을 최고도로 보여주고 있다. 또한 우리가 전략적 행위로서 가장 필요한 것은 바로 행동이라는 주장을 처음으로 듣게 되는 것도 바로 이 부분이다. 행동에 대한 대안은 유예와 관망이며, 일단 시간이 순수한 우연성의 영역이 되면, 그때는 시간이 무슨 일을 초래할지 아무도 확실한 가정을 할 수 없기 때문에 관망 자체가 불가능해진다. 혹은 차라리, 만약 행동하지 않는다면 상황은 자신에게 불리한 쪽으로 바뀔 것이라는 가정이 우리가 할 수 있는 유일한 가정이 될 것임에 틀림없다. 한 사람은 권력을 가지고 있고, 다른 사람들은 가지고 있지 않다. 변화가 있을 수 있다면 그것은 이제 후자가 권력을 가지고 전자가 권력을 잃는 쪽일 것이다. 로마인들은 전쟁이란 피해서는 안 되는 것임을 알았고, 그래서 언제나 나중이 아니라 바로 지금 적과 싸우는 쪽을 택했다.[16] 마키아벨리가 과연 "시간을 버는" 근대의 억지(抑止) 전략에 대해 얘기하고 있었던 것인지에 대해서는 추측 밖에 달리 할 길이 없다. 아마도 그러한 전략은 단지 서로의 관계를 안정시키고 적법화하려는 열강들 간의 공모전략 정도로만 치부될 것이다. 좀더 단순하지만 그래도 여전히 두려움으로 가득 찼던 르네상스의 세계 속에서 그는 군주가 끝없이 권력을 극대화하는 과정이 시작되는 것을 볼 수 있었다. 이제 마지막 질문은, 만약 군주가 보편 제국을 이룩해야 한다면 그는 과연 어떤 사람이 되어야 할 것인가 하는 것뿐일 텐데, 《군주론》은 그런 질문을 던지지 않고 있다.

전략은 행위자가 소유한 권력에 의해 규정되는 그의 행위에 대한 과학이다. 그리고 권력의 취득자로서 군주가 살고 있는 전략적 세계는 그와 동료 군주들 간의 관계라는 측면에서 가장 잘 이해된다. 그러나 이러한 관계는 군주에게 권력을 부여하는 하위체계 통합의 능력에 대해서는 외적 요소이다. 그리고 개개의 정치사회를 구성하는(혹은 분해시키는) 것으로 간주되는 각 개인 간의 관계는 "전략적"이란 말로는 충분히 이해하기 힘든 분석대상이다. 바로 여기서 우리는 한 개인의 비르투와 그의 포르투나 간의 관계라는 문제로 확실히 진입하게 되는데, 그것은 언제나 단지 전략적인 문제만이 아니라 도덕적·심리적 문제이기도 하다. 6장과 뒤이은 몇 개 장들은 비르투가 새로운 영토를 획득하고 유지하는 데 어떤 역할을 하는가에 초점을 맞추고 있으며,[17] 마키아벨리는 비르투를 혁신적인 힘으로 정의하는 단 한 걸음을 통해 도덕

16) Machiavelli, *Opere*, p. 10.

17) Machiavelli, *Opere*, p. 18.

적 모호성의 영역으로 들어간다. 인간은 비르투를 통해 탈적법적 세계 속에서 자신의 운을 제어하는 데 그치지 않는다. 인간은 바로 그것을 통해 자신의 세계를 혁신하고 그리하여 그것을 탈적법적인 것으로 만들어 버리는 것이다. 그리고 어느 순간, 우리는 적법성이라는 것을 전혀 몰랐던 세계에 그것을 부여하는 작용까지도 할 수 있는 것이 비르투임을 알게 된다. 이제 어의상으로 지속적인 상호조합을 유지하는 경우는 비르투와 혁신의 예가 유일한데, 혁신은 이미 성취된 어떤 사실이라기보다는 오히려 어떤 행동으로 간주되고 있으며, 비르투는 각별히 개인에게 혁신의 콘텍스트 및 혁신자의 역할에서 비범한 위치를 부여하는 존재가 되고 있다. 혁신은 계속해서 윤리적 문제를 제기하기 때문에, 비르투란 말을 이런 식으로 사용하는 것은 그것과 윤리와의 조합을 부인하기 위해서가 아니라, 윤리적 문제가 제기되는 상황을 정의하기 위해서이다.

6장에서는 군주가 자신이 권력을 장악하고 있는 사회에 외인(外因)이 아니라 내인(內因)으로 작용하는 존재로서 그려지고 있다. 우리는 이제 영토를 병합하는 군주가 아니라 군주가 된 한 사적인 개인에게 관심이 있다. 마키아벨리에 따르면, 이는 비르투 혹은 포르투나를 전제한다.[18] 하지만 양자는 분명히 단지 서로 반테제적이라는 것 이상의 관계를 가지고 있다. 어느 면에서 우리는 비르투를 통해 혁신을 하게 되지만, 바로 그 때문에 우연성의 연쇄는 우리의 예측이나 통제를 넘어선 느슨한 상태가 되며, 그리하여 우리는 포르투나의 먹이가 된다. 다른 면에서 비르투는 내인적인 존재로서, 우리는 그것에 의지해 포르투나에 대항하고 그것에 질서의 유형을 부과하게 되는데, 이는 때로 도덕적 질서의 유형이 되기까지도 한다. 마키아벨리적 모호성의 핵심은 바로 이런 것이 아닌가 생각된다. 그것은 왜 혁신이 외형상으로

---

18) *Ibid.*

는 자기 파괴적 상태에까지 이르는 지극히 어려운 일인가를 설명해 준다. 그리고 그것은 왜 행동과 — 또한 전통보다는 행동의 관점에서 정의된 정치와 — 도덕적 질서가 서로 양립하기 어려운가도 설명해준다. 덕의 정치화가 정치화한 원죄의 형태를 발견하는 것으로 이어졌던 것이다.

근본적인 모호성에도 불구하고 비르투와 포르투나 간의 반테제적 관계를 끊는 것은 가능한 일이었다. 그리고 마키아벨리의 사상은 이제 그것에 집중되고 있었다. 개인이 자신의 비르투에 의존하면 할수록, 자신의 포르투나에 의존해야 할 필요성은 줄어든다. 그리고 포르투나는 정의상 신뢰할 수 없는 존재이기 때문에 그는 더욱 안전하게 된다. 그러나 만약 우리가 비르투를 통해 권력을 획득하는 것이라면, 우리가 지금 찾고 있는 이상형은 외부에 위치한 우연성과 상황의 결과를 통해서가 아니라 전적으로 자신의 개인적 자질들을 발휘함으로써 권력을 획득하는 그런 개인이다. 바로 이 때문에, 우리는 권력이 획득되는 그 순간 기존의 권력 소유자가 아니라 단지 사적 개인이었을 뿐인 사람에 의해 권력이 획득되는 경우를 검토해야만 하는 것이다. 하지만 그렇게 한다고 해서 난점이 모두 해소되지는 않는다. 어떤 사회에서 한 개인의 경력은 그 사회의 특수한 환경 — 그것은 그가 만드는 것이 아니라 그가 대면해야 하는 포르투나의 일부이다 — 에 의해 조건 지워진다. 하지만 사회 구성원이라는 조건에서 자유로운 개인을 찾기란 거의 불가능하다. 그런 사람이 있다면 그는 아리스토텔레스가 말한 "야수이거나 신"일 것임에 분명하다. 마키아벨리는 이에 대해 다음과 같은 유사(類似) 해결책을 내놓고 있다. 즉 그는 포르투나 덕분이 아니라 스스로의 비르투에 의해 군주가 된 사람들의 이상형(li piú eccellenti)을 "모세, 키루스, 로물루스, 테세우스 등등과 같은 사람들"에서 찾을 수 있다고 단언하고 있는 것이다.[19] 이들은 국가의 창건자에 대한 가능한 한 가장 엄격한 의미에서 고전적 입법자들이다(창건자라기보다는 개혁가라 칭하는 편이 나은 리쿠르고스와 솔론은 언급되지 않고 있다). 자신의 비르투 덕분에 한 사회를 창건할 수 있었던 신적인 혹은 신의 조력을 받은 인물들은 보통의 사람들에게는 덕의 전제조건이 되는 사회라는 틀이 필요하지 않았던 그런 존재였다. 약간은 야수의 성격을 띤(적어도 테세우스나 로물루스와 같은 인물의 경우처럼) 신이라고나 할까. 그러나 마키아벨리는 각별히 자신만의 이유에 의거하여 입법자들을 소개하였다. 그가 말하기를, 만약 우리가 그들의 삶과 행동을 검토해 본다면,

> 그들이 결코 운에 기댄 바가 없으며 다만 질료를 자신들이 원하는 형상으로 바꿀 수 있도록 하는 기회(l'occasione)를 잡았을 뿐임을 알게 될 것이다. 이러한 기회가 없이는 그들의 비르투도 사라져버릴 것이고, 또한 이러한 비르투가 없다면 설사 기회가 찾아오더라도 아무 소용이 닿지 않게 될 것이다. 따라서 모세에게는 이집트인들 밑에서 노예로 압박받는 이스라엘 사람들이 필요했는데, 그래야만 이들은 노예 상태로부터 벗어나기 위해 그를 따라나설 것이기 때문이다. 로물루스는 설사 그가 결국은 로마의 왕이 되고 조국의 창건자가 될 것이라 해도 어쨌든 알바에서는 받아들여지지 못하고 태어나자마자 내버려져야만 했다. 키루스는 메데스 제국에 불만을 품은 페르시아인과 오랜 평화로 인해 유약해진 메데스인을 필요로 하였다. 테세우스 역시 뿔뿔이 흩어진 아테나이인들이 없었다면 자신의 비르투를 과시할 수 없었을 것이다.[20]

마키아벨리의 시 〈운〉(*Fortuna*)과 〈기회〉(*Occasione*)를 비교해 보면, 그가 얼마나 이 두 상징적 인물을 서로 섞어 놓았는지 알게 된다. 그가 포르투나를 두고, 만약 당신이 그녀를 두고 망설이지만 않는다면

19) Machiavelli, *Opere*, pp. 18-19.

20) Machiavelli, *Opere*, p. 19.

당분간은 그 여인을 손에 넣을 수 있을 것이라고 한 말은,[21] 오카지오네(기회)라는 고전적인 인물을 앞머리를 가진 여인으로 그려 놓은 그의 묘사로 인해 더욱 강화되고 있는데, 여기서 그녀는 자신의 앞머리 때문에 앞에서는 붙잡힐 수도 있지만, 그 외의 머리카락을 모두 밀어 버렸기 때문에 결코 뒤에서 잡을 수 없는 존재로 표현되고 있다.[22] 그리고 이 두 정령(精靈)을 향한 언어 역시 서로에 대해 별 문제없이 바꿔 쓸 수 있다. 그러나 형상과 질료의 상호 반테제적 관계는 이 구절의 의미에 대해 훨씬 더 많은 것을 우리에게 얘기해 준다. 폴리테우마(politeuma), 즉 시민체라는 질료에다 폴리테이아, 즉 정체라는 형상을 부여하는 것은 입법자의 기능이다. 그리고 포르투나에 형상을 부여하는 것은 비르투의 기능이다. 그러나 혁신이 문제일 때에는 비르투가 포르투나의 힘 앞에 스스로를 내던지는 긴급한 위험성이 있다. 그러므로 혁신자의 이상형은 자신의 통제를 벗어나는 환경에 가능한 한 의존하지 않는 자이다. 혁신자가 이전에 존재했던 관습과 적법성의 구조를 전복, 대체하는 존재로 간주될수록, 그는 더욱더 갑자기 방향을 상실한 행위의 우연성과 싸워야만 하게 될 것이며, 그럴수록 그가 포르투나에 노출되는 정도는 심해진다. 따라서 이상형을 얻기 위해서는, 질료가 형상을 가지지 않은 상황, 그리고 무엇보다도 이전에 존재하던 형상이 없어 혁신자가 그것에 형상을 부여해야만 하는 상황을 가정할 필요가 있다. 그래서 혁신자는 곧 입법자여야만 한다. 그러므로, 논리적으로 볼 때, 영웅은 필연적으로 총체적인 무질서 상태에서 자신의 인민을 찾아야만 한다. 만약 질료가 약간이라도 형상의 흔적을 지니고 있었다면, 포르투나에 대한 비르투의 완전한 독립성은 그 만큼 감소하게 되었을 것이다.

구체적으로 그처럼 이상적인 상황을 생각하기란 어려운 일이다. 완

---

21) Machiavelli, *Capitolo della Fortuna*, lines 10-15; 124-26.

22) Machiavelli, *Capitolo dell'Occasione*, lines 10-15.

전혀 무질서적 상황 속에 놓인 어떤 특정 사회를 그려본다는 문제는 제쳐두고라도, 입법자가 바꾸어 놓을 것이 아무 것도 없다고 주장하면 할수록, 그가 무언가를 올려 세울 기반이 될 만한 것은 점점 더 적어지게 된다. 그리고 우리는 그가 할 일은 무엇이며 그것을 어떻게 수행할 것인가를 기술하는 어떤 관점들을 발견하는 문제에 부닥친다. 입법자는 오카지오네에 대해 절대적인 명령을 할 수 있고 질료에 대해 형상을 지시하는 무조건적인 능력을 갖춘 그런 비르투를 가지고 있다. 하지만 그는 이제 한 번의 창조 명령으로 모든 잠재력을 현실로 만들 수 있으며 스스로 통상적인 인간성의 수준을 훨씬 뛰어 넘는 일종의 조물주와 같은 위치에까지 이르게 되었다. 물론 고전적인 입법자 중에는 다른 입법자들과는 다른 경우도 있다.

> 모세는 단지 신이 정한 일을 수행했을 뿐이므로 여기서 거론할 필요가 없다고 생각될 수도 있겠지만, 그를 신과 더불어 이야기할 만한 존재로 만들어준 은총(grazia)만으로도 찬양되어 마땅하다. 하지만 왕국을 획득했거나 세웠던 키루스와 다른 사람들을 생각해 보자. 우리는 그들이 매우 찬양받을 만하다는 것을 알게 될 것이다. 그리고 그들 개개의 행동과 그들이 편 제도들을 생각할 때, 그토록 위대한 스승을 가졌던 모세와 별반 다르지 않은 존재로 보일 것이다.[23]

마키아벨리의 언어는 짜증날 정도로 정통적이다. 오직 신만이 개별자들(질료)의 카오스를 전체(형상) 속으로 편입시키도록 명할 수 있었다. 그리고 오직 신의 은총과 교시만이 어떤 개인에게 이러한 과업을 위임할 수 있었다. 위의 인용문에서 어떤 경건치 못한 생각의 편린을 볼 수도 있을지 모르겠지만,[24] 그 이유는 단순하다. 모세의 경우에

---

23) Machiavelli, *Opere*, p. 19.

24) 하지만 확실치는 않다. 은총과 지혜의 역사(役事)는 결국 동일할 것이라는

딱 들어맞는 그런 설명을 똑같이 부여하지 않고는 이교도 입법자가 어떻게 해서 자신의 과업을 수행할 수 있었는지 설명하기가 어렵기 때문이다. 하지만 예언자를 "입법자"나 "혁신자"의 범주에다 맞추고 싶은 충동이 원래부터 불경한 것은 아니었다. 예언자가 신으로부터 위임받은 권위와 영감이 우리가 받아들일 만한 대답 중 하나 — 하지만 단지 하나일 뿐이다 — 라는 의미에서 그것은 혁신의 문제가 되는 것이다. 우리는 귀차르디니가 리쿠르고스와 관련하여 그라치아(grazia)라는 말을 썼다는 것, 그리고 스파르타의 입법자에 대한 그의 암시가 리쿠르고스를 사보나롤라에 비유하고자 한 것이었다는 것을 알고 있다. 《군주론》 6장에 대한 우리의 분석은 마키아벨리가 사보나롤라를 "무장하지 않은 예언자"의 전형으로 간주하면서, 그와 같은 사람은 "무장한 예언자"가 성공한 지점에서 언제나 실패하게 되어 있다고 말한 부분으로 접근하고 있다.[25] 그러나 이러한 관측은 마키아벨리가 예언자와 입법자를 동일시하고 있다는 측면에서 고찰되어야 할 필요성이 있다. 양자 모두 통상적인 인간의 힘을 넘어서는 과업을 시도하고 있으며, 그래서 통상적인 정도 이상의 비르투가 요구된다. 우리는 현실정치(realpolitik)가 신적 영감의 수준으로 올라가고 있다는 말을 덧붙이지 않고는 신적 영감이 현실정치의 수준으로 내려가고 있다는 말을 해서는 안 된다. 또한 마키아벨리가 이교도였을 수는 있지만 결코 계몽사상가(philosophe)는 아니었다고 말해서도 안 된다. 모세는 무장한 예언자였으나, 칼을 사용하기 위해서라도 예언자가 될 필요가 있었다. 예언자는 무기를 필요로 한다. 왜냐하면 그는 혁신자로서 타인의 우연적인 호의에 의존해서는 안 되며, 따라서 사람들이 더 이상 자신을 신뢰하지 않을 때 그들을 강제로라도 따르게 만들 수단을 소유하지 않으면 안 되기

주장이 항상 제기될 수 있기 때문이다. 실제로 제임스 해링턴이 그렇게 주장한 바 있다.

25) Machiavelli, *Opere*, p. 20.

때문이다. 신은 모세를 통해 전언을 내려주었지만 이스라엘 사람들이 언제나 그에게 복종할 것이라는 말은 하지 않았다는 것, 그리고 예언자가 세속의 칼을 수단으로 사용하여[26] 고집불통의 사람들을 다루는 것이 신이 내린 영감을 통해 위임되었다는 것 등은 지극히 정통적인 주장들이다.

예언자는 진짜든 가짜든 혁신자이기 때문에 칼을 필요로 한다. 우리가 반드시 알아야 할 사실은 《군주론》 6장이 혁신에 대한 분석이며 모세와 사보나롤라의 이름이 여기에 들어 있다는 것이다. 왜냐하면 입법자는 이상적 혁신자의 정의 속에 포괄되며, 예언자는 이상적 입법자의 정의 속에 포괄되기 때문이다. 마키아벨리가 말하고 있는 것의 주안점은, 예언자란 자신의 영감과 소명으로는 혁신에 의해 생성된 정치상황에서 결코 벗어나지 못할 뿐 아니라, 그러한 상황 속에 내재된 이유들 때문에 세속적 무기를 계속 쓸 수밖에 없는데, 바로 그러한 이유들이 세속적 무기의 사용을 오히려 적절한 것으로 만들어 준다는 것이다(그는 또한 여기서, 만약 이스라엘의 신이 한 특정한 민족에 대해 역사하기로 작정한다면—실제로 그렇게 하고 있지만—신 역시 이와 동일한 압박을 받으리라는 점을 넌지시 알려주고 있는지도 모른다). 혁신이 테마인 것이다. 그것은 인간에게 가장 어렵고도 위험한 과업이며, 그 이유는 이미 알려진 바와 같다. 혁신으로 인해 만들어지는 적은 그 자신이 무엇을 잃었는지 잘 알기 때문에 물불을 가리지 않는다. 반면 친구는 아직 그것에 대한 경험이 충분치 않아서 자신이 무엇을 얻었는지 아직 모르기 때문에 태도가 미적지근하다. 즉 이는 정확히 애굽의 고기냄비와 같은 문제인 것이다.* 바로 이러한 이유 때문에 혁신자는 불리한 조건

26) 〈출애굽기〉 32장 26-28절. 이 텍스트에 대한 주석의 역사에 대해서는 다음을 볼 것. Michael Walzer, "Exodus 32 and the Theory of Holy War: The History of a Citation," *Harvard Theological Review* 61.1 (Jan. 1968), pp. 1-14.

속에서 인간 행위의 우연적 상황, 즉 포르투나 앞으로 가게 된다. 그로 하여금 포르투나에 맞설 수 있도록 하는 것은 다름 아닌 그 자신의 내부에 있다(물론 그가 신으로부터 직접 영감을 받은 경우는 예외이다). 이야말로 그의 비르투라고 불려야 할 바로 그것이다(은총이라 묘사되지 않을 수 없는 경우는 예외이다). 그를 혁신자로 만드는 동시에 포르투나와 대면하도록 하는 것 또한 그의 비르투이기 때문에(물론 그것이 영감인 경우는 제외하고), 우리는 포르투나에 대해 최소의 의존도를 가지는 그런 비르투를 찾지 않으면 안 된다. 최초의 비르투가 외적 상황에 의해 제약받지 않았던 이상적이고도 극단적인 경우의 혁신자는 입법자와 예언자의 범주 속에서 발견된다. 하지만 가장 뛰어난 천재 또는 최고의 계시를 받은 예언자라고 해도, 단지 사람들로 하여금 그를 따르도록 설득할 수 있을 따름이며, 만약 그에게 사람들을 계속해서 이끌 수 있게 할 만한 어떤 수단이 없다면 그는 그저 포르투나에 노출될 수밖에 다른 도리가 없다. 그러한 수단이란 마키아벨리가 다름 아닌 칼의 관점에서 그 특징을 묘사할 수밖에 없었던 바로 그것이다. 그래서 비르투는 오카지오네가 없었다면 스스로를 드러낼 수 없었던 것처럼, 인간의 의지를 강제하는 외적 도구 없이는 그 스스로를 유지해 나갈 수가 없는 것이다. 이러한 한계에도 불구하고 우리는 포르투나에 대해 최소의 의존도를 가지는 비르투를 성공적으로 정의할 수 있었다.

이 단계의 분석에 이르면, "혁신자"라는 범주는 명백히 "신군주"라는 범주로 바뀌게 된다. 이렇게 됨으로써 그것은 좀더 이해 가능하게 될 뿐 아니라 이론적으로도 훨씬 더 정확한 의미를 부여받을 수 있다.

---

* "우리가 애굽에 있을 때에는 값없이 생선과 오이와 참외와 부추와 파와 마늘들을 먹은 것이 생각나거늘 / 이제는 우리의 기력이 다하여 이 만나 외에는 보이는 것이 아무 것도 없도다"(〈민수기〉 11장 5-6절). 유대인들이 이집트에서의 노예 생활은 잊어버리고 그곳에서 먹던 고기냄비, 즉 미식(美食)만을 생각하며 만나에 대해 불평하는 것을 말한다.

《군주론》은 줄곧 신군주들에 대해 얘기하고 있지만, 신군주란 혁신자 계급에 속하는 존재이다. 입법자와 예언자 역시 같은 계급에 속한다. 그리고 그들은 신군주가 가지고 있지 않은 특징을 가진 반면, 혁신자 계급의 모든 구성원들이 공통적으로 소유한 특징들을 신군주와 공유하고 있다. 혁신자라고 해도 그 각각은 포르투나에 대한 비르투의 의존성 혹은 독립성의 정도와 질에 따라 그 계급 내에서 어떤 특정한 위치를 차지하고 있을 뿐이다. 하지만 입법자와 예언자는 포르투나에 대한 최소의 의존성을 가지는 극히 제한적인 경우이다. 그래서 이제 우리가 부여할 수 있게 된 극도의 정밀성을 가지고 "신군주"라는 용어를 생각할 때, 그것은 포르투나에 대한 최소의 의존성에 미치지 못하는 모든 혁신자들을 포함하는 것이 된다.

이렇게 말할 수도 있겠다. 《군주론》 7장에서 9장까지에서 탐구되는 "혁신자" 범주는 여전히 비르투-포르투나의 양극성의 관점을 유지하고는 있지만, 여기서 다루어지는 신군주는 어디까지나 입법자와 예언자의 초인적 비르투를 가지지는 못한 존재라는 것이다. 입법자와 예언자는 포르투나에 독립적인 존재로 생각되기 때문에, 7장은 신군주가 전적으로 포르투나 덕분에 자신의 위치를 얻게 된 경우로 글이 시작되고 있다.[27] 물론 어떤 사람이 스스로의 비르투는 전혀 가지지 못한 반면 갑자기 큰 행운이 굴러들어와 군주가 되는 경우도 상상할 수 있겠지만, 이는 거의 이론적 관심사가 되지 못한다. 그에게 어떤 일이 너무 별안간 발생할 것이기 때문에 그것이 어떨 것인지는 별 문제가 되지 않는 것이다. 더욱이 비르투와 포르투나는 상호 배제적인 용어가 아니므로, 어떤 사람이 어느 정도로 운이 좋은가 하는 것은 그의 개인적 능력과 반드시 필연적인 관계에 있지는 않다. 그러므로 포르투나에 대한 의존성을 제거할 만한 범상치 않은 능력을 소유하고 있으면서도,

---

27) *Opere*, p. 21.

동시에 이례적으로 포르투나의 덕을 보는 그런 경우 역시 생각할 수 있다. 즉 그는,

> 포르투나가 자신의 무릎에다 놓아준 것을 어떻게 지킬 것인지 즉각 알아차릴 만한 비르투를 가지고 있으며, 이후로는 그가 군주에 오르기 전에 다른 사람들이 이미 닦아 놓은 기초에 기대어 헤쳐 나갈 수 있는[28]

그런 인물인 것이다.

이것이 바로 체사레 보르자가 등장하는 콘텍스트이다. 마키아벨리가 이 인물에 매료되었다는 혹평이 있었다. 그는 《군주론》의 영웅일 뿐만 아니라 이 작품의 주요 논제들은 오직 그의 역할과 관련해서만 이해될 수 있을 것이라는 가설적 주장들이 너무도 많이 제기되어 왔기 때문에, 작품 속에서 그가 어떤 정도의 위치를 차지하는지 정확하게 규정할 필요가 있다. 만약 우리가 비르투-포르투나 규준을 적용한다면, 수많은 이상형 — 포르투나에 대한 비르투의 독립성 정도에 따라 차례로 배열된 — 중 하나로 그의 위치를 가늠할 수 있다. 입법자의 비르투는 포르투나에 대해 거의 완전한 독립성을 그에게 부여하는 반면, 체사레는 최대치의 비르투를 가졌으면서도 운에 대한 의존성 또한 최대였던 경우이다. 그는 단지 자신의 아버지가 교황이 되었기 때문에 기회를 잡은, 비상한 능력을 가진 인물로 표현된다. 그의 비르투는 아버지가 죽기 전에 로마냐에서 독자적으로 스스로의 권력을 확립하려고 한 노력들에서 잘 나타난다.[29] 알렉산데르 6세가 교황에 선출된 것은 분명히 체사레가 스스로의 비르투 그 자체를 과시할 오카지오네(기회)였지만, 이 경우는 입법자가 오카지오네를 포착하는 경우와는 매우 다

---

28) *Opere*, p. 22.

29) *Ibid*.

르다. 우리가 듣기로는, 그러한 일이 일어날 때 입법자는 포르투나에 전혀 의존하지 않고 오직 오카지오네에만 기댄다. 그의 비르투는 온전히 그 자신 안에 있으며, 그것은 마치 백판에 글을 쓰듯이 주변 상황에 스스로를 각인시키는 비상한 개인적 창조성의 이미지를 보여 주며, 그리하여 우연성의 세계는 비르투가 형상을 부여하는 불활성 질료가 되는 것이다. 그러나 체사레의 경우, 그는 오카지오네를 포착함으로써 단지 운의 바퀴에 올라탔을 뿐이다. 그는 언제든지 자신을 버릴 수도 있는 포르투나에 과도하게 의존한 그런 상황과 만나게 된 것이다. 체사레는 스스로의 비르투를 발휘하여 다음 차례의 바퀴로부터 독립적인 권력을 확립하려고 노력했지만, 포르투나에 대한 이러한 의존성은 변함없이 유지되고 있었다.

체사레의 위치는 그의 비르투와 포르투나가 단지 서로 역의 관계가 아니라는 점에서 형식상 입법자의 위치와는 다르다. 입법자의 비르투는 초인적인 것이기 때문에, 포르투나는 그에게 아무런 힘도 행사하지 못한다. 체사레의 비르투는 인간적인 것일 뿐으로—그와 입법자 간의 관계는 아리스토텔레스가 말한 "실제적 지혜를 가진 사람"과 플라톤의 철인왕 간의 관계와 유사하다—포르투나가 행사하는 힘으로부터 도피하기 위한 자신의 투쟁 속에서 비로소 나타나게 된다. 이뿐만이 아니다. 체사레는 혁신자의 전당에서 어느 정도 특별한 위치를 차지하고 있다. 《군주론》 6장에서 혁신을 이룬다는 것은 모든 일 중에서도 가장 어렵고 위험한 일이라고 말했을 때,[30] 혁신자가 포르투나에 노출된다는 것은, 그의 혁신행위가 기존의 모든 인간관계를 헝클어 놓을 뿐 아니라 몇몇 개개인들을 그것이 다른 사람들을 끌어들이는 정도보다 더 격렬하게 소외시켜 놓는다는 사실로부터 도출된 것이었다. 그러나 이는 체사레에는 해당되지 않는다. 그가 포르투나에 얼마만큼

30) *Opere*, pp. 19-20.

의존하느냐의 척도는 그의 통치에 대한 로마냐의 반응이 불확실하다는 데 있는 것이 아니라 알렉산데르 6세의 생명이 언제까지 지속될지가 불확실하다는 데 있다. 그의 비르투가 탁월한 수준이라는 것은 사실이며, 그래서 마키아벨리도 그가 용병술 및 여타 기술을 발휘하여 로마냐에서의 그의 권력이 알렉산데르 6세가 죽은 후에도 유지될 수 있을 것이라고 보았다. 하지만 현실적으로 그의 권력은 교황 및 교황청의 정치에 완전히 의존적인 상태로 남아 있었고 마키아벨리는 그것이 그렇지 않다고 설득력 있게 주장할 수는 없었다.[31] 포르투나는 이제 외적인 힘으로 변했다. 로마냐에서 어떤 일이 일어나는가는 다른 곳에서 어떤 일이 일어나는가에 달려 있다. 그것은 체사레의 혁신이 로마냐의 관습적인 삶에 던진 충격의 단순한 결과만은 아닌 것이다. 우리는 체사레가 로마냐로 가기 전 그곳 사회가 어떤 성격을 지니고 있었는가에 대해서는 별로 들은 바가 없으며, 이는 우리가 내심 체사레를 로마냐의 테세우스로, 그리하여 로마냐 사람들을 그가 형상을 부여할 수도 있는 불활성 질료로 보려 하기 때문은 아니다. 그와 포르투나 간의 관계는 입법자의 경우와는 다르다는 것이다.

체사레는 비록 입법자는 아니지만 — 마키아벨리가 사실상 단언했다시피 — 그의 (신중하게 규정된) 범주 속에 있는 모든 신군주가 필히 따라야만 하는 이상형이다.[32] 그러나 바로 이로부터 우리는 마키아벨리에 대한 몇몇 해석들과는 상반되는 다음과 같은 점들을 도출해야만 한다. 즉 신군주는 결코 잠재적인 입법자가 아니며, 입법자는 혁신자라는 범주, 즉 신군주라는 종(種)을 포괄하는 유(類)의 한 극단에 위치한 이상형이라는 것이다. 입법자의 비르투가 포르투나와 관계된 방식은 신군주의 경우와는 판이하게 다를 뿐 아니라, 나아가서 그는 전혀

31) *Opere*, p. 26. 여기서 체사레의 성공은 그가 거둔 단기간의 성공에 의해 측정되고 있다.

32) *Opere*, p. 27.

상이한 질서의 혁신을 수행하고 있다. 그는 자신의 마테리아(질료)—그가 주조해야 할 민족—가 너무 무질서한 상태에 있어 그것에 형상을 부과하기 위해서는 그의 비르투가 어쩔 수 없이 칼을 필요로 한다는 것을 알게 된다. 다른 혁신자들의 경우라면 당연히 교체해야만 할 이전의 관습적 행위 구조에 대해서는 거의 말이 없다. 더욱이 그는 질료에 형상을 부여한다는 점에서 정치질서의 창건자이다. 키루스, 테세우스, 로물루스는 왕국을 세웠고, 리쿠르고스는 정치체제를, 그리고 모세는 신과의 계약 아래 한 민족을 창건하였던 것이다. 스타토(stato)라는 말이—마키아벨리와 귀차르디니는 이 말을 통상적으로 "타인에 대한 어떤 사람들의 지배"라는 뜻으로 사용하였다—가리키는 것이 입법자가 스스로의 비르투와 (적어도 그것이 공화국일 경우) 그 시민들의 비르투를 가지고 확립해내는 고도로 자생적인 정치 공동체 같은 것으로 보이지는 않는다. 왕국을 안정시키는 것은 관습과 유산이다. 반면, 신군주가 발견하는 것은 무형상의 질료가 아니다. 그가 소유하게 된 사회는 이미 그 스스로의 관습들에 기반하고 있다. 그러므로 그의 과제는 이러한 "제 2의 본성"을 다른 것으로 대체하는 것이며, 그 사회가 자유에 익숙한지 혹은 복종에 익숙한지에 따라 상대적으로 일이 더 어려울 수도 쉬울 수도 있다. 그의 비르투가 가진 기능은 (사보나롤라와 귀차르디니가 쓴 말을 빌리자면) 프리마 포르마를 부과하는 것이 아니라, 옛 형상들을 흐트려 버리고 그것들을 새로운 것으로 바꾸어 놓는 것이다. 옛 형상은 관습과 "제 2의 본성"에 뿌리내리고 있기 때문에 그의 혁신은 사람들의 행위 유형을 혼란시키며, 이로써 그는 포르투나에 스스로를 노출하게 된다. 그가 확립하려는 것은 스타토, 즉 그 일부는 적법하지만 일부는 사람들에게는 새로운 관습과 "제 2의 본성"에 뿌리박고 있는 제한적 통치형태이다. 그리고 이 단계를 넘어서기 위해서는 좀더 비상한 종류의 비르투가 필요하게 될 것이다. 왜냐하면 그것은 입법자의 비르투와 동일하지는 않을 것이기 때문이다.

J. H. 헥스터가 지적한 바에 따르면,[33] 마키아벨리가 신군주의 목적을 기술하기 위해 가장 빈번히 사용했던 것은 만테네레 로 스타토(mantenere lo stato), 즉 정권을 유지한다는 말이며, 이것이 전달하는 함의는 단기적이다. 즉 그것은 혁신으로 인해 야기된 권력과 불안정 속에서 스스로를 유지하는 것 이상을 뜻하는 것 같지는 않다. 이러한 관점에서 볼 때, 군주는 자신의 스타토가 입법자의 창조에 의해 이룩되는 거의 불멸적인 위치나, 또는 세습 왕국에서 관습과 유산에 의해 이룩되는 적법성 중 어느 한 쪽을 성취할 수 있을 것이라는 희망을 가질 만큼 그렇게 멀리 내다보지는 못할 것이다. 스타토란 사람들이 언제나 당면한 위험들을 주시하고 있음을 의미한다. 비르투는 사람으로 하여금 위험에 저항하게 하는 것이지, 위험에 대한 두려움을 필요로 하는 상황에서 그를 해방시켜 주지는 않는다. 신군주는 자신의 정치적 존재를 규정하는 조건들을 바꾸고 싶어 하지 않으며, 혹은 자신이 벼락치기로 출세한 것이 아닌 어떤 인물이 될 때까지 기다리려고도 하지 않는다. 만약 비르투와 포르투나가 다행히도 함께 한다면, 군주의 가계는 안정이 관습이 될 정도로 오래토록 지속될 것이다. 페라라의 에스테가는 군주의 비르투가 거의 필요하지 않을 정도로 적법한 위치에 올라섰다. 한편 단기적인 관점에서의 비르투도 있다. 아카이아 사람 필로포에몬의 비르투가 그런 경우인데, 그는 산책을 나갈 때조차 항상 어떻게 전투를 치를 것인지에 대한 생각만을 했던 인물이었다.[34] 비르투는 현재적이지만 미래의 영광을 가져다준다. 하지만 입법자의 비르투는 이와 아주 다르다. 그것은 오랫동안 지속할 나라를 창건하게

---

33) J. H. Hexter, "*Il Principe* and *lo stato*," *Studies in the Renaissance* 4 (1957), pp. 113-38; 이 논문은 그의 다음 책에 재수록 되어 있다. *The Vision of Politics on the Eve of the Reformation* (New York: Basic Books, 1972). Cf. Gilbert, *Machiavelli and Guicciardini*, pp. 326-330.

34) *Opere* (ch. 14), pp. 48-49.

해주는 것이다.

이러한 해석은 우리가 《군주론》의 분석적인 장들에 대비되는 교훈적인 장들을 살펴볼 때 더 확실해질 것 같다. 즉 《군주론》에는 혁신자의 범주를 탐색하는 장들에 이어서, 신군주를 따로 떼어내어 그가 해야 할 일이 무엇인가를 일러주는 장들이 나타나고 있는 것이다. 전자로부터 후자로의 이행은 체사레 보르자의 행적을 소개한 이후 두 개 장에 걸쳐 일어나고 있다. 그 주요 주제는 사실 군주로 하여금 당면한 위협으로부터 스스로를 지킬 수 있도록 해주는 기술들에 관한 것으로 보인다. 그는 경쟁자들로 이루어진 세계에 살고 있으며, 그래서 우리는 군대와 그것의 운용 기술을 가장 필요로 하는 각 군주 간의 관계라는 주제로 되돌아오게 된다. 마키아벨리가 피렌체의 시민군 전통에 강한 관심을 가지고 있었고, 오직 시민군만이 시민체로 하여금 자신들의 자유를 유지할 수 있도록 해줄 것임을 믿고 있었다는 가정 아래, 군주가 군대를 지휘하는 것이야말로 그와 그에게 통치받는 사람들 간의 관계를 변형시키는 하나의 수단이 된다는 점을 과연 마키아벨리 자신이 생각했는지 아닌지가 의문으로 남을 수도 있다. 우리는 메디치가가 도시에 대항하여 콘타도(주변 농촌 지역)를 무장시켜야 한다고 한 베토리의 조언과 젊은 귀족들이 군주의 군대에서 지휘관이 되어야 한다고 한 알라만니의 말을 기억한다. 그러나 마키아벨리가 설사 이 말들을 심중에 두고 있었다고 하더라도, 그는 그것을 세세히 따르지는 않았다. 《군주론》의 군사 문제에 관한 장들(12-14)에서 그는 "자국"(proprie) 군대에 비해 용병과 외국 원군이 얼마나 무능한가를 열렬히 주장하고 있으나, 정작 군주와 "그의" 병사들 간의 사회적 관계는 탐색하지 않고 있다. 다만 한 문장에서, 자국군이란 가신(sudditi), 시민(cittadini), 혹은 누군가의 예속자(creati, 즉 누군가에 의해 양육되는 사람들)*로 구성된다는 말을 하고 있을 뿐이다.[35] 이 말이 시사하는 바는 있지만, 어떤 이론으로 구체화하기에는 충분치 않다. 마키아벨리는 《리비우스 논고》와 《전쟁의 기술》(*Arte della Guerra*)에서 군사 조직의 정치학을 대대적으로 탐색하고 있지만, 두 경우 모두 공화국을 정치 규범으로 상정하고 있다.

군사 문제에 대한 장들이 대체로 무력을 단기적인 위험에 대항하는 무기로서 다루고 있다면, 군주의 행위 윤리에 관한 유명한 장들(15-19)도 유사한 관점을 보이고 있다. 여기서 가정되고 있는 것은 단순하다. 군주는 스스로가 행하는 혁신이라는 사실 때문에, 단지 인간 행위의 일부만이 적법화되고 오직 그 일부만이 도덕률에 종속될 뿐인 어떤 상황 속에 놓이게 된다. 그 결과, 군주의 지성 — 그의 비르투 — 에는, 언제 도덕률(그 자체의 유효성은 어느 곳에서도 부정되지 않는)에 의거하여 타인의 행위를 강제하고 또 그것에 의존하는 것처럼 행동하는 것이 가능하며 또 언제 가능하지 않는지를 아는 데 필요한 기술이 포함되어 있다. 형식적 측면에서 볼 때, 이는 혁신의 결과인 어떤 구체적인 정치상황을 가리킨다. 혹시 마키아벨리가 정치상황의 상이함에 관계없이 모든 경우를 지칭하는 것처럼 말하고 있는 대목들을 탐지해 낼 수 있다면, 그것은 아마 다음과 같은 이유 때문일 것이다. 즉 그는 혁신의 결과가 후세에까지 전승될 가능성이 없는 단기적 관점을 가지고 있었고, 이것이 그로 하여금 모든 정치상황이 일부는 혁신과 권력투쟁의 산물이며, 그래서 단기적 관점이 결코 전적으로 유효성을 상실하지만은 않는다는 점을 알게 해주었다는 것이다. 군주의 도덕적·사회적 행위는 그의 군사적·외교적 행위와 마찬가지로 포르투나가 지배하는 상황 속에서 수행되었다. 그 속에서 시간은 선악에 관계없이 어떤 일을 초래하기 때문에, 그가 지닌 비르투의 아주 많은 부분은 시간이 초래하는

---

* "크레아티"란 이탈리아 특유의 "파밀리아"(famiglia)의 구성원으로서, 자신이 의탁하는 유력자에게 봉사하는 예속자를 가리키는 것으로 보인다. 때로 가신을 뜻하는 "수디티"가 이와 동일한 의미로 사용되기도 한다.

35) *Opere* (ch. 13), p. 47.

것이 무엇인지, 그리고 그것에 대처할 수 있는 전략은 어떤 것인지를 판별하는 능력으로 이루어졌다. 그래서 군주가 도덕률에 과연 복종해야 하는지의 여부에 대한 논의는 그가 언제 그것에 복종해야 하는지에 대한 논의가 된다.[36] 그리고 이는 다시 군주가 사랑받는 편이 좋은지 두려움의 대상이 되는 편이 좋은지, 행동이 대담해야 하는지 신중해야 하는지에 대한 논의 속으로 섞여 들어가게 된다. 이에 대한 대답은 언제나 같다. 비르투의 정수(精髓)는 각 쌍의 길들 중 어느 쪽이 문제의 순간에 더 적절한지를 아는 것이다. 그러나 다른 조건이 동등하다면, 언제나 더 공격적이고 극적인 길이 더 낫다. 두려움의 대상이 되도록 더 대담하게 행동하라는 것이다. 사랑받는 데는 시간이 걸린다.

적법성에 대한 인정은 장기적 콘텍스트—이성의 영원함과 관습의 유구함—속에서 이루어진다는 것을 우리는 알고 있다. 혁신자는 바로 그 자신의 행위에 의해 탈적법화한 콘텍스트—포르투나가 지배하며, 인간의 행위에는 의지할 수 없는—속에 처하게 되기 때문에, 단기적 관점에 기대어 계속 행동하지 (그리고 그러한 의미에서 혁신하지) 않을 수 없다. 정확히 바로 그러한 의미에서 행동은 곧 비르투이다. 세계가 불안정하고 예기치 않은 것이 끊임없는 위협으로 다가올 때, 행동한다는 것—적법성의 구조 속에 포함되지 않는 어떤 일을 하는 것—은 곧 포르투나에 형상을 부과하는 일이 된다. 공격이 좀더 가치 있는 일이라는 말이다. 마키아벨리는 포르투나를 가리켜 힘으로 제압할 수는 있으나 만약 때를 맞추어 행동치 않으면—이 "않으면"이란 말을 조심스럽게 숙고해야만 한다—당신을 파멸시킬지도 모르는 그런 여인으로 거듭 묘사하고 있는데, 그 배후의 함의가 바로 이것이다. 물론 마키아벨리는 이러한 묘사 속에서 틀림없이 어떤 에로틱한 환상을 품고 있었겠지만 중요한 것은 그것이 아니다.

---

36) 이에 대해서는 사자보다 여우가 더 잘 아는 법이다(18장).

그러나 행동의 비르투가 그것을 둘러싼 환경을 적법하게 만들지는 않았다. 입법자의 형상이 시간적 불멸성을 겨냥한 반면, 비르투가 부과한 형상은 단지 짧은 시간 동안만 남아 있었을 뿐이다. 책의 종결 부분에 해당하는 장들(24-26)에서, 마키아벨리는 사실 신군주의 비르투가 어떤 결과를 낳을 것인지를 천명하는 것으로 글의 서두를 열고 있다. 그것은

> 그를 유서 깊은 인물로 보이게 할 것이며, 그래서 단시간 내에 오랫동안 권좌에 있었던 경우보다 그를 더 안전하고 확고하게 만들어 줄 것이다. 신군주의 행동은 세습군주의 경우보다 훨씬 더 주목을 받게 마련이므로, 이러한 행동이 비르투에 부합되는 것으로 보일 때 그는 오랜 혈통을 가진 경우보다 사람들을 훨씬 더 잘 장악하고 복종케 할 수 있다. 왜냐하면 사람들이란 과거의 일보다 현재의 일에 더 얽매이며, 현재의 일이 잘 되어 가면 그것을 즐길 뿐 다른 일에는 관심을 두지 않는 법이기 때문이다. 나아가 그들은 신군주가 다른 면에서 별다른 잘못을 범하지 않는 한, 그를 감싸주려고까지 할 것이다. 그리하여 그는 신생 군주국의 기초를 닦았을 뿐 아니라 좋은 법과 좋은 군대와 좋은 실례를 통해 그것을 고양하고 강화했다는 이중의 영광을 얻게 될 것이다. 반면 군주로 태어났으나 분별이 모자라 그 지위를 잃은 자는 이중의 치욕을 겪게 될 것이다.[37]

그러나 이는 신군주가 관습과 전통에 의해서보다 더 영속적인 제도와 적법성을 가진 체제를 창건할 수 있다는 선언이라기보다는 혁신의 세계 속에 있는 인간은 곧 현재 속에 살고 있는 존재라는 선언이다. 만약 그들이 보고 경험하는 세계가 전통과 적법성이 아니라 행동과 변화로 비친다면, 현재에 대한 그들의 감정은 더 강력해지기 마련이다. 행동은 관습보다 더 자극적이므로, 관심을 끌고 감정을 휘저어 놓는

---

37) *Opere* (ch. 24), p. 78.

다. 현재의 시간 속에서 신군주는 세습군주를 능가하여 더 강한 충성심을 불러일으킬 수 있다. 그의 비르투는 그것이 합리적이고 전통적인 권위가 결여된 곳에서 작용할 때 일종의 카리스마와 같다. 그러나 만약 카리스마가 제도화된 적이 있었는지의 여부를 묻는다면, 우리는 단기적 관점에서 장기적 관점으로 옮겨가야만 한다. 물론 마키아벨리는 그렇게 하지 않을 것이다. 그것은 마치 《군주론》이 우리에게 "좋은 법과 좋은 군대와 좋은 실례"가 무엇을 의미하는지를 알려주지 않는 것과 같다. 이에 대해 알려면 《리비우스 논고》를 기다려야 한다. 자신의 국가를 상실한 세습군주로 그가 들고 있는 예들은 2장에서 제시한 유형에는 부합되지 않는데, 왜냐하면 그가 거명하고 있는 인물들은 분명히 신민들의 관습적인 충성심을 누리지 못했기 때문이다.[38] 신생군주국의 경이로운 비르투오시(virtuosi 비르투를 가진 자들)에게 확실한 것이 하나 있다면, 그것은 그들이 운의 세계 속에도 변함없이 생존하고 있다는 점이다. 마키아벨리는 《군주론》 25장에서 인간이 어느 정도로 포르투나에 저항할 수 있는지, 그녀를 다루는 최상의 방법이 대담성인지 아니면 신중함인지에 대한 논제로 되돌아가고 있다. 그는 한 핵심적인 대목에서, 때로는 전자가 또 때로는 후자가 더 적절한 전략이 될 수 있다고 주장한다. 그러나 대담하거나 신중한 것은 성격에 따른 것이므로, 성공이냐 실패냐는 그가 다행히도 자신의 성격에 맞는 때에 살고 있느냐에 따라 결정된다. 대담하거나 신중하거나 그 어느 쪽 경우라도 성공할 가능성은 있다.

> 하지만 만약 때와 상황이 변한다면 그는 파멸할 것이다. 왜냐하면 그는 자신의 진행방식을 바꾸지 않기 때문이다. 어떤 사람도 이에 스스로를 적응시킬 수 있을 만큼 분별을 갖추고 있지는 않다. 그것은 자신의 천성이 부여해 준 것으로부터 벗어날 수 없기 때문이거나,

38) *Ibid.*

> 혹은 언제나 한 길만을 걸음으로써 만사가 잘 되어 왔기 때문에 그러한 길을 벗어나도록 스스로를 설득할 수가 없기 때문이다. 그러므로 신중한 성격을 가진 사람은 갑자기 행동해야 할 때가 되었을 때도 어떻게 해야 할지를 모를 것이고 그래서 결국은 파멸하게 된다. 왜냐하면 그가 설사 자신의 성격을 때와 상황에 맞추어 바꾼다고 해도 운은 결코 바뀌지 않을 것이기 때뮤이다.[39]

마키아벨리는 관습과 습관의 산물인 제 2의 본성이 — 그는 소데리니에게 보낸 자신의 편지 속에서 언급했던 판타지아 개념[40]으로 되돌아가지는 않는다 — 우리가 대담하거나 혹은 신중하게 행동하는 것에 익숙해질 때 획득된다고 말한다. 동일한 전략에도 불구하고 언제나 성공적인 결과를 가져오게 할 만큼 완벽하게 포르투나를 지배할 수 있는 비르투는 존재하지 않는다. 더 중요한 점은, 이러한 위계의 어떤 비르투도, 인간에게 자신의 본성을 바꾸게 하거나 혹은 그리하여 "적시에" 행동하도록 하는 힘을 부여하지는 않는다는 것이다. 만약 군주가 스스로의 후천적인 제 2의 본성도 바꿀 수가 없다면, 그가 신민들의 것이라고 해서 그들이 지닌 제 2의 본성을 바꿀 수 있을 것처럼 보이지는 않는다. 입법자와 예언자라면 아직 법을 가지지 못한 사람들을 다스리게 될 때 그들에게 그러한 종류의 어떤 것을 부여할 수 있다. 하지만 신군주는 이미 사람들이 어떤 비베레(삶의 방식)에 익숙해져 있음을 보게 되고, 그래서 만약 자신의 권력을 적법하게 만들려면 그들을 다른 방식으로 길들이지 않으면 안 된다. 바로 이러한 일을 그의 비르투가 해낼 것 같지는 않아 보인다. 특히 그들이 시민적 자유, 즉 마키아벨리가 근절하기 힘든 것으로 묘사했던 관습에 익숙한 상태에 있을 때라면 더욱 그러할 것이다. 로도비코 알라만니는 1513년에서 몇 년이 지난 후에 글을 썼고, 그래서 아마도《군주론》을 읽고 그 한계에 대해서도

---

39) *Opere* (ch. 25), p. 81.

40) 앞의 이 책 4장 주 23을 볼 것.

숙고했을 법한데, 자신은 이 일이 어려울지라도 그것을 해내는 방법을 알고 있다고 생각하였다. 그러나 혁신자의 유형에 속하는 신군주는 말하자면 단지 정치적 생존의 조건들을 바꿀 수 있을 뿐이다. 이 말은 그가 이러한 조건들을 오직 단기적 관점만이 유효한 혁신과 운의 콘텍스트 속에 위치시킨다는 것을 의미한다. 지금까지 알려진 바로는 안정성을 창출해 낼 수 있는 힘은 제 2의 본성을 만들어내는 관습과 프리마 포르마(원초적 본성)를 주조하는 은총(또는 입법자의 초인적 비르투), 이 둘 뿐이었다. 입법자들이 기반을 다졌던 것은 고도로 안정된 공화국이었기 때문에, 마키아벨리가 정치적 삶의 안정성에 대해 무슨 생각을 했는지 알기 위해서는 그의 공화주의 이론으로 눈을 돌려야만 한다. 그리고 동일한 방향에서 26장의 수수께끼를 풀려는 노력을 해야 할 것처럼 보인다. 《군주론》은 "야만인들로부터 이탈리아를 해방시킬 것을 권고"하는 열정적인 글로 끝을 맺고 있다. 이 권고는 "신군주"를 향한 것인데, 따라서 문제는 앞의 장들에서 한 논의들이 과연 어느 정도로 이러한 해방의 영웅상을 끌어내면서 서서히 이것을 묘사하는 데까지 이르도록 짜여져 있는 것인가 하는 점이다. 하지만 여기서는 《군주론》이 하나의 완성된 초상화가 아니라 혁신자의 표본 유형군을 보여주고 있다는 가정을 전제로 하고 있기 때문에, 오히려 문제는 해방자가 과연 어떤 하위범주 혹은 그러한 범주들의 조합에 속하는가 하는 것이 되어야 한다. 수사적 의미에서 볼 때, 그는 마치 입법자인 것처럼 보인다. 즉 모세, 키루스, 테세우스가 다시 한 번 불려나오고, 이탈리아인들은 히브리인, 페르시아인, 아테네인들이 과거에 그랬던 것만큼이나 최악의 상태에 있는 것처럼 얘기된다. 바로 이 때문에 이탈리아 정신의 비르투(virtù d'uno spirito italiano)가 고대 해방자들의 비르투가 그랬던 것처럼 질료에 형상이 부과되듯이 최고조로 발휘될 수 있는 것이다.[41] 하지만 이탈리아인들이 처한 무질서 상태가 너무 심해서 입법자의 비르투가 오카지오네를 제외하고는 포르투나에 빚질 것은 아무 것도 없는 지점에 이르렀다고 이해해야 할까? 마키아벨리는 피렌체인이었고, 따라서 해방자의 과업을 복잡하게 할 만한 후천적 또는 본래적 특성의 신민들을 가진 공화국 및 프린치피 나투랄리(세습군주)가 존재한다는 것을 아주 잘 알고 있었다. 그가 말은 그렇게 하고 있지만, 이탈리아는 형상으로 주조될 불활성 질료는 아니었다. 마키아벨리 자신부터 체사레 보르자가 로마냐에 세우려 했던 군주국(regno)에 반하는 편에서 일하지 않았는가. 26장의 영웅에 대해 얘기된 또 다른 것은, 그가 군대의 조직자로서 군사적 비르투(virtù militare)와 (페트라르카의 구절을 따르면) 옛 시절의 용기(antico valore)의 재생을 전술 원칙의 목표로 삼을 것이라는 점이다.[42] 군사적 비르투가 시민적 비르투와 결합될 수 있는—그래서 아마도 시민적 비르투의 기초가 될 수 있는—다양한 길이 있을 것이라는 암시는 계속되어 왔지만, 우리는 아직 그것이 과연 어떤 것인지는 알지 못한다. 이 장의 언어는 해방자가 위에서 말한 두 종류의 덕을 이탈리아에 되살리지 못하고 중도 하차할 가능성을 미연에 배제하고 있는 듯이 보인다. 만약 그가 일을 제대로 하지 못한다면, 그는 저급한 수준의 "신군주"에 머물 것이고, 현재 속에 갇혀 살 수밖에 없는 포르투나의 희생물이 될 것이다. 만약 그가 모세, 로물루스, 테세우스의 위대함을 갖춘 인물이라면, 그가 조련한 군대는 자신을 섬길 인민으로 발전할 것이다. 마키아벨리는 군사 지도자들—경력 초기의 보르자, 후기의 조반니 델레 반데 네레—을 칭송하였고, 《전쟁의 기술》에서는 파브리치오 콜론나를 이상화함으로써 콘도티에레(용병 대장)도 이론적으로는 입법자가 될 수 있다는 암시를 주었다. 그러나 단지 지배자가 된다 해서 인간의 시민적 인격에 이르는 것은 아니다. 우리는 《리비우스 논고》에서 공화국을 세우는 군사 지도자 및 스스로가 지배자인 공화국 양자를 모두 만나게 된다.

---

41) *Opere* (ch. 26), p. 83.

42) *Opere* (ch. 26), pp. 84-85.

제 7 장

로마와 베네치아

1) 마키아벨리의 《리비우스 논고》와 《전쟁의 기술》

[I]

일찍이 휘트필드는 마키아벨리 학자들에게 그의 사상에 대한 해석을 《군주론》에서 시작해서는 안 되며, 또한 《군주론》과 《티투스 리비우스의 로마사 첫 10권에 대한 논고》에만 국한해서도 안 된다고 경고한 바 있는데, 이는 올바른 지적이다.[1] 본 연구는 사실상 마키아벨리의 거명된 두 저작에 주목하는 것에 한정되어 있어서, 그것이 마키아벨리에 관한 최근의 많은 연구 업적에 관심을 표명하지 못하는 것처럼 휘트필드의 경고 역시 무시하는 것으로 보일 수도 있다. 하지만 여기에는 그만한 이유가 있다. 우리는 지금 "마키아벨리적 계기"(the Machiavellian moment)를 분리해내고자 한다. 즉 관념의 역사에 대한 마키아벨리의 기여가 어떠했는가를 알려줄 가장 유망한 콘텍스트로 보이는 지속적인 과정을 그러한 역사의 흐름 속에서 분리해내고자 하는 것이다. 그리고 이러한 작업은 그의 사상의 전체성 혹은 그 사상적 발전의 전체성을 해석하려는 것이 아니라는 의미에서 선택적 성격을 가지고 있다. "마키아벨리적 계기"는 마키아벨리의 역사라기보다는 마키아

---

1) J. H. Whitfield, *Discourses on Machiavelli* (Cambridge: W. Heffer & Sons, 1969), pp. 17, 43, 57-58, 111, 141-142.

벨리가 역사적으로 어떻게 표현되어 왔는가를 밝히려는 것이며, 지금까지 확립해 온 콘텍스트 내에서 《군주론》과 《리비우스 논고》가 선택된 것은 — 귀차르디니의 다양한 "논고"와 "대화편"이 선택된 것과 같이 — 이 두 저작이 그러한 콘텍스트 및 그 속에서 마키아벨리가 한 역할에 대해 가장 잘 알려줄 수 있는 그의 사상적 국면들을 제시하는 데 이용될 수 있기 때문이다. 이러한 방법의 유효성은 그것이 관념사에서 실제로 일어난 과정을 서술할 수 있는가, 그리고 과연 마키아벨리와 귀차르디니가 그 주연 배우들이었는지, 그리고 그렇게 이해되어야 하는 것인지를 보여줄 수 있는가에 달려 있다. 우리의 목표는 결코 이 두 사람에 대한 완벽한 지적 전기 — 설사 그런 것이 씌어질 수 있다 하더라도 — 를 제공하려는 것은 아니다.

이러한 탐구의 과정에서 우리는 앞서 오랫동안 주로 시간의 정치학에 관해 살펴보았는데, 여기에는 덕(virtue)의 개념을 더욱 명료하게 고찰해 보겠다는 의도가 깔려 있다. 덕이란 용어는 두 가지 의미로 구별되어 왔는데, 그 각각은 시간 및 아리스토텔레스의 형상 개념과 관계되어 있다. 공화국 혹은 폴리스는 시민적 덕을 제도화함으로써 시간 속에서 스스로의 안정성을 유지하며, 공화국을 구성하는 인간이라는 원재료를 계발하여 정치적 삶을 그들의 목표로 삼게 하는 방향으로 발전시켜 나간다. 혁신자는 일부 무도덕적 성격을 지닌 비르투를 발휘함으로써 포르투나에 형상을 부과한다. 말하자면 그 자신의 행동으로 인해 무질서하게 변한, 시간 속에서 일어난 일들의 연쇄에 대해 형상을 부과하는 것이다. 마키아벨리의 《리비우스 논고》와 《전쟁의 기술》에는 이들 두 개념이 함께 나타나고 있으며, 그래서 이 저작들에 대한 분석은 《군주론》 해석에 사용된 개념틀로부터 출발할 수도 있다. 혁신자는 과업의 초기에 비르투를 필요로 하는데, 이는 스스로가 이전의 정권을 적법한 것으로 만들어 준 관습 구조를 흩트려 놓았기 때문이다. 바로 이 때문에 그는 사람들의 예측할 수 없는 변덕과 포르투나에 대해 자신을 노출케 된다. 관습 자체가 작동을 멈춘 뒤 그동안 관습이 만들어 놓았던 것과는 다른 인간본성을 주조해내는 작업이야말로 비르투가 해야 할 일이지만 결코 해내기가 쉽지 않은 시험인 것이다. 그러나 《군주론》 내내 예로 등장하고 있는 것은 세습 왕국 또는 세습 군주국 내의 관습적 공동체로서, 그 신민들은 단순히 특정 인물이나 가문에 복종하는 네 익숙해 있다. 공화국의 경우도 확실히 혁신자가 정치구조를 혼란시킴으로써 그 자신을 포르투나에 취약하도록 만드는 그러한 범주에 속한다. 하지만 관습적 충성심 이상의 어떤 것이 그 연대 강화에 기여한 것이 아닌가 추측할 만한 이유가 있다. 즉 우리가 듣기로 자유에 오랫동안 익숙해 온 사람들은 그것에 대한 기억을 잊지 않으며, 그래서 군주의 통치를 받아들이기 힘들다는 것이다. 우리가 이를 시민으로서의 경험 — 귀차르디니가 파르티치파치오네(정치참여)라고 불렀던 것 — 이 단순한 관습으로는 할 수 없었던 방식을 통해 인간본성을 변화시켰다는 뜻으로 해석한다 해서, 전혀 틀린 것으로 볼 수는 없다. 관습은 기껏해야 인간의 제 2 또는 후천적 본성에 영향을 미쳤을 뿐이겠지만, 만약 시민 혹은 정치적 동물이 되는 것이 인간의 목적이었다면, 비베레 치빌레(시민적 삶)의 경험에 의해 발전되고, 아울러 역전(逆轉)까지도 불가능하게 된 것은 다름 아닌 인간의 원초적 본성이었다.

마키아벨리의 사상은 이제 사보나롤라적 전통에 연결될 수 있다. 그리고 바로 이러한 점에서 시민적 덕의 관념은 그 의미의 깊이를 더하게 된다. 정치적 동물이 되는 것이 인간의 목적이었듯이, 그것은 또한 인간의 덕이었다. 폴리테이아는 인간이란 질료로 하여금 고유의 덕성을 계발토록 해주는 형상이었고, 포르투나라는 질료에다 형상을 부여하는 것은 덕의 기능이었다. 공화국 혹은 폴리테이아는 또 다른 의미에서 덕의 구조물이었다. 즉 바로 그러한 구조물 안에서, 모든 시민이 공공의 이익을 자신의 이익에 앞세울 수 있는 능력이야말로 다른 모든 시민 역시 그렇게 할 수 있게 하는 전제조건이었고, 그리하여 만인의 덕이 포르투나를 그 시간 차원의 일부로 삼는 부패로부터 다른 만인의 덕을 구해 낼 수 있었다는 것이다. 그러므로 공화국이란 구조물은 관습보다는 훨씬 더 복잡하고 적극적인 어떤 것을 구성 원리로 삼고 있었다.

그러나 그러한 덕의 구조물들이 부패하고 붕괴될 수도 있다는 것은 단순히 경험과 역사 속의 사실만은 아니었다. 이런 과정은 비록 무시무시한 역설이기는 하지만 공화국의 본성 바로 그것 속에 내재되어 있었던 것이다. 공화국은 시민들 간의 상호관계 속에서 덕의 전체성을 실현하려 했으나, 그것도 단지 시공간적 한계 내에서만 가능할 뿐이었다. 공화국은 시간적 시발점을 가지고 있었기 때문에 어떻게 해서 그러한 시발이 가능했던가를 설명해야만 하며, 이론상 종착점 역시 가질 것이 분명하므로 공화국의 유지가 창건만큼이나 문제라는 점도 인정해야만 한다. 공화국은 공간적으로 어떤 지점 혹은 위치를 점하고 있었으므로 그 주변에는 이웃이 있기 마련이었고, 그들과의 관계는 오직 시민 간에만 존재하는 그런 종류의 덕에 의해 지배되지는 않았다. 공간적 측면에서는 아닐지라도 적어도 시간적 측면에서 공화국은 그 나름의 방식으로 스스로가 혁신자라는 사실에서 야기되는 문제들과 직면하고 있었다. 또한 시간적 측면에서는 아닐지라도 공간적 측면에서 그것은 비적법적 권력 관계의 세계 속에 존재하고 있었다. 덕의 구조물은 적어도 부분적으로는 그것의 덕 그 자체가 하나의 혁신이라는 이유 때문에 포르투나의 영역 속에 놓여 있었고, 결과적으로 그것은 운에 형상을 부여한 그 비르투에 대한 자신의 몫을 분담해야만 한다. "신군주"에 대한 연구는 이것이 대체로 비적법적이며 권력 중심적인 방식으로 인간 행위를 조작하는 문제라는 것을 이미 보여준 바 있었다. 마키아벨리적 모호성의 측면들은 단지 공화국이 세워졌다고 해서 사라지는 것은 아니었다. 그것은 공화국의 대외 관계에서뿐만 아니라 대내 관계에서도 여전히 잔존하고 있었고, 공화국은 전자에서의 실패 못지않게 후자에서의 부패로 고초를 겪을 수도 있었다. 그러나 비르투가 부족한 군주는 자신의 스타토를 상실한 반면, 공화국이 실패했을 때 시민들은 시민권 본래의 의미에서 스스로의 덕을 잃게 되었던 것이다.

그러므로 공화주의적 가치에 관심이 있었던 피렌체의 이론가들에게는, 공화국이 어떻게 해서 존재하게 되었으며 또 어떻게 그것이 유지될 수 있는지를 보여주는 것이야말로 실제적으로나 이론적으로나 가장 중요한 문제였다. 그것은 행동적 삶의 원리로서 덕을 확립하는 일에 다름 아니었기 때문에 성공의 보상은 아주 컸다. 하지만 불안하고 일시적일 뿐인 기초 위에서 그러한 과업을 진행해야 하는 어려움 때문에 실패의 위험성 역시 마찬가지로 높았다. 우리는 귀차르디니에게 여러 가지 점에서 사보나롤라로 거슬러 올라가는 귀족주의 사상의 전통을 부여했는데, 그것은 피렌체인들에게 자유를 향한 충동, 즉 물려받은 전통과 "제 2의 본성"이라는 심층적이면서도 변화무쌍한 근원을 가진 후천적 특징이 있음을 인정하였고, 그리하여 이를 프리마 포르마의 성취로 변형시킬 수 있는 수단을 찾으려 했다. 1512년 이후 귀차르디니는, 비관적이기는 하지만 그래도 지속적으로, 아리스토텔레스적 정체와 혼합정체라는 이론적 영역 및 1494년 헌정과 베네치아식 모형이라는 비교적 최근의 모범적 실례의 영역을 함께 탐색해오고 있었다. 귀족적 지도력을 고베르노 라르고(넓은 헌정)와 결합하려는 이러한 일련의 사상은 1514년 베르나르도 루첼라이의 죽음 이후 루첼라이 원회에서 만났던 인물들에 의해 영위되고 있었던 것으로 보인다.[2] 귀족 집

2) 이 집단 및 마키아벨리가 그들과 합류한 시기의 문제는 다음에서 논의되고 있다. Gilbert, "Bernardo Rucellai and the Orti Oricellari," pp. 101-131; "The Composition and Structure of Machiavelli's Discorsi," *Journal of the History of Ideas* 14. 1 (1953), pp. 136-156; Whitfield, *Discourses on Machiavelli*, pp. 181-206; Baron, "Machiavelli: The Republican Citizen and the Author of the Prince," *English Historical Review* 76 (1961), pp. 217-253.

단에 속하면서도 평민주의적 공감대를 가지고 있던 이 집단 안에는, 베네치아야말로 단순한 권력형태들의 혼합 원리를 통하여 덕의 구조물을 획득한 실례라고 칭송하는 사람들이 들어 있었다. 귀차르디니의 경우, 교황령 국가라는 엄혹한 세계로 떠나고 없었다는 사실 때문에 그를 루첼라이 원회의 구성원으로 간주하기가 어렵다. 마키아벨리는 그 집단에 속해 있었지만, 자신의 출생과 신념 때문에 그들의 귀족적 이상주의를 공유할 수 없었다. 그리고 앞으로 살펴보겠지만, 그의 《리비우스 논고》에 대한 최적의 해석은, 그것을 베네치아형 패러다임에 대한 체계적 반론으로, 동시에 그러한 반론의 결과들을 여러 갈래로 추적한 저작으로 보는 것이다. 귀차르디니의 《피렌체 정부에 대한 대화》(*Dialogo del Reggimento di Firenze*)는 때때로 마키아벨리의 《리비우스 논고》 속의 주요 관념들에 대한 일련의 대답처럼 읽히기도 하는데, 귀족주의적이고 친 베네치아적인 전통을 포함하고 있다. 우리는 아마도 이 두 저작을 공화국의 문제에 대한 상이한 접근 방식을 설명한 것으로 다룰 수 있을 것이다. 한편 더 뒤의 장들에서는, 이러한 관념들이 함께 작용하여 북서 유럽 및 대서양 세계의 고전적 공화주의 전통을 형성하게 되는 특이한 방식을 연구하게 될 것이다.

[II]

귀차르디니가 자유를 향한 피렌체인들의 역사적 유전 형질에서 출발하여 《대화》 전편을 통해 피렌체식 제도라는 콘텍스트 내에 확고히 머물고 있었던 데 반해, 형상의 문제에 충실했던 마키아벨리는 더 높은 수준의 이론적 일반화를 시도하였다. 《리비우스 논고》는 《군주론》과 같이 공화국을 그 기원의 유형에 따라 분류하는 일종의 유형론으로 시작된다. 모든 도시는 그 땅의 원주민 혹은 이주민에 의해 세워진다.[3] 도시에 제도를 부여할 당시, 그 창건자들은 어떤 외부세력에 독립적이거나 혹은 의존적이며, 후자의 범주에 속하는 도시는 처음부터 자유가 결여되어 있었기 때문에 크게 발전할 여지가 거의 없다. 마키아벨리는 마치 살루타티적 전통에 직접적으로 도전이라도 하는 듯이 읽히는 구절 속에서, 술라 혹은 아우구스투스에 의해 창건된 피렌체가 바로 그러한 도시라는 주장을 덧붙이고 있다.[4] 그는 이러한 논점을 《피렌체사》(*Istorie Fiorentine*)에서 다시 제기하여 피렌체는 지배권에서든 자유에서든 그 어느 쪽에서도 안정을 이룬 적이 없다는 자신의 주장을 발전시키는 데 이용하게 된다.[5] 그는 《리비우스 논고》에서 (도시는 척박한 땅에 세워져야 하는가 혹은 비옥한 땅에 세워져야 하는가를 잠시 논한 뒤),[6] 자신은 이 범주에 속하는 도시를 다루려는 것이 아니며 그의 의도는 기원에서부터 완전히 자율적이었던 도시를 다루는

---

3) *Discorsi*, I, 1; *Opere*, p. 91.

4) *Opere*, p. 92.

5) *Istorie Fiorentine*, II, 2; *Opere*, pp. 620-622. *Discorsi*, I, 49도 볼 것. 피렌체는 부자유스러웠던 자신의 기원을 극복하는 데 실패했다는 주장이 여기서 훨씬 더 구체적으로 진술되고 있다. Cf. Nicolai Rubinstein, "Machiavelli and Florentine Politics," in Gilmore, ed., *Studies on Machiavelli*, pp. 21-22.

6) *Discorsi*, I, 1; *Opere*, pp. 93-94.

데 있음을 언명하고 있다.[7] 앞으로의 논고에서 피렌체는 주요 언급 대상이 아니라는 것을 아주 명백히 밝히고 있는 셈이다.

마키아벨리는 도식적 분류로 되돌아가서 여러 도시들의 종류를 구분하고 있다. 예컨대 리쿠르고스와 같은 입법자[8]에 의해 창건된 것으로 창건과정이 너무나 완벽하여 더 이상 첨가할 것이 없었던 도시들,[9] 초기의 창건과정이 불완전해서 결과적으로 스스로를 개혁하지 않을 수 없는 불운을 겪은 도시들, 아예 그 시초부터 쇠퇴의 길로 접어든 도시들, 그리고 초창기의 제도가 극히 건전치 못한 도시들 등으로 나뉠 수 있다.[10] 총 3권으로 이루어진 《리비우스 논고》의 모든 후속 논의에서 결정적인 역할을 하는 이러한 분류에는 고찰 결과 수많은 함의가 내포되어 있다는 것을 알 수 있다. 첫째, 그 구분은 단지 전지(全知)한 오르디나토리(ordinatori 입법자)와 그보다는 지혜가 떨어지는 오르디나토리 사이에서만이 아니라, 단일 입법자에 의한 창건과 전혀 우노 솔로(uno solo 일인)에게만 일임할 수 없는 상황에서의 창건에 대해서도 적용된다. 솔론은 리쿠르고스에 비해 덜 효율적이었다.[11] 앞으로 살펴보겠지만, 로물루스는 두 사람의 중간쯤에 위치한다. 그러나 마키아벨리는 고대 공화국뿐 아니라 당대의 공화국에도 관심을 두고 있는데, 베네치아와 같은 도시들은 그리스도교 시대에 들어와서 창건되었기 때문에 단일 입법자에게로까지 소급되지는 않으며, 기껏 해야 진정한 창건자로 볼 수는 없는 수호성인들 정도에까지 거슬

---

7) *Discorsi*, II, 2, 서두의 문장들; *Opere*, p. 95.

8) 이를 가리키는 말로서 때때로 "ordinatore"라는 단어가 쓰이는 때도 있으나, 마키아벨리는 그보다는 "uno solo", "il quale ordino" 등과 같이 풀어 쓴 표현을 더 선호하고 있다. 2권 1장(*Opere*, p. 205)에서는 "latore delle leggi"(법을 가져온 자)라는 표현이 보인다.

9) *Opere*, pp. 95, 98, 99, 107.

10) *Opere*, p. 95.

11) *Opere*, pp. 98-99,

러 올라갈 수 있을 뿐이다. 하나의 패러다임이 될 수도 있는 베네치아의 역사는 지도자가 없는 한 무리의 피난민들로부터 시작되는데, 이들이 이후 어떻게 시민적 덕을 소유하는 위치로 부상할 수 있었는지는 설명을 요하는 문제이다.[12] 마키아벨리는 사실 베네치아를 따라야 할 모범으로 생각지 않았기 때문에 이 특수한 문제로 그다지 고민하지는 않았다. 하지만 《리비우스 논고》가 시종일관 초점을 맞추고 있는 것은, 입법자가 불완전하거나 아예 존재하지도 않았기 때문에 시민들이 그들 스스로의 오르디니(ordini 법/제도)는 물론 그들 자신까지도 개혁해야만 하는 그러한 상황들 — 질료 스스로가 형상으로 바뀌지 않으면 안 되는 — 이다.

위의 구분에서 또 하나 명백한 것은 그것이 시간 속의 우연적 사건들로부터 상대적으로 자유로운 경우와 상대적으로 종속적인 경우를 구별하고 있다는 점이다. 리쿠르고스는 스파르타인들에게 "한 번의 행동으로 그들이 필요로 하는 모든 법"을 부여해주었다. 이후 그들이 할 일은 단지 그러한 법을 보존하는 것이었고, 비록 — 뒤에 알게 되겠지만 — 이것이 어렵기는 하겠지만, "로마가 그랬듯이 우연히(caso), 여러 번에 걸쳐(piú volte), 그리고 우연적 사건들(accidenti)을 통해"[13] 법을 부여 받은 도시들이 처했던 문제에 비하면 아무 것도 아닌 셈이었다. 완전무결한 입법자를 가졌다는 것은 곧 시간으로부터 자유로운 안정을 누린다는 것이 된다. 그 외의 다른 입장에 놓여 있다는 것은 포르투나의 콘텍스트 속에서 그 자신의 비르투에 의지하지 않으면 안 된다는 것을 뜻한다. 그러나 《군주론》에서 보았듯이, 우리는 다시 한

12) *Discorsi*, I, 1; *Opere*, pp. 91-92.

13) *Opere*, p. 95. 《리비우스 논고》 2권 1장에서 마키아벨리는 다시 이러한 논의로 돌아가서, 포르투나가 로마의 위대함을 가져온 원인이거나 동인은 아니라고 설명하고 있다. 그의 말이 지닌 의미는 이러한 콘텍스트를 함께 감안할 때 비로소 이해될 가능성이 있다.

번 비르투의 불안정성이 다양하게 나타나는 상황들을 통해 이상형으로서의 입법자로부터 아래로 하강한다. 사악한 제도에서 출발하는 것은 아무런 희망도 없는 것과 같다. 불완전하게 형성된 정체 속에서 시작된 노력을 통해 법을 개혁하지 않을 수 없다는 것은 스파르타의 경우와 비교하면 불행한 일일 것이다. 그럼에도 불구하고, 좋지만 불완전한 제도들에서 출발한 공화국이 우연적 사건들의 발생 때문에(per la occorrenzia degli accidenti) 완벽해질 수도 있다. 우리는 포르투나가 오직 비르투에 대해서만 호의적으로 반응한다는 것을 알고 있는데, 혁신을 위험하게 만드는 잘 알려진 이유들 때문에 자기 개선이 어렵다는 마키아벨리의 관측은 이 말에 담긴 함의를 강화하고 있다.[14] 이제 길은 로마의 경우를 숙고하는 쪽으로 열리게 되는데, 여기서 로물루스는 왕권을 영속화하는 데는 실패했지만, 그래도 과업을 잘 수행하여 왕정이 지극히 성공적인 공화국으로 전환하도록 했다. 그러나 유형론이란 언제나 불완전한 법이다. 그 시초부터 시민들이 자신들을 인도할 입법자도 없이 일을 해 나갔던 공화국의 경우는 단지 윤곽 정도만 그려지고 있을 뿐 구체적인 모습을 보이지는 못하고 있다. 특히 마키아벨리가 베네치아에 대해 무슨 생각을 하고 있었는지에 대해서는 여전히 궁금한 점이 남아 있다. 그들은 입법자를 가진 적이 없었으면서도 시초부터 놀라운 안정성을 구가했다고 알려져 있었기 때문이다. 우리가 이에 대한 상세한 얘기를 듣게 될지는 확실치 않다.

시민들이 시간의 콘텍스트 속에서 그 자신들 간의 관계를 완성하게 될 때, 그들은 곧 포르투나에 대해 우위를 점하려 한다는 의미에서 비르투를 실행하는 것이 된다. 이러한 기술(技術)은 신군주에 의해 실행될 수도 있는데, 이 경우에 대한 이론적 연구는 《군주론》 이전에는 거의 없었다. 하지만 시민들도 윤리적·정치적 관계들의 구조물을 확립

---

14) *Ibid.*

하고 유지하고 실제로 그것을 개선한다는 의미에서 덕을 실행하고 있는 것이며, 이 경우에 대한 이론적 문헌들은 훨씬 더 많다. 이 단계에서 마키아벨리는 저자의 이름을 거론하지 않은 채 폴리비오스의 정체 순환론에 관한 긴 해설에 착수한다.[15] 앞으로 살펴보겠지만, 《리비우스 논고》는 결코 영원한 순환의 고리를 끊고 완전무결하게 균형 잡힌 정체를 세우는 방법에 관한 것으로 축소해 버릴 만한 저작은 아니기 때문에, 우리는 자연히 그가 폴리비오스에 기댐으로써 과연 무엇을 얻으려고 했는지 의문을 가지게 된다. 이에 대한 하나의 대답이 《리비우스 논고》 2장 끝 부분에서 발견되는데, 여기서 그는 완전무결한 입법자를 가진 도시와 그렇지 못한 도시들에 대한 앞서의 구분을 다시 되풀이하고 있다. 리쿠르고스는 단 한 번의 오카지오네(마키아벨리가 여기서 이 단어를 쓰고 있지는 않지만, 그것을 슬쩍 끼워 넣는 편이 이해를 돕는 데 도움이 된다)로 왕과 귀족과 평민들 간의 권력배분을 확립하였고, 이는 이후 800년 이상 유지된다. 반면 솔론은 이러한 과업에 실패하였고, 그래서 아테네인들은 결코 안정을 이룰 수 없었다. 그러나 로마의 경우 — 폴리비오스가 전개한 모든 이론은 바로 이 예로부터 나온 것이다 — 는 가장 비범한 현상을 보여준다. 여기서 입법자는 그 누구도 일인, 소수, 다수를 통합하려고 하지 않았다. 로물루스가 확립했던 왕권은 타르퀴니우스에 이르러 타락하였다. 공화국 하에서는 세대를 거듭하며 귀족과 평민 사이의 투쟁이 끊이지 않았다. 하지만 이 모든 분열상으로부터 폴리비오스가 칭송해 마지않았고 또한 세계를 정복할 만큼 안정된 정체가 출현하였던 것이다.[16]

마키아벨리는 과감한 세속화의 실험을 수행하였다. 그는 시민적 덕과 비베레 치빌레가 — 물론 그것들이 반드시 그래야 한다는 것은 아니지만 — 어떤 영속적인 동인의 개입 없이도 전적으로 우연성의 차원에

15) *Discorsi*, II, 2; *Opere*, pp. 96-99.

16) *Opere*, pp. 99-100.

서 발전될 수도 있음을 입증하였다. 폴리비오스가 정의하고 리쿠르고스가 이룩한 목표는 여전히 시간과 변화로부터 도망갈 가능성을 남겨두고 있지만, 그래도 시민들 스스로가 시간에 속박된 자아를 발휘하여 이 목표를 향해 나아갈 만한 상황은 존재하고 있는 것이다. 흥미로운 사례는 스파르타가 아니다. 이는 영속성을 위한 공식이 사실상 시간을 초월한 입법자에 의해 하나의 단일한 시기 속에서 씌어진 경우였다. 진짜로 흥미로운 예는 로마인데, 이 경우 우연성과 운의 차원 속에서 개개인의 무질서하고 우연에 지배된 행동들에 의해 — 인간이 할 수 있는 거의 한계 수준까지 — 그 목표가 달성되었던 것이다. 이를 행하는 인간은 초인적 입법자가 아닌 바로 자기 자신의 비르투를 발휘하여 포르투나로부터 도피한다. 그리고 만약 그들이 승리의 공화국을 세운다면 — 설사 그것이 여러 세대를 거치는 시간을 필요로 한다 해도 — 이는 프린치페 누오보(principe nuovo 신군주)에게 열려 있는 어떤 성취보다 더욱 영속적이고 더욱 덕이 넘치는 것이 된다. 물론 신군주 역시 그 스스로가 입법자라면 얘기는 다르지만, 그것은 가능하지 않다는 것을 우리는 이미 알고 있다. 그러나 마키아벨리는 그 자신을 리쿠르고스라는 전형으로부터 분리함에 있어 후에 중대한 결과를 초래하는 대가를 지불하게 된다. 우리는 《군주론》에서 마키아벨리가 입법자를 예언자와 병치한 사실로부터 그가 공화국 혹은 그 외의 다른 정체들의 기원을 성스러운 왕국에서 찾아야 할 필요성에서 결코 자유롭지 않다는 점을 알았다. 공화국은 인간의 덕을 존재하게 하는 전제조건이기 때문에, 그것은 인간의 덕을 뛰어 넘는 어떤 종류의 덕에 의해 창조되지 않으면 안 된다. 그러나 성서 속의 신에 의해 영감을 받은 정통적인 그리스도교 예언자와 초인간적인 오카지오네의 지배에 다름 아닌 것으로부터 행위하는 이교도 영웅-입법자를 국가 창건자의 부류에 함께 묶어놓은 것은 분명히 역사적 아이러니이다. 모세가 리쿠르고스에 비해 더 원형적으로 보이지도 않았고, 그리스도교적 은총이 — 비록 입법자 개념의 일부로 잔존하고는 있었지만 — 독립 변수로서 스스로의 이름 하에 출현한 적도 거의 없었다. 더욱이 세속 군주국을 세운 사람이 다름 아닌 베드로였다고 생각하는 사람들에 이르면 아이러니는 더 깊어진다. 즉 그는 유대-그리스도교 판테온에 모셔진 인물로서, (아마 콘스탄티누스 황제는 제외해야 하겠지만) 은총에 의해 입법자의 역할을 부여받을 수 있을 만한 유일무이한 존재라는 것이다. 《군주론》 11장을 보면, 교황령 국가와 같이 교회가 다스리는 군주국에 대한 무언가 무기력하지만 전적으로 무시할 만한 것은 아닌 분석이 나온다.

> 이곳의 군주들은 단지 국가를 소유할 뿐 그것을 방어하지는 않는다. 물론 신민은 있으나 군주는 그들을 통치하지 않는다. 이 국가들은 방어하지 않아도 빼앗기지 않으며 신민은 통치되지 않아도 개의치 않는다. 그들은 군주와 분리된다는 것을 상상도 하지 않을 뿐 아니라 그렇게 할 수도 없다. 그러므로 이 국가들만큼 안전하고 평안한 곳도 없다.[17]

이러한 유의 구절들은 《도덕경》에서나 나옴직한 것인데, 그 책의 저자라면 여기에는 아무 것도 설명할 것이 없다고 말했을 법하다. 하지만 마키아벨리에게는 설명할 것이 있었다. 덕이나 운 그 어느 것도 (그가 구체적으로 언급하고 있듯이)[18] 그러한 군주국이 존재하고 살아남는다는 사실을 설명해주지 못하기 때문에, 우리는 그것이 신이 내린 제도가 틀림없다는 농담을 머릿속에 떠올리게 된다. 그것이 단지 그처럼 망나니 같은 어리석음을 가진 인간에 의한 창건물에 불과하다면, 아마 단 두 주일도 견디지 못할 것이기 때문이다. 이러한 익살에 대한 마키아벨리의 대답은 단지 아이러니컬하지만은 않다. 즉 그것은 신에

---

17) *Opere*, p. 37.

18) *Opere*, p. 36.

의해 정초되고 유지되기 때문에, 인간의 마음이 그런 문제를 분석하려 하는 것은 불경스럽고 분별없는 행위라는 것이다.[19] 그러나 그는 한 걸음 더 나아가 다음과 같이 말한다. 그것은 "군주가 어떤 방식으로 행동하고 살아가든 그의 권력을 내내 지탱할 수 있도록 할 만큼 강력한 그런 종류의" 종교 속에 각인된 옛날의 법(ordini antiquati nella religione) — 오랜 옛날부터 종교에서 자라나 이윽고 일부 관습의 성격을 지닌 법 — 에 의해 유지된다는 것이다.[20] 만약 하늘의 뜻이므로 알아서는 안 되는 것이라면, 인간의 행위를 설명하는 데 이용할 수는 없다. 교회령 군주국은 일종의 관습적 공동체 같은 것으로서, 군주가 어떤 사람이든 무슨 일을 하든 별 상관이 없다는 점에서 세습 군주국보다 더 안정적이라고 생각될 수 있다. 특히 《리비우스 논고》에서처럼 고전 고대의 인물들을 유대-그리스도교적 규범 속의 인물들만큼이나 가시적인 존재로 보는 전망으로 되돌아갈 때, 우리는 그리스도교와는 다른 종교들이 있었고, 그것은 오직 인간의 행위에 의해서만 만들어질 수 있었다는 사실을 상기하게 된다. 새로운 범주의 혁신자들이 나타나고, 그리하여 우리는 다음과 같은 말을 듣게 된다.

> 칭송의 대상이 되어온 모든 사람 중에서도 가장 높이 칭송된 경우는 종교를 만들거나 창시한 인물들이었다. 그 다음으로 칭송된 경우는 공화국이나 왕국을 세운 인물들이었다. 그 뒤를 이어 군대의 지휘자로서 그 자신 혹은 자신이 몸담은 왕국을 넓힌 인물들이 칭송되었다. 여기에 다시 문필가들이 덧붙여질 수 있을 것이다. …[21]

여기에서 강조점들은 좀 복잡하게 배분되고 있다. 예언자가 인간적

---

19) *Opere*, p. 37.

20) *Opere*, pp. 36-37.

21) *Discorsi*, I, 10; *Opere*, p. 118.

측면에서 설명 가능한 어떤 일을 하는 존재로 생각되는 한, 그는 세습적 충성심으로 이루어진 구조물보다 그것을 훨씬 더 영속적으로 만드는 어떤 성향을 가진 그런 구조물의 창건자가 된다. 이 때문에 그는 입법자보다 상위에 위치한다. 하지만 우리가 알기로 입법자는 적어도 그가 공화국을 세우려 한다면 그 목표는 덕의 구조물을 창조하는 것이 되며, 그것은 다시 한 번 관습의 구조물 이상의 어떤 것이 된다. 마키아벨리는 종교라는 하부구조가 시민적 덕의 전제조건이며, 로마의 두 번째 왕이었던 누마 폼필리우스가 인생을 바쳐 종교를 발전시키고 로마인들의 본성 속에 그것을 심어 놓지 않았더라면 로마는 결코 지속될 수 없었을 것이라는, 자신의 논점을 향해 나아가고 있다.[22] 그러나 설사 종교가 인간의 본성을 변화시킬 수 있기 때문에 시민적 덕의 전제조건이 된다고 해도, 만약 덕이 오직 시민적인 틀 속에서만 존재 가능하다면 종교는 결코 덕 그 자체는 아니다. 이러한 생각은 결국 종교를 정치에 종속시키고, 그리스도교가 인간에게 시민적 가치가 아닌 다른 것을 부여한다는 이유로 그것을 비판한 마키아벨리적 사고의 일부로 흡수될 것이다.[23] 예언자는 아마도 입법자보다 상위에 위치할 수 있을 것인데, 그 이유는 어쨌든 그가 이룩한 것이 가장 오래 지속될 수 있기 때문이다. 하지만 예언자는 입법자가 되어 시민 공동체의 하부구조로 기능하는 종교의 제공을 목표로 삼아야만 한다. 또한 종교적 관습은 무엇이든 시민적 덕을 구성하는 것의 일부일 뿐이며, 여기서 우리는 예언자와 입법자의 뒤를 이어 전사가 칭송된다는 점에 주목해야 한다. 로물루스는 입법자이자 전사로서, "신의 권위를 빌리지 않고 시민적 · 군사적 제도들을 확립"할 수 있었다. 누마는 로마의 종교를 창시했다는 의미에서 입법자였다. 《리비우스 논고》 1권을 보면, 어떤 인물이 더 칭송되고 더 연구되어야 하는가의 문제를 다룬, 언뜻 보기

22) *Discorsi*, I, 11.

23) 아래의 주 76을 볼 것.

에는 모순적인 구절들이 나온다.[24] 한편으로는 누마가 한 일이 앞의 인물들이 한 일보다 더 어려운 것이었다고 말한다. 왜냐하면 종교로 사람들의 본성을 바꾸는 편보다는 그들에게 군사 기술과 용맹을 가르치는 편이 더 쉽기 때문이라는 것이다. 하지만 다른 한편으로는 누마의 계승자들이 로물루스의 길을 따른 것이 현명한 처사였다고 말한다. 주변 나라들의 호전성에도 불구하고 평화 정책을 쓰는 것은 스스로를 지나치게 "시간과 운"에 의존하도록 만들기 때문이라는 것이다. 우리는 《군주론》에 나타나는 무장하지 않은 예언자와 무장한 예언자, 신중한 사람과 과감한 사람 등 상호 반테제의 관계를 다시 돌아보게 된다. 그리고 포르투나와 비르투의 세계로 되돌아간다. 관습, 종교, 군사적 정신 같은 것 모두가 아직 규정되지는 않았지만 그래도 어떤 종류의 시민적 덕의 개념 속으로 들어간다는 것은 분명하다. 그리고 이러한 의미에서의 덕이란 포르투나를 제압하기 위해 추구하는 비르투와 분리될 수 없으며, 우리가 《군주론》에서 만난 이상형의 인물들 말고도 수많은 유형의 입법자들이 있다는 것 역시 명확한 사실이다. 이 모든 것이 《리비우스 논고》의 개념 구조 속에 담긴 핵심 관념들이다.

마키아벨리는 인간본성을 변형시켜 시민으로서의 행위가 가능한 지점까지 끌어올릴 수 있는 어떤 사회적 수단들을 찾고 있었던 것처럼 보인다. 그는 《군주론》에서 입법자는 사람들이 그를 더 이상 믿지 않는 그 순간 그들을 강제해야 하는 "무장한 예언자"가 되어야 한다고 했는데, 로물루스와 누마의 조합은 입법자로 하여금 단순히 그렇게 행동

24) *Discorsi*, I, 11; *Opere*, p. 123; *Discorsi*, I, 19; *Opere*, p. 144. 19장의 구절 속에는 "분별과 군대로 무장한"(armato di prudenza e d'armi) 군주라는 표현이 나오는데, 이러한 언어가 《군주론》 2장에서 세습군주(principe naturale)를 가리켜 "어떤 비상하고도 엄청난 힘"(una estraordinaria ed eccessiva forza)이 닥치지 않는 한 안전하다고 한 부분과 얼마나 호응 관계에 있는지 주목할 필요가 있다. 이 책 6장 주 4를 볼 것.

해야만 하는 필요성으로부터 벗어날 수도 있는 길을 제시한다. 그러나 동시에, 이는 입법자가 동일한 장(章)에 나타나는 초인적 조물주—무형의 질료를 변형시키는 말씀을 발하기 위해서는 오직 오카지오네만 있으면 되는—가 되어야 할 필요성도 없게 만들어 버렸다. 입법자-예언자는 《군주론》에서보다도 《리비우스 논고》에서 훨씬 더 찾기 힘든 인물인데, 왜냐하면 이 경우 입법자의 비르투는 그가 작동시키고 있는 사회적 교육적 과정들에 비해 그 중요성이 떨어지기 때문이며, 그래서 그는 시간 속에서 살아갈 수 있을 뿐 아니라, 리쿠르고스나 모세보다 왜소한 인물로 존재할 수도 있는 것이다. 하지만 마키아벨리는 이처럼 입법자의 역할을 축소함으로써, 공화국—프리마 포르마—의 확립은 반드시 은총의 사역이 되어야 한다는 사보나롤라적 교의에 대한 자신의 요구까지도 축소시켜 버린 셈이 되었다. 만약 인간이 스스로 시민이 되기 위해 초인의 존재를 필요로 하지 않고 시간과 운의 세계 속에서 그것을 이룰 수가 있다면, 신국과 지상국은 또 다시 같은 것이 아니라 다른 것이 될 것이고, 둘 사이의 구분은 다시 한 번 역사적인 것일 뿐 아니라 윤리적인 것으로 변모할 것이다. 우리는 지금 "국가란 주기도문으로 통치하는 것이 아니며", 그리하여 시민적 목적—시민으로서의 덕을 포함한—이 구속(救贖)의 목적으로부터 분리되는 지점으로 거슬러가고 있는 중이다. 이이야말로 《리비우스 논고》에 담겨있는 가장 전복적인 제안임에 틀림없다. 《군주론》의 그 어떤 제안보다 더 전복적이라고 할 수 있다.

[III]

이제 마키아벨리가 《리비우스 논고》의 기초를 이루는(하지만 귀차르디니는 그 어느 것도 받아들일 수 없었다)[25] 대담하고도 인상적인 가설들을 제시할 무대는 마련된 셈이다. 그 첫째 가설은 귀족과 평민 간의 분열과 투쟁이야말로 로마가 자유, 안정, 권력을 획득한 원인이라는 것이었다.[26] 이러한 주장은 단합을 안정 및 덕과, 갈등을 혁신 및 쇠퇴와 동일시하는 사람들에게는 충격적이고 믿기 힘든 것이 되겠지만, 비르투의 모호한 측면들을 상기해 본다면 점차 이해가 될 수도 있는 그런 것이다. 로마인들이 자신들의 노력으로 적법한 구조물을 세우고자 했을 때, 그들의 혁신과정은 적법한 행위를 허용할 수 있을 정도로 충분히 안정된 상황 속에 있지 못했다. 따라서 우리는 그 자체로서는 적법하지 못하면서도 적법한 결과에 기여하는 행동들을 찾지 않을 수 없다. 그러나 만약 단합이 분열에서 나온다면 그것은 합리적 행동보다는 차라리 비합리적 행동을 통하여 나타나는 셈이 된다. 이에 대한 유일한 설명은 운의 불가해한 작동 때문이라는 것일 텐데, 사실 마키아벨리는 입법자(ordinatore)가 과업에 실패한 것을 두고 한 번은 우연(caso)을 또 한 번은 포르투나를 언급하고 있다.[27] 하지만 포르투나는 비르투와 상호 배타적인 개념이 아니다. 그것은 비르투에 대한 반응인 것이다. 그러므로 우리는 로마인들이 그들 역사 속의 바로 이 단계에서 보여주었던 어떤 특별한 종류의 비르투를 찾아야만 한다. 《군주론》을 염두에 둘 때, 우리는 이러한 상황 속에서의 비르투가 수동적이기보다는 행동적이고, 신중하기보다는 대담한 형태에 더 가까울 것

25) 이 책 8장을 볼 것. 그리고 전체적으로는 F. Guicciardini, *Considerazioni intorno ai Discorsi del Machiavelli*를 볼 것.

26) Machiavelli, *Discorsi*, I, 2-6.

27) 앞의 주 16과 그곳에 제시된 참고문헌을 볼 것.

이며, 사자와 여우의 성질을 모두 보여줄 것임을 알게 된다. 하지만 공화국의 경우, 비르투는 주변 상황에 대한 군주 단독의 통제에서가 아니라, 시민 개인 혹은 시민 집단의 상호행위에서 출현할 것임에 틀림없으며, 그래서 그것이 가지는 사회적 윤리적 용량은 필연적으로 더 크지 않을 수 없다. 비르투는 덕을 이루는 구성요소인 것이다.

여기에서 로마 헌성체제의 초기 역사가 요약되어 나온다.[28] 비록 로물루스와 그의 계승자들이 해놓은 작업이 완벽하지는 않았다 해도, 그들이 확립한 다양한 법은 결코 비베레 리베로(vivere libero), 즉 자유로운 삶에 부적합한 것만은 아니었다.[29] 왕들이 폭군으로 변했을 때라 하더라도 — 폴리비오스의 정체 순환론을 머리에 떠올리는 독자라면 아마 이를 여전히 불안정한 권력에 필연적으로 뒤따르는 부패의 정상적 예증이라고 볼 것이다 — 자유의 확립을 위해서는 아직 해야 할 일이 많이 남아 있었다. 그 결과 왕권은 타르퀴니우스의 축출에도 불구하고 폐지되지 않았으며, 콘술직의 형태로 잔존하여 이제는 원로원의 귀족들과 권위를 나누어 가지게 되었다. 이어서 귀족들이 부패하고 오만하게 되었지만, 그렇다고 그들의 권력을 견제하기 위해 통치의 틀 전체를 모두 파괴해야 할 필요까지는 없었다. 귀족의 권력은 이미 어느 정도 콘술에 의해 제한당하고 있었기 때문이다. 평민들의 목소리에 무게를 주기 위해 호민관 제도가 만들어지자, 이제 로마는 이 세 요소들이 각각의 권력과잉을 상호 견제할 능력을 갖춘 혼합적이고 "완전한" 사회가 되었다.[30]

이러한 기술이 아주 명료하지만은 않지만, 그럼에도 불구하고 초기에 무언가 결정적인 단계가 있었으며, 왕이 축출되면서 콘술직이 확립된 과정을 설명해주고 있다는 것은 분명하다. 마키아벨리는 이러한 조

---

28) *Opere*, pp. 99-100.

29) *Ibid.*

30) *Ibid.*

치를 타르퀴니우스의 복귀에 대한 두려움과 연결시키고 있는 듯이 보이기도 하지만, 그 원인을 구체적으로 적시하지는 않고 있다. 그는 말하기를, 바로 이러한 두려움 때문에 귀족들은 평민들에게 그토록 오랫동안 온건하게 대했다는 것이다.[31] 그러나 로마가 자유 도시가 되기 전에도 자유에 적합한 법들을 가지고 있었다는 점을 강조한 것은 결국 로물루스와 그의 계승자들이 입법적 측면에서 어떤 종류의 기여를 했다는 것을 가리킨다. 마키아벨리는 로마가 원래는 질서가 잡히지 않은 공화국이었으나 다만 행운과 뛰어난 군사적 용맹성 덕분에 파괴되지 않았을 뿐이라고 주장하는 사람들 — 귀차르디니도 그중 하나였다 — 과 견해를 달리 한다. 그에 따르면, 이러한 주장이 지닌 오류는, 군사조직이 좋은 곳이라면 반드시 그 법도 좋을 것이며, 좋은 법(buoni ordini)과 좋은 군대(buoni milizia)가 있는 곳에는 행운(buona fortuna) 또한 따라오는 것이 거의 확실하다는 점을 망각하고 있다는 것이다.[32] 좋은 법은 부가적으로 좋은 교육(buona educazione)을 산출하는데, 이는 로마에서 — 적어도 그라쿠스 형제의 시대까지 내려갈 때 — 각 사회 신분 간의 투쟁이 상대적으로 큰 유혈 사태 없이 진행되었다는 점, 그리고 서로가 비교적 쉽게 타협을 이루었다는 점에서 잘 나타난다.[33] 평민들은 그들의 요구를 주장하는 과정에서 시위를 하고 자신들의 상점 문을 닫고 군대복무를 거부하고 시가를 행진하는 등의 수단을 사용했지만, 그 어느 것도 생각만큼 질서를 완전히 파괴할 정도는 아니었다. 스스로의 인민들을 활용하고자 하는 공화국이라면 — 이런 구절은 다음 단계의 분석을 위한 의미를 함축하고 있다 — 그들이 원하는 점을 표출하는 수단을 허용해주어야만 하며,[34] 이는 자유를

31) *Discorsi*, I, 3; *Opere*, pp. 100-101.

32) *Discorsi*, I, 4; *Opere*, p. 101.

33) *Ibid.*, p. 102.

34) *Ibid.*

추구하는 인민들의 경우 자유에 어떤 해악을 끼치는 것이 아니다. 그런 유의 인민들은 다만 억압을 두려워 할 뿐이며, 그러한 두려움이 혹시 오인된 것인지 아닌지를 판별할 만한 능력도 가지고 있다.[35]

우리는 여전히 왕에 의해 인민들 사이에 확립된 최초의 "자유"가 어떻게 규정되어야 하는 것인지를 모른다. 하지만 그것은 어떤 점에서 군사 복무와 연결되어 있다. 좋은 법은 좋은 군대와 좋은 교육을 산출한다. 로마 평민의 자유는 적어도 부분적으로는 군사 복무를 거부할 수 있는 능력에 있으며, 마키아벨리는 시민 간의 투쟁이 비교적 큰 유혈 사태를 빚지 않았다는 점, 그리고 그러한 투쟁을 종식시킨 점진적 제도 개선이 이루어졌다는 점 등이 로마가 좋은 교육을 행하고 있었던 데서 연유했다고 추론한다. 그래서 자유, 시민적 덕, 군사적 훈육이라는 삼자는 서로 밀접한 관련을 가지게 되는 것으로 보인다.

《리비우스 논고》에 담긴 두 번째 주요 가설은 1권 5장과 6장에서 개진되고 있다. 먼저 제기되는 문제는 "자유의 수호자"(guardia)라 불리는 어떤 직제가 귀족과 평민 중 어느 쪽에 맡겨지는 편이 더 낫는가 하는 것인데,[36] 귀차르디니가 일찍이 지적했듯이, 그러한 "수호자"라는 것이 권력상의 우월함을 뜻하는 것인지 아니면 권위의 특화된 형태를 말하는 것인지 결코 분명치가 않다.[37] 하지만 오래지 않아 마키아벨리가 권력의 배분이나 혹은 어떤 정체의 건설에 대해 말하고 있는 것이 아니라 군사적 비르투와 정치적 비르투 간의 관계를 탐색하고 있다는 것이 밝혀진다. 처음부터 그는 스파르타와 베네치아가 "수호자" 직을 귀족에게 신탁한 반면 로마는 평민에게 맡겼다고 가정한다. 이 셋 모두가 성공적인 균형정체의 예로 제시되고 있지만, 스파르타는 리쿠르

---

35) *Ibid*.

36) *Discorsi*, I, 5.

37) Cecil & Margaret Grayson, eds. & trans. *Francesco Guicciardini*: *Selected Writings* (London: Oxford University Press, 1965), p. 70.

고스 시대부터 이러한 환경을 향유하였고 베네치아는 시민들의 사려와 운의 도움으로 그것을 얻었으나, 로마는 내분과 어떤 발전과정을 통해 그러한 위치에 도달했다는 것이다. 평화적 안정성과 귀족적 원칙 사이에는 어떤 종류의 방정식이 성립되고 있는 셈이다. 마키아벨리는《리비우스 논고》1권 5장 앞부분에서, 자유는 로마에서보다 스파르타와 베네치아에서 더 오래 지속되었으며, 로마의 경우 모든 관직을 깡그리 독점하려는 평민들의 욕망이 마리우스의 부상과 공화국의 파멸을 초래했다는 점을 명료하게 밝히고 있다. 그리하여 만약 가능한 한 최대의 안정성과 지속성을 획득하는 데 정상 가치를 부여한다면, 우리는 분명히 귀족정 방식의 자유를 선택하게 된다는 것이다.[38] 하지만 마키아벨리는 이 문제를 그쯤에서 그치거나 또는 자신의 논증이 가리키는 바를 선택하지도 않는다. 공화국에 더 위험을 주는 것은 기득권(관직의 독점)을 지키려는 귀족들의 욕망인가 혹은 자신들이 갖지 못한 것(관직에 대한 무제한의 진입)을 획득하려는 평민들의 욕망인가에 관한 논의로 들어가면서 그는 — 말을 슬쩍 끼워 넣는 식으로 — 핵심적인 문제는 공화국이 로마가 언제나 그랬듯이 몸을 키워 제국으로 정립할 것인가 혹은 스파르타와 베네치아가 원래부터 유일한 목표로 삼았듯이 단지 자신의 독립을 유지하는 데 그칠 것인가에 있다고 하였다.[39]

완전히 안정적인 통치의 이상형이 귀족의 지배라는 것은 이미 제시된 바 있다. 이제 우리는 안정성이라는 이상만이 유일무이한 가치로서 추구되어야 하는 것은 아님을 알게 된다. 왜냐하면 공화국은 스스로의 지속성을 희생함으로써 제국으로의 길을 추구할 것이기 때문이다. 이러한 선택에는 좀더 평민적인 통치형태를 선호하는 경향이 내포되어 있다. 여기서 요점은 마키아벨리가 대외적 환경을 통제할 수 있는 공화국의 능력에 일부 관심을 보이고 있다는 사실로서,[40] 이는 그의 세

38) *Discorsi*, I, 5; *Opere*, p. 103.

39) *Ibid.*, p. 104.

대가 가졌던 전형적인 생각이기도 했다. 모든 도시들은 적을 가지고 있고 운의 영역에서 살고 있으며, 따라서 예기치 않은 변화에 스스로를 노정시키지 않으려면 방어적인 자세를 취하는 편이 나을지, 아니면 그것을 통제하기 위해 보다 대담한 시도를 하는 편이 나을지에 대해 숙고하지 않으면 안 된다. 이로써 신중함과 대담성이 다시 한 번 상호 반네제의 관계를 가지게 된다. 그러나 결정적인 결함은 내부권력의 분배와 대외정책 사이에 존재한다. 스파르타와 베네치아는 스스로 제국이 되기를 회피하고 사건을 관망하는 신중한 자세를 취하는 한,[41] 평민들을 무장시키거나 그들에게 정치적 권위를 양보할 필요가 없다. 결과적으로 그들은 안정과 내부적 평화를 향유할 수 있게 된다. 로마는 제국이 되기로 작정하였다. 그들은 대담하게 주변환경을 지배하려고 시도했고, 그리하여 혁신을 행하고 스스로의 행동 그 자체가 야기할 수도 있는 무질서를 통제할 수 있는 어떤 비르투를 발휘하고자 하였다. 그러므로 로마는 평민들을 무장시켜야만 했고, 더 많은 권력을 취하려는 그들의 요구 때문에 투쟁을 감수해야만 했으며, 결국 그러한 요구 조건을 들어주지 않으면 안 되었다.[42] 평민을 무장시킴으로써 로마의 군사적인 위대함은 더욱 증진되었다. 두 신분 사이의 투쟁은 혼합정체의 확립에 기여하였다. 그러나 아직 분석된 바는 없지만, 계속되는 불균형상태는 로마의 자유가 누릴 생명을 단축시킬 우려가 있었다. 말하자면 로마는 공화국들 사이에 끼인 "신군주"인 셈이며, 그래서 마키아벨리는 세습군주보다 신군주를 고찰한 것처럼 베네치아보다는 차라리 로마를 연구하고자 했을 것이다. 즉 단기적 관점이 장기적인 관점보다 더 흥미로우며, 그 안에서의 삶이 더 영광스러울 수가 있다는 것이다. 그러나 스파르타와 베네치아는 세습군주의 경우와는

40) 《리비우스 논고》 1권 6장 전체가 이러한 맥락으로 읽힌다.

41) *Opere*, p. 109.

42) *Opere*, p. 108.

달리 운의 영역을 벗어나지 못했다. 두 도시는 스스로의 독립을 지키는 목표를 넘어 결국 이웃 나라들을 지배하기에 이르렀고, 이러한 과업은 베네치아에 의해 고용된 용병대에게나 스파르타의 군사 엘리트에게나 똑같이 힘겨운 것임이 증명되었다. 스파르타의 내부질서가 무너진 것도 사실 그 때문이었다. 그러므로 베네치아가 스파르타와 같은 일을 겪게 되었다 해도 마키아벨리는 틀림없이 그것에 전혀 개의치 않았을 것이다. 만약 공화국이 주변국과의 접촉을 일체 피할 수 있다면 자국의 무력을 제한하여 영원히 귀족적 안정을 누리며 살 수도 있을 것이다. 하지만 이러한 일은 불가능하기 때문에,[43] 대외적인 팽창을 거부하는 것은 곧 운을 지배하려는 아무런 노력도 하지 않은 채 그 앞에 자신을 드러내는 것을 뜻한다. 《군주론》 25장의 생각이 여기에서 다시 반복되고 있는 셈이다. 로마가 택한 길이라고 해서 반드시 스스로를 궁극적인 쇠퇴에서 빠져나오게 해주는 것은 아니겠지만, 현재와 예견 가능한 미래, 즉 우연적 시간의 세계에서 그것은 그래도 더 현명하고 더 많은 영광을 가져다 줄 수 있는 길이라는 것이다.[44]

그러나 로마의 비르투에는 무질서한 세계 속에서 다른 나라를 지배하려는 한 공격적인 도시의 의지 이상의 그 무엇이 있다. 최초의 왕이 확립한 군사적 기율이 공화국에서 자유를 발전시키고 안정을 가져오는 것과 관련이 있었다는 점은 이미 밝혀진 바와 같다. 그리고 이제 우리는 군사적 팽창과 평민의 무장, 그리고 비베레 포폴라레(vivere popolare), 즉 평민적 삶 사이에 어떤 내적 관련성이 있다는 것을 알게 되었다. 우리에게 다음으로 필요한 것은 각 개인의 군사적 역량과 시민적 역량 간에, 즉 병사와 시민 간에 존재하는 관계에 대해 과연 마키아벨리가 어떤 생각을 가지고 있었는가를 이해하는 것이다. 《리비우스 논고》와, 이 저작 완료 후 그리 오래되지 않은 1519년에서 1520년

43) *Opere*, p. 109.

44) *Ibid*.

사이에 씌어진 것으로 보이는 《전쟁의 기술》 여기저기에 이 문제에 대한 증거들이 산재해 있다. 우리는 이 두 저작을 확대 해석의 우려 없이 함께 묶어 해석할 수 있다.

《전쟁의 기술》의 원제인 "L'arte della guerra"를 영어로 옮기면 "the Art of War" 정도가 될 수밖에 없지만, 이렇게 되면 원어에 담긴 풍부한 뉘앙스는 어쩔 수 없이 상실되고 만다.* 원어는 사실 이중적 의미를 갖고 있다. 즉 그것은 군대를 지휘하는 창조적인 솜씨라는 의미에서 전쟁의 "기예"(art)인 동시에, 피렌체의 주요 숙련 직종들이 대소의 아르티(arti), 즉 대길드와 소길드로 나뉘어 구성된다는 의미에서 전쟁을 하는 "전문직업"(profession)이기도 하다. 하지만 책명인 "아르테 델라 구에라"란 말은 어떤 것과도 같지 않다. 마키아벨리가 이 책을 쓴 데는 전쟁이라는 사업이 공화국에 얼마나 명예가 되고 유용할 수 있는가를 보여주고자 하는 의도가 일부 담겨 있다는 것은 사실이다. 그것은 마치 피렌체의 경제와 정치가 그렇게도 많이 의존하고 있었던 아르테 델라 라나(arte della lana), 즉 양모조합의 경우와 흡사하다는 것이다. 하지만 그가 말하고자 하는 핵심은, 그것이 결코 자신의 삶 전체를 오직 그것에만 바치는 어떤 분리된 직업이 되어서는 안 된다는 것이다. 오직 병사일 뿐인 병사는 다른 모든 사회활동에 위협이 될 뿐이며 그 자체적으로도 좋을 것이 거의 없다. 물론 우리는 여기서 마키아벨리가 용병제를 혐오하고 시민군을 칭송했다는 진부한 주제로 돌아가게 된다. 그러나 만약 우리가 그의 정치사상을 이해하고자 한다면, 이 주제를 아리스토텔레스의 시민권 이론과 관련짓는 것이 아주 중요하다. 만일 어떤 사람이 모든 정력을 아르테 델라 라나(양모조합)에만 쏟고 공무에는 전혀 참여하지 않는다면, 고전적 이론에서 볼 때 그는 시민 이하의 존재로서 동료시민들을 약화시키는 원인이 된다. 하지만

---

* 이미 "전쟁의 기술"로 옮겨 쓰고 있는 우리말의 경우도 다를 것이 없다.

만일 아르테 델라 구에라(전쟁이라는 직업)에만 온 힘을 쏟는 사람이 있다면—마키아벨리는 때때로 "전쟁을 자신의 아르테〔직업〕로 삼는다"와 같은 어구를 사용하고 있다[45]—그는 앞의 경우보다 훨씬 더 큰 위험을 야기하게 된다. 장사를 업으로 삼는 사람은 공익을 무시하고 제한된 이익을 추구할 텐데, 이는 나쁜 일이다. 그가 이러한 종류의 이익을 도시의 이익이 있어야 할 자리에 놓을 때 사태는 더 악화된다. 그것은 마치 양모조합이 피렌체의 정치를 주도할 때 일어나는 상황과 흡사하다. 하지만 이러한 일이 일어날 가능성은 전쟁을 업으로 삼는 사람의 경우에 훨씬 더 높을 뿐 아니라, 그가 일을 처리하는 방식도 훨씬 더 반사회적이다. 왜냐하면 그의 아르테(직업)는 강제와 파괴의 수단을 행사하는 것이기 때문이다. 그러므로 콘도티에리(용병 대장)에 신뢰를 주지 못하는 데서부터 전제적 참주정의 위험에 이르기까지 모든 종류의 이유로 인해, "이 기예는 오직 공적으로만 사용되도록 하는 것"(al pubblico lasciarla usare per arte)이 중요하게 된다.[46] 이 직업은 다른 경우와는 달리 반드시 국가가 독점해야만 한다. 오직 시민만이 그것을 시행할 수 있고, 오직 장관만이 그것을 지휘할 수 있으며, 오직 공적 권위 아래 그리고 공권력의 명령에 의해서만 그것을 수행할 수 있다는 것이다.

마키아벨리의 주장에서 나타나는 역설은 오직 비상근 병사만이 전쟁과 그 목적에 전적으로 헌신할 수 있다고 믿는 것이다. 스스로의 가정과 직업(arte)을 가지고 있는 한 시민이 군대에 소집되었을 때, 그는 빨리 전쟁을 끝내고 집으로 돌아가고 싶어 할 것이다. 반면 용병이라면 전쟁이 기약 없이 질질 끄는 것을 더 좋아할 것이므로, 전쟁에서 결코 이기려고 하지 않을 것이다.[47] 시민은 정치체제 안에서 그 나름

---

45) 예컨대 *Opere*, p. 503을 볼 것.

46) *Opere*, p. 505; p. 507.

47) *Ibid.*

의 위치를 차지하고 있기 때문에, 전쟁을 하는 목적이 그러한 정체를 보존하기 위한 것임을 이해하게 된다. 하지만 용병이 가진 것은 가정이 아니라 단지 주둔 막사뿐이기 때문에, 스스로를 방어하라고 자신을 고용한 도시를 거꾸로 지배하려는 참주정의 도구가 될 수도 있다. 여기서 참주정이란, 한때 시민이었으나 이후 크게 변질되어 칼을 정치권력의 도구로 사용하기에 이르렀던 폼페이우스나 카이사르 같은 인물들이 행사함직한 그런 종류의 정치체제이다. 마키아벨리는 이러한 주장을 펼치기 위해 3세기에 걸친 오랜 동안의 사건을 면밀히 고찰할 정도로 힘을 들이고 있으나, 그가 설명하려고 하는 핵심은 어디까지나 왜 오직 시민만이 좋은 병사가 될 수 있는가 하는 점이었다. 역으로 그는 오직 병사만이 좋은 시민이라는 주장도 하고 있지만, 앞의 경우에 비해서 명료성은 훨씬 더 떨어진다. 그러한 것을 이행케 하는 사상은 복잡하나, 부분적으로는 서문 속의 다음과 같은 주장에 근거하고 있다.

> 그리고 만약, 도시나 왕국에 질서를 부여하는 모든 일에서, 사람들을 충실하고 평온하며 신에 대한 경외심으로 충만케 하는 데 가장 많은 노력을 기울여야 한다면, 군대 문제에 기울이는 노력은 그 배가 되어야만 할 것이다. 조국을 위해 자신의 목숨까지도 기꺼이 바치려 하는 사람보다 국가에 더 충실한 사람이 어디에 있겠는가? 오직 전쟁상황에서라야 공격받는 사람이 아니라면 다른 그 누구에게서 평화를 애호하는 마음을 찾을 수 있겠는가? 스스로를 위험으로 가득찬 곳에 내던짐으로써 신의 도움이 가장 필요한 사람이 아니라면 과연 그 누구에게서 신에 대한 경외심을 찾을 수 있겠는가?[48]

군사적 비르투는 정치적 덕성을 가져오게 되어 있는데, 둘은 모두

48) *Opere*, p. 496. 여기서 인용 텍스트로 삼고 있는 리차르디 판본에는 《전쟁의 기술》 전문이 실려 있지 않기 때문에, 이 부분을 자세히 살피려면 다른 판본을 참조해야 한다.

동일 목적의 측면에서 표현될 수 있기 때문이다. 공화국은 공공선이다. 시민의 모든 행동은 그러한 공공선을 지향하므로, 그는 공화국에 헌신하는 삶을 산다고 말할 수 있다. 애국적인 병사는 자신의 죽음을 불사하며, 둘의 공통점은 보편 목적을 위해 개별 이익을 희생함으로써 인간본성을 완전하게 만든다는 것이다. 만약 이러한 것이 덕성이라면 병사는 시민만큼이나 덕성을 보여주는 셈이며, 자신이 시민임을 알게 되고 시민적 덕성을 펼치게 되는 것은 아마도 군사적 훈육을 통해서일 것이다. 마키아벨리는《리비우스 논고》에서 제시한 초기 로마인의 덕에 관한 분석에서 그것이 군사적 훈육과 시민적 종교 위에서 세워진 것으로 그리고 있는데, 이로써 그는 이 두 요소를 인간 스스로가 정치적 동물임을 자각케 해주는 일종의 사회화 과정으로 보고 있는 셈이다. 그는 그리스도교 신앙을 불신했는데 — 혹은 적어도 그것을 정치적인 선(善)과 분리했거나 — 이는 그것이 사람들에게 도시를 위한 것이 아닌 다른 목적들을 부여하고 스스로의 영혼을 조국보다 더 사랑하도록 가르쳤기 때문이다.[49] 그러나 설사 어떠한 목적도 사회적인 것을 초월할 수는 없다고 하더라도, 사회적 선은 결코 초월적인 것이 되어서는 안 된다. 마키아벨리는 로마 초기의 종교에 대해, 당시 사람들은 미래를 예언하는 수단이 되는 것을 신성하다고 생각했기 때문에 점복(占卜)이야말로 종교의 주요 기초였다고 말하였다.[50] 그에게는 사회적 도구라는 측면에서 그리스도교보다 더 나은 것으로 보였던 이교 신앙은 공화국과 마찬가지로 운의 통제라는 목적에 기여하였다. 그러나 행동의 구조물인 공화국은 점복에 비해 이러한 목적을 더 훌륭히 수행하였다. 점복이 지닌 거짓과 오류도, 그것이 사람들에게 자신감을 부여하고, 그들로 하여금 군사적 비르투를 펼칠 수 있게 하며 — 로마 종교에 대해 마키아벨리가 제시하는 일화 대부분이 전투가 있기 전

---

49) *Discorsi*, II, 2; 아래의 주 77을 볼 것.

50) *Discorsi*, I, 12; *Opere*, p. 126.

의 점복과 관련되어 있다[51] — 그래서 스스로를 공익(이야말로 이교 신앙의 도덕적 내용물이며 시민적 덕성의 정수이다)에 헌신토록 해주는 한에서는 정당화되었다. 로마의 평민들을 좋은 병사로 만들어 준 것은 그들의 시민 종교였다. 내부 투쟁의 와중에서도 그들로 하여금 공익을 저버리지 않게 해주고, 그리하여 필요할 때는 점복의 결과조차도 무시하면서 자신들의 미래를 통제할 수 있게 해주었던 것은 다름 아닌 그들의 군사적 훈육과 그들의 시민 종교였다.[52]

이제까지의 논의로 미루어 볼 때, 마키아벨리가 시민 정체에서 다수의 참여라는 문제를 변형시키기 위해 무장한 비르투의 개념을 이용하고 있다는 것은 분명하다. 넓은 헌정을 옹호하는 통상적인 방법은 다수야말로 평온한 존재이며, 사적 자유의 향유 이상의 것을 원하지 않고, 그 자신의 이익이 아닌 것을 거부할 만큼의 상식이 있고, 게다가 시민 엘리트층 내의 능력이 뛰어난 사람들에게 양보하여 그들을 관직에 선출할 만큼의 도덕적 현명함도 갖추고 있다고 주장하는 것이었다. 마키아벨리는 《리비우스 논고》에서 이러한 방식의 논증을 사용했는데, 《전쟁의 기술》과 같은 시대에 나온 작품인 《레오 10세의 요청으로 쓴 피렌체 정부 개혁에 관한 논고》에서 또 다시 같은 주장을 하고 있다.[53] 그러나 그는, 귀차르디니가 반복해서 그랬던 것과는 달리,

---

51) *Discorsi*, I, 13-15.

52) *Opere*, p. 132.

53) *Discorso sopra il riformare lo stato di Firenze a instanza di Papa Leone*, in *Tutte le Opere di Niccolò Machiavelli*, ed. Francesco Flora & Carlo Cordié (Roma: Arnaldo Mondadori Editore, 1949), II, 526-540. 그는 "시민 대중"(universalità dei cittadini)이 대평의회 참여권에 근거한 "권위"(autorità)를 반드시 되돌려 받아야만 한다고 주장한다(p. 534). 하지만 그는 "소수의 시민들만으로는 감히 대시민들을 벌하려 나서지 못한다"는 것(p. 537), 그리고 만약 조정이 이루어져서 평민들이 어느 정도 관직을 차지하게 된다면, "시민 대중이 만족하지 않을 이유를 우리는 알지 못한다. 왜냐하면 그들은 이미 할당분 일부를 나누어 받은 상태이고, 게다가 나머지도

이를 다수와 소수간의 기능배분 이론으로 발전시키고 있지는 않다. 그의 강조점은 언제나 그렇듯이 혁신, 포르투나, 비르투에 두어지고 있다. 앞으로 살펴보겠지만, 《리비우스 논고》는 부분적으로 어느 한 시점에 이 세상 속에 존재하는 고정된 양의 비르투가 어떤 다양한 형태를 취하는지, 그리고 이렇게 고정적인 양이 어떻게 보존되고 빠져나가게 되는 것인지를 논구한 것이다. 그는 로마인의 덕에서 새로운 형태의 행동적 비르투를 찾았는데, 이는 다수에게 특유한 것으로 사람들을 무장시키고 그들에게 시민권을 부여하는 역동적인 전사들의 국가에서만 존재한다. 마키아벨리는 피렌체적 이론에 담긴 시민군 전통의 영향에다 소데리니 휘하에서 실제로 시민군을 조직해 본 경험 덕분에, 시민권이 군사적 덕성의 자연적 결과물이라 할 정도로 전자가 후자에 기초한다는 주장을 하기에 이르렀다. 로마 시민으로서의 평민은 정책결정 체계 속에서 어떤 역할을 수행하기보다는 스스로를 파트리아(patria 조국)를 위해 헌신할 뿐 아니라 이러한 정신을 공적인 일에 쏟도록 시민 종교와 군사적 훈육으로 단련된 사람이며, 그래서 비르투를 발휘하는 마키아벨리적 혁신자이면서 동시에 공익을 지향하는 아리스토텔레스적 시민이라는 이원적 모형에 부합된다. 로마 평민들은 자신들의 권리를 요구하는 데서 비르투를 발휘하였고, 그러한 요구가 용인되자 그것에 만족하는 데서도 덕성을 보여주었다.

《전쟁의 기술》이 행하는 분석은 시민 전사의 도덕적·경제적 특성을 모두 규정한다. 그가 공익을 적절히 배려하도록 하기 위해서는 반

조금씩 자신들의 손에 들어올 것으로 보이기 때문"이라는 말을 덧붙이고 있다(p. 538) [20세기 후반의 판본들은 이 저작을 위의 플로라·코르디에 판본에서와는 달리 《로렌초 데 메디치 사후 피렌체 정사(政事)에 대한 논고》(*Discursus florentinarum rerum post mortem iunioris Laurentii Medices*)로 부른다. 예컨대 *Tutte le Opere*, ed. Mario Martelli (Firenze: Sansoni, 1971), pp. 24-31을 볼 것. 1520년경에 씌어진 것으로 추정됨—옮긴이].

드시 가정을 가지는 것이 필요하고 주둔 막사가 아닌 자신만의 직업이 있어야만 한다. 이 기준은 아리스토텔레스적 시민에게 적용된 것과 동일한데, 그 역시 타인의 하인이 되지 않고, 자력으로 이익을 취할 능력을 갖추고, 아울러 자신의 이익과 폴리스의 이익 간의 관계를 이해할 수 있도록, 그 자신이 이끌어 나가는 가정을 가지고 있어야만 한다. 용병은 단지 타인의 손아귀에 든 수단에 지나지 않는다. 시민 전사는 비록 공적 권위 아래 있지만 단순한 수단 이상의 의미를 지니고 있다. 왜냐하면 그의 비르투는 자신의 것이며, 그는 자신이 무엇을 위해 싸우는지를 알고 싸우기 때문이다. 앞서 살펴본 바와 같이, 브루니와 귀차르디니는, 사람들이 강제 때문이건 우유부단함 때문이건 간에, 공적 구성원으로서 그들 자신으로부터 기대했어야 마땅한 것을 타인에게서 기대했을 때 자유는 사라지고 정체는 부패한다는 사실을 이미 인지하고 있었다. 이는 분명히 어떤 이중적 의미에서, 도시가 자신의 시민을 군대로 쓰지 않고 대신 용병을 고용했을 때 적용될 수 있을 것이다. 시민들은 열등한 자들에게 공익을 위해 해야만 하는 것을 그들 자신을 위해 하도록 허용했기 때문에 부패의 상태로 전락할 것이다. 용병이란 공익에 대한 배려 없이 공적 기능을 수행하는 존재이기 때문에 그러한 부패의 첨병이라 할 만하다. 또한 야심으로 가득 찬 개인 역시 용병으로 하여금 공화국을 위해 해야 할 것을 그 자신을 위해 하도록 함으로써 스스로 공화국 위에 군림하며 결국에는 그것을 파멸의 길로 이르게 할 위험이 있었지만, 실제로는 사려 없는 시민들을 공적 통제로부터 벗어나도록 방치함으로써 그렇게 되고 말았다. 마키아벨리가 《리비우스 논고》에서 제기한 부패의 이론과 그 예증들을 검토해 보면, 그것이 어느 정도로 시민 개인의 자율성 개념에 기초하고 있는지, 그리고 그러한 자율성 여부가 어느 정도로 그 자신을 무장하도록 하려는 의지와 능력에 의해 판단되는지를 알 수 있을 것이다.

먼저 부패는 일반화된 도덕적 쇠퇴의 과정으로서 나타나는데, 그 시작을 예견하기란 어렵고 그 진행과정 역시 거의 막을 수가 없다. 정체상의 질서는 도덕적 질서에 근거하고 있으며, 부패가 영향을 미치는 것은 후자의 경우이다. 한편으로는 좋은 관습(buoni costumi) 없이 좋은 법(buoni ordini)이 있을 수 없지만, 다른 한편으로는 일단 좋은 관습이 사라져 버리면 좋은 법만으로 그것을 되살려내기란 극히 힘들다. 제도는 도덕적 풍토에 의존하고 있는데, 법이란 사람들이 부패하지 않았을 때에는 잘 작동하지만 부패했을 때에는 원하는 바와는 반대의 결과를 가져오게 마련이다.[54] 바로 이 때문에 우리는 그라쿠스 형제의 실패를 연구해야 한다. 그들은 로마가 이전에 가졌던 덕성을 제도에 되살리려고 함으로써 최선의 의도에도 불구하고 로마의 파멸을 앞당기고 말았다.[55] 정치적·종교적 체계들을 보존하려면 그 본래의 원리로 돌아가야만 한다고 마키아벨리가 주장할 때,[56] 그가 뜻하는 바는 이미 부패한 국가가 다시 한 번 새로운 출발을 할 수 있다거나[57] 혹은 폴리비오스적 정체 순환이 역전 가능하다는 것이 아니라, 대략 10년의 간격을 두고 프린치피(principii 원리들)를 귀감 또는 징벌의 의미로 강제 시행함으로써 부패가 시작되는 것을 반드시 막아야만 한다는 것이다.[58] 이때 우리는 가능한 한 시간의 진행과정 속에 휩쓸리지 않도록

---

54) *Discorsi*, I, 18; *Opere*, p. 140.

55) *Discorsi*, I, 37; *Opere*, p. 173.

56) *Discorsi*, III, 1; *Opere*, p. 309. 이러한 주장을 종교에 적용한 것에 대해서는 아래의 주 81을 볼 것.

57) 갈리아 인들이 로마 약탈을 자행한 것을 두고 혼돈상태에 이르렀던 질료로부터 다시 한 번 시작하는 것에 가깝다고 볼 수도 있기는 하다. *Ibid.* pp. 309-310을 볼 것.

58) *Opere*, pp. 310-311. 이러한 주장은 원래의 "원리"(principio)가 정당한 것인가 아닌가 하는 점과는 무관하다. 마키아벨리는 계속해서, 1434년에서 1494년 사이 피렌체를 지배한 메디치가 군주들은 그 본래의 엄격성을 되살리기 위하여 그 자신의 체제를 해체하곤(ripigliare lo stato) 했다고 말한다. 이는 현대의 "대숙청"과 "문화혁명"을 생각나게 하는 과정이다.

조심해야 한다. 물론 제도적 장치들은 스스로를 강화하고 갱신할 수도 있으며, 부패가 실제로 시작되지 않은 상태라면 부패의 시작을 방지할 가능성까지도 있다. 하지만 일단 그것이 시작되면 제도는 무력해지고 말 것이다. 매시간 언제나 원리를 강화할 제도적 장치가 필요한데, 만약 그러한 것이 없다면 부패가 시작되어도 현인(그러한 사람이 존재한다고 가정할 때) 외에는 아무도 그것을 알아차릴 수 없을 뿐 아니라, 그 역시 이러한 사실을 이웃 사람들에게 납득시키기가 어렵고 사람들이 부패하면 할수록 그것은 더 어렵게 된다. 더욱이 부패란 전반적으로 확산된 다음에야 비로소 눈에 보이는 법이며, 이때쯤에는 사람들의 관습(costumi)이 이미 변화하여 옛 법률과 처방이 더 이상 적용되지 않는다는 사실이 우리에게 주는 당혹감은 거의 비극적이다. 이러한 상황 아래서 마키아벨리는 형세를 관망하기보다는 과감한 행동을 선호하는 자신의 통상적인 방식을 일시 유보한다. 기존의 관습들이 부패했을 때조차도 그라쿠스 형제가 그랬던 것처럼 그것에 반대되는 방향으로 입법하는 것은 옳지 못하다. 스파르타의 클레오메네스는 좀더 나은 조치를 취했는데, 그는 리쿠르고스의 법을 되살리기 전에 부패한 요소들에 대한 피의 숙청을 감행했던 것이다.59) 만약 당신이 이렇게 할 수 없다면 사태를 관망할 수밖에 없다.60) 하지만 부패의 증대에 의해 지배되는 시간의 진행과정 속에서 우리가 얻을 것은 포르투나가 지배하는 과정 속에서 얻을 것보다 조금도 더 나을 바가 없다. 유일한 진짜 희망은 사람들의 내면에 있는 덕성을 되살려냄으로써 부패를 종식시킬 만한, 초월적 덕성을 갖춘 한 사람의 절대적 권력에 있다. 그러나 그는 《군주론》의 카리스마적 입법자들보다 훨씬 더 어려운 과제에 직면해 있다. 왜냐하면, 그러한 입법자 아래에 있던 사람들은 완전히 법 이전의 상태에 놓여 있어서 어떤 방향으로든 이끌 수가 있었고 그래서

59) *Discorsi*, I, 9 (클레오메네스), 17, 18 (다시 클레오메네스), 33, 38, 46.
60) *Discorsi*, I, 33; *Opere*, pp. 164-165.

오카지오네 외에는 포르투나에게 빚진 것이 없었지만, 그의 경우는 우선 사람들이 부패해 있을 뿐 아니라 그들의 행위가 변질됨으로써 주변 상황도 운의 지배 하에 놓이게 되기 때문이다. 이러한 상황에서라면 무장한 예언자라 해도 실패할 수 있다. 그가 권력을 잡는 방식들로 인해 그조차도 부패할 가능성이 있다.[61] 설사 이러한 일이 일어나지 않는다고 해도, 그의 카리스마를 통해 그의 생애 동안 사람들의 덕성을 되살려내지는 못할 것이고,[62] 그리하여 그가 죽으면 사람들은 다시금 이전의 추잡한 상황으로 되돌아가게 될 것이다(드골이 프랑스인들에 대해 했다고 알려진 예언처럼). 창조적인 국가 창건을 가능케 하는 두 가지 도구로서 군사적 비르투와 종교적 비르투를 들고 있는 마키아벨리의 견해에 비추어 볼 때(로물루스와 누마가 그 예이다), 그가 예언자 모세를 계승한 전사 여호수아의 예나 혹은 그 뒤를 이은 판관들의 예를 신의 감응을 받은 전쟁 지도자로 활용치 않고 있는 것은 흥미로운 사실이기는 하지만, 어쨌든 초인적인 입법자의 뒤를 이어 다시 그와 같은 사람이 나타날 가능성은 희박하다. 유대 및 성서의 역사에 등장하는 예언자들 속에서 입법자를 찾으려 하는 시도는 《리비우스 논고》에서는 잘 보이지 않는다.

논점이 이쯤에 이르면 부패라는 것이 마치 포르투나의 확장된 형태와 별로 다를 바 없는 것처럼 보일 수도 있다. 즉 그것은 정상에서 벗어난 일이 비합리적으로 계속되는 일련의 상황으로서, 예측이 불가능한 데다 질서를 전복하는 내재적 속성을 지니고 있기 때문에 통제 불능이다. 그러나 실제로는 이러한 현상에 대한 분석이 여기서 시사한 것보다 더욱 자세히 이루어질 필요가 있다. 마키아벨리가 부패에 대해 얘기할 때 목적론적 언어를 자주 사용하고 있다는 것은 특기할 만한

---

61) *Discorsi*, I, 18; *Opere*, p. 142.
62) *Discorsi*, I, 17; *Opere*, p. 139.

점이다. 법과 정체, 심지어는 덕의 구조물들까지도 포르마(forma 형상)이며, 입법자와 법의 시행자는(개혁가는 말할 나위도 없고) 공화국의 마테리아(materia 질료), 즉 인간이라는 성분에다가 형상을 부여하려고 한다는 것이다. 《리비우스 논고》의 어떤 장들을 보면, 마키아벨리가 마테리아란 말을 거의 도시 주민을 가리키는 반(半) 일상적인 용어처럼 사용하는 습관이 있음을 알게 된다. 하지만 부패 이론에서는 그것이 매우 기술적(技術的)으로 사용되고 있다.[63] 그에 따르면, 부패가 진행됨에 따라 마테리아 그 자체가 변화를 겪는데, 이런 일이 일어날 때 옛 법이 효력을 잃게 되는 이유는 동일한 형상이 상이한 질료에 부여될 수는 없을 뿐 아니라 그것으로부터 추출될 수도 없기 때문이다. 때때로 로마인들은 자신의 변화한 상황에 맞는 새로운 법을 만들어냈어야 했다는 주장이 제기되고는 있지만, 이러한 변화가 부패로 요약되는 한 실제로 그들이 그렇게 할 수는 없었을 것이다.

마테리아가 어떤 다른 것으로 바뀌는 것인지 아니면 단지 분해되어 버리는 것인지에 관해서는 무언가 모호한 점이 있을 수 있다. 그러나 상기해 보면, 사보나롤라에게 개혁이란 프리마 포르마(원초적 본성)를 되살리는 문제였으며, 인간의 목적, 즉 유덕하게 살아가는 것을 통해서 신을 알게 되는 것에 다름 아니었기 때문에 그는 개혁을 오직 은총을 통해서만 수행될 수 있는, 인간의 도덕적 본성에 대한 총체적 회복이라 생각하였다. 다른 피렌체 지식인들이 점점 더 덕을 비베레 치빌레(시민적 삶)와 동등시함에 따라, 그것의 필요조건은 점점 더 시간적인 것으로 보이게 되었다. 또한 시간은 "제 2의 본성"을 창조하는 관습 및 관례와 같은 힘들에 의해 지배되었다. 만약 마테리아가 공화적 덕성이란 포르마를 받아들이는 데 적합한지의 여부가 그것의 제 2 본성 — 시간에 의해 결정되는 조건 — 에 의해 지배된다면, 마테리아 내의

63) *Discorsi*, I, 17; *Opere*, p. 139; *Discorsi*, I, 18; *Opere*, p. 141; *Discorsi*, III, 8; *Opere*, pp. 342, 343.

변화는 시간상의 어떤 조건에서 다른 어떤 조건으로 나아가는 질적 변화가 될 것이다. 따라서 군주 혹은 입법자가 시간과 상황의 산물인 제2의 본성 혹은 관습의 구조물을 얼마나 크게 변화시킬 수 있는가 하는 문제가 떠오르게 된다. 공화국이란 곧 덕의 구조물이었기 때문에 그것은 관습의 구조물 이상의 것이었다. 하지만 덕은 부오니 코스투미(좋은 관습) 속에 뿌리박고 있었고, 이러한 관습들은 시간 속에서 부패될 수 있었기 때문에, 마테리아 그 자체가 변화함으로써 덕을 발휘하기 힘들어지게 되었다. 한편으로 덕은 쇠퇴의 과정 외에는 어떤 변화도 있을 수 없는 이상적인 실현 상태로 보였다. 하지만 다른 한편으로 덕은 시간에 의해 결정되는 조건 안에 머물고 있어서 그것의 상실을 역사적·질적 변화로 묘사할 수도 있는 여지가 있었다. 물론 그러한 묘사는 덕으로 이어질 수 있는 것은 어떤 것이며 이어질 수 없는 것은 또 어떤 것인지에 대한 관념들에 의해 제한될 것임에 분명하다.

결과적으로 《리비우스 논고》에는 부패를 단순히 도덕적 차원에서 분석한 대목뿐만 아니라 사회학적 차원에서 분석한 대목도 들어 있다. 부패를 다룬 첫 번째 장(1권 17장) 끝 부분에서, 마키아벨리는 부패가 인간의 일반적 허약성이 아닌, 다른 원인을 가지고 있다고 분명하게 말하고 있다.

> 부패가 만연하고 자유로운 삶에 적합지 않은 그러한 경향은 도시 내의 불평등에서 생겨난다. 평등을 회복하기 위해서는 극단적인 비상수단을 사용할 필요가 있는데, 그것에 대한 지식이나 그렇게 하려는 의지를 가진 사람은 거의 없다.[64]

이러한 "불평등"이 과연 어떤 것인가에 대해 정식으로 설명된 부분은 찾기 어렵다. 이에 대한 마키아벨리의 생각들을 담은 증거를 수집

64) *Opere*, p. 139.

할 필요가 있다. 다음 장은 로마의 옛 법이 어떻게 해서 부패로 인해 작동할 수 없는 지경에 이르렀는지를 설명하는 것으로 채워져 있는데, 여기서 그는 로마가 모든 적국들을 정복하여 더 이상 그들을 두려워하지 않게 된 이후 그 자리에 가장 적합한 인물이 아니라 사람들의 호의(grazia!)를 얻는 솜씨가 제일 뛰어난 인물을 관직에 선출하기 시작했다고 말한다. 이어서 로마인들은 대부분의 권력을 차지한 사람들에게 관직을 부여하는 데까지 하락했으며, 그리하여 선인(善人)들은 권력자를 두려워한 나머지 관직 그 자체를 멀리 하였고 심지어는 공적인 발언조차 자유로이 하지 못하게 되었다.[65] 개혁이 거의 불가능하게 되는 것은 바로 이러한 상황 아래서이다. 기존의 공화국은 자체 개혁이 어렵다. 법은 이미 작동 불능이기 때문에 개혁을 하자면 폭력적인 수단에 의하지 않으면 안 된다. 그리고 일부 인물들은 이제 법을 능가하는 힘을 가지고 있으므로 그들은 일인이 행사하는 거의 왕권적인 힘에 의해 통제될 수밖에 없다. 하지만 그 일인은 자신이 채택하지 않을 수 없는 수단으로는 법이든 자유든 어떤 것도 복원하기가 힘들다는 것을 알고 있다.[66] 이렇게 되면, 유사 순환론적 입장에서 왕국으로의 복귀가 거의 불가피한 것처럼 보인다.

그러나 설사 앞에서의 논증이 "불평등"의 출현을 설명해 준다고 하더라도, 이 용어가 함축하고 있는 것은 부의 불평등도 정치적 권위의 불평등도 아니며(마키아벨리가 이 중 어느 쪽에라도 반대했다고 생각할 만한 이유는 없다), 당연히 공익과 공적 권위를 존중해야 할 때 일부 사람들이 그렇게 하지 않고 다른 인물들(귀차르디니가 말하는 파르티콜라리, 즉 권력자)에게 경의를 표하는 사태이다. 그리고 "평등"이란 모두가 똑같이 공적인 것을 존중하는 상황을 일컫는 것임에 틀림없다. 부패는 파당과 과도한 권력을 가진 시민들의 출현을 뜻하며, 이는 권

65) *Discorsi*, I, 18; *Opere*, pp. 140-142.

66) *Ibid.* pp. 142-143.

력자와 그들에게 의존하는 자들 모두를 똑같이 갉아먹는 도덕적 상황이다. 그리고 로마의 관습이 타락한 예에서 볼 때 부패의 기원은 완전히 도덕적인 것이다. 이 단계에서 마키아벨리는 우리에게 필연적으로 부패를 야기하게 만드는 사회적 조건들에 대해 아무 것도 말하고 있지 않지만, 시민군과 평민 국가에 대한 마키아벨리의 이론을 관통하는, 시민과 자력 갱생적인 전사를 동일시하는 주장을 염두에 둘 때, 그러한 조건들이 다수가 전쟁의 수단을 가지고 있지 않거나 포기한 상황과 관계가 있을 것이라는 것을 쉽게 상상할 수 있다.

《리비우스 논고》 1권 55장에서 마키아벨리는 공화 정부에 적합하거나 적합하지 않은 조건들을 사회적 측면에서 분석하는 방식으로 다시 한 번 부패와 불평등의 개념을 논하고 있다. 그에 따르면, 자신이 젠틸루오미니(gentiluomini 신사)라 부른 종류의 사람들이 많은 곳에서는 공화정이 전적으로 불가능하게 된다. 이들은 토지재산에서 나오는 수입으로 호화롭게 살아가거나, 혹은—훨씬 더 위험한 경우로서—성에 거주하며 가신(sudditi)을 거느리고 사는 사람들이다. 나폴리, 로마, 로마냐, 롬바르디아는 "이 두 부류의 사람들로 가득 차 있다." 유감스럽게도 문맥만으로는 마키아벨리가 염두에 두고 있는 것이 군사적·비군사적인 두 "부류"의 젠틸루오미니인지, 혹은 혹은 성에 거주하는 영주와 그 가신이라는 두 계급인지는 분명치가 않다. 적어도 후자가 가능한 해석에 해당되는데, 젠틸루오미니를 자유 정부와 양립 불가능하게 만드는 것은 무엇보다 그들이 지닌 권력이며, 첫 범주의 나태한 부재지주들이 과연 무슨 권력을 행사할 수 있을 것인지 알기 어렵기 때문이다. 토스카나 지방에는 젠틸루오미니가 지극히 드물 뿐 아니라 시뇨리 디 카스텔라(signori di castella 성을 가진 영주)가 존재하지 않기 때문에, 바로 이러한 조건이 그곳에서 공화적 생활을 가능하도록 해주는 것이다. 우선 젠틸루오미니를 모조리 없애버리지 않으면 공화국은 확립될 수 없다. 그렇지 않으면 마테리아가 너무 부패해서 더 이상 법으로는 다스릴 수가 없고 왕권이 세워지지 않으면 안 될 상황이 도래하기 때문이다. 이와 마찬가지로 만약 성과 가신을 거느린 소수의 야심을 가진 사람들이 없고 스스로를 군주에게 의존하지 않는, 평등이 존재하는 곳에서 왕국이나 군주정이 확립될 수는 없는 법이다.[67] 여기서 피력된 마키아벨리의 사상은 로도비코 알라만니의 경우와 거의 흡사한데, 다만 알라만니가 조신(朝臣)을 강조하고 있는 데 반해 마키아벨리는 영주에 초점을 맞추고 있다는 점만 다를 뿐이다.

만약 젠틸루오미니를 불평등과 부패의 원인으로 만드는 것이 그들의 성과 신민이라면, 부패하지 않은 공화국은 군사적 종속이 없는 국가여야 하며 "평등"의 한 특성은 모두가 똑같이 전사라는 것이 되어야 한다. 모든 시민을 무장하게 만드는 정치적 조건들이 존재해야만 한다. 또한 모두가 공화국을 위해 싸우기를 원하는 도덕적 조건들이 존재해야 하며, 전사에게 주둔지 막사 밖에 가정과 직업을 제공하며 그가 자신의 칼을 어떤 권력자 개인의 명령에 따라 휘두르는 수디티오(가신), 크레아토(예속자), 혹은 용병이 되지 않도록 하는 경제적 조건들(영주의 가신에게는 이것이 결여되어 있다) 역시 분명히 존재해야 한다. 전사와 시민의 경제적 독립은 부패에 대항하는 전제조건이다. 설사 이러한 조건들이 결여되어 있다고 해도, 도시가 팽창을 회피하고 스스로를 외부세계와 절연하여 자신의 군대와 시민체의 힘을 제한함으로써 부패를 피할 수도 있다. 비록 마키아벨리가 베네치아의 정책들을 경멸적 언사로 묘사하고 있다고 해도, 그는 결코 베네치아가 용병의 사용으로 인해 부패했다고 말하지는 않는다. 그러나 평민 정부와 공격적인 비르투와 무장한 주민들을 택했다가 그 뒤에 시민 전사로 하여금 소수의 권력자에 봉사하는 예속자와 가신으로 전락하게 만든 도시는 사실상 극심한 부패 상태로 빠져들게 될 것이다. 이것이 바로 로마의

---

67) *Discorsi*, I, 55; *Opere*, pp. 205, 206.

궁극적인 운명이었다. 마키아벨리는 로마 공화국이 붕괴한 데 대해 두 가지 주요 원인을 들고 있다.[68] 첫 번째 원인은[69] 그라쿠스 형제가 토지소유권을 제한하고 정복지를 평민들에게 분할하는 법을 부활시킨 것인데, 이로 인해 귀족과 평민 사이의 불화가 야기되었고 각 파당은 자신들의 군사 지도자와 군대를 동원하기에 이르렀다. 두 번째 원인은[70] 군대 지휘권을 연장한 것인데, 이는 군부대들로 하여금 공적 권위를 망각하고 그들을 지휘하는 정치가의 파당으로 전락케 하는 경향을 유발하였다. 특기할 만한 점은 어느 쪽의 진술도 로마 시민-전사의 부패에 대해 제대로 설명하지 않고 있다는 것이며, (제임스 해링턴이 관측한 것처럼) 마키아벨리가 왜 앞의 두 설명을 조합하는 지점까지 가지 않고 있는지도 흥미로운 사실이다. 즉 그는 토지분배가 병사-정치가의 통제 하에 놓여 있었다는 점, 바로 그런 이유로 군대는 장군의 예속자이자 파당으로 전락했으며 가장 유능한 황제가 이제는 용병화한 자신의 군대를 가지고 로마를 통치하는 데 성공할 때까지 그들에게 상을 줄 수 있는 자는 오직 장군들뿐이었다는 점을 지적하지 않고 있는 것이다. 그러나 이 논제는 17, 8세기의 시민적 휴머니스트들 사이에서는 흔한 것이 되었는데, 그들의 사상은 이런 저런 측면에서 전적으로 마키아벨리적 전제들 위에 기초하고 있었다. 해링턴이 그랬고, 몽테스키외, 제퍼슨, 기번 역시 그랬다.

---

68) 《리비우스 논고》 1권 5장에서 그는, 평민들에게는 귀족계급을 공격한 정치가라면 모두 잘했다고 하는 경향이 있었는데, 바로 "이로부터 마리우스의 권력과 로마의 몰락이 나타났다"고 말한다. 1권 37장에서는 이에 대한 원인으로서 농지법이 등장하고 있다.

69) *Discorsi*, I, 37.

70) *Discorsi*, III, 24. 황제에 의한 군대의 직업화라는 논제는 《전쟁의 기술》 1권에서 더 깊이 논의되고 있다.

[IV]

이제 바야흐로 자유의 사회학이 출현하고 있는 셈인데, 그것은 대체로 사회와 비베레 치빌레에서 무력의 역할에 대한 개념에 기초하고 있었다. 그리고 그 반대편에서는 부패의 개념이 포르투나의 단순한 임의성 개념을 대체하는 경향이 나타나고 있었다. 이것은 물론 덕의 정치화가 가져온 결과인데, 이를 통하여 덕이 쇠퇴한 원인을 정치적 측면에서 설명할 수 있게 되었다. 한편으로 부패는 여전히 돌이킬 수 없는 일방적 과정으로서 이 세상에 속한 사물의 변화무쌍함과 엔트로피의 일부이다. 인격과 정체는 균형상태 속에서 보존될 수도 혹은 상실될 수도 있지만, 제 3의 가능성은 존재하지 않는다. 하지만 다른 한편에서 무장(武裝)의 관념을 기초로 구성되는 자율성과 종속의 개념들은 어떻게 해서 부패가 발생하는가에 대한 객관적이고도 거의 유물론에 가까운 설명 — 주관적·윤리적인 설명에 반대되는 — 을 제공하기 시작한다. 인간이 비르투를 상실하는 것은 자율성을 잃었기 때문이며, 그러한 자율성은 단지 그들 자신의 비르투에만 있는 것은 아니다. 로마 공화국은 볼루빌 크레아투라(volubil creatura)*의 신비로운 힘에 의해서가 아니라 아직 시간이 있을 동안은 그 결과를 알아차릴 수가 없는 기술 가능한 원인들을 통해 멸망한 것이었다.

그러나 비록 부차적인 원인들이 급속하게 포르투나란 인물을 잠식하고 있다 해도, 더 깊은 의미에서 비르투-포르투나의 양극성은 여전

---

* "변화무쌍하고 변덕스러운 존재"라는 뜻으로 포르투나를 가리킨다. 이는 마키아벨리가 조반 바티스타 소데리니에게 헌정한 3행시 〈포르투나에 대하여〉(*Di Fortuna*) 제4연 1행에 나오는 어구이다. 이 시가 언제 씌어졌는지는 잘 알 수 없으나, 1506년 역시 조반 바티스타 소데리니에게 보낸 것으로 밝혀진 유명한 편지 〈기리비치〉(*Ghiribizzi*)와 내용상 유사성을 보일 뿐 아니라 수신인이 동일한 인물이라는 점에서 이 시 또한 1506년 무렵에 씌어진 것이 아닐까 추정된다.

히 작동하고 있다. 그리고 이것이야말로 《리비우스 논고》에 담긴 민주주의 이론을 구성하는 필수불가결한 요소이기도 하다. 마키아벨리는 평민 공화국의 기초를 무장한 시민의 비르투에 둠으로써, 평민의 정치참여라는 문제를 지식의 문제에서 의지의 문제로 변형시켰다. 주류 아리스토텔레스 이론에 의하면 다수는 경험에 기초한 지식을 소유하고 있었고, 이 덕분에 그들은 자신들의 상위자를 선출하고 관례, 관습, 전통에 의거한 판단과는 약간 다른 정책판단을 할 수가 있었다. 설사 마키아벨리가 평민계급을 매우 칭송하고 있는 것은 사실이지만,[71] 다수의 이러한 정책결정 과정이 너무 느린데다가 귀족계급에 위임된 측면이 지나치게 많아서 갑작스러운 위험과 도전이 들이닥치는 세계를 국가의 존립이라는 문제에 맞추어 나가기가 힘들다는 것이 그의 판단이었다. 따라서 그는 국가를 무장한 평민 국가, 즉 세나투스 포풀루스쿠에(senatus populusque)*로 대체함으로써 적에 맞설 수 있을 뿐 아니라 대내 관계를 바꾸고 개선할 만한 훈련된 역동적 의지도 과시할 수 있을 것이라고 생각하였다. 로마의 강점은 최대치의 비르투를 군사적·시민적 목적을 위해 동원하고 몇 세기 동안 그 상태를 유지할 수 있다는 사실에 있었다. 하지만 결국 모든 것은 결국 개인의 성격으로서의 비르투, 정치적·도덕적·경제적 자율성에 기초하고 있는 공공의 것(res publica)에 대한 헌신으로서의 비르투에 의존하고 있었다. 만약 무장한 시민이 이 모든 것을 가지고, 더불어 부오나 에두카치오네(좋은 교육)까지 받게 된다면, 그는 비록 자신이 도저히 오를 수 없을 정도로 더 높이 위치한 것이기는 하지만 어쨌든 로마인의 비

71) *Discorsi*, I, 58; *Opere*, p. 212.

* 이 말은 고대 로마 공화국 정부를 뜻하는 "Senatus Populusque Romanus"(SPQR)의 일부이다. 그것은 "로마의 원로원 및 평민"이란 의미이다. 여기서 저자 포칵은, 마키아벨리에게는 로마 공화국이 바로 "무장한" 평민 공화국이었다는 함의로 이 표현을 쓰고 있는 것으로 보인다.

르투 같은 것을 보여줄 수도 있을 것이다. 공화국은 왕국에 비해 더 많은 비르투를 동원하였고, 공화국의 다양한 지도력은 일인 통치자의 단일한 성격에서 기대할 수 있는 것에 비해 포르투나의 변화에 더 유연하게 적응할 수 있는 여지를 마련해주었다.[72] 공화국이 합의를 얻어야 할 필요성 때문에 행동이 느리게 되는 것은 오직 상황의 변화(아마 부패가 그런 것일 텐데)가 구조적 변화를 불가피하게 만들 때뿐이었다.[73] 그러나 이런 점에도 불구하고 성공은 비르투의 기능이었고, 비르투는 공공선을 위해 동원된 다수의 성격들의 자율성에 달린 문제였다. 비르투를 동원할 수 있었던 곳은 오직 공화국뿐이었고, 각 공화국은 유한한 개별자로서, 오직 유한한 수의 개인들이 비르투를 보여주기 위해 훈련받고 결집할 수 있는 곳이었다. 각 개인의 비르투는, 그것을 어떻게 정의하든 간에, 나머지 다른 모든 사람들의 비르투에 의존하고 있었다. 일단 비르투의 쇠퇴가 시작되면 그것을 막기는 불가능했다. 또한 비르투는 시민권의 측면에서뿐 아니라 군사적 측면에서도, 정의를 다루는 공적 세계뿐 아니라 전쟁에 관한 대외적 세계에서도 분명하게 표출되어야 했다. 일단 파르티치파치오네(정치참여)의 극대화를 목표로 하는 고베르노 라르고(넓은 헌정)가 무장한 다수와 팽창을 위해 조직된 공화국을 요구한다는 것이 명확하게 되자, 시민적 덕성은 타국을 정복하는 공화국의 능력 — 주스티치아(giustizia 정의)가 배제되고 포르투나만이 지배하는 세계 속에서 펼쳐지는 비르투 — 에 의존하게 되었다. 만일 피렌체가 피사를 정복할 수 없었다면 스스로 공화국이 될 수도 없었다. 하지만 만약 피사인들이 피렌체의 침입을 저지할 수 없었다면 그들 역시 덕을 소유할 수는 없었던 것이다.

시민권을 군사화했다는 점에 주목하면 《리비우스 논고》는 어떤 중

72) *Discorsi*, III, 9; *Opere*, pp. 344-345. Cf. *Il Principe*, ch. 25; 위의 6장 주 39를 볼 것.

73) *Ibid.*

요한 의미에서 《군주론》보다도 더 강력한 도덕적 전복성을 지니고 있다. 군주가 몸담고 있는 삶(vivere)은 너무 무질서해서 오직 그가 모세나 리쿠르고스만큼이나 높은 목표를 가질 때라야 타인의 시민적 덕성을 유지하는 일에 다소라도 기여할 수 있었다. 하지만 공화국이 도덕적·공적 측면에서 그 자체로 덕을 가지게 되는 것은 타민족과의 관계에서 오직 그것이 사자이면서 동시에 여우가 될 때, 인간이면서 동시에 야수가 될 때뿐이다. 이는 《군주론》에서 보이는 켄타우로스의 이미지[74]가 좀더 복잡한 수준에서 되풀이되고 있는 것일 수도 있다. 이러한 이중성에 대한 인식은 신이 세계 속에 정의의 원리들을 인도한다는 개념이 아직은 미약한 편이었던 폴리비오스에게는 상대적으로 용이한 것이었을 텐데, 마키아벨리의 경우 이러한 인식은 내심 공화국을 은총의 피조물로 다루지 않으려는 그의 생각과 직결되어 있었다. 공화국의 정의(正義)는 시공간적으로 유한한 것이었다. 그것이 다른 공화국에 대하여 과시할 수 있었던 것은 오직 비르투 밀리타레(군사적 비르투)뿐이었고, 이런 대외적 능력이야말로 대내적으로 시민적 덕성을 유지하는 스스로의 능력을 결정하는 요인이었다. 덕의 공화국들은 서로 전쟁 상태에 놓여 있었다. 이 때문에 그리스도교적 덕성들과 시민적 덕성들은 결코 공존할 수 없었다. 남에게 겸양을 보이며 자신이 받은 위해를 용서하는 행위는 공화국 간의 관계에서는 있을 수 없는 일이었다. 그러한 경우 지상명령은 자신의 도시를 방어하고 적을 넘어뜨리는 것이었다. "만약 종교가 그리스도교 공화국의 시작과 함께 그 창시자의 교의에 따라 유지되었다면 그리스도교 국가와 공화국은 지금보다 더 단합되고 행복한 상태가 되었을 것"이며,[75] 그리스도교 신앙은 결코 우리가 조국을 사랑하고 수호하는 것을 막지 않는다[76]고 마키아벨

74) *Il Principe*, Ch. 18; *Opere*, p. 56.

75) *Discorsi*, I, 12; *Opere*, p. 127.

76) *Discorsi*, II, 2; *Opere*, pp. 227-228.

리가 주장한 것은 사실이다. 하지만 그는, 내세에서의 지복을 추구함으로써 우리는 스스로에 대한 위해뿐 아니라 공화국에 대한 위해까지도 인내하게 된다는 것,[77] 그리고 시민적 덕성이란 적에 대해 추호의 자비도 베풀지 말고 완전히 궤멸시켜서 적국의 주민들을 죽이거나 노예로 만들었을 때 최고로 번성하였다는 것[78] 역시 분명하게 주장하고 있다. 비베레 치빌레에 담긴 함의들은 점점 더 이교적이고 세속적이며 시간에 속박되는 상태로 변해간다. 종교란 오직 점복일 뿐이며 이 세상의 가치를 초월하는 어떤 다른 가치도 존재하지 않는 세계에서라야 비베레 치빌레는 비로소 온전히 그 본연의 모습을 드러낼 수 있는 것이다.

만약 공화국이 은총의 차원 속에 존재하는 것이 아니라면, 종교는 공화국이 거주하는 곳과 동일한 차원 속에 존재하고 있는 것으로 보일 수도 있다. 《리비우스 논고》 제 3권 서두에서 우리가 듣게 되는 것은, 이 세상의 모든 것들의 존재는 시간의 한계 속에 있지만, 오직 처음에 조직된(ordinato) 대로 바뀌지 않았거나 혹은 최초의 원리들로 복귀하는 방식으로 스스로를 변화시킨 경우에만 하늘이 각자에 내려준 길을 걸을 수 있게 된다는 것이다. 이는 특히 공화국이나 종파(sette)와 같은 혼성체에 잘 들어맞는 말이다.[79] 마키아벨리는 정확히 어떤 의미에서 종교가 코르포 미스토(corpo misto 혼성체)가 되는 것인지 명시하고 있지 않다. 언젠가 사보나롤라가 교회에 대해 제시한 상투적인 대답에 따르면 그것이 천상과 지상의 것들로 이루어졌기 때문이라는 것이다.[80] 하지만 우리의 종교(la nostra religione)가 세상사(cose del mondo) 가운데에서 생각될 수 있다는 의심을 남기지 않기 위해서, 그

---

77) *Ibid.* p. 227. Cf. Guicciardini, *Ricordi*, B 27.

78) *Discorsi*, II, 2, *passim.*

79) 앞의 주 56을 볼 것.

80) 앞의 4장 주 38을 볼 것.

는 프란체스코와 도미니쿠스가 그리스도의 청빈을 모방함으로써 종교를 그것의 원리에 가깝게(verso il suo principio) 되살려낸 일을 논하고 있다. 이 성인들이 창시한 수도회들은 설사 통치자가 사악한 인물이라고 해도 불복해서는 안 되며 그에 대한 벌은 신의 몫이라고 설교하였고, 그리하여 사악한 자는 자신은 믿지도 않는 벌을 두려워 할 필요 없이 하고 싶은 대로 행동하면 되는 결과를 초래하였다. 문제의 악한은 세속의 폭군이라기보다는 교회의 부패한 군주들이다. 하지만 이것이야말로 그동안 종교가 계속 유지될 수 있었던 것은 성인들이 수행한 린노바치오네(갱신) 덕분이라는 점을 잘 보여주고 있다.[81] 교단을 개혁하고 성직자의 청빈을 회복하려는 그들의 시도가 결과하는 아이러니가 이보다 더 분명할 수는 없다. 프란체스코와 도미니쿠스의 가르침에 충실한 자들이 그들이 사는 공화국의 자유와 시민적 덕성에 큰 관심을 기울일 것처럼 보이지는 않는다.

따라서 은총의 차원이 사라져 버린 지금, 공화국과 그 덕성은 더 이상 보편적인 것이 아니었고, 그리하여 다시 한 번 시공간적으로—"역사적으로"라고 말한다면 대비가 좀더 뚜렷해질 것이다—유한한 존재가 되었다. 시공간상으로 수많은 공화국이 있었고 각각의 덕은 서로 접촉하고 있는 상태였다. 이를 인정한다는 것은 곧, 어떻게 하면 군주 이상의 존재인 공화국이 이미 여러 공화국으로 일부 구성되어 있는 이탈리아라는 지역을 재구성할 수 있는가를 보여주는 문제와 대면하는 것을 의미했다. 사보나롤라는 오직 계시적 상황 속에서, 그리고 오직 피렌체에 세속적인 부와 권력을 약속하는 듯한 측면에서, 그 도시가 세계를 개혁하는 존재임을 그려 보일 수 있었다. 마키아벨리에게는 그러한 통로가 열려 있지 않았고, 한 공화국과 다른 공화국들 간의 관계는 진정 어려운 문제였다. 연맹, 주도권, 적나라한 지배 등이 현실적

81) *Discorsi*, III, 1; *Opere*, pp. 312-313.

으로 가능성 있는 대안으로 보였으며, 만약 마지막 대안이 극히 불안정한 것으로 배제되었다면, 첫 대안은 귀족적 공화국이라고 똑같이 비판받았다. 즉 자발적으로 팽창을 제한하는 것은 너무 위험한 일이라는 것이다. 팽창하는 민주정이었던 로마는 중간적인 길을 택했고, 마키아벨리는 많은 지면을 할애하여[82] 로마의 동맹국 및 이전의 적들이 그들의 자유가 모두 상실되었다는 의식을 갖지 않게 하면서 사실은 로마에 대해 종속적인 관계가 되도록 한 다양한 장치들을 검토·제안하고 있다. 비록 약간은 불투명한 면이 있지만, 그 유명한 언명 — 자유로운 삶을 사는 사람들에 의한 지배가 군주에 의한 지배보다 더 나쁜 법인데, 왜냐하면 후자는 당신의 사랑과 충성을 바라며 그래서 당신의 관습들을 존중하는 반면, 전자는 도덕적으로 자기 충족적 성향이 있어서 당신을 완전히 복속시키는 것 외의 다른 어떤 것에도 관심을 두지 않을 것이 분명하기 때문이다[83] — 도 부분적으로는 바로 이러한 콘텍스트에서 보아야만 한다. 로마인들은 이러한 폭정의 행사를 피하고자 하였다. 하지만 마키아벨리는 그들이 이룬 장기간의 성공에 대해 어떤 환상도 갖고 있지 않았다. 그들은 이탈리아에 위치한 이전의 자유 공화국들과는 그럭저럭 관계를 이어갈 수 있었다. 하지만, 일단 지배 범위가 언제나 자유와는 거리가 멀었던 종족들에게로 확장되고 그리하여 그들을 통치하는 데까지 이르게 되자, 이탈리아인들은 그들 스스로가 야만적인 속주와 유사한 상태에 놓여 있다는 것을 깨닫게 되었다.[84] 이런 식으로 "로마 제국은 무력을 통해 모든 공화국과 자유 도시들을 멸망시켰고", 그리하여 그들이 가지고 있던 덕성은 이후 다시는 회복되지 못했다. 그리고 이는 내세적인 가치들의 확산과 함께, 근대인이 보

82) *Discorsi*, II, 2, 3, 4, 19, 23.

83) *Discorsi*, II, 2; *Opere*, p. 229. 이 부분을 Guicciardini, *Ricordi*, C 107과 비교해 볼 것.

84) *Discorsi*, II, 4; *Opere*, pp. 232-233.

여주는 자유에 대한 애호가 고대인에 비해 미약한 이유를 설명해 준다. 피렌체가 자유롭고 안정된 공화국으로 발전할 수 없었던 궁극적 원인은 다름이 아니라 로마가 토스카나 지방을 정복했다는 데 있었다.[85)]

군사적(따라서 시민적) 덕성은 남에게 지지 않으려는 야심과 경쟁의 경향을 가지고 있기 때문에, 다른 종족들이 덕을 상실하게 되면 이는 곧 로마인들 스스로의 덕이 쇠퇴하게 되는 한 원인으로 작용하였다. 부분적으로[86)] 바로 이러한 콘텍스트 속에서, 마키아벨리는 어느 한 시점에 이 세상에 존재하는 비르투의 양은 유한하며[87)] 부패로 인해 덕이 다 소모되고 나면 일종의 대격변이 일어나는데, 이후 야만적이지만 부패하지 않은 소수의 생존자들이 산에서 나타나서 모든 것을 다시 시작할 것[88)]이라는 견해를 피력하고 있는 것이다. 이 이론은 순환적이며, 인간과 도덕의 세계에서의 닫힌—초월되지 않기 때문에—체계를 전제로 하고 있다. 그것에 담긴 신스토아 철학적 함축은 이단적 아리스토텔레스주의자들의 아이테르니타스 문디(aeternitas mundi 세계의 불멸성)를 상기시킨다. 마키아벨리는 은총의 차원을 포기하고 덕을 오직 공화국—그 자체가 수와 공간과 시간에서 양적 유한성을 가진—에서만 존재하는 것으로 간주함으로써 이러한 함의에 도달하였다. 우리는 순환적인 아이테르니타스 문디에 대한 유일한 대안이 그리스도교 종말론이었다는 것을 스스로 되새길 필요가 있다. 그러나 이어

---

85) *Discorsi*, II, 2; *Opere*, p. 228. 로마가 토스카나 인들의 덕성을 전복한 데 대한 언급은 pp. 228, 235, 237을 볼 것.

86) 이전 시대에 대한 기억이 이제 다시 한 번 완전히 절멸됨으로써 과연 그러한 시대가 아득한 옛날부터 존재해 왔던 것인지 아닌지에 대한 문제를 모호하게 만든다는 것 역시 또 다른 콘텍스트가 된다. 마키아벨리는 이것이 종교와 언어의 변화로 인해 야기된다고 말하고 있다. 이런 생각은 어떤 측면에서 에드워드 기번이 말한 "야만과 종교의 승리"를 예견케 하는 개념이다.

87) *Discorsi*, II, *proemio*; *Opere*, pp. 218-219.

88) *Discorsi*, II, 5; *Opere*, p. 236.

서 단순히 신군주만이 가진 비르투가 아닌, 덕성 그 자체가 이제는 식인종과 같은 존재가 되었다는 사실이 드러난다. 셰익스피어가 읊었듯이, "종국에는 제 자신마저 먹어치우고 마는" "보편의 늑대"가 된 것이다.* 만약에 공화국이 다툰 상대가 은총이었다면 그 결과는 보편적인 것이 될 수밖에 없었다. 마키아벨리가 진정으로 전복적인 때는 그가 폭군에 대한 조언자가 아니라 좋은 시민이자 애국자인 경우였다.

그러므로 공화주의적 역사틀은 여전히 포르투나가 지배하는 순환적 형태를 유지하고 있었다. 그것은 유한한 양의 에너지에 관한 문제로서, 거의 유동하지 않고 자기 파괴적인 경향에다, 어떤 예측 불가능한 힘이 그것들을 다시 유동시키지 않는 한 끊임없이 총체적인 엔트로피를 향해 움직이는 그런 종류의 것이었다. 마키아벨리가 공화주의 이론에 기여한 방식은 대단히 독창적이었지만, 이는 안정을 추구하기에 앞서 군사적 역동성을 우선해야만 한다는 자신의 판단에 기초하고 있는 동시에 그것에 의해 제한되는 측면을 갖고 있었다. 그가 정치적 행동과 인간의 성격이 근거한 군사적 · 사회적 토대들을 탐색하게 된 것도 바로 이러한 판단 때문이었다. 그러나 한편, 다른 사람들은 안정을 더 선호하는 보다 더 전통적인 판단을 하고 있었고, 무력과 전쟁에 관한 문제들을 포기하지 않으면서도 베네치아의 사례 쪽으로 되돌아가고 있었다. 그들은 이 사례를 헌정 하에서의 권력배분을 위한 하나의 패러다임으로 이용하였다. 그들과 마키아벨리의 사상이 조합되면서, 그것은 근대 초기 잉글랜드와 아메리카의 고전적 공화주의 전통을 형성하는 데 일조하였다.

---

* 이 표현은 셰익스피어의 희곡 《트로일러스와 크레시다》(*Troilus and Cressida*)의 1막 3장에 나온다. "Then everything includes itself in power, / Power into will, will into appetite; / And appetite a *universal wolf*"(이탤릭체는 역자).

제8장

로마와 베네치아

2) 귀차르디니의 《대화》와 귀족적 분별의 문제

마키아벨리의 경우와는 달리, 귀차르디니의 저작들은 언제나 피렌체 정치라는 특정한 콘텍스트와 연결되어 있으며 마키아벨리의 이론적이고 사색적인 자유분방함은 보이지 않는다. 이러한 측면은 좀더 실제적이고 실용적인 데 대한 귀차르디니의 관심뿐 아니라 그의 귀족적 보수주의까지도 잘 보여주는 일종의 지표 같은 것이다. 특정하고 개별적인 세계는 오직 상당한 경험의 혼합물을 통해서라야 인식하고 통제할 수 있다는 것이 그에게는 거의 명확한 사실이었다. 귀차르디니의 사고저 깊숙한 곳에는 언제나 정치적 경험을 갖춘 핵심 세력으로서의 오티마티 이미지가 자리잡고 있다. 그에 따르면, 오티마티의 지배는 경험상 그들이 다루어야 하는 도시에 대해 잘 알고 있을 뿐 아니라, 동시에 자신들 마음대로 할 수도 없다는 것 역시 경험으로 잘 알고 있기 때문에 가능한 것이었다. 하지만 귀차르디니를 단지 그가 속한 계급의 대변자 정도로만 본다면 이보다 더 큰 실수는 없을 것이다. 그가 오티마티를 통치 구조상의 쐐기돌 같은 존재로 간주했다는 것은 사실이다. 하지만 그는 만약 그들에게 권력과 관직의 독점이 허용된다면 어떻게 행동할 것인지에 대해 어떤 환상도 품고 있지 않았다. 그는 실제적 경험과 명예의 추구라는 귀족계급의 덕성들이 부패하지 않고 효력을 발휘할 수 있는 구조의 제공을 다른 정치계급들에게 허용되는 최소한의—비록 그가 일반적으로 허용하는 것이 결코 그 이상은 아니지만—역할로 제시하고 있다.

귀차르디니의 《피렌체 통치에 관한 대화》(*Dialogo del Reggimento di Firenze*)[1]에는, 마키아벨리의 《군주론》과 《리비우스 논고》에서 쉽게 판별되는 고도로 추상적이고 보편적인 개념들이 보이지 않는데, 이는 그가 언제나 실제적이고 역사적인 피렌체의 콘텍스트 내에서 사고하고자 하는 데서 연유한다. 운과 혁신, 질료와 형상 같은 말들은 그에게 정규적인 언급의 대상이 아니며, 그래서 암묵적으로 표현된 그 존재를 드러내기란 쉬운 일이 아니다. 공화국과 군주국, 혁신과 부패를 일반적 논제로서 다루고자 한 마키아벨리의 경우에 비하면 추상화의 정도도 떨어지며, 동일한 정도의 범주화를 요구하지도 않는다. 사실 귀차르디니는 관념적 추론 방식에 대해 어떤 경멸감마저 보일 정도였다. 그는 역사가 죽은 자의 경험을 살아있는 자들 중 경험이 부족한 사람에게 제공해주는 역할을 한다는 것, 그리고 경험이 주는 교훈들을 통해 어떤 조직적인 설명을 만들어 낼 수 있다는 것을 결코 부인하지 않지만, 그럼에도 불구하고 《대화》의 주 화자(話者)는 철학이나 역사를 공부한 사람이 아니라 경험으로 정치를 배운 인물이다. 무엇보다도 우리가 피해야만 하는 함정은 경험에 초점을 맞춘 사상에는 개념 구조가 결여되어 있다고 가정하는 것인데, 이러한 가정과는 달리 사상을 이해한다는 것이 어떤 것인지를 알기 위해서는 그것의 개념 구조를 이해하지 않으면 안 되는 것이다. 경험 그 자체가 환원 불가능한 하나의 현실이자 동시에 개념이며, 그래서 본서의 주 관심사는 현저하고도 계시적인 역할을 한 경험과 분별의 관념들이 포괄된 개념 구조에 있다. 귀

1) 여기에 사용된 텍스트는 팔마로키가 편집한 Guicciardini, *Dialogo e discorsi del Reggimento di Firenze*, pp. 3-174이다. 앞의 5장 주 12를 볼 것.

차르디니가 이러저러한 관념들을 다룬 방식들을 보면 그가 정치적 지식과 행동에 관해 어떤 인식을 하고 있었는지 잘 알 수 있으며, 따라서 통상 정치 이론이라 불리는 것에 대해 그 자신은 어떤 견해를 가지고 있는지도 알게 된다. 우리는 《대화》와 《금언집(金言集)》(*Ricordi*)을 통해 그가 지닌 이론적 구조를 차례로 검토함으로써 그의 사상을 살피려 하는데, 전자는 경험이 그 본연의 기능을 할 수 있도록 조직된 제도들이 여전히 피렌체에 존재하고 있었을 가능성을 엿보게 해주며, 후자는 피렌체의 역사적 구조가 붕괴됨으로써 이제 경험은 마키아벨리적 군주가 사는 세계와 다르지 않은 세계 속에서 기능하게 되는 상황을 보여준다.

귀차르디니의 《대화》는 그가 피렌체 정부에 관해 쓴 "논고"들 중 마지막 저작이다. 즉 그는 피렌체에 안정적인 정치구조를 확립하기 위해서는 개혁의 기준이 되는 방안들을 제언할 필요가 있다고 생각하여[2] 1512년의 《로그로뇨 논고》를 시작으로 일련의 글들을 썼는데, 《대화》는 그 중 제일 마지막에 해당한다. 펠릭스 길버트와 비토리오 데 카프라리이스는—후자의 책 제목을 빌려서 표현하자면—"정치로부터 역사로" 바뀌어간다는 측면에서 그의 사상적 발전을 연구한 바 있다.[3] 그의 관점이 안정적인 정치 생활에 필요한 조건들을 확립하려는 시도로부터 인간 존재가 오직 포르투나가 주도하는 변화의 흐름 속에서만 기술될 수 있을 뿐이라는 확신으로 변화했다는 것이다. 《대화》의 무대가 피렌체 정치사의 한 지점, 더욱이 이제는 다시 되돌아갈 수 없다고 귀차르디니 자신이 단언했던 바로 그 지점에 놓여져 있다는 것은 의미심장하다. 그때는 1494년, 메디치 정권이 전복된 직후이다. 대화 속에는 사보나롤라에 대한 의미 깊은 언급이 있기는 하지만, 그 초점은 어디까지나 혁명 참여자로서의 오티마티 문제에 맞추어져 있

2) Guicciardini, *Dialogo e discorsi del Reggimento di Firenze*, p. 6.

3) Vittorio De Caprariis, *Francesco Guicciardini dalla politica alla storia*.

다. 화자는 메디치가의 축출을 리베르타(자유)에 이르는 길이라 보고 정도는 다양하지만 그것을 지지한 비교적 젊은 세 명의 오티마티 — 피에로 카포니, 파올안토니오 소데리니, 그리고 귀차르디니의 아버지인 피에로 — 와, 저자 귀차르디니의 대변자로서 지배 가문의 전복을 유감으로 생각하는 편이지만 어쨌든 대평의회에 기초해서 어떤 정부를 세울 수 있을지 숙고하고자 하는 좀더 연로한 인물 베르나르도 델 네로이다. 우리는 귀차르디니가 대평의회를 확립하여 1494년 이전의 메디치 지배와 같은 형태로는 결코 되돌아가지 않도록 피렌체 정치를 바꾸어야 한다고 주장했다는 사실을 알고 있다. 그는 또한, 1512년의 메디치가 복귀와 대평의회 전복 과정에서 오티마티가 맡았던 역할로 말미암아, 그들 스스로가 메디치가에 속박되는 것은 이제 되돌릴 수 없는 일이며 이후 다시는 메디치가를 제쳐둔 채 공화국을 세우는 데 일조할 기회는 없을 것이라고 주장한 바 있었다. 그러므로 모든 대화는 좋은 기회가 영원히 사라져 버린 바로 그 시점에서 진행된다. 귀차르디니는 마치 호기의 상실이라는 점을 더 강조하려는 듯이 사보나롤라 정권에 의해 불법적인 죽음을 당한 베르나르도 델 네로를 주 화자로 삼았는데, 더욱 특기할 점은 귀차르디니가 일찍이 자신의 초기 역사서술들을 통해 좀더 초연한 입장에서 그의 성격을 분석한 바 있다는 것이다.[4] 귀차르디니는 시간의 흐름과 악화된 상황으로 인해 자신이 쓴 대화편의 장면으로부터 이미 멀어져 있으며, 이는 그 저작에 담긴 이상주의적 성격을 강조하는 동시에 축소시키는 결과를 낳고 있다. 그는 여러 가지 제언을 하고 있지만, 그것이 이루어 질 것이라는 기대는 전혀 하고 있지 않다.

귀차르디니의 책 속에 설정된 1494년 어느 때, 세 친구가 베르나르도 델 네로를 방문하여 최근의 무타치오네 델로 스타토(mutazione

4) Francesco Guicciardini, *The History of Florence*, trans. Mario Domandi, pp. 134-135.

dello stato 정변)가 유익한 것이었는지 아닌지를 논하기 시작한다. 베르나르도는 쌀쌀한 어조로, 자신의 경험으로 볼 때 정변이란 언제나 상황을 악화시킬 뿐이라고 말한다. 하지만 소데리니는 정변이라는 것이 나쁜 형태의 통치에서 좋은 형태의 통치로 바뀌거나 혹은 좋은 형태에서 더 좋은 형태로 바뀌는 경우들도 있지 않겠느냐고 반문한다.[5] 이에 대해 베르나르도는 약간은 빈정대는 어투로, 사보나롤라가 한때 표방했던 입장으로 시작하여 이렇게 답의 서두를 떼고 있다.* 즉, 세 종류의 통치형태 중에서도 일인에 의한 정체가 소수나 다수에 의한 정체보다 더 낫다고 한 것은 특히 마르실리오 피치노와 같은 철학자들의 가르침이 아닌가 하는 것이다. 저자 귀차르디니는 아버지 피에로로 하여금 이에 답하도록 하고 있는데, 그것은 그가 한때 피치노의 학생이었던 반면 카포니는 그로부터 약간의 점성술 외에 아무 것도 배운 바가 없다는 이유에서였다. 이쯤에서 정치철학자들을 비아냥거리는 일종의 농담이 나오는데, 우리는 이를 너무 저급하게 해석하지 않도록 주의할 필요가 있다.[6] 피에로는 변명조로, 모두가 아는 바와 같이 세 종류의 정체가 각각 좋은 형태와 나쁜 형태를 가지고 있다는 것은 정치 이론의 상식이며, 일인 통치가 최상일 때는 오직 이 세 가지가 모두 좋은 형태일 경우뿐이라고 말한다. 문제는 그것이 "피치자의 의지와 자연적 성향(naturale)에 따른" "그들의 선택이나 자유 의지에 의한"

---

5) Guicciardini, *Dialogo e discorsi del Reggimento di Firenze*, p. 8.

* 사보나롤라는 1498년의 《피렌체 통치 및 정체에 관한 논고》(*Trattato circa el reggimento e governo della città di Firenze*) 1권 1-3장과 2권 1장에서, 일인 정체가 가장 좋지만 피렌체의 경우는 다수에 의한 정체가 더 좋다고 말한 바 있다.

6) Guicciardini, *Dialogo e discorsi del Reggimento di Firenze*, pp. 11-12. 베르나르도가 한 말도 볼 것(p. 11). 피치노와 피에로 귀차르디니 간의 관계에 대해서는 다음을 볼 것. Carlo Dionisotti, "Machiavelli letterayo," in Myron Gilmore, ed., *Studies on Machiavelli*, p. 110.

것인지, 아니면 "통치자의 욕망에 따른"(secondo lo appetito di che prevale) "힘이나 파당이나 강탈에 의한" 것인지의 여부이다. 피에로는 선출과 세습에 의한 계승에 모두 논의의 여지를 남기는 동시에, 권력의 불법적 획득 및 행사의 문제도 함께 짚어보고 있는 것으로 보인다. 그는 정체가 좋은 형태일 때는 일인 통치가 최상이지만 나쁜 형태일 때는 최악이며—이는 사보나롤라의 금언이다—나아가서 공적인 일에 자신의 의지를 부과하기에는 일인 통치의 형태가 가장 쉽기 때문에 나쁜 형태로 바뀌기도 가장 쉽다고 말한다. 만약 누군가 새로운 정체를 창조하여 군주국의 가능성을 생각하는 사람이 있다면, 그는 좋은 형태가 될 전망이 나쁜 형태로 전락할 위험을 능가하는지의 여부부터 자문해야 한다는 것이다.[7]

이 모든 것은 사실 진부한 이야기이다. 하지만 귀차르디니는 나투랄레(본성/자연적 성향)란 말이 지닌 모호한 측면들을 이용하기 시작한다. 이 말을 통치형태에 대해 적용하면, 그것은 "선출에 의한"이나 "세습적"이라는 뜻도 될 수 있고, 혹은 단순히 "피치자의 성격과 성향에 적합"하다는 뜻일 수도 있다. 여기서 귀차르디니는 이러한 모호함을 통하여, 일인 통치가 본원적으로 다른 형태보다 우월하다는 관념을 거부함과 동시에, 역사적으로 조건 지워진 피렌체인들의 "본성"이 평민들을 광범위하게 참여시키는 정권을 요구하고 있다는 사보나롤라파의 주장까지도 거부하는 그런 길로 나아가고자 한다. 그는 피에로에 답하는 베르나르도로 하여금, 통치자의 위치가 자연적(naturale)이든 혹은 선출과 의지(elezione e voluntà)에 근거한 것이든, 만약 그의 무지나 스스로의 사악한 본성(mala natura)이 그에게 사악한 행위를 하도록 몰아가지 않는다면 그가 그런 행동을 할 아무런 이유도 없지만, 원래 폭력적이거나 강탈로 통치자의 지위를 얻은 일인은 그 자리를 보존하

7) Guicciardini, *Dialogo e discorsi del Reggimento di Firenze*, pp. 12-13.

기 위해서 자신의 도덕적 본성에 어긋나는 행동을 종종 하지 않을 수 없는데, 이는 코지모와 대인 로렌초 데 메디치의 경우에서 반복적으로 나타난 일이라는 데 동의하도록 만든다.[8] 그러나 이제 우리는 권력의 소재와 권력 획득의 적법성과 통치자의 도덕적 인격과 그리고 — 암암리에 — 과거로부터 전승된 피치자의 특징 사이에 나타나는 차이를 구별해야만 한다. 이 모든 사항들이 나투라(natura)와 나투랄레(naturale) 같은 말을 달리 적용함으로써 인지되는 것이기 때문에, 어떤 형태의 정체도 그 본성상 좋거나 나쁘지는 않는 법이며, 그래서 다른 판별 기준이 필요하다는 것은 명백한 사실이다. 적법한 군주이면서도 정당치 못한 통치를 하는 경우, 찬탈자이면서도 정의롭게 통치하는 경우, 혹은 — 카포니가 후자는 생각할 수 없다고 반대했기 때문에 — 양자 모두 불의적인 통치를 하는 경우를 생각해 볼 때, 우리가 그것을 평가하는 데 사용하는 기준은 특정 정체의 기원이나 그것을 둘러싼 환경이 아니라 바로 그것이 초래하는 결과(effetti)라는 것을 — 말하자면 투입량이 아니라 생산량이라는 것을 — 분명히 알 수 있다.[9]

베르나르도의 발언은 계속된다. 만약 우리가 추상적 수준에서 통치형태에 대해 논의하고 있는 것이라면, 자유 의지적 기원이 폭력적 기원보다 더 낫다고 할 것이 틀림없는데, 그 이유는 정체의 나투라(본성)가 반드시 장래에 더 이상의 폭력을 수반할 네체시타(necessità 필연성)는 없기 때문이다. 그러나 만약 우리가 특정한 사례와 현실적으로 존재하는 정부에 관해 이야기하고 있는 것이라면 논의를 경험적으로 진행할 필요가 있다. 즉, 그러한 정체들 중 어느 것이 다른 것보다 더 낫다고 순서를 매기기 전에, 그러한 것들이 어떻게 작동하고 있는가를 관찰하여 도덕성과 유용성이라는 명료한 기준에 따라 그것을 평가해야만 한다는 것이다.[10] 하지만, 우리의 논의가 무타치오네, 즉 구정권에서

8) Guicciardini, *Dialogo e discorsi del Reggimento di Firenze*, p. 14.

9) Guicciardini, *Dialogo e discorsi del Reggimento di Firenze*, pp. 14-15.

신정권으로의 변혁에 대한 것일 때, 이는 명백한 난점을 초래한다. 구정권의 결과는 아마 관측 가능하겠지만, 신정권이 가져올 결과는 단지 예측의 대상일 따름이기 때문이다.[11] 우리는 귀차르디니의 주장을 비판하는 입장에서 이렇게 덧붙일 수도 있다. 즉 구정권의 기원은 평가절하되기 쉬운 반면에 신정권의 기원은 예측 그 자체의 행위 속에서 고려될 것임에 틀림없다는 것이다. 베르나르도는 이제 정치적 예측의 성격과 방법을 설명해야만 한다. 그는 같이 대화하는 사람들에게 이렇게 설명한다. 그는 아주 오랫동안 피렌체에서 살아오면서 도시의 대소사에 직접 참여도 하고 때로는 지켜보기도 했으며 또한 종종 경험이 풍부한 인물들과 얘기도 나누어 보았기 때문에, 자신은 모든 삶의 방식(modo di vivere)이 도시에 각각 어떤 결과를 가져올 것인가에 대해 충분히 예측할 수 있을 만큼 도시 주민들과 시민들과 그리고 도시 전체(universalmente)의 본성(natura, 이 말은 여러 번 되풀이되고 있다)에 대해 잘 알고 있다는 것이다. 그는 자신이 세세한 문제(particulari)에서는 틀리는 경우도 있겠지만, 전체적인 측면(universali)과 본질적인 문제에서는 거의 틀리지 않을 것이라고 말한다.[12] 그가 실수하는 부분이 있다면 그것은 젊은 세대가 고치면 된다. 왜냐하면 그들은 경륜에서는 모자라지만 대신 자신이 못한, 다양한 나라들에 대한 많은 역사서를 열독해 왔고, 그래서 자신은 단지 살아 있는 사람들과 이야기를 나누었을 뿐이지만 그들은 죽은 사람들과도 담화할 수 있었기 때문이다. 역사의 교훈은 경험이 주는 교훈을 더 강화시킬 것인데, 이는 현재의 모든 일들이 한때 이미 있었던 일일 뿐 아니라 지금까지 있어 왔던 모든 일들이 이후에도 다시 일어날 것이기 때문이다. 유일한 난점은 이러한 사실을 인식하고 그것을 무언가 새로운 것으로 생각하는

10) Guicciardini, *Dialogo e discorsi del Reggimento di Firenze*, pp. 15-16.

11) *Ibid*. 피에로 귀차르디니의 반론도 볼 것.

12) Guicciardini, *Dialogo e discorsi del Reggimento di Firenze*, pp. 16-17.

오류를 피해야 한다는 점이다. 이런 점에서 베르나르도를 비롯한 대화 당사자들 모두가 협력하지 않으면 안 된다. 하지만 그는 반복되는 사건들을 인식하고 그것이 가져올 결과를 예측하는 데 필요한 심적 자질들이 교육에 의해 획득되는 것인지 혹은 단지 경험에 의해서만 가능한 것인지에 대해서는 명확히 언급하고 있지 않다.13)

이러한 논증은 매우 실용적이며 보수적 입장에 무게를 두고 있다. 통치형태는 오직 그것이 현실 속에서 작동하는 측면에서만 연구되고 평가될 수 있다는 것인데, 그렇다면 이 경우에는 과연 어떻게 되는 것인지, 그리고 그러한 과정이 필연적으로 기존의 정체, 나아가서는 최근의 정체를 선호하게 만드는 것은 아닌지에 대한 의문이 제기되었다. 귀차르디니는 역사적 지식을 경험에 기초한 지식과 외형상 동등하게 간주함으로써 현존하는 것이 현존하지 않는 것보다 본원적으로 더 우월하다는 주장을 피하고자 했으나, 그의 입장은 이미 역사의 교훈을 실제에 적용하기란 불가능하지는 않겠지만 극히 어렵다는 후기의 관점으로 옮아가고 있다. 그러나 실용적 주장 속에 보수적 함의를 담는 또 다른 길이 있다. 만약 정체를 단지 그 결과물로써만 평가해야 한다면, 우리는 아마도 동일한 가치군(群)을 모든 경우에 대한 평가 기준으로 설정할 것이다. 하지만 통치형태가 달라지면 그것이 선호하는 가치의 순위도 달라지게 마련이며, 그래서 우리는 우리의 가치들을 미리 표준화하지 않는 한 실제적으로 작업을 진행할 수 없다는 점을 너무도 잘 알고 있다. 《대화》의 바로 이 단계에서, 소데리니는 1494~1512년 이후의 피렌체 정치사상에서 가장 중요한 전제가 된 것으로 보이는 점을 제시한다. 비베레 리베로(자유로운 삶)는 피렌체에서는 자연스러운 것인데, 자유를 향한 이들의 열망은 그것이 성벽과 깃발에 새겨져 있는 것만큼이나 시민들의 가슴 속에 아로새겨져 있는 보편적 욕구(appetito

13) Guicciardini, *Dialogo e discorsi del Reggimento di Firenze*, p. 17.

universale) 이기 때문이다. 철학자들은 세 종류의 통치형태 중 통치의 대상이 되는 사람들에게 가장 자연스러운 경우가 최상이라는 데 동의할 것이기 때문에, 피렌체에서는 평민적 통치가 본원적 우월성을 가진다는 주장이 먼저 제기되고 있는 것으로 보인다.[14]

이런 주장은 그것이 의존하고 있는 가정으로 미루어 볼 때, 귀차르디니가 원하는 바의 구체적인 것, 즉 파르티쿨라레(particulare)에 굳게 뿌리박고 있는 것으로 보인다. 그러나 그는 베르나르도로 하여금 다음과 같은 이중적인 대답을 하도록 만든다. 첫째는 사람들의 본성에 뿌리박고 있는 통치형태조차도, 그것이 이론상으로는 분명히 더 낫게 보일 수 있겠지만, 구체적인 사례에서는 유해한 결과를 산출할 수도 있다는 것이며, 둘째는 리베르타(자유)의 목적이 모든 사람을 모든 층위의 통치에 참여시키도록 하는 것이 아니라 법치와 공공선의 보존을 확고하게 하는 것(보존하다는 뜻의 "conservare"란 동사가 한 문장에서 두 번이나 사용되고 있다)으로서, 이러한 목표는 다른 어떤 방법보다도 일인 통치 아래서 더 잘 이룩될 수 있다는 것이다.[15] 두 번째 주장은 첫 번째 주장에 대해 부차적인 성격을 가지고 있는데, 사람들의 본성에 뿌리박은 것으로 보이는 정체로부터 어떻게 해서 유해한 결과가 나온다고 예측할 수 있는 것인가 하는 문제를 제기하고 있다. 하지만 귀차르디니는 이러한 논증을 통해 리베르타란 말을 그 자신의 가치에 맞추어 재정의한 셈이다. 소데리니의 말이 의미하는 것, 그리고 귀차르디니 자신이 최근 1516년에 주장했던 것[16]은, 대평의회의 경험이 피렌체의 포폴로(평민)로 하여금 통치행위에 직접 참여하는 맛을 들여놓았고(혹은 지금도 그렇게 하고 있고), 이는 그들을 변화시켜서 이제 도시의 일들이 더 이상 예전 같을 수가 없게 되었다는 것이었다. 하지

14) Guicciardini, *Dialogo e discorsi del Reggimento di Firenze*, p. 18.
15) *Ibid.*
16) 앞의 5장 주 69를 볼 것.

만 이제 이러한 주장은 거부되고 있으며,[17] 리베르타란 용어의 적절한 의미에 대한 어떤 가치판단 같은 것이 이루어지고 있는 상황이다. 이 말은 다음과 같은 두 가지 의미를 가지고 있는 것처럼 보인다. 첫째, 이는 모든 시민이 가능한 한 많이 정책결정 과정에 참여하는 정치상태를 가리킨다. 둘째, 그것은 사람이 아니라 법이 더 우위에 있으며, 시민 개개인은 어떤 개인으로부터가 아니라 비인격적인 공적 권위로부터 사회적 이익을 얻는다는 것이다. 마키아벨리는 이와 비슷한 의미에서 에쿠알리타(equalità 평등)라는 말을 사용한 바 있다. 이 두 가지 정의는 논리적 측면에서 반드시 동일하지는 않다. 사실 귀차르디니는 이들이 서로 연관되어 있다는 사실을 암묵적으로 부정하고 있다. 하지만 통상적인 주장은 전자의 상태가 후자를 가장 잘 보증해 준다고 하는 것이다(그것이 유일한 방법이라는 과격한 주장도 있다). 그리고 만약 다수가 파르티치파치오네(정치참여)라는 의미에서의 리베르타에서 배제될 때 비로소 그들은 적법성과 비인격성이라는 의미에서의 리베르타를 향유할 수 있다는 것이 베르나르도의 주장이라면, 그는 (그들이 일단 그러한 파르티치파치오네의 기회를 맛보고 난 뒤에 그것을 마다할 수 있겠느냐는 문제는 논외로 하고) 어떻게 그러한 상황이 영속되도록 할 수 있는지를 입증해야만 한다. 말할 나위도 없이 이는 곧 다른 집단들을 제외시킨 채 독점적 권력을 누리고 있는 제한된 집단의 부패를 막아야 하는 문제에 다름 아니었다.

베르나르도와 대화를 나누는 사람들은 이어서, 피에로 데 메디치가 피렌체에서 축출될 당시 그들은 대평의회처럼 시민들의 광범위한 정치참여에 기초한 정부를 세우려는 하등의 의도도 가지고 있지 않았을 뿐 아니라, 오히려 사보나롤라에게 자신들의 손이 묶여 있던 상태였다는 것을 설명하고 있다. 이에 대해 베르나르도는 그때의 사정에 대해 오

17) Guicciardini, *Dialogo e discorsi del Reggimento di Firenze*, pp. 18-19.

히려 사보나롤라에게 깊이 감사해야 한다고 말한다. 왜냐하면, 경험이 지금까지 그렇게 가르쳐 왔고(ha insegnato la esperienza de' tempi passati), 또 언제나 그렇다는 것을 보여주게 되는 것처럼(cosí sempre mostrerrà la esperienzia), 피렌체에서 소수가 독점한 정권만큼 불안정한 경우는 없기 때문이다. 그것은 항상 얼마 못가 붕괴되어 권력은 일인이나 다수의 손으로 넘어 간다.[18] 이 중 후자의 경우가 가능성이 더 높은데, 왜냐하면 어떤 일인이 최고가 되기 위해서는 분별, 부, 명성, 많은 시간, 그리고 끝없이 계속되는 우호적인 상황 등이 필요한데, 이러한 요소들의 조합을 한 사람이 누린다는 것은 거의 불가능하며 굳이 있다고 한다면 피렌체 역사 속에서 코지모 데 메디치 정도가 유일할 것이기 때문이다(이는 뒤에 가서 이렇게 쓴 저자 자신을 조소하게 만들었을 법한 말이다).[19] 피렌체인들은 본성상 평등을 애호하고 타인의 우월성에 적개심을 품기 때문에, 소수에 의한 통치는 불안정한 상태로 가고 만다. 그 결과, 소수는 그들이 품은 야심으로 인해 분열되고, 핵심 세력에 속하지 않는 사람들은(ognuno che non è nel cerchio) 권력을 가진 자들을 미워하기 때문에 서로를 지지하지 않음으로써 스스로의 붕괴로 이어지는 것이다.[20]

귀차르디니는 이러한 논증과정에서 자신이 바로 얼마 전에 부인했던 대중의 본성(natura dello universale)이라는 기준을 채택하고 있으며, 또한 이를 전혀 예기치 않은 방식으로 사용하고 있다. 피렌체인들이 지닌 "제 2의 본성"이 그들로 하여금 무언가 불안정하고 평등주의적이며 공적 권위를 나누어 가지고 싶은 욕구를 품도록 만들었다는 생각은 이미 《대화》가 저술되기 이전에 그를 비롯한 다른 작가들의 저작

18) Guicciardini, *Dialogo e discorsi del Reggimento di Firenze*, p. 20.

19) Guicciardini, *Dialogo e discorsi del Reggimento di Firenze*, pp. 21-22.

20) Guicciardini, *Dialogo e discorsi del Reggimento di Firenze*, p. 21. Cf. *Ricordi*, C 212.

속에서도 나타나고 있었다. 하지만 그것은 대개 다수의 속성인 것으로, 또한 비베레 포폴라레(평민적 삶)의 일부인 것으로 치부되었다. 왜냐하면 개인으로 하여금 권력의 분배를 요구하도록 만드는 품성들은 또한 그를 타인에게 의존하지 않도록 하는 품성들이기도 했으며, 이는 곧 귀차르디니가 정의하는 리베르타의 중심 개념이었기 때문이다. 그러나 이 구절에서 쓰인 "피렌체인들의 본성"이란 말은 사실 다수("핵심 세력에 속하지 않는" 사람들)에게 해당되는 것이지만, 이는 소수에게서 훨씬 더 뚜렷이 나타나는 특징이기도 하다. 야심가들로 이루어진 "핵심 세력"은 지도자의 위치를 놓고 경쟁하며, 그들의 "평등에 대한 자연적 애호" 때문에 패자들은 승자의 우위를 받아들이려 하지 않게 된다. 이성(ragione)으로 계산되고 에스페리엔치아(esperienzia 경험)로 입증될 수 있는 바에 따르면, 이런 종류의 정권이 안정을 이룰 가능성은 20대 1 정도에 불과하다.[21] 자기 파괴적인 경향이 있는 것으로 묘사되는 것은 에쿠알리타와 리베르타만이 아니다. 암비치오네(ambizione 야심)와 오노레(onore 명예)의 추구 역시 똑같이 따가운 눈총을 받고 있는데, 이는 귀차르디니가 자신의 초기 저작들에서, 오티마티로 하여금 공적 영역 속에서 스스로 공익의 충실한 종복이라는 역할을 수행함으로써 자유에 기여하도록 만든 그들의 특징이라고 생각했던 것이었다. "피렌체인들의 본성" 중에서 정치적 개별성을 강화하는 경향을 지닌 모든 것은 다수보다는 소수의 특징으로 그려지고 있다. 그리고 이 단계에서의 수사학은 그런 모든 특징들을 정치적 분열을 의미하는 것으로 묘사하고 있다.

그러나 오티마티에 대한 귀차르디니의 모호하고 양면적인 태도로 미루어 볼 때, 그의 저작이 대화 형식을 취한 것은 수많은 관점을 제시하고자 하는 의도가 확실하다. 이어서 진행되는 대화를 통해 카포니

21) Guicciardini, *Dialogo e discorsi del Reggimento di Firenze*, p. 24.

와 소데리니는 1494년에 전복된 종류의 메디치가 통치에 반대하는 논지를 펼치고 있는데, 특히 점점 더 눈에 띄게 귀족적이 되어가는 자유의 이상이라는 측면을 부각시키고 있다. 카포니는 본질적으로 책략적인 이 정권의 성격을 참주정이라 규정하고 그것을 비난하고 있다. 이 정권 하에서는 공공의 법과 공인된 가치들의 체계 내에서 정상적으로 수행된 행동들도 실제로는 어떤 비공식적 지배 집단의 이익에 따라 평가되었고, 동일한 행위라 하더라도 그 행위자가 지배 집단의 친구로 간주되는지 혹은 적으로 간주되는지에 따라 공인되기도 하고 비난받기도 했다는 것이다.[22] 소데리니는, 당시 사람들은 무언의 힌트 속에 담긴 진짜 의도를 잘 파악해야 할 필요가 있었는데, 이러한 힌트를 던지는 방법에서 아주 탁월한 재능을 보인 인물이 대인 로렌초였다는 말을 덧붙이고 있다.[23] 또한 소데리니는, 본성상 좋은 통치와 결과만 좋은 통치를 서로 구분한 베르나르도에 대해, 인류의 자연적이고 칭송할 만한 성향들을 부정하는 것은 곧 그 정의상 나쁜 결과를 초래하는 것이며 그 역도 마찬가지라고 지적함으로써 그의 주장을 공박하였다.[24] 그러나 인간은 본성상 자유를 원하며 노예 상태(servitù)를 증오한다고 한 소데리니의 말은 사실 비범한 정신과 재능을 가진 사람들에게서만 완전히 발현되는 어떤 것, 즉 공익을 지향하기 때문에 탁월한, 또한 외적으로도 탁월하게 보이는 행동을 하려는 욕구를 의미한 것으로 보인다. 자유란 바로 이러한 행위들을 아무 제약 없이 수행하는 것에 다름 아니다. 노예 상태란 그러한 행위를 특정한 사람들이 그들의 이익에 적합한 것이 무엇인지에 따라 평가하거나 허용하거나 혹은 방해하는 상태이며, "도리상 자유롭고 자신과 나라의 이익 외에 그 어떤 것에도 의존하지 않아야 마땅한" 행동들이 "정당한 것이든 자의

22) Guicciardini, *Dialogo e discorsi del Reggimento di Firenze*, pp. 27-28.
23) Guicciardini, *Dialogo e discorsi del Reggimento di Firenze*, p. 35.
24) Guicciardini, *Dialogo e discorsi del Reggimento di Firenze*, p. 34.

적인 것이든 타인의 뜻에 따라 규제받아야 마땅하다"고 인정하는 상태이다.[25]

소데리니의 논의는 우리로 하여금 다음과 같이 행동하도록 하는 것을 비르투라고 정의하는 쪽으로 나아간다.

> 그리고 만약 올바르게 도시를 통치해 온 사람들이 가진 주요 목표와 시민적 삶에 대해 글을 썼던 철학자들을 비롯한 여러 사람들의 주요 관심사가, 언제나 덕성과 탁월한 성격과 명예로운 행위들을 고무할 만한 토대를 부여했다고 할 때, 모든 관용과 모든 덕성을 깡그리 뿌리 뽑아 버림으로써 우리에게 극심한 고통을 안겨준 정권이라면 그에 대한 비난과 증오는 너무나 당연한 일이 아니겠습니까! 저는 인간이 그들 스스로로 하여금 공화국에 유익함을 주기 때문에 탁월한, 그런 행동들을 수행할 수 있게끔 해주는 덕성들에 대해 얘기하고 있습니다. …
>
> 그래서 다시 한 번 말하지만, 덕을 고양한다는 측면에서 볼 때 전혀 정당한 면이 없고 그 성격이 가혹하든 관용적이든 간에 참주정의 경향을 가지고 있는 정권이 있다면, 우리는 언제나 재산이든 번영이든 그 어떤 것을 희생해서라도 다른 통치형태를 모색하지 않으면 안 됩니다. 덕성을 파괴하고 그 신민들이 덕성을 획득하고자 하는 노력을 방해하는 정부보다 더 구역질나고 유해한 경우는 있을 수 없기 때문에, 저는 위대함에 대해 얘기하기보다는 그 정도야 어떻든 고귀한 인격과 관대한 심성을 통해 얻어지는 영광에 대해 얘기하고자 하는 것입니다.[26]

소데리니의 주장과 근대의 "참여 민주주의" 및 "억압적 관용"에 관한 주장 사이의 차이점은, 후자가 인민주의적 편향을 가진 반면 전자는

---

25) *Ibid.*

26) Guicciardini, *Dialogo e discorsi del Reggimento di Firenze*, p. 35.

명백히 귀족적이라는 점이다. 비르투의 이상(理想) — 여기서 이 말이 뜻하는 것은 포르투나에 형상을 부과하는 일이 아니며, 또 이것이 《대화》의 핵심 관념도 아니다. 그것은 삶이자 자유이며, 동시에 도덕적 자율성 내에서의 탁월성의 추구이다 — 을 스스로의 목표로 삼는 사람들은 정의상 실제적으로는 소수인데, 귀차르디니는 초기 저작에서 그들의 수가 얼마나 적은지 분명히 밝혀 놓고 있다. 그럼에도 불구하고 참주는 그들을 미워하고 그들을 두려워한다. 왜냐하면 만사를 그 자신에게 의존토록 만드는 것이 바로 참주의 목표이기 때문이다. 소데리니는 그가 심중에 누구를 생각하고 있는지 자신의 말을 듣고 있는 사람들에게 굳이 말할 필요가 없다고 말한다.[27] 좁은 헌정(stati stretti)이 으레 그렇듯이, 메디치가는 시민들을 무장 해제시키려고 애를 썼고, 그렇게 함으로써 선조들이 가졌던 남성다움(virilità)과 기백(vigore de animo)을 그들로부터 앗아가 버렸다. 이에 대해서는 다만 자신의 무기로 전쟁을 치르는 사람들과 용병을 수단으로 삼는 사람들 간의 차이를 생각하면 된다. 이탈리아에 침입한 스위스인들은 일견 사납고 호전적으로 보이지만, 사실 자신들의 가정으로 돌아갔을 때는 법을 준수하며 자유를 사랑하고 평화롭게 생활한다.[28] 자유와 시민적 덕성과 정치적 개체성이 본질적으로 엘리트의 이상임을 시사하는 — 마키아벨리의 《리비우스 논고》는 분명히 이와 논조가 다르다 — 콘텍스트 속에서 시민군 전통에 대한 수사학이 등장하는 것도 바로 이 대목에서이다.

시민적 휴머니스트의 입장을 반영하는 이러한 주장에 대한 베르나르도의 답변은 장황하고 산만한 편이다. 이에 대한 논의가 《대화》 1권의 나머지 부분을 이룬다. 그것은 장황할 뿐만 아니라 복잡하며, 논지의 많은 측면이 무언가 다른 것을 우회적으로 겨냥하고 있다. 베르나르도는, 앞에서도 내내 그래 왔듯이, 소데리니가 말하는 자유가 사

27) Guicciardini, *Dialogo e discorsi del Reggimento di Firenze*, pp. 34-35.
28) Guicciardini, *Dialogo e discorsi del Reggimento di Firenze*, pp. 35-36.

실은 야심의 과시와 동일한 것이며 고귀한 행동을 하려는 욕구는 타인을 지배하려는 열망에 다름 아님을 입증하고자 한다. 그는 공적 봉사의 수행이 반드시 리베르타의 정권으로 귀결되지는 않는다는 흥미로운 주장을 하고 있는데, 왜냐하면 그러한 공적 봉사의 대상은 리베르타가 아니라 파트리아(조국)이기 때문이다. "파트리아는 많은 유익함과 즐거움을 포괄하고 있기 때문에, 심지어 군주 치하의 사람들조차도 자신의 조국을 사랑하며 그것을 위해서라면 몇 번이든 스스로 위험에 빠지는 것까지도 주저하지 않는 법인 것이다."[29]

소데리니가 자유를 비르투와 파르티치파치오네의 관점에서 정의한 반면, 베르나르도는 일찍이 귀차르디니가 이 말에 대해 내린 바 있는 정의 중 하나로 되돌아가고 있다. 즉 자유란 특정인의 권력이나 성격이 아니라 바로 우리 자신의 것을 위한 법에 신세를 지고 있는, 그러한 일의 상태를 가리킨다는 것이다. 그것은 은연중 개인의 도덕적·정치적 자율성을 강조하고 있으며, 이는 물론 시민적 휴머니스트의 이상이기도 하다. 하지만 《로그로뇨 논고》와 비교해 보면 매우 중요한 차이점이 있는데, 그것은 참여적 비르투의 이상이 이제는 말하자면 자유의 정의로부터 배제되어 오히려 그것에 대립되는 위치로 비정되고 있다는 점이다. 법의 지배로서 정의된 자유는 소데리니가 높이 칭송하고 있는,[30] 강제적이고 경쟁적인 기질의 야심가들에 의해 위험에 처할 가능성이 높다. 또한 사람들은 자신이나 다른 사람들에 관한 정책결정 과정에 최소한의 참여만 하거나 혹은 전혀 참여하지 않은 채 법 아래서 그 자신을 즐기려 할 가능성도 있다. 여기서 귀차르디니는, 인간의 적극적인 능력과 자질을 발전시키기 위한 해방이 아니라 타인의 지배로부터의 해방이라는, 적극적 자유의 개념에 반대되는 소극적 자유의 개념을 전개하고 있다고 말할 수도 있다. 우리는 정의상의 이러한 변화

29) Guicciardini, *Dialogo e discorsi del Reggimento di Firenze*, p. 39.

30) Guicciardini, *Dialogo e discorsi del Reggimento di Firenze*, pp. 45-46.

와 함께, 오티마티의 면전에서 그가 펼쳐 보이고 있는 가치들의 종류에서도 어떤 변화를 감지한다. 지금 두 종류의 가치체계가 가시화되고 있는데, 양자는 귀차르디니 자신의 성격이 지닌 양 극단을 표현하는 것이기도 하다. 한편에는 공적 행위에서 나타나는 탁월성의 이상이 있다. 다른 한편에는 오직 엘리트만이 획득할 여유를 가진 에스페리엔치아(경험)와 프루덴치아(prudenzia 분별)가 있다. 귀차르디니는 자신의 전 생애를 통해 언제나 야심과 신중함 간의 긴장을 느끼고 있었다. 그래서 과감성과 분별이라는 선택의 기로에 섰을 때, 그가 마키아벨리와는 반대의 방향으로 어떻게 움직이는지 관찰해 보는 것도 흥미로울 것이다. 《리비우스 논고》가 무장한 평민 국가를 택했고 비르투를 무장한 다수의 역동적인 정신으로 그렸다면, 《대화》 속의 베르나르도는—앞으로 살펴보겠지만—소데리니가 부활시키려 한 시민군 전통을 무시하고 가능한 한 비르투에 대한 그의 이상화를 거부하는 것으로 되어 있다. 그러나 문제의 비르투는 다수가 아니라 소수의 소유물이다. 《대화》 1권 종결부의 한 구절에서 귀차르디니는 베르나르도의 입을 빌려 그러한 비르투 대신에—혹은 자신이 한때 칭송했던 그 야심과 오노레(명예)를 향한 갈구 대신에—피렌체는 연륜이 깊어 개혁이 어렵다는 것, 그리고 국가가 노쇠해가는 자연적인 행로는 인간의 라조네(이성)나 프루덴치아(분별)보다 더 강력한 힘을 가지고 있다는 것을 대화를 나누고 있는 귀족 인사들이 인정하도록 촉구하고 있다.[31)]

귀차르디니의 말은 모두 오티마티를 향하고 있지만, 그의 귀족적 편향은 모든 정치적 덕성이나 권력에 대한 적법한 요구를 대략 그들의 몫으로 본 데서보다는—이는 사실 그의 입장이 아니었다—오티마티를 서로 대화를 나누거나 이야기의 대상으로 삼을 만한 유일한 사람들로 간주하는 데서 더 잘 표현되고 있다. 베르나르도는 소데리니가 더

---

31) Guicciardini, *Dialogo e discorsi del Reggimento di Firenze*, pp. 81-82.

욱 신랄한 어조로 메디치가를 비난한 데 대해 그들을 옹호하는 형태를 취함으로써 간접적으로 소데리니의 주장을 거부하고 있다. 그리고 이는 차례로 대평의회는 물론이고 어떤 유형의 정책결정 과정에 다수가 참여하는 데 대한 비판으로 나타난다.[32] 그러나 화살의 과녁은 1494년의 평민 정체를 만든 당사자들로 간주된 소수이지 다수가 아니다. 메디치가와의 연합에 불만을 느낀 오티마티가 대신 포폴로와의 연합을 계획했다는 것이며, 그래서 베르나르도는 그들에게 그러한 변화로 과연 얼마나 많은 이익을 보았느냐고 묻고 있는 것이다. 그러나 이러한 도전은 암묵적으로 귀족적 가치의 문제를 제기한다. 소데리니는 물론이고 《로그로뇨 논고》에서 귀차르디니 스스로도 해명했던 대로, 1494년 정권의 정당성은 오티마티가 자신들에게 우호적인 포폴로 앞에서 펼쳐 보인 그 현저한 탁월성, 즉 비르투의 측면에서 진술되었다. 그러한 정권을 공격한다는 것은 곧 비르투 대신에 신중함의 이상을 조언하고 다수가 비르투와 대면했을 때 그것을 인식할 수 있는 능력을 의심한다는 것을 의미하였다. 하지만 다수에 대한 공격은 소수에 대한 찬사가 아니라 다수의 가치에 대한 비판이었다. 귀차르디니는 마음속으로 비르투의 이상이 어느덧 탁월성의 추구보다는 서로 두각을 나타내고자 하는 건전치 못한 경쟁을 표상하는 것으로 변해가고 있는 것을 우려하기에 이르렀고, 이를 감안할 때 우리는 오티마티가 권력을 독점하고 있던 고베르노 스트레토(좁은 헌정)야말로 피렌체에는 재앙이 될 것이라고 그가 초지일관 주장한 이유를 더 잘 이해할 수 있다. 만약 엘리트들이 정말 탁월성을 놓고 경쟁하게 된다면, 그들은 포폴로(혹은 메디치가)를 그 경기의 관중이자 심판으로 삼을 필요가 있었을 것이다. 하지만 만약 그들의 경쟁 대상이 사실은 권력과 패권이었다면, 그들은 권력을 제한함으로써 경쟁을 제한하기 위해 포폴로(혹은 메디치

32) 이러한 논의 일반에 대해서는 Guicciardini, *Dialogo e discorsi del Reggimento di Firenze*, pp. 42-47을 볼 것.

가)를 필요로 했을 것이다. 그와 동시에 귀차르디니는 자신이 속한 신분에 덜 경쟁적인 가치체계를 권하였다. 오티마티야말로 비판을 행할 능력을 갖춘 유일한 사람들이라는 것이 그의 생각이었겠지만, 그럼에도 불구하고 그는 고집스러울 정도로 그들을 비판했던 것이다.

그러므로 베르나르도가 메디치 정권을 옹호하고 평민들의 무지를 비판한 것은 이러한 식의 해석에 따르자면 메디치가에는 우호적이고 오티마티의 연합 세력인 포폴로 혹은 대평의회에는 반대하는 논거를 진술한 것으로 읽혀질 것이다. 그의 비판이 지향하는 과녁은, 다수야말로 정작 그들 자신은 갖지 못한 상위자들의 자질들을 인식할 수 있을 뿐만 아니라 관직을 가질 소수를 선별하기에도 적합한 훌륭한 심판이라는 신념이며, 사실 이는 귀차르디니 자신이 초기 저작에서 피력했던 바와 같았다. 일단 지도자의 특출한 자질이 비르투가 아니라 경험이 되고 나면 이러한 신념의 설득력은 약화되는데, 왜냐하면 경험이란 오직 똑같은 것을 스스로 획득해 본 사람들이라야 제대로 평가가 가능한 후천적 특징이기 때문이다. 또한 공화국은 관습에 의존하는 것이 아니라 정책결정을 수행하는 공동체이기 때문에, 오직 위정자만이 가질 수 있는 경험 — 관습이 아니라 분별로 표현되는 경험의 한 형태 — 을 다수가 획득할 수 있는 기회는 거의 없다. 다수는 "그들의 사업과 그들의 상점"에 제한된 안목으로 말미암아[33] 이런 종류의 판단을 할 능력이 없다고 한 베르나르도의 논점도 바로 이러한 점에 있다. 물론 다수가 여가 시간의 부족으로 정치적 사정에 대한 지식을 쉽게 얻지 못했을 수도 있고, 또 그러한 지식을 가진 자들이 무슨 일을 하고 있는지 잘 이해하지 못했을 수도 있다는 것은 확실하지만, 그렇다고 해서 그 때문에 인간 품성의 일부인 비르투를 인식하지 못할 정도는 아니었을 것이다. 하지만 베르나르도가 소데리니에 동의할 만한 부분도

33) Guicciardini, *Dialogo e discorsi del Reggimento di Firenze*, p. 43.

있었다. 1494년 정체 하의 피렌체 포폴로는, 베네치아가 그랬던 것처럼, 자신들이 다수결이라는 선거 기법을 유지하고 있는 한 관직 보유자들을 무리하지 않고 관용적 견지에서 뽑을 것이라는 주장이 그것이다. 이는 또한 귀차르디니가 두 편의 "논고"에서 썼던 고민스러운 문제이기도 했다. 그러나 베르나르도는 암울한 어조로, 이런 정도의 지각 있는 진행과정이 얼마나 오래 지속될지는 알 수 없다고 덧붙인다. 소데리니는 여전히, 어떤 형태의 정부도 그 시초에는 완전할 수가 없지만 경험을 통해 그것이 지닌 좋은 자질들을 확인하고 개선하는 법을 배울 수 있다고 주장한다.[34] 간단히 말해서, 그는 포폴로가 경험을 통해 정치 엘리트와 손을 잡는 선거 방법을 어떻게 유지할 수 있는지 알게 될 것이라는 희망을 품고 있는 것이고, 귀차르디니는 아마도 그 동안 추첨에 의한 관직 선출이 너무 과도하게 진행되어 왔다는 귀족적 신념에 호소하고 있는 것으로 볼 수 있다.

그러나 베르나르도의 주 관심사는 1494년 이전의 메디치 정권이 오직 그들에게 확실히 의존하는 것으로 보이는 사람들만을 관직에 진출시킴으로써 비르투를 억압했다는 소데리니의 비난에 대해 그 정권을 변호하는 데 있다. 그는 이를 위해 대부분의 비난은 차라리 감수하면서, 그럼에도 불구하고 이런 종류의 정권이 평민 정권보다 더 낫다는 주장을 개진하고 있는데, 이는 가치와 가정의 변화를 아주 그럴 듯하게 은폐하려는 논쟁 전략이다. 그에 따르면, 메디치가가 자신들이 안전하다고 생각하는 사람은 관직에 올리고 위험하다고 생각하는 사람은 떨어뜨렸다는 것은 분명하다. 하지만, 소데리니의 주장과는 달리, 그들이 모든 종류의 비르투를 자신들에 대한 잠재적 위험으로 간주하지는 않았다는 것이다. 정치 엘리트로서의 자질은 지혜와 진취성에 있다. 진취적(animoso)이지 않아도 지혜로울(savio) 수는 있고, 기존 질

34) Guicciardini, *Dialogo e discorsi del Reggimento di Firenze*, p. 47.

서에 위협적(inquieto)이지 않고도 두 가지 자질을 다 가지는 것이 가능하다.[35] 메디치가는 이미 상당한 권력을 누리고 있었기 때문에 이처럼 우수한 자질들을 더 나은 쪽으로 계발할 수 있었다. 이 덕분에 그들은 경험을 쌓아 사람들의 성품은 어떠한지, 자신들의 판단이 안전하게 실행될 수 있는지 식별케 하는 경험을 얻게 되었다.[36] 이러한 종류의 판단에서 오류를 범하게 된다면 그것에는 두 가지 원인이 있다. 그것은 무지와 질시(malignità)이다. 평민 단체들의 가장 뚜렷한 결점인 무지는 본성상 끝이 없기 때문에 둘 중에서도 더 위험한 결과를 초래할 수 있다. 반면 질시는 그 대상이 되는 개인이 제거되면 그와 더불어 사라진다.[37]

귀차르디니는 베르나르도가 논점을 회피해 갈 수 있도록 해주고 있다. 소데리니는 메디치가의 지배를 참주정이라고 규정했을 뿐 아니라, 참주란 자신에게 종속되지 않은 것이면 무엇이나 위험하다고 간주하며 특히 다른 모든 개인의 비르투, 즉 타고난 도덕적 자질을 두려워하기 때문에 그의 질시는 끝이 없는 법이라는 고전적 견해를 아주 분명히 피력한 바 있다. 베르나르도는 이러한 질시에 대해 변호하면서, 인간이란 본성상 선을 지향하는 법이며 선보다 악을 더 선호하는 사람이 있다면 그는 인간이라기보다는 차라리 야수에 더 가까울 것이라고 말한다.[38] 참주가 바로 그러한 야수와 같은 존재라는 것은 물론 고전적인 주장으로서 전해오던 것이었다. 하지만 베르나르도는 여기서, 메디치가의 지배는 잔혹하기(fiero)보다는 온건한(mansueto) 것으로, 인간의 좋은 자질들을 파괴하려고 하기보다는 그것을 잘 조작함으로써 작동하는 특이한 종류의 참주정이라는 가정—이에 대해서는 소데리

35) 앞의 주 30을 볼 것.
36) Guicciardini, *Dialogo e discorsi del Reggimento di Firenze*, pp. 44-46.
37) Guicciardini, *Dialogo e discorsi del Reggimento di Firenze*, pp. 46, 55.
38) Guicciardini, *Dialogo e discorsi del Reggimento di Firenze*, p. 55.

니도 동의하게 된다 — 을 바탕으로 자신의 주장을 개진하고 있다. 그러나 "온건한 참주정"이란 말은 거의 형용 모순에 가까운 것으로서, 베르나르도의 수사(修辭)는 "참주정"이란 말에 내포된 의미의 많은 부분을 공허하게 만들고 있다. 메디치가는 인간이 지닌 좋은 자질을 이용함으로써 그것을 자신들의 의지에 종속시켰다. 그러나 그들은 그것을 이용하기 위해 그것을 알아야만 했고 그것을 평가할 수 있는 능력을 가져야만 했으며, 그것을 계속해서 이용하기 위해서는 그것이 파괴되는 데까지 가지는 않도록 하는 능력이 있어야만 했다. 두려움과 탐욕도 결코 스스로를 전형적인 참주로 전락시킬 정도로 그들이 지닌 이성을 전복하지는 못한다. 인간본성의 취약함 때문에 선한 것에 대한 자연적 사랑도 쉽사리 전복되기도 하지만, 그럼에도 불구하고 그러한 취약성이 다른 부류의 통치자들보다 그들에게서 더 강하게 내재되어 있다고 말할 수는 없다는 것이다.

이어 베르나르도는 《대화》 1권의 자신의 논증 말미에서, 메디치가의 지배가 그 본성상 쇠퇴와 부패로 귀결될 운명이라는 것을 부인하는 쪽으로 논지를 펼치고 있다. 그들의 통치는 오티마티의 자질들을 활용하는 것을 통해 작동하고 있었고, 따라서 그러한 자질들은 아무런 손상 없이 그대로 남아 있었다. 그리고 이러한 필요성은 그들의 지배가 과도한 방향으로 흐르지 않도록 하는 일종의 브레이크(freno) 역할을 하였다. 나아가서 오티마티는 만약 그들이 자유롭게 말할 수 있는 자율적인 존재로 행동하지 않았다면 결코 메디치가에 봉사할 수도 없었을 것이다. 메디치가의 통치가 설사 모든 것을 그들의 뜻에 맞추어 행한다는 의미에서 일종의 참주정이라고 하더라도, 그것은 결코 통치 의지의 주권이 제도화되거나 가시화되는 절대 군주정(uno stato di uno principe assoluto)처럼 행동하지는 않았다. 적어도 외양과 이미지(le dimostrazione e la immagine)만은 항상 자유 정부의 모습을 가지고 있었다는 것이다.[39] 이미지를 벗겨낸다는 것은 아마도 도시의 삶과 영혼을 벗겨내는 것과도 같을 것이다. 이러한 일이 일어나지 않았기 때문에(오직 미친 사람만이 그렇게 할 수 있었겠지만), 메디치가는 적나라한 폭력이 아니라 사랑과 힘을 혼합하는 방법을 사용함으로써 주변 상황에 대처하여 도시를 더 강력하게 통치할 수 있었다.[40] 사랑이란 결국 자기 감동적 행위이다. 귀차르디니가 사용하는 말의 무게로 보아, 그는 여기서 피렌체인들이 환상에 의해 지배되고 있음을 보여주고자 하는 것이 그의 입장이었다는 종래의 견해에 반하는 방향으로 논증하고 있다고 볼 수 있다. 자유에 대한 실제적인 어떤 것, 즉 과연 어떤 것이 메디치가의 권력에 대한 실제적인 제한인가를 고려해야 할 필요성 같은 것이 있었을 것임에 틀림없다는 것이다. 메디치가로 하여금 존중할 수밖에 없도록 하여 그들의 권력에 실질적인 제한을 가한 자유의 어떤 측면이 있었다는 것이 틀림없다는 것이다. 하지만 귀차르디니는 메디치가의 지배가 참주정과 같다는 비난에 대해 그들을 변호하면서, 메디치 정권을 절대 군주정(principato assoluto)과는 구별되는 어떤 것, 말하자면 혼합 군주정 같은 것 — 그 자신이 이런 용어를 쓴 것은 아니지만 — 으로 표현한 것은 사실이다. 만약 메디치가의 권력에 도시의 수장과 장관들의 의견을 존중하고 그들과 국사를 상의해야 한다는 — 공식적 의미에서 그들과 권력을 나누어 가지는 것은 아니더라도 — 의무가 부과된다고 한다면, 이는 프랑스 및 잉글랜드의 왕권 이론에 가까이 가고 있는 셈이다. 이러한 의무는 메디치가의 지배가 사실상 위장된 군주정을 유지하면서도 공화정의 형태를 존중해야 하는 경우와 그리 다르지 않다.

그러나 베르나르도의 주장은 여전히 오티마티에게 메디치가 체제를 천거하는 쪽으로 나아가고 있으며, 결과적으로 군주정만큼이나 귀족정의 성격을 드러내고 있다. 그것은 상이한 권력들이 대등한 관계 속

39) Guicciardini, *Dialogo e discorsi del Reggimento di Firenze*, p. 77.

40) Guicciardini, *Dialogo e discorsi del Reggimento di Firenze*, pp. 77-78.

에서 공동으로 작용하도록 되어 있는 아리스토텔레스나 폴리비오스의 이론에서 확연히 벗어나, 최상의 권위를 가진 일인 혹은 집단은 바로 그러한 우월성 때문에 모든 권력의 기능을 수행하는 데서 적절한 위치를 점하게 되고, 그럴 능력도 지니게 되며, 조정 역할을 하는 다른 지성의 도움도 필요치 않다는 견해 쪽으로 나아가고 있다. 그러나 이는 일인이나 소수에 최고 권력을 부여하려 하지는 않는다는 점에서 주권 이론에까지는 이르지 못하고 있다. 특기할 만한 점은, 메디치가 지배하에서의 오티마티의 역할에 대한 베르나르도의 논의가 오티마티의 최상 가치는 비르투라는 가정과 완벽하게 양립 가능한 반면, 그의 주장 속에는 전적으로 분별의 개념에 근거한 다른 측면이 존재하고 있으며 여기에서는 군주정과 귀족정 간의 차이가 거의 부각되지 않고 있다는 사실이다. 그가 대외정책(cose di fuora)의 결정과정에 대평의회가 간여하는 것을 비난하고 있는 곳도 바로 이 대목에서이다.[41]

여기서 사고의 연쇄를 좇아가면 우리는 바로 특수한 사건, 지력, 수(數), 시간 등 분별을 요구하는 르네상스적 사고의 이러한 측면에 기초를 이루는—우리가 지금까지 되풀이해서 봐왔던—그런 개념들로 되돌아가게 된다. 우리가 들은 바로는, 대외정책상의 사건들이란 어떤 규칙성도 정해진 과정도 없이 세상사와 함께 매일 달라지는 법이며, 그래서 이에 대한 우리의 생각도 대개는 추측의 문제가 되지 않을 수 없다. 최소의 원인이 최대의 결과를 초래할 수도 있으며, 동일한 원인이 엄청난 차이를 야기할 수도 있다. "그래서 국가의 위정자들은 분별을 갖춘 인물로서, 아무리 사소한 사건이라도 경계를 늦추지 않으면서 우연성과 운세의 힘을 미연에 방지하고 가능하다면 그것을 제거하기 위해 모든 가능한 결과를 숙고해야만 하는 것이다."[42]

귀차르디니가 일찍이 마키아벨리를 그토록 사로잡았던 비르투의 세

41) Guicciardini, *Dialogo e discorsi del Reggimento di Firenze*, pp. 60-65.

42) Guicciardini, *Dialogo e discorsi del Reggimento di Firenze*, pp. 60-61.

계로 들어가려 하지 않는다는 것을 위의 구절보다 더 잘 보여주는 곳은 없다. 대담성으로서의 비르투, 군주 혹은 무장한 평민들의 역동적이면서도 동시에 창조적일 수도 있는 힘으로서의 비르투는 운을 제거하기보다는 그것을 지배하려고 하였다. 마키아벨리는 이러한 특징을 시민-전사의 등식 및 천재적 혁신자 속에서 찾았다. 그러나 귀차르디니는 비르투를 분별과(둘을 서로 교체하려는 정도까지는 아니지만) 동일시하고 있는데, 그에게 있어 후자는 키잡이나 의사가 사건들을 만들거나 결정하려고 하기보다는 그것을 관찰하고 그 자신을 그것에 적응할 수 있게 하는 힘과 같은 것이었다. 그가 추구하는 것은 행동의 정치가 아니라 조작(操作)의 정치이다. 그것은 가차 없고 예측 불가능한 속도로 발생하는 사건에 대응할 수 있을 만큼 최대한의 정보와 숙고를 요구하는데, 다수에게는 이것이 불가능하다는 사실이야말로 평민들이 대외정책에 간여해서는 안 된다는 주장의 주요 논거이다. 오직 일인 혹은 소수만이 어떤 사태가 일어나면 이를 초기에 인지하고 그에 따라 적절한 행동을 취할 수 있는 시간과 응용력을 가지고 있다는 것이 베르나르도의 주장이다. 다수로 구성된 어떤 집합체도 이렇게 하지 못한다는 것이다.[43] 하지만 그 이유가 양적인 것인지 질적인 것인지는 명확치 않다. 한편으로 볼 때, 풀어야 할 어떤 문제에 대해서는 다수의 시민들이 반드시 널리 알아야만 하겠지만, 이는 공부의 대상이 되거나 내부적으로 삭힐 성질의 것이 아니라는 점, 그리고 다수가 공감하는 결정을 하거나 그것을 다시 바꾸기에는 너무 많은 시간이 걸린다는 점이 지적될 수 있다. 다른 한편으로 볼 때, 다수로 구성된 집합체란 각자의 사적인 일에 대한 의도를 가진 개개인들의 집합체일 뿐이며, 따라서 경험과 분별과 권력 정치에 대한 이해를 획득하는 데 필수불가결한 여가 시간이 결여되어 있음을 시사하는 언어가 있을 수 있다. 베르

43) Guicciardini, *Dialogo e discorsi del Reggimento di Firenze*, p. 61.

나르도는 특히 다수야말로 부패하기 쉬운 집단이라는 말까지 하고 있는데, 왜냐하면 그들은 사적인 위치에 있는 개인으로서 결코 공익을 자신의 이익처럼 생각하지 않는 반면, 일인 통치자는 공익을 그 자신의 재산으로 간주하기 때문이라는 것이다.[44] 결국 다수로 이루어진 집합체는 권력 정치의 이해에 필요한 숙고와 직관의 지식을 계발할 수 없으며, 그래서 정책의 지속성도 유지하지 못하게 된다. 하지만 다수의 행동과 관련된 대부분의 권력은 군주들이 가지고 있는데, 그들은 자신들의 이익에 대한 지속적인 생각들을 가지고 있으며 그래서 서로를 이해하고 함께 일을 할 수도 있지만, 결과적으로 자신들 각자의 마음도 알지 못하는 민주 집합체들과는 관계를 맺으려 하지는 않는다는 것이다.[45]

같은 이유로 해서, 군주는 통상적으로 용병 대장이나 병사들을 다룰 수가 있지만, 평민 정부에게 이들은 불구대천의 적이나 마찬가지이다. 군주는 전쟁을 정상적인 행위로 간주하며 그래서 용병대와 지속적인 관계를 맺는다. 하지만 민주정은 오직 필요할 때만 전쟁을 할 뿐 아니라, 단지 하나의 비상조치로서 용병을 고용할 따름이며, 위기의 순간이 끝나자마자 가능하면 봉급도 주지 않고 그들을 제거하고 싶어 한다.[46] 베르나르도는 로마인들은 평민 정부 아래서도 전쟁과 대외정책을 성공적으로 수행하지 않았느냐고 항변해도 소용이 없다는 말을 덧붙인다. 왜냐하면 그들이 군사적으로 성공을 거둔 것은 그들이 지닌 통치 구조와는 아무 관계가 없다고 주장할 수 있기 때문이다. 당시 로마는 불화와 갈등으로 가득 차 있었으므로 통치 구조가 전쟁에서의 비르투에 어떤 기여도 할 상황이 아니었다. 어쨌든 비르투는 왕의 지배 하에서도 자유 하에서 못지않게 대단한 활력을 보여주었다는 것이다.

44) Guicciardini, *Dialogo e discorsi del Reggimento di Firenze*, p. 65.

45) Guicciardini, *Dialogo e discorsi del Reggimento di Firenze*, pp. 63-64.

46) Guicciardini, *Dialogo e discorsi del Reggimento di Firenze*, p. 65.

로마의 군사 체제는 평민 정부의 결과물이 아니었지만, 두 가지 점에서 그것이 성공하는 데 기여하였다. 첫째, 그것은 로마인들로 하여금 전적으로 자신의 힘에 의존하도록 함으로써, 타 세력 간의 외교에 의지해야만 하는 국가들에게는 필수적인 경계심과 예민한 주의력(vigilanzia e diligenzia sottile) 없이도 살아갈 수 있었다. 둘째, 로마인들은 전쟁과 정책을 콘술의 통제 하에 두고 있었는데, 그는 전쟁을 자신들의 시민적 위대성의 원천이자 나아가서는 하나의 직업(bottega)으로서 간주하는 풍부한 경험의 군인이었다. 만약 우리가 로마인들이 살아간 시민적 삶의 조건들을 복원해 낼 수 없다면, 그들을 모방할 수도 없다는 것이다.[47]

귀차르디니가 마키아벨리가 쓴 《리비우스 논고》의 내용이 어떤 것인지 또는 루첼라이 원회(園會)에서 어떤 논쟁이 오갔는지에 대해 알고 있었든 아니든 간에, 그의 주장은 오직 마키아벨리가 틀림없이 말했을 법한 것의 반테제로서 읽혀질 수 있을 뿐이다. 유의해야 할 것은 그가 로마인들이 영위한 삶의 조건들의 복원이 불가능하다는 것을 기정사실로 받아들인다는 점이다. 즉 군사 훈련과 교육을 모든 피렌체 시민의 시민적 인격 중 일부로 만드는 것이 불가능하다는 것이다. 베르나르도는 《대화》 제 2권에서 시민군 전통의 쇠퇴를 한탄하면서도 이제 그것을 되살리기는 너무 늦었다고 말한다.[48] 그러나 그는 여기서 그것이 평민들의 손에 과도한 권력을 부여하기 때문에 그것을 되살리는 것이 나쁘다고 주장하지는 않는다. 귀차르디니는 단지 피렌체가 지배적인 군사력을 행사할 수는 없으며, 군주와 콘도티에리가 판치는 세계 속에서 외교를 통해 조심스럽게 살아가지 않을 수 없다는 가정을 하고 있을 뿐이다. 그는 용병 문제와 관련하여, 만약 로마인들이 용병을 고용해서 "무장하지 않은 도시들이 그렇게 하듯이" 군대보다는 말

---

47) Guicciardini, *Dialogo e discorsi del Reggimento di Firenze*, p. 68.

48) Guicciardini, *Dialogo e discorsi del Reggimento di Firenze*, pp. 90-93.

솜씨로 살아가야만 했다면, 그들이 영위했던 바로 그 통치형태로 인해 몇 년 안에 오히려 그들 자신이 붕괴하고 말았을 것이라는 말을 하고 있다.[49] 이러한 등급의 지력은 오직 일인이나 소수에게만 가능하며, 따라서 무장하지 않은 도시(città disarmata)의 통치형태도 그것에 맞추지 않으면 안 된다. 그러나 다시 한 번 귀차르디니는 그들에게 자신들의 가치를 일인이나 소수에게 적합한 방식으로 바꾸라고 촉구할 정도로 오티마티의 잠재력을 찬양하고 있지만은 않다. 그들은 소데리니가 말한 의미에서의 비르투에 의존하면서 대평의회에 그러한 권력을 부여한 정치체제를 세웠다. 도시의 군사적·외교적 조건 때문에 그들이 마키아벨리가 선호한 친 로마적 의미에서의 비르투에 의존하지 못한다는 것이야말로 그들에게 요구되는 자질이 분별로 나타나지 않을 수 없는 또 한 가지의 이유이다. 베르나르도는 1494년 정체의 설계자들은 좋은 의도를 가졌으나 그 누구도 자신들의 실험이 어떤 결과로 나타날지에 대해 알 수 없었다고 말한다.

> 이는 하등 놀랄 일이 아닙니다. 왜냐하면 그들 중 어느 누구도 자유도시를 본 적이 없었거나 자유민의 기질을 다루어 보지 못했기 때문이지요. 자유에 대해 책으로만 공부해 온 사람들은 경험으로 그것에 대해 알고 있는 사람들만큼 그것이 지닌 특별한 성질들을 관찰하고 소화하지 못합니다. 경험은 배움이나 타고난 총명함으로도 얻을 수 없는 많은 것을 우리에게 가르쳐 주는 법이지요.[50]

그들은 또한, 피렌체 시가 이미 늙었고, 그러한 경우 개혁을 시도하거나 이전의 유해한 관습으로 되돌아가는 것을 막기가 매우 어렵다는 점을 고려했어야만 했다.[51] 귀차르디니가 여기서 말하고 있는 것은

---

49) Guicciardini, *Dialogo e discorsi del Reggimento di Firenze*, p. 155.

50) Guicciardini, *Dialogo e discorsi del Reggimento di Firenze*, p. 81.

마키아벨리가 유사한 상황에서 그토록 초인적 난제를 떠안은 것으로 묘사했던 그런 개혁적 입법자가 아니다. 오티마티에 대해 분별과 신중함을 요구하는 데 초점을 둔 지점에서 그렇게 할 계제는 아니었다. 이는 또한 베르나르도가 자신과 얘기를 나누는 사람들에게 야심을 포기하고 가능한 것에 만족하라고 간곡히 부탁하고 있는 순간이기도 하다. 만약 그들이 메디치가를 넘어뜨리지 않았다면 더 좋았을 테지만, 그렇게 했기 때문에 그 결과를 받아들이고 살아가는 법을 배워야만 한다는 것이다.

그러나 우리가 만약 《대화》 1권이 단순히 비르투를 포기하고 분별을 택하라고 한다든지 혹은 시민적 이상을 포기하고 어떤 지배 집단의 유사 군주제적 권위를 받아들이라고 권고한다든지 하는 식으로 해석한다면, 뒤이은 2권의 내용을 이해하는 데 아무런 도움도 되지 않을 것이다. 여기서 베르나르도는 1494년 이후의 상황에서 피렌체가 성취 가능한 최상의 정체가 어떤 것이 될지 말해 달라는 요청을 받는다. 그는 곤팔로니에레, 원로원, 대평의회 간의 권위의 복잡한 분배라는 측면에서 이에 답하고 있는데, 이 과정에서 그는 의식적으로 베네치아를 세 가지 형태의 정체를 합친 종류로서 지금까지 존재해 왔던 것 중 최상의 사례로 제시하고 있다. 그의 말에서 묻어나는 색조는 시종일관 고전적이며 휴머니스트적이다. 여기서 베르나르도는 학식을 부인했던 앞서의 입장과는 조화를 이루기 힘들 정도로 고대사와 현대사에서의 박학을 과시하고 있다. 그는 시민군 이상에 대해 존중하는 어조로 말하고 있는데 — 하지만 그것을 실제로 채택할 것 같은 정도는 아니라는 것은 의미심장하다 — 무엇보다 당혹스러운 사실은 그가, 어떤 형태의 정체를 판단하는 기준 중 하나로서, 소데리니가 말한 것과 근본적으로 구별 불가능한 의미에서의 비르투를 얼마나 성공적으로 고양시킬 수

51) 앞의 5장 주 10을 볼 것.

있는가 하는 점을 들고 있다는 것이다. 파격적인 관점의 전환이 일어난 것처럼 보일 수도 있는 대목이다.

귀차르디니에 대한 현대의 분석가로서 가장 통찰력이 뛰어난 학자 중 하나인 비토리오 데 카프라리이스에게는 《대화》 2권이 아무래도 논점을 잃은 상태인 것처럼 보였다. 이 부분은 이상의 영역에 대한 무익한 한담 같은 것이어서, 그의 사상이 실제로 어떻게 발전해 나갔는가를 연구하려는 학자에게는 (마치 《금언집》이 그렇듯이) 아무런 소용도 가치도 없다는 것이다.[52] 그러나 데 카프라리이스는 크로체적 역사주의 전통의 탁월한 해설자였다. 그의 관심은 귀차르디니의 사상이 어떻게 해서 "정치로부터 역사로" 변천해 갔는가에 쏠려 있었다. 바꾸어 말해서, 피렌체에 적합한 안정적 헌정체제를 어떻게 만들어 낼 것인가에 대한 관심으로부터, 후년의 역사 대작에서 보는 것처럼 피렌체인을 비롯한 모든 이탈리아인의 시민적 삶은 이제 더 이상 자력으로 어찌할 수 없는 심각한 역사적 변화의 흐름 속에 놓여 있다는 것을 인식하는 쪽으로 변천했다는 것이다. 데 카프라리이스는 충실한 크로체주의자였기 때문에, 인간의 자기 인식은 본질적으로 역사 인식에 다름아니라는 점을 아주 잘 알고 있었고, 그래서 강력한 지성을 가지고 인간의 삶이 다른 곳이 아닌 역사 속에서 전개되어 나간다는 것을 인식할 수 있는 인물들이 나타나기만을 기다리고 있었던 셈이다. 그런데 귀차르디니가 그러한 발견을 향해 급속히 나아가고 있던 중, 갑자기 옆으로 비껴나는 듯한 모습을 보이자 그는 이를 도저히 참을 수 없을 것 같은 느낌을 받았다. 오티마티가 역사 행로 속에서 이제는 홀로 서 있다는 귀차르디니의 인식은 곧 그들의 운이 돌이킬 수 없을 정도로 메디치가에 속박되고 말았다는 인식에 기초하고 있다는 점 또한 데 카프라리이스의 — 제대로 짚은 — 핵심 논점이었다. 그러므로 그는 메디

52) De Caprariis, pp. 78-82.

치가와 오티마티를 아리스토텔레스-폴리비오스적 전통을 일시에 통째로 포기해 버린 집단으로 해석하면서, 그들이 비록 자기 절제적인 방식을 사용하기는 했지만 최고 권력을 공동 행사한 것으로 묘사한 《대화》 1권의 관련 구절들을 특히 강조하였다. 그러나 바로 이 때문에 그는 이러한 전통이 부활하고 그 안에서 오티마티의 입지가 복원된다는 것 — 이것이 제 2권의 주제이다 — 을 받아들일 수 없었다. 따라서 그는 《피렌체 통치에 관한 대화》의 후반부를 비역사적 "추상화"(astrattezza) 라는 치명적인 죄를 범한 것으로 비난하면서 그곳에서는 아무런 의미도 찾을 수 없다고 주장하였다.

그러나 그러한 사고는 그 자체가 비역사적이다. 귀차르디니와 같은 인물들은 비록 상투적인 어구처럼 보이더라도 그것이 어떤 고도의 중요성을 가지지 않는다면 그것을 그처럼 장황하게 써놓을 만큼 어리석지는 않다. 문제는 과연 그것에 담긴 의미가 어떤 것인가 하는 점이다. 귀차르디니가 《대화》를 쓰고 있을 그 무렵, 마키아벨리는 《로렌초 데 메디치 사후 피렌체 정황(政況) 에 대한 논고》(*Discorso delle cose fiorentine dopo la morte di lorenzo*) 를 집필했는데, 여기서 그는, 메디치가의 수장이 된 성직자들 — 교황 레오 10세와 장래의 교황 클레멘스 7세 — 은 이제 피렌체에 세습 군주국의 창건을 허용하지는 않을 것이며, 그보다는 베네치아와 아주 유사한 정체 안에서 자신들의 가문이 일인의 역할에 대해 일종의 세습적 선(先) 취득권을 확보하는 정도로 헌정상의 타결을 볼 것임을 진심으로 믿고 있었던 것처럼 보인다. 이를 두고 마키아벨리에게는 귀차르디니에서 볼 수 없는 이상주의의 경향이 있기 때문이라고 한다면 그야말로 진부한 말이 될 뿐이다. 설사 귀차르디니가 자신이 상상한 정치체제 속에서 메디치가가 실질적인 권력을 행사하는 것을 흔쾌한 마음으로 바라볼 수는 있었겠지만, 그럼에도 불구하고 결코 그들이 그것을 제도화하는 것까지는 바라지 않았다고 말한 데 카프라리이스의 말[53] 에 동의할 수도 있다. 비록 메디치가가 그들의 통치를 정당화하고 안정적으로 만들기 위해 오티마티를 필요로 한다 할지라도, 권력의 객관적 필요성으로 말미암아 스스로를 귀족계급의 지지에 의존하기보다는 오히려 그 반대로 행동할 것이라는 것이 1512년 이래 귀차르디니가 가지고 있었던 신념이었다. 도덕적 필요성은 있으나 정치적 필요성이 그것을 뒷받침하지 않았다. 결과적으로 귀차르디니는 1520년과 1521년에 《대화》를 쓰면서, 조셉 레벤슨이 "가치"와 "역사" 간의 딜레마라고 묘사했던[54] 바로 그런 상태에 봉착해 있었던 것으로 보인다. 당위적으로 그래야 하는 것이 실제로 일어나는 것은 아니다. 하지만 그럼에도 불구하고 전자는 확인을 요구한다. 이러한 상황 속에서 어떤 것의 가치를 확인하는 것은 결코 비실제적인 추상화의 행동이라고만 할 수는 없다. 그것은 정확히 말하자면 일종의 도덕적 필요성이다. 만약 오티마티와 도시가 그들의 본성이 요구하는 바를 취하지 않을 것이라면, 자신들이 취하려고 하는 것의 가치를 평가할 수 있는 유일한 길은 그들이 취했어야만 했던 것에 대해 심도 있는 연구를 하는 것 외에는 없다. 이러한 이분법 내에는 귀차르디니가 자신이 속한 신분에 대해 생각할 때면 언제나 느끼는 가치의 이중성이라는 것이 허용될 여지가 있다. 1512년 이후—혹은 1494년 이후—와 같은 세계에서 야심, 명예, 비르투의 추구는 오티마티로서는 해서는 안 될 가장 위험하고 부적절한 행위가 될 수 있었다. 하지만 그들 자신의 가치와 본성이 그렇게 되어야만 한다고 요구하는 세계라면, 이러한 의미에서의 비르투는 자유롭게 발전되도록 놔두어야만 한다. 그러므로 귀족적 비르투에 기초한 다양한 방식의 삶을 귀족계급의 전략으로서 분별을 취해야만 하는 세계에 대한 하나의 평가 및 이

53) *Ibid.* p. 71.

54) Joseph R. Levenson, *Liang Ch'i-ch'ao and the Mind of Modern China* (Berkeley-Los Angeles: University of California Press, 1953 & 1959), introduction.

해 수단으로 묘사하는 것은 허용될 수 있다. 우리는《대화》제2권 내내 분별 개념에 대한 분석이 가시화되고 있으며 그 종결부로 향해 가면서 역사세계로의 복귀가 이루어지고 있음을 보게 될 것이다.

《대화》의 후반부를 해석하는 길은 비르투와 분별 간의 대화가 어떻게 하여 공화적 헌정주의의 전통 속에서 핵심 관념이 될 것들을 출현케 하는가를 살피는 데 있다. 즉 아리스토텔레스적 정치학에서는 그러한 전통의 다양한 뿌리들을 "덕의 과학"으로 간주했다는 테제를 지지할 만한 어떤 일반화 과정을 추적하자는 것이다. 마키아벨리의《리비우스 논고》와 함께 우리는 폴리비오스적 정체순환론 같은 형식화된 혼합정체론과 관련된, 하지만 그것에 의존하지는 않는 개념 세계 속으로 들어오게 된다. 이 두 명의 피렌체인을 고대의 대가들과 구분 짓는 주요한 차이점 중 하나는 이 두 사람이 무력 및 시민적 덕성과 관련된 주제들을 각별히 강조하고 있다는 점이다. 귀차르디니의《대화》제2권은 비르투 개념의 재검토로 시작되며, 대화를 나누는 사람들이 서두에 제기하는 논점은 피렌체에서 시민군 전통이 부활될 가능성이 있는가 하는 것이다. 카포니의 주장에 따르면, 주변 영토에 대해 도시의 세력을 유지하는 데는 베르나르도가 제시한 안보다 평민 정부가 더 유리하며, 그 이유는 특히 시민층이 재무장해야 한다고 볼 때, 평민 정부야말로 이러한 목적에 따라 더 많은 시민들의 적극적 참여를 이끌어 내는 데서 고베르노 스트레토(좁은 헌정)보다 더 나을 것이기 때문이다.[55] 베르나르도는—좀 놀랍게 보일지도 모르겠지만, 우리가 그의 목소리에서 프란체스코 귀차르디니의 직접적인 어조를 듣기는 쉽지 않다—별다른 회의적 태도를 보이지 않은 채—그러한 면이 그의 특징이기는 하지만—군대에 대한 직접적 복무가 시민 개인에 대해 하나의 인격으로서의 비르투를 증진시킨다는 논지를 사용하지 않는다는 데 동

---

55) Guicciardini, *Dialogo e discorsi del Reggimento di Firenze*, pp. 89-90.

의한다. 또한 시민군이 평민 정부에 이롭다고 생각하는 이유로서 다음과 같은 두 가지에도 동의하고 있다. 무장한 국가는 오직 소수만이 제공 가능한 경계심(vigilanzia)과 책략(industria)을 덜 필요로 하기 때문에 첫째, 내부 불화로 흐르기 쉬운 그러한 도시의 성향에도 불구하고 그것 덕분에 적을 제압할 수 있다는 점이며, 둘째는 시민군에서 도출되는 힘과 비르투(potezia e virtù)로 평민 정부의 약점들을 상쇄할 수 있을 것이라는 점이다.[56] 무장한 평민과 비르투의 연합은 결코 제거될 수 없는 것으로서, 시민군의 포기는 파당 지도자들의 작품이라는 것이 베르나르도의 생각이었다. 그것이 꼭 귀족—군사 지도자들의 계급—의 평민 박해에서 기원한 것은 아니겠지만, 그들은 평민들이 무장하지 않고 자기 자신을 모험의 대상으로 삼는 대신 스스로를 돌보는 일에 훨씬 더 많은 노력을 기울일 때 그들의 권력이 더 안전하게 될 것이라고 믿었다는 것이다.[57] 베르나르도는 시민군을 되살리는 것이 이미 유해한 결과를 초래했기 때문에 이제는 그것에 큰 희망을 걸지 않는다. 사람들의 습관과 가치를 바꾼다는 것은 아마도 좋은 정부가 많은 시간을 들여서 해야 하는 일일 텐데, 그동안(1512년을 주시해 보라) 제대로 복원되지 않은 시민군에 의지해야 한다는 것은 위험 부담이 너무 크다는 것이다.[58]

현실 세계에서는 도시가 무장되지 않은 상태에 있기 때문에 분별 있는 사람들의 통치를 필요로 한다. 이론적 가치들이 지배하는 세계에서는 시민적 밀리치아(milizia 시민군)가 시민적 비르투의 기초가 될 수 있을 것이다. 그러나 귀차르디니는 적어도 시민군이 평민 정부를 강력하고 성공적으로 만들 것이라는 점은 인정하겠지만, 평민 정부가 시민군을 만들어내기 때문에 가장 강력하고 성공적인 통치형태라는 테제는

56) Guicciardini, *Dialogo e discorsi del Reggimento di Firenze*, p. 90.

57) Guicciardini, *Dialogo e discorsi del Reggimento di Firenze*, pp. 90-91.

58) Guicciardini, *Dialogo e discorsi del Reggimento di Firenze*, p. 92.

아마 받아들이지 않을 것이다. 이 단계에서 베르나르도는 로마의 군사적 훈육이 전혀 평민 정부 덕분은 아니었다는 앞의 주장을 되풀이하고 있다. 그것을 확립한 것은 왕이었고 공화국은 단지 그것을 계속 이어받았을 뿐이며, 당시는 이탈리아의 모든 도시가 주민들을 무장시키고 있던 상태였다는 것이다.[59] 그가 여기서 마키아벨리의《리비우스 논고》를 명시적으로 반박하지 않고 있다고 보기는 어렵다. 이러한 인상은 2권 말미에서 로마 문제가 재검토될 때 더욱 강화된다. 이미 대화의 주요한 부분이 끝난 뒤가 아닌가 생각되는 지점에서, 피에로 귀차르디니는 로마 공화국 초기의 무질서와 평민의 무장 간에 어떤 관련성이 있는가에 대한 문제를 장황하게 다시 제기하고 있다.[60] 그에 따르면, 로마인에게는 좋은 시민군(buona milizia)이 있었기 때문에 틀림없이 좋은 제도(buoni ordini)도 있었을 것이다. 그들에게는 최상의 비르투(gradissima virtù)가 있었기 때문에 틀림없이 좋은 교육(buona educazione)을 받았을 것이고, 따라서 좋은 법(buone leggi)도 가졌을 것이다. 신분 간의 투쟁은 실제보다 더 우려스러운 모습으로 보였을 뿐이며 어떤 근본적인 무질서를 야기하지는 않았다.[61] 평민에 비해 숫자에서 밀린 원로원은 군사적인 취약성을 감수하더라도 그들을 무장시키지 않은 상태로 두든지 혹은 그들의 군사적·정치적 지지를 확보하기 위해 그들의 기질(umori)에 맞게 충분한 양보를 하든지, 둘 중 하나를 택할 수 있었다.[62] 평민을 무장하면서도 아무런 소요가 없다면 분명히 더 말할 나위가 없었겠지만, 이 세상 어떤 일도 완벽한 법

---

59) *Ibid.*

60) Guicciardini, *Dialogo e discorsi del Reggimento di Firenze*, pp. 148-158.

61) Guicciardini, *Dialogo e discorsi del Reggimento di Firenze*, p. 148. Cf. Machiavelli, *Discorsi*, I, 4 (*Opere*, p. 102).

62) Guicciardini, *Dialogo e discorsi del Reggimento di Firenze*, pp. 148-149. Cf. Machiavelli, *Discorsi*, I, 4 (*Opere*, p. 102).

은 없어서 필연코 어느 정도의 해악은 동반되게 마련이다.[63] 그러므로 로마의 무질서는 제도상의 특별한 결점에서가 아니라 일이 원래 가지고 있는 본성에서 비롯된 것이다. 그리고 원로원으로부터 평민들을 보호하는 의도로 만들어진 일련의 장치인 호민관 제도는 이러한 무질서를 효과적으로 봉쇄했기 때문에, 베르나르도가 이런 종류의 제도를 자신의 이상적인 정체에 포함시킨 것도 어쩌면 당연한 일이었다.[64]

귀차르디니가 《대화》를 쓸 당시 마키아벨리의 《리비우스 논고》에 대해 알지 못했다고 한다면 이는 심히 믿기 어려운 일이다. 하지만 그가 아버지의 입을 빌려 제기하고 베르나르도로 하여금 그에 반박하게 만든 주장들은 그가 《리비우스 논고》에 대해 알았건 몰랐건 간에 본질적으로 마키아벨리의 주장과 같다. 중요한 것은 단지 그가 반박하려고 했던 것이 무엇인지를 분명히 파악하는 것이다. 첫째, 신분 간의 투쟁은 평민을 무장시킨 데 따르는 필연적 결과였다. 둘째, 콘술 제도는 이러한 투쟁을 막기 위한 수단이었다. 셋째, 로마의 군사적 용맹성 덕분에 정부 내에서의 평민적 요소를 선호하는 주장이 만들어졌다. 베르나르도의 첫 주장은 평민들의 소요는 단지 무장한 사람들의 공격성에서 나온 결과가 아니라 사회 질서상의 특수한 결점들에서 초래되었다는 것이다. 귀족은 특징적인 세습 계급을 형성하여 모든 명예와 관직을 독점하고 평민들은 여기에서 공식적으로 배제해 버렸다. 그들은 평민들을 거만하고 억압적인 태도로 대했는데, 특히 부채 문제에서 그러했다. 왕 아래서도 이 모든 조건들이 달라지지 않았고, 평민들은 군에 입대해 있었다. 하지만 심한 갈등은 일어나지 않았다. 왜냐하면 왕이 귀족으로부터 평민을 보호하기 위해 자신의 최고 권력을 발동했고, 상당수의 평민들을 원로원 신분으로 격상시켰기 때문이다. 하지만 왕정

63) Guicciardini, *Dialogo e discorsi del Reggimento di Firenze*, pp. 148-149. Cf. Machiavelli, *Discorsi*, I, 6 (*Opere*, pp. 107-108).

64) Guicciardini, *Dialogo e discorsi del Reggimento di Firenze*, pp. 148-149.

이 무너진 뒤 상층 평민들은 자신들의 계급적 적대 세력에 의해 모든 관직이 봉쇄되었다는 것을 알게 되었고, 하층 평민들(plebe bassa)은 또 그들대로 자신들을 보호해주던 유일한 제도가 사라져 버린 것을 알았다. 평민들은 다시 관직에 진출하기 위해 투쟁했고, 이 과정에서 하층 평민이 상층 평민을 지지하면서 갈등이 일어났다. 그러나 도시는 아직 젊었고, 이러한 사태에서 발생한 해악들을 잘 살펴 시기를 놓치지 않고 잘 치료한다면 운도 따를 것이었다. 귀족들은 비록 내키지는 않았겠지만 계속해서 평민들에게 양보하였고—그들의 숫자가 아주 적었다는 것도 또 다른 행운이었다—더 많은 관직을 평민 지도자들에게 내주었다. 그리고 이러한 일이 일어나는 데 비례하여 하층 평민들도 자신들의 생명과 재산이 보호받는 한 상층 평민들이 관직을 향유하는 것을 인정해주었다. 이에 따라 호민관 제도는 아무런 의미도 가지지 못하게 되었다. 이로부터 끌어낼 수 있는 결론은 이렇다. 즉 만약 관직이 귀족과 평민의 구별 없이 주어졌더라면 로마에는 처음부터 호민관 제도를 포함한 어떤 갈등도 일어나지 않았으리라는 것이다. 결국 평민의 무장과 신분간의 적대감 사이에는 아무런 인과 관계가 없다는 것이다.[65]

로마의 군사적 비르투에 관한 한, 이는 비르투를 번성케 한 온상과 같은 존재였던 제도(ordini)와 법률(leggi)이 바로 그것을 번성케 한 원인이었기 때문에 좋은 것이었다는 점을 증명하는 것으로 받아들여지지는 않을 것이다. 베르나르도에 의하면, 로마를 군사적으로 성공하게 만든 원인은 그것의 관습(costumi), 즉 영광에 대한 애호와 조국애 등과 같은 것이었다. 그는 이를 제도적 원인보다는 역사적 원인에 비

65) Guicciardini, *Dialogo e discorsi del Reggimento di Firenze*, pp. 150-153. 귀차르디니는 한편으로 마키아벨리가 《리비우스 논고》에서 제기한 해석들을 반박하면서도 그와 매우 유사한 인식틀 내에서 사고하고 있다는 것은 특히 p. 153의 관련 구절에서 잘 나타난다.

추어 설명하고 있다. 도시는 가난했고 적에 둘러싸여 있었다. 하나의 제국 속에서 이러한 것들이 극복되고 융합됨으로써 부와 사치를 누리게 되었지만, 최상의 법들이 있었음에도 불구하고 부패가 이어졌고 과도한 악습들이 판을 치기에 이르렀다는 것이다.[66]

군사적 비르투와 시민군이 평민 정부 없이도 존재 가능하며 전자가 후자로부터 연유하기보다는 오히려 후자를 존재하도록 만들었다는 것을 귀차르디니가 알고 있었다는 점은 분명하다. 그러나 그는 결코 시민군의 존재가 평민 정부의 어리석은 작태들을 불가피한 것으로 만들 것이 뻔하기 때문에 그것을 채택해서는 안 된다는 점을 충분히 논증하는 데까지 이르지는 않았다. 사실 그의 주장은 외형적으로 볼 때 이러한 입장과는 양립 불가능하다. 그는 피렌체의 평민들을 무장시킬 수는 없다는 이유에서 평민 정부에 반대하고 있다. 그의 논지는 규범적 근거에서 평민들이 무장해서는 안 된다는 것이 아니라 역사적 근거에서 그들을 무장시킬 수 없다는 것이다. 이는 조만간 우리를 분별의 영역으로 되돌려 놓을 것임에 틀림없다. 그러나 비르투에 대한 논쟁은 아직 끝나지 않았다. 귀차르디니가 귀족계급에 대해 비판적 입장을 취하고 있다는 것은 곧 그가 비록 귀족적 편향성을 가지고 있기는 하지만 동시에 법적·제도적으로 관직을 독점하는 좁은(stretto) 계급의 존재를 확고히 거부하고 있다는 사실을 말해준다. 그는 (적어도 자신의 글에서는) 결코 과두정 옹호자가 아니었으며 귀족이라는 신분에 대해서도 무슨 각별한 관심 같은 것을 두고 있지 않았다. 그의 엘리트 정부 모형은 분석상의 모든 점에서 재능과 업적에 따라 관직을 분배하는 경쟁 체제와 같은 것이었다. 즉 그것은 비르투를 소유한 사람이 — 그것을 계발하는 기회를 제공하는 데서 사회적 위치가 어떤 역할을 하든지 간에 — 그러한 자질을 공개적으로 보여줌으로써 정치적 지배권을 획

66) Guicciardini, *Dialogo e discorsi del Reggimento di Firenze*, p. 157.

득하고 또 그것을 유지하는 정치체제로서, 자신의 자질은 오직 시민적 정치적 행동을 통해서만 획득되고 과시될 수 있다는 것이다.[67] 피렌체의 오티마티가 해야 할 다른 역할이 있다면 그것은 단지 메디치가와 협력하는 것뿐이었고, 이러한 사정조차도 메디치가가 비르투의 발휘에 대한 심판으로 포폴로 대신에 오티마티를 택한 것일 뿐, 비르투의 성격이 근본적으로 바뀐 그런 상황은 아니었다. 비르투가 만약 출생이나 신분에 귀속된 것이 아니라 후천적으로 획득되고 발휘되며 인정되는 것이라면, 그것에 기초한 정치체제는 개방적 성격을 가질 것임에 틀림없다.

더욱이 비르투의 성격을 탐색해 보면, 그것의 핵심 가치 중에서 그러한 정치체제가 큰 비중을 차지하고 있다는 것이 분명해진다. 소데리니는《대화》2권 초반부에서 시민군에 대해 논의하는 중, 비르투 문제를 자신의 관점에서 재차 진술할 기회를 얻게 된다. 그는 앞서 베르나르도가 한 주장에 답하면서, 사람들이 강력한 보호자의 덕을 입지 않거나 혹은 강력한 압제자에 두려움을 느끼지 않는 채 다만 법 아래서 스스로를 향유할 수 있다는 것은 자유(libertà)에 대한 충분한 정의가 될 수 없다고 주장한다. 그에 따르면 이는 본질적으로 사적 이상일 뿐, 공공의 것(res publica)이란 의미와는 잘 연결되지 않는다. 소데리니는 지금 자유와 비르투의 정부를 옹호하는 주장을 하고 있는 것인데, 그것은 말하자면 비범한 재능을 갖춘 소수가 명예(onore)에 대한 그들의 갈증을 채울 수 있도록 하는 체제, 그리고 그러한 명예는 오직 조국(patria)과 공익에 이로운 뛰어난 업적을 공적으로 수행함으로써 얻을 수 있는 체제이다. 그가 말하는 자유란 자신의 비르투를 최대한 발전시킨 엘리트의 자유이다. 바로 이러한 진술로부터 우리는 비르투와 명예가 어느 정도로 동일시되었는지를 알 수 있다. 그는 계속해서, 명예

---

67) Guicciardini, *Dialogo e discorsi del Reggimento di Firenze*, p. 93.

와 위엄과 장엄함 같은 요소들을 고려하고, 유용성(utilità)만을 평가할 것이 아니라 관대함(generosità)과 넓은 도량(amplitudine)을 높이 사는 것이 필요하다고 말한다. 아마도 도시가 세워진 것은 개개인의 안전과 편의(commodità)를 보존하기 위해서였겠지만, 그것이 사적인 목적을 지향하고 있다는 바로 그 이유 때문에, 도시가 계속 유지될 수 있으려면 그 시민과 통치자들이 스스로에게 위대함과 명성을 부여하도록 만들고 주변의 타 민족들 사이에 그들이 관용적이고 재능이 있으며 유덕하며 분별이 있다(generosi, ingegnosi, virtuosi e prudenti)는 명망을 얻도록 해야 할 것이다(마지막의 두 경구적 단어가 특히 독자의 눈길을 끈다). 사인(私人)의 경우라면 우리는 그의 겸손함과 검소함과 온화함을 칭송하겠지만, 공적인 일에서는 관대함과 위엄과 장려함이 더 바람직한 자질이 된다.[68] 단지 명예를 얻는 것만이 자유의 유일한 목적은 아니다. 진짜 수치와 불명예는 특히 명예를 잃을 것을 두려워하는 것 바로 그것이다. 이는 특히 공적으로 자유에 헌신하고 "이를 서원한"(ed ha fatta questa professione) 도시의 경우라면 더욱 그러할 것이다.

많은 사람들이 "르네상스인"의 특징을 명예 중심의 가치체계라고 생각한다고 해도, 이는 분명히 그것의 극단적인 경우임에 틀림없다. 하지만 잊어서는 안 될 것은 여기에서조차 명예는 시민적 비르투의 형태를 가지고 있다는 점이다. 명예는 공익에 봉사함으로써 획득되며, 다른 모든 것에 우선하여 명예와 그에 부수하는 가치들을 추구하는 데서 우리는 공익이 최우선임을 천명하고 있다. 특기할 만한 것은, 공화주의적이고 애국적인 가치들이 정의에 대한 분배적이고 사회적이며 훨씬 더 전통적 이상들의 형태로보다는 명예, 명성, 관대함과 같은 자기 자신에 봉사하는 이상들의 형태로 표현되고 있다는 점이다. 소데리니가 자유, 명예, 비르투를 처음부터 정치적 인간에게 자연적인 것으로 생

68) Guicciardini, *Dialogo e discorsi del Reggimento di Firenze*, pp. 94-95.

각하기보다는 차라리 역사적으로 조건 지워지고 인간의 선택에 의해 결정된 것으로 생각한다는 점 역시 주목할 만하다. 통치형태를 제대로 평가하기 위해서 고려해야 할 것은 자유가 그것의 형식적 구성요소인지 아닌지가 아니라 그것이 산출하는 결과라고 한 베르나르도의 주장을 언급하면서, 그는 만약 도시가 처음으로 만들어지고 있는 상태라면 그것이 맞는 말이지만, 그 도시에서 자유가 본성(여기서 사용된 명사는 "natura"가 아니라 "naturale"이다)의 일부가 되었다고까지 할 정도로 자유에 헌신하는 경우라면 강압에 의해 자유를 잃는다는 것은 도저히 참을 수 없다고 말한다.[69] 베르나르도 자신도 다른 곳에서 얘기했다시피, 그것은 마치 도시의 영혼을 잃는 것과 같다. 여기서 우리는 피렌체식 자유지상주의(libertarianism)의 핵심적 주장, 즉 이론상으로 최상의 통치형태가 무엇이든 간에 피렌체에 자연스러운 것은 고도의 정치참여를 허용하는 정체라는 주장으로 되돌아간다. 그러나 언제나 그렇듯이, 그것이 뜻하는 바는 "제 2의" 혹은 "후천적"이라는 의미이다.

소데리니가 자유란 피렌체 역사의 산물임을 인정했다는 것은 그의 생각이 베르나르도와 통하는 데가 있음을 보여준다. 소데리니가 그에게 피렌체에 최상의 통치형태가 어떤 것인지 말해 달라고 했을 때, 베르나르도는 그 요청을 받아들였을 뿐만 아니라 — 1권에서라면 아마도 회피했을 테지만 — 자유에 대한 소데리니의 이상까지도 고려하는 쪽으로 나아갈 수 있었다. 그는 여기서, 지금 논의하고 있는 사항은 추상적 차원에서 말하는 최상의 통치형태 — 추측컨대 군주정 — 가 아니라(이러한 논의는 오직 처음 창건되는 중에 있는 도시의 경우에만 고려될 수 있을 뿐이다) 현재의 피렌체에 최상인 통치형태는 어떤 것인가 하는 것이라는 점을 강조하고 있다. 즉 그들이 논의하는 대상은, 강압에 의해서가 아니라면 일인 혹은 소수에 의한 독점적 지배가 결코 허용될

---

69) *Ibid.*

수 없는 정도로 자유에 대한 "서원을 한" 도시라는 것이다. 이러한 지배에 수반되는 해악 — 과두정이 아마도 그 최악의 경우일 것이다 — 을 피하기 위해서는 평민 정부가 최고의 희망이다. 그것은 이론상 참을 수 있는 통치형태 중에서 최악의 것이기는 하지만, 그래도 피렌체에 고유하고(proprio) 자연스러운(naturale) 것으로, 부과되는 폭력의 정도가 가장 덜하다. 나아가서 만약 우리가 어떤 새로운 도시를 위해 평민 정부를 고안하고 있는 것이라면 철학의 가르침과 기록된 역사의 교훈에 의지할 수 있겠지만, 우리의 관심은 현재 실제로 존재하고 있는 도시에 있기 때문에 "도시와 시민의 본성, 자질, 주변환경(considerazione), 성향, 그리고 이 모든 말들을 한 단어로 표현하자면 우모리(umori), 즉 기질(몽테스키외라면 아마도 이를 에스프리〔esprit〕라고 불렀을 것이다)"까지도 고려하지 않으면 안 된다는 것이다. 이 우모리에 대한 지식은 책을 통한 역사 연구에서 얻어지지는 않는다. 여기서 귀차르디니는 자신이 선호하는 의사의 비유를 사용하고 있다. 그는 환자에게 무엇이든 자신이 택한 약을 줄 수 있기 때문에 정치가보다는 더 자유롭기는 하지만, 그럼에도 불구하고 환자에게 "그의 체질과 그 밖의 다른 속성들을 감안하여" 병에도 잘 들으면서 동시에 환자의 몸이 견딜 수 있는 정도의 약을 처방하는 것이다.[70] 의사가 체질(complessione)과 그에 따른 부가적 속성(accidenti)에 대한 지식을 얻는 방법은 여기에 진술되어 있지 않지만, 실제의 경험을 통해 이를 알 수있다는 것으로 보인다.

부가적 속성의 이론 덕분에 베르나르도는 소데리니의 가치체계를 자신이 다루어야 하는 세계의 일부로 받아들일 수 있었다. 현실의 피렌체는 후천적 제 2의 본성, 즉 일련의 부가적 속성에 의해 특징 지워지는데, 이러한 것들은 경험, 관습, 전통 등을 통해 쌓여가며 오직 경

70) Guicciardini, *Dialogo e discorsi del Reggimento di Firenze*, pp. 97-99. 특히 p. 99를 볼 것.

험적으로만 인식될 수 있다. 이러한 부가적 속성의 구조는 소데리니가 호소하는 평등, 자유, 명예, 비르투와 같은 가치들로 구현되기에 이른다. 《대화》 1권에서 베르나르도는 이러한 가치들을 무시하고 통치상의 특수한 제도들이 초래하는 예측 가능한 결과들을 꼼꼼히 살펴보아야 한다는 쪽이었으나, 이제는 그것들을 하나의 사실로 받아들일 준비가 되어 있는 상태이다. 즉 그것들은 피렌체인들이 인정하지 않을 수 없는(그들의 본성이 그러하므로) 가치이자, 나아가서는 베르나르도 자신조차도 인정할 수밖에 없는 가치로 용인되고 있는 것이다(그가 그럴 수밖에 없는 이유는 단지 피렌체의 현실을 연구할 필요가 있기 때문이라는 단서를 달고는 있지만). 그러므로 이러한 가치들에 대한 그의 태도는 경험적이다. 그가 시민적 비르투에 기초한 통치체제를 세우는 데 동의하고 있는 이유도 비르투에 대한 헌신을 포함하고 있는 피렌체인들의 본성을 기정사실로 인정하는 것이 현명한 일이기 때문이라는 것이다.

귀차르디니가 지금 오티마티와 그들이 선호하는 가치들을 위치시키고 있는 곳은, 1494년과 1512년의 사건들이 야기한 극히 특수한 상황이 아니라 관례와 전통이 창출한, 그리하여 그 속에서 부가적 속성들이 축적되고 제 2의 본성이 획득되는 그러한 종류의 콘텍스트이다. 데 카프라리이스는 귀차르디니가 엄격한 역사주의에 이르지 못하고 바로 이 지점에서 주저앉고 말았다는 주장을 한 바 있는데, 이는 아주 설득력 있게 들릴 소지가 있다. 하지만 귀차르디니가 사용한 콘텍스트가 역사적 배경 속에서 귀족적 가치를 제시하는 데 적당한 것이었다는 점, 그리고 일단 이렇게 되면 《대화》 2권에서 그리고 있는 정체의 모습이 데 카프라리이스의 생각보다는 약간 덜 추상적이면서 동시에 좀 더 실제적으로 비치게 된다는 점 등이 이에 대한 대답이 될 수 있다. 앞으로 살펴보겠지만, 귀차르디니는 물론 그러한 정체가 역사적으로 실현될 것이라고 생각지는 않았다. 《대화》 1권의 경우, 오티마티는 일종의 시민적 비르투라고 간주되는 명예와, 실제의 세계 속에서 시민적 구조틀 및 그 가치들이 메디치가 통치에 의해 파괴되었다는 인식을 내포한 분별 중 하나를 택일하게 되어 있었다. 그런데 2권에서는 기존의 귀족적 가치가 가장 중요한 것으로 간주되고 있다. 자유, 명예, 비르투가 바로 그러한 가치들이라는 점이 인정되고 있으며, 이러한 가치들이 필요로 하는 헌정적 구조를 발견하려는 시도가 이루어진다. 그러나 베르나르도는 먼저, 그러한 가치들이 본질적이기보다는 후천적으로 주어진 것으로서 분별이 인정하지 않으면 안 되는 현실 세계의 일부라는 주장을 제시한 뒤, 이러한 인식 속에 자신뿐 아니라 오티마티도 끌어들였다. 그들은 야심과 명예를 향한 갈구가 그들의 세속적 본성이라는 것, 그리고 그러한 것들에 대한 욕구는 채워져야 하지만 동시에 견제도 되어야 한다는 것을 인정해야만 했다. 분별의 발휘는 아마도 최상의 비르투를 보여주는 기회가 될 것이다. 그리고 이에 따라 명예의 추구가 타인의 권력에 의해 제한되는 그러한 통치체제를 받아들이게 될 것이다. 그러나 이와는 반대로 그러한 체제는 분별의 발휘가 곧 자유와 비르투의 본질인 탁월성의 자유로운 추구와 동일하다는 것을 확증할 가능성도 존재한다.

한편, 치타 디스아르마타(무장하지 않은 도시)로서의 피렌체는 마키아벨리적 로마와는 다르다는 부분의 논증은, 피렌체인들의 힘에 의해 결정되지 않는 세계에서는 대외정책이 통치행위 중 가장 중요하고도 단일한 것이라는 점, 그리고 이는 예민한 경계심과 주의력을 끊임없이 발휘할 것을 요구한다는 점을 확고하게 하는 데 기여하고 있다. 오직 경험이 풍부한 소수만이 이러한 자질을 계발하고 과시할 수 있으며, 헌정 창출의 문제는 대체로 소수에 의한 통제와 자유의 유지라는 두 가지 점을 어떻게 조정하는가의 문제에 다름 아니다.

> 제대로 듣는 약을 발견하기는 어렵습니다. 왜냐하면 위를 고친다고 하다가 머리를 다치게 해서는 안 되기 때문입니다. 평민 정부의

> 본질인 자유를 다른 것으로 바꾸지 않도록 조심해야 한다는 말이지요. 또한 중요한 결정을 내릴 때 그것을 할 능력이 없는 사람들은 배제해야 하며, 어떤 특정한 사람들에게 과도한 권위를 부여함으로써 일종의 참주정으로 전락하거나 그것에 가까이 접근하지 않도록 해야만 할 것입니다.[71]

외부세계는 도덕이 존재하지 않는 곳이기 때문에, 이 문제는 사실과 가치를 조화시키는 것, 적나라한 생존의 필요성과 도시 내에서의 도덕적 관계의 필요성 사이를 조정하는 문제로 보일 수 있다. 귀차르디니는 회의주의와 현실주의로 유명한데, 이 문제를 그러한 관점에서 보는 것도 좋을 것이다. 그러나 《대화》 2권은 본질적으로 가치 지향적이며, 지도력과 자유 사이의 조화는 등식의 좌우항에 대한 가치 문제이다. 엘리트는 지도력과 통제력을 행사하는 과정에서 덕을 과시하는데, 이 덕이란 것이 곧 분별이다. 그들은 또한 명예와 비르투 같이 자신들만의 특징적인 가치들을 추구하고 있다. 이러한 수준에 이르러 분별과 비르투는 동일한 것이 되었고, 그래서 양자 사이의 구분은 사라져 버린다. 그러나 우리는, 명예와 비르투가 스스로의 계발을 위해 시민적·공적 무대를 필요로 하는 시민적 자질이라는 사실을 되풀이해서 목격한 바 있다. 소데리니가 제시하였고 이제는 베르나르도 역시 받아들이게 된 경쟁적 비르투 개념의 핵심은 그것이 귀족 정부와 평민 정부를 서로 동일시하게 만든다는 점이다. 비르투가 곧 명예이기 때문에, 공공의 평민 관객들은 그것에 박수갈채를 보내고 의미를 부여하지 않을 수 없다. 또한 소수란 언제나 오직 다수의 시선 속에서만 존재하는 법이다. 양자 간의 조화는 반드시 필요하다. 왜냐하면 소수의 특별한 탁월성은 세속적이고 공화적인 다른 덕성이 그렇듯이, 고립 상태에 있게 되면 자체적으로 쉽게 부패할 가능성이 크다. 만약 비르투에 대

71) Guicciardini, *Dialogo e discorsi del Reggimento di Firenze*, p. 101.

한 인식을 그것을 소유하고 또한 과시하고자 하는 소수에게만 맡겨두면, 그 결과는 단지 재난을 불러올 정도의 경쟁(ambizione)이나 아니면 부패의 냄새를 풍기는 묵인과 책략(intelligenza)이 될 수도 있다. 비르투가 있는 그대로 순수하게 인정되고자 한다면 — 외부적 혹은 사적 고려에 의해 흠이 나지 않았다고 인정되고자 한다면 — 엘리트가 그것을 정말로 자유롭게 계발하려고 한다면 — 그것은 반드시 공적 권위에 의해 수행되는 공적 행위가 되어야만 한다. 이러한 권위가 유사 왕정적인 메디치가의 통치가 될 수도 있느냐는 가능성 — 이에 대해서는 2권에서 더 이상 논의되고 있지 않다 — 은 일단 제쳐 둔다면, 이제 남은 대안은 대평의회이다. 재능과 업적에 따라 관직을 분배하는 정체는 민주정이라는 척도를 필요로 한다. 소수의 자유는 그들의 비르투가 레스 푸블리카에 의해 인정받도록 해야 하며, 반면 다수의 자유는 소수의 비르투에 대한 이러한 인정이 진짜로 공적인 것인지, 비르투와 명예의 지배가 과연 진실된 것인지를 확인해야 한다.

복합적 정치체제, 즉 "혼합정체"(mixed government)는 자유와 분별 간에(앞에서의 비유를 따르면 위와 머리 사이에) 균형을 맞추어야 하는 필요성 때문에, 그리고 자유 그 자체의 본성으로 인해, 양자를 모두 요구한다. 자유의 체제와 분별의 체제 양자가 공히 지켜야 할 핵심적인 사항은, 평민 집합체는 결코 소수가 감독하고 보장하게 되어 있는 가치와 기능들을 스스로 행사하려 해서는 안 된다는 점이다. 그리고 이와 함께, 소수는 소수대로 극히 폐쇄적인 고베르노 스트레토(좁은 헌정) 내에서 그러한 가치와 기능들을 독점하려는 과두정의 형태를 조직해서는 안 된다는 것이 앞의 경우와 마찬가지로 핵심적인 사항이다. 그러므로 베르나르도가 이론상으로 전제한 정체는 다음과 같이 두 가지의 우선적이고 서로 얽혀 있는 목적을 가지고 있다. 첫째, 대평의회에는 자유의 유지에 필수불가결한 기능들만을 부여한다는 것이고, 둘째, 다른 모든 기능에서 벗어나 통치 엘리트로서 참여하는 것은 오직 비르투의 공적 발휘에 의해서만 결정된다는 점을 확인하는 것이다. 이러한 목표들을 위해서는 대단히 신중한 권력상의 구별과 분배가 필요한데, 귀차르디니가 이러한 사항들이 일찍이 베네치아식 모형에서 이미 획득되었던 것임을 거의 인정하다시피 하고 있다는 점은 특기할 만한다.

콘실리오 그란데(대평의회)는 세 가지의 핵심적인 기능을 가지고 있었다.[72] 이 기구는 그것의 존재만으로 관직을 가질 자격이 있는 모든 사람, 즉 도시의 시민 모두에게 정책결정에 대한 접근과 관직을 가질 기회를 제공한다(귀차르디니는 《로그로뇨 논고》에서 대평의회를 관직을 가질 자격이 없는 사람들에게까지 확대하자고 제안했으나, 여기서는 더 이상 그것을 주장하지 않고 있다). 이론상으로 통치 엘리트는 마땅히 재능과 업적에 따라 관직을 배분하는 열린 체제에서 나와야만 했다. 부나 출생과 같은 어떤 선천적인 자격 요건도 배제되어야 하며, 관직에 나아가는 것은 단지 당사자의 공적에 대한 동료들의 의견에 따라 이루어져야만 했다. 그에 따라, 대평의회는 도시 관직과 장관직 전부 혹은 거의 전부를 채워야만 했다. 그 목적은 어떤 장관직도 그것을 맡은 한 개인(privato) 또는 분파(setta)에 의존하지 않는다는 것을 확인하는 데 있다. 핵심은 구분되는 한 집단으로서의 평민 혹은 다수가 그들이 원하는 정부를 선택할 권력을 가져야 한다는 것이 아니라, 누가 관직에 적합한 인물인가를 인지하는 과정이 가능한 한 사적 통로를 거치지 않고 공개적으로 시행되어야 한다는 것이다. 평민들은 선택의 기준이 레스 푸블리카(여기서 이 말은 훗날의 일반 의지라는 의미를 선취하고 있다)라는 것을 확신하는 정도 이상으로 주권을 행사하지는 않는다. 그래서 그들로 하여금 다른 사람들의 비르투를 인지할 수 있도록 해주는 마음의 자질들에 관해서는 아무런 논의도 진행되지 않고 있다. 그렇다

72) 이곳과 이어지는 문단에 대해서는 Guicciardini, *Dialogo e discorsi del Reggimento di Firenze*, pp. 102-103을 볼 것.

고 이러한 자질들이 그냥 사라져 버리는 것은 아니다. 사실 귀차르디니는 시종일관 완전히 비인격적인 추첨 방식보다는 투표로(le più fave) 장관을 선출하는 것을 더 선호하고 있다. 인간이 모두 똑같은 재능과 업적을 가지는 것은 아니며, 그래서 오직 이성적인 사람만이 자기보다 더 우수한 자를 선택할 수 있다.

자유를 확고히 보호하기 위해 대평의회의 손에 남겨져야 하는 세 번째 기능은 "새로운 법을 만들고 낡은 것을 바꾸는" 일이다. 이를 "입법권"이라 지칭하고, 여기서 그러한 권한을 포함시키는 것을 주권을 정의하려는 초보적인 시도라고 보고 싶은 유혹이 있다. 그러나 우리는 이러한 입법적 기능이라는 것이 정확하게 어떤 의미를 가지는지 분명하게 해 놓을 필요가 있다. 귀차르디니가 언급하고 있는 레찌(leggi) 혹은 프로비지오니(provisioni)란 어휘들은 본질적으로 마키아벨리가 오르디니(ordini)라고 부르는 것과 같다. 즉 이 말들은 몇 가지의 정치적 기능이나 권력이 어떻게 분배되어야 하는가를 결정함으로써 정체에 형상을 부여하는 일련의 근본적 성격의 법령들을 의미한다. 이러한 법령의 포고는 반드시 대평의회의 손에 맡겨 놓아야 하는데, 첫째 특정 이익이나 압력의 영향 아래 도시의 통치형태가 결정되지 않는다는 것을 분명하게 하기 위해서이며, 둘째 자유 정부는 법에 의해서나 무력에 의해서만 교체될 수가 있는데, 만약 우리가 법을 통한 정변(mutazione)을 불가능하게 만든다면 다른 장치들은 무력에 의한 정변을 막을 것이기 때문이다. 바꾸어 말해서 대평의회의 기능은 입법을 하기보다는 오히려 입법을 막는 것이다. 여기서 말하는 입법이란 여전히 통치형태를 결정하는 것으로 생각되고 있는데, 그것은 일단 한번 이루어지면 다시는 바꾸지 말고 그대로 두어야 하는 일인 것이다. 그럼에도 불구하고 여기에는 "새로운 법을 만들고 낡은 것을 바꾸는" 행위가 계속해서 일어날 수도 있다는 어떤 관념이 암시되고 있다. 즉 그것이 적절히 행사되지 못하면 정변을 야기할 수도 있지만, 아마 그렇게 되지 않도록 적절한 방식으로 행사될 수 있을 것이라는 논조가 내재되어 있는 것이다. 귀차르디니는 우리에게 이처럼 허용 가능한 입법이란 어떤 것인지 정의해주고 있지는 않다. 하지만 그는 도시의 통치형태가 단 한번에[73] 완전히 확립될 수 있다고는 믿지 않았기 때문에, 그가 그러한 입법 행위를 그동안 쌓은 경험에 비추어 이전의 결점들을 수정하고 최초의 원리들로 돌아가 생각하는 것으로 보았다는 것이 가장 그럴 듯한 해석이다. 그러나 그는 우리에게 그것이 어떤 방식으로 수행되어야 하는가에 대해서는 말해주고 있다. 오직 "훨씬 더 소규모의 위원회"(consigli più stretti)만이 개개의 결점과 그에 대한 처방책을 인식할 수 있는 분별이 있으며, 대평의회는 법안을 발의할 수 없는 것으로 가정된다. 그뿐만 아니라 그것은 제안된 법안의 틀을 잡고 그것에 대해 논의하는 모든 델리베라치오네(deliberazione 심의과정)로부터도 제외된다. 그것은 단지 앞서 더 소규모의 입법기구들이 만든 법안들을 받아들이거나 거부하는 아프로바치오네(approvazione 동의)라는 최소한의 권력만을 유지할 뿐이다. 《로그로뇨 논고》에서와는 달리, 귀차르디니가 여기서는 다수로 하여금 그들이 무엇을 발의하거나 심의할 수 있는지의 여부를 평가할 수 있도록 해주는 인식능력이 어떤 성격을 가지고 있는 가에 대해 전혀 검토하지 않고 있는 데는 무언가 의미하는 바가 있다. 만약 그가 이 문제를 검토했다면, 그는 아마도 다수의 축적적 판단에 대한 아리스토텔레스의 이론을 되풀이했을 것이다. 하지만 더 주목할 만한 점은, 그가 그렇게 하지 않았다는 것, 그리고 무엇이 다수에게 최선인가를 스스로 인지하는 기능보다 부패한 사익(私益)으로부터 해방되었음을 확신케 하는 보편화된 판단의 기능이 더 중요하다는 것을 그가 다시 한 번 강조하고 있다는 사실이다. 다수의 역할은 비엘리트 계급의 의지를 주장하는 데 있는 것이 아니라 통치의 비인격

73) 앞의 5장 주 17, 18, 44, 48을 볼 것.

성을 최대화하는 데 있었던 것이다. 우리는 베네치아의 신화가 좀더 극단적인 수많은 해석들로 변용되는 것을 보면서, 그렇다면 이를 좀더 효율적으로 작동케 할 수 있는 방식이 고안될 수도 있지 않았을까 생각하게 된다.

그러나 귀차르디니는 이에 대한 아무런 의욕도 보여주지 않는다. 그는 (이 점에서) 여전히 시민적 휴머니스트로 남아 있다. 즉 그가 가진 통치적 이상(理想)의 본질은 엘리트 계급이 비엘리트 계급의 면전에서 비르투를 발휘해 보일 것이라는 것이다. 소수의 심의과정이 다수의 동의를 필요로 하는 것도 바로 이러한 이유 때문이다. 또한 그는 소수가 다수의 영역을 침범하려는 어떤 시도에 대해서도 강력히 반대하고 있다. 그는 《로그로뇨 논고》로부터[74], 새로운 법률이 대평의회에서 발의되기는 하지만 그것이 동의를 받기 위해서는 얽히고 설킨 많은 위원회들을 거쳐야만 하게 되어 있는 현 피렌체의 입법과정을 반복해서 비난하고 있다. 그는 이러한 관행이 분명히 과두제적이라고 말한다. 즉 그것은 기존의 권력자들이 모든 가능한 개혁안에 대해 자신들의 분파의 의도를 개입시키기 위해 고안한 파괴적인 장치라는 것이다. 새로운 법안의 발의와 그에 대한 심의는 원로원에서 공개적으로 하도록 하고, 그것에 대한 승인이나 거부는 역시 공개리에 대평의회에서 하도록 하는 것이 올바른 절차이다.[75] 귀차르디니의 가정은 어떤 의미에서 합리주의적이다. 그는 이성과 덕이 가장 우세를 점하기 쉬운 곳은 결정과정에 제한이 없는 경우임을 확신한다. 비록 엘리트와 비엘리트 사이에 기능상의 분화는 계속 유지되어야 하겠지만, 위원회들의 크기를 제한하는 것은 단지 특정인의 사악한 이익을 부당하게 키워주는 결과를 초래할 뿐이다. 엘리트의 자기 결정이 반드시 공적·개방적 과정에서 이루어져야 한다는 관념은 그들이 입법 문제를 다룰 때보다도 선거 문

74) 앞의 5장 주 30, 31을 볼 것.

75) Guicciardini, *Dialogo e discorsi del Reggimento di Firenze*, pp. 124-125.

제를 다룰 때 훨씬 더 명백하게 나타난다.

피렌체에서 정치는 사법(司法) 사회의 정치와 같은 것으로 인식되지 않았기 때문에, 주권적 의지에 의해 실체법을 변경하는 입법 행위는 이론가들에게 북유럽 왕국의 정치에서만큼은 중요하게 생각되지 않았다. 우리는 이미 마키아벨리와 귀차르디니가 대외적 사건들의 처리를 정부가 해야 할 가장 중요하고 단일한 기능으로 간주했다는 것을 알고 있다. 이런 종류의 사건은 매일매일 끊임없이 상황이 변화하기 때문에, 정책결정자의 분별이 가장 크게 요구되었다. 그래서 소수는 항상 사건의 방향을 꿰뚫고 있어야 한다는 것, 또 그러한 사건에 대한 최대의 경험을 그러한 경험을 확장할 최대의 호기(好機)와 조합해야 한다는 것, 이 둘 모두가 중요한 일이었다. 정치 엘리트를 구성하는 장관들을 선택하는 문제는 사실 대외적 사건을 다루는 사람들을 임명하는 문제와 거의 같은 것이었고, 바로 이 점에서 본질적으로 요구되는 어떤 것들 사이의 충돌이 일어났다. 한편으로 평등과 자유의 원리들은—1494년 헌정을 만든 사람들이 그랬던 것처럼—모든 시민이 최대한 많이 관직에 접근할 기회를 요구했는데, 이렇게 되려면 모든 장관직이 가능한 한 빨리 교체·순환되어야만 했다. 다른 한편으로 경험과 분별의 원리들은 장관들이 경험을 쌓아 그것을 활용할 수 있을 정도로 오랫동안 관직에 머물러 있어야 한다는 것을 요구하였다. 하지만 이렇게 되면 그들이 관직을 마치 자신들의 것인 양 여기게 되어 부패와 폭정을 일삼을 위험이 있었다. 귀차르디니의 주장인즉, 베네치아인들이 이러한 딜레마에 대한 최상의 해결책을 내놓았다는 것이다. 그들은 종신제 도제(Doge)를 선출하여 그가 지닌 경험의 이점을 이용하는 한편, 그것을 효율적으로 만들기 위해 동시에 끊임없이 다른 사람들과의 협력을 요구함으로써 그의 권위가 위험 수위를 넘는 것을 견제하고자 하였다.[76] 귀차르디니는 1494년 헌정에서처럼 곤팔로니에레(Gonfaloniere)를 아주 짧은 임기로 하지 말고 종신제로 만들어서, 피렌체의 상황에 맞는 일종의 도제직을 제안하고 있다. 하지만 이는 우선 곤팔로니에레와 함께 일해야 하는 시뇨리아(signoria 정무위원회)의 변화를 전제조건으로 한다. 현재 정무위원회 위원직은 매우 빨리 교체되고 있다. 모든 시민은 자신의 차례가 오기를 기다리고 있으며, 위원회는 사태가 어떻게 돌아가고 있는지 거의 알지 못하는 사람들로 가득 차 있기 때문에 단기제 곤팔로니에레조차도 그가 원하는 대로 무엇이든 할 수가 있을 정도이다. 종신제 곤팔로니에레와 균형을 맞추기 위해 장기제 정무위원회 제도를 만드는 것은 아마 극히 어려운 일이 될 것이며, 따라서 최선의 방법은 정무위원회를 아주 격하시키고 곤팔로니에레를 원로원 및 매일 그가 주재하는 "10인위원회"와 권력을 공유하도록 하는 것일 수도 있다. 그는 외형적으로는 어떤 권력도 가지지 않지만 자신에게 권위를 부여하는 스스로의 인격과 경험에 의존하는 10인위원회의 영구 의장이 된다는 것이다.[77]

원로원은 중심적인 기구로서 비르투를 갖춘 엘리트의 구현체가 된다. 귀차르디니에 따르면, 원로원 의원직이 종신이 되어야 할 것인가 혹은 임기가 있어야만 할 것인가 여부는 헌정 이론상의 문제이다. 고대인들은 종신제를 택했다. 베네치아의 경우는 관직 순환의 속도가 너무 빨라 원로원 의원에 해당하는 프레가티(pregati)가 거의 언제나 동일한 인물들로 구성될 정도이다. 그것은 상대적으로 우리가 채택하고 있는 모형과 거의 차이가 없다.[78] 기술상의 문제는 관직을 가능한 한 연속적으로 맡게 하여 경험의 집중을 이끌어 내는 일과 언젠가는 자신도 관직을 맡게 되리라는 기대를 최고로 끌어 올리는 일을 어떻게 조합할 것인가 하는 문제이다. 만약 우리가 충분한 수의 원로원 여석을

76) Guicciardini, *Dialogo e discorsi del Reggimento di Firenze*, pp. 103-104.

77) Guicciardini, *Dialogo e discorsi del Reggimento di Firenze*, pp. 104, 113-114.

78) Guicciardini, *Dialogo e discorsi del Reggimento di Firenze*, p. 115.

가지고 있다면, 의원의 사망으로 인한 공석을 통해 만일 자신이 자격만 있다면 언젠가는 관직에 선출될 수 있다는 희망을 줄 수 있을 것이다. 귀차르디니는 종신제 원로원을 더 선호하고 있는데, 그것은 그가 종신제 곤팔로니에레를 선호하는 것과 같은 이유에서이다. 즉 그것은 경험을 최대한 집중시킬 수 있도록 해줄 뿐 아니라, 사람들로 하여금 자신들의 비르투가 그들을 확실하게 관직으로 데려다 줄 것이기 때문에 아무 것도 두려워할 필요가 없거나, 또는 다른 어떤 개인에게 신세졌다는 느낌을 가질 이유도 없도록 한다는 것이다. 또한 그는 원로원의 경우 종신직 선출을 신속한 교체보다 더 선호하는데, 그 이유는 개인으로서의 인간은 자신의 관직이 헌정상의 기구가 무작위로 작동한 결과가 아니라 공적 인정을 받은 덕분이라는 것을 인식할 때 더욱 헌신적이 되는 법이기 때문이다. 또한 피렌체인들은 베네치아인들에 비해 침착한 면이 덜한 반면 더 야심적인 성향이 있기 때문에, 느긋하게 자신의 차례를 기다리려고 하지 않는다는 주장도 제시되고 있다.[79] 그러므로 가능한 한 대규모 의석을 가진 원로원을 만들어서 — 1494년의 80석보다는 150석으로 더 늘려서 — 최대한 많은 수의 지망자들을 상임직으로 만들어주는 편이 더 낫다는 것이다.

이러한 체제의 형식과 정신이 윤곽을 드러내면, 이제 관심은 분별의 주도권을 확보하는 것보다 비르투를 동원하고 부패를 막는 것에 더 많이 쏠리게 될 것으로 보인다. 앞의 두 목표는 세 번째 목표와는 달리 비르투의 공개적 인정을 요구하게 될 것이다. 피에로 귀차르디니가 베네치아는 귀족 공화국이고 피렌체는 평민 공화국이므로 도제 혹은 종신제 곤팔로니에레는 후자보다도 전자에 더 적합하지 않겠느냐고 묻자, 베르나르도는 둘 사이에 어떤 본질적인 차이가 있는 것은 아니라고 대답한다. 두 도시에는 시민체 전체로 이루어진 대평의회가 설치되

79) Guicciardini, *Dialogo e discorsi del Reggimento di Firenze*, p. 116.

어 있는데, 그 구성원은 모두가 관직 보유의 권리가 있는 사람들이다. 만약 새로운 이주자들이 그러한 권리를 확보하는 데는 베네치아의 경우가 더 힘들다고 한다면, 그것은 단지 제도(ordini) 상의 차이일 뿐 정체의 종류(spezie del governo)에서 차이가 나는 정도까지는 아니다. 두 도시의 각 시민체 — 피렌체의 포폴로(popolo)와 베네치아의 젠틸루오미니(gentiliuomini) — 내에서는 공식적으로 누구나 평등하게 관직에 접근할 수 있다는 점이 중요하다. "귀족들이 통치하는 곳에서와는 달리 이곳에서는 재산을 기준으로 한 어떠한 구별도 없다." 베네치아의 정치체제는 피렌체만큼이나 평민적이며 피렌체의 정치체제 역시 베네치아만큼이나 귀족적이다.[80] 우리가 이해해야 할 것은, 각 체제에서 지배 엘리트가 되는 길은 오직 그들이 발휘한 필수적 자질들을 동료시민들이 인정하고 선택하는 것 외에는 없다는 점이다.

만약 베네치아와 피렌체 사이에 본질적 차이가 존재한다면, 그것은 각 도시가 공식적으로 평등의 원칙을 천명한다는 데 있는 것이 아니라 명예의 추구에서 피렌체인들이 베네치아인들에 비해 훨씬 더 조급하고 야심찬 성격을 가지고 있다는 데 있다. 베르나르도는 이러한 성격상의 특징에 대해 아리스토텔레스 편향의 매우 양면적 태도를 보이고 있다. 한편으로 볼 때, 사람들이 오직 공적인 것에 봉사함으로써 얻을 수 있는 그러한 명예를 추구하는 것은 바람직하며, 야심을 배제함으로써 단순히 안전의 확보에만 만족하는 것은 더 이상 《대화》 제 1권의 실용적 현실주의가 아니라 획득 불가능한 플라톤적 이상일 따름이다. 다른 한편에서 볼 때, 야심이 명예를 위한 명예를 추구하는 정도까지 이르는 것은 위험하다. 그렇게 되면 사익이 공익에 앞설 것이고, 사람들은 곧 그것을 얻고 유지하기 위해서라면 무슨 일이든 할 수 있다는 식이 되고 말 것이기 때문이다. 그러나 인간은 칭송을 받든 비난을 받든 모두

---

80) Guicciardini, *Dialogo e discorsi del Reggimento di Firenze*, p. 106.

이러한 욕구를 가지고 있으며, 정치 이론가라면 반드시 이를 감안하지 않으면 안 된다.[81] 자유 정부는 시민들의 야심을 두려워 할 필요가 없다. 그러한 야심을 적절한 방식으로 이끌어 주기만 하면, 그로부터 통치 엘리트가 출현하게 될 뿐 아니라 언젠가는 거의 모든 것을 지탱하게 될 만한 정도의 비르투를 소유한 3~4명의 극히 비범한 인물들이 나타나게 될 것이기 때문이다.[82]

칭송할 만하거나 혹은 비난받을 만한(laudabile o dannabile) 야심을 적절히 인도하는 방법에는 몇 가지가 있다. 첫째, 어떤 관직도 어떤 다른 사람의 권력에 의해 전혀 제한을 받지 않을 만큼 강한 권력을 가지고 있지는 않다는 것을 분명히 해야 한다. 바로 이러한 이유 때문에, 곤팔로니에레는 "10인위원회" 및 원로원과 행정상의 권위를 공유해야 하며, 다시 원로원은 대평의회와 입법권을 나누어 가져야 하는 것이다. 이러한 장치를 통해 설사 부패한 장관이 있다 해도 그로부터 해를 입지 않도록 할 수 있을 것이며, 또한 그의 관직과 권력은 시민 모두와 공유하고 있는 것임을 끊임없이 상기시킴으로써 실제로 그가 부패하는 것을 방지할 수 있을 것이다. 둘째, 여러 위계로 구분된 충분한 숫자의 고위직을 두어야만 하는데, 이 경우 가능한 한 신속하게 교체되도록 함으로써 누구나 자신이 발휘하는 재능과 업적에 따라 관직에 오를 수 있다는 희망을 갖게 하는 것이 좋다. 베르나르도의 이상적 정치체제에서 이러한 위계(gradi)는 종신직 원로원 의원에서 시작하여, 그들이 마음에 두고 있을 여러 장관직에 오르는 과정을 거쳐 최고 관직인 곤팔로니에레가 됨으로써 정상에 이르게 된다.[83] 그러나 셋째, 관직은 어디까지나 비르투를 공적으로 인정받은 데 대한 보상일 뿐 결코 어떤 개인이나 분파의 사적인 호의 덕분은 아니라는 점을 철

81) Guicciardini, *Dialogo e discorsi del Reggimento di Firenze*, pp. 118-119.
82) Guicciardini, *Dialogo e discorsi del Reggimento di Firenze*, p. 112.
83) Guicciardini, *Dialogo e discorsi del Reggimento di Firenze*, pp. 119-120.

두철미 주지시켜야만 한다.[84]

위의 세 번째 사항을 확인하기 위해 베르나르도는 이를 바탕으로 체제 개방을 의도한 몇 가지 제안을 내놓고 있는데, 이는 어떤 점에서 베네치아식 패러다임의 경계까지도 넘어서는 내용을 담고 있다. 원로원이 대평의회의 권한 밖에 있는 관직을 어떤 사람에게 선임할 때는 대평의회 소속의, 달리 규정된 바가 없는 군소 장관들이나 혹은 대평의회가 선출한 100명의 대리인들을 동석시켜야 하는데, 그들의 목적은 단지 선임과정을 지켜보는 것뿐이다. 이것이 지향하는 목표는, 원래 스스로가 지닌 좋은 평판 덕분에 그 자리에 앉을 수 있었던 사람들을 여전히 고려하면서도, 동시에 원로원 내에 발호할 수도 있는 분파와 책략을 미연에 방지해야 한다는 점을 상기시킴으로써 원로원이 폐쇄적 기구가 되는 것을 막는 것이다.[85] 선출의 경우와는 반대로 심의는 종신직 원로원 의원에만 엄격히 국한해야 하겠지만, 그럼에도 불구하고 모든 토의과정은 총회에서 개방된 상태로 이루어져야 하며, 의장의 권한을 가진 곤팔로니에레는 되도록 많은 사람들이 발언하도록 해야 하는데, 특히 선뜻 나서지 않으려 하는 사람, 경험이 미숙한 사람, 그리고 비교적 덜 알려진 사람들을 지명할 필요가 있다.[86] 여기서 귀차르디니는 경험이 뛰어난 사람들이 회의를 이끌어야 한다는 위계적 원칙과, 최대한 많은 수의 사람들에게 경험을 쌓고 비르투를 계발할 수 있는 기회를 줌으로써 엘리트 계급을 강화해야 한다는 평등주의적 원칙 사이에 균형을 맞추려 하고 있는 것이다. 또한 그는, 만약 동일한 사람들이 회의를 내내 주도하게 된다면 분파와 부패가 발생할 수도 있다는 점을 모르고 있지 않다. 그러나 어떤 사람이 명석한 토론가라는 명성을 얻게 된다면, 그가 설사 실제로 곤팔로니에레 직에 오른 적

84) Guicciardini, *Dialogo e discorsi del Reggimento di Firenze*, p. 112.

85) Guicciardini, *Dialogo e discorsi del Reggimento di Firenze*, p. 121.

86) Guicciardini, *Dialogo e discorsi del Reggimento di Firenze*, p. 122.

이 없다 하더라도 2개월 임기의 그 관직을 가진 사람보다 더 존경받을 수도 있을 것이다. 그리고 만약 이러한 것이 관직에 오르고 승진할 수 있는 길로 인정된다면, 정직하지 못한 수단을 사용하지는 않게 될 것이다.[87]

사적 분파와 연줄을 정치에 개입시키는 데 대한 귀차르디니의 반감과 평민 다수를 광범위하게 참여시킴으로써 이에 대항할 수 있다는 그의 신념은 곤팔로니에레의 선출 방식을 논한 부분에서 가장 잘 표현되어 있다. 여기서 그는 베네치아인들이 실수를 저질렀다고 주장한다. 그들은 평민들의 무지와 귀족들의 야심 및 경쟁이라는 두 극단을 피하기 위해 간접 선거와 제비뽑기의 정교한 장치를 고안해냈는데, 이 과정을 거듭하여 마지막에 가면 도제를 선택할 수 있는 41명이 남게 된다. 그런데 처음에는 누가 남게 될지 아무도 모르기 때문에 배후 음모도 선거 운동도 있을 수가 없다는 것이다. 그러나 이 모든 것이 핵심을 벗어난 것이다. 선출 위원 41명은 아무 것도 아닌 자들이든가, 혹은 상당한 힘을 가진 인물들로서 자기 자신의 이익과 분파와 야심을 가진 자들이든가, 둘 중 한 쪽일 것이다. 만일 전자라면 그들은 무지하고 경험이 일천할 것이고, 후자라면 그들이 누구를 선택할 것인지가 사적인 고려에 의해 결정될 것이다. 현실에서의 결과는 후자 쪽이었다. 베네치아 정치에 대해 알 만한 관측자라면, 일단 그가 41명의 명단을 입수하기만 하면 통상 누가 도제가 될 것인지를 미리 예측할 수 있다. 왜냐하면 그는 그들 간의 의존관계(dependenzie)를 알고 있을 것이기 때문이다. 물론 그렇다고 하더라도 그들이 5~6명의 최적임자들 중 하나를 뽑을 것이라는 것은 사실이다. 하지만 그래도 부패가 충분히 제거된 것은 아니었다.[88]

여기서 우리는 다시 기본원칙으로 돌아간다. 모든 도시는 다수와 소

87) Guicciardini, *Dialogo e discorsi del Reggimento di Firenze*, p. 123.

88) Guicciardini, *Dialogo e discorsi del Reggimento di Firenze*, pp. 130-132.

수, 즉 포폴로와 세나토(sanato 원로원/귀족)로 이루어져 있으며, 권력과 영향력을 향한 정상 행로는 쌍방 간의 제휴를 통하는 것이다. 귀차르디니는 이제 약간 폴리비오스적인 논증을 전개한다.[89] 귀족에 대하여 평민을 옹호하거나 평민에 대해 귀족을 옹호하는 것은 지극히 정당한 일이지만, 인간의 본성이란 끝이 없기 때문에, 우리는 부지불식간에 처음에는 자신의 것만을 방어하다가 결국에는 다른 사람의 것까지도 요구하기에 이른다.[90] 어느 쪽이든 종국에는 유해한 결과를 산출하겠지만, 원칙적으로는 관직 희망자를 평민과 귀족 양측에서 모두 받아들일 만한 인물로 하는 것이 문제를 조정하기가 쉽다. 원로원을 연 뒤, 추첨으로 후보자 명단을 작성할 위원 40~50명 정도를 뽑는다고 하자. 투표 결과 가장 득표를 많이 한 순서대로 세 명을 골라 — 이때는 누군가가 절대 다수를 차지하는가 아닌가는 고려하지 않는다 — 다른 날 대평의회에서 다시 이들에 대한 투표를 하게 한다. 만약 누군가가 절대 다수의 지지를 얻으면 그를 곤팔로니에레에 임명한다. 만약 그렇지 못하면 세 명의 다른 결선 진출자들을 뽑아서 승자가 나올 때까지 이 과정을 반복한다. 원로원의 참여는 최종 후보자들이 명망 높은 인물일 것이라는 확신을 준다. 평민의 참여는 최종 결과가 엘리트 간의 내부 경쟁에 의해 결정되지 않는다는 것을 확신케 한다. 각각은 개인의 재능과 업적이 가능한 한 공개적이고도 사적이지 않은 방식으로 인지된다는 점을 확신케 하는 데 기여하고 있다.[91]

귀차르디니가 베네치아의 신화를 무비판적으로 추종하는 인물이 아니라는 것은 분명하다. 하지만 그는 베르나르도의 입을 빌려 베네치아식 헌정이야말로 지금까지 알려진 것 중 최상의 통치형태라는 상투적인 찬사를 보내는 것으로 자신의 정체 논의를 끝맺고 있다. 그는 이미

89) Guicciardini, *Dialogo e discorsi del Reggimento di Firenze*, pp. 132-135.

90) Guicciardini, *Dialogo e discorsi del Reggimento di Firenze*, p. 133.

91) Guicciardini, *Dialogo e discorsi del Reggimento di Firenze*, p. 135.

베네치아의 정체가 몇 세기의 긴 시간 동안 안정을 유지해 왔다는 이유에서 — "무장하지 않은 도시임에도 불구하고"(per una città disarmata)라는 조건이 붙어 있기는 하지만 — 그것을 칭송한 바 있다.[92] 그리고 여기서 그는, 그것이 일인, 소수, 다수에 의한 통치의 결점은 피하면서 그 장점은 잘 조합시키고 있다는 더욱 상투적인 말을 덧붙인다.[93] 그러나 베네치아라는 주제에 대해 그의 사상이 딛고 서 있는 진짜 발판은 이러한 것이 아니다. 완전한 폴리비오스식 이론에 따르면, 군주정, 귀족정, 민주정은 각각 나름의 특징적인 장점, 즉 비르투를 가지고 있다. 하지만 단독으로 존재하는 상태에서 각각은 자연적으로 부패하는 경향이 있다. 진정한 혼합정체는 각각의 비르투를 서로의 쇠퇴를 막는 데 사용한다. 앞으로 살펴보겠지만, 완전히 발전된 형태의 신화 속에는 통상적으로 베네치아가 기계적이고 자기 영속적인 장치들을 통해 이를 이루었다는 주장이 첨가되어 있다. 비르투를 지닌 엘리트를 공개적으로 모집해야 한다는 자신의 주장과 비교해 볼 때, 귀차르디니는 사실 이러한 주장을 거의 중요시하지 않고 있다는 것을 알 수 있다. 그의 경우는 또한 비르투라는 핵심용어의 사용법에서도 폴리비오스적 도식과 구별된다. 그는 세 정체의 각각에 별개의 비르투가 존재한다고 보지 않는다. 사실 그는 이 어휘를 엘리트 혹은 소수의 자질이라 정의하는 그런 방식으로 사용하고 있다. 그동안 되풀이해서 언급했듯이, 그가 생각하는 정치체제에서 다수의 역할은 필수불가결한 것으로서, 그들은 엘리트의 것이 아닌 자기 자신들의 지성과 판단력을 행사하면서 그 속에서 일정한 기능을 담당한다. 그러나 귀차르디니는 그것이 어떤 것인지에 대해서는 어디에서도 말하고 있지 않으며, 그것을 비르투라고 정의하고 있지도 않다. 그가 생각하는 다수의 기능은 소수를 위한 콘텍스트가 되는 것뿐이다. 그는 현재 우리가 검토 중인 구절

92) Guicciardini, *Dialogo e discorsi del Reggimento di Firenze*, p. 106.
93) Guicciardini, *Dialogo e discorsi del Reggimento di Firenze*, pp. 138-139.

속에서, 평민 정부의 주요 이점은 “자유의 보존”이라고 말한 뒤 곧 “법의 권위와 모든 사람의 안전”이라는 말을 덧붙이고 있는데,[94] 이는 《대화》 제 1권에서 설명한 바 있는 사적이고 비참여적인 자유에 대한 정의 쪽으로 다시 하강하고 있다는 인상을 준다. 일인은 — 곤팔로니에레든 도제든 — 결코 소수의 경험과 분별과 명예로운 야심과 구별될 수 있는 자신만의 비르투를 가지고 있지 않다. 그는 단지 소수 엘리트 조직의 맨 꼭대기에 서 있을 뿐이다.

귀차르디니는 베네치아를 상이한 형태를 가진 비르투들의 종합이라고 이상화하지 않는다. 왜냐하면 그는 마음속으로 오직 한 가지 형태의 비르투만을 인식하고 있기 때문이다. 또한 이것은 소수의 속성이므로 일인과 다수의 역할이란 어디까지나 보조적인 것으로 남을 수밖에 없다. 마키아벨리는 비르투를 무장한 다수의 속성으로 보았기 때문에 폴리비오스-베네치아식 패러다임에서 훨씬 더 멀리 나아가 버렸다. 귀차르디니가 로마사에 대한 이러한 식의 독해에 회의적이라는 사실은 피렌체 시민군 전통은 이제 더 이상 되살릴 수 없다는 그의 후회 어린 확신에 비하면 별로 중요한 것이 못 된다. 그러나 역사적 현실과 선호하는 가치라는 양 측면에서 볼 때, 그의 비르투 개념은 다분히 귀족적이다. 문제는 소수, 특히 피렌체 오티마티의 부패와 쇠퇴를 어떻게 막느냐 하는 것이다. 일인과 다수는 소수의 비르투 — 마키아벨리의 비르투에 비하면 분별성은 더 높지만 역동성은 더 떨어지는 — 가 계속해서 공익을 향해 자율적으로 나아갈 수 있도록 해주는 구조를 제공한다. 하지만 그들은 각별히 자기 자신의 비르투를 발휘하는 것은 아니기 때문에, 바람직한 정체란 곧 서로 상이한 비르투의 조합물이며 그것의 안정은 서로가 서로의 쇠퇴를 저지함으로써 확보된다는 폴리비오스적 구조를 우리에게 보여주지 않는다. 《대화》는 결코 쇠퇴가 정해

94) Guicciardini, *Dialogo e discorsi del Reggimento di Firenze*, p. 139.

져 있는 세계 속에서 혼합정체가 안정을 유지할 수 있는가를 논의한 책도 아니고, 어떻게 해서 비르투가 포르투나의 지배를 저지할 수 있는가를 다룬 것도 아니다. 귀차르디니 역시 피렌체 오티마티의 역사적 딜레마에 직접적인 관심을 갖고 그와 같은 이론적 탐구에 몰두하였다. 그는 비베레 치빌레(시민적 삶)를 성공적으로 이끌기 위한 대안이 일반화된 형태의 순환적 쇠퇴 이론이 아니라 귀족계급이 비록 약간의 손해를 보더라도 새로운 관계 속에서 메디치가의 통치를 재확립하는 것임을 알고 있었다. 하지만, 좀더 궁극적 의미에서 볼 때, 운의 우세라는 상황이야말로 그 특유의 사상이 전개되는 한 축이라고 말할 수 있겠다.

베르나르도는 피렌체사를 아무리 소급해 읽어 보아도 지금까지 좋은 정부를 향유한 적은 없었다는 결론에 도달한다. 일인 참주정(메디치가 하에서와 같은), 소수의 오만하고 자기 파괴적인 지배, 다수의 방종, 혹은 서로 연합한 과두 분파와 군중의 지배가 초래한 지극히 비이성적 행위 등이 피렌체가 그동안 겪어 왔던 것들이었다. "만약 우연한 기회(sorte)에 혹은 신의 자비로 이와 같은 〔좋은〕 통치형태에 도달할 수 있는 은총(grazia)을 입지 못한다면, 우리는 과거에 일어났던 것과 동일한 폐해를 두려워해야 할 것이다."[95] 소데리니는 일이 좋은 쪽으로 풀릴 무슨 희망이 있겠느냐고 묻는다. 이에 대해 베르나르도는 좋은 정부가 세워질 수 있는 방법들에 대해 심도 있게 탐구하는 것만이 길이라고 대답한다.[96] 그러한 정부의 창건은 강제에 의한 것일 수도 있고 설득에 의한 것일 수도 있다. 절대 권력을 가진 어떤 군주가 자신의 권력을 포기하고 공화국을 세울 수도 있다. 이것은 이론상으로는 아주 쉬운 일일 것이다. 왜냐하면 그를 막을 사람이 아무도 없는데다

---

95) Guicciardini, *Dialogo e discorsi del Reggimento di Firenze*, pp. 139-140.

96) Guicciardini, *Dialogo e discorsi del Reggimento di Firenze*, pp. 141-145.

가, 갑자기 참주정으로부터 자유의 상태로 옮겨가게 된 사람들은 아마 자신들이 천국에라도 와 있는 것처럼 생각될 것이고 그래서 그에게 무한한 신뢰를 보낼 것이다. 귀차르디니는 그들에게는 마치 운은 아무런 역할도 하지 못하고, 모든 것이 인간적인 것 이상의 힘을 발휘하는 비르투에 달려 있는 것처럼 보일 것이라고 말하고 있는데, 이러한 식의 언어는 우리로 하여금 이상적인 입법자에 대한 마키아벨리의 논의를 생각나게 한다.[97] 그러나 절대 권력의 행사가 증오심을 유발하여 군주가 설사 권력을 포기하고 싶어도 감히 그렇게 하지 못하게 되든지, 혹은 (더 가능성이 있는 것으로) 그의 성격을 극히 부패하게 만들어 진정으로 권력의 포기를 원하지 않게 되든지(아우구스투스가 그 예로 제시된다), 둘 중 하나가 현실이다.[98] 리쿠르고스에서 보듯이, 사적인 위치에 있는 어떤 시민이 도시를 개혁하기 위해 최고 권력을 추구하는 일이 있을 수도 있지만, 이 경우 역시 같은 말을 할 수 있다. 힘과 권력은 스스로를 영속시키는 경향이 있다는 것이다.[99] 이제 설득에 의한 경우가 남았는데, 이 말이 곧 좋은 정부를 세우겠다는 시민들의 집합적 결정을 뜻한다는 것은 분명하다. 하지만 이런 일이 가능하려면, 그들이 충분한 경험을 쌓아서 나쁜 정부의 폐해가 어떤 것이며 또한 그에 대한 처방은 무엇인지를 잘 알아야만 하며, 스스로를 아예 절멸시키거나 혹은 격렬한 갈등과 극단적인 주의 주장 속으로 몰아갈 정도는 아니면서도 그들에게 교훈을 주기에는 충분한 불운을 겪어 보았어야만 한다. 만일 1494년 헌정이 실패한 것이라면, 당연히 좁은 헌정(stato stretto)을 향한 움직임이 있게 되겠지만, 더 가능성이 높은 결과는 — 여기서 귀차르디니는 이미 결과를 알고 있는 이점을 발휘하고

97) Guicciardini, *Dialogo e discorsi del Reggimento di Firenze*, pp. 141-142.

98) Guicciardini, *Dialogo e discorsi del Reggimento di Firenze*, p. 142.

99) Guicciardini, *Dialogo e discorsi del Reggimento di Firenze*, pp. 142-143.

있다 — 곤팔로니에레의 권력이 증대되는 것이다.[100] 그렇게 되면 모든 사람들이 그의 인격과 지위에 의존하게 된다. 귀차르디니의 독자들은 그 뒤의 결과가 피에로 소데리니의 비효율적인 통치라는 사실을 안다. 하지만 베르나르도는 특히 종신직 곤팔로니에레가 선임된다면 강력하고 지혜로운 그가 진정으로 베네치아 방식에 부합되는 정체를 제정하게 될 일말의 기회가 주어질 것이라고 말한다.[101]

명백한 결론인즉, 1494년의 피렌체 헌정은 안정된 공화국을 바라기에는 여전히 너무나 운에 의해 좌지우지되는 상황 속에 있다는 것이다.[102] 여기에는 공화국이 비록 그러한 상황에 놓여 있지만 적어도 어느 정도까지는 오직 공화국만이 운의 지배에 대항하는 유일한 대안이라는 생각도 암묵적으로 깔려 있었다. 알다시피, 귀차르디니는 공화국이 시민들에게 행사하는 권력이야말로 극단적인 폭력이나 불의를 동반하지 않는 유일한 형태라는 것을 믿고 있다. 그러나 운의 영역이라고 해서 전적으로 임의적이고 예측 불가능한 사건들만 일어나는 것은 — 이론상 그럴 수는 있겠지만 반드시 그래야 할 필요는 없다 — 아니다. 1513년 이후 귀차르디니는 사실상 공화 정부의 실패로 초래되고 있는 것, 즉 메디치 체제의 복고로 대평의회를 빼앗긴 포폴로 계층이 그들에 대해 강렬한 적대감을 표함으로써 메디치가의 의심은 더욱 증폭되는 반면, 메디치가에 대한 독립적 평형추 역할을 하고자 하는 오티마티의 힘은 더욱 약화되는 상황을 분석해 온 바 있었다. 그는 이제 베르나르도를 통해 이러한 가능성을 상세히 설명하고는, 이어 소데리니, 카포니, 피에로 귀차르디니에게 그들이 공화국의 개혁을 위해 노력하고 있는 것은 분명하지만 그렇다고 성공을 장담하기는 어렵다는 사실을 다시 한 번 상기시킴으로써, 《대화》의 주요 논제를 끝맺고 있

100) Guicciardini, *Dialogo e discorsi del Reggimento di Firenze*, p. 143.

101) *Ibid.*

102) Guicciardini, *Dialogo e discorsi del Reggimento di Firenze*, pp. 144.

다(하지만 로마의 역사를 비롯한 다른 주제들은 여전히 토의되고 있는 상태이다). 모든 정치적 과업에서 성공이란 곧 시간(tempo)과 기회(occasione)의 문제이며, 작금의 시기는 결코 호기라고는 말할 수 없는 때이다. 만약 시기가 불리하다면, 때를 관망하고 그것에 순응하는 것이 유일한 전략일 수밖에 없는 그런 상황이 도래할 수도 있다. 왜냐하면 이런 상황에서 혁신을 꾀하려는 시도는 더 나쁜 결과만을 초래할 가능성이 높기 때문이다.[103]

이와 더불어 우리는 가치의 영역에서 역사의 영역으로 되돌아온다. 혹은 귀차르디니를 해석하는 데 가장 효과적인 용어들을 사용하자면, 비르투의 영역에서 분별의 영역으로 복귀하는 것이다. 이상 공화국에서는 분별이 비르투, 즉 도덕적으로 자유롭고 강제되지 않는 시민적 행위의 형태로 나타난다. 하지만 그 이면에는 언제나 인간이 가지지 않으면 안 되는 것을 가지고 할 수 있는 데까지 최선을 다한다는 함의가 담겨 있다. 이런 의미에서 볼 때, 공화주의 실험은 붕괴된 상태에 있었고, 오티마티는 또 그들대로 자연적 지도자로 받아들여지기 위해 그들 앞에서 스스로의 비르투를 과시해 보여야만 하는 포폴로와 제휴하기보다는, 1494년 이전 그들이 차지하고 있던 위치로 다시 돌아갈 수는 없다는 조건 아래 메디치가와 연합해야 하는 처지에 놓여 있었던, 바로 그러한 세계 속에서 그것은 아마 적절한 행동일 수도 있었을 것이다. 귀차르디니는 그 해의 혁명이 하나의 정변(mutazione)이자 혁신(innovazione)이었으며, 그 이후 모든 것이 바뀌고 미래는 예측도 통제도 하기 어려운 상황이 되었다는 것을 잊지 않고 강조하였다. 그러한 결과들을 묘사한 수사(修辭)는 운의 수사였다. 그러므로 우리가 분별이라 불러온 자질은 무엇보다 지성과 인격상의 자질로 보였을 것이고, 총명한 귀족들은 포르투나의 세계 속에서 바로 이러한 것을 가

103) Guicciardini, *Dialogo e discorsi del Reggimento di Firenze*, p. 146.

지고 자신과 타인들을 통치하려 했던 것이다.

귀차르디니가 《대화》를 썼을 때까지만 해도, 어떤 시민적 장치를 고안하여 그 속에서 비르투와 분별이 함께 기능할 수 있고 최대한의 발전을 이룰 수 있도록 하는 것이 여전히 가치 있는 일로 생각되었다. 포르투나의 세계와 분별이 서로 적나라하게 대립하는 모습은 1528년에서 1530년 사이에 쓴 《금언집》에 가서야 비로소 나타나는데, 왜냐하면 귀족층이 메디치가와 포폴로 사이에서 고립된 현실을 그때쯤에야 확실히 대면하게 되었기 때문이다. 당시는 최후의 공화국과 대공성(大攻城)의 시기였고,* 그러한 상황 속에서 점점 더 혁명적이 되어가던 평민 정부는 오티마티 — 귀차르디니 자신도 포함된 — 를 몰아내고 메디치가에 정면으로 맞섰다. 이런 과정을 통해 메디치가는 이제 자신들이 오직 절대군주로서 복귀할 수밖에 없다는 것을 확신하게 되었다. 공성이 끝났을 때, 귀차르디니는 포폴로에 대한 반작용으로서 메디치가의 복귀를 도왔을 뿐 아니라 패배한 평민 지도자들에 대한 잔혹한 숙청에 자신이 직접 참여하기까지 하였다.[104] 하지만 이 과정에서 그는 강제된 여가 시간을 마키아벨리의 《리비우스 논고》에 대한 비평과 당시 그가 본 대로의 세계를 생생하게 보여주는 금언 모음집을 마무리하는 데 사용하였다. 이 《금언집》의 지배적인 — 위압적일 것 같기도 한 — 주제는 지성을 개인적 혹은 정치적 행동의 형태로 사건의 세계에

---

* 황제와 교황 간의 첨예한 대결이 1527년 "로마 약탈"로 나타나자, 그 여파로 메디치가가 지배하던 피렌체를 다시 공화파가 장악하게 된다. 1527~30년의 짧은 공화 정권을 통상 피렌체 "최후의 공화국"이라 부르는데, 그 이유는 이후 메디치가가 공화 정부의 외양을 벗어버리고 군주정으로 돌아섰기 때문이다. "대공성의 시기"라고 한 것은 1528년부터, 특히 1529년 여름에서 1530년 8월 사이 최후의 공화국이 피렌체 성곽을 포위한 황제군에 맞서 끝까지 항쟁했기 때문이다.

104) 이 당시 귀차르디니가 한 일들에 대해서는 Ridolfi, *Life of Francesco Guicciardini*, chs. 18-20을 볼 것.

적용하기가 극히 어렵다는 것이다. 설사 모든 책들이 읽혀지고 교훈이 얻어지고 결론이 음미되었다고 하더라도—귀차르디니는 한 순간도 이러한 준비를 거칠 필요가 없다는 말을 한 적은 없었다—사상을 행동으로 변환하는 문제가 여전히 남아 있다.[105] 또한 경험을 통해 생래적 지성이 결코 제공해줄 수 없는 특수한 사실들에 대한 우연적 지식을 얻게 된다 해도,[106] 시기를 판단하고 행동의 시기를 결정하는 문제, 시기와 행동 양자 모두를 감안해야 하는 문제 등과 같이, 지식의 인식 가능한 체계화 저 너머에 놓여 있는 문제들이 존재한다.[107] 바보라면 현재 무슨 일이 일어나고 있는지 이해하지 못하는 것은 당연하다. 하지만 매우 총명한 사람조차도 현재 일어나고 있는 일들을 직접 대면하고 있으면서도 그것에 대해 과도하게 반응할 수 있으며,[108] 그리하여 사건이 실제보다 더 급속하고 완결적으로 일어나고 있다고 생각한다는[109] 점을 귀차르디니는 잘 알고 있었다. 마키아벨리가 시간이 가면 갈수록 입지는 좁아질 가능성이 많은 법이므로 형세를 관망하기보다는 행동하는 편이 더 낫다고 생각했다면, 귀차르디니는 입지를 악화시키는 요인은 그 어떤 것보다도 제대로 숙고하지 않는 스스로의 행동이라는 이유로 형세 관망의 강점을 간파할 수 있었다. 그러나 두 사람 모두에게, 포르투나의 영역은 무슨 일이 일어날지 완전한 예측이 불가능한 곳이라는 점은 분명했다(귀차르디니는 미래의 우연적 사건들에 대해 어떤 결정된 진리도 있을 수 없음을 언명한 아리스토텔레스에게 예를 표하고 있다).[110] 이 문제에 관련된 모든 "금언"(ricordi) 들은 마

105) *Ricordi*, C 22 (Spongano, p. 27). 앞의 5장 주22를 볼 것.

106) *Ricordi*, C 9, 10 (Spongano, pp. 13-14).

107) *Ricordi*, C 78-85, esp. 79 (Spongano, p. 90).

108) *Ricordi*, B 96 (Spongano, p. 28).

109) Ricordi, C 71 (Spongano, p. 82). Cf. C 34, 115, 116, 162, 191; B 76, 103.

110) *Ricordi*, C 58 (Spongano, p. 67).

키아벨리의 《군주론》 25장 및 이제 막 부패하기 시작한 사회 속에서의 행동의 문제를 다룬 《리비우스 논고》의 관련 장들에 대응되는 것으로 읽혀져야 한다.

《금언집》의 몇몇 경우에 — 이는 귀차르디니의 《대화》 및 그가 이 시기 즈음해서 쓴 《마키아벨리의 논고에 대한 고찰》(*Considerazioni intorno ai Discorsi del Machiavelli*) 속의 관련 구절들과 상통한다 — 로마사에 대한 마키아벨리의 견해를 비판한 부분이 보이는데, 이는 매우 상이한 조건 하에서 이루어진 로마인의 예를 우리가 모방할 수 있다고 하는 것이 얼마나 순진한 생각인가 하는 점에 대해 그가 반복해서 제기하고 있는 논점이다.[111] 이를 둘러싸고 역사적 비교와 반복에 대한 마키아벨리의 이상주의적 믿음이라고 하는 것과 완전히 똑같은 상황은 존재하지 않으며 우리는 책을 통해서가 아니라 귀로 듣고 그것을 헤쳐나가야 한다는 귀차르디니의 더욱 현실주의적인 이해라고 하는 것을 상호 대비한 문헌들이 나타났다.[112] 그러나 이러한 대비는 과장된 것일 가능성이 있다. 두 사람 모두 포르투나가 예측 불가능하고 반복해서 나타난다고 하는 개념적 세계 속에 살았다. 귀차르디니는 《금언집》의 마지막 두 초고에서, 모든 것은 그것이 비록 똑같이 나타나지 않고 알아보기도 매우 힘들지만 그럼에도 불구하고 언제나 반복해서 나타난다고 언명한다.[113] 마키아벨리 또한 역사적 교훈을 실제에 적용하기란 어려운 일이며 이는 시간 속의 행동에 대한 문제 전체 속의 일부라는 것을 매우 잘 알고 있었다. 여기서 보면 이 둘은 단지 강조점과 기질을 제외하면 거의 상이점이 없다. 양자의 중요한 차이는 역

111) *Ricordi*, C 110 (Spongano, p. 121).

112) 예컨대 다음을 볼 것. Herbert Butterfield, *The Statecraft of Machiavelli* (London: G. Bell & Sons, 1940, 1955).

113) *Ricordi*, C 76 (Spongano, p. 87). Cf. B 114 (*ibid.*); B 140 (Spongano, p. 82).

사 이론의 정교한 정도에 있는 것이 아니라, 마키아벨리는 비르투라는 용어를 사건을 만들어가는 창조적 행동력을 가리키는 것으로 사용하고 있는 반면, 귀차르디니는 이러한 힘을 거의 믿지 않았을 뿐 아니라 비르투란 용어를 그러한 의미로 사용하지도 않았다는 점에 있다. 양자는 비르투란 말이 행동에 동반된 도덕체계를 구성하는 행위를 가리키는 데 사용된다는 것을 알고 있었다. 그러나 지적 측면에서 마키아벨리의 가장 대담한 행보는, 그 용어를 도시 외부에서 일어나는 전쟁의 영역에서, 그리고 시민적 세계가 붕괴된 뒤, 개인이 수행하는 행위의 여러 측면들을 지칭하는 데까지 확장했다는 것이며, 반면 귀차르디니는 그것을 단지 시민적 배경과 관련해서 썼을 뿐이다. 《군주론》과 《금언집》은 다 같이 시민적 세계 이후의 개인을 그리고 있다. 하지만 마키아벨리의 개인은 과감성의 의미에서 비르투를 통해 사건을 만들어가려고 하는 통치자인 반면, 귀차르디니의 개인은 분별을 통해 스스로를 사건에 적응케 하려는 귀족이다. 과감성과 분별은 각각 서로 다른 상황에 적합한 것이고, 이러한 상황들은 포르투나에 의해 우리 앞에 나타나며, 개인으로서 그러한 상황들이 무엇을 요구하는지를 알기란 지극히 어렵다는 것은 양자 모두에게 공통적인 주장이다.

시민적·공화주의적 체제에 대한 두 저술가의 사상을 비교한다면, 우리는 비르투에 대한 각각의 개념이 무력과 전쟁에 관한 그들의 생각과 관련해서 더 분화될 수 있다는 것을 알게 된다. 마키아벨리는 《군주론》에서 비르투를 한계는 있지만 진정한 창조의 능력으로 묘사한 뒤, 이어서 무장한 평민 국가에 대해 논한 《리비우스 논고》와 《전쟁의 기술》을 완성했는데, 이러한 국가에서는 군사적 비르투가 곧 시민적인 것의 토대였으며 공화국은 무력을 통해 스스로를 둘러싼 환경을 길들일 수가 있었다. 귀차르디니는 《금언집》을 쓰기 전에 이미 《대화》 집필을 완료했는데, 여기서 그는 로마식 패러다임을 숙고한 뒤 그것을 거부했으며, 분별을 통해 환경에 적응하는 것을 핵심 기술로 삼는 치타 디스아르마타(무장하지 않은 도시)에 안착하였다. 결과적으로 비르투가 시민적 배경 안에서는 분별과 동일시되었으나, 그 바깥에서는 아무런 의미도 갖지 못했다. 공화국이 그것의 비르투와 함께 사라졌을 때, 시민적 세계 이후의 개인이 사용할 수 있는 도구는 분별이었다.[114] 유일한 대안으로 잔존하고 있었던 것은—우리의 기본 모형이 알려주는 바에 따르면—섭리나 예언에 기초한, 은총의 작용물로서의 믿음이었다. 즉 그것은 일찍이 사보나롤라가 피렌체의 메시아적 운명에 내내 부여하고 있었던 그런 종류의 믿음이었다. 귀차르디니의 《금언집》에는 우리를 둘러싼 상황의 힘을 감안할 때 지극히 불합리한 주장으로 생각되는, 산도 움직이는 믿음에 대해 분석한 부분이 있다. 그것은 최대의 찬사로 표현하자면, 비르투가 하는 일을 해낼 수 있는 능력이 있고, 어떤 합리적 관측자도 예측할 수 없었던 방식으로 우연적 사건들을 극복하고 오히려 그러한 것들을 만들어내는 힘이다. 피렌체인들에게 용기를 불어 넣어 무려 일곱 달 이상이나 교황과 황제 양쪽의 군대에 맞설 수 있게 해준 것도 바로 이러한 종류의 믿음이었다.[115] 이러한 믿음은 곧 광기라는 것도 지적되고 있다. 그것은 곧 포르투나에 자기 자신을 전적으로 의탁하는 것에 다름 아니라는 것이다.[116]

그러나 귀차르디니의 사상과 마키아벨리의 사상이 서로 멀어지기 시작하는 것은, 두 사람이 무장한 비르투 및 그 한 원인으로서의 무력 그 자체의 역할이 무엇인지를 평가하는 지점에서부터이다. 이는 언제나 그러려니 생각해 왔던 것 이상으로 서양 정치사상의 궁극적 관심사에 더 가까운 문제이다. 귀차르디니 또한 마키아벨리와 같이 정치에 내재된 무도덕적 요소에 관해 인지하고 있었다. 하지만 그는 비르투란 말을 오직 시민적 휴머니즘의 가치들을 하나로 요약한 정도의 의미로

114) *Ricordi*, C 51 (Spongano, p. 60).

115) *Ricordi*, C 1 (Spongano, p. 3).

116) *Ricordi*, C 136 (Spongano, p. 148).

서만 사용하였다. 마키아벨리 역시 귀차르디니처럼 그런 가치들에 대해 인식하고 있었으나, 그는 그것들이 무력으로 자신을 둘러싼 환경을 통제하고자 하는 어떤 종족의 능력 — 그는 이를 그것의 비르투라고 불렀다 — 여하에 달려있다고 주장하였다. 귀차르디니는 — 그는 피렌체의 군사적 역량을 평가하는 부분에서 더 위대한 현실주의자의 면모를 가지고 있다 — 베네치아를 무장하지 않은 도시의 전형으로 봄으로써 그러한 가치들을 순수한 형태로 실현한 어떤 사회의 이미지를 발전시킬 수 있었다. 《대화》 제 2권에는 마키아벨리가 결코 시도하지 않았던 종류의 시민적 이상에 대한 진술이 담겨 있다. 베네치아는 시민적 휴머니즘에 대해 일종의 패러다임적 역할을 하게 될 것이었고, 베네치아의 이미지가 곧 폴리비오스적 안정성의 신화로 작동하는 그러한 층위 아래에서 그것은 고전 고대의 정치적 가치들을 실제의 혹은 거의 실제에 가까운 정치적 방안들로 전환시켜 줄 패러다임들을 제공하였다. 도나토 잔노티의 저작들은 귀차르디니 자신의 경우와 마찬가지로 우리에게 개념적 도구로서 작용하는 패러다임들을 보여준다. 또한 가스파로 콘타리니의 저술들은 우리에게 신화의 상징적 발전이라는 측면을 보여주고 있다.

제 9 장

잔노티와 콘타리니

개념과 신화로서의 베네치아

[I]

도나토 잔노티(Donato Giannotti 1492~1573)는 영어권 독자들에게는 기껏해야 "베네치아 공화국을 가장 탁월하게 묘사한 인물"(이는 1656년 해링턴이 쓴 표현이다)[1] 정도로만 알려져 있으며, 그 결과 마키아벨리의 계승자이자 동시에 피렌체 공화주의 전통 최후의 주요 사상가라는 불분명한 진술을 통해 인지되고 있을 뿐이다. 아직 그의 사상에 대해 영어로 쓴 자세한 연구는 없다.[2] 하지만 우리는 이 장에서의

---

1) 이 표현은 《오세아나》(*Oceana*) 서문의 시작 부분에 나온다. Toland, ed., p. 35(앞의 1장 주 28)를 볼 것.

2) 그의 생애와 경력에 대해서는 Roberto Ridolfi, *Opuscoli di Storia Letteratura e di Erudizione* (Firenze: Bibliopolis, 1942); Randolph Starn, *Donato Giannoti and His Epistolae* (Geneva: Droz, 1968); Felix Gilbert, "The Date of the Composition of Contarini's and Giannotti's Books on Venice," *Studies in the Renaissance* 14 (1967), pp. 172-184; Rudolph von Albertini, *Das florentinische Staatsbewusstsein im übergang von der Republik zum Prinzipat* (Bern: Francke Verlag, 1955), pp. 14-66; R. Starn, "*Ante Machiavel*: Machiavelli and Giannotti," in Gilmore, ed. *Studies on Machiavelli*, pp. 285-293. 그를 셰익스피어 시대의 잉글랜드 사상과 연관시키고자 한 짤막한 설명으로는 다음을 볼 것. C. C. Huffman, *Coriolanus in Context* (Lewisburg: Bucknell University Press, 1972), pp. 17-20.

분석을 통해 그에게 주어졌던 명성에 이례적인 측면이 있다는 것을 밝혀내는 데까지 나아갈 수 있었다. 즉 외견상 동일한 인물이 베네치아의 찬양자이자 동시에 마키아벨리의 찬양자였다는 것은 무언가 이상하다는 것이다. 이상한 점은 그를 더욱 깊이 연구할수록 더 많아진다. 왜냐하면 잔노티는 베네치아식 통치과정에 대한 자신의 상세한 지식을 대단히 평민적이며 동시에 시민군 전통에 기초한 피렌체 정부 모형을 건설하는 데 사용한 것으로 나타나고 있기 때문이다. 이 둘 모두가 마키아벨리와 귀차르디니에 의해 인지되었던 귀족주의 성향의 치타 디스아르마타(무장하지 않은 도시)와는 아주 거리가 먼 개념들이다. 이미 지적되었던 사실이지만. 베네치아에 대해 그가 제시한 것은 이상으로서의 개념이라기보다는 차라리 도구로서의 개념이라고 보는 편이 옳다. 그는 세레니씨마 레푸블리카(serenissima republica 가장 평온한 공화국)를 결코 우리가 모방해야 할 모형으로서 제시한 것이 아니라, 단지 최악의 상황에 처한 피렌체 평민 정부에서 사용 가능한 개념적·제도적 장치의 한 원천으로 다루고 있을 뿐이다. 그의 이러한 시도에 일조하고 있는 것이 바로 아리스토텔레스-폴리비오스적 혼합정체 모형인데, 이는 베네치아의 예가 보여주듯이 그 본질적 형태를 유지하면서도 필요에 따라 귀족적으로도 민주적으로도 변형을 줄 수 있는 여지가 있다는 것이다. 잔노티는 마키아벨리는 물론, 각별히 아리스토텔레스와 폴리비오스에게서 많은 도움을 받았다는 점을 인정한 바 있는데, 우리가 볼 때 그는 비록 후세에 직접적인 영향력을 행사하지는 못했지만, 그럼에도 불구하고 혼합정체론에 대해 큰 기여를 한 독창적인 사상가로 평가될 수 있을 것이다. 앞으로 살펴보겠지만, 그는 이런 유의 공화주의 사상사에서 반복하여 나타나게 될 어떤 일반적 주장들을 처음으로 제기한 저술가이다. 동시에 우리는 그를, 마키아벨리의 사상을 아리스토텔레스적 공화주의 전통 속으로 재흡수하여 그의 독창적 사상에 내재된 과격성의 날카로운 가장자리가 좀 무디고 두루뭉실하게 변하고 있던 당시의 경향을 지속했던 인물로 간주할 수도 있다. 그의 사상은 연상의 친구 마키아벨리의 경우와 비교할 때, 인노바치오네(혁신)에 대해서도 비르투에 대해서도, 혹은 밀리치아(시민군)에 대해서까지도, 결코 그만큼 힘이 강하지도 독창적이지도 않다. 그러나 우리가 "사악한 마키아벨리"의 전설을 평가 절하해서 받아들이면 들일수록 마키아벨리의 진정한 의도가 유럽적 전통에 어떻게 전해졌는가를 이해하기는 더 어렵게 된다. 아무튼 이후 서구 공화주의가 성장해 감에 따라 그의 이미지는 점점 더 정통적이고 도덕적인 방향으로 바뀌어 가게 되었다.

잔노티는 자신의 인용 출처를 밝히는 버릇이 있는데, 이것이 가리키는 바와 같이 그는 마키아벨리나 귀차르디니에 비해 더 학구적인 모습의 사상가이다. 그가 정치활동을 한 것은 사실이지만, 그의 사상이 앞의 두 사람의 경우와는 달리 시민으로서의 고뇌에 찬 경험을 통해 자라난 것은 아니었다. 그는 젊은 시절 자주 루첼라이 원회(園會)에 출입하였고, 마키아벨리가 피렌체의 역사에 대해 쓰고 있을 무렵 그와 친구사이로 지냈다. 1520년에서 1525년 사이 그는 피사대학에서 학생들을 가르쳤다(후기에 쓴 글의 논조로 보아 그가 당시 어느 땐가 정치 이론을 강의했을 가능성이 아주 높다). 1525년에서 1527년 사이 그는 파도바와 베네치아에서 많은 시간을 보냈고, 자신의 이름을 후세에 남기는 데 가장 크게 기여한 저작 《베네치아 공화국》(*Libro della Repubblica de' Vineziani*)의 대부분이 바로 이 시기 씌어졌다.[3] 그는 메디치가가 쫓겨난 이후 피렌체로 돌아왔고—그는 그때까지 스스로가 망명객으로서 도시를 떠나 있었던 것으로 생각했던 것 같다—1528년에서 1530년 사이 대공성의 시기 동안 마키아벨리의 옛 관직인 10인위원회 서기장을 맡아 역시 옛날의 그처럼 시민군 조직에 관여하였다. 1530

3) F. Gilbert, "The Date of the Composition of Contarini's and Giannotti's Book on Venice."

년 다시 도시에서 추방된 그는 오랜 동안 망명객으로서의 고통을 겪었다. 그의 두 번째 저작 《피렌체 공화국》(*Della Repubblica Fiorentina*)은 결코 실현되지 않을 피렌체 평민 공화국의 비전을 국외 추방자의 입장에서 쓴 것이다. 이 작품은 1721년까지 인쇄조차 되지 않았다. 비록 베네치아에 대한 그의 연구서가 1540년에 간행되어 널리 명성을 얻었음에도 불구하고, 잔노티를 그 시대 사람들에게 대단히 큰 영향을 끼친 사상가로 보지는 않고 있는 실정이다. 그는 마키아벨리나 귀차르디니와는 달리 천재적인 인물은 아니었다. 하지만 그의 저작들은 매우 총명한 지성의 소산이며, 무언가 의미심장하고 계시적인 상황 아래서 아리스토텔레스적, 휴머니스트적, 베네치아적, 그리고 마키아벨리적 개념들을 가지고 어떤 일을 할 수 있는지를 우리에게 잘 보여주고 있다. 이러한 개념들이 시간의 정치에 관한 사상과 만날 때, 미래를 향한 어떤 새로운 출발점으로 작용하게 되는 것이다.

베네치아에 대한 잔노티의 저작과 1527년 5월에 있었던 메디치 정권의 붕괴가 과연 어떤 관련이 있는가에 대해서는 이미 펠릭스 길버트가 몇몇 증거를 수집한 적도 있지만 — 잔노티와 그의 친구들은 그가 첫 초고를 쓰고 있을 당시 이러한 결말을 열렬히 바라고 있었다[4] — 어쨌든 그의 《베네치아 공화국》을 그가 당시의 사람들에게 5월의 사건에 대한 일종의 진상 조사 같은 것을 제공하기 위해 쓴 저작이라고 보더라도 그리 잘못된 일은 아닐 것 같다. 베네치아 모형은 거의 1494년 이래 끝없이 얘기되어 왔다. 그것의 작동 방식에 대해서는 엄청나게 많은 정보가 퍼져 있었다. 하지만 베네치아 정부의 구조에 대해 글로 씌어진 참고 자료로는 마르칸토니오 사벨리코의 책이 유일한 것이었고, 잔노티가 볼 때 이것조차도 무비판적인 데다 비체계적인 단점을 가지고 있었다. 만약 메디치 정권이 붕괴한다면, 잔노티의 행동반경

---

4) *Ibid.*, pp. 178-179.

속에 있는 평민 정부 성향의 귀족들은 자신들의 지도력을 자유와 조합한 정부를 세우기 위해 다시금 투쟁을 재개하지 않으면 안 되는 상황이 올 것이고, 베네치아는 그러한 계획에 패러다임의 역할을 할 만한 사례였다. 따라서 잔노티의 저작은 귀족들에게 이에 대한 사실을 알려주고자 한 것이었다. 그는 3부로 이루어진 저작을 구상하였다.[5] 제 1권은 베네치아의 일반적인 정부구조(l'amministrazione universale)를 개관하고, 제 2권은 다양한 장관직의 세부적인 측면들(particolarmente)을 다루고, 제 3권은 베네치아 공화국의 형태와 구성(forma e composizione di essa Repubblica)을 이론적으로 분석한다는 것이었다. 그러나 그는 혁명이 발발할 당시 겨우 제 1권만을 완성한 상태였고, 바로 피렌체로 돌아와 온건한 성향의 니콜로 카포니 정부와 그보다는 훨씬 더 과격했던 대공성기 정부 하에서 봉직하면서, 자신이 1526년에서 1527년 사이에 예상했던 것보다 (아마도) 더 깊숙이 평민 정부의 일에 개입했던 것 같고, 결국에는 추방의 고통을 겪게 되었다. 그로부터 한참 뒤인 1538년, 그는 미완성으로 남아 있던 저작의 출판에 착수했다(개정 작업 없이).[6] 그는 당시 이미 피렌체 평민 정부를 위한 청사진을 완성한 상태였을 가능성도 있다. 만약 그랬다면, 그가 왜 청사진을 출판하지 않았는지 그 이유가 흥미로울 수도 있겠지만, 우리가 정작 알아야 하는 사항은 그가 왜 앞의 저작을 완성하지 않았는가 하는 점이다. 그는 이론을 다룬 저작을 쓰기는 했으나, 그것이 다루고 있는 주제는 다른 것이었다.

사정이 이렇기 때문에, 우리는 본질적으로 미완성작인 《베네치아 공화국》이 이론적 구조에 대해 아주 풍부한 논의를 담고 있을 것이라고 기대해서는 안 된다. 우리에게 남겨진 것은 오직 첫 부분뿐이고, 그래서 그것은 사벨리코의 경우와 꼭 같이 부적절한 측면들을 드러내

5) Donato Gianotti, *Opere*, ed. G. Rosini, 3 vols. (Pisa, 1819), I, 9.

6) Gilbert, "Date and Composition," pp. 180-182.

고 있다. 알려진 바에 따르면, 그의 저작에는 "이 공화국의 형태와 구성과 체질"(la forma, la composizione, il temperamento di questa Repubblica)[7]에 대한 것이 빠져 있는데, 이는 정확히 말해서 자신이 결코 쓴 적이 없었던 세 번째 부분에 들어갈 내용이었다. 일반적인 것이 더 이해하기 쉽기 때문에 첫 부분에서 먼저 일반적인 논제를 다루고 세세한 사항들을 뒤에 논하겠다고 언명하고는 있지만, 그렇다고 이것이 곧 공화국의 구조에 대한 본질적 원리들을 먼저 설명하고 그것을 구체적으로 적용하는 문제를 뒤에 다루어야 한다는 뜻은 아니다. 이러한 절차를 옹호하자면, 그것은 마치 화가가 먼저 그림의 윤곽을 스케치하거나 조각가가 원석에 대충의 본을 뜨는 것과 같다. 그리하여 우리는 실제의 모습이 나타나기 전에 어느 부분이 머리가 될지 알 수 있는 것이다. 일반적인 것들(cose universale)이란, 뒤에 갖추게 될 모양 혹은 형태에 자연적 대상물을 잘 맞도록 해주는 그것의 일반적 특징들을 말하는 것으로서, 이것이야말로 베네치아의 지리적 위치 — 물론 이것 자체가 하나의 이례적 현상이지만 — 가 정부구조보다도 앞서 기술되어야 하는 이유이다.[8] 그리하여 일반적인 것에서 특수한 것(particolare)으로 간다는 것은 원리에서 적용으로 옮아간다는 것보다는 형상을 연구하기 전에 질료를 검토한다는 것이다. 이때도 스콜라사상적 이미지보다는 예술적 이미지가 더 적절할 수도 있는데, 왜냐하면 우리는 다음과 같은 말을 듣게 되기 때문이다.

> 모든 공화국은 자연적 육체와 같다. 아니 그보다는 처음에는 자연에 의해 만들어졌고 뒤에는 예술에 의해 세련되었다고 말하는 편이 더 낫겠다. 자연이 인간을 만들 때는 일반적인 것, 공통적인 것을 의도한다. 공화국이란 마치 자연적 육체와 같기 때문에, 그것은 틀림없

7) *Opere*, I, 20.
8) *Opere*, I. 34-35.

> 이 사지(四肢)를 가지고 있을 것이다. 또한 육체의 사지 사이에는 비례와 관계라는 것이 있기 때문에, 이러한 비례와 관계를 알지 못하는 사람은 곧 육체가 어떻게 만들어져 있는지를 모르는 것이다. 이것이 바로 사벨리코가 미치지 못한 점이다.[9]

그러나 만약 — 논증을 약간 단순화 하자면 — 자연이 공화국에 질료를 제공하고 예술이 그것에 형상을 부여하는 것으로 본다면, 정치적 조화의 원리들은 자연의 소산이 아니며 따라서 직관으로는 알 수 없는 것이 된다. 정치적 예술가가 자신의 질료로 어떻게 형상을 만들었는지 일단 그 방법을 파악한 뒤에라야 비로소 그 원리들을 발견할 수 있는 것이다. 사벨리코는 단지 베네치아의 다양한 장관직에 대해 기술했을 뿐, 국가의 형태를 구성하는 장관직 간의 관계에 대해서는 생각하지 않았다. 그러나 잔노티가 해놓은 것은 이것뿐이다. 사벨리코의 결점들은 그가 계획한 세 번째 부분에 가서야 보충될 예정이었다. 우리는 그가 베네치아 정부에 대해 분석한 내용을 알지 못하며, 단지 우리에게 남겨진 것과 아마 이렇게 될 수도 있었으리라고 암시된 것들의 언어로부터 결론을 이끌어 낼 수 있을 따름이다. 예컨대 그가 피렌체 정부에 대한 자신의 책에서 전개하게 될 여러 가지 이론들에 비추어 볼 때, 각 장관직이 서로 어떻게 연관되고 또한 서로에게 의존하여 결국 공화국의 구성(composizione)이 완전무결하게 될 것인지 그 이유를 설명하지 못한 사벨리코는 그에 의해 당연히 비난받았을 것이다.[10]

만약 《베네치아 공화국》이 정치적 시간 안에서 개인이 어떤 위치를 점하고 있는가의 문제를 고찰하지 않았다면, 그것을 휴머니스트적 저작이라고 보기는 힘들 것이다. 그 책은 대화의 형식으로 되어 있고, 주 발언자로서 파도바에서 여유로운 은퇴 시간을 보내고 있는 것으로

9) *Opere*, I, 21.
10) *Ibid.*

되어 있는 베네치아 학자 트리포네 가브리엘로(혹은 가브리엘레)는 로마인 폼포니우스 아티쿠스에 비교되고 있다. 그는 이를 칭찬으로 받아들이면서도 동시에 그와 자신 간의 차이점도 지적하고 있다. 폼포니우스 아티쿠스가 살던 때의 로마 공화국은 이미 상당한 정도로 부패된 상태였다. 그는 로마를 구할 능력이 없었고 그렇다고 함께 파멸하고 싶은 생각도 없었기 때문에 철학 속으로 숨어들었다. 하지만 베네치아는 부패하기는커녕 유례가 없을 정도로 완벽한 상태를 유지하고 있으며, 그리하여 그는 행동과 관조 중 하나를 자유롭게 선택하여 은퇴했다는 것이 트리포네의 변(辯)이었다.[11] 로마의 군사적 영광에 상당하는 것으로 비교된[12] 베네치아의 평온성은 그보다는 오히려 현 이탈리아의 비참한 상태와 대비된다. 트리포네는 현재가 과연 카이사르가 로마의 자유를 파괴하고 있을 당시와, 혹은 야만족들이 이탈리아로 밀려들어 오고 있을 당시와 비교될 수 있는 것인지 어떤지를 잘 알지 못하겠다고 말한다. 아니 그것은 어찌 되어도 좋다. 왜냐하면 카이사르는 야만족의 침입을 부른 원인이었고, 이어서 그것은 다시 현재의 재앙을 낳은 원인이었기 때문이다.[13] 잔노티의 역사관은 대단히 인과적이고 단선적이다. 그럼에도 불구하고 역사로부터 도피할 수 있었던 것은 그야말로 베네치아의 행복이었고, 이를 이룰 수 있었던 것은 분명히 내적 안정과 시민적 비르투를 유지하는 데 성공했기 때문이었다. 우리는 정치사회를 구성하는 상이한 요소들이 어떻게 조화 또는 혼합되어 시간 속에서 안정을 유지하게 되는지, 그 방법에 대한 아리스토텔레스적 혹은 폴리비오스적 설명을 위해 이 점에 주목한다. 우리는 수많은 방식의 언어로 그러한 이론을 제시할 수 있다. 하지만 길버트가 지적했듯이, "혼합정체"란 용어와 폴리비오스적 장치는 《베네치아 공화국》

---

11) *Opere*, I, 16-17.

12) *Opere*, I, 17.

13) *Opere*, I, 15.

어느 곳에서도 나오지 않는다. 《피렌체 공화국》에는 그러한 사항들이 나타나기는 하지만, 그렇다 하더라도 잔노티가 만약 세 번째 부분을 썼더라면 과연 베네치아 장관직의 기능으로부터 어떤 콤포지치오네(구성)와 프로포르치오네(비례)의 원리들을 도출해냈을 것인지 확실하게 말할 수는 없다.

우리가 알고 있는 증거에 입각하는 한, 그가 베네치아를 폴리비오스가 말한 군주정, 귀족정, 민주정 간에 균형을 이룬 정체로서 표현했을 것이라는 징후는 없다. 우리가 확실히 알고 있는 것은 공화국이 콘실리오 그란데(Consiglio Grande 대평의회), 콘실리오 데 프레가티(Consiglio de' Pregati 원로원), 콜레조(Collegio 정무위원회), 도제(Doge)로 이루어져 있다는 점이다. 이 중 첫째, 둘째, 그리고 넷째는 각각 고전 이론에서의 다수, 소수, 일인에 해당된다는 것은 분명하다. 반면 정무위원회는 원로원의 귀족적 요소를 보다 더 효율적으로 만들어 주기 위해 장관직을 보좌하는 일종의 최고 집행위원회이다. 그러나 이 네 구성요소들이 서로 견제와 균형을 수행한다는 징후는 귀차르디니의 경우와 비교하더라도 훨씬 더 찾기가 어렵다. 잔노티가 결국에는 그런 이론을 제시하지 않았을까 추측해 볼 수는 있겠지만, 베네치아의 헌정구조에 대한 그의 연구가 이중의 콘텍스트, 즉 베네치아는 어떻게 해서 폐쇄적 귀족정이 되었는가에 대한 역사적 설명과 베네치아의 투표절차에 대한 상세한 조사라는 양 측면을 통해 전개되고 있으며, 둘 중 어느 것도 폴리비오스가 말한 균형의 원리와 명확한 연관성을 가지고 있지 않다는 사실은 여전히 남아 있다.

앞으로 살펴보겠지만, 잔노티는 피렌체 정치에 관한 저작에서 비베레 포폴라레(평민적 삶)을 옹호하였다. 그는 대평의회를 장관직 취임의 자격이 있는 가문에만 국한시키지 말고 납세자 전원에게까지 확대하고 싶어 했다. 1525년에서 1527년 사이 그가 베네치아에 관한 책을 쓰고 있었을 때 이러한 생각이 어느 정도로 발전된 상태였는지는 그리 분명치가 않다.[14] 하지만 그가 1297년의 법이 야기한 문제를 알고 있었다는 증거는 있다. 이는 베네치아에서 당시까지 대평의회에 참석하고 있었던 사람들의 자손에게만 차후 참여 자격을 제한한 법이었다. 피렌체의 1494년 헌정은 의식적으로 베네치아 정체를 본 딴 것으로, 유자격 시민 전원에게 대평의회를 개방했기 때문에 거의 평민정의 원형에 가까운 성격을 가지고 있었다. 1297년의 베네치아법과 같은 대책이 마련되지 않는 한, 내부적 갈등은 피할 수 없었다. 잔노티는 피렌체가 베네치아 못지않게 귀족적이며 반면 베네치아는 피렌체만큼이나 민주적이라고 한 귀차르디니의 견해를 받아들이지 않았다. 왜냐하면 두 경우 모두 유한한 숫자의 시민체가 존재하는데, "귀족적"이나 "민주적"이라는 말들은 오직 그러한 시민체 내의 권력 분배와 관련해서만 의미를 가질 뿐이기 때문이다. 그는 베네치아에 빈곤층, 중간층, 엘리트 계층, 즉 포폴라리(popolari 하층민), 치타디니(cittadini 시민), 젠틸루오미니(gentiluomini 신사)가 존재함을 지적하고 있다(나중에 피렌체에 대해서도 같은 말을 하고 있다). 첫 번째 계층은 하는 일이 너무 비천하고 가난이 너무 심해서 어떤 종류의 시민 활동에도 참여할 자격이 주어지지 않는 사람들이다. 두 번째는 가문과 직업이 괜찮고 재산도 파트리아(조국)의 아들이 되기에 충분한 사람들이다. 세 번째는 진짜로 도시와 국가를 관장하는 사람들이다.[15] 잔노티가 평민정을 옹호하는 피렌체인으로서 글을 쓰고 있었을 때 그가 원했던 점은 바로 두 번째 계층의 사람들에게 장관직 그 자체는 아니라 해도 대평의회 참여는 허용해야 한다는 것이었다.[16] 하지만 대평의회의 존재가 베네치아의 특징임에도 불구하고, 문제는 1297년의 법이 오직 마지막 세 번째

14) 하지만 *Opere*, I, 42를 볼 것.

15) *Opere*, I, 35-36.

16) 이 장 아래의 주 93-95를 볼 것. 1512년 당시의 귀차르디니에 대해서는 앞의 5장 주 29를 참조할 것.

의 최상위 계층에게만 그 참여 자격을 영원히 제한하고 있다는 점이었다. 다시 한 번, 만일 우리가 베네치아 정부에 대한 잔노티의 최종안을 알고 있다면, 과연 어떻게 해서 이러한 폐쇄적 형태가 베네치아의 안정에 기여했는지, 이에 대한 그의 생각을 알 수 있을 것이다. 그러나 현재 우리에게 남아 있는 글에서 공화국의 형태를 대략적으로 그리고 있는(dirozzato)[17] 최초의 스케치가 주목을 끄는데, 대화체로 된 이 글은 베네치아 대평의회의 역사와, 그것이 지금까지 각기 다른 형태를 가진 원인(cagione) 및 계기(occasione)에 대해[18] 논의하는 형식을 취하고 있다. 또 한 가지 특기할 만한 사실은, 휴머니스트적 역사서술의 경우 정치혁신의 원인으로 귀감이 될 만한 통치원리들에 대한 개혁적 입법자의 인식을 꼽는 것이 보통인데, 잔노티는 고대 베네치아인들이 그러한 인식을 가졌다고 하는 데까지는 나아가고 싶어 하지 않는다. 그것은 아마도 이 정치적 지성이 베네치아가 안고 있는 문제들에 대해 품고 있던 수많은 사실들을 시사하는 하나의 경고 같은 것이리라.

그는 베네치아 정체 이론에서 두 가지 중대한 계기가 있었다고 본다. 하나는 대평의회가 설치된 1170년에 있었고, 다른 하나는 그것에 대한 참여 자격이 폐쇄된 1297년에 있었다.[19] 양자 모두가 점점 더 유자격 구성원 수가 한정되어가는 가운데 비례적 평등을 기초로 한 시민체의 제도화를 이룬 때이다. 베네치아인들은 시민적 귀족정을 확립한 상태지만, 그러한 귀족정 — 우리는 지금까지 귀족주의적 용어 외의 다른 말로는 시민적 에토스를 정의하기가 어렵다는 것을 알고 있다 — 의 특징은 그 구성원이 공직의 수행을 통해 영광(잔노티의 용어를 빌리자면 "키아레차"〔chiarezza〕)을 추구한다는 것이다. 시민 개개인은

17) 예컨대 *Opere*, I, 50을 볼 것.

18) 예컨대 *Opere*, I, 77을 볼 것.

19) *Opere*, I, 42-43.

이러한 방식을 통해 명성을 얻게 되며, 그리하여 그들의 가문은 자신들의 그러한 행적에 대한 기억을 보존하는 것이다. 트리포네의 설명에 따르면, 우리가 1170년 이전의 베네치아 역사에 대해 상대적으로 거의 알지 못하는 것도 바로 이러한 이유 때문이다. 당시에는 대평의회란 것이 없었고, 따라서 제도화된 키아레차(영광)의 추구란 것도 없었다. 선조의 영광에 의해 형성되어, 과거의 업적과 혈연적 연속성에 대한 기록을 보존해야만 하는 가문들도 존재하고 있지 않았다. 베네치아가 처한 조건은 왕 치하의 로마와 다르지 않았다. 두 경우 모두 오직 시민적 귀족정이 출현함으로써 역사적 기억의 제도화가 이루어졌다. 베네치아의 경우 1170년 이전 젠틸루오미니란 용어는 아마도 당시 다른 도시들에서 통용되었던 의미와 다르지 않은 뜻—출생이나 어떤 다른 이유에서 탁월한 위치를 차지하고 있던 사람—으로 쓰였을 것이고, 대평의회의 발전과 함께 획득했던 정확히 시민적이자 정치적인 중요성은 아직 획득되지 않은 상태였을 것이다.[20]

잔노티는 베네치아에 대한 연구에서 몇 가지 문제들과 씨름하고 있다. 그 하나는 역사적 정보가 전반적으로 부족하며, 공공 연대기보다는 개인의 사문서고에 더 많은 자료가 보존되어 있다는 것이다. 다른 하나는 이미 마키아벨리의 《리비우스 논고》 덕분에 우리에게 친숙해진 것으로서 정체 이론상 상당히 중요한 문제인데, 즉 베네치아는 어떤 영웅 입법자가 있었다고 주장한 적도 없고 중대한 정치적 위기에 대한 기억도 가지고 있지 않았기 때문에 어떻게 해서 시민체가 스스로 완전한 모습이 될 수 있었는지 설명하기가 어렵다는 것이었다. 특히 완전성을 위한 모든 장치가 처음부터 존재하고 있었을 가능성에 대해서는 별 관심을 보이지 않고 있는 잔노티에게는 더욱 그런 형편이었다. 책 속에서 대화를 나누는 사람들이 1170년의 혁신에 대해 논의할

20) *Opere*, I, 61-62, 63-64.

때 직면한 문제는 베네치아인들은 도대체 어떻게 해서 스스로 대평의회를 조직하려고 생각했을까 하는 것이었다. 더욱이 당시는 세계 어느 곳에서도 그런 제도는 존재하고 있지 않을 때였다. 그들이 동의한 바는, 극소수지만 정치적 창안의 능력을 갖춘 사람들이 있었고, 시민체들은 자신들의 것이든 혹은 다른 사람들의 것이든 경험에 의한 시험을 거치지 않은 경우는 어떤 법안에도 찬성하지 않았으리라는 것이다. 혁신이란 거의 언제나 모방인 법이다. 로물루스조차도 그리스로부터 법을 빌려왔다는 말이 있을 정도이다. 피렌체는 1494년에 베네치아식 대평의회 제도를, 1502년에 종신제 도제 제도를 빌려왔는데, 그 이후 만약 그러한 제도들의 운영 방식까지 모방했더라면 재앙을 피할 수도 있었을 것이다. 그러므로 1170년 당시의 베네치아가 어느 누구로부터 대평의회 제도를 모방한 것이 아니라 스스로 그것을 고안해 낸 것이라면 이는 정말로 기적 같은 일(cose miracolosa)일 것이다. 바로 이 제도 덕분에 그들은 자유를 보전하고 스스로를 유례없는 최고의 위대한 도시로 만들 수 있었기 때문이다. 그러나 굳이 그 같은 기적이 일어났다고 가정할 필요까지는 없다. 빈약한 사료(史料)에 담긴 약간의 단서는 제쳐 놓더라도, 1170년 이전에도 도제가 이끄는 어떤 종류의 평의회가 있었다고 생각하는 편이 더 합리적이다. 평의회가 아주 오랜 옛날부터 있었다고 주장하는 사람들이 있는데, 만약 이를 1170년에 설립된 콘실리오 그란데(대평의회)로 보지만 않는다면 그 사람들의 말은 옳다고 보아야 할 것이다.[21] 잔노티는 로마사 초기에 대한 마키아벨리의 견해를 희미하게 상기시키는 한 구절에서, 1170년의 개혁가들은 도제로부터 어떤 종류의 권력을 빼앗아야 할 필요가 있었기 때문에 그것을 평의회로 이관하기로 했지만, 동시에 그것이 소수의 손에 넘어가면 위험과 갈등이 초래될 것이라는 우려에서 권력을 시민 전체에 이전

21) *Opere*, I, 66-68.

하기로 결정하고(물론 소수에게도 특별한 정도의 권위는 유지하게 해주면서), 진정으로 전체를 대표할 수 있도록 매년 구성원을 선출하는 대평의회 제도를 고안했다고 주장한다.[22] 따라서 기적적인 입법자 같은 것은 필요하지 않았다. 베네치아의 역사는 과거의 경험에 대한 실용적 성찰을 통해 나아가고 있으며, 어떤 정치적 요소들을 기적적으로 재조합하고자 하는 것 따위와는 전혀 상관없이, 1170년 그들은 다만 우리가 왕을 축출한 이후의 로마 귀족들에게서 보는 것 이상의 정치적 지혜를 발휘했을 뿐이라는 것이다.

시민적 휴머니스트의 전망에서 볼 때, 대평의회는—베네치아식이든 피렌체식이든—비베레 치빌레(시민적 삶) 내에 존재하는 모든 리베르타(자유)의 초석이었다. 왜냐하면 그것은 평등이란 기초 위에서 모든 시민을 관직과 비르투의 경연장에 함께 불러왔기 때문이다. 그러므로 베네치아에서 그것이 출현한 것은 우리가 이미 보았듯이 충분히 설명 가능한 일이었다. 하지만 1297년 베네치아 대평의회에 대한 문호가 닫혀서 구성원 자격은 세습화된 반면 신입 신사층은 더 이상 생겨나지 않게 된 것은 이와는 전혀 다른 차원의 현상이었다. 잔노티에 따르면, 공공의 역사 기록물에서 이에 대한 사항들은 아무 것도 알 수가 없으며, 만약 귀족 집안의 사적인 기록들을 보지 못한다면 이 문제는 거의 알려지지 않은 채로 남아 있게 될 것이었다. 더욱이 이러한 사적 기록물에조차 그 법이 제정된 원인이나 계기에 대해서는 아무 것도 씌어 있지 않다. 경험과 역사를 통해 미루어 볼 때, 우리는 어떤 중요한 비상사태도 없이 이런 정도의 변화는 결코 일어날 수 없다는 점을 알고 있다. 하지만 잔노티는 이러한 비상사태라는 것이 과연 어떤 것인지 알 수가 없었다. 그는 구체적으로, 1170년에 확립된 대평의회에서 1297년의 변화(variazione)를 필연적인 것으로 만들 만한 어떤

---

22) *Opere*, I, 72-74.

불완전함도 볼 수가 없다고 말한다. 그가 이미 앞서 시사한 것처럼, 당시까지는 좋은 가문 출신의 모든 원주민들이 대평의회에 포함되어 있는 상태였으나, 이후 외국 상인들을 배제하고 혈연의 순수성을 보존키 위해 문호를 닫았을 가능성이 있다. 그러나 이 모든 것은 단지 추측일 뿐, 어떤 것도 확실치가 않다.[23] 잔노티가 이중의 난점에 봉착했다는 것은 분명해 보인다. 그는 대평의회의 문호를 왜 닫았는지에 대한 어떤 전통적 혹은 역사적 설명도 찾을 수가 없었다. 또한 마찬가지로 중요한 점으로서, 시민적 경험이 어떤 정치 원리의 발견으로 이어졌으리라 가정한다 하더라도 이 문제를 해결할 수는 없었다. 왜냐하면 그로서는 대평의회 문호 폐쇄의 예를 설명하는 원리라는 것을 상상할 수 없었기 때문이다. 그는 문호 폐쇄에 대해 여전히 모호한 태도를 벗어나지 못하고 있다. 그는 이 문제를 처음 논하는 자리에서, 베네치아의 영광은 1297년 이후 그 어느 때보다도 최고조에 달했으며, 이미 베네치아에 거주하고 있던 명망 있는 가문으로서 그 조치로 인해 권력에서 배제된 경우는 거의 없었다고 주장한다. 하지만 그는 후속 논의를 통해, 그것이 더 나은 것을 위한 변화였기는 하지만 그로 인해 어떤 가문들은 배제되어 고통을 맛보았다고 한발 물러서면서, 이들은 그 결과 귀족층에서 소외되어 역사 기록으로부터 사라져버렸다는 얘기까지 하고 있다. 아마 그가 했을 만한 최종 결론을 우리는 전혀 다른 맥락에서 그가 쓴 — 이는 1297년의 중대 조치와는 비교하기 힘들 정도의 사소한 사항(particolarità)에 대한 언급이기는 하지만 — 다음과 같은 구절 속에서 찾아 볼 수도 있을 것이다.

> 어떤 공화국에든지 그것이 왜 존재하는지 진짜 이유는 차치하고라도 그럴듯한 이유조차도 줄 수 없는 수많은 제도들(costituzioni)이 있다는 점을 당신은 이해해야 합니다. 이러한 것들은 통치형태가 변화한

23) *Opere*, I, 77.

> 도시에만 있는 것이 아니라, 오랫동안 동일한 법 아래서 통치되고 지배되어 온 도시에도 있습니다. 왜냐하면 관습은 그대로 유지된다 하더라도, 그것이 존재한 이유들은 이미 오래 전에 사라져 버렸기 때문이지요.[24]

관습을 통해 정당화되는 정치현상이 있기는 하지만 설명할 수는 없다는 것이다. 만약 우리가 1297년 대평의회의 문호가 폐쇄된 계기, 원인, 혹은 그것이 근거한 원리 등에 대해 아무 것도 아는 바가 없다면, 그 조치는 위험스럽게도 그러한 정치현상 중 하나에 가까운 것이다.

잔노티의 베네치아는 결코 입법자의 신적인 지성을 통해, 혹은 폴리비오스적이나 나아가서는 아리스토텔레스적인 원리의 조합을 이룸으로써, 역사로부터의 도피에 성공한 것처럼 보이지는 않는다. 이제 만약 이 초기의 스케치에서 그가 대략적으로 그리고 있는 베네치아 정부의 주목할 만한 특징은 어떤 것인지 묻는다면, 그에 대한 대답은 다음의 두 방식으로 나타날 것 같다. 첫째 잔노티는 책의 서두에서 베네치아라는 피라미드를 구성하는 여러 위원회와 관직에 대해 기술하고 있는데, 이것이야말로 그러한 것들이 어떻게 서로 연결되어 이 공화국의 형태(la forma di essa repubblica)를 구성하고 있는가에 대한, 적어도 결코 씌어진 적이 없는 설명을 향해 나아가는 길임에 틀림없다. 이러한 설명이 다양한 장관직 사이에 기능들이 어떻게 분배되고 있는지, 그리고 도제, 정무위원회, 원로원의 구성원이 어떻게 선출되는지, 이 두 문제를 함께 다루었으리라고 추정한다면 이는 대체로 틀리지 않은 가정이 될 것이다. 왜냐하면 공직자에 의해 수행되는 기능들은 그 직을 수행하는 관리를 선출하는 기능과 잘 구별되지 않으며, 장관을 선출하는 에클레시아(ekklesia) 혹은 콘실리오(consiglio), 즉 시민 회의에 참여할 수 있는 자격이 있다면 본질적으로 장관이 될 수 있는 자격

---

24) *Opere*, I, 116.

도 가진 것으로 보는 것이 아리스토텔레스 정치학의 특징이기 때문이다. 이러한 점은, 몇 년 앞서 귀차르디니가 그랬던 것처럼, 잔노티가 다소 고전적인 관점에서 주요한 통치 권력들을 하나씩 열거하는 장면에서 확인되고 있다. "공화국의 중추(il nervo)를 이루는 것에는 네 가지가 있다고들 한다. 장관직 설립, 전쟁과 평화에 대한 결정, 법의 제정, 공소(公訴)의 청취가 그것이다."[25]

장관직 혹은 여러 형태의 권력들은 이 네 가지 양식의 권위를 공유하는 방식에 의해 상호 의존적이 된다. 하지만 그러한 경우 장관의 선출은 그 자체가 일종의 장관직 피선의 자격이 될 뿐만 아니라 그리하여 복잡한 권위의 분배과정 속으로 진입하게 될 것임에 틀림없다. 잔노티나 귀차르디니나 피렌체와 베네치아로 하여금 평민과 자유의 정부가 되도록 하는 것은 양자 공히(피렌체의 경우는 적어도 공화 정부 시기 동안에) 모든 장관직을 분배하는 대평의회를 가지고 있다는 사실이었다. 적어도 아리스토텔레스 및 휴머니스트식 가정의 훈련을 받은 사람들의 머릿속에 떠오르는 또 하나의 문제는 대평의회가 시민 전체의 집합체로서 선출의 기능 외에 다른 기능도 가져야만 하는가 아닌가였다. 어떤 면에서는, 비록 그것이 아주 쉬운 일은 아니라는 것을 알고 있지만, 무차별적으로 시민 각각에게 다른 형태의 판단들을 가능하게끔 하는 일종의 지성을 부여하는 것도 가능한 일이다. 반면에, 시민 각각에게 독립적인 지성을 부여하는 것을 거부하는 것, 어떤 특수한 형태의 결정은 반드시 그것을 담당할 엘리트 집단 또는 "소수"를 필요로 한다고 가정하는 것, 그리고 대평의회의 역할을 축소하여 "장관직"이라고 부르게 될 이 엘리트 집단의 선출이 평등하고 사적 관계에 물들지 않은 상황 속에서 이루어졌는지를 확인하는 정도에 그치도록 하는 것도 역시 가능한 방식이다. 후자의 방안이 귀차르디니의 논증에서 날카롭

25) *Opere*, I, 51. Cf. I, 86.

게 제시되고 있다는 것은 우리가 이미 살펴본 바와 같다. 잔노티는 수년 후 평민적 요소가 우위를 점하는 피렌체 정부론에 대해 글을 쓰게 되는데, 이때 그는 선출과정을 통제하는 것이 과연 이러한 정부형태를 충분히 보장하게 될 것인지, 혹은 대평의회가 공화국의 중추(nervo della repubblica)를 이루는 다른 세 종류의 권력 행사에 역시 어느 정도까지는 개입해야 하는 것은 아닌지 등등을 결정해야만 할 필요가 있었다.

그러나 그가 베네치아를 묘사한 글을 쓰고 있을 당시 그러한 문제들은 그의 관심 밖에 있었다. 제한된 규모의 베네치아 시민체는 오티마티와 포폴로 간의 구분 같은 것을 아예 논외로 만들어 버렸고, 그래서 그는 피렌체적 배경에서였다면 대단히 엘리트적인 함의를 가졌을 만한 것들, 즉 대평의회가 선출의 기능 외의 다른 기능들 — 적어도 자신의 독자들의 관심을 붙잡아두는 데 필요한 — 도 책임져야 하는 상황 같은 것을 아예 무시해 버릴 수 있었다. 그는 새로 발의된 법안이 원로원에서 다루어진다는 점을 얘기하는 중에, 만약 어떤 법안을 발의하는 장관이 생각하기에 그것이 더 많은 여론의 지지(maggior riputazione)를 필요로 한다고 판단한다면 동의의 절차를 밟기 전에 그것을 미리 대평의회에 내놓기도 한다고 그냥 스쳐가듯이 말하고 있다.[26] 그는 주로 베네치아 대평의회의 선거 조직에 초점을 맞추어 우리가 지금까지 거의 언급치 못한 "베네치아의 신화"를 구성하는 주요 요소들에 대해 길게[27] 다룰 수 있었다. 즉 그것은 공화국 방문객들이 즐겁게 구경하고 묘사했던 지명, 투표, 추첨의 복잡하면서도 매혹적인 상례적 과정이었다. 일련의 물리적 장치들 — 임의로 자리를 차지하고 앉았다가 투표를 할 때면 정해진 순서대로 일어나도록 하는 데 쓰이는 긴 의자, 또는 안에 들어 있는 이름과 숫자를 임의로 뽑을 수 있지만 그것이 찬

---

26) *Opere*, I, 125-126.

27) *Opere*, I, 91-117.

표인지 부표인지를 비밀로 해 놓은 함 따위—을 활용함으로써, 베네치아인들은 말하자면 비르투를 기계화했다고 말할 수 있었다. 즉 그들은 투표하는 사람에게 선출 대상 명단을 명확하게 보여주고, 그로 하여금 이성적으로 더 나은 후보자를 선택하게 하는 대신에 다른 어떤 권력자를 의식하여 표를 던지도록 작용할 만한 모든 압력과 유혹으로부터 벗어나게 해주는 그러한 방식으로 우연과 선택의 요소들을 혼합시켰던 것이다. 만약 누군가가 비르투를 공익에 부합되도록 결정하는 것으로 생각한다면(그럴 수도 있다), 그리고 만약 대평의회 회장(會場)(sala del consiglio grande)을 공익을 위한 선택에서 외부의 압력을 제거하고 합리성을 확신케 하는—사실상 그것을 강화시키는 데까지 이르는—거대한 물리적 장치라고 생각한다면, 그는 베네치아 정체에 대해, 비록 시대착오적 요소가 있기는 하지만, "비르투의 기계화"(mechanization of virtù) 같은 말을 적용하는 것이 결코 적절치 못하다고만은 생각지 않을 것이다. 폴리비오스의 완전한 균형이란 이미지 그 자체에 못지않게, 베네치아인들이 이를 실제로 달성했다고 하는 믿음이야말로 "베네치아의 신화"를 이루는 강력한 요소였다.

베네치아의 투표 절차에 대한 잔노티의 설명은 피렌체인이 피렌체인을 위해 그것에 관해 글을 쓰고 출판한 최초의 예에 해당하지만, 물론 그것의 일반적 성격은 이미 오랫동안 피렌체에 잘 알려져 있었다.[28] 생각해 보면 귀차르디니는 그것의 효능을 믿고 있지 않았다. 선거인이 비밀리에 투표를 한다고 해서 사적인 이익과의 관계가 제거될 수 있는 것은 아니며, 오히려 동료시민들이 선거인의 행위를 지켜보고 그것에 반응할 수 있는 장소에서 스스로 누구를 선택했는지 밝히도록 하는 편이 더 나을 것이다. 그의 견해로는, 선택에 대한 기계적 비밀주의는 지나치게 과두적 냄새를 풍길 뿐 아니라 충분히 엘리트적

28) Gilbert, "Venetian Constitution," pp. 463-500 (앞의 4장 주 26을 볼 것).

이지도 못했다. 귀차르디니의 비판은 아주 중요한 함의를 수반하고 있는데, 결정 및 비르투는 결국 사람들 간에 일어나는 상호작용의 관계망 속에 존재하며, 문제는 내가 공익을 위한 것을 선택할 때 사용하는 합리성이 아니라 선택의 행위 중에 내가 다른 사람들에게 전달하는 그러한 선이라는 점이 그것이다. 뒤에 베네치아의 정체를 칭송한 제임스 해링턴 역시, 이처럼 틀에 박히고 의례적인 절차를 통해서는 사람들은 서로를 알지 못할 것이라는 비판의 힘을 인정하게 된다.[29] 사람들은 비말 투표를 통해 자신에게 주어진 후보자들 중 누구를 뽑게 되어 있으며, 설사 그의 선택이 완전히 합리적이라 하더라도 그는 그가 그 사람을 뽑은 이유를 동료시민들에게 말해줄 기회를 갖지는 못한다. 만약 베네치아의 대평의회가 이런 식으로 장관과 관리를 선택하는 것 외에 다른 아무런 기능도 갖지 못했다면, 이는 다수란 통치 엘리트를 뽑는 과정에서 평등과 비인격성을 확인하는 것 외에 다른 기능은 아무 것도 가지지 않는다는 원리의 극단적 발전 형태를 보여주고 있을 뿐이다. 잔노티는 이 문제에 대해 별다른 견해를 밝히지 않고 있다. 하지만 그의 후속 저술들에 비추어 볼 때, 베네치아식 절차를 관찰함으로써 그의 마음속에서는 다른 사람들이 발견하고 제시한 후보자들 중 누군가를 완전한 침묵과 합리성의 선택에 의해 뽑는다는 정치행위의 관념이 오히려 강화되었음을 알 수가 있다. 그의 정치사상의 전모를 이해하기 위해서는 그가 베네치아적인 것을 포함한 그 외의 다른 관념들을 피렌체 평민 정부를 고안하는 문제에 적용한 저술들 쪽으로 눈을 돌려야만 한다.

---

29) 해링턴의 《오세아나》에 나오는 에피모누스 데 가룰라의 연설을 볼 것 (*Works*, ed. Toland, 1771, p. 110)

[II]

우리에게는 최후의 피렌체 공화국 및 대공성기(1527~1530) 동안 그가 쓴 두 편의 짧은 논고가 남아 있다. 첫 번째 것은 흔히 보는 형식으로 씌어진 정부 재조직에 관한 "논고"인데, 뒤에 첨부된 한 편지에 따르면 잔노티는 이를 곤팔로니에레였던 니콜로 카포니가 권좌에서 밀려나고 좀더 과격한 지배 세력에 의해 정권이 교체되기 직전 그의 요청으로 썼다고 한다. 논고 형식으로 작성된 이 《카포니에게 보내는 편지》(*Lettere a Caponi*)[30]가 만일 원래의 텍스트 상태를 유지하고 있고 이후의 경험에 의거하여 수정되지 않았다고 가정하면, 이 당시(1528년 후반기) 잔노티의 사상은 성격상 대단히 귀족주의적이어서 귀차르디니의 《대화》에 피력된 관점과 거의 구별하기가 어려울 정도이다. 펠릭스 길버트는 그것을 평민정 체제 내에서 엘리트 통치를 유지하려는 진보적 오티마티의 전형이라고 정의한 바 있다. 잔노티는 모든 공화국은 다양한 성격의 시민들로 구성되어 있으며, 공화국이 생존하려면 모든 시민이 원하는 바가 충족되어야만 한다(아리스토텔레스적 격언)는 주장으로 글을 시작하고 있다. 오직 자유만을 희구하는 부류가 있는데, 이는 다수이다. 더 뛰어난 분별(prudenza)에 대한 보상으로 명예(onore)를 추구하는 부류가 있는데, 이는 소수이다. 최상의 지위를 차지하고자 하는 부류가 있는데, 이는 오직 한 번에 한 사람만이 향유할 수 있는 것이다. 이는 전통적인 일인-소수-다수의 구분법에서 파생한 한 방식으로서, 어쩐지 피렌체식 상투 어구의 냄새가 난다. 귀차르디니, 마키아벨리, 로도비코 알라만니가 이미 이런 표현을 사용한 바 있다. 하지만 그것은 베네치아 연구자에게 반드시 필요한 그런 공식 같은 것은

---

30) *Discorso al … Gonfaloniere … Niccolò Capponi sopra i modi di ordinare la Repubblica Fiorentina*; *Opere*, III, 27-48.

결코 아니었다. 그곳에서는 시민체가 너무나 동질적이어서 동등자들로 구성되어 있다고 간주해도 무방했다. 그러나 피렌체에서는 시민체 안에서 엘리트와 비엘리트가 서로 대립하면서 서로를 명확히 구분하고 있었기 때문에, 다양한 형태의 시민을 범주화하고 아울러 그러한 범주들이 필연적으로 암시하고 있는 일인, 소수, 다수의 조합으로서의 혼합정체를 계획하는 것이 훨씬 더 필요했다. 비록 잔노티가 베네치아에 관한 글 속에서 직접적으로 고베르노 미스토(governo misto 혼합정체)라는 언어를 사용하고 있지는 않지만, 그것의 원리와 방법을 피렌체의 조직에 적용하는 즉시 베네치아는 그러한 모습으로 보이기 시작한다.

대평의회는 1527년 메디치 정권이 몰락하자마자 즉시 되살아났다. 길버트는 잔노티의 "논고"를 귀족 서클(cerchio)에 유리하도록 대평의회의 권력 축소를 요청한 수많은 제안서 중 하나로 보고 있다.[31] 여기에는 아무런 의심의 여지가 없으나, 우리는 기존 체제에 대한 잔노티의 비판이 그것의 지나치게 협소하고 제한적인 성격을 겨냥하고 있다는 점을 눈여겨보아야 한다. 우선 정무위원회에 대한 곤팔로니에레의 영향력이 너무 컸다. 10인위원회(잔노티는 이 기관의 서기장이었다)가 전쟁과 평화에 관한 문제에 과도한 권력을 가지고 있을 뿐 아니라, 정책결정 과정도 너무 체계가 없어서 보통은 한두 사람이 사안을 결정하게 된다. 이 모든 것이 너무 좁고(strettissimo) 제멋대로(violento)이다. 《대화》 속의 귀차르디니처럼, 잔노티 역시 귀족의 지도력은 오직 귀족 간의 평등이라는 기초 위에서만 기능할 수 있으며, 이는 단지 대평의회가 보장하는 자유 정권에 의해서만 확보될 수 있다고 주장하였다. 그의 시민 3구분론은 불가피하게 4단계 통치 피라미드로 귀착되는데, 이는 그가 베네치아에서 관찰한 것을 그대로 따른 것이었다. 자유를 원하는 다수는 대평의회에 의해 대표되어야(이탈리아 원문에 이런

---

31) Gilbert, "Venetian Constitution," p. 498 & n.

식으로 표현되어 있다) 한다. 명예를 추구하는 소수는 종신직으로 선출되는 원로원으로 대표된다. 일인의 역할은 종신제 곤팔로니에레에 의해 이루어지는 것이 분명하지만, 형식상 한 번에 오직 한 사람에게만 부여될 수 있는 최고의 영광을 찾는 것은 언제나 한 사람 이상이기 때문에, 그는 베네치아의 콜레조(정무위원회)에 해당하는 프로쿠라토리(procuratori), 즉 대단히 풍부한 경험을 자랑하는 모든 장관들로 구성되어 곤팔로니에레의 탁월함을 공유하고 그의 유고시 적법하게 그를 대신하는 장관 회의의 보좌를 받아야만 한다. 비록 원로원, 장관 회의, 곤팔로니에레는 종신직으로 선출되지만, 자유의 본질은 모든 선거가 계속 대평의회의 손 안에서 이루어지도록 하는 것이다. 이러한 방식을 통해 엘리트가 되기 위한 경쟁은 개방적인 성격을 띠게 될 것이고, 사람들은 자신의 탁월성을 사적 개인이 아니라 공적 기구에 의해 보장받게 될 것이다. 잔노티는 분명히 젊은이들의 관직을 향한 열망이 기존 구성원의 사망에 의한 교체를 통해 충분히 충족될 수 있을 것이라고 생각한 것 같다.

이 단계에서는 대평의회의 기능이 엘리트의 출현을 공적이고 정치적인 것으로 만듦으로써 자유를 보존한다는 단일한 문제에 국한되어 있었던 것으로 보인다. 그러나 잔노티는 여기서 한 걸음 더 나아가 모든 공적 행동이 세 단계로 구분 가능하다는 원리를 제시한다. 그는 이를 각각 콘술타치오네(consultazione 자문), 델리베라치오네(deliberazione 심의), 에제쿠치오네(esecuzione 집행)의 단계라 부르고 있다.[32] 만약 우리가 앞의 두 단계를 귀차르디니의 델리베라치오네(심의) 및 아프로바치오네(동의)와 나란히 세워 본다면, 외견상 약간의 혼동이 일어날 수도 있다. 하지만 어떤 경우든 이 두 단계 간의 차이는 대안적 행동 방법을 제안하는 행위와 그러한 대안 중에서 어떤 것을 선택

32) *Opere*, III, 32-33.

하는 행위 간의 차이이다. 우리는 이미 귀차르디니가 그 구분을 사용한 적이 있다는 것을 알고 있다. 그것이 비록 아리스토텔레스의《정치학》에 제시된, 상이한 양식의 정치행위 간의 구분들 중 그 어느 경우와도 정확히 대응되지 않는 것은 사실이지만, 그럼에도 불구하고 그것은 다수에 의해 제안될 수도 있었던 것이었다. 비록 정치를 이해하는 방식들은 다양하겠지만, 르네상스적 배경 하에서 그것은 필연코 그 시대 속에서 관측되는, 다양한 정치 이해의 양식 간의 구분들과 연관되지 않을 수 없다. 잔노티는 자문의 과정이 소수에게 맡겨져야만 한다고 말한다. 왜냐하면 오직 소수만이 창안(invenzione)의 능력을 가지고 있으며, 그래서 이들은 타인의 자문을 필요로 하지 않기 때문이다[33] (물론 그들 간에는 서로 자문을 구하기도 하겠지만). 베네치아식 절차에 관심을 가진 피렌체인들에게는, 투표의 과정에 내재된 무언의, 상례화된, 그리고 합리적인 선택이란 관념이 아마도 창안과 선택을 서로 구분하자는 생각을 증폭시켰을 수도 있다. 그러나 잔노티가 심의를 다수의 손에 맡기자고 할 때, 다수로 하여금 발의는 못하지만 선택은 가능케 하는 지적 혹은 도덕적 능력에 대해 아무런 언급도 하지 않고 있는 것은 아마 그때까지 피렌체가 밟아오고 있었을 법한 사상적 행로의 특징일 것이다. 그들이 왜 이 능력을 가지고 있어야 하는가 하면, 만약 선택의 과정이 소수에게 넘어가거나, 또는 자문과 심의 과정이 같은 사람들의 수중에 들어가게 되면, 권력에 대한 유혹으로 말미암아 그들의 이성이 변질될 것이기 때문이다. 그들의 선택은 사적 야심에 의해 결정될 것이며, 결과적으로 자격 있는 소수가 아니라 극소수의 야심가들이 자문의 과정을 장악할 것이다. 여기서 다시 한 번 우리는 권력분립 이론의 기원을 목격하게 되는데, 이러한 기원이 상당한 정도로 부패에 대한 우려에 근거하고 있었다는 점, 그리고 이 과정에서 민

---

33) *Opere*, III, 32.

주주의적 이해 방식에 대한 어떤 명쾌한 이론도 거의 아무런 역할을 하지 못했다는 점 등에 주목할 필요가 있다.

만약 자문이 소수의 손에 맡겨진다면 합리성은 유지된다. 만약 심의가 다수에게 맡겨진다면, "자유가 확보될 것이고, 권위를 가지려는 사람들이 그들 자신의 뻔뻔스럽고 끈덕진 행위를 통해서가 아니라 공화국의 덕(비르투)에 의해 그것을 소유하게 될 것이다."[34] 집행은 아마 소수에게 맡겨질 것인데, 정책을 발의한 사람들이 그것을 수행하는 책임을 져야 한다는 것이 사리에 어긋나는 일 같지는 않다. 그러나 이러한 문제들에 대해 잔노티가 말하고 있는 것을 지켜보노라면 두 가지 점이 더 눈에 띈다. 첫째, 자문, 심의, 집행으로 이루어진 공적 행위가 마치 소수에 의해 관장되는 기구로서 "오티마티의 권력을 대표하는" (rappresenta lo stato degli ottimati) 원로원 내에서 주로 수행되는 것처럼 묘사되고 있다는 점이다. 심의는 "다수, 즉 원로원에 의해"[35] 수행된다는 구절을 볼 때, 이 경우의 소수란 장관들(procuratori) 또는 전쟁 10인위원회 위원들을 가리킨다는 것, 또한 수적 측면에서의 다수-소수의 구분이 대평의회를 통해 자유를 추구하는 다수와 원로원을 통해 명예를 희구하는 소수 사이의 질적 구분과 결국은 일치하지 않는다는 것을 알게 된다. 전자의 구분은 후자의 구분 안에 내장되어 있다. 하지만 이어서 우리는 이에 대한 또 다른 이유를 발견하게 된다. 지금까지 행위의 분석은 단지 전쟁과 평화의 문제를 결정하는 것과 관련하여 이루어져 왔다. 귀차르디니와 마찬가지로 잔노티는, 일단 대내적 자유가 확보되면(물론 이것이 전쟁과 평화의 문제보다 반드시 더 중요하다고 말할 수는 없겠지만) 이 문제야말로 정부가 해야 할 가장 중요한 단일 기능이라고 간주하였다. 그가 이러한 문제를 원로원 바깥으로 가지고 나갈 것 같아 보이지 않을 수도 있다. 하지만 잔노티는 프로쿠라

---

34) *Opere*, III, 41.

35) *Ibid.*

토리(장관)를 새 법안의 발의자로 다루는 대목에서,[36] 최종 심의는 반드시 대평의회에서 진행되어야 한다는 점을 명확히 밝히고 있다. 그는 이에 대해 그러한 제도가 베네치아에 이미 존재하고 있다는 것 이상의 더 구체적인 사항들을 기술하고 있는데, 이는 특히 피렌체인들은 새로운 법이 정치권력의 배분에 쉽사리 영향을 미칠 수 있다는 것—베네치아에서는 있을 수 없는 일로 보이는 것—을 아주 날카롭게 인지하고 있었기 때문이라고도 볼 수 있다. 그러나 입법권은 그 중요도에서 전쟁과 평화를 결정하는 권력 아래에 있으며, 후자가 분별의 문제이고 분별은 소수의 특징이라는[37] 정서 때문에, 잔노티는 《카포니에게 보내는 편지》를 쓸 당시는 물론, 심지어는 평민 정부에서 훨씬 더 공공연하게 활동하게 된 이후까지도 자신의 사상을 귀족주의적 방향으로 이끌어가게 된다.

잔노티의 사상이 부정할 수 없을 정도의 변화를 겪게 되는 것은 아마도 1528년에서 1530년 사이에 있었던 대공성 사태 때문이었을 것이다. 그는 카포니가 실각한 이후에도 끝까지 피렌체에 남아 있었고, 귀차르디니와 다를 바 없이 과격 지도자들에 대해 한편으로는 그들의 무모함을 비난하면서도 또 한편으로는 그들이 보여준 용기를 칭송하는 이중적 감정을 가지고 있었던 것으로 보인다. 그는 그들이 지닌 사보나롤라적 광신이나 정부를 이끌어가는 방식에 대해 좋게 생각하고 있지 않았다는 것은 사실이지만, 카포니가 무대에서 사라지기 전부터도 피렌체 방어를 둘러싸고 제기되고 있었던 한 문제가 친 베네치아적인 그의 초기 저술과 평민주의적인(popolare) 후기 저술을 이어주는 교량 역할을 하고 있었다. 그것은 바로 시민군 문제였다. 마키아벨리와 귀차르디니 양자 공히, 귀족주의적 색채의 무장하지 않은 도시 베네치아와 무장을 갖추고 평민적이며 소란스럽고 팽창 일로에 있던 로마가 서로 대비되

36) *Opere*, III, 30.
37) *Opere*, III, 28.

는 위치에 있다는 견해를 가지고 있었다. 잔노티는《베네치아 공화국》에서 트리포네로 하여금 로마의 군사적 영광과 베네치아의 평화 및 안정을 대비시키도록 하면서, 외견상 후자에 더 후한 점수를 주었다. 그럼에도 불구하고 피렌체에는 시민군 전통이 존재하고 있었다. 이에 대한 마키아벨리의 글들이 있었고, 잔노티는 그것에 대해 알고 있었다. 카포니 정권의 전복 이후는 물론 그 이전부터 공화국은 시민군 조직에 착수하고 있었다. 그들은 대공성기 동안 혁혁한 공을 세웠고, 이는 이후 잔노티를 비롯한 여러 망명객들의 가슴 속에 소중히 간직된 전설의 일부가 되었다. 그는 10인위원회 서기장으로서 시민군 조직에 간여하였다. 현재 이 문제를 다룬 "논고" 한 편이 우리에게 전해오는데, 학자들은 이를 잔노티가 1528년 후반기에 쓴 것이라고 본다.[38] 우리는 물론 이 저작을 시민군 부활에 대해 당시 씌어진 수많은 문헌 중 하나로서 읽을 필요가 있다. 하지만 그것은 또한 잔노티 자신의 사상이라는 콘텍스트에서 볼 때 어떤 변화의 계기로 생각될 수 있다.

잔노티는 우선 시민군 창설에 반대하는 다양한 주장들을 반박하는 것으로 글의 서두를 열고 있는데, 피렌체인들은 너무 오랫동안 상업 활동을 해 와서 군사훈련에 익숙해지기가 대단히 어렵기 때문에, 무력이라는 것 자체가 피렌체인들의 본성에 반한다는 것이 그러한 주장의 주요 논점이었다.[39] 이에 대한 그의 대답은 제 2의 본성 대신에 원래의 본성에 호소하는 방식을 취하고 있다. 스스로를 방어하려는 것이야말로 모든 피조물의 본성이며, 도시 역시 그런 용도로 부여받은 비르투를 틀림없이 가지고 있을 것이기 때문에, 도시가 지금 반드시 무장되어야 할 절대적인 필요성이 존재한다는 것이다.[40] 어떤 사람의 지

38) G. R. Sanesi, ed., "Un discorso sconosciuto di Donato Giannotti intorno alla milizia," *Archivio Storico Italiano*, ser. 5, vol. 8 (1891), pp. 2-27. 이후 이 학술지 명은 *A.S.I.*로 약기함.

39) *Ibid.*, p. 14.

성이 계발되지 못했다는 사실이 인간은 본성적으로 지성을 타고났다는 사실을 바꿀 수는 없다. 피렌체인들은 어려서부터 다른 일에 더 익숙한 채로 자라났다는 주장에 대해서는, 관습(assuefazione)이란 실로 강력한 힘을 가지고 있어서 심지어는 본성에 거슬러서까지도 효력을 발휘하는 법인데, 이런 것을 본성에 반하지 않는 방향으로 발전시킨다면 그 이상의 것도 할 수 있을 것이라는 말로 응답할 수 있다.[41] 그래서 시민군의 부활은 피렌체인들을 모든 인간이 타고난 보편적 본성을 가진 원래 그대로의 상태로 되돌아가게 해줄 것이며, 이는 그것을 시민적 삶과 양립될 수 없는 면이 있다고 보는 주장에 대한 충분한 반박이 될 것이다. 잔노티에 따르면, 만약 무기를 잡는 것이 인간에게 자연스러운 일이라 할 때, 그리고 시민의 의무를 다하는 것 역시 그들에게 자연스러운 일이라 할 때, 양자 사이에는 어떤 불일치도 있을 수 없을 뿐만 아니라, 나아가서 그것은 형식적 조화를 훨씬 뛰어 넘는 그 이상의 어떤 것이 된다. 잔노티는 시민군이 강력하며 실제로도 필수불가결할 뿐 아니라 시민들 사이에 사회적·정치적 관계를 발전시키도록 해주는 기능을 가지고 있다는 것까지도 주장하고 있다. 군대에 복무하는 모든 사람은 동등한 입장에서 공적 권위에 복종하는 것이라는 의미에서 시민군은 인간을 평등하게 만든다. 또한 시민적 삶을 변질시키고 왜곡케 하는 사적 충성심이나 연줄 등은 그곳에 들어설 자리를 갖지 못하고 사라지게 된다.[42] 무장한 인간은 서로 간에 어떤 구분도 없이 동일한 것을 방어하는 것이기 때문에, 동일한 가치들을 공유하게 된다. 그들은 모두가 동일한 권위를 받아들이도록 훈련받기 때문에, 레스 푸블리카(공적인 것)에 복종한다. 공적 권위가 힘을 독점하기 때문에, 사적인 위치에 있는 어떤 사람이 같은 위치에 있는 다른 사람에게

40) *Ibid.*

41) *Ibid.*, p. 16.

42) *Ibid.*, p. 17.

종속되는 일은 있을 수 없으며, 그리하여 자유와 권위가 동시에 강화되고 보장된다.

그러나 로물루스가 부과한 군사훈련이 되는대로 모여 있던 비적떼 집단을 로마인으로 만든 것처럼,[43] 시민군이 사람들을 시민으로 만들어 줄 것이라는 견해 속에는 무언가 역동적인 요소가 내재해 있다. 우리는 너 많은 사람들을 무장시킬수록 더 많은 시민을 만들 수 있다. 잔노티는 계속해서 피렌체의 주민들에는 세 부류가 있다고 말한다. 대평의회에 앉을 자격을 가진 사람들, 단지 납세만 가능한 사람들, 그리고 이도저도 할 능력이 없는 사람들이 그것이다. 그는 이제 첫 부류뿐 아니라 두 번째 부류의 사람들을 시민군에 입대시키는 문제를 얘기하려고 하는 것이다. 첫 번째 범주에 속하는 베네피차티(beneficiati 有産者)—잔노티는 후기의 글에서 이를 제 1계급이라 부르고 있다—는 수적으로 너무 적다. 제 2계급은 제 1계급과 물질적·정서적 관심사(조국, 재산, 가족)를 공유하고 있으며, 그래서 그러한 관심사를 지키기 위한 동일한 기회가 주어져야만 한다. 어떤 사람들에게는 그들 스스로 자신들의 재산을 지킬 권리를 부여해놓고, 만약 마찬가지로 재산을 가진 다른 사람들에게는 그렇게 하지 못하게 한다면 그것은 그들을 노예보다 더 못한 존재로 취급하는 셈이 된다. 그렇게 되면 도시는 주인과 하인의 집합소가 될 것이고, 후자는 종속 상태에 있는 다른 도시나 시골의 주민들보다 더 지위가 낮아질 것이다.[44] 사람들을 무장하지 않은 상태로 내버려 두는 것은 곧 도시를 분열시키는 짓이며, 사람들을 무장시키는 것은 곧 도시를 단합케 하는 것이 된다. 잔노티는 이러한 관점에서, 메디치가에 협력했다고 의심받는 사람들을 시민군에서 제외해야 한다는 주장에 대해, 그들에게 무기를 주는 것은 곧 그들

---

43) *Ibid.*, p. 20. 어떻게 해서 무기가 습관을 바꾸며, 비르투가 격렬한 욕망(furore)을 전복한 것이 되는지를 주목할 것.

44) *Ibid.*, p. 18.

을 자신들이 속한 도시와 다시 한 번 뭉칠 수 있는 기회를 주는 것과 같다는 논지를 펼치고 있다. 이 단계에서는 아직 말로 표현되고 있지는 않지만, 그는 여기서 무장하는 것과 시민적 권리들을 완전히 갖추는 것이 서로 분리될 수 없다는 생각을 하고 있는 것이 분명하다. 즉, 한편으로 볼 때, 사람에 따라 무장을 허용하기도, 하지 않기도 하는 것은 도저히 참을 수 없는 자유의 부정이다. 다른 한편으로 볼 때, 시민군에 복무하여 무기를 갖춘 사람들은 도덕적으로 시민으로서의 의무를 다할 수 있는 능력을 갖추게 될 것이며, 이를 부정한다는 것 역시 불가능한 일일 것이다. 그는 수년 뒤에 쓴 《피렌체 공화국》에서 동일한 논리로 대평의회의 구성원이 되기 위한 자격은 선조의 장관직 보유 여부와는 상관없이 납세자 전원에게 부여되어야 마땅하다고 주장하였다.

우리는 이제 무장한 국가는 반드시 평민 국가라는 얘기가 오갔던 지점으로 되돌아왔다. 마키아벨리는 이러한 근거 위에 베네치아보다는 로마를 택했다. 베네치아에 대한 잔노티의 대화편 한 군데에서도, 한 피렌체인이 도대체 베네치아에는 무장 가능한 사람이 몇 명이나 되며, 시민권을 누리고 있는 신사의 수는 또 얼마나 되는지 묻는 대목이 나온다.[45] 이에 대한 대답은 4만 명에서 3천 명까지 대중이 없지만, 정작 이러한 사항이 베네치아의 정치적 안정에 던지는 의미나 혹은 베네치아가 어느 정도로 용병에 의존하고 있는가에 대한 언급은 전혀 보이지 않는다. 일반적으로, 베네치아 시민체의 제한적 규모는, 신사가 아닌 사람들은 거류 외국인이거나 혹은 너무 빈한하여 도저히 정치적 동물이라 부를 수 없는 평민 중 하나라는 가정에 근거하고 있었다. 하지만 이런 가정 그 어느 쪽도 피렌체의 경우에 적용될 수는 없었다. 피렌체의 현실 상황으로 인해 잔노티는 마키아벨리를 훨씬 더 능가할 정도로 무장한 평민 국가의 이상을 향해 매진하였고, 이러한 관념을 마

45) *Opere*, I, 45-46.

키아벨리의 《리비우스 논고》가 시도하지 않은 방식으로 피렌체의 상황에 구체적으로 적용하였다. 《피렌체 공화국》으로부터 우리는 그가 마키아벨리를 시민군의 군사적·시민적 역할에 관한 권위자로 인식했다는 사실을 알고 있다. 하지만 그가 1528년 시민군에 관한 논고에서 설명한 이론이 마키아벨리적이라기보다는 훨씬 더 명백히 아리스토텔레스적이라는 것은 주목해야 할 사항이다. 인간이 스스로를 방어하는 것은 자연스러운 일이며, 그래서 시민으로서 공익을 추구하는 것 역시 그에게는 자연스러운 일이 된다. 전자를 할 수 있는 힘을 그에게 되돌려주는 것은 후자를 할 수 있는 힘을 그에게 되돌려주는 데 기여한다. 이 두 경우 모두, 되돌려준다는 것은 인간을 최초의 본성으로 되돌린다는, 아리스토텔레스적 의미에서의 재형상화(riformazione)를 의미한다. 이것이야말로 시민군 복무가 사람들을 시민으로 바꾸어 놓는 힘을 가지고 있다고 하는 이유이다.

이런 주제에 대한 사상이 쉽게 포섭될 수 있는 또 다른 차원이 있었다. 잔노티의 시민군 조직 발의안들 속에는 산 조반니 축일(祝日)에 거행할 장엄한 의식에 대한 준비도 들어 있다. 여기서 지휘관들에 의해 소집된 무장한 시민들은 미사를 지내고, 제단에 올라 복종 선서를 한 뒤, 그들의 의무 사항들이 어떤 종교적·시민적 의미를 지니고 있는지 그것을 분명하게 밝혀주는 연설을 듣게 된다.[46] 실제로 그런 의식들이 거행되었고, 우리에게는 카포니 이후 정권의 인물들이 시민군에 대해 행한 몇 가지 연설문이 남아 있다.[47] 그러한 경우 모두가 본

---

46) *A.S.I.*, ser. 5, vol. 8 (1891), pp. 26-27.

47) Giuseppe Canestrini, ed., "Documenti per servire alla storia della Milizia Italiana … raccolti … e preceduti da un discorso di Giuseppe Canestrini," *A.S.I.*, ser. 6, vol. 15 (1851), pp. 342-376 (루이지 알라만니와 피에르 필리포 판돌피니의 연설들); R. von Albertini, *Das florentinische Staatsbewusstsein im übergang von der Republik zum Prinzipat*, pp. 404-411 (피에로 베토리의 연설).

질적으로 사보나롤라적 색채를 띠고 있다고 볼 수 있는데, 그것은 인간을 시민으로 재형상화한다는 아리스토텔레스적 관념이 여기서는 개인적 신성함의 영역으로 확대되어, 한껏 고무된 종교적 분위기 속에서 일종의 린노바치오네(갱신)로 천명되고 있다는 의미에서이다. 피렌체는 신에 의해 자유를 회복하고,[48] 사람들이 그리스도교의 가치에 따라 사회생활을 하도록 택함을 받았다. 그들 중 하나는 말하기를, "평민적 삶은 그리스도 교인으로서의 삶에 다름 아니다"(vivere a popolo non è altro che vivere da cristiano).[49] 시민군 복무는 인간에게 시민이 되는 법을 가르쳐 주기 때문에,[50] 그것은 이러한 종말론적 만민구제 과정의 일부이다. 그것은 그 스스로 신성하고 기적적이며, 무기는 한때 누군가가 그것을 가리켜 "의복"—가장 신성한 의복, 결코 부패하지 않는 갑옷(sacratissima veste, incorruttibile veste dell' arme)—이라고 말한 적이 있지만, 사실은 그 이상의 것이다.[51] 무장한 시민이 공익을 위해 스스로를 헌신한다고 하는 관념은 물론 당시 인구에 회자되던 것이었고, 그래서 그는 시민으로서의 인간이 죽음을 두려워하지 않고 어떻게 그런 일을 할 수 있는지 그 이유를 수없이 듣게 된다. 하지만 우리는 한 곳에서, 병사로서의 생활에서 나타나는 검약과 훈육이 청빈에 대한 그리스도교적 이상과 일치한다는 의미심장한 구절과 만나며, 청빈은 인간에게 알려진 모든 기예, 직업, 학문의 기원이며, 오직 청빈을 사랑하는 사람만이 자유를 추구했고 공화국을 창건했으며 참주를 쫓아냈다는 얘기도 접하게 된다.[52] 청빈—우리는 여기서 프란체스코 급진파의 유산을 보고 있다—이란 시민으로 하여금 공

48) *A.S.I.*, ser. 6, vol. 15 (1851), p. 355 (판돌피니).

49) *Ibid.*, p. 356.

50) *Ibid.*, p. 354.

51) *Ibid.*, p. 345 (알라만니) & 347; Albertini, p. 409.

52) *Ibid.*, p. 344 (알라만니).

익을 위해 자신의 사적 만족을 희생하지 않을 수 없게 만드는 이상(理想)으로서, 전사, 시민, 그리스도 교인은 이를 통해 하나가 된다. 하지만 그리스도교 사상이 통상 그렇듯이, 칭송의 대상은 물질의 무소유가 아니라 물질을 희생하려는 의지이다. 이와 같이 말하는 것과, 다시 한 번 아리스토텔레스적 이론으로 되돌아가서 어떤 도시가 메디오크리(mediocri 중시민) — 너무 가난해서 시민이 될 수 없는 정도도 아니고 너무 부유해서 자존(自尊)의 상태에 이를 정도도 아닌 사람들 — 에 의해 유지된다고 말하는 것 사이에는 아무런 모순도 없다.[53] 청빈은 포베리(poveri 하층 빈민)보다는 차라리 메디오크리의 미덕이다.

잔노티의 사상은 어디에서도 이러한 행로를 따라가고 있지 않으며, 아리스토텔레스적 시민권 개념을 급진적 성인(聖人) 관념이나 종말론적 비전의 영역으로 확장하려고 하지도 않고 있다. 다만 《피렌체 공화국》에서 여러 번에 걸쳐 "현자들의 견해와는 반대로"[54] 공화국과 시민군은 복구되었고 또한 성공하였다는 말을 하고 있을 뿐이다. 귀차르디니 역시 동일한 논지 속에서 신앙과 광기를 거의 동등시하는 입장에 있었다. 그러나 만약 그가 사보나롤라와는 달리 시민은 동시에 그리스도교적 이상을 실현하는 존재여야 한다고 생각하지 않았다면, 마찬가지로 마키아벨리와는 달리 그리스도교적 가치와 시민적 가치가 궁극적으로 양립될 수 없다고 믿지도 않았다. 군사적 생활이나 시민적 삶이나 인간의 진정한 본성을 실현하고 "개혁하였다"는 측면에서는 똑같은 위치에 있다는 그의 이론에는 마키아벨리에게서 보는 급진적 요소가 배제되어 있다. 그리고 그가 계속해서 베네치아식 모형을 사용하고 있다는 점이야말로 어떤 의미에서는 그의 입장이 사보나롤라와도 같지 않다는 것을 보여준다. 만약 우리가 니콜로 카포니의 실각을 급진 사

53) *Ibid.*, pp. 358-359 (판돌피니). 판돌피니의 "논고"는 전체적으로 혁명적 아리스토텔레스주의를 보여주는 흥미로운 자료이다.

54) Giannotti, *Opere*, II, 37, 46, 98, 141.

보나롤라파와 귀차르디니 같은 진보적 오티마티가 결국 갈라서게 되는 하나의 계기라고 생각한다면, 그것은 또한 1494년 사보나롤라와 파올 안토니오 소데리니의 합작으로 공화국에 투영한 종말론적이자 동시에 "베네치아적"인 이미지가 분열되는 계기이기도 했을 것이다. 최후까지 공화국과 함께 했던 진보적 귀족주의자 잔노티는 사보나롤라파와는 아무 관련이 없었고, 다만 피렌체에서 추방된 이후 베네치아식 관점에서 1494년의 이상을 피력하게 될 뿐이었다.

베네치아식 패러다임을 대평의회에 최고의 중요성을 두는 관념과 조화시키는 것이 불가능한 일만은 아니었다. 잔노티의 사상에서 심각한 긴장을 유발하는 것은 다른 곳에 있었다. 시민군의 부활로 그는 평민 정부의 필요성을 확신하게 되었다. 하지만 그런 통치형태라면 반드시 전사-시민층에 기반을 두어야 한다고 주장하는 이론은, 설사 그것이 아리스토텔레스적, 심지어는 사보나롤라적 관점에서까지 진술될 수도 있겠지만, 그럼에도 불구하고 잔노티처럼 이미 《전쟁의 기술》을 읽었고 또한 그 저자의 이름을 알고 있는 사람의 마음속에서 강력한 마키아벨리적 색채를 걷어내기란 역부족이었다. 마키아벨리와 잔노티 양자 모두가 참여했던—귀차르디니 역시 어떤 식으로든 관련되었을 것이 분명한—루첼라이 원회(園會)에서의 토론 전통 전체가 사실 베네치아식 정체와 로마에서 전형적으로 나타난 무장 평민정 간의 대립을 드러낸 것이었다. 인노바치오네(혁신)와 비르투에 대한 마키아벨리의 논의 속에는 시민적 삶을 정적(靜的)인 인간본성의 성취라고 보는 아리스토텔레스적 이론과 조화시키기 힘든 어떤 잠재적 역동성이 숨어 있다. 그러나 잔노티의 《피렌체 공화국》은, 물론 많은 점에서 마키아벨리적이기는 하지만, 스스로 아리스토텔레스에 빚지고 있음을 이렇게 천명하고 있다. "마치 풍부한 수량(水量)으로 이 세상 모든 곳에서 넘쳐흐르는 이론이란 시냇물의 원류가 되는 어떤 샘처럼, 내가 쓴 간략한 논고의 모든 뼈대는 모두 그로부터 취해 온 것이다."[55] 이는 결코 공허한 찬사만은 아니었다. 우리가 베네치아식 모형 안에서, 또한 폴리비오스적 균형 관념과, 기계화된 덕의 관념과, 통치의 근간을 이루는 권력들에 대한 관념과, 그리고 정치행위의 구성요소들 간의 차이에 대한 관념들 사이에서 나타나기 시작하던 이론적 변형들을 고려하고, 나아가서 베네치아식 통치 이론에 대한 정의가 여전히 모호한 가운데 이제 이러한 개념들을 평민정 이론에 적용해야만 하는 상황을 성찰해 볼 때, 잔노티의 《피렌체 공화국》은, 그것이 비록 정치행위로부터 영원히 격리된 한 망명객의 희망 어린 공상 같은 것일 뿐이지만, 그럼에도 불구하고 정치적 개념화의 역사에서 주목할 만한 하나의 사례 연구인 것이다.

이제는 친숙해진 언어로 말하자면, 이 저작의 목표는 피렌체를 위해 영구적인 것은 아니겠지만 그래도 오랜 세월을 견딜 수 있는 통치형태를 고안하고자 하는 것이다.[56] 피렌체의 기본 특징(qualità)은 그곳에 사는 사람들에 의해 이미 결정되어 있었기 때문에, 도시와 그 특징들에 대한 일반 이론 같은 것을 다시 만들 필요는 없었다. 그러나 도시의 통치형태와 성격 간의 관계는 마치 영혼과 육체 간의 관계와 같은 것이었고, 그래서 만약 인간의 영혼을 짐승의 몸속에 두거나 혹은 그 반대가 된다면, 양자는 서로에게 부패와 파멸만을 안겨줄 것이다(여기서 "corruzione", 즉 부패라는 단어는 그것이 지닌 기술적 의미와는 약간 달리 사용되고 있다). 그러므로 우리는 어떤 것이 최상의 통치형태인지를 당연히 숙고해야겠지만, 동시에 피렌체가 과연 그러한 형태를 운용할 수 있는 특징들을 갖추고 있는지 없는지, 또한 이러한 것이 어떻게 피렌체인들의 풍속과 관습을 대대적으로 바꾸지 않은 채 부여될 수 있는 것인지도 물어야만 한다. 어떤 구체적이고 특수한 상황을 선택하는 문제에 직면한 귀차르디니가 환자를 다루는 의사의 비유를 사용했던

55) *Opere*, II, 12.

56) *Opere*, II, 2.

것처럼, 잔노티 역시 이미 기초가 놓여 있는 집을 다시 올리는 건축가의 비유를 사용하고 있다. 이러한 차이에서 우리는 그가 한편으로는 비교적 급진적인 성향을 가지고 있으면서도 다른 한편으로는 귀향을 희망하는 망명객으로서는 어쩔 수 없는 일말의 희망적 태도를 버리지 않고 있음을 엿볼 수 있다.[57]

그는 지극히 아리스토텔레스적이고 폴리비오스적인 이론 탐구로 들어가고 있는데, 특히 폴리비오스의 책 제6권이 우리가 연구해 온 저술가 중 처음으로 직접 호명되고 있다.[58] 원리상으로 볼 때 세 종류의 정부가 있는데, 이 중 어느 것을 택할 것인가는 비르투가 일인, 소수, 다수 중 어느 곳에 존재하고 있는지에 따라 결정되어야 한다. 그는 비르투가 구체적으로 무엇을 의미하는지에 대해 말하지 않고 있다. 글의 문맥으로 보아 그것은 표준적이고 윤리적인 의미를 가리키는 것이 분명하지만, 약간 변형을 가하여 다수에 비르투가 집중되는 경우는 "군사적 덕성을 갖춘 도시들에서 발견되는데, 이는 다수에 속하는 자산"이라는 흥미로운 말도 하고 있다.[59]

일인 혹은 소수에 귀속된 비르투가 만인의 선을 고려하여 통치하는 능력을 의미한다고 할 때, 만일 그러한 능력이 군사적 형태를 취한다면 그것은 오직 다수에게서만 존재할 수 있다는 주장에 대한 이유로서 마키아벨리가 제시한 것들을 과연 잔노티 역시 공유하고 있었는지의 여부를 알아보는 것도 중요한 작업이 될 것이다. 그러나 그는 이에 대한 명확한 언급은 피한 채, 다만 세 유형이 각각 이상적 상태로 존재할 수 있다는 것을 설명하고 있을 뿐이다. 통치집단이 덕을 지닌 상태인가 혹은 부패한 상태인가를 제외하고는 좋은 정체와 나쁜 정체 사이에는 어떤 차이도 없다. 그 결과, 첫째 각 정체의 부패를 막을 수 있

---

57) *Opere*, II, 9-10.

58) *Opere*, II, 17.

59) *Opere*, II, 13-14.

는 유일한 길은 통치자가 정체 그 자체의 본성 속에 내재된 도덕적 부패를 회피할 수 있는 능력을 갖는 것이며,[60] 둘째 인간이 이미 부패했다고 보아야 하는 현실 세계에 세 종류의 순수한 형태를 확립한다는 것은 도덕적으로 불가능할 것이라는[61] 명제가 도출된다. 포르투나에 대한 언급은 전혀 나오지 않는데, 잔노티는 스스로 폴리비오스에 대한 빚을 인정하고 있음에도 불구하고, 정체 변화의 결정론적 질서로서의 순환 관념도, 스스로의 특별한 덕성에 과도한 권력이 부여됨으로써 각각의 순수한 형태가 부패한다는 개념도 일절 사용하지 않고 있다. 하지만 우리는 분명히 인간 타락의 차원을 역사로 간주하는 그리스도교 세계 속에 있으며, 수사(修辭)의 측면에서 볼 때 이 모든 개념들은 이러한 세계에 적절한 것일 수도 있다.

이제 혼합정체론(governo misto; stato misto)이 서서히 그 모습을 드러내고 있는데, 그 형태는 폴리비오스적이기보다는 훨씬 더 아리스토텔레스적이며, 또한 타락한 상태에다가 완전한 이성을 갖추지도 못한 상태에 있는 인간을 위해 의도되고 있다는 의미에서 그리스적이라기보다는 그리스도교적이다. 모든 도시에는 상이한 욕망을 가진 상이한 형태의 시민들이 있다. 우선 명령을 내리고 싶어 하는 부유한 대시민이 있다. 이들은 어쩔 수 없이 수적으로 소수이며, 오직 한 번에 한 사람만이 향유할 수밖에 없는 그런 위계의 권위와 탁월성이 존재하기 때문에, "일인"은 "소수"와 구별되지 않을 수 없다. 다수의 하층 빈민이 있는데, 이들은 누구에게 명령하고 싶어 하지도 않지만 동시에 법의 보편적 권위가 아닌 다른 어떤 권위에도 복종하려 하지 않는다. 또한 메디오크리(중시민)가 있는데, 그들은 방금 정의한 의미에서의 자유를 희구할 뿐 아니라 이에 더하여 명예—여기에는 분명히 명령의 권리를 공유한다는 의미가 담겨 있다—까지도 원할 수 있는 충분한

60) *Opere*, II, 16.
61) *Opere*, II, 18.

재산을 가지고 있다.[62] 이 중에서 시민이란 통치하면서 동시에 통치를 받는 인간이라고 정의한 아리스토텔레스의 개념을 충족하는 경우는 중시민이지만, 만약 오직 이러한 이유로 그들에게 "소수"의 역할을 부여한다면 그것은 오류일 것이다. 그란디(grandi 대시민)가 "과두적" 특징들을 많이 가지고 있다는 것은 분명하며, 진정한 아리스토텔레스적 전통에서 중시민이 수적으로 우세해서 "가난한 다수"의 범주를 모두 흡수하는 것도 가능하다는 주장은 약간 더 뒤에 나타난다. 잔노티의 수적 범주와 질적 범주는 완전하게 일치하지 않으며, 또 꼭 그럴 필요도 없다. 이 단계에서 중요한 것은 우리가 인간의 덕성이 아니라 욕망을 연구하고 있다는 사실이다. 이러한 욕망(desideri)은 또한 기질(umori)이라 불리기도 하는데, 후자는 이성적인 것과는 무관한 함의들을 수반하는 용어이다. 이러한 욕망들은 비이성적이다. 왜냐하면 그것들은 다른 욕망들과 양립 불가능하기 때문이다. 타인에게 명령하고 싶어 하는 어떤 사람들의 욕망을 아무런 변형도 가하지 않고 누구에 의해서도 명령받고 싶어 하지 않는 타인의 욕망과 조합할 방법은 없는 것이다. 형식적으로는 법의 지배를 확립하거나 혹은 모든 시민을 명령하는 동시에 명령받는 중시민의 범주 속에 섞어 놓음으로써 이러한 것이 가능하다고 생각될지 모른다. 하지만 그리스도 교인으로서든 아리스토텔레스주의자로서든, 혹은 마키아벨리주의자로서든 간에, 중요한 것은 잔노티가 사람들의 기질은 결코 완전히 없애 버릴 수 없으며, 따라서 어떤 혼합정체도 사실은 완전한 혼합을 이룰 수 없을 것이라고 확신했다는 점이다.[63]

혼합정체는 적어도 처음에는 비이성적인 사람들에게 시행되는 유익한 기만 같은 것이다. 사람들이 스스로가 원하는 것 모두를 받았다거나 혹은 무조건적으로 받았다고 믿게 만들면서, 실제로는 원하는 것의

62) *Opere*, II, 18-19.

63) *Opere*, II, 19-20.

일부를 받게 하거나 혹은 조건부로 받게 하는 어떤 삶의 방식(modo di vivere)을 도입하는 것 — 사실, 자세히 들여다보면 이것이야말로 어떤 삶의 방식이 도입될 수 있는 유일한 길이다 — 도 가능하다.[64] 다양한 욕망들의 양립 불가능성은 곧 권력의 본성에서 나타나는 양립 불가능성이다. 누구의 명령도 받지 않는 사람들이 존재하는 한, 어떤 사람들이 모든 사람에게 명령을 내릴 수는 없는 법이다. 그러므로 유익한 기만이란, 명령하고 싶은 사람이 권위를 부여 받고 명령받고 싶지 않은 사람이 자유를 보장받는데, 각자가 스스로의 욕망을 향유하는 것은 어디까지나 다른 편의 의지를 조건부로 하고 있다는 사실에 있다.

> 우리가 찾고 있는 통치형태에서 일인은 반드시 군주여야 할 필요가 있지만, 그의 군주국은 결코 그 자신에게만 의존하는 것이 아니다. 대시민은 명령해야 하지만, 그들의 권위는 그들 자신에게서 연유하는 것은 아니다. 다수는 자유로워야 하지만, 그들의 자유는 누군가에게 의존하는 것이다. 마지막으로 중시민은 자유로울 뿐 아니라 관직(여기서 "onori"라는 복수형이 쓰이고 있는데, 이는 명예라는 1차적 의미보다는 관직이라는 2차적 의미로 사용되는 경우이다)도 가질 수 있지만, 동시에 그것을 전적으로 자신의 뜻에 따라 행사하려 해서는 안 된다. …[65]

그러나 기만은 사람들을 환상의 지점 너머로 인도할 수도 있다. 만약 우리가 공익을 위해 통치하는 것이 이성적 · 정치적 동물로서의 인간의 고유한 자산이며, 이러한 정치적 상호 의존성의 상태는 사람들로 하여금 그들이 의도하든 아니든 간에 통치행위를 불가피하게 만든다고 가정한다면, 그러한 기능의 분배(잔노티는 이를 암미니스트라치오네

64) *Opere*, II, 20.

65) *Ibid.*

〔amministrazione 행정〕라고 부른다)는 인간을 이성적 존재로 만들어 줄 것이다. 우모리(기질)가 곧 비르투가 되는 것이다. 그러나 기질을 비이성적 상태에서 이성적 상태로 변환시키는 동인은 상호 의존적이고 서로를 조건 짓는 방식으로 짜여진 권력 구조이다. 일단 이러한 권력들이 이성적으로 행사되기만 하면 그것은 곧 개인의 능력이 되며, 이를 통해 그는 이성적이고 정치적으로 행동하며 다른 사람들도 동일한 방식으로 행동하도록 하기 위해 그들의 행동을 (그들이 그의 행동을 통제하듯이) 통제한다. 즉 권력 역시도 비르투가 된 것이다. 이 어휘 속에 항상 간직되어 있는 적극적 함의들의 바로 이러한 특징 덕분에, 잔노티는 때때로 그것을 힘(forze)이나 권력(potestà)이란 말과 서로 교환 가능한 것으로 쓸 수 있었던 것이다. 정체(政體)는 다시 한 번 비르투를 제도화하기 위한 인간 지성의 고안물이 된다. 왜냐하면 그것은 사람들에게 자신들의 본성이 개혁되는 방향으로, 그들이 지금까지 "그래 왔던" 그런 존재가 아니라 "원래 그러한" 존재로 다시 한 번 거듭날 수 있도록 행동하게끔 하는 기능들을 귀속시켜 주기 때문이다.

그러한 고안물은 중시민의 존재에 의존하고 있는데, 그들은 통치하면서 동시에 통치를 받고, 그리하여 오직 명령만을 내릴 수 있거나 아니면 복종만을 할 수 있는 사람들의 비이성적 성향을 이성적 행위로 바꾸어 놓는 능력을 가진 유일한 사람들이다. 만약 어떤 도시가 모두 중시민만으로 이루어져 있다면, 그것은 순수한 형태의 민주정이 되겠지만—우리는 이들이 군사적 비르투를 가지고 있을 것임을 알고 있다—그런 곳은 존재하지 않는다.[66] 중시민이 대시민과 하층 빈민을 합친 것보다 더 강하거나 그에 동등한 힘을 가지고 있는 곳, 혹은 대시민과 하층 빈민 사이에서 힘의 균형을 유지하고 있는 도시일 경우 혼합정체의 도입이 가능하며, 만약 영혼과 육체가 서로 조화를 이루지

66) *Opere*, II, 24.

못할 때 나타나는 부패를 경험치 않으려면 사실 그러한 것이 꼭 필요하기도 하다. 이제 남은 것은 과연 피렌체가 이러한 조건들을 만족하는가의 여부인데, 잔노티는 도시의 역사라는 형식을 빌려 그렇다는 것을 입증하려 한다. 우리는 여기서, 아리스토텔레스적 기반이 어떻게 해서 그에게 더욱 미묘하고도 생기발랄한 역사적 인과론의 인식을 가져다주었는지, 또한 그것이 어떤 방식으로 다만 폴리비오스적인 정체 순환론에 호소하는 것에 그치지 않고 포르투나의 손아귀로부터 해방될 수 있는 길을 열어 주었는지를 살펴볼 수 있다. 만일 누군가가 다음 세기에 제임스 해링턴을 읽는다면, 잔노티의 사상이 놀라울 정도로 그를 선취(先取) 하는 면모를 지니고 있었다는 것을 알게 될 것이다.

잔노티는 피렌체가 한때 대시민과 하층 빈민의 도시였으나 지난 세기에 들어 급속히 중시민의 도시가 되었다고 주장한다. 그의 말에 따르면, 이를 이해하는 것이 곧 1434년~1494년의 메디치 정권을 전후한 피렌체 역사를 이해하는 것이다. 만약 그가 이러한 목적으로 폴리비오스의 책 제 6권의 도식을 사용했다고 한다면, 그는 아마도 소수(대시민) 의 통치는 다수(하층 빈민) 의 통치에 자리를 넘겨주고 그것은 다시 참주(코지모) 의 통치로 넘어가게 되어 한 바퀴 순환하는 행로를 밟는다는 주장을 했을 것이다. 각각의 형태는 순수성을 유지하며 존재하다가 자생적인 내부 쇠퇴의 경향으로 인해 부패하게 되고, 예측 불가능한 포르투나가 촉발시켜 놓은 이런저런 상황들이 맞물리면서 결국에는 붕괴하고 마는 것이다. 그러나 그러한 도식이 역사적 측면에서든 철학적 측면에서든 1530년대의 피렌체인들을 만족케 했을 것 같지는 않다. 그들은 그러기에는 자료 면에서 과거에 대해 너무 많은 것을 알고 있었고, 설명의 면에서도 너무 많은 것을 요구하였다. 잔노티에 따르면, 사건(azione) 에 대해 고찰할 때는 반드시 일반 원인(cagione), 촉발 원인/계기(occasione), 직접 원인(principio) 을 검토해야만 한다. 1512년 피렌체 공화국의 몰락이란 사례에서, 그 일반 원인은 어떤 야심가 과두제주의자들이 정부형태에 대해 가졌던 불만이었고, 촉발 원인은 율리우스 교황과 프랑스 왕 사이의 전쟁이었으며, 직접 원인은 에스파냐의 군대가 프라토와 피렌체를 공격한 것이었다. 일반 원인이란 곧 일의 성질을 말하는 것으로, 촉발 원인이 언제 나타날 것인가를 스스로 감지하게 해주며, 동시에 그것 자체가 촉발 원인의 출현 이유가 되는 경우도 종종 있다.[67]

13, 4세기 피렌체 정치의 경우, 우리의 관심은 그란디(대시민)와 포폴로(평민)의 스타토(권력) 간에 있었던 불안정한 교체 현상에 있으며—잔노티가 이를 정체의 순환이라 보지 않은 것은 분명하다—당시의 일반 원인 또는 일의 성질은 말하자면 대시민과 평민의 세력(forze)이 대체로 엇비슷했다는 것이었다. 대시민이 자질(qualità)을 독점하면 평민은 수적 우세로 맞서, 그 어느 편도 상대방을 지배하거나 파괴하지 못하게 되며—잔노티는 양쪽 누구도 상대방이 받아들일 수 있는 통치체제를 고안할 수 없다는 마키아벨리의 주장에 동의했을 것이다—만약 어느 쪽이 승리한다면 그것은 다만 오카지오네(촉발 원인)의 결과일 뿐이다. 하지만 그러한 결과도 장래의 어느 때에 이르면, 일반적으로 그렇게 되는 법이지만, 오히려 반대편에 유리한 것으로 밝혀질 수도 있다.[68] 이는 일반 원인이 모든 것을 결정한 경우로서, 촉발 원인들은 분명히 어떤 중요성도 가지고 있지 않다. 우리는 이를 마키아벨리가 《군주론》에서 오카지오네란 말을 사용한 방식과 대비해 볼 수 있는데, 여기서 그것은 포르투나의 세계 속에서 나타나는 특정한 사건의 극단적인 비합리성과 예측 불가능성을 표상하고 있다. 마키아벨리는 역사적 인과 관계에 대해 그 이상의 훨씬 더 많은 것을 알고 있었으나, 그럼에도 불구하고 이런 식의 대비는 여전히 나름대로의 의미가

---

67) *Opere*, II, 37-38.

68) *Opere*, II, 39. 또한 평민의 수와 귀족(nobili)의 질을 대비시킨 부분(pp. 42-43)을 참조할 것.

있다. 잔노티의 오카지오네는 여전히 운의 바퀴를 돌리고 권력체계들을 전복시키는 임의적이고 예측 불가능한 어떤 것에 머물고 있기는 하지만, 그래도 이제 정치의 불안정성은 내재적이기보다는 인과적인 것이 되고 있다. 대시민과 하층 빈민, 질과 수, 권위와 자유는 불안정한 균형상태를 이루고 있으며, 그것이 바로 본성적 상태이기 때문에 누구도 그로부터 도피할 수 없다. 하지만 우리는 그러한 본성들이 왜 그렇게 불안정한지 그 이유는 알 수 있으며, 따라서 어떻게 하면 그것을 안정된 상태로 바꿀 수 있는지도 알 수 있게 된다. 결과적으로 포르투나는 그의 체계 속에서 거의 아무런 역할도 하고 있지 않으며, 그래서 그 말도 거의 쓰이고 있지 않다. 대신에 그는 아리스토텔레스적 인과론과 사회세력 이론에 주로 의존하고 있다.

해링턴은 다음 세기에 잔노티와 비교할 만한 노선을 따라 잉글랜드사에 대한 나름의 설명을 제시하게 되는 인물인데, 그는 중세 잉글랜드의 왕과 영주들에게 마치 잔노티가 대시민과 하층 빈민에게 부여한 것과 매우 흡사한 역할을 부여하였다. 그들은 튜더가가 토지소유자 계급을 후원함으로써 영주의 권력을 약화시킬 때까지 불안정한 균형상태 속에 갇혀 있을 수밖에 없었다(하지만 그들을 제어하는 것은 더 이상 불가능한 일이었기 때문에 그들의 출현은 결국 왕국에 재앙을 가져다준 셈이었다).[69] 잔노티 역시 이와 유사한 역할을 15세기의 메디치가에 부여하고 있다. 그들은 당시 빈민층을 관직에 진출시키고, 귀족들이 지배 가문의 아래로 들어오기 전에는 그들의 관대함(generosità)과 위대함(grandezza)을 발휘할 일체의 기회를 박탈함으로써, 일부는 내리고 일부는 올려서 중시민이라는 신흥 계급을 형성시켰다. 그리하여 이제 그들 덕분에 피렌체에는 세력 균형이 이루어지고 안정적인 혼합정체가 가능하게 된 것이다.[70] 1530년 이후 메디치가는 자신들이 뒤를 밀어

69) 이 책 2권, 100-102쪽을 볼 것.

70) *Opere*, II, 45-48.

준 소수의 대시민과 대공성기 동안의 폭력 사태로 인해 보편적이고 정치적인 삶으로부터 소외된(alienat〔i〕 dal vivere universale e politico) 일단의 사람들의 지지 아래 통치해 오고 있으나, 그들의 폭정은 자멸의 길로 들어서고 있다. 메디치 폭정은 모든 사람들로부터 그들이 원하는 것을 박탈하고 있는 것은 물론이고, 오직 그들의 존재 외에는 어디에서도 메디치가가 다양한 목적을 성취하고 있다는 것을 확신할 길이 없는 그런 중시민층의 수만 늘리고 있을 따름이다.[71] 잔노티는 해링턴과 마찬가지로 예언자로서는 부족한 면이 있었으나 개념 어휘를 풍부하게 만든 점에서는 성공한 인물이었다. 양자 모두 다양한 인과론의 도식들을 발전시켰으나 그것을 통해 정치적 안정의 도래와 역사적 혼란의 끝을 올바로 예측하는 데는 실패하였다. 하지만 그들은 정치적 변화의 연쇄가 포르투나가 관장하는 비합리적 성격의 특수한 사건이라는 측면에서가 아니라 구체적이고 사회적인 측면에서 이야기될 수 있는 여지를 넓혀 놓았다. 누군가는 이 두 사람이 폴리비오스적 순환에서 빠져나와 질서 잡힌 통치의 영역으로 들어가는 길을 열었다고 말하고 싶을 것이다. 하지만 사실 그들은 매우 풍부한 인과적 어휘들을 구사하고 있었기 때문에, 한 번도 폴리비오스적 모형에 호소했던 적이 없었다는 점을 인식할 필요가 있다. 아리스토텔레스의 어휘는 폴리비오스의 경우보다 과장된 면이 적었고, 그래서 잔노티도 바로 이러한 어휘를 사용하고 있는 것이다.

도시의 문제들을 해결하기 위해 어떤 정치 분석의 장치가 적용 가능한가에 대한 문제는, 1494년~1502년~1512년과 1527년~1530년의 공화 정체에 대한 비판으로 점철되어 있는 《피렌체 공화국》 제2권에서 계속하여 핵심 논점이 되고 있다. 잔노티는, 누마와 리쿠르고스 같이 개혁을 의도하는 입법자는 이전에 존재한 적이 없었던 도시를 새로

---

71) *Opere*, II, 47-48.

이 창건하는 경우에 비해 더 힘든 과제를 안게 된다는 말로 글의 서두를 시작한다(우리는 마키아벨리가 《리비우스 논고》에서 — 《군주론》에서는 아니지만 — 대체로 리쿠르고스를 이 부류에 귀속시켜 다루고 있다는 점을 기억할 필요가 있다). 도시의 창건자는 단지 무엇이 좋은 것인지를 알면 그만이며, 더불어 자신이 이끌고 빚어낼 비형상의 질료가 자신의 과업을 뒷받침해줄 것임을 확신할 수도 있을 것이다. 그러나 개혁을 시도하는 입법자는 이전의 정체들에서 도대체 무엇이 잘못되어온 것인지를 반드시 파악해내지 않으면 안 될 것인데, 여기에는 우리에게 이미 잘 알려진 난점들이 있다. 첫째, 사람들 중에는 언제나 이전의 질서에 관습적으로(assuefatti) 집착해서 변화시키기가 상당히 힘든 부류가 있다는 것이다. 누마가 마치 자신이 신의 도움을 받는 것처럼 행동한 것도, 리쿠르고스가 폭력을 사용한 것도 바로 이 때문이다[72] (우리는 이 대목에서 《군주론》의 무장한 예언자를 떠올리게 된다). 둘째, 정체상의 결점들은 보통 특수한 일(cose particolari)의 범주에 속하는 법이며, 이러한 것들은 경험을 통하지 않고는 그 이상의 어떤 수단에 의해서도 이해하기가 쉽지 않다는 것이다. 셋째, 어떤 사람도 인간의 감정에서 완전히 해방되어 스스로가 지닌 결점들을 항상 직시할 수만은 없다는 것이다.[73] 외국인이면서 동시에 사제였던 사보나롤라가 피렌체의 제도들이 어떻게 움직이는지에 대해 많은 지식을 가지고 있을 것이라는 기대는 거의 할 수가 없는 형편이었다. 그럼에도 불구하고, 그가 도입하기를 원했던 대평의회는, 만약 적절한 시간이 주어지고 대시민의 일부가 배반하여 메디치가를 복귀시키는 일이 없었더라면, 자체적으로 나름대로의 개혁을 성취했을 것이다.[74]

그러므로 과연 우리가 어떤 정치 과학을 발전시켜 이전 제도들의 결

72) *Opere*, II, 52-53.

73) *Opere*, II, 53.

74) *Opere*, II, 54-55.

점을 밝혀내고 교정할 수 있는지의 여부를 아는 것은 매우 중요한 일이다. 잔노티는 앞서 말한 두 시기의 공화 정체 모두를 비판한다. 비록 대평의회가 명목상으로 체제의 기초였다고는 하지만, 실제로는 여러 장관직—10인위원회와 어떤 면에서는 곤팔로니에레도 여기에 포함된다—이 지극히 무책임한 권력을 행사했기 때문에 실질적인 권위는 소수의 손에 들어가 있는 형편이었다.[75] 하지만 그는 이 위장된 과두정을 결코 위장된 귀족정과 혼동해서는 안 된다고 주장하였다. 그리하여 그는 이러한 사태로 말미암아 정부에서 소외된 오티마티의 적대감이 1502년~1512년의 종신제 곤팔로니에레 하에서 더욱 악화 일로를 걸었다는 것, 그리고 그들의 변절을 증오한다고 해도 그것 때문에 왜 그런 일이 일어났는지 그 원인들(촉발 원인이 아니라 일반 원인)에 눈을 감아서는 안 된다는 것을 강조할 정도로 그와 진보적 오티마티 간의 연대 의식은 아직도 상당히 강력한 상태였다.[76] 이 몇 개의 장에서 그는 본질적으로 《카포니에 보내는 편지》가 다룬 논제들을 다시 제기·검토하고 있으며, 정체 분석에 대한 두 노선 역시 다시 나타나고 있다. 첫째, 여러 장관직의 무책임성이 권력분립의 실패에서 기인했다는 것은 분명하다는 것이다. 그들은 콘술타치오네(자문)와 델리베라치오네(심의)를 모두 장악하고 있었기 때문에 자신들이 하고 싶은 대로 무엇이든 할 수 있었다. 뒤의 몇몇 장에서도 그렇게 하고 있는 것처럼, 잔노티가 베네치아식 투표 제도를 추천하는 것으로 되돌아가는 이유는 이러한 방식이 결정적으로 결의의 기능을 발의의 기능과 분리하고 있기 때문이다. 그러나 둘째로, 장관직의 무책임한 상황은 그들의 권력이 외부의 어떤 권위가 지닌 권력에 당연히 의존적이어야 함에도 불구하고 사실은 전혀 그렇지 않았다는 것을 뜻한다고 생각하는 입장이 있다는 것이다(이를 베네치아적 사고라고 하기에는 좀 명확치 않은

75) *Opere*, II, 59.

76) *Opere*, II, 81-82.

면이 있다). 혼합정체의 본질인 상호 의존적 구조는 어떤 적절한 단계에 이르러 완전히 작동하지 않으면 안 된다. 그러나 바로 이 순간 잔노티는 그의 사상이 평민 우위 쪽으로 이동하고 있음을 보여주는 새로운 주장을 펼치게 된다. 그는 이렇게 말하고 있다. 우리에게 이미 친숙한 네 가지의 권력, 즉 통치의 활력(vigore)(앞에서는 중추〔nervo〕라고 불린)을 이루는 장관직 선출, 전쟁과 평화, 공소의 청취, 그리고 입법의 권한은 누구든지 도시의 시뇨레(signore 주인)의 통제 하에 있어야만 한다. 만약에 다수가 통치한다면, 그들이 이 네 가지 권력을 가져야 하며, 그렇지 않으면 도시는 진정으로 자유롭다고 하지 못할 것이다.[77] 혼합정체일 경우 이 네 가지 권력이 과연 어디에 위치할 것인가는 분명히 문제겠지만, 여기서 잔노티가 말하고자 하는 요지는, 만약 전쟁이냐 평화냐를 결정하는 권한이 무책임한 10인위원회의 수중에 여전히 남아 있다고 한다면, 대평의회에 장관직 선출권을 부여하는 것만으로는—물론 그러한 측면에서 도시는 자유로운 상태라고 규정할 수도 있겠지만—여전히 불충분하다는 것이다.[78] 이는 장관의 결정에 대한 공소권을 사실상 무의미하게 만들어버렸다. 입법권은 명목상 대평의회에서 결정되지만 실제적으로는 소수의 손에 가 있었다. 장관 선출권만으로는 불충분하다는 것은 이미 메디치 정권 하의 관행에 의해 입증되고 있다. 그들은 언제나 장관 선출권에 대해서는 완전한 자유를 부여하면서도 남은 세 가지 권력을 다루는 자리는 자신들의 통제 하에 두었다. 네 가지 모두는 아니더라도 그 세 가지 권력만 장악하면, 그는 곧 모든 권력의 주인이 되는 것이다.[79]

잔노티는 신천지를 개척하는 지점에 서 있으며, 그것은 그의 사상을 단순히 세 요소를 혼합하거나 단순히 비르투를 제도화하는 것과는 거

77) 이러한 생각이 처음 나타나는 곳은 *Opere*, II, 58-59이다.
78) 앞의 제5장 주 32, 75에서 언급된 《카포니에 보내는 편지》를 참조할 것.
79) *Opere*, II, 59-60.

리가 먼 곳으로 이끌어 갈 것이다. 하지만 지금 그는 피렌체의 개혁적 입법자가 갖추어야 할 처방전에 대한 분석을 끝내고, 이제 막 그것을 그러한 인물이 의거해야 할 보편 원리들과 혼합하고 있는 참이다. 제3권의 서두에서 보이는 것처럼, 입법자의 목표는 지속될 수 있는 국가를 세우는 일이다. 국가는 내적 분열에 의해, 혹은 외부의 침입에 의해 붕괴된다. 좋은 정부(buon governo)는 전자의 위험을 막아주고, 좋은 군대(buona milizia)는 후자의 위험으로부터 보호해 준다. 좋은 군대란 물론 좋은 정부의 일부이자 내적 분열을 막기 위해 기능한다고도 생각될 수 있다. 우리는 이제 시민적 조직이 먼저 나타나야 하는지 혹은 군사적 조직이 먼저 나타나야 하는지의 여부를 결정하는 마키아벨리적 문제 속으로 진입하고 있으며, 로물루스라는 인물이 출현하는 것도 이 때문이다. 그러나 리쿠르고스가 정부와 군대를 동시에 유의했던 반면, 로물루스는 이 둘 중 어느 것을 생각하기 전에, 먼저 인접한 종족들에 무력을 행사하여 자신들의 제국을 확장하는 데 전념하였다. 이러한 선택이 군대를 조직하는 것과 반드시 동일하지는 않겠지만, 적어도 그러한 일에 도움이 되었을 것이라는 짐작은 할 수 있다. 하지만 잔노티가 정작 마음에 지니고 있었던 것은 사비니족 여인들의 강간에 대한 전설이었던 것으로 보인다. 이런 종류의 행위는 오직 지배욕에서 연유할 수밖에 없다는 것이 그의 생각인데, 당시 로물루스는 한 도시를 이룰 만큼 충분한 수의 남자들을 데리고 있었고, 어쨌든 그들에게 여인들을 구해줄 방법이 그것밖에 없었던 것은 아니기 때문이라는 것이다.[80] 조금 뒤로 가면 로물루스는 군대를 조직하기 전에 시민 조직에 눈을 돌렸다는 말이 나온다. 잔노티의 이러한 분석이 노리는 바는 자신을 마키아벨리로부터 격리시키려는 것이다. 로마는 처음부터 팽창을 위해 조직되었기 때문에 군사적 노선을 유지할 수밖에 없었고 이

80) *Opere*, II, 96-97.

로부터 평민 국가가 발전되었다는 것이 바로 마키아벨리의 견해였다. 이렇게 서두부터 로마식 모형을 거부하는 것은 — 이러한 주장은 뒤의 장들에서도 계속된다 — 베네치아적 개념들을 다시 도입하는 길을 여는 데 일조하기 위함이다. 그리고 그것은 부분적으로 시민군의 기능은 공격을 위한 것이 아니라 자기 보존을 위한 것이라는 함의를 담고 있기도 하다. 제국보다는 안정을 더 희구하는 베네치아는 아예 시민군을 없애버리는 데까지 가버렸다. 하지만 자신이 겪은 피렌체 대공성기의 경험을 가진 잔노티에게는 시민군의 기능이 방어적인 것이라는 점은 분명해 보였다. 레오나르도 브루니와 마키아벨리의 주장에 따르면, 로마는 스스로를 제외한 나머지 모든 세계의 공화주의적 비르투를 파괴해버렸고, 그 결과 자신의 비르투마저도 상실하게 되었다. 하지만 비공격적인 시민군이라면 시민들에게 과연 비르투가 무엇인지 가르쳐 주는 하나의 수단이 될 수도 있을 것이다. 1512년의 공화국이 아무런 투쟁도 해보지 않고 무너진 바로 그곳에서 사람들은 1527년~1530년의 공화국을 사수하려고 노력하였다. 이렇게 된 중요한 이유는 시민군이 공화국 초기가 아니라 후기에 비로소 성립되었다는 사실에 있다(마키아벨리의 시민군은 도시 주변부 농민〔contadini〕으로 구성되었고, 잔노티는 양자 간의 이론적 차이를 인식하고 있었다). 이상적인 피렌체는 로마와 같이 무장한 평민 국가여야 하겠지만, 동시에 베네치아처럼 안정과 평온을 유지할 수 있어야만 한다. 이로써 잔노티는 역동적이되 불안한 마키아벨리적 개념으로부터 결정적으로 멀어져 버렸다. 시민군은 그것의 정치화 측면에서 볼 때 단지 좋은 정부의 한 장치일 뿐이라는 것이다. 그는 이후 이러한 논점을 크게 부각시키고 있으며, 그리하여 1528년의 논지와 비교할 때 책의 나머지 부분에서는 대체로 사람들은 시민군에서의 경험을 통해 스스로의 덕을 계발하게 된다는 주장이 약화되고 있다는 것을 알 수 있다.[81]

잔노티가 피렌체를 위해 도안하고 있는 것은 순수 민주정이 아니라 혼합정체이기 때문에, 우리는 그 안에서 시민군—군사적 덕성이 곧 민주정의 특징이라는 점은 이미 여러 차례 언급된 바 있다—과 네 가지 통치 권력이 어떤 역할을 하는지 이해할 필요가 있다. 왜냐하면 그러한 요소들이 어느 정도의 위치를 차지하는가 하는 것이 바로 누가 도시의 주인(시뇨레)이 될 것인가를 결정할 뿐 아니라, 우리는 아직까지 혼합정체 내에서 그러한 직위가 과연 어떤 위치를 차지하는가에 대해 아는 바가 없기 때문이다. 잔노티는 혼합정체의 관념을 비판적으로 분석해 들어가기 시작한다. 이러한 관념이 의미하는 바는, 세 구성요소(일인, 소수, 다수, 혹은 대시민, 중시민, 하층 평민〔popolari〕)가 상호 동등한 권력을 행사한다는 것이 될 수도 있고, 또는 그중 어느 하나가 다른 둘보다 더 큰 권력(forze, potenza)을 행사한다는 것이 될 수도 있다. 각 경우의 목표는 균형상태를 만들어내는 것이다. 주의 깊게 생각해 볼 때, 앞의 경우에는 결함이 있을 수밖에 없다는 것을 알 수 있다. 정치적 요소들을 혼합한다는 것은 결코 자연적 요소들을 혼합하는 것과 같지 않기 때문이다. 자연적 요소들의 혼합체에서 각 구성요소(semplice)는 원래의 독특한 비르투(효능)를 잃게 되지만 대신에 새로운 스스로의 비르투를 획득하게 된다. 정치적 혼합체는 사람들, 즉 대시민, 중시민, 하층 평민으로 이루어지는데, 각각은 혼합된 이후에도 이전 그대로 남아 있다(모든 사람이 중시민으로 변하지 않는다는 가정 하에 그렇다는 것이다. 만일 그렇게 되면 혼합정체라고 말할 수 없게 된다). 각각은 자신의 독특한 특징을 계속 유지하고 있는데, 잔노티는 이제 그것을 우모레(기질) 혹은 (그가 그렇게 했을 수도 있는 것처럼) 판타지아(fantasia)라 부르지 않고 비르투라 부르고 있다. 이러한 비르투는 다양한 욕망과 그것을 추구하는 권력으로 구성되는데, 우리는 단지 어떤 정체를 만듦으로써 그것을 제도화하게 될 뿐이다. 그

81) *Opere*, II, 98-99.

러므로 "각 부분의 비르투—이를 권력이라 부르기로 하자—가 너무 뚜렷이 나타나지 않도록 완벽하게 상태를 제어하기는" 불가능하다. 만약 각 부분이 동등하다면 그들 간의 대립과 저항도 동등할 것이고, 그리하여 공화국은 반목으로 가득 차 결국에는 파멸에 이르고 말 것이다.[82] 정치적 유추법을 사용하자면, 잔노티는 유사 유기체적 모형에서 기계적 모형으로 바꾸는 방식으로 비르투란 용어를 분석하였다. 파스타 반죽을 휘젓는 귀차르디니식의 요리사는 이제 사라져 버렸다.

이어서 폴리비오스는 로마 공화국을 혼합정체의 모형으로 보는 오류를 범했다는 주장이 나온다. 잔노티는, 로마에 온 타국 사절들이 콘술을 접견할 때면 로마가 군주정 같다고 생각했고, 원로원과 논의할 때는 귀족정 같다고 생각했으며, 또한 평민들(populus)과 만날 때면 민주정 같이 생각했다고 언명한다. 그러나 이는 각각의 권력이 서로의 권력에 대하여 동등하며 상호 통제되지 않는다는 것을 말해준다. 만약 그렇다면, 공화국이 내부적 반목의 희생물이었다는 것은 별로 놀라운 일이 아니다. 만약 로마가 잘 질서 잡힌 공화국이었다면, 사절들은 자신들이 콘술과 얘기할 때 그가 원로원과 평민들에게 의존적이라는 것을 느꼈을 것이다. 마찬가지로 원로원과 얘기할 때는 그들이 콘술과 평민들에게, 평민들과 얘기할 때는 그들이 콘술과 원로원에 의존적임을 알게 되었을 것이다. 각각의 비르투는 다른 요소들의 비르투에 의해 제어되었을(temperata) 것이다. 브루투스와 그의 동료들이 왕을 쫓아냈을 때 유의했어야 했던 것도 바로 이러한 점이었다. 그들은 원로원에 우월한 권력을 부여하려 했던 것이라고 주장할 수도 있다. 하지만 설사 폴리비오스가 로마 공화국을 혼합정체의 모형으로 본 것이 사실의 측면에서 옳다고 가정해도, 세 통치 기관 사이의 권력상의 평등은 로마를 불안정과 분쟁의 장으로 변하게 만들었고, 결국은 이 때문

82) *Opere*, II, 99-100.

에 파멸로 치닫게 되었다는 것이다.[83)]

잔노티는 폴리비오스를 거부한 데 이어 로마라는 논제에 대한 마키아벨리의 견해도 거부하는 단계로 나아간다. 그는 이미 암묵적으로, 무장한 평민 국가는 팽창을 위해 조직된 국가여야 한다는 마키아벨리의 주장을 거부하고 있었다. 그리고 이제 로마 내의 분쟁이 결국에는 호민관 제도의 확립으로 이어지기 때문에(잔노티는 호민관 제도에 대해 거의 관심이 없다) 건강함의 징표라고 한 그의 주장까지도 거부하게 된다. 로마가 패러다임적 위치에서 멀어지면 질수록, 무장 평민 국가를 조직하기 위해 베네치아식 형태와 개념을 사용하겠다는 잔노티의 명백한 의도는 더욱 매력적인 것이 된다. 그러나 잔노티가 혼합정체의 개념을 급격하게 재편하고 있다는 것은 대단히 중요한 점인데, 이는 그것이 17, 8세기 잉글랜드와 아메리카의 헌정 사상을 상당한 정도로 예견하는 측면이 있기 때문이다. 이 대목에서 그는, 상호 동등하고 독립적인 세력들 사이에서라면 서로 밀고 당기는 힘 역시 동등할 것이고 또한 이러한 경합에 대한 해결책이란 있을 수 없기 때문에, 그들 간의 균형을 이루게 한다는 것은 불가능하다는 주장을 펴고 있다. 그러나 우리는 정치적 권위에는 실로 다양한 종류가 있고, 그것들을 다양하게 조합하여 분배할 수 있기 때문에, 세 요소를 상호 의존적으로 만드는 것이 가능하다는 것을 알고 있다. 또한 동등하지만 상호 의존적인 세 부분으로 구성된 체계를 세우는 것도 이론적으로는 가능해 보인다. 잔노티는 이러한 가능성을 검토하지 않고 있다. 상호 의존성은 불평등을 요구하며, 그리하여 한 부분이 다른 두 부분에 대해 우세를 점하게 된다는(la repubblica deve inclinare in una parte) 것이 그의 가정이다. 그렇게 되는 한 주요 이유는 갈등을 반드시 제도화해야 한다는 데 있는 것으로 보인다. 권력자들 사이에는 언제나 경쟁이 있기 마련이며,

83) *Opere*, II, 101-103.

만약 모두가 이론적으로 동등하다면, 패자는 자신이 잃은 것 때문에 승자를 비난할 것이고 공익보다는 피비린내 나는 투쟁을 계속하려 할 것이다. 반면 만약 패자의 열등성이 공화국의 구조 안에 반영되면, 그것은 어느 땐가부터 적법한 것으로 받아들여지게 될 것이다. 잔노티는 자신이 의도하는 바가, 우세한 부분이 다른 부분들을 배제시킨 제국(imperio)을 향유한다는 것이 아니라, 단지 그 부분이 다른 부분에 의존하는 정도보다 다른 부분이 그 부분에 의존하는 정도가 더 높다는 것일 뿐이라는 점을 강조한다. 하지만 그는, 네 가지의 통치 권력이 주인(signore, padrone)에 귀속되어야 한다는 자신의 이 모든 이론에 부합되는 것이 과연 어떤 것인지, 사실상 그러한 용어들이 지금 공화국이 기대고 있는(la repubblica inclinare) 그러한 부분에 적용될 수 있는지 없는지, 이러한 사항들에 대해 아직까지도 명확하게 대답하지 않는다.[84]

다음 단계는 우세한 부분이란 것이 과연 대시민이어야 하는가 혹은 평민이어야 하는가를 숙고하는 것이다(소수와 다수가 의존하는 일인이 바로 우세한 부분일 가능성이 있다는 것이 당시의 가능성이었으나, 그는 이에 대해서는 생각하지 않고 있다. 하지만 이러한 정체가 공화국 이전의 로마에서 안정된 정부를 가능케 했다는 점은 인정하고 있다). 잔노티는 마키아벨리가 그랬던 것처럼 평민이 해결책이라는 주장을 장황하게 하고 있지만, 이 모든 것들을 다 살펴볼 필요는 없다. 로마의 제도에 대한 비판을 재개하면서도, 의미심장한 긴장 관계를 노정시키는 방식을 택하고 있다. 만약 평민 스스로가 어떤 특정 한 개인에 의해 탄압받고 있다고 느낀다면, 그들은 그의 집으로 몰려가서 불을 질러 복수할 것이다(적어도 피렌체에서는 그렇게 했다). 반면에 자신들이 입은 손해가 공적 권위를 제대로 분배하지 않아 발생한 결과라고 느낀다면, 그들은

84) *Opere*, II, 103.

자신들에게 더 큰 정의와 더 많은 권력을 보장해줄 법적·제도적 개혁을 위해 목소리를 높일 것이다. 그리고 이는 로마에서 왜 그라쿠스 형제의 시대에 이르기까지 신분간의 투쟁이 비교적 격화되지 않았는지, 그리고 왜 그러한 투쟁이 평민들에게 점점 더 많은 권력을 가져다주었는지를 설명해 준다.[85] 이러한 점은 분명히 로마의 내부 분쟁이 오히려 유익한 결과를 가져왔다는 마키아벨리의 주장에서 빌려온 바가 큰데, 이런 용도가 없었더라면 잔노티가 이를 받아들였을 리 만무하다. 다른 대목을 보면, 타르퀴니우스 왕가가 축출되었을 때, 만약 평민이 원로원에 의존하게 되지 않고 거꾸로 원로원이 평민에 의존하게 되었더라면, 평민들은 피해를 입지 않았을 것이고 원로원은 평민보다 힘이 더 약화되었을 것이다. 결과적으로 로마는 좀더 평온한 상태가 되어, 결국 스스로를 파멸로 몰아갔던 불화와 반목으로부터 해방되었을 것이다. 공화국은 영원불멸했을 것이고 제국은 최고의 안정(stabilissimo)을 누리게 되었을 것이다.[86] 로마는 마키아벨리에게는 평민 국가였으나, 귀차르디니와 잔노티에게는 차라리 불안정한 귀족 국가에 가까웠다. 그는 이에 덧붙여서, 어떤 사람들은 — 이는 마키아벨리를 가리키는 것이 분명하다 — 이러한 내부적 불화가 없었다면 로마가 결코 팽창할 수 없었을 것(crescesse)이라고 주장하지만, 그것은 로마가 이미 조직화되었을 때에만 유효한 말일 뿐이며, 만약 조직이 평민을 기반으로 했더라면 그러한 불화 없이 훨씬 더 효율적으로 팽창했을 것이라는 주장도 가능하다는 견해를 표명하고 있다.[87] 그러나 잔노티는 이미, 제국의 팽창이 반드시 무장 평민 국가의 필수적인 지표가 아니라는 점을 지적한 바 있다. 여기서 우리는 그가 마키아벨리의 그늘을 벗어나려 하지만 상당한 어려움을 겪고 있다는 느낌을 받게 되는데, 이는 잔

85) *Opere*, II, 107-108.
86) *Opere*, II, 114-115.
87) *Opere*, II, 115-116.

노티가 그와 유사하기도 하고 동시에 그렇지 않기도 한 입장을 확립하려는 데서 연유한다. 즉 그의 목표는 로마 없는 무장 평민 국가이자 동시에 귀족정 혹은 용병대 없는 베네치아였던 것이다.

잔노티에게는 평민의 우위를 위해 아리스토텔레스적이자 마키아벨리적인 주장들을 전개하는 편이 더 즐거운 일이었다. 이러한 주장들이란 일반적으로[88] 다음과 같은 것이다. 소수는 명령하기를 원하고, 이는 쉽사리 공익을 좀먹을 수 있는 충동이다. 반면 다수는 자유의 보존—즉 모두가 법 아래서 스스로의 것을 향유하는 상황—을 희구하는데, 이는 공익 그 자체에 가깝다. 나아가서 소수는 명령하고 다수는 복종—즉 소수가 아니라 법 앞에 복종한다는 뜻이다—하며, 그래서 언제나 명령만을 내리고자 하는 쪽이 법 앞에서 자신의 의지를 굽히는 것보다 어떻게 법 앞에서 복종해야 하는지를 아는 쪽이 명령을 어떻게 내리는지 배우는 편이 더 쉽다. 대단히 다양한 종류의 법에 복종하는 습관은 다수에게 어떤 분별 같은 것을 부여해주지만, 소수는 감정적으로 제약을 덜 받기 때문에 이를 결여하고 있는 경우가 종종 있다. 분별은 일종의 정보로 간주될 수 있는데, 그 원천인 실제적 경험과 책을 통한 지식은 대시민뿐만 아니라 하층 평민도 가질 수 있는 것들이었다.[89] 그리고 후자가 전자보다 수적으로 많기 때문에, "그들이야말로 더 큰 분별의 집합체를 이룰 가능성이 많다고 말할 수 있다."[90]

잔노티는 분별에 대한 민주주의적 이론을 제시하고 있다. 그것은 명예를 추구하면서 스스로 공직에 몸을 맡긴 엘리트에게 주는 보상이 아니라, 법에 복종하고 자신들의 경험을 함께 모으고, 타인에게 위해를 가하기보다는 오히려 그것을 감수하고, 특정의 적에 대해 귀족식 복수를 추구하기보다는 집단적으로 공적 해결책을 모색하는 사람들에 대한

88) *Opere*, II, 104-116.
89) *Opere*, II, 110.
90) *Opere*, II, 111.

보상이다. 다수가 자유에 관심을 보인다는 것은 곧 야심에 찬 소수보다는 그들이 더 정치화되어 있고, 공적 권위를 정당한 것으로 더 쉽게 받아들인다는 것을 의미한다. 잔노티는 마지막 대목에서, 하층 평민이나 중시민이 많은 도시의 경우, 그들을 대시민의 권위에 종속시키려면 아마 폭력(violenza)이 필요할 것이라는, 가장 강력한 주장을 펼치고 있다.[91]

3권의 나머지 부분은 이상(理想) 정체에 대한 해부에 할애되고 있다. 우리는 이것이 바로 일종의 혼합정체로서, 세부적인 많은 면을 베네치아에게서 빌려오고 다양한 권력들을 조합함으로써 위대함, 명예, 자유 등을 희구하는 사람들의 열망들을 만족시킬 수 있는, 그런 유의 것이라는 사실을 알고 있다. 각 집단의 권력은 상호 의존적이 되어야겠지만, 적어도 어느 한 부분이 다른 두 부분에 의존하는 정도보다 다른 두 부분이 어느 한 부분에 의존하는 정도가 더 크다는 의미에서 다른 두 부분보다 우세한 한 부분—자유를 목표로 하는 사람들, 즉 평민의 권력—이 반드시 있어야만 한다. 하지만 동시에 통치의 활력 혹은 중추를 이루면서 주인이 되는 어떤 개인이나 집단에 귀속되는 네 가지의 권력 혹은 기능에 대한 언급도 나온다. 현대의 독자들에게는 이 시뇨레(주인)란 것이 거의 군주를 지칭하는 것처럼 들리는데, 이 군주라는 존재는 혼합정체를 구성하는 권력들을 균형 있게 분배하는 체제에는—어느 한 쪽에 더 무게를 주는 잔노티식 체제에서조차도—전혀 어울리지 않는 것처럼 보인다. 결국 우리는 이러한 개념들을 상호 연관시키는 문제에 봉착한 셈인데, 아마 잔노티 자신도 마찬가지였을 것이다.

잔노티는 공화국은 세 가지 주요 부분으로 구성되어야 한다고 천명하면서 서두를 뗀다. 하지만, 베네치아에서와 같이, 장관 회의(colle-

---

91) *Opere*, II, 116.

gio) 라고 불리는 네 번째 부분을 원로원과 곤팔로니에레(또는 군주) 사이에 배치시켜 그들을 오직 일인만이 행사할 수 있는 최고의 권위에 최대한 가까이 갈 수 있도록 함으로써, 위대함을 추구하는 사람들의 열망들을 충족케 하도록 해야 한다.[92] 장관 회의의 구성원은 단순한 자문역이 아니라 실제로 장관직에 있는 사람들이어야 하는데, 그들에게는 전쟁(10인위원회), 사법(프로쿠라토리) 등등과 관련한 특수한 기능이 주어져야 한다. 또한 그들은 야심에서뿐 아니라 지적 능력에서도 탁월해야 한다는 전제가 있다. 하지만 이것만으로는 충분치 않다. 그들 각각은 경험도 풍부해야 하고, 나아가서는 창의성과 적극성에다 정책 발의의 능력도 갖추어야 한다. 만약 이러한 척도의 한쪽 끝에서는 일인과 소수, 위대함과 명예가 서로 겹쳐 있어야 한다면, 다른 쪽 끝에서는 대평의회가 — 비록 그것의 기능이 자유를 보존하고 그리하여 더 이상 높은 관직을 바라보지 못하는 하층 평민을 대표하는 것이기는 하지만 — 모든 시민에게 열려 있어야만 한다. 그들이 대시민(그란디)이든 중시민(메디오크리)이든 혹은 하층 평민(포폴라리)이든, 그들이 추구하는 것이 위대함이든 명예든 혹은 자유든, 아무 상관이 없다. 사실 대평의회는 동등자로서 그리고 수를 기준으로 측정되는 시민 부류로 구성되어야 한다. 잔노티는 계속해서 플레베이(plebei 하층 이방인)의 범주에 속하는 사람들이 왜 대평의회에 참석할 수 없는가에 대해 설명하고 있다. 그들은 도시의 구성원이 아닌 데다 하는 일이 저급하고 도시가 아닌 다른 곳에 가정을 두고 있는 이방인이기 때문이라는 것이다(여기서 그가 염두에 두고 있는 것은 주변 농촌 마을에서 온 농민들일 가능성이 있다). 그러나 그는 세금은 내지만 장관직 출마 자격은 없는 사람들의 경우 반드시 대평의회의 구성원이 되도록 해야 한다는 것을 꽤 긴 지면을 할애해서 주장하고 있다.[93] 그가 이러한 논베네피차

92) *Opere*, II, 117.

93) *Opere*, II, 118.

티(non-beneficiati 無産者)를 시민으로 받아들여야 한다고 확신하게 된 것은 아마도 1528년~1530년의 시민군 경험 때문이 아닌가 생각되는데, 이렇게 볼 때 그가 자신이 지금 전개하고 있는 주장들을 도시가 무장 상태에 있을 때뿐만 아니라 그렇지 않을 때에도 적용시켜야 한다고 역설하고 있는 것은 흥미로운 사실이며, 혹시 그의 사상이 바뀌고 있는 것을 시사해주는 것은 아닐까 생각할 수도 있다. 만약 무산자들에게 — 그는 이제 이들을 다시 하층 평민(popolari)이라 부르고 있다 — 관직(onori)(대평의회의 구성원도 분명히 관직의 일종이다)을 허용치 않는다면, 그들은 결코 공화국을 사랑하지도 않을 것이고 자발적으로 국가에 봉사하거나 유사시에 그것을 방어하려고도 하지 않을 것이다. 또한 그들은 특정한 사람을 지도자로 모시려 할 가능성이 많다. 이런 위험성은 무장이 필요한 때에 더 고조된다. 아리스토텔레스라면 베네치아와 피렌체가 이들을 시민으로 받지 않은 데 대해 비판했을 것이 분명하다.[94] 잔노티는 이들에게 대평의회 구성원 자격만이 아니라 모든 형태의 장관직과 여타 관직을 허용해야 한다는 점을 분명히 인식하고 있었다. 그는 물론 세상일이 그렇듯이 이러한 조치가 현실적으로 가능하지 않을 것이라는 점 역시 알고 있었다. 그에 따르면, 프랑스의 평민들이 그래온 것처럼 억눌리고 열악한 처지에 놓이지만 않는다면, 찬양과 영광에 대한 야심을 품지 않을 사람은 없다. 도시를 무장시켜 보면 아마 이러한 진실이 표면화될 것이다.[95] 이 단계에 오면, 한때 포폴라리(하층 평민)라 불리면서 오직 자유만을 원하는 부류의 사람들은 어디론가 사라져 버렸다는 느낌을 받게 될 수도 있다. 하지만 그보다는 평민 부류가 개방적인 성격으로 바뀌었다고 말하는 편이 더 진실에 가까울 것이다. 즉 그것은 이제 누구나 속할 가능성이 있는, 그리고 어느 정도까지는 그것이 현실이 된 범주인 것이다. 하지만 이러한

94) *Opere*, II, 119-120.

95) *Opere*, II, 120-121.

것이, 비르투를 둘러싸고 끊임없는 경쟁이 일어나서 이로부터 통치 엘리트가 출현하고 그 경쟁에 모든 시민이 참여하는 방식과 결코 양립 불가능하지는 않다. 귀차르디니 못지않게 잔노티도 고위 관직을 재산이나 출생에 따라 부여하는 데 적대적이었다.

그는 이제, 대평의회가 도시의 주인이 되어야 하며, 그래서 "공화국 최고의 기능"을 행사하고 "국가의 모든 권력을 장악"해야 한다는 것을 명확히 선언하고 있다.96) 우리는 어떻게 그러한 권력의 독점이 상호 의존적 구조에서 단지 의존성을 감소시키는 것만으로 이룩될 수 있는지 스스로에게 반문하게 된다. 기억을 되살려 보면, 문제의 기능 혹은 권력이라는 것은 다름 아닌 장관 선출, 전쟁과 평화의 결정, 공소 청취, 새로운 법안에 대한 동의와 공포 등이다. 잔노티는 대평의회가 원로원에서부터 장관 회의를 거쳐 곤팔로니에레에 이르기까지 모든 장관직을 선출하게 되는 약간 변형된 베네치아 방식에 대해 설명할 수 있다. 곤팔로니에레는 종신제가 되어야 하겠지만, 원로원은 — 여기서 그는 숙고 후 《카포니에게 보내는 편지》에서 스스로가 제시한 견해와는 반대되는 결정을 내린다 — 매년 선출을 다시 해야 하고 대신 연임 불가 규정은 없다는 것이다. 이로써 안정된 상태의 엘리트 공급이 확보되는 반면, 누구나 자신의 자리를 잃을 수도 있다.97) 그러나,

> 전쟁과 평화는 원로원에서 최종 결정하도록 해야 한다. … 그러한 권한이 대평의회로 넘어올 수는 없겠지만, 그럼에도 불구하고 그것을 결정하는 원로원 의원이 대평의회에서 선출되기 때문에 그것은 이 기관에 의존하게 될 것이다. 새로운 전쟁이 처음으로 발의될 때는 로마의 경우처럼 그에 대한 결정을 대평의회에 맡기는 편이 좋을 수도 있다. 로마인들은 이러저러한 군주 혹은 공화국에 대해 전쟁을

96) *Opere*, II, 122.

97) *Opere*, II, 129-130.

> 하는 것이 평민들의 의지와 명령에 의한 것인지 아닌지를 그들에게 묻는 관습이 있었던 것이다. 하지만 이후의 모든 사안에 대한 결정(accidenti)은 원로원에서 이루어져야 한다.[98]

이와 마찬가지로 공소 청취의 권력 역시 특별 장관 회의에서 마무리되어야 하는데, 이는 베네치아의 경우를 모방한 것으로 40인회(Quarantie)라 불린다. 잔노티는 계속해서 이렇게 말하고 있다. 이러한 권력을 당연히 스스로의 소유물로 삼고 있는 국가 혹은 도시의 주인이 그것을 직접 행사하기에는 시간이 너무 많이 들기 때문에(잔노티가 전쟁에 대한 결정권을 대평의회로부터 거두어들인 것 역시 시간 문제 때문이 아닌가 추측해 볼 수 있다), 베네치아의 주인인 대평의회는 40인회를 세웠고, 프랑스 왕은 자신의 사법권을 네 개의 고등법원(parlements)에 위임했다는 것이다.[99] 그렇다면 장관 선출권이야말로 군사권만큼이나 대평의회에 대한 사법권의 의존성(dependenza)을 보장하는 것이라는 주장도 가능해진다. 여기에 난점이 있다면, 그것은 잔노티가 일찍이, 도시가 장관 선출에 관해서는 자유로워지겠지만 — 즉 대평의회가 최고권을 가진다는 뜻 — 그러한 장관들이 자신들의 권력을 행사하는 방식에 관해서는 자유롭지 않을 수도 있으며, 또한 군사적·사법적 문제들과 관련해서 1494년과 1527년의 공화국을 폭력적이고 자유롭지 못한 정부로 만든 장본인도 다름 아닌 바로 이것이라는 점을 지나치게 역설한 바 있었다는 사실이다. 입법에 대한 최종적 동의권을 대평의회의 권력 안에 온존시키는 것만으로는 — 그것을 계속 유지하려는 잔노티의 계획처럼 — 충분치 못하다. 왜냐하면 사람들은 입법을 군사적·사법적 기능의 통제라는 측면에서 생각지 않았기 때문이다.

전(前) 장관들이 무책임했다는 것은 그들이 대평의회의 통제에서 벗

98) *Opere*, II, 123.
99) *Opere*, II, 157.

어나 있었다는 것뿐만 아니라 동일한 인물들이 정책을 발의하고 결의하며 집행까지 했다는 사실에 있다고 본 잔노티 자신의 견해에 의거해 볼 때, 그가 실패라고 보았던 일이 사실은 그렇지 않았다고도 말할 수 있다.[100] 그들을 이기주의적이고 폐쇄적인 분파로 만드는 데는 이것 하나만으로도 충분하였다. 그는 이제, 자문과 심의를 분리하여 기능적 측면에서 사람들을 서로 책임지게 만들자는 앞서의 제안을 다시 제기하고 있다. 그는 원로원과 콜레조(장관 회의)를 구성하는 여러 위원회 간의 관계를 상술함으로써 이를 달성하였고, 그리하여 (《카포니에게 보내는 편지》에서와 같이) "소수"란 용어를 콘술타치오네(자문)의 권력을 행사하는 정치체, 즉 10인위원회를 가리키는 것으로, "다수"를 그쪽에서 넘어온 제안들을 결의하는 원로원을 지칭하는 것으로 사용할 수 있게 된다.[101] 하지만 군사적 · 사법적 문제들이 대평의회에 미치지 않는 한 "다수"란 용어는 그것의 통상적인 의미를 수반할 수 없으며, 장관직 선출이 네 가지 권력 중 단지 하나일 뿐이고 다른 세 권력보다 더 우선적인 동시에 그것들과는 분리된 결정 요소로서 생각되지 않는 한, 그러한 대평의회는 결코 주인으로서 네 권력 모두를 행사할 수 있는 자격이 없다. 그러나 현재 우리가 가지고 있는 시뇨레(주인)에 대한 정의는 그런 정도에 불과하다. 물론 다음과 같이 — 사실 이편이 훨씬 더 그럴 듯하다 — 주장할 수도 있다. 만약 대평의회가 원로원, 장관회의, 곤팔로니에레를 선출한다면, 이는 그것의 직접적인 권위 하에 있지 않은 네 권력 중 두 권력에 대해 간접적인 통제력을 행사하는 셈이 된다. 따라서 대평의회는 자신에 대한 일인과 소수의 의존도보다 그들에 대해 훨씬 덜 의존적이 된다. 그러나 내내 문제가 되

100) 1502년, 1512년, 1527년에 이루어진 타협들을 잔노티가 비판한 것으로는 pp. 140-141을 볼 것.

101) 이에 대해서는 개괄적으로는 pp. 139-147을 볼 것. 좀더 직접적인 논의는 특히 pp. 144-145에서 볼 수 있다.

는 것은 약한 의존성이란 개념과 주인이란 개념간의 관계인데, 양자는 도저히 서로 조화롭다고 할 수 있는 관계가 아니며 상호 식별도 제대로 되지 않는다. 만약 우리가 잔노티의 주인 및 그것의 네 가지 권력에 대한 이론을 주권 이론을 향한 초보적 시도로 받아들인다면, 혼합정체의 콘텍스트에서 주권에 대해 얘기하거나 혹은 주권의 콘텍스트에서 혼합정체에 대해 얘기할 경우에 야기되는 언어적 혼란들은 아마도 아메리카 혁명과 그 이후에 대한 정치 담론을 뒤죽박죽으로 만들어 놓을 것이다.

잔노티의 마음은 독립적이고 힘차며 독창적이었으나, 마키아벨리에게서 볼 수 있는 천재의 예측 불가능한 창조성을 결여하고 있었다. 그리고 이런 이유로 이런저런 세부 사항에서 휴머니스트 정치사상의 편향과 한계를 노정하고 있는 것으로 받아들여질 수도 있다. 그의 주요 독창성은 혼합정체상의 비르투는 일종의 권력이라는 것을 인식하고, 결과적으로 네 가지 통치 기능—그 귀속에 따라 주인이 결정되는—을 정의하고자 시도한 데 있다. 그러나 그는 이러한 기능들을 집중시키지 못했고, 대신에 그것들을 분배할 수밖에 없었다. 그 궁극적인 이유는 휴머니스트 정치사상의 관심이 인격의 속성으로서의 시민적 덕성에 대한 이상에 과도하게 집중되어 있었고, 그리하여 결국에는 언제나 제도화된 권위의 확립으로부터 자유라 지칭되는 조건, 즉 덕을 해방시키고 부패로부터 도피하는 상태의 확립으로 방향을 바꾸어 버린다는 데 있었다. 잔노티의 《피렌체 공화국》에 대한 우리의 분석은, 마키아벨리의 《리비우스 논고》의 경우와 같이, 그것이 부패 이론에 독특한 기여를 했다고 평가하는 것으로 끝을 맺어야 할 것 같다. 잔노티는 1529년~1530년의 사보나롤라파 정권 하에서 산 마르코의 형제들*이 정치에 개입한 방식, 야심으로 가득 찬 정치꾼들이 시민들에 대한 권

---

* 사보나롤라파를 가리킨다.

위를 증대시키는 수단으로 그들과의 연대를 과시한 방식을 비난하였다. 그에 따르면, 이는 로마에서 선거인들에게 노골적으로 뇌물을 준 것보다 조금도 덜하지 않는 부패 행위였고—말하자면 그것은 원래의 목적과는 달리 돈으로 권위를 사려는 시도였다—사실은 그보다 더 나쁜 것이, 적어도 뇌물은 그것이 나쁘다는 것이 인정되기라도 하지만, 위선을 공격하게 되면, 예수 그리스도의 적으로 취급되기 때문이다.[102] 휴머니스트 정치사상은 이러한 종류의 분석에서는 탁월했고, 권력에 대한 고려를 그것에 종속시켰다. 권위의 소재보다는 자유, 덕, 부패가 그것의 주요 관심사였던 것이다.

마키아벨리가 이에 예외적인 경우였는지는 그리 확실치가 않다. 이제 피렌체 정치사상의 마지막 단계에 대한 연구를 끝마치는 시점에서, 그것이 우리에게 남긴 가장 생생한 인상은 기본적으로 아리스토텔레스적 공화주의가 지속되고 있다는 점일 것이 틀림없을 텐데, 마키아벨리는 그의 친구들(그들은 각각 서로의 적이었다)이 보기에 이로부터 아주 멀리 떨어져 있었다. 확실히 우리는 인간본성이 목적론적으로 결정된다는 중세적 개념에서 완전히 멀어진 것으로 보이는 그의 사상적 영역을 발견할 수 있다. 물론 이와 마찬가지로, 그가 인간은 시민이 되도록 형상화되어 있으며, 그들의 본성을 그런 방향으로 재형상화하는 과정은 부패할 수도 있지만 그렇다고 역전될 수는 없으므로 설사 군주라도 그들을 결코 다른 어떤 존재로 만들 수 없다는 관념을 이용하고 있는 것처럼 보이는—비록 그러한 관념으로부터 형식적 추론을 하고 있지는 않지만—계기들 역시 존재한다. 그러나 그의 사상에 담긴 혁명적 측면들—인간의 자연성은 최소화되고 역동성은 최대화된 것으로 보이는 부분—이 친구들의 주의를 끌지 못했다는 것은 나름대로의 의미가 있다. 귀차르디니의 시민권 개념은 그것의 현실주의 내부에 아리

102) *Opere*, II, 194-199. 특히 p. 196을 볼 것.

스토텔레스적 언어와 가정들을 지닌 채 그냥 비르투의 개념으로 남아 있다. 잔노티는 인간본성이란 곧 시민의 본성이라는 원리를 명시하고 있는데, 이는 명백히 아리스토텔레스적이지만 사보나롤라적 입장까지는 나아가지 않고 있다. 공화주의 전통의 물줄기가 흘러가게 될 통로는 다름 아닌 아리스토텔레스적·시민적 휴머니스트의 수로였으며, 해링턴이나 존 애덤스 같은 이론가들이 언급했던 역사적 인물로서의 마키아벨리는 그러한 수로 속을 유유히 헤엄치게 된다. 피렌체인들이 속한 전통이 자유와 부패에 대한 기본적으로 도덕주의적인 관심을 견지하게 되는 것은 그들의 강인성 때문이었다. 그것은 그러한 관심을 방해하기보다는 오히려 북돋워 주었던 것이다. 그것은 계속해서 인간이 자유롭게 행동적 덕성을 발휘할 수 있도록 해주는 조건들의 확립이 곧 정치라는 전통을 이어 나갔다.

잔노티는 또한 우리에게 분석적·설명적 체계로서의 아리스토텔레스적 정치 과학이 그것의 기본 관념들에 대한 변형으로서 등장한 이런저런 이론들을 빨아들이는 고도의 역량을 갖고 있음을 보여준다. 폴리비오스적 정체 순환론, 마키아벨리의 시민군 이론, 베네치아식 모형(신화라는 말보다는 이 말이 더 낫다) 등, 그는 이 모든 것을 암시하고 탐색하며, 종국적으로 그러한 것들을 그대로 따르기보다는 이용하고 있다. 그러한 이론과 모형들은 도시의 구성요소를 범주화하고 그들 간의 상호작용이 어떻게 정체의 안정이나 불안정, 혹은 그것의 변화로 이어지는가를 보여주는, 기본적으로 아리스토텔레스적인 방법의 틀 내에서 사용되고 있다. 존 애덤스가 여전히 집착했던 고전적 공화주의는 기본적으로 아리스토텔레스의 《정치학》에서 설명되고 있는 정치 과학의 내용을 르네상스적 입장에서 다시 풀어 쓴 것이었고, 그것은 17, 8세기의 사회 현상을 다루는 데서 고도의 역량을 발휘하였다. 그러나 잔노티의 입장에서 볼 때, 고전적 공화주의가 지닌 커다란 중요성은 각 도시의 개별적인 특징과 그곳에서 일어나는 특수한 사건들을 인과적으로 설명할 수 있다는 것이었다. 잔노티의 《피렌체 공화국》은 결국 베네치아식 선거 절차와 그 저변의 원리들이 어떻게 하면 피렌체처럼 매우 상이한 조건을 가진 곳에 상이한 형태의 정부를 세우는 데 활용될 수 있을 것인가를 보여주려는 시도이며, 그 일부는 성공하였다. 우리는 지금까지, 그가 인과 관계와 정치적 구성에 대한 아리스토텔레스적 범주를 사용하여 어떻게 피렌체의 상황에 대한 역사적 설명과 예측들을 할 수 있었는가를 지켜보았다. 그러한 설명과 예측들은 잘못된 길로 흐를 수도 있었지만, 그럼에도 불구하고 특수한 사건들을 둘러싼 수많은 모호한 관념들을 명료하게 해주는 데 기여하였다. 그는 피렌체가 어떻게 해서 작금의 상황에 처하게 되었는지, 또는 장래에는 어떻게 될 것인지를 설명하고자 할 때, 사보나롤라나 마키아벨리에 비해 관습, 섭리, 혹은 포르투나와 같은 개념들에 덜 의존하고 있다. 그는 사보나롤라나 1529년~1530년의 그의 후임자들과는 달리 결코 기적을 바라지 않는다. 그는 그들의 신념으로써 할 수 있는 일은 무엇이며 할 수 없는 일은 무엇인지를 알고 있었다. 반면에 그는 포르투나와 대면하여 창조적 행위를 수행한다는 것, 혹은 성공을 위해 필요한 거의 기적에 가까운 자질들을 갖춘다는 것이 얼마나 어려운 것인가에 대해 마키아벨리가 느꼈던 만큼 날카로운 감각을 가지고 있지는 않다. 이러한 측면은 의심의 여지없이 그가 자신의 조직 원리의 원천으로서 역동적인 로마보다는 합리적인 베네치아를 골랐다는 것과 깊은 관련이 있다.[103] 그의 이론은 아주 정연하며, 그는 이를 실제로 적용하는 데 상당한 자신감을 비치고 있다.

귀차르디니가 만약 《피렌체 공화국》을 읽었더라면, 그 저자는 결코 자신의 이론을 현실화하려 해서는 안 된다고 신랄하게 비판했을 것이다. 우리가 1530년대 초의 정권이 왜 지속되기 힘든가에 대한 잔노티

103) 하지만 *Opere*, II, 255-256도 참조할 것. 여기서 잔노티는 거의 사보나롤라적이자 동시에 마키아벨리적인 사고 양식에 가까이 가고 있다.

의 설명을 읽으면서, 이처럼 총명한 인물이 자신이 틀렸다는 것이 하나하나 판명되는 것을 지켜보면서 40여 년간을 보내야 했다는 사실을 생각하면 정말 슬픈 일이 아닐 수 없다(귀차르디니 역시 동일한 정권에 대해 자기만의 방식으로 똑같이 잘못된 판단을 했다). 그러나 본 연구에서 우리는, 어떤 관념이 무엇을 예측할 수 있는가 하는 것보다는 그것이 과연 한 문명의 패러다임을 이룰 만한 어휘들을 확대할 수 있는가 하는 것에 더 관심이 있다. 이러한 의미에서 성공하지 못한 예언이라도 다시 가져다 쓸 수가 있다. 잔노티는 아리스토텔레스적 정치 분석이 매우 정교하고 설득력이 있기 때문에, 이를 활용하면 사건이 시간 속에서 일어나는 방식에 대해 무언가를 이해할 수 있을 것이라는 자신을 얻었고, 이 때문에 그의 사상은 사보나롤라식의 종말론적 기대나 마키아벨리식의 혁신(innovazione)과 기회(occasione)에 초점을 맞추고 있지 않다. 시간은 전면에 나와 있지 않다. 잔노티의 《피렌체 공화국》은, 마키아벨리의 《군주론》이나 귀차르디니의 《피렌체 정부에 대한 대화》처럼, 우리가 이제는 현실화 문제에 대한 거의 상례적인 것으로 간주할 만한 내용[104]으로 결말이 맺어지고 있다. 마키아벨리나 귀차르디니와 마찬가지로, 잔노티 역시 공화국이 과연 언제 그리고 누구에 의해 안전하게 창건될 수 있는 것인지를 검토하고 있다. 하지만 그의 사상은 언제나 피렌체의 현실 상황을 향하고 있으며, 그가 폭정의 시대에 망명객으로서 글을 쓰고 있다는 사실은 자신도 인정하고 있듯이 그에게 별로 말할 거리를 남겨주지 못하고 있다. 오직 해방자(제노바의 안드레아 도리아 같은) 만이 피렌체의 입법자가 될 수 있으며, 해방자에 대해서 우리는 단지 그가 올 것인지 오지 않을 것인지를 말할 수 있을 뿐이다. 다른 사람들—아마 마키아벨리도 포함될 것이다—이 이미 주술과 음모의 이론에 대해 잘 써놓았기 때문에, 정권 전복의

---

104) 3권 8장(마지막 장)을 볼 것; *Opere*, II, 258-269.

기회에 대해 배울 수 있는 것은 모두 배웠다. 우리의 역할은 이제 그것을 확립하는 이론을 연구하는 것이다. 왜냐하면 해방자가 올 때 무엇을 해야 할지 우리가 알지 못했다고 포르투나가 우리에게 불평하기보다는 그녀가 언제 해방자를 보내 준 적이 있느냐고 우리가 그녀에게 불평하는 편이 더 낫기 때문이다.[105] 잔노티는 이 같은 말로 자신의 책을 끝맺으면서 망명 이론가의 역할을 담담하게 받아들이고 있으며, 이는 시간과 포르투나에 대한 그의 현실주의적 태도를 다시 한 번 보여주고 있다. 그는 행동이 얼마나 어려운 것인지를 잘 알지 못할 만큼 순진하지도 않으며, 어떤 기적적인 해결책만 있으면 그러한 어려움이 해소될 것이라고 생각지도 않는다(마키아벨리는 이제까지 전자 때문에 비난받아 왔지만, 사실은 후자의 입장에 더 가깝다). 그가 포르투나의 우위를 인정한다고 했을 때, 그것은 단지 우리의 통제를 벗어나는 일은 항상 있게 마련이라는 의미일 뿐이다.

만약 이러한 것이 대체로 잔노티가 왜 로마보다는 베네치아를 더 선호하는지, 그리고 왜 마키아벨리의 역동적 비르투 개념을 채택하지 않는지를 설명하는 이유라면, 그것은 또한 그가 왜 베네치아를 기적이나 신화로 표현하지 않는지를 설명해주는 이유이기도 한다. 시간의 문제는 그에게 오직 베네치아의 기적만이 해결할 수 있는 그러한 것이 아니었다. 그에게 입법의 목적 — 그리고 피렌체에 대한 그 자신의 계획이 지향하는 목적 — 은 지속 가능한 정체를 세우는 것이었고, 그래서 그는 베네치아가 거의 영속적인 안정을 달성하는 데 성공했다는 점을 칭송해 마지않았다. 그러나 베네치아의 신화를 구성하는 요소들은, 오직 기적적인 지혜만이 그러한 안정을 성취하게 할 수 있을 것이라는 믿음과 베네치아는 다수가 이룩한 기술과 고안품들을 가지고 그러한 기적을 이루었다는 믿음 같은 것들이었다. 잔노티는 전자의 입장을 채

105) *Opere*, II, 269.

택하지 않았기 때문에, 지속성의 문제에 대한 기적적 해결책으로 폴리비오스적 균형이든 베네치아 선거 장치의 비밀이든 그 어느 것도 제시하지 않았다. 그는 베네치아의 성공이 수많은 원인들로 인한 것이라 보지 않을 수 없었는데, 이는 단지 그가 베네치아식 패러다임을 매우 상이한 조건 하에 있었던 피렌체에서 동일한 성공을 달성해야 하는 문제에 적용하고 있었다는 상황 때문이었다. 주로 아리스토텔레스에서 빌려온 그의 어휘들은 그에게 조건과 원인을 세분화하는 수많은 방법들을 제공해주었기 때문에, 그는 문제를 종말론적으로 볼 수 없었고, 아울러 그것에 대한 해결책 역시 기적적이거나 단순한 것으로 보지 않았다. 지속성을 위한 입법의 문제는 복잡한 해결책을 필요로 했고, 이는 시간을 두고 쌓아가야 하는 것이었다. 잔노티의 양대 주저(主著)에서 공히 나타나는 것이지만, 베네치아 역사에 대한 잔노티의 설명은, 마키아벨리의 로마사 해석에 대한 일종의 반테제로 작용하면서도, 동시에 그것이 복잡다단한 역사과정에 대한 이야기라는 점에서는 마키아벨리의 경우와 다를 바가 없다.

그러나 우리는 공화주의 이론이 본질적으로 아리스토텔레스적 정치과학으로서, 특히 시간의 문제에 대해서만은 스스로를 단순화할 정도로 지나치게 강조하는 경향이 있음을 보아 왔다. 그러한 식의 강조를 지양하고, 행동의 잠재력을 증진시키면서 동시에 시간의 문제를 감소시킬 만큼 풍부한 어휘를 지닌 개념적 세계 속으로 이동하는 것은 충분히 가능한 일이었다. 그러나 반대 방향으로 움직여서 오직 신의 은총이나 리쿠르고스 같은 인물의 영웅적 행동이나 혹은 기적적인 균형의 달성이 우리의 문제에 대한 해결책을 제공할 것처럼 보이는 그러한 입장으로 가는 것 역시 가능했다. 시간과 운에 대한 르네상스적 집착은, 베네치아야말로 후자식 해결의 패러다임이었기 때문에, 미토 디 베네치아(베네치아의 신화)는 대한 신화는 지속될 것임을 확신시켜 주었다. 만약 잔노티의 비신화적 설명이 그러한 신화에 대한 문헌 속의 표준서로서 한 자리를 차지하게 되었다면, 당시 그의 책들에 못지않게 많이 읽힌 가스파로 콘타리니의 저작을 살펴보는 것도 괜찮을 것이다. 그는 잔노티에 비해 신화적 요소를 훨씬 더 많이 부각시키고 있다.

[III]

베네치아의 귀족이자 사제였던 콘타리니는 1520~30년대 어느 때쯤에 《국가통치와 베네치아 공화국》(*De Magistratibus et Republica Venetorum*)을 썼다.[106] 이 책은 1543년이 되어서야 간행되었고, 이후 유럽 전역에 명성을 떨치게 되어 수많은 재간본이 나왔다. 이 저작이 잔노티의 《베네치아 공화국》을 능가하는 명성을 떨친 것은 사실이지만, 베네치아 장관직과 그 역사에 관한 한 잔노티의 경우에 비해 밀도도 다소 떨어지고 기술적 면에서도 좀 처진다. 하지만 그것의 강점은 잔노티의 책이 미완성으로 남긴 부분을 완성시키고 있다는 것이다. 콘타리니는 여기에다 베네치아적 논제에 적절한 자신의 통치 철학도 가미하고 있다. 그의 책이 미친 영향은 많은 나라에서 감지되고 있기 때문에, 그것을 루이스 루케노어가 번역하여 1599년에 간행한 엘리자베스기 영역본에서 인용하는 것도 의미가 없지 않을 것이다.

콘타리니의 언어는 그 서두부터 찬사조이다. 즉 베네치아는 물리적으로나 정치적으로나 "사람의 기술이나 노력이나 혹은 창안으로 만들어진 것이 아니라 영원불멸한 신들의 손으로 짜여진 것"처럼 보인다는 것이다.[107] 그러나 베네치아가 인간의 작품이며 무엇보다도 인간 덕

106) 아마도 1522년에서 1525년 사이가 아닌가 추정된다. 다음을 볼 것. F. Gilbert, "The Date of the Composition of Contarini's and Giannotti's Books on Venice."

107) Lewkenor, *The Commonwelth and Government of Venice. Written by the*

성의 산물이라는 것이 그에게는 매우 중요한 점이다. 그는 피렌체인들이 열어 놓은 사상적 노선을 따르되, 베네치아 저술가들이 흔히 그렇게 하듯이 덕은 시민적 혹은 군사적 형태로 나타나며, 비록 후자가 영광스럽고 꼭 필요한 것이기는 하지만 단지 전자를 위해서만 존재해야 한다고 말한다. 그는 아리스토텔레스와 그리스도교 사상의 주류에 서서 전쟁의 끝은 반드시 평화여야 한다고 주장하지만, 동시에 스스로 시민적 휴머니스트 전통 속에 있는 한 이탈리아 저술가로서 베네치아적 비르투는 어떻게 하여 용병의 사용을 허용하면서 시민 스스로를 비무장의 상태로 놓아두는지 설명해야 하는 입장에 있다. 영역자인 루케노어는 서문의 형식으로 자신의 주석을 제시해 놓았는데, 그에게는 이러한 역설이야말로 — 피렌체인들에게 역설인 것만큼이나 그에게도 역설적으로 보였다 — 베네치아의 정치과정들이 합리적이면서도 동시에 도덕적으로 모든 부문의 시민생활을 통제해 나가는 기적적이라 할 만한 방식의 일부였다.

> 그 외에도, 경험의 상궤에 크게 어긋나는 것도 있는데, 그것은 비무장의 가운을 입은 사람이 힘이 있고 투쟁적인 수많은 병사들에게 아주 당당하게 지시를 내리고 법을 부과한다는 점이다. … 또한 긴 법복을 입은 시민들이 이탈리아의 최고 군주들이나 그와 동등한 지위에 있는 사람들에 의해 봉사 받거나 나아가서는 그들로부터 여흥 초대까지 받기도 한다. 흘러넘치는 영광과 측량할 수 없는 권력의 강대함 속에서 최고의 위치에 있는 신사가 대략 3천 명쯤 되는데, 그중 더 높은 명예를 바라는 사람은 한 사람도 찾아볼 수가 없다. … 108)

Cardinall Gasper Contareno and translated out of Italian into English by Lewis Lewkenor (London, 1599), p. 2; Contarini, *De Magistratibus et Republica Venetorum* (Paris, 1543), p. 1.

108) Lewkenor, sig. A3.

콘타리니는 그의 번역자만큼 한 번에 그렇게 성큼 나아가지는 않는다. 물론 그는 뒤에 가서 이런 설명을 하고 있기는 하다. 베네치아의 시민적 헌정은 내륙(terra firma)과 떨어져 있고, 따라서 군사적 생활과도 격리된 조건 하에서 자라났기 때문에 — 이러한 문제들을 다룬 대부분의 저술가들과 같이, 그도 베네치아의 해상 세력이 그것의 시민조직에 어떤 문제를 제기하는가에 대한 고려는 전혀 하지 않고 있다 — 도시가 결국 육상 세력이 되었을 때, 시민들로 하여금 군사 지휘권을 행사하지 않도록 하는 편이 더 낫다고 생각했는데, 그것은 다음과 같은 우려에서였다.

> 그들이 이처럼 내륙을 빈번히 왕래하고, 그래서 시민생활로부터 유리되면, 이는 틀림없이 도시 내의 다른 평화로운 시민들과는 달리 제어되지 않는 부류의 파당을 형성케 할 것이고, 그리하여 그들의 당파성과 지배욕 때문에 도시는 종종 내분과 불화에 휩싸이게 될 것이다. … 그러므로 우리의 국가를 그러한 야심가들에 의한 위험과 시기로부터 벗어나게 하기 위해, 우리의 선조들은 자국 태생의 시민들이 아니라 외국인 용병들을 고용하여 내륙에 위치한 자신들의 땅을 지키게 하고, 그들이 주둔하고 있는 지역에서 거두어들인 세입의 일부를 그들의 용병 수당과 봉급으로 지급하는 것이 더 나은 방법이라 주장했던 것이다. … [109]

그러나 여기서 그가 의미한 바가, 군사적 덕성과 시민적 덕성이 반드시 양립 불가능하다거나, 또는 전자를 후자에 종속적인 것으로 만드는 것이 베네치아의 기계적이고 상례화된 결정과정이라는 것은 아니다. 이것은 덕의 소산이며, 달리 말하자면 콘타리니가 베네치아 귀족계급 전체에 내재한 것으로 묘사하고 있는 하나의 덕이 만들어낸 작품

---

109) Lewkenor, p. 130; Contarini, pp. 100-101.

이라는 것이다. 피렌체적 사상에 대한 지식이 강렬하게 빛나는 한 구절에서, 그는 베네치아에는 입법자라는 존재가 있었던 적이 아예 없다는 것, 입법자는 자신보다 덕이 모자라는 사람들을 데리고 어떤 일을 하기가 어렵다는 것, 그리고 도시의 초기 역사에 대해서는 지금까지 보존된 역사적 증거가 거의 남아 있지 않다는 것 등, 이미 우리에게 친숙한 논제들을 기초로 삼아 그 위에서 자신의 주장을 펼치고 있다. 잔노티는 초기 베네치아인들이 타인의 도움 없이 스스로의 지성을 발휘하여 그렇게 안정된 제도들을 창조했다는 설명에 당혹감을 느낀 바 있다. 그러나 콘타리니는 그러한 불가해성을 설명하기보다는 그냥 자랑스럽게 긍정해야 마땅한 것으로 받아들였다.

> 이러저러한 때 아테네, 라케다이몬, 로마 등지에는 자신들의 나라에 대한 탁월한 공적과 남다른 연민을 지닌 훌륭하고 덕을 갖춘 이러저러한 인물들이 있었으나, 그 수가 너무 적다 보니 다수의 대중들에 휘둘려 우리가 누리는 것 같은 유익함을 맛볼 수가 없었다. 그러나 우리에게 이렇게 번성하는 공화국을 물려준 선조들은 모두가 하나같이 단합하여 스스로의 사적인 영광이나 편의는 제쳐둔 채 오직 나라의 기틀을 확립하고 그것을 번영케 하고 그 영토를 넓히는 데 일조하기로 합의하였다. 이는 다음과 같은 점들을 보면 누구라도 쉽게 납득할 수 있다.… 베네치아인은 나라 안팎에서 영광스러운 수많은 일들을 성취했음에도 불구하고, 그곳에는 우리의 선조들을 기리고 자신의 나라에 대한 남다른 뛰어난 업적들을 과시하는 기념물이 전혀 없거나, 있다 해도 극소수에 불과하다. 장엄한 분묘도 세워진 바 없고, 군인의 조상(彫像)도, 배의 이물도, 군대의 기장도 없으며, 그토록 격렬했던 수많은 전투에서 빛나는 승리를 거두었음에도 불구하고 적으로부터 노획한 군기 하나도 남은 것이 없는 것이다.…[110]
>
> 이처럼 탁월한 심덕(心德)으로써 우리의 선조들은, 당시의 고대인

110) Lewkenor, p. 6; Contarini, pp. 5-6.

> 들 중 가장 고귀한 사람들과 비교해 보면 누구라도 알 수 있듯이, 유사 이래 그 유례를 찾기 힘든 이러한 공화국을 계획하여 사람들을 정주(定住)시켰다. 감히 확신하건대, 지성의 요구에 따라 공화국을 만들고 주조해낸 그 위대한 철학자들의 논구(論究)들 속에서도 그렇게 잘 만들어진 것은 찾아보기 힘들다. … 111)

피렌체 이론가들에게는, 야심과 함께 명예(onore)와 영광(chiarezza)의 추구가 시민 귀족정을 유도한다는 것, 그리고 이러한 갈망이 스스로 부패하지 않도록 막는 것이야말로 통치상의 문제 중 하나라는 것이 명백하였다. 잔노티는 이러한 것들의 추구에 만족의 외양을 부여할 필요성에 대해 숙고하면서, 동시에 그러한 만족감을 타인과의 협력에 의존하는 것으로 만들고자 하였다. 이는 혼합정체를 불완전한 세계에 적절한 차선책으로 만드는 데 필요한 많은 것 중 하나였다. 그러나 만약에 콘타리니의 뜻이 공익 외의 모든 것을 도외시하는 오직 그러한 의미에서의 덕을 베네치아인들에게 부여하려는 것이라면, 베네치아의 혼합정체는 부패에 대항하기 위한 장치이기보다는 오히려 부패의 부재를 표현한 것임에 틀림없다. 그가 피력하고 있는 통치 철학에는 물론 일인, 소수, 다수라는 단순 소박한 법칙에 대한 통상적인 주장이 개재되어 있으나, 그 기반은 폴리비오스보다는 그리스도교적 아리스토텔레스 정치학의 주류 노선에 더 가깝다. 짐승이 인간에 의해 다스려지듯이, 인간 역시 자신보다 더 상위의 어떤 존재에 의해 다스림을 받는 것이 마땅하다. 신은 결코 공화국을 직접 다스리지 않는다. 하지만 인간에게는 신적인 요소가 내재되어 있으며, 이것이 바로 "순수하고 동요하지 않는 상태의 마음"이다. 이는 잔노티의 비르투 개념과 비교하면 멀어도 한참 멀어져 있다. 인간에게는 또한 "열등하고 야수적인 힘들"이 내재되어 있기 때문에, 어떤 사람, 집단, 혹은 다양한 집회들의

111) Lewkenor, p. 7; Contarini, pp. 6.

조합물에 통치를 위탁한다고 해서 마음이 지켜야 할 정칙(定則)을 확신할 수는 없다. 하지만 "다른 수단들이 통하지 않았을 때 어떤 신적인 조언에 의해 법을 발명함으로써, 인류는 오직 마음과 이성만이 인간집단을 다스리는 권능을 부여받아야 한다는 것을 인지하게 되었을 것이다. …"112)

만약 법이 순수이성의 지위를 획득할 수 있다면—여기서는 아리스토텔레스가 "신이 삼라만상 속에 편재하는 것은 마치 시민 집단 속에 고대법이 존재하는 것과 같다"는 견해를 표명했다고 되어 있으나,113) 이러한 전거는 의심스럽다—통치는 인간이 아니라 법에 의해 이루어져야 한다. 통치행위에 참여하는 개인과 집단들은 법에 종속된다. 그러나 이러한 주장은 순환론이 될 위험이 있다. 즉 법은 특정한 정념이 아니라 이성이 지배한다는 것을 확신케 해준다. 하지만 그러한 법 역시 인간에 의해 발명되고 유지되는 것이며, 오직 정념으로 인해 사적 목적으로 이끌리지 않고 이성에 의해 공익으로 인도될 때만이 그 힘을 발휘할 수 있다. 그래서 법은 그것을 영위하는 인간의 행위를 규제함으로써 스스로를 유지하지 않으면 안 된다. 말하자면 사람들이 규칙적으로 만나 얼굴을 맞대고 법을 시행하고 제정하며 공무를 보는 "집합체", 즉 도시에서, "법"이란 용어에 담긴 주요 의미는 곧 그러한 집합체의 행위와 결정의 틀에 가해지는 일련의 제도와 규칙이었을 것임에 틀림없다. 그러한 법은 반드시 인간의 활력이 오직 공익만을 향하도록 하는 결과를 산출해내야만 하는데, 이는 단지 순수이성의 길 속에서만 가능한 일일 것이다. 베네치아의 신화는, 베네치아가 정책결정을 위한 일련의 규칙을 가지고 있어서 모든 결정이 완전한 합리성에 의해 내려지고 결정을 내리는 모든 사람들이 완전한 덕을 소유하고 있는지를 확인할 수 있다는 주장에 연유하고 있다. 베네치아인이라고 해서

112) Lewkenor, p. 11; Contarini, pp. 8-9.
113) Lewkenor, p. 12; Contarini, pp. 9-10.

다른 도시 사람들보다 본래 더 유덕(有德)한 것이 아니라, 스스로를 그렇게 만드는 제도를 소유하고 있다는 것이다.

만약 외부의 통제나 조력 없이 언제나 순수한 마음을 유지할 수 있는 사람이 있다면, 그는 알다시피 사람이라기보다는 차라리 천사에 가까울 것이다. 홉스의 리바이어던이 "인공(人工)의 사람"이자 "필멸의 신"이었던 것 같이, 콘타리니의 베네치아 역시 인공의 천사였다고 말할 수도 있을 것이다. 전적으로 합리적이지 못한 인간들이 항상 합리적인 제도적 구조 내의 구성원으로 기능한다는 것이다. 루케노어는 이에 대해 다음과 같이 생각한 것 같다.

> 그들의 대평의회란 것을 보라. 이는 적어도 대략 3천 명 정도의 신사로 구성되어 있으며, 국정의 최고권이 절대적으로 여기에 의지하고 있다. 하지만 그 많은 수에도 불구하고 만사가 아무런 소동과 혼란 없이 마치 신이 내린 평온함인 양 질서가 잡혀 있기 때문에, 그것은 인간들의 집회라기보다는 차라리 천사들의 집회처럼 보였다.
>
> … 그들은 형법을 아주 가차 없이 집행한다. 또한 끝없이 덕을 고무한다. 특히 비밀스럽고 이상하며 불가사의한 데가 있는 방식으로 제도화되어 있어서 어떤 야심적인 행위라도 그 민감한 부분까지 잡아낼 수 있게 되어 있는 관직과 직위의 분배를 통해, 대평의회가 인생의 최고 지혜와 덕과 고결함을 위해 허용한 바가 아니면 결코 빠져드는 법이 없다.
>
> … 우리가 숙고해야 할 놀랍고 경이로운 다른 문제들도 몇 가지 있다. 다른 어떤 공화국의 경우와 비교해 보아도 남다른 탁월성을 지닌 그들만의 독특하고 놀라운 특징들, 불가능한 일을 가능하게 만드는 그들의 희소한 재능을 감안할 때, 이 모든 것을 다만 믿을 수 없다고만 치부할 수는 없다. …114)

---

114) Lewkenor, sig. A 2v.-3.

엘리자베스 시대의 잉글랜드인들에게는 베네치아가 정치 과학 소설의 한 현상인 것처럼 보일 수도 있었다. 즉 인간의 덕을 유지하도록 하는 것이 다른 나라에서는 개개인의 이성이나 신의 은총의 소관인 반면, 이곳에서는 그것이 일련의 경이로운 정치적 장치들에 의해 가능하다는 것이다. 콘타리니는, 어쨌든 결국에는 사제였음에도 불구하고, 지금까지 불가해와 기적의 언어를 고집하지 않고 있다. 그는 오히려 베네치아에 뛰어난 덕성을 부여하였고, 그들이 발전시켜 온 정치적 과정들을 통해 그러한 덕성을 유지할 수 있었다고 주장한다. 그가 사용하고 있는 이론 언어 때문에, 덕을 일인, 소수, 다수 간의 균형을 유지하는 것으로 표현할 수밖에 없는 것은 어쩔 수가 없다. 이러한 요소들은 사람들을 어딘가에 귀속시키는 동시에, 어떤 비인격적인 정부를 유지하려면 결과적으로 반드시 초월해야 할 범주들이다. 그러나 그의 이상 정체 속에서 통치의 주체는 어디까지나 법이며, 일인, 소수, 다수 간의 권위의 분배는 이 세 요소 모두를 내내 법과 이성에 종속시키도록 하는 하나의 수단일 뿐이다.

> 그러나 만일 다수가 어떤 식으로 다른 요소와 함께 조합되어 있지 않다면, 다수 그 자체만으로는 통치에 적합지 못하다. 왜냐하면 다수란 것도 어떤 통일체 속에 포함되어 있지 않고 홀로 존재할 수는 없기 때문이다. 만일 다수가 이성이란 수단을 통해 하나가 되지 않는다면, (어떤 통일체의 형태로만 존재하는) 시민 사회는 와해되고 말 것이다. …115)

여기서 그의 언어가 보여주고 있는 것은 옛 철학 전통들이 혼합정체의 단순한 공식들을 이끌어 가면서 그것을 서로 묶어주고 있다는 사실이다. 사실 이 구절 바로 직후에 가면, 베네치아가 군주, 귀족, 평민

115) Lewkenor, p. 13; Contarini, p. 11.

의 권위를 한데 조합하여 "그 모든 형태들이 마치 똑같은 무게를 가진 것처럼 서로 동등하게 균형이 잡혀 있는 듯이 보인다 … "고 한 대목을 읽을 수 있다.[116] 하지만 그것은 정치적 기능을 상이한 권력 양식으로 구분한 뒤, 그 각각을 일인, 소수, 다수에 귀속시켜 균형을 이루도록 하는 문제가 아니다. 앞서 살펴본 바와 같이, 이는 어떻게 해서 한 권력 양식이 다른 권력 양식에 "균형을 맞춘다"고 말할 수 있는지를 설명해야 하는 문제를 제기하였다. 잔노티는 이 문제가 그런 방식으로는 풀리지 않는다고 보고, 그것을 다른 식으로 고쳐서 말해야 할 것이라는 판단을 내렸다(하지만 그는 이러한 작업에서 별로 성공하지 못했다). 그러나 잔노티의 저작을 알지 못한 상태에서 글을 쓴 것으로 보이는데도 불구하고,[117] 콘타리니는 어느 한 대목에서 잔노티가 고쳐 쓴 바로 그 언어를 거부하면서 다음과 같이 말하고 있다.

> 어느 한 부분 혹은 파당이 다른 하나에 비해 너무 기울면, 공화국에 그보다도 더 위험하고 해로운 전염병은 없다. 왜냐하면 정의의 균형이 잘 맞지 않는 곳에서는 시민들 사이에 다정한 사교와 굳은 합의란 것이 도대체 있을 수 없기 때문이다. 이는 오직 공화국의 수많은 직능들이 모두 함께 하나로 모이는 곳에서만 볼 수 있는 일이다. (혼합체를 구성하는) 요소들 중 어느 하나가 다른 요소를 압도하면 혼합 상태는 풀리고 만다. 마치 음악에서 어느 한 현(絃)이 본래의 음색에 비해 특히 큰 소음을 내면 음조가 방해를 받는 것처럼, 만약 공화국을 완전무결하고 영속적인 것으로 만들고자 한다면 한 부분을 다른 부분보다 더 강하게 만들어서는 안 되며, 그들 모두가 (최대한) 공적 권위에서 똑같은 몫을 갖도록 해야 하는 것이다.[118]

116) Lewkenor, p. 15; Contarini, p. 13.

117) Gilbert, "The Date of the Composition of Contarini's and Giannotti's Book on Venice."

118) Lewkenor, p. 67; Contarini, p. 53.

잔노티의 글과 함께 읽어 보면, 이는 단순히 폴리비오스식 균형 이론으로 후퇴한 것처럼 보일 수도 있다. 하지만 여기에는 그 이상의 어떤 것이 있다. 이 구절은 한 가문인 경우 한 번에 3명 이상이 원로원 관직을 맡지 못하게 하는 조치를 배경으로 해서 나타난다. 그렇게 함으로써 서로에 대하여 균형을 무너뜨려서는 안 되는 "분파 또는 파당"은 전통적인 폴리비오스적 3요소일 뿐 아니라 어떤 종류든 간에 어디엔가 시민들이 소속되는 그런 집단이 될 수도 있는 것이다. 다시 한 번 상기해 보면, 폴리비오스적 이론은 아리스토텔레스의 정치 과학을 단순하게 도식화해 놓은 것이었다. 아리스토텔레스는 일인, 소수, 다수가 사용하기 편리하고 또 사용할 필요가 있는 범주들이란 점을 매우 잘 알고 있었다. 영속적인 정체라면 모든 사회 집단을 만족시켜야만 한다. 일인-소수-다수 식의 분석은 단지 그 정체가 과연 그렇게 하고 있는지의 여부를 확인하기 위한, 괜찮게 작동하는 하나의 수단에 불과하였다.

하지만 콘타리니는 잔노티에 비해 훨씬 더 스스로를 정치철학자로서 의식하고 있던 인물이었다. 그래서 피렌체 사람인 잔노티가 비르투의 개념을 권력 쪽으로 발전시킨 반면, 베네치아 사람인 콘타리니는 주로 합리성이란 함의를 가지고 그것을 그대로 유지시켰다. 통치란 공익을 지향하는 지혜의 행위였고, 그리하여 "공적 권위를 평등하게 공유한다"는 것은 무엇보다도 "공적 지성(知性)의 행사(行使)를 평등하게 공유한다"는 것을 의미하였다. 그러나 어떤 정치체에서 그것을 구성하는 모든 인식 가능한 부분 혹은 범주들이 그것에 적절한 양식의 지성을 행사하는 것은 그것이 완전무결한 합리성을 가지고 있을 뿐 아니라 그것의 공적 지성에 대한 참여 역시 완벽할 때에 한할 것이다. 베네치아의 신화 초기부터 베네치아식 혼합정체에 대한 이상화는 그것을 폴리비오스 책 제6권보다는 플라톤의 《법률》과 동등시함으로써 시작되었다는 사실은 결코 무의미한 것이 아니다.[119] "인공 천사"는 (합리적이기 때문에 더욱) 경이롭게도 안정적이고 완벽하며 영속적일 뿐 아니라, 폴리비오스의 로마나 마키아벨리의 피렌체에 드리웠던 모호함과 궁극적 운명이라는 그림자로부터 상대적으로 자유로웠다. 잔노티는 자기가 몸담은 도시의 불안정한 역사를 잘 알고 있었기 때문에, 우선 베네치아의 역사에 대해 질문하였고 그에 대한 대답은 하지 않은 채 남겨 두었다.[120] 뒤에 가서 그는 불안정을 분석하고 안정을 제공할 수 있는 수단을 고안하지 않을 수 없다는 느낌을 가졌고, 이로써 그는 자신이 스승으로 삼았던 세 사람—아리스토텔레스, 폴리비오스, 마키아벨리—에게서 멀리 떨어지게 되었다. 반면 콘타리니는 이러한 단계들을 하나도 밟을 필요가 없었다. 그는 사보나롤라와는 달리 종말론적 시기가 도래했을 때 자신의 공화국이 메시아적 역할을 하도록 되어 있다는 주장도 하지 않았다.

그러나 우리는 베네치아적 공화주의 사상을 플라톤적 자기 이미지를 단순히 신화 속에 투영시킨 것쯤으로 무시해서는 안 된다. 이 문제에 대한 가장 권위 있는 연구를 통해 윌리엄 보우스마는 베네치아의 사상이 콘타리니와 함께 그대로 정지해 있지 않고, 다음 80년 동안 처음에는 파루타, 그 뒤로는 사르피와 함께 역사의 개별성과 도덕적 자율성의 관념을 발전시켜 나갔으며, 이는 반(反)종교개혁기 교황들의 보편주의적 주장에 대항하여 베네치아만의 독특한 개별성을 강조한 일련의 논증들에 기초한 것이었다는 점을 입증한 바 있다.[121] 피렌체의 경우와 꼭 같이, 베네치아의 공화주의적 역사관 역시 빛과 그림자를 함께 가지고 있었다. 사르피의 《트렌토 공의회의 역사》(*Istoria del*

119) Gilbert, "Venetian Constitution," pp. 468-470.

120) 앞의 주 23, 24를 볼 것.

121) William J. Bouwsma, *Venice and the Defense of Republican Liberty: Renaissance Values in the Age of the Counter Reformation* (Berkeley-Los Angeles: University of California Press, 1968).

concilio tridentino)는 귀차르디니에서 볼 수 있는 것만큼이나 인간의 실패와 나약함을 자각한 기록이다.[122] 회상컨대 영속적인 신화와 목적성을 결여한 역사는 곧 개별성과 시간과 변화를 배경으로 자기 충족적인 덕과 안정성을 획득하려는 공화국의 투쟁이라는 동일한 문제에 대한 두 가지의 반응에 다름 아니었다. 아마 공화국은 영속적인 합리성이라는 자기 구성적 행위를 통해 역사로부터 도피할 수도 있을 것이다. 그것은 식별되고 서로 얽혀 있는 불안정의 모든 요소들을 거대한 종합으로 결합함으로써 역사를 순치시키려 할 수도 있을 것이다. 혹은 문제는 결코 풀리지 않을 것이고 역사의 함정은 영원히 그냥 뚫린 채 남아 있을 것이라고 그냥 고백할 수도 있을 것이다. 콘타리니는 두 번째보다는 첫 번째 입장에 더 가깝다. 마키아벨리, 귀차르디니, 그리고 사르피는 두 번째보다는 세 번째 입장에 더 가깝다. 잔노티의 중요성은 그가 두 번째, 즉 안정성을 추구하는 과학에 독창적인 기여를 한 데 있다.

잔노티가 이 책에서 어느 정도는 마키아벨리의 송곳니를 빼려고 한 사상가의 모습으로 나타난 것은 사실이다. 즉 그는 로마와 베네치아 간의 조화를 시도하고, 그 둘을 초월하며, 정복과 팽창이 아니라 그 스스로의 덕에 헌신하는 무장한 평민 공화국을 제시함으로써, 결국 그러한 공화국을 "보편의 늑대"에 의한 최후의 심판*으로부터 해방시키고자 한 것처럼 보인다는 것이다. 그가 혼합정체의 과학을 다른 피렌체 분석가들이 도달하지 못한 지점까지 끌어 올릴 수 있었던 데는 전쟁에 대한 관심이 마키아벨리보다 덜했던 반면 정체 균형 이론에 대한 관심은 더 컸다는 이유도 일부 작용하였다. 하지만 한편으로 이는 그의 사상에서 운이 차지하는 역할이 그가 제시한 풍부한 설명 장치들로

122) Bouwsma, ch. 10.

* Ragnarok. 혹은 "Gotterdammerung"이라고도 한다. 북구 신화에서 세계의 종말을 의미하는 말이다.

인해 제약 받고 있음을 뜻하는 동시에, 그가 입법권에 근거한 주권 이론을 발전시키는 데 실패한 것은 결국 그가 콘타리니식의 신화나 마키아벨리 혹은 귀차르디니 유의 현실주의가 제한적 대안이었던 세계로부터 빠져나오지 못했다는 것을 의미하였다. 왜냐하면 스스로를 법률로 묶지 못하는 공화국은 프리마 포르마(원초적 본성)를 유지하려는 투쟁 속에 갇혀버릴 수밖에 없기 때문이다. 이제 공화국은 보편선이 획득되는 정치형태로 되돌아간 셈인데, 이는 곧 형상을 유지하는 것 외의 다른 정치행위란 존재하지 않는다는 것을 의미하였다. 만약 마키아벨리와 귀차르디니가 그들의 뛰어난 지성에도 불구하고 정치행위가 창조적이라는 점을 파악하지 못하고 다만 공화주의적 질서의 유지가 현실적으로 대단히 어렵거나 불가능하다는 것만을 보여주었을 뿐이라면, 우리는 16세기 시민적 현실주의를, 비록 그것이 절정에 달했을 때라고 해도, 아리스토텔레스적 지성에서 나타나는 소극적 가능성의 일종이라고밖에 생각지 않을 수 없다. 그러한 현실주의는 아리스토텔레스적 사상의 여러 범주들을 다시 조합함으로써 질적 특징과 나아가서는 역사적 변화의 비역전성까지도 인식하게 되었으며, 이러한 범주들이 포르투나를 제어하는 새로운 개념적 수단을 제시할 수 있었기 때문에 그러한 현실주의가 포르투나에 대해 기울이는 관심도 역전되었던 것이다. 또한 이러한 한계들은 부분적으로 시민적 현실주의의 고집스러울 정도로 지속적인 도덕주의에 의하여 마키아벨리적 사상에 부과된 것이었다는 점도 지적할 수 있다.

아리스토텔레스적 공화주의의 관심은 오직 시민에만 맞추어져 있었고, 그래서 피렌체와 베네치아의 이론가들 역시 오직 시민에 대해서, 그리고 그가 부패에서 도피할 기회에 대해서만 관심을 기울이고 있는 한 그러한 유의 공화주의를 포기할 필요가 없었다. 사실 그들은 아리스토텔레스적 공화주의의 정통 내에서 시민 문제에 대한 어휘들을 크게 확장시킬 수 있다는 것을 알게 되었다. 그러나 마키아벨리나 귀차르디니의 강한 심성에도 불구하고, 아리스토텔레스적·휴머니스트적 전통의 취약점은 (권력의 보존적 행사에 반대되는 의미로서의) 권력의 적극적 행사에 대해 논의하기 위한 수단이 전혀 충분치 않다는 데 있다는 사실이 지워지지 않고 여전히 남아 있었다. 우리는 앞에서, 어떤 정치 행위자가 개별적이고 변화하는 문제들을 다룰 수 있는 발전된 능력을 획득하여, 그러한 것들을 다루는 사회의 제도적 수단들도 그에 따라 스스로를 변화시킬 수 있는 가능성을 타진해 본 적이 있다. 그러한 행위자란 것은 근대적 의미에서의 정부이며, 근대적 의미에서의 입법이며, 또한 그러한 정치사회는 역사적 변화와 적응의 차원을 가진 근대적 행정 국가일 것이라는 점은 분명하다. 그러나 사익을 공익에 종속시키고자 하는 결정에 참여함으로써 시민이 스스로의 인간적 역량을 어떻게 발전시킬 수 있는가 하는 문제에만 관심을 쏟는 정치 이론이라면, 그것이 통치를 적극적 또는 창조적 행위로 보는 데 대한 관심, 혹은 그러한 행위를 다루는 어휘에 관심을 보일 것 같지 않다. 16세기적 조건 하에서, 그것은 정치를 개인이 스스로의 도덕적 자율성을 주장하는 구조로, 입법을 그러한 구조를 확립하고 되살리는 지극히 형식적인 행위로 축소함으로써, 시간 속에서의 파괴적 혁신 외의 그 어떤 것도 실제로는 불가능하게 만들어 버리는 경향이 있었다. 또한 앞서 살펴본 바와 같이, 스스로를 공적 행위에 참여한 개인들에 의한 가치 혹은 덕성들의 주장으로 가두어 버리는 정치관은 정치를 상이한 종류의 다양한 권력들이 동시적으로 행사되는 것으로 보려는 모든 시도를, 그것이 꼭 필요한 고비마다, 거꾸로 좌절시켜 버렸다. 잔노티는 그러한 시도를 위해 첫 발을 내디뎠던 인물이었으나 그 이상은 나아가지 못했다. 권력을 행사하는 상이한 요소들이 균형을 이루어야 한다는 폴리비오스적 개념은 스스로를 날카롭게 제한하는 것과는 너무 멀리 떨어져 있는 것처럼 보인다. 우리는 이 모든 것이 아리스토텔레스 이론의 결함을 보여주고 있다고 말할 수도 있다. 그러나 서로 얼굴을 맞대고 살았던 좁은 폴리스 안의 권력은 지나치게 분산적이고 개인적인 경향이 있었기 때문에, 그것을 행사하는 몇 가지의 특수한 방법에 관한 이론이 발전하는 데 장애가 되었다는 주장도 — 물론 반론이 있겠지만 — 가능하다. 다음 단계는 상이한 종류의 권력을 행사하는 몇 가지 제도화된 행위 주체들로 이루어진 사회 속에서 휴머니스트적·마키아벨리적 사상이 어떻게 발전하는가를 연구하는 것이 될 것이다. 스스로의 왕과 법과 의회와 교회를 가진 튜더가 이후의 잉글랜드가 바로 그러한 사회이다. 그러나 우리는 이러한 행위 주체들이 각각 그만의 이데올로기, 정치적 사회와 정치적 개인을 정의하는 그만의 양식들을 내장(內藏)했다가 그것을 전파시켰다는 것, 그리고 그 결과 당시의 잉글랜드를 정치화된 개인이 비베레 치빌레(시민적 삶)를 추구하는 시민공동체 혹은 공화국으로 정의하는 데 상당한 어려움이 있었고, 설사 정의를 한다고 해도 그것은 지극히 특수한 의미들의 한계 내에서만 가능했다는 것을 알게 될 것이다. 우리는 어떻게 해서 잉글랜드인들이 자신들과 자신들이 몸담은 사회의 이미지를 마키아벨리적 방식으로 투영하게 되었는지 그것을 연구해야 할 것이다. 하지만 이러한 과정에는 긍정적, 부정적 양면 모두에서 시민적 역사를 다시 쓰는 일이 뒤따르며, 이로써 통치가 비로소 근대적이라고 규정되는 것은 다름 아닌 통치의 근대성에 대항하는 반란의 행위를 통해서였다는 사실을 알게 될 것이다. 이는 대서양 서쪽 해안으로 전파되어 아메리카적 가치들의 복잡성을 형성하는 데 크게 기여하였다.

번역용어목록

이 책의 역사·철학 용어들은 약간의 예외를 제외하고는 대체로 다음과 같이 번역되었다. 자주 등장하는 키워드의 경우는 언어 발음 형태로 적고 괄호 안에 역어를 삽입하기도 하였다.

accidenti 아치덴티/우연적 사건/부가적 속성
alterazione 알테라치오네/정권교체
America/American 아메리카/아메리카〔인〕의
amour-propre 아무르프로프르/자기 편애(루소의 용어) = self-liking(자기 애호) (맨더빌의 용어)
amour de soi-même 아무르 드 수아멤/자기애(루소의 용어)
anakuklōsis 아나쿠클로시스/(영원한) 정체의 순환
Ancient Constitution 고래(古來)의 헌정
apocalypse 계시
apocalyptic 계시(적)
approvazione 아프로바치오네/동의(귀차르디니의 용어)
arms 무력/무기/무장
Augustan 아우구스투스기

balanced government/constitution 균형정체
beneficiati 베네피차티/유산자(잔노티의 용어)
body politic 정치체
Britain 브리튼
British 브리튼적/의

caso 카조/우연
Chief Justice 고등 법원 재판장

citizenship　시민권/시민의식
Civil War　내전(잉글랜드)
civitas dei　키비타스 데이/신국
civitas terrena　키비타스 테레나/지상국
common good　공공선
common law　보통법/코몬로
constitution　헌정/정체
constitutionalism　헌정주의
consultazione　자문 (과정)
conventions(s)　규약/관습
corporate　조직
counsellor/councilor/advisor　고문관
country　지방
court　궁정
courtier　조신(朝臣)
creati　크레아티/예속자(마키아벨리)
credit　신용
custom　관습

deference　경의(敬意)
delegitimacy　탈적법성
deliberazione　델리베라치오네/심의(귀차르디니)
dependent military tenures　봉건적 토지보유권
Dutch Wars　홀란드 전쟁

Elect Nation　선민(選民)
encroached aristocracy　수구(守舊) 귀족
England/English　잉글랜드/잉글랜드〔인〕의
Enthusiasm　광신
Enthusiasts　광신파
Episcopalians　감독교파
equiribrium　균형상태
eschaton　종말
Exclusionist　배제파

fancy and agreement 환상과 합의(로크의 용어)
Fantasia 판타지아/환상
Fate 숙명
form of government 통치형태
Fortuna 포르투나
fortune 운
freeholder 자유토지보유자
freehold property 자유보유 토지/재산
frontier 프런티어

gentiluomini 신사(紳士)
gentry 젠트리
Good Old Cause 선한 옛 대의
governo largo 고베르노 라르고/넓은 헌정
governo stretto 고베르노 스트레토/좁은 헌정
grace 은총
grandee 유력자
grandi 그란디/대시민
gratuitous love (신의) 이유 없는 사랑
grazia 그라치아/은총
gubernaculum 구베르나쿨룸/통치상의 권위

High Church 고(高)교회
humour 기질

imperium 임페리움/(군사적) 통치권
Independents 독립파
individuality 개체성
inns of court 법학원
intelligent 지적
intelligence 지력/지성
isonomia 이소노미아/법 앞의 평등

janissery 예니체리=근위대(해링턴의 경우는 자니세리)

Junto Whigs　휘그 도당
jurisdictio　유리스딕티오/사법상의 권위
jurisdiction　사법권
jus gentium　유스 겐티움/만민법/국제법

king-in-parliament　의회 안의 왕
King William's War ⇒ Nine Years War

land　토지
landed man　지주
leggi　법/법률
legitimacy　적법성
Lord Chancellor　대법관

Machiavellian　마키아벨리적
Machiavellian moment　마키아벨리언 모멘트/마키아벨리적 계기
manners　예의
mediocri　메디오크리/중시민
millennianism　천년왕국 사상
minister　각료
mixed constitution/government　혼합정체
mode(s)　양식(들)
moment　계기/시기
monarchism　왕정주의/군주제주의
monied interest　금전적 이해
mutazione　무타치오네/정변

national debt　국채
Nine Years War　9년 전쟁
non-beneficiati　무산자(無産者)
nonmoral　무도덕적
nunc-stans　눈크스탄스/영원한 현재

occasione　오카지오네/기회/때

officina gentium 민족들의 공장(工場)
opposition 야당
ordinatore 오르디나토레/입법자
ordine 오르디네/질서
ordini 오르디니/제도/법
ottimati 오티마티

parliamentarism 의회정치
participazione 파르티치파치오네/정치참여(귀차르디니의 용어)
particular 개별적/특정(한)/특수한; the particular 개별자
particulare/i 파르티쿨라레/리/정치적 성향의 (권력을 가진) 개인/권력자(들) (귀차르디니의 용어)
particular men 권력자
particularity 개별성
passion 감정/정념
patronage 후원제도/후원
people 종족(다른 종족과 대비될 때); "-인"/인민(왕에 대비될 때); 평민(귀족과 대비될 때)
personality 인격/성격
physis 피시스
placemen 플레이스맨/낙하산 관리
plebe bassa 플레베 바싸/하층민
plebei 플레베이/하층 이방인(잔노티의 용어)
polite 예절바른
politeia 폴리테이아
politeness 예절바름
politice 폴리티케/정치체(포테스큐의 용어)
polity 정체/폴리테이아
popolo 포폴로/평민
popolari 포폴라리/하층 평민(잔노티의 용어)
populus 포풀루스/평민(잔노티의 용어)
poveri 포베리/하층 빈민(잔노티의 용어)
prescription 시효

presumption 인정(認定)/추론
prima forma 프리마 포르마/원초적 본성
princeps 프린켑스/원수(元首)
principe〔i〕 naturale〔i〕 프린치페〔피〕 나투랄레〔리〕/세습군주〔들〕
private interest 사익
property 재산/토지
proprietor 토지소유자
public credit 공공신용
public debt 공채
public good 공익/공공선
Puritan 퓨리턴
Puritanism 퓨리터니즘

redemptio 레뎀프티오/구속(救贖)
redemption 구속(救贖)
reformatio 레포르마티오/개혁
reformation 개혁
rent 지대
rentier 이자생활자
res publica 레스 푸블리카/공공의 것/공적인 일
revelation 계시
Ridurre ai principi 원리로의 회귀
rinnovazione 린노바치오네/갱신
Rump Parliament 잔부(殘部) 의회

saeculum 사이쿨룸/역사(적 현재)
saint 성인
salus populi 살루스 포풀리/인민의 안녕
scholarsticism 스콜라 사상
scripture 성서
sectarianism 분파주의
self-love 자기애
senectus mundi 세넥투스 문디/구세계

signore 시뇨레/영주/주인
soteria 소테리아/구원
specialization 전문화/분업
stato 스타토/권력
statue 법령
suddito/i 수디토(티)/가신/신민(마키아벨리의 용어)

telos 목적인(目的因)(아리스토텔레스의 용어)
tempo 시간
territorial monarchy 영령 왕국/군주국
trade 무역

umori 우모리/기질/정서
usage 관례/용례
use 관례/습관

vassal 봉신/가신(후자는 해링턴의 용어)
virtù 비르투
virtue 덕/덕성
vita activa 비타 악티바/행동적 삶
vita contemplativa 비타 콘템플라티바/관조적 삶
vivere civile 비베레 치빌레/시민적 삶
vivere libero 비베레 리베로/자유로운 삶
vivere popolare 비베레 포폴라레/평민적 삶

Wars of Religion 종교 동란

yeomanry 요우먼리

zōon politikon 조온 폴리티콘/정치적 동물

찾아보기
(인 명)

ㄱ~ㄷ

ㄹ~ㅂ

ㅅ~ㅇ

ㅈ~ㅌ

ㅍ~ㅎ

존 그레빌 에이가드 포칵(John Greville Agard Pocock, 1924~)

1924년 런던에서 태어나 3년 뒤 가족과 함께 뉴질랜드로 이주하였다. 그곳 캔터베리대학에서 학사, 석사를 마친 뒤, 1952년 영국 케임브리지대학에서 17세기 잉글랜드 하원에 대한 연구로 박사학위를 받았다. 이 연구는 5년 후《고래(古來)의 헌정과 봉건법》으로 간행되었다. 1965년 미국으로 이주하여 워싱턴대학(세인트루이스) 역사학 교수로 재직하면서《마키아벨리언 모멘트》(1975)를 썼다. 그에게 명성을 안겨준 이 책의 출간과 함께 그는 존스홉킨스대학으로 자리를 옮겨 약 20년간 재임하였고, 1994년부터는 같은 대학 명예교수로 재직중이다. 위의 두 저서 외의 주요 저작으로는《정치·언어·시간》(1972),《존 로크》(공저, 1980),《덕·상업·역사》(1985),《브리튼 정치사상의 다양한 측면들, 1500~1800》(공저, 1997),《야만과 종교》(총 6권 예정, 1999~),《도서(島嶼)의 발견》(2005),《정치사상과 역사: 이론과 방법》(2008) 등이 있고, 편저로는《제임스 해링턴의 정치저술》(1977),《세 개의 브리튼 혁명: 1641, 1688, 1776》(1980),《에드먼드 버크: 프랑스혁명에 대한 성찰》(1987),《개념적 변화와 헌정》(공편, 1988),《제임스 해링턴: 오세아나 공화국과 정치의 체계》(1992),《에드워드 기번》(공편, 1997) 등이 있다.

곽차섭

부산대학교 사학과 교수. 미국 존스홉킨스대학, UCLA, 캐나다 UBC 방문학자로 연구하였다. 주 관심분야는 르네상스기 이탈리아 지성사, 미시문화사 및 미술사이다. 주요 저서로는《마키아벨리즘과 근대 국가의 이념》,《조선 청년 안토니오 코레아, 루벤스를 만나다》,《포스트모더니즘과 역사학》(공저), 편저로는《미시사란 무엇인가》,《역사 속의 소수자들》(공편), 편역으로는 《마키아벨리와 에로스》, 역서로는《역사학과 사회 이론》(피터 버크),《이탈리아 민족부흥운동사》(루이지 살바토렐리),《마키아벨리 평전》(로베르토 리돌피),《코앞에서 본 중세》(키아라 프루고니),《탐史》(마리아 팔라레스-버크),《책략가의 여행》(내털리 제이먼 데이비스) 등이 있다.《군주론》(마키아벨리)이 곧 간행될 예정이며,《아레티노 평전》및《포르노그래피의 기원》을 집필중이다.